Bauer/Haußmann/Krieger
Umstrukturierung

Umstrukturierung

Handbuch für die arbeitsrechtliche Praxis

von

Prof. Dr. Jobst-Hubertus Bauer
Rechtsanwalt und Fachanwalt für Arbeitsrecht
Stuttgart

Dr. Katrin Haußmann
Rechtsanwältin und Fachanwältin für Arbeitsrecht
Stuttgart/München

Dr. Steffen Krieger
Rechtsanwalt und Fachanwalt für Arbeitsrecht
Düsseldorf

3. Auflage

2015

otto**schmidt**

*Bibliografische Information
der Deutschen Nationalbibliothek*

Die Deutsche Nationalbibliothek verzeichnet diese Publikation in der Deutschen Nationalbibliografie; detaillierte bibliografische Daten sind im Internet über http://dnb.d-nb.de abrufbar.

Verlag Dr. Otto Schmidt KG
Gustav-Heinemann-Ufer 58, 50968 Köln
Tel. 02 21/9 37 38-01, Fax 02 21/9 37 38-943
info@otto-schmidt.de
www.otto-schmidt.de

ISBN 978-3-504-42688-0

©2015 by Verlag Dr. Otto Schmidt KG, Köln

Das Werk einschließlich aller seiner Teile ist urheberrechtlich geschützt. Jede Verwertung, die nicht ausdrücklich vom Urheberrechtsgesetz zugelassen ist, bedarf der vorherigen Zustimmung des Verlages. Das gilt insbesondere für Vervielfältigungen, Bearbeitungen, Übersetzungen, Mikroverfilmungen und die Einspeicherung und Verarbeitung in elektronischen Systemen.

Das verwendete Papier ist aus chlorfrei gebleichten Rohstoffen hergestellt, holz- und säurefrei, alterungsbeständig und umweltfreundlich.

Einbandgestaltung: Jan P. Lichtenford, Mettmann
Satz: WMTP, Birkenau
Druck und Verarbeitung: Kösel, Krugzell
Printed in Germany

Vorwort

Im Streben um die Wettbewerbsfähigkeit sind Umstrukturierungen von Unternehmen, Betrieben oder Betriebsteilen, die Verlagerung von Produktionen ins Ausland, die Veräußerung von Einheiten per „asset deal" oder „share deal" unverändert auf der arbeitsrechtlichen Tagesordnung. Im internationalen Vergleich wird der Standort Deutschland bis heute aus unternehmerischer Sicht als zu teuer angesehen. Umstrukturierungen, die häufig auch zu Personalabbau führen, fordern die Personalpraxis kontinuierlich heraus. Insbesondere in größeren Konzernen und Unternehmen werden vorrangig einvernehmliche Lösungen gesucht. Zugleich hat die Rechtsprechung aber mit der Erstreikbarkeit des Tarifsozialplans der Belegschaft zusätzliche Hebel in der streitigen Auseinandersetzung um Umstrukturierungen und deren Folgen an die Hand gegeben. Bei der Planung und Durchführung von Umstrukturierungen müssen zahlreiche Verfahrensschritte und Handlungsstränge zeitlich und inhaltlich aufeinander abgestimmt werden und dies unter Beachtung einer Fülle gesetzlicher Bestimmungen und ihrer Ausprägung durch die Rechtsprechung.

Dieses Handbuch ist für Praktiker gedacht, deren Aufgabe es ist, Umstrukturierungen mit ihren arbeitsrechtlichen Folgen zu planen und durchzuführen. Es ist aus der Sicht von Anwälten geschrieben, die solche Projekte als Berater ständig begleiten und deshalb die typischen Fragen und die Antworten darauf in vielfältiger Ausprägung kennen. Das gilt auch für den „richtigen" Umgang mit Arbeitnehmervertretern, auch in Interessenausgleichs- und Sozialplanverfahren ggf. bis zur Einigungsstelle, wie auch für die Unterrichtung von Betriebsräten bei (Massen)Entlassungen und gesellschaftsrechtlichen Umwandlungsvorgängen sowie den Umgang mit Transfergesellschaften und die Agentur für Arbeit. Die unmittelbar betroffenen Mitarbeiter sind zum richtigen Zeitpunkt und in angemessener und rechtlich zutreffender Form über die Folgen einer Umstrukturierung zu unterrichten. Eine ordentliche Pressearbeit sowie die Kommunikation mit Behörden und auch Politikern ist nicht zu vernachlässigen. Lösungsvorschläge enthält das Buch auch zu betriebsverfassungs- und mitbestimmungsrechtlichen Strukturen, Sonderfragen in Krisensituationen und bei Tendenzunternehmen sowie die tariflichen Konsequenzen von Umwandlungen und Betriebsübergängen. Angesprochen wird auch der Austritt aus dem Arbeitgeberverband aus Anlass und im zeitlichen Zusammenhang mit einer Umstrukturierung. Taktische Varianten, vermeidbare typische Fehler und personalpolitische Fragestellungen sind ebenso angesprochen wie die zahllosen Rechtsfragen, zu deren Beantwortung das Buch als roter Faden dienen soll.

Beispiele, Formulierungsvorschläge, Muster und rechtliche Ausführungen sind vorwiegend an der Rechtsprechung des Bundesarbeitsgerichts orientiert. Dennoch wird nicht auf weiterführende Literaturhinweise verzichtet. Rechtsprechung und Literatur sind bis zum Frühjahr 2015 berücksichtigt. Dank schulden wir allen arbeitsrechtlichen Partnern und

Mitarbeitern der Anwaltskanzlei Gleiss Lutz, Berlin/Düsseldorf/Frankfurt/München/Stuttgart für viele Anregungen und wertvolle Hinweise. Vor allem danken wir aber unseren Sekretariaten und hier insbesondere Frau *Sandra Kempa* und Herrn *Walter Tschudowski*, die unermüdlich bei der Erstellung des Manuskripts geholfen haben.

Düsseldorf/München/Stuttgart, im Juni 2015

Jobst-Hubertus Bauer   Katrin Haußmannn   Steffen Krieger

Inhaltsübersicht

	Seite
Vorwort	V
Inhaltsverzeichnis	IX
Abkürzungsverzeichnis	XXV
Literaturverzeichnis	XXXI

Teil 1 Grundlagen

	Rz.	Seite
A. Formen von Umstrukturierungen	1	1
B. Vorbereitung und Organisation von arbeitsrechtlichen Umstrukturierungen	1	12

Teil 2 Betriebsänderung

A. Einzelne Betriebsänderungen	1	39
B. Interessenausgleich und Sozialplan	1	80
C. Alternative Tarifsozialplan?	1	136

Teil 3 Betriebsübergang

A. Übergang der Arbeitsverhältnisse	1	158
B. Unterrichtung der Arbeitnehmer über den Betriebsübergang und Widerspruchsrecht	1	186

Teil 4 Umsetzung und Folgen arbeitsrechtlicher Umstrukturierungen

A. Informations-, Beratungs- und Anzeigepflichten im Überblick	1	200
B. Folgen von Umstrukturierungen für Arbeitnehmervertretungen	1	241
C. Auswirkungen von Umstrukturierungen auf Kollektivvereinbarungen	1	265

	Rz.	Seite
D. Grundlagen der betriebsbedingten Kündigung..........	1	275
E. Vermeidung von Kündigungen	1	333
F. Typische Abwehrstrategien der Belegschaft und Reaktionen des Arbeitgebers	1	351
G. Besonderheiten bei Krise und Insolvenz	1	363

Anhang

A. Due-Diligence-Checkliste 382
B. Vertragsmuster 384

Stichwortverzeichnis 437

Inhaltsverzeichnis

	Seite
Vorwort	V
Inhaltsübersicht	VII
Abkürzungsverzeichnis	XXV
Literaturverzeichnis	XXXI

Teil 1 Grundlagen

	Rz.	Seite
A. Formen von Umstrukturierungen	1	1
I. Unterscheidung von gesellschafts- und arbeitsrechtlichen Umstrukturierungen	1	1
II. Gesellschaftsrechtliche Vorgänge, Umwandlungsrecht	3	1
1. Abgrenzung Unternehmensebene/Betriebsebene	3	1
2. Einzelrechtsübertragung	9	4
3. Gesamtrechtsübertragung	10	4
III. Arbeitsrechtliche Vorgänge, Betriebsänderungen	16	5
IV. Mischformen, Einordnung von Betriebsübergängen	18	6
1. Betriebsänderungen anlässlich eines Inhaberwechsels	18	6
2. Fallgruppen	21	7
a) Spaltung in Besitz- und Produktionsgesellschaft	21	7
b) Aus- oder Eingliederung von Betriebsteilen („Outsourcing/Insourcing")	23	8
c) Spartenorganisation	31	9
3. Vermeidung einer Betriebsspaltung	34	10
4. Option für Zweifelsfälle	37	11
B. Vorbereitung und Organisation von arbeitsrechtlichen Umstrukturierungen	1	12
I. Planung einer Umstrukturierung	1	12
1. Arbeitsrechtliche Gestaltungsansätze	4	13
a) Person des Arbeitgebers	5	13
b) Betriebsorganisation und Arbeitnehmervertretungen	7	13
c) Geltung von Betriebsvereinbarungen	10	14
d) Geltung von Tarifverträgen	12	14
e) Anzahl der Arbeitsplätze/Wegfall von Arbeitsplätzen	14	15

	Rz.	Seite
f) Arbeitsplätze und Aufgaben	18	15
g) Arbeitsbedingungen	20	16
2. Übertragung von Managementvorgaben in arbeitsrechtliche Begriffe und Kategorien	21	16
II. Personalliste und Bestandsaufnahme, Due Diligence	24	17
1. Notwendige Informationen	29	18
a) Name	29	18
b) Geburtsdatum	31	18
c) Lebensalter	33	18
d) Eintrittsdatum und Betriebszugehörigkeit	35	19
e) Bruttomonatsgehalt	37	19
f) Eingruppierung	38	20
g) Familienstand und Unterhaltspflichten	40	20
h) Kündigungsfristen und -termine	42	21
i) Besonderer Kündigungsschutz	43	21
aa) Betriebsratsmitglieder	44	21
bb) Mutterschutz/Bundeselterngeld- und -elternzeitgesetz (BEEG)	45	22
cc) SGB IX – schwerbehinderte Menschen	47	22
2. Nützliche Informationen und Hinweise	48	22
a) Bestehende Vereinbarungen	49	23
b) Freie Stellen im Konzern	52	23
c) Datenweitergabe	54	23
d) Rentennähe	55	24
e) Selbständige Nebentätigkeiten	56	24
III. Informations- und Unterrichtungspflichten (Überblick)	58	25
1. Information über die Planung	58	25
2. Unterrichtung des Wirtschaftsausschusses	59	25
3. Zustimmung zu personellen Einzelmaßnahmen	60	25
4. Unterrichtung über Personalplanung und Beschäftigungssicherung	61	25
5. Qualifizierungsmaßnahmen	63	26
6. Allgemeine Aufgaben des Betriebsrats	64	26
7. Massenentlassungsanzeige	65	26
8. Europäischer Betriebsrat	67	27
9. Unterrichtung der Arbeitnehmer bei Betriebsübergang	68	27
IV. Interessenausgleich und Sozialplan	69	27
1. Zeitplan	69	27
2. Inhaltliche Organisation	72	30
3. Vorbereitung	73	30

	Rz.	Seite
V. Verhandlungsführung	75	31
1. Teilnahme von Rechtsanwälten	75	31
2. Rollenverteilung zwischen operativem Management und Personal-/Rechtsabteilungen	82	32
3. Interessenlage des Betriebsrats	84	32
VI. Interessenausgleich und Umsetzung	87	33
1. Abgestimmtes Vorgehen	87	33
2. Konfrontative Umsetzung	89	34
VII. Informationspolitik	91	34
1. Betriebliche Verhältnisse	91	34
2. Presse und Öffentlichkeit	92	34
3. Interne Kommunikation	94	35
a) Gemeinsame Kommunikation	95	35
b) Getrennte Kommunikation	96	35
VIII. Weitere Aufgaben	100	37
1. Aktualisierung von Daten	100	37
2. Organisation von räumlichen Veränderungen und IT-Strukturen	101	37
3. Ablauforganisation für die Zustellung von Kündigungen	102	37

Teil 2 Betriebsänderung

	Rz.	Seite
A. Einzelne Betriebsänderungen	1	39
I. Voraussetzungen einer Betriebsänderung	1	39
1. Unternehmerbegriff	5	40
2. Bedeutung der Unternehmens- und Betriebsgröße	6	41
a) Betriebsteile und Kleinbetriebe	11	42
b) Gemeinsamer Betrieb	13	42
3. Teilbarkeit von Betriebsänderungen	19	44
4. Sog. „überholende" Betriebsänderung	21	45
5. Berechnung der Anzahl der beschäftigten Arbeitnehmer	33	48
6. Bestehen eines Betriebsrats	39	50
7. Betriebsänderung und wesentliche Nachteile	44	51
II. Einzelne Betriebsänderungen	49	52
1. Stilllegung des ganzen Betriebs oder wesentlicher Betriebsteile	50	53

	Rz.	Seite
2. Einschränkung des Betriebs oder Stilllegung wesentlicher Betriebsteile	56	54
a) Stilllegung eines Betriebsteils	57	54
b) Betriebseinschränkung	58	55
3. Personalabbau	61	55
4. Verlegung des ganzen Betriebs oder wesentlicher Betriebsteile	65	57
5. Zusammenschluss mit anderen Betrieben	69	58
6. Spaltung von Betrieben	73	59
7. Grundlegende Änderung der Betriebsorganisation, des Betriebszwecks oder der Betriebsanlagen	79	60
a) Betriebsorganisation	79	60
b) Betriebszweck	82	61
c) Betriebsanlagen	83	62
8. Einführung grundlegend neuer Arbeitsmethoden und Fertigungsverfahren	87	63
III. Zuständigkeit des Betriebsrats oder Gesamt-/Konzernbetriebsrats	**89**	**63**
1. Zuständigkeit des Gesamtbetriebsrats	90	63
2. Zuständigkeit des Konzernbetriebsrats	100	67
IV. Sicherung der Beteiligungsrechte nach § 111 BetrVG, Unterlassungsanspruch und Nachteilsausgleich	**103**	**67**
1. Unterlassungsanspruch	105	68
2. Nachteilsausgleich	109	70
a) Allgemeine Voraussetzungen	110	70
b) Abweichen von einem Interessenausgleich	111	71
c) Fehlender Versuch eines Interessenausgleichs	117	72
d) Entlassungen und andere wirtschaftliche Nachteile als Konsequenzen unternehmerischer Maßnahmen	125	74
V. Hinzuziehung von Beratern	**137**	**77**
1. Person und Anzahl	137	77
2. Erforderlichkeit	139	78
3. Kleinere Unternehmen	140	78
4. Verschwiegenheitspflicht, Anwaltsvertrag	142	79
B. Interessenausgleich und Sozialplan	**1**	**80**
I. Interessenausgleich	**1**	**80**
1. Allgemeines	2	80
a) Gegenstand der Verhandlung	3	81
b) Form und Wirkung	9	82

	Rz.	Seite
2. Verfahren zur Herbeiführung eines Interessenausgleichs .	12	84
a) Betriebliche Verhandlungen	12	84
aa) Verhandlungsphasen.	13	84
bb) Verhandlungstaktische Überlegungen	14	85
b) Vorstand der Bundesagentur für Arbeit	19	86
c) Einigungsstelle	23	87

II. Sozialplan

	Rz.	Seite
II. Sozialplan.	31	90
1. Wesen und Funktion des Sozialplans	32	90
2. Ausnahme von der Sozialplanpflicht	35	92
a) Reiner Personalabbau	35	92
b) Sozialplanpflicht für neu gegründete Unternehmen . .	41	94
3. Verfahren für die Aufstellung des Sozialplans	47	96
4. Regelungskompetenz der Betriebspartner	49	96
a) Allgemeines	49	96
b) Verstoß gegen das AGG.	54	97
c) Zwingendes Gesetzesrecht	61	99
d) Individualrechte	63	100
5. Personeller Geltungsbereich	64	100
6. Abfindungen	67	101
a) Allgemeines	68	101
b) Pfändbarkeit	77	105
c) Vererbbarkeit.	78	106
d) Familienrechtliche Auswirkungen	79	106
e) Fälligkeit, Verjährung, Verwirkung	80	106
f) Anrechnung	82	107
7. Andere finanzielle Zuwendungen und Leistungen sowie sonstige Vergünstigungen.	83	108
a) Finanzielle Zuwendungen und Leistungen	83	108
b) Sonstige Vergünstigungen	92	110
8. Gültigkeitsdauer und Beendigung des Sozialplans	93	110
9. Rechte ungleich behandelter oder übergangener Arbeitnehmer.	100	111
10. Wirkung des Sozialplans	116	115
11. Streit über die Wirksamkeit eines Sozialplans	119	116
III. Einigungsstelle.	122	117
1. Errichtung der Einigungsstelle mit Hilfe des Gerichts . . .	123	117
2. Bestellung der Beisitzer	132	119
3. Zuständigkeit der Einigungsstelle	135	120
a) Prüfung im gerichtlichen Bestellungsverfahren	136	120
b) Prüfung im allgemeinen Beschlussverfahren.	138	121
c) Inzidente Vorabprüfung durch die Einigungsstelle . . .	139	121

	Rz.	Seite
4. Verfahrensablauf	143	123
5. Sozialplanspruch der Einigungsstelle	147	123
a) Anfechtung wegen Rechtsfehlern	149	124
b) Überprüfung der Ermessensentscheidung	150	124
c) Richtlinien für die Ermessensausübung der Einigungsstelle	152	125
aa) Gegebenheiten des Einzelfalls	153	125
bb) Aussichten auf dem Arbeitsmarkt	155	126
cc) Mögliche Weiterbeschäftigung	156	126
dd) Förderungsmöglichkeiten zur Vermeidung von Arbeitslosigkeit	160	127
ee) Fortbestand des Unternehmens und vorhandener Arbeitsplätze	163	128
6. Verfahren der gerichtlichen Überprüfung des Spruchs der Einigungsstelle	165	129
7. Kosten der Einigungsstelle	174	130
a) Honoraranspruch	174	130
b) Vergütungshöhe	175	131
IV. Tendenzunternehmen und -betriebe	181	133
1. Normzweck	181	133
a) Pressebetrieb	183	134
b) Weitere Tendenzbetriebe	185	135
c) Gewinnerzielungsabsicht	186	135
2. Unterrichtung und Beratung nach § 111 BetrVG	187	135
3. Sozialplan	190	136
C. Alternative Tarifsozialplan?	1	136
I. Sozialplan und Tarifsozialplan – Begriffsbestimmung und wesentliche Unterschiede	1	136
1. Tarifsozialplan/Sozialtarifvertrag	5	137
2. Entwicklung	6	137
3. Nachteilsausgleich oder Standorterhalt?	8	138
4. Verhältnis der Ansprüche aus einem Tarifsozialplan und einem betrieblichen Sozialplan zueinander	13	140
5. Wesentliche Unterschiede zu betrieblichen Sozialplänen	17	141
a) Parteien	17	141
b) Geltung	20	142
c) Ausschluss von Ansprüchen für den Fall der Erhebung einer Kündigungsschutzklage	24	143
d) Verfahren	26	143

	Rz.	Seite
II. Praktische Überlegungen im Vorfeld von Umstrukturierungen vor dem Hintergrund neuerer Entwicklungen ...	28	144
1. Beschluss des BAG vom 24.4.2007	29	144
2. Verhältnis Tarifverhandlungen – betriebliche Mitbestimmung	31	145
3. Bewertung des Streikrisikos	34	147
III. Folgen für die Planung und Durchführung von Sozialplanverhandlungen	37	149
1. Vorbereitung einer Betriebsänderung	37	149
2. Verhandlungstaktik	40	150
a) Reaktion auf Tarifforderung	40	150
b) Option: Vorziehen der geplanten Betriebsänderung...	45	151
3. Überlegungen für Betriebsräte	46	152
IV. Verhandlung und Inhalt eines Sozialtarifvertrags	47	152
1. Spielregeln für Tarifverhandlungen	47	152
2. Inhalt von Tarifsozialplänen	55	154
a) Ausgleich wirtschaftlicher Nachteile	55	154
b) Keine Bindung an die Vorgaben des BetrVG	57	155
aa) Kein „Tarifsozialplan-Privileg" für neu gegründete Unternehmen	58	155
bb) Keine Leitlinien für die Ermessensausübung	59	155
cc) Keine Geltung des betriebsverfassungsrechtlichen Gleichbehandlungsgrundsatzes	60	156

Teil 3 Betriebsübergang

	Rz.	Seite
A. Übergang der Arbeitsverhältnisse	1	158
I. Verhältnis von Betriebsübergang und Betriebsänderung .	1	158
II. Voraussetzungen eines Betriebsübergangs	3	159
1. Übergang eines Betriebs oder eines Betriebsteils	6	160
a) Art des betreffenden Betriebs oder Unternehmens ...	12	161
b) Etwaiger Übergang der materiellen Betriebsmittel ...	13	162
c) Übernahme und Wert der immateriellen Aktiva im Zeitpunkt des Übergangs	18	164
d) Etwaige Übernahme der Hauptbelegschaft durch den Betriebserwerber	19	164
e) Übernahme der Kundschaft.....................	23	165
f) Ähnlichkeit zwischen den vor und nach dem Übergang verrichteten Tätigkeiten	25	165

	Rz.	Seite
g) Dauer einer Unterbrechung der Betriebstätigkeit – Verhältnis von Betriebsstilllegung zu Betriebsübergang	30	167
2. Zeitpunkt des Betriebsübergangs – Wechsel des Betriebsinhabers	37	169
a) Zeitpunkt des Betriebsübergangs	37	169
b) Wechsel des Betriebsinhabers	39	170
c) Gespaltene Arbeitgeberfunktion	43a	171
3. Übergang aufgrund von Rechtsgeschäft	44	172
4. Abgrenzung Betriebsübergang – Funktionsnachfolge	50	173
III. Folgen für die Arbeitsverhältnisse	55	174
1. Einzelaspekte der übergehenden Arbeitsverhältnisse	56	174
2. Haftungssystem des § 613a Abs. 2 BGB	74	179
3. Erfasste Arbeitsverhältnisse	78	180
4. Zuordnungsprobleme bei Betriebsteilübergang	82	181
5. Ausschluss der Kündigung	86	182
6. Abweichende Vereinbarungen	95	185
B. Unterrichtung der Arbeitnehmer über den Betriebsübergang und Widerspruchsrecht	1	186
I. Inhalt der Unterrichtung	1	186
1. Zeitpunkt oder geplanter Zeitpunkt des Übergangs	3	187
2. Grund für den Übergang	5	188
3. Rechtliche, wirtschaftliche und soziale Folgen des Übergangs	7	188
4. Hinsichtlich der Arbeitnehmer in Aussicht genommene Maßnahmen	13	190
II. Verpflichteter und Adressat der Unterrichtung	15	191
III. Form und Zeitpunkt der Unterrichtung	18	191
IV. Folgen unvollständiger oder unterbliebener Unterrichtung	22	193
V. Nachinformationspflicht	23	193
VI. Widerspruchsrecht	31	195
1. Grundzüge	31	195
2. Rechtsfolge des Widerspruchs	34	196
3. Kein Kündigungsverbot	36	197
4. Verwirkung des Widerspruchsrechts	37	197

Teil 4 Umsetzung und Folgen arbeitsrechtlicher Umstrukturierungen

	Rz.	Seite
A. Informations-, Beratungs- und Anzeigepflichten im Überblick	1	200
I. Unterrichtungspflichten gegenüber dem Wirtschaftsausschuss	1	200
1. Aufgabe des Wirtschaftsausschusses	1	200
2. Gegenstände der Unterrichtung	4	201
3. Zeitpunkt und Umfang der Unterrichtung	9	203
a) Rechtzeitige Unterrichtung	10	204
b) Umfassende Unterrichtung unter Vorlage der Unterlagen	14	205
4. Verletzung der Unterrichtungspflicht	21	207
II. Informations-, Unterrichtungs- und Beratungspflichten gegenüber dem Betriebsrat bzw. Personalrat	22	207
1. Beteiligung des Betriebsrats	22	207
a) Änderungen auf Betriebsebene	22	207
b) Umwandlungen nach dem Umwandlungsgesetz	23	208
aa) Zuleitung des Umwandlungsvertrags	23	208
bb) Angaben zu den arbeitsrechtlichen Folgen	26	209
cc) Zuständiger Betriebsrat	30	210
c) Konsultationspflicht bei Massenentlassungen	33	211
d) Weitere Beteiligungsrechte	45	216
2. Beteiligung des Personalrats	46	216
a) Beteiligung hinsichtlich des Ob einer Umstrukturierung	46	216
b) Beteiligung hinsichtlich der wirtschaftlichen Folgen	50	217
III. Pflichten gegenüber dem mitbestimmten Aufsichtsrat	54	218
1. Informationspflichten des Vorstands in der AG	54	218
2. Informationspflichten der Geschäftsführung in der mitbestimmten GmbH	61	220
IV. Pflichten nach WpÜG und WpHG	67	221
1. Öffentliches Übernahmeangebot	68	221
a) Angebotsverfahren	68	221
b) Beteiligung der Arbeitnehmer und ihrer Vertretungen	71	222
2. Ad-hoc-Publizität	79	224
3. Insiderverzeichnis	84	225
V. Anzeigepflichten gegenüber der Arbeitsverwaltung	86	226
1. Anzeigepflichtige Entlassungen	86	226
2. Form und Inhalt der Massenentlassungsanzeige	100	230

	Rz.	Seite
3. Bedeutung von § 18 KSchG	105	231
4. Rechtsfolge bei nicht ordnungsgemäßer Anzeige	107	232
5. Empfohlenes Vorgehen	109	233
VI. Rechte des Europäischen Betriebsrats und des SE-Betriebsrats	110	234
1. Europäischer Betriebsrat	110	234
2. SE-Betriebsrat	117	236
VII. Rechte des Sprecherausschusses	119	237
VIII. Beteiligung der Arbeitnehmer bei Gründung einer SE und grenzüberschreitender Verschmelzung	122	238
1. Gründung einer SE	123	238
2. Grenzüberschreitende Verschmelzung	131	240
B. Folgen von Umstrukturierungen für Arbeitnehmervertretungen	1	241
I. Betriebsrat, Gesamtbetriebsrat, Konzernbetriebsrat	1	241
1. Betriebsidentität	1	241
2. Neuwahl, Übergangs- und Restmandat	8	244
a) Neuwahl	8	244
b) Übergangsmandat	12	244
c) Restmandat	13	245
3. Spaltung von Betrieben	15	245
a) Abspaltung	16	246
b) Aufspaltung	19	247
4. Zusammenlegung von Betrieben oder Betriebsteilen	23	248
a) Zusammenfassung	24	248
aa) Zusammenfassung mehrerer Betriebe	24	248
bb) Zusammenfassung von Betriebsteilen	27	249
cc) Zusammenfassung von Betrieben und Betriebsteilen	30	249
b) Eingliederung	33	250
aa) Eingliederung von Betrieben in andere Betriebe	34	251
bb) Eingliederung von Betriebsteilen in Betriebe	40	252
5. Besonderheiten bei Gemeinschaftsbetrieben	43	253
6. Typische Gestaltungen in der Praxis	44	254
7. Auswirkungen auf Gesamt- und Konzernbetriebsrat	47	255
a) Gesamtbetriebsrat	47	255
b) Konzernbetriebsrat	50	255
8. Besonderheiten bei Vereinbarungen nach § 3 BetrVG	51	256

	Rz.	Seite
II. Mitbestimmter Aufsichtsrat	54	257
1. Grundlagen der paritätischen Mitbestimmung	54	257
2. Bestimmung des Schwellenwerts	63	259
a) Regelmäßige Arbeitnehmerzahl	63	259
b) Zu berücksichtigende Mitarbeitergruppen	66	260
aa) Organvertreter	67	260
bb) Leitende Angestellte	68–76	260
cc) Leiharbeitnehmer	77	260
3. Wechsel des Mitbestimmungsstatuts	78	260
4. Mögliche Gestaltungen zur Vermeidung oder Begrenzung der Mitbestimmung	81	261
a) Rechtsformwechsel	81	261
b) Gründung einer Societas Europaea (SE)	85	262
c) Durchführung einer grenzüberschreitenden Verschmelzung	91	264
C. Auswirkungen von Umstrukturierungen auf Kollektivvereinbarungen	1	265
I. Betriebsänderungen mit gleichzeitigem Inhaberwechsel	1	266
1. Betriebsvereinbarungen	2	266
a) Abspaltung	6	267
b) Aufspaltung	8	267
c) Zusammenfassung mehrerer Betriebe oder Betriebsteile	10	268
d) Eingliederung von Betrieben oder Betriebsteilen	12	268
2. Gesamtbetriebs- und Konzernbetriebsvereinbarungen	14	269
a) Gesamtbetriebsvereinbarungen	15	269
b) Konzernbetriebsvereinbarungen	17	270
3. Tarifverträge/Tarifwechsel	19	270
a) Übereinstimmende Tarifbindung	20	271
b) Unterschiedliche Tarifbindung	22	271
c) Arbeitsvertragliche Bezugnahmeklauseln	24	272
4. Gestaltungsmöglichkeiten	29	273
a) Formulierung von Arbeitsverträgen	30	274
b) Auswahl der aufnehmenden Rechtsträger in einer Umwandlung	31	274
c) Beschränkung des Geltungsbereichs einer Betriebsvereinbarung	32	274
d) Differenzierte Betriebsvereinbarungen innerhalb eines Betriebs	33	274
II. Betriebsänderungen ohne Inhaberwechsel	34	274
1. Betriebsvereinbarungen	34	274
2. Gesamtbetriebs- und Konzernbetriebsvereinbarungen	36	275

	Rz.	Seite
D. Grundlagen der betriebsbedingten Kündigung	1	275
I. Voraussetzungen der betriebsbedingten Kündigung	1	276
1. Geltung des Kündigungsschutzgesetzes	3	277
a) Betrieblicher Geltungsbereich	4	277
b) Persönlicher Geltungsbereich	8	279
2. Dringende betriebliche Erfordernisse: Überblick	12	280
II. Wegfall des Beschäftigungsbedarfs	18	282
1. Unternehmerentscheidung	18	282
2. Keine anderweitige Beschäftigungsmöglichkeit	30	286
3. Darlegungs- und Beweislast	38	288
III. Sozialauswahl	39	289
1. Vergleichbare Arbeitnehmer	41	289
a) Betriebsbezogenheit der Sozialauswahl	42	290
b) Hierarchische Vergleichbarkeit	47	291
c) Versetzbarkeit	49	291
d) Geeignetheit	55	292
2. Abwägung der Sozialdaten	56	293
a) Zu berücksichtigende Kriterien	56	293
aa) Dauer der Betriebszugehörigkeit	62	294
bb) Lebensalter	65	294
cc) Unterhaltspflichten	70	296
dd) Schwerbehinderung	74	297
b) Wertungsspielraum des Arbeitgebers	76	297
c) Verwendung von Punkteschemata	78	298
d) Herausnahme von Leistungsträgern	88	301
e) Sicherung einer ausgewogenen Personalstruktur	92	302
aa) Bildung von Altersgruppen	92	302
bb) Verhältnis Vergleichsgruppen/Altersgruppen	94	303
cc) Staffelung der Altersgruppen	97	304
dd) Proportionale Berücksichtigung der Altersgruppen bei Kündigungen	103	305
ee) Vorgehen bei Massenentlassungen	105	306
3. Darlegungs- und Beweislast	106	307
IV. Namensliste	107	307
1. Vermutungswirkung	107	307
2. Beschränkung der Überprüfung der Sozialauswahl auf grobe Fehlerhaftigkeit	109	308
V. Besonderer Kündigungsschutz	113	309
1. (Werdende) Mütter	114	310
2. Elternzeitberechtigte	121	312

	Rz.	Seite
3. Schwerbehinderte	124	312
4. Auszubildende	129	315
5. Betriebsratsmitglieder und andere Amtsträger der Betriebsverfassung	131	316
a) Kündigungsschutz nach § 15 KSchG	131	316
b) Zustimmung des Betriebsrats bei außerordentlicher Kündigung und Versetzung	134	317
6. Familienpflegezeit, Pflegezeit	139	319
7. Altersgesicherte Arbeitnehmer	140	319
8. Weiterer Sonderkündigungsschutz	142	320
VI. Besonderheiten bei Umwandlung	143	321
VII. Formelle Anforderungen an Kündigungen	147	322
1. Betriebsratsanhörung	147	322
a) Anhörungspflicht nach § 102 BetrVG	147	322
b) Reaktionsmöglichkeiten und Beschlussfassung des Betriebsrats	161	326
c) Rechtsfolgen unterbliebener oder mangelhafter Betriebsratsanhörung	169	328
d) Kündigung leitender Angestellter	170	329
2. Kündigungserklärung	173	329
3. Zugang der Kündigung	181	331
E. Vermeidung von Kündigungen	1	333
I. Altersteilzeit und Vorruhestand	1	333
1. Aufhebungsvereinbarung	2	334
2. Vorruhestandsvereinbarung	5	335
3. Altersteilzeitvereinbarung	6	335
II. Einsatz einer Transfergesellschaft	15	337
1. Einleitung	16	337
2. Errichtung	17	338
3. Wechsel der Arbeitnehmer	23	339
4. Finanzierungsfragen	29	341
5. Tätigkeit der Transfergesellschaft	36	343
6. Transfermaßnahmen	38	343
III. Betriebliches Bündnis für Arbeit	40	344
1. Rechtlicher Rahmen	42	344
2. Mitwirkung von Betriebsrat und Gewerkschaft	46	346
a) Tarifvertragliche Öffnungsklauseln für Betriebsvereinbarungen	47	346

	Rz.	Seite
b) Firmenbezogener Verbandstarifvertrag/Haustarifvertrag	49	347
3. Gegen den Willen der Gewerkschaft, aber unter Mitwirkung des Betriebsrats	53	348
a) Regelungsabreden und vertragliche Einheitsregelungen	53	348
b) Betriebsvereinbarungen	57	349
4. Gegen den Willen der Gewerkschaft und ohne Mitwirkung des Betriebsrats	58	349
5. Alternativen	59	350
a) Austritt aus dem Arbeitgeberverband	59	350
b) Ausgründungen	61	351

F. Typische Abwehrstrategien der Belegschaft und Reaktionen des Arbeitgebers ... 1 351

I. Vorbereitung ... 1 352

II. Ausgewählte übliche Aktionen ... 6 353

1. Betriebsversammlungen ... 6 353
2. Pressearbeit ... 11 354
3. Überstundengenehmigungen, Aussetzung von Verhandlungen über Betriebsvereinbarungen, Dienst nach Vorschrift ... 14 355
4. Verschleppung von Verhandlungen ... 17 356
5. Spontanversammlungen, spontane Protestaktionen ... 19 357
6. Transparente an Betriebsgebäuden ... 22 358
7. Risiko mitbestimmungspflichtiger Maßnahmen ... 24 358
8. Einleitung von Verfahren nach § 92a BetrVG ... 27 359
9. Bei Umwandlungsvorgängen: Stellungnahme gegenüber dem Registergericht ... 28 359

III. Ausgewählte aggressive Abwehrstrategien ... 30 360

1. Massenwiderspruch bei Betriebsübergang ... 30 360
2. Massenhafte Arbeitsgerichts-/Beschlussverfahren ... 32 360
3. Mehrtägige Betriebsversammlungen ... 34 361
4. Warnstreiks ... 35 362
5. Betriebsblockaden ... 38 362

G. Besonderheiten bei Krise und Insolvenz ... 1 363

I. Grundzüge des Insolvenzarbeitsrechts ... 1 363

1. Individualarbeitsrechtliche Aspekte ... 3 364

	Rz.	Seite
2. Kollektivarbeitsrecht – Interessenausgleich und Sozialplan	10	366
a) Sonderregeln für den Interessenausgleich	14	367
b) Beschränkung des Sozialplanvolumens	25	370
c) Erleichterungen nur im eröffneten Verfahren	30	371
d) Insolvenzgeld und Vorfinanzierung	32	372
II. Besonderheiten bei der Zwischenschaltung einer Transfergesellschaft	40	374
1. Finanzierungsfragen	45	375
2. Gestaltung des Vertragsangebots	47	375
3. Grenzen der Gestaltungsfreiheit	48	376
III. Transaktionsstrukturen ohne Zwischenschaltung einer Transfergesellschaft – Kündigung nach „Erwerberkonzept"	51	377
1. Anwendbarkeit des § 613a BGB in der Insolvenz	52	378
2. Kündigung nach „Erwerberkonzept"	53	379
3. Kündigung nach „Veräußererkonzept"	55	380
4. Praktische Hinweise und Gestaltungsmöglichkeiten	56	380

Anhang

	Seite
A. Due-Diligence-Checkliste	382
B. Vertragsmuster	384
1. Interessenausgleich	384
2. Interessenausgleich mit Namensliste	387
3. Auswahlrichtlinie	389
4. Sozialplan – Betriebsverlegung	391
5. Sozialplan – Betriebsstilllegung	393
6. Sanierungstarifvertrag – Firmentarifvertrag anlässlich einer Unternehmensübernahme	396
7. „Bündnis für Arbeit" – Verbandstarifvertrag zur Beschäftigungssicherung	398
8. Betriebsratsanhörung – Betriebsbedingte Kündigung	401
9. Betriebsratsanhörung – Betriebsstilllegung	403
10. Sprecherausschussanhörung	405
11. Antrag auf Zustimmung zur Kündigung eines schwerbehinderten Menschen	406

Inhaltsverzeichnis

	Seite
12. Antrag auf Zustimmung zur Kündigung in der Elternzeit	406
13. Massenentlassungsanzeige	407
14. Einfache betriebsbedingte Kündigung	407
15. Betriebsbedingte Kündigung mit Abfindungsangebot nach § 1a KSchG	408
16. Gesellschafterbeschluss zur Betriebsstilllegung	409
17. Aufhebungsvertrag	410
18. Abwicklungsvertrag	420
19. Vertrag zur Einrichtung einer Transfergesellschaft	421
20. Unterrichtungsschreiben nach § 613a Abs. 5 BGB – Übergang eines Betriebsteils	429
21. Unterrichtungsschreiben nach § 613a Abs. 5 BGB – Übergang eines Betriebes	432
22. Angaben im Verschmelzungsvertrag zu arbeitsrechtlichen Folgen	435

Stichwortverzeichnis 437

Abkürzungsverzeichnis

a.A.	anderer Ansicht
Abs.	Absatz
AE	Arbeitsrechtliche Entscheidungen (Zeitschrift)
a.F.	alte Fassung
AG	Die Aktiengesellschaft (Zeitschrift), Aktiengesellschaft
AGG	Allgemeines Gleichbehandlungsgesetz
AiB	Arbeitsrecht im Betrieb (Zeitschrift)
AktG	Aktiengesetz
Anh.	Anhang
Anl.	Anlage
Anm.	Anmerkung
AnwBl.	Anwaltsblatt (Zeitschrift)
AP	Arbeitsrechtliche Praxis, Nachschlagewerk des BAG
APS	*Ascheid/Preis/Schmidt*, Großkommentar zum Kündigungsrecht
ArbG	Arbeitsgericht
ArbNErfG	Gesetz über Arbeitnehmererfindungen
ArbPlSchG	Arbeitsplatzschutzgesetz
ArbRB	Der Arbeits-Rechts-Berater (Zeitschrift)
AR-Blattei	Arbeitsrecht-Blattei
Art.	Artikel
AuA	Arbeit und Arbeitsrecht (Zeitschrift)
Aufl.	Auflage
AuR	Arbeit und Recht (Zeitschrift)
ATZG	Altersteilzeitgesetz
AuR	Arbeit und Recht (Zeitschrift)
BAG	Bundesarbeitsgericht
BAGE	Amtliche Sammlung der Entscheidungen des BAG
BB	Betriebs-Berater (Zeitschrift)
BBiG	Berufsbildungsgesetz
BEEG	Bundeselterngeld- und Elternzeitgesetz
beE	betriebsorganisatorisch eigenständige Einheit
Beil.	Beilage
BetrAVG	Betriebsrentengesetz
BetrVG	Betriebsverfassungsgesetz
BGB	Bürgerliches Gesetzbuch
BGBl.	Bundesgesetzblatt
BGH	Bundesgerichtshof
BImSchG	Bundesimmissionsschutzgesetz
BLDH	*Bauer/Lingemann/Diller/Haußmann*, Anwalts-Formularbuch

BQG	Beschäftigungs- und Qualifizierungsgesellschaft
BSG	Bundessozialgericht
BUrlG	Bundesurlaubsgesetz
BT	Bundestag
BV	Betriebsvereinbarung
BVerfG	Bundesverfassungsgericht
BVerwG	Bundesverwaltungsgericht
bzgl.	bezüglich
bzw.	beziehungsweise
DB	Der Betrieb (Zeitschrift)
d.h.	das heißt
DFLK	*Dornbusch/Fischermaier/Löwisch/Kaiser*, Kommentar zum Kündigungsschutzgesetz
DKKW	*Däubler/Kittner/Klebe/Wedde*, Kommentar zum Betriebsverfassungsgesetz
DLWBH	*Dörner/Luczak/Wildschütz/Baeck/Hoß*, Handbuch des Fachanwalts für Arbeitsrecht
Drucks.	Drucksache
EBRG	Europäisches Betriebsräte-Gesetz
EG	Europäische Gemeinschaft
ErfK	Erfurter Kommentar zum Arbeitsrecht
EStG	Einkommensteuergesetz
EuGH	Europäischer Gerichtshof
EUR	Euro
EzA	Entscheidungssammlung zum Arbeitsrecht
f.	folgende Randziffer/Paragraph/Seite
ff.	folgende Randziffern/Paragraphen/Seiten
FA	Fachanwalt Arbeitsrecht (Zeitschrift)
FD-ArbR	Fachdienst Arbeitsrecht (beck-online)
Fn.	Fußnote
FS	Festschrift
GBR	Gesamtbetriebsrat
GdL	Gewerkschaft der Lokführer
gem.	gemäß
GG	Grundgesetz
GK	Gemeinschaftskommentar
GmbH	Gesellschaft mit beschränkter Haftung
GMP	*Germelmann/Matthes/Prütting*, Kommentar zum ArbGG
grds.	grundsätzlich
GS	Großer Senat

HaKo	Handkommentar
Halbs.	Halbsatz
HGB	Handelsgesetzbuch
h.M.	herrschende Meinung
Hdb.	Handbuch
hrsg.	herausgegeben
HWGNRH	*Hess/Worzalla/Glock/Nicolai/Rose/Huke*, Kommentar zum Betriebsverfassungsgesetz
HWK	*Henssler/Willemsen/Kalb*, Arbeitsrecht Kommentar
i.d.F.	in der Fassung
i.d.R.	in der Regel
InsO	Insolvenzordnung
i.S.d.	im Sinne des/der
i.S.v.	im Sinne von
i.V.m.	in Verbindung mit
JRH	*Jaeger/Röder/Heckelmann*, Praxishdb. Betriebsverfassungsrecht
Kap.	Kapitel
KBR	Konzernbetriebsrat
KK	Kölner Kommentar
KR	Gemeinschaftskommentar zum KSchG u.a. Gesetzen
krit.	kritisch(er)
KSchG	Kündigungsschutzgesetz
LAG	Landesarbeitsgericht
LAGE	Entscheidungsdienst der Landesarbeitsgerichte
lit.	litera (Buchstabe)
LPVG	Landespersonalvertretungsgesetz
LStR	Lohnsteuerrichtlinien
MDR	Monatsschrift für Deutsches Recht (Zeitschrift)
MgVG	Gesetz über die Mitbestimmung der Arbeitnehmer bei einer grenzüberschreitenden Verschmelzung
MitbestG	Gesetz über die Mitbestimmung der Arbeitnehmer
Münch	Münchener
MuSchG	Mutterschutzgesetz
m.w.N.	mit weiteren Nachweisen
n.F.	neue Fassung
NJW	Neue Juristische Wochenschrift (Zeitschrift)
NJW-Spezial	Neue Juristische Wochenschrift Spezial (Zeitschrift)
Nr.	Nummer(n)

NRW, nrw	Nordrhein-Westfalen
n.v.	nicht veröffentlicht
NZA	Neue Zeitschrift für Arbeitsrecht
NZA-RR	NZA-Rechtsprechungsreport Arbeitsrecht (Zeitschrift)
NZI	Neue Zeitschrift für Insolvenzrecht
NZS	Neue Zeitschrift für Sozialrecht
OLG	Oberlandesgericht
Os.	Orientierungssatz
PStV	Personenstandsverordnung
PSV	Pensionssicherungsverein
PWW	*Prütting/Wegen/Weinreich*, Kommentar zum BGB
RdA	Recht der Arbeit (Zeitschrift)
RDW	*Richardi/Dörner/Weber*, Personalvertretungsrecht
RegE	Regierungsentwurf
Rspr.	Rechtsprechung
RVG	Rechtsanwaltsvergütungsgesetz
Rz.	Randziffer
s.	siehe
SAE	Sammlung arbeitsrechtlicher Entscheidungen
SchwbG	Schwerbehindertengesetz
SE	Societas Europaea
SEBG	SE-Beteiligungsgesetz
SGB	Sozialgesetzbuch
sog.	sogenannt(e, er)
SprAuG	Sprecherausschussgesetz
StGB	Strafgesetzbuch
str.	streitig
st.	ständig(e, er)
SvEV	Sozialversicherungsentgeltverordnung
TVG	Tarifvertragsgesetz
TzBfG	Teilzeit- und Befristungsgesetz
u.a.	und andere, unter anderem
u.E.	unseres Erachtens
UmwG	Umwandlungsgesetz
Urt.	Urteil
usw.	und so weiter
u.U.	unter Umständen

VA	Verwaltungsanweisung
VGH	Verwaltungsgerichtshof
vgl.	vergleiche
WHSS	*Willemsen/Hohenstatt/Schweibert/Seibt*, Umstrukturierung und Übertragung von Unternehmen
WpAIV	Wertpapierhandelsanzeige- und Insiderverzeichnisordnung
WpHG	Wertpapierhandelsgesetz
WpÜG	Wertpapiererwerbs- und Übernahmegesetz
WWKK	*Wlotzke/Wissmann/Koberski/Kleinsorge*, Mitbestimmungsrecht
z.B.	zum Beispiel
ZDG	Zivildienstgesetz
ZIP	Zeitschrift für Wirtschaftsrecht
zit.	zitiert
ZPO	Zivilprozessordnung
ZTR	Zeitschrift für Tarif-, Arbeits- und Sozialrecht des öffentlichen Dienstes
zust.	zustimmend(er)

Literaturverzeichnis

Altvater/Baden/Berg/Kröll/Noll/Seulen, Kommentar zum Bundespersonalvertretungsgesetz mit Wahlordnung und ergänzenden Vorschriften, 8. Aufl. 2013
Annuß/Kühn/Rudolph/Rupp, Europäisches Betriebsräte-Gesetz, EBRG, 2014
APS/*Bearbeiter*, Kündigungsrecht von *Ascheid, Preis, Schmidt*, 4. Aufl. 2012

Bauer, Kommentar zum Sprecherausschußgesetz, 2. Aufl. 1991
Bauer, Unternehmensveräußerung und Arbeitsrecht, 1993
Bauer/Baeck/Schuster, Scheinselbständigkeit, 2000
Bauer/Diller, Wettbewerbsverbote, 7. Aufl. 2015
Bauer/Krieger, AGG, Allgemeinen Gleichbehandlungsgesetz, Kommentar, 4. Aufl. 2015
Bauer/Krieger, Kündigungsrecht – Reformen 2004, 2004
Bauer/Krieger/Arnold, Arbeitsrechtliche Aufhebungsverträge, 9. Aufl. 2014
BLDH/*Bearbeiter*, Anwalts-Formularbuch Arbeitsrecht von *Bauer, Lingemann, Diller, Haußmann*, 5. Aufl. 2014
Blümich/*Bearbeiter*, Kommentar zum Einkommensteuergesetz, Körperschaftsteuergesetz, Gewerbesteuergesetz, Loseblatt
Brühl/Göpfert/*Bearbeiter*, Unternehmensrestrukturierung, 2. Aufl. 2014
Buchner/Becker, Kommentar zum Mutterschutzgesetz und Bundeselterngeld- und Elternzeitgesetz, 8. Aufl. 2008

Däubler/Bertzbach/*Bearbeiter*, Kommentar zum Allgemeinen Gleichbehandlungsgesetz, 3. Aufl. 2013
Depré/*Bearbeiter*, Anwaltspraxis im Insolvenzrecht, 2. Aufl. 2005
DFLK/*Bearbeiter*, Kommentar zum Kündigungsschutzgesetz von *Dornbusch, Fischermaier, Löwisch, Kaiser*, 2008
DKKW/*Bearbeiter*, Kommentar zum Betriebsverfassungsgesetz von *Däubler, Kittner, Klebe, Wedde*, 14. Aufl. 2014
DLWBH/*Bearbeiter*, Handbuch des Fachanwalts für Arbeitsrecht von *Dörner, Luczak, Wildschütz, Baeck, Hoß*, 12. Aufl. 2015

Ehmann, Betriebsstilllegung und Mitbestimmung, 1978
ErfK/*Bearbeiter*, Erfurter Kommentar zum Arbeitsrecht von *Müller-Glöge, Preis, Schmidt*, 15. Aufl. 2015
Etzel, Betriebsverfassungsgesetz, Eine systematische Darstellung, 8. Aufl. 2002

Fitting, Kommentar zum Betriebsverfassungsgesetz von *Fitting, Engels, Schmidt, Trebinger, Linsenmaier*, 27. Aufl. 2014
Friedemann, Das Verfahren der Einigungsstelle für Interessenausgleich und Sozialplan, 1996

Galperin/Löwisch, Kommentar zum Betriebsverfassungsgesetz, 6. Aufl. 1982, Nachtrag 1985
Gaul, Das Arbeitsrecht der Betriebs- und Unternehmensspaltung, 2002
Gebauer/Schneider, Rechtsanwaltsvergütungsgesetz, 3. Aufl. 2006
GK/*Bearbeiter*, Gemeinschaftskommentar zum Betriebsverfassungsgesetz von *Wiese, Kreutz, Oetker, Raab, Weber, Franzen, Gutzeit, Jacobs*, 10. Aufl. 2014
GMP/*Bearbeiter*, Kommentar zum Arbeitsgerichtsgesetz von *Germelmann, Matthes, Prütting*, 8. Aufl. 2013

HaKo/*Bearbeiter*, Handkommentar zum Kündigungsschutzrecht von *Gallner, Griebeling, Mestwerdt, Nägele*, 5. Aufl. 2015
Hennige, Das Verfahrensrecht der Einigungsstelle, 1972
Höfer/Reinhard/Reich, Betriebsrentenrecht (BetrAVG), Bd. 1: Arbeitsrecht, Loseblatt
von Hoyningen-Huene/Linck, Kommentar zum Kündigungsschutzgesetz, 15. Aufl. 2013
HWGNRH/*Bearbeiter*, Kommentar zum Betriebsverfassungsgesetz von *Hess, Worzalla, Glock, Nicolai, Rose, Huke*, 9. Aufl. 2014

Ilbertz/Widmaier/Sommer, Kommentar zum Bundespersonalvertretungsgesetz mit Wahlordnung, 13. Aufl. 2015

JRH/*Bearbeiter*, Praxishandbuch Betriebsverfassungsrecht von *Jaeger, Röder, Heckelmann*, 2003

Kissel, Arbeitskampfrecht, 2002
KK-WpHG/*Bearbeiter*, Kölner Kommentar zum Wertpapierhandelsgesetz von *Hirte/Möllers*, 2. Aufl. 2014
Konzen, Unternehmensaufspaltungen und Organisationsänderungen im Betriebsverfassungsrecht, 1986
KR/*Bearbeiter*, Gemeinschaftskommentar zum Kündigungsschutzgesetz und zu sonstigen kündigungsschutzrechtlichen Vorschriften von *Etzel, Bader, Fischermeier, Friedrich, Griebeling, Kreft, Link, Lipke, Rost, Spilger, Treber, Vogt, Weigand*, 10. Aufl. 2013
Küttner/*Bearbeiter*, Personalbuch 2015, Arbeitsrecht, Lohnsteuerrecht, Sozialversicherungsrecht von *Küttner*, 22. Aufl. 2015

Löwisch/Kaiser, Kommentar zum Betriebsverfassungsgesetz, 6. Aufl. 2010
Löwisch/Rieble, Kommentar zum Tarifvertragsgesetz, 3. Aufl. 2012
Löwisch/Spinner/Wertheim, Kommentar zum Kündigungsschutzgesetz, 10. Aufl. 2013
Lutter/Hommelhoff/Teichmann/*Bearbeiter*, SE-Kommentar, 2. Aufl. 2015

Maunz/Dürig, Grundgesetz, Loseblatt
Müller/Bauer, Der Anwalt vor den Arbeitsgerichten, 3. Aufl. 1991
MünchArbR/*Bearbeiter*, Münchener Handbuch zum Arbeitsrecht, 2 Bände, 3. Aufl. 2009

Ohl, Der Sozialplan, 1977
Ott/Göpfert, Unternehmenskauf aus der Insolvenz, 2005

Pünnel/Isenhardt/*Bearbeiter*, Die Einigungsstelle des BetrVG 1972, 4. Aufl. 1997
PWW/*Bearbeiter*, Kommentar zum Bürgerlichen Gesetzbuch von *Prütting/Wegen/Weinreich*, 10. Aufl. 2015

Richardi bzw. Richardi/*Bearbeiter*, Kommentar zum Betriebsverfassungsgesetz, 14. Aufl. 2014
RDW/*Bearbeiter*, Personalvertretungsrecht von *Richardi, Dörner, Weber*, 4. Aufl. 2012
Reuter, Der Sozialplan – Entschädigung für Arbeitsplatzverlust oder Steuerung unternehmerischen Handelns?, 1983
Röder/Baeck, Interessenausgleich und Sozialplan, 4. Aufl. 2009
Röder/Göpfert, Restructuring a Business in Europe, 2003
Rumpff/Boewer, Mitbestimmung in wirtschaftlichen Angelegenheiten, 3. Aufl. 1990

Sachs/*Bearbeiter*, Kommentar zum Grundgesetz, 7. Aufl. 2014
Schmidt/Lutter, Aktiengesetzkommentar, 3. Aufl. 2015
Schmitt/Hörtnagl/Stratz, Umwandlungsgesetz, Umwandlungssteuergesetz, 6. Aufl. 2013
Semler/Stengel, Kommentar zum Umwandlungsgesetz, 3. Aufl. 2013

Ulmer/Habersack/Henssler, Mitbestimmungsrecht, 3. Aufl. 2013

WHSS/*Bearbeiter*, Umstrukturierung und Übertragung von Unternehmen von *Willemsen, Hohenstatt, Schweibert, Seibt*, 4. Aufl. 2011
Widmann/Mayer/*Bearbeiter*, Umwandlungsrecht (Loseblattausgabe)
Wiedemann/*Bearbeiter*, Kommentar zum Tarifvertragsgesetz, 7. Aufl. 2007
Wlotzke/Preis/Kreft/*Bearbeiter*, Kommentar zum Betriebsverfassungsgesetz, 4. Aufl. 2009
WWKK/*Bearbeiter*, Mitbestimmungsrecht von *Wlotzke, Wißmann, Koberski, Kleinsorge*, 4. Aufl. 2011

Teil 1 Grundlagen

A. Formen von Umstrukturierungen

„Was genau ist geplant?" – Wie die Unternehmen und Betriebe künftig aussehen sollen und welche Änderungen zum bestehenden Zustand sich ergeben, ist der wesentliche Gegenstand der Planung einer Betriebsänderung. Dies gilt insbesondere bei komplexen Vorgängen, die mehrere Unternehmen und Betriebe neu ordnen. Besonderes Augenmerk ist dabei darauf zu richten, ob die Rechtsträger der Betriebe betroffen sind (Betriebsübergang) und ob die Betriebsorganisation Gegenstand der Änderung ist (Betriebsänderung).

I. Unterscheidung von gesellschafts- und arbeitsrechtlichen Umstrukturierungen

Das für eine Umstrukturierung zu beachtende Verfahren einschließlich der Beteiligungsrechte der Arbeitnehmer und ihrer Vertretungen hängt davon ab, ob die geplante Maßnahme das Unternehmen und/oder dessen Betrieb(e) oder keines von beidem berührt. Von **zentraler Bedeutung** ist insoweit die **Unterscheidung** zwischen **Unternehmen** einerseits und **Betrieb** andererseits. Daneben gibt es Vorgänge, die ausschließlich die **Gesellschafter** eines Unternehmens betreffen. Hierzu zählt vor allem die Veräußerung der Anteile an einer Kapitalgesellschaft durch den bisherigen Gesellschafter an einen neuen Eigentümer, etwa im Rahmen einer konzerninternen gesellschaftsrechtlichen Umstrukturierung.

Die Klärung der Frage, **welche Ebene** (Unternehmen, Betrieb und/oder Gesellschafter) durch eine beabsichtigte Maßnahme betroffen ist, muss immer der **erste Schritt** bei der Vorbereitung einer Umstrukturierung sein. Erst wenn klar ist, auf welcher Ebene sich die geplante Umstrukturierung abspielt, kann beurteilt werden, welche Beteiligungsrechte bestehen und im Verfahren abgearbeitet werden müssen.

II. Gesellschaftsrechtliche Vorgänge, Umwandlungsrecht

1. Abgrenzung Unternehmensebene/Betriebsebene

Unter **Unternehmen** versteht man den Rechtsträger, d.h. die juristische oder natürliche Person, die eine Unternehmung betreibt. Eine Umstrukturierung betrifft die Unternehmensebene, wenn sie in die rechtliche Zuordnung der Betriebsmittel und Arbeitnehmer zu diesem Rechtsträger eingreift. Hat eine Umstrukturierung zur Folge, dass der Arbeitgeber der hiervon betroffenen Arbeitnehmer **wechselt**, liegt immer auch eine **Änderung auf Unternehmensebene** vor. Umgekehrt heißt das: Findet eine Umstrukturierung statt, **ohne** dass zumindest für einen Teil der betroffenen Arbeitnehmer der Arbeitgeber **wechselt**, kann immer nur eine **Änderung auf Betriebs- oder Gesellschafterebene** vorliegen.

4 Als **Betrieb** wird allgemein die organisatorische Einheit verstanden, innerhalb derer der Arbeitgeber allein oder mit seinen Arbeitnehmern mit Hilfe von sächlichen und immateriellen Mitteln bestimmte arbeitstechnische Zwecke fortgesetzt verfolgt[1]. Ein Unternehmen kann mehrere Betriebe haben. Eine Umstrukturierung betrifft die Betriebsebene, wenn sie in die betriebliche Organisationsstruktur eingreift. Bleibt die **betriebliche Organisation unverändert** – etwa weil ein Betrieb im Ganzen auf einen Erwerber übertragen wird – wird die **Betriebsebene nicht berührt**.

5 Zu fragen ist also immer:

(1) **Ändert** sich durch die Umstrukturierung die **rechtliche Zuordnung** der Arbeitnehmer zum Unternehmen? Wenn ja, liegt (zumindest auch) eine Änderung auf **Unternehmensebene** vor.

(2) **Ändert** sich durch die Umstrukturierung die **betriebliche Organisation**? Wenn ja, liegt (zumindest auch) eine Änderung auf **Betriebsebene** vor.

6 Denkbar ist, dass ein und dieselbe Umstrukturierung **sowohl die Unternehmens- als auch die Betriebsebene** betrifft.

Beispiel: Die X-AG beabsichtigt, 1. ihren Betrieb in München, in dem Solarzellen produziert werden, im Wege der Gesamtrechtsnachfolge auf ihre Tochtergesellschaft Y-GmbH zu übertragen, 2. ihren Betrieb in Hamburg, in dem Halbleiter produziert werden, zu schließen und 3. in ihrem Betrieb in Frankfurt, in dem Computerchips und Speicherkarten produziert werden, die Speicherkartenfertigung im Wege der Einzelrechtsnachfolge an einen Finanzinvestor zu übertragen.

---

1 BAG v. 18.1.1990 – 2 AZR 355/89, DB 1991, 500; BAG v. 29.5.1991 – 7 ABR 54/90, DB 1992, 231; BAG v. 31.5.2000 – 7 ABR 78/98, NZA 2000, 1350.

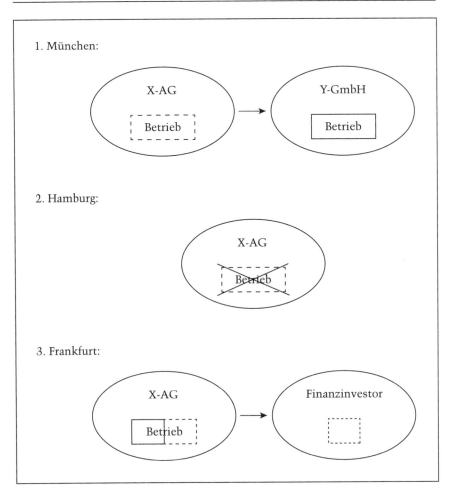

Die Umstrukturierung in München betrifft die Unternehmensebene (Umwandlung in der Form der Spaltung), die Umstrukturierung in Hamburg betrifft die Betriebsebene (Betriebsänderung in der Form der Stilllegung eines Betriebs) und die Umstrukturierung in Frankfurt betrifft sowohl die Unternehmensebene (Einzelrechtsübertragung) als auch die Betriebsebene (Betriebsänderung in der Form der Spaltung eines Betriebs).

Ein **Share Deal**, d.h. die Übertragung von Anteilen an einem Unternehmen, ist keine Umstrukturierung, die Beteiligungsrechte des Betriebsrats auslösen würde[1]. Die bloße Übertragung von Anteilen betrifft ausschließlich die **Ebene der Gesellschafter**. Sie führt weder zu Änderungen auf Unternehmens- noch auf Betriebsebene. Rechtliche Zuordnung und betriebliche Organisation bleiben unverändert. Gleiches gilt für eine Än-

---

1 Insoweit besteht lediglich eine Informations- und Beratungspflicht gegenüber dem Wirtschaftsausschuss (vgl. Teil 4 A Rz. 1 ff.).

derung der Firma, also die reine Namensänderung eines Rechtsträgers, und für einen umwandlungsrechtlichen **Formwechsel**.

2. Einzelrechtsübertragung

9   Zu Änderungen auf Unternehmensebene kann es entweder aufgrund einer Einzelrechtsübertragung oder aufgrund einer Gesamtrechtsübertragung kommen. Unter Einzelrechtsübertragung versteht man den **Asset Deal**, d.h. die rechtsgeschäftliche Übertragung einzelner Bestandteile des Vermögens eines Unternehmens („assets") im Wege der **Übereignung** (bewegliche und unbewegliche Sachen) bzw. der **Abtretung** (Rechte)[1]. Abhängig von Art und Umfang der Übertragung kann ein solcher Asset Deal einen Betriebsübergang i.S.v. § 613a BGB auslösen (vgl. Teil 3 A Rz. 1 ff.).

3. Gesamtrechtsübertragung

10   Das Umwandlungsgesetz unterscheidet **drei Arten** einer Gesamtrechtsübertragung. Allen umwandlungsrechtlichen Vorgängen ist dabei gemeinsam, dass das von der Umwandlung erfasste Vermögen **im Ganzen** auf den erwerbenden Rechtsträger übergeht.

11   Eine **Verschmelzung** liegt vor, wenn ein oder mehrere Rechtsträger (Unternehmen) ihr Vermögen als Ganzes entweder auf einen oder mehrere bestehende Rechtsträger (§ 2 Nr. 1 UmwG) oder auf einen oder mehrere neu gegründete Rechtsträger (§ 2 Nr. 2 UmwG) übertragen. Mit der Eintragung der Verschmelzung erlischt der übertragende Rechtsträger nach § 20 Abs. 1 Nr. 2 Satz 1 UmwG[2]. Der aufnehmende Rechtsträger wird neuer Arbeitgeber und haftet grds. für alle Verbindlichkeiten des übertragenden Rechtsträgers.

12   Bei der **Spaltung** unterscheidet das Umwandlungsgesetz drei verschiedene Varianten. Im Fall der **Aufspaltung** (§ 123 Abs. 1 UmwG) erlischt der bisherige Rechtsträger und überträgt sein gesamtes Vermögen auf mindestens zwei bestehende oder neu gegründete Rechtsträger. Im Fall der **Abspaltung** (§ 123 Abs. 2 UmwG) bleibt der übertragende Rechtsträger bestehen und überträgt lediglich Vermögensteile (i.d.R. einzelne Betriebe) auf einen oder mehrere bestehende oder neu gegründete Rechtsträger. Gleiches gilt für die **Ausgliederung** (§ 123 Abs. 3 UmwG). Abspaltung und Ausgliederung unterscheiden sich dadurch, dass bei der Abspaltung die als Gegenleistung gewährten Anteile den Anteilseignern des übertragenden Rechtsträgers zustehen (d.h. die Abspaltung wird horizontal auf eine Schwestergesellschaft vollzogen), während bei der Ausgliederung die Anteile in das Vermögen des übertragenden Rechtsträgers selbst ge-

---

1 Zu den jeweiligen Vorteilen eines Share bzw. Asset Deals Teil 3 A Rz. 40.
2 BAG v. 10.11.2004 – 7 AZR 101/04, NZA 2005, 514.

langen (d.h. die Ausgliederung wird vertikal auf eine Tochtergesellschaft vollzogen).

Schließlich kennt das UmwG die **Vermögensübertragung**, die sich von Verschmelzung und Spaltung lediglich darin unterscheidet, dass die Gegenleistung nicht in der Gewährung von Anteilen besteht (§ 174 UmwG). 13

Verschmelzung, Spaltung und Vermögensübertragung können Einfluss auf die Rechtsstellung der Arbeitnehmer haben und lösen deshalb **Informations- und Beteiligungsrechte des Betriebsrats bzw. Wirtschaftsausschusses** aus (vgl. Teil 4 A Rz. 1 ff.). Führt eine Umwandlung zu einem Wechsel des Arbeitgebers, gilt § 324 UmwG. Danach bleiben die Vorschriften zum Betriebsübergang (§ 613a BGB) durch die Wirkungen der Umwandlung unberührt. Auslöser eines Betriebsübergangs ist die Übernahme der tatsächlichen Leitungsmacht durch den Erwerber. Nur wenn dies zeitgleich mit der Eintragung der Umwandlung ins Handelsregister geschieht, fallen Umwandlung und Betriebsübergang zeitlich zusammen[1]. 14

Neben den im UmwG geregelten Formen einer Gesamtrechtsübertragung gibt es die **grenzüberschreitende Verschmelzung** von Unternehmen und die Beteiligung eines Unternehmens an der **Gründung einer SE**, die ebenfalls einen Wechsel der Arbeitgeberstellung zur Folge haben und damit die Rechtsstellung der Arbeitnehmer betreffen[2]. 15

III. Arbeitsrechtliche Vorgänge, Betriebsänderungen

Vorgänge auf Betriebsebene lösen dann Beteiligungsrechte aus, wenn es sich um eine **Betriebsänderung i.S.d. § 111 BetrVG** handelt (vgl. Teil 2 A Rz. 1 ff.). 16

Eine Betriebsänderung liegt vor, wenn eine geplante Maßnahme des Arbeitgebers einen **Eingriff in die Betriebsorganisation** darstellt. Dabei gilt eine **Erheblichkeitsschwelle**. Ausnahmen gelten für neu gegründete Unternehmen und im Falle eines reinen Personalabbaus (§ 112a BetrVG, vgl. Teil 2 B Rz. 35 ff.). Außerdem setzt das Bestehen von Beteiligungsrechten voraus, dass den im Betrieb beschäftigten Arbeitnehmern infolge der Maßnahme **wesentliche Nachteile entstehen können**. Als Betriebsänderung i.S.v. § 111 BetrVG gelten z.B. die Verkleinerung eines Betriebs, die Ausgliederung von Betriebsabteilungen, die Änderung des Betriebszwecks oder die Verlagerung eines Betriebs im Ganzen. Grds. nicht als Betriebsänderungen gelten die Kündigung einzelner Arbeitsverhältnisse, 17

---

1 BAG v. 25.5.2000 – 8 AZR 416/99, NZA 2000, 1115. Vgl. dazu ausführlich unter Berücksichtigung der sich hieraus ergebenden Risiken Teil 3 A Rz. 37 ff. und Teil 4 G Rz. 52.
2 Zu Beteiligungsrechten der Arbeitnehmervertreter bei grenzüberschreitender Verschmelzung und Gründung einer SE Teil 4 A Rz. 123 ff.

die Vergrößerung des Betriebs, Finanzierungsvorgänge (Vergabe von Sicherheiten, Sale-and-Lease-Back) oder der Umzug von Abteilungen innerhalb des Betriebsgeländes.

IV. Mischformen, Einordnung von Betriebsübergängen

1. Betriebsänderungen anlässlich eines Inhaberwechsels

18 Betriebsänderungen i.S.d. § 111 BetrVG, also Änderungen auf der betrieblichen Ebene, finden nicht selten im **engen zeitlichen und sachlichen Zusammenhang mit einem Inhaberwechsel** und damit einer Änderung auf der Unternehmensebene statt. Der Inhaberwechsel kann auf einem Rechtsgeschäft beruhen (Asset Deal), mit der Folge des § 613a BGB, oder im Wege der Umwandlung nach dem UmwG durch Verschmelzung, Spaltung oder Vermögensübertragung stattfinden.

19 Der Inhaberwechsel als solcher, d.h. der Betriebsübergang oder die gesellschaftsrechtliche Umwandlung, stellt **für sich genommen keine Betriebsänderung** i.S.v. § 111 BetrVG dar. Der bloße Wechsel des Betriebsinhabers lässt die Betriebsorganisation unberührt und löst deshalb keine Beteiligungsrechte des Betriebsrats aus[1]. Beschränken sich die Auswirkungen einer Umstrukturierung auf die **Unternehmensebene**, liegt **keine Betriebsänderung** vor.

20 Erschöpft sich ein Betriebsübergang jedoch nicht in einem bloßen Betriebsinhaberwechsel, sondern ist er mit **Maßnahmen verbunden, die als solche einen der Tatbestände des § 111 BetrVG erfüllen**, so löst dies Mitwirkungs- und Mitbestimmungsrechte des Betriebsrats nach §§ 111 ff. BetrVG aus[2]. Das folgt aus den unterschiedlichen Schutzzwecken der §§ 613a BGB und 111 ff. BetrVG. § 613a BGB soll die Arbeitnehmer vor dem Verlust ihres Arbeitsplatzes schützen, während der Sozialplan die wirtschaftlichen Nachteile, die den Arbeitnehmern infolge einer geplanten Betriebsänderung entstehen können, ausgleichen oder mildern soll. Wirtschaftliche Nachteile können auch eintreten, wenn der Bestand des Arbeitsverhältnisses (§ 613a BGB) als solcher nicht gefährdet ist. Bei jedem Betriebsübergang ist daher im Einzelnen zu prüfen, ob er zugleich mit Maßnahmen verbunden ist, die eine Betriebsänderung darstellen und deshalb **auch die Betriebsebene** betreffen.

---

1 BAG v. 16.6.1987 – 1 ABR 41/85, BAGE 55, 356; *Matthes*, NZA 2000, 1073.
2 BAG v. 25.1.2000, AP Nr. 137 zu § 112 BetrVG 1972; *Röder/Baeck*, Kap. 28 Rz. 64.

2. Fallgruppen

a) Spaltung in Besitz- und Produktionsgesellschaft

Die Aufspaltung eines Unternehmens in je eine rechtlich selbständige Besitz- und Produktionsgesellschaft dergestalt, dass die Produktionsgesellschaft die Betriebsmittel von der Besitzgesellschaft pachtet und die Arbeitnehmer übernimmt[1], ist **keine Betriebsänderung** i.S.d. § 111 Satz 2 Nr. 4 BetrVG. Es findet lediglich ein Inhaberwechsel statt, der keinen Einfluss auf die Betriebsorganisation hat. Der damit verbundenen möglichen Gefährdung künftiger Ansprüche der im Betrieb beschäftigten Arbeitnehmer kann grds. nicht mit Mitteln des BetrVG begegnet werden[2]. Wie die Vorschriften der InsO über die Gläubigeranfechtung sowie die §§ 916 ff. ZPO zeigen, ist der Gläubiger eines Anspruchs nur in beschränktem Umfang gegen eine Verminderung der Haftungsmasse seines Schuldners geschützt. Die Zuerkennung eines Mitbestimmungsrechts des Betriebsrats nach §§ 111 ff. BetrVG bei einer Unternehmensaufspaltung der vorliegenden Art würde im Ergebnis bedeuten, dass die Arbeitnehmer eines Betriebs als Gläubiger nur möglicher künftiger Ansprüche über einen Sozialplan Sicherheiten erlangen könnten, die anderen Gläubigergruppen verwehrt wären[3]. Das BAG hält allerdings eine Durchgriffshaftung eines Dritten, also vor allem im Konzern eine Haftung der Konzernspitze, für denkbar[4]. 21

Keine Betriebsänderung liegt auch vor bei Einführung eines sog. „**Toller**"-**Modells**. Hierunter versteht man eine konzerninterne Vereinbarung, nach der ein Konzernunternehmen nicht mehr unter eigenständigem Marktauftritt operativ tätig wird, sondern nur noch im Auftrag („Lohnfertigung") eines anderen Konzernunternehmens produziert bzw. Dienstleistungen erbringt. Hierdurch begibt sich das nicht mehr selbst auf dem Markt operierende Unternehmen wirtschaftlich in Abhängigkeit von der anderen Konzerngesellschaft. Dies erfüllt aber **keinen Tatbestand nach § 111 BetrVG**. Ein Mitbestimmungsrecht des Betriebsrats im Hinblick auf den Abschluss eines Toller-Vertrags besteht daher nicht. 22

---

1 Konzen, S. 48 ff. zu den Formen solcher Unternehmensaufspaltungen.
2 BAG v. 17.2.1981 – 1 ABR 101/78, DB 1981, 1190; krit. hierzu Kittner, Anm. zu BAG v. 17.2.1981, AP Nr. 9 zu § 111 BetrVG.
3 BAG v. 17.2.1981 – 1 ABR 101/78, DB 1981, 1190.
4 BAG v. 24.8.2004 – 1 ABR 23/03, DB 2005, 397; dies ist besonders vor dem Hintergrund der Rspr. des BGH zum sog. existenzvernichtenden Eingriff zu beachten (BGH v. 29.3.1993, AP Nr. 2 zu § 303 AktG). Nach Konzen, S. 136 ff., sollen die aus Unternehmensaufspaltungen resultierenden Unterkapitalisierungs- und Konzernrisiken eine strikte Ausschöpfung der gesellschafts- und konzernrechtlichen Instrumente verlangen. Hierzu zählt er die Anerkennung einer Ausgleichshaftung analog § 302 AktG in qualifizierten Konzernen sowie eines konzernbezogenen Sozialplans.

b) Aus- oder Eingliederung von Betriebsteilen („Outsourcing/Insourcing")

23 § 613a BGB und §§ 111, 112 BetrVG dienen verschiedenen Zwecken. Sie schließen sich aber nicht grds. aus. Zu Überschneidungen kommt es insbesondere bei der **Ausgliederung** und Verselbständigung von **Betriebsabteilungen**. Von einer solchen Betriebsänderung in Form der Betriebsaufspaltung sind alle Arbeitnehmer des ursprünglich einheitlichen Betriebs betroffen[1].

24 Beispiele:

(1) Aus einem bisher einheitlichen Betrieb werden Produktion, Entwicklung und Konstruktion auf eine neu gegründete Gesellschaft ausgegliedert, während die Abteilungen Verwaltung, Vertrieb und Services bei dem bisherigen Arbeitgeber verbleiben.

(2) Im Konzern werden aus allen konzernangehörigen Gesellschaften die Vertriebsabteilungen ausgegliedert und auf eine neu gegründete Gesellschaft übertragen.

(3) Aus einem Krankenhausbetrieb werden Küche und Wäscherei ausgegliedert.

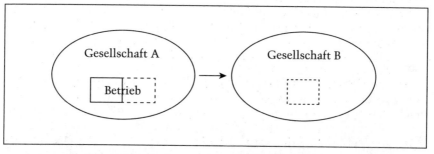

25 Gleiches gilt im umgekehrten Fall der **Eingliederung** einer bisher rechtlich und organisatorisch selbständigen Einheit in eine bestehende Betriebsorganisation. Es handelt sich hierbei um eine Betriebsänderung in der Form des Zusammenschlusses von Betrieben. Für die Arbeitnehmer des eingegliederten Betriebs oder Betriebsteils findet § 613a BGB Anwendung.

26 Beispiel: Die bislang rechtlich und organisatorisch selbständige Näherei, die im Auftrag eines Textilunternehmens Bekleidung produziert hat, wird im Rahmen eines Asset Deals vom Textilunternehmen erworben und organisatorisch in den Textilbetrieb eingegliedert.

---

1 BAG v. 16.6.1987 – 1 ABR 41/85, DB 1987, 1842.

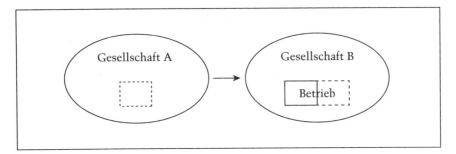

27 Ein Zusammenschluss von Betrieben liegt nur dann vor, wenn die bisher organisatorisch selbständigen Einheiten in der neuen Struktur durch einen einheitlichen Leitungsapparat organisatorisch miteinander verbunden werden. Kein Fall des Zusammenschlusses von Betrieben ist die sog. „**Shop in Shop**"-**Produktion**. Bei dieser werden einzelne Verarbeitungsschritte aus i.d.R. logistischen Gründen durch rechtlich und organisatorisch selbständige Einheiten eines Fremdunternehmens unmittelbar beim Hersteller verrichtet.

28 **Beispiel:** Der Automobilhersteller A fertigt auf seinem Betriebsgelände auf einer Bandanlage Plattformen für Automobile. Am Ende des Bandes verlegt das Zulieferunternehmen B mit eigenen Mitarbeitern Kabelbäume in den Plattformen. Anschließend werden die Plattformen wieder auf eine Bandanlage verbracht und dort von Mitarbeitern des Automobilherstellers fertig gestellt.

29 Von der Shop in Shop-Produktion zu unterscheiden ist der **Einsatz von Leiharbeitnehmern**. Kennzeichnend für die Shop in Shop-Produktion ist, dass der Arbeitgeber der auf dem fremden Betriebsgelände eingesetzten Arbeitnehmer weiterhin das Weisungsrecht über seine Mitarbeiter innehat und ausübt. Beim Einsatz von Leiharbeitnehmern wird das Weisungsrecht dagegen vom Entleiher, also dem Inhaber des Einsatzbetriebs wahrgenommen. Der Einsatz von Leiharbeitnehmern ist keine Betriebsänderung.

30 In jedem Einzelfall sind die Tatbestandsvoraussetzungen einer Betriebsänderung zu prüfen. Eine **Betriebsänderung** soll nach der Rspr. des BAG[1] selbst dann vorliegen, wenn es sich um sog. „**Bagatellaus- oder -eingliederungen**" handelt. Dies ist z.B. der Fall, wenn der Betreiber eines Supermarkts eine bislang von ihm selbst betriebene Gaststätte an einen Dritten verpachtet, was das BAG[2] früher noch anders sah.

c) Spartenorganisation

31 Unterhält ein Unternehmen zunächst an verschiedenen Standorten Betriebe, die jeder für sich die gesamte Produktpalette des Unternehmens entwickeln, herstellen und vertreiben, kann eine Umstellung auf eine

---
1 BAG v. 18.3.2008 – 1 ABR 77/06, NZA 2008, 957.
2 BAG v. 21.10.1980 – 1 AZR 145/79, DB 1981, 698.

sog. Spartenorganisation in Betracht kommen. In diesem Fall werden die Betriebe in der Weise neu geordnet, dass jeder einzelne Betrieb nur noch für ein Produktsegment zuständig wird. Zu diesem Zweck werden häufig **Spartengesellschaften gegründet**, von denen jede Gesellschaft einen Betrieb unterhält, der sich auf das ihm zugewiesene Produktsegment beschränkt. Eine Spartenorganisation kann aber auch ohne Aufspaltung in verschiedene Gesellschaften dadurch herbeigeführt werden, dass innerhalb der bestehenden rechtlichen Einheiten gesellschafts- (und häufig länder-)übergreifende Berichtswege eingeführt werden (sog. **Matrixorganisation**)[1].

32 **Beispiel:** Ein Unternehmen, das PKW und LKW herstellt, gründet eine PKW-Produktionsgesellschaft und eine LKW-Produktionsgesellschaft, die jeweils einen Betrieb unterhalten.

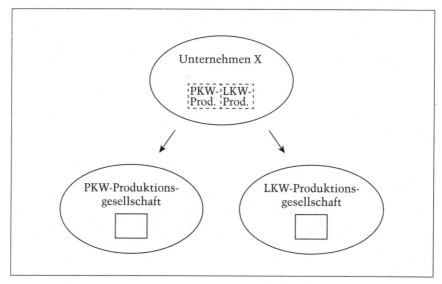

33 Die Neuordnung von bisher übergreifend tätigen Betrieben nach Sparten stellt eine **grundlegende Änderung der Betriebsorganisation und des Betriebszwecks** (§ 111 Satz 3 Nr. 4 BetrVG) dar. Eine Betriebsänderung liegt vor.

3. Vermeidung einer Betriebsspaltung

34 Wollen die beteiligten Arbeitgeber bei einer Ausgliederung von Betriebsteilen (z.B. bei Outsourcing oder Einführung einer Spartenorganisaton) eine Interessenausgleichs- und Sozialplanpflicht vermeiden, besteht die Möglichkeit, die infolge der Ausgliederung von zwei verschiedenen Rechtsträgern gehaltenen Betriebsteile als **gemeinsamen Betrieb** weiter

---

[1] Zu arbeitsrechtlichen Aspekten der Matrixstrukturen vgl. *Bauer/Herzberg*, NZA 2011, 713.

zu betreiben. Hierdurch wird eine Spaltung des Betriebs und damit eine Änderung der Betriebsorganisation vermieden. Es findet lediglich ein **Inhaberwechsel** statt. Inhaber des gemeinsamen Betriebs ist nicht mehr der bisherige Betriebsinhaber, sondern der bisherige Betriebsinhaber und der Erwerber gemeinsam, die den Gesamtbetrieb jetzt als Gesellschaft bürgerlichen Rechts einheitlich weiter betreiben. In diesem Fall kann der Betriebsrat weder Verhandlungen über den Abschluss eines Interessenausgleichs noch die Aufstellung eines Sozialplans verlangen. Die Option der Führung eines gemeinsamen Betriebs kann insbesondere dann in Betracht kommen, wenn das Eigentum an den Betriebsmitteln – z.B. aus steuerlichen Gründen – innerhalb eines kurzen Zeitfensters übertragen werden soll und es für die beteiligten Unternehmen nicht wesentlich darauf ankommt, die Leitung der ausgegliederten Betriebsabteilungen ausschließlich dem Erwerber zuzuweisen.

Hat die Spaltung eines Unternehmens zur Folge, dass von einem Betrieb ein oder mehrere Betriebsteile einem an der Spaltung beteiligten anderen Unternehmen zugeordnet werden, ohne dass sich dabei die Organisation des betroffenen Betriebs wesentlich ändert, gilt eine **gesetzliche Vermutung**, dass ein gemeinsamer Betrieb mehrerer Unternehmen vorliegt (§ 1 Abs. 2 Nr. 2 BetrVG). Die Vermutungswirkung kann widerlegt werden. 35

Wird der gemeinsame Betrieb zu einem späteren Zeitpunkt in dem Sinne gespalten, dass der Erwerber die ausschließliche Leitung über die ausgegliederten Betriebsabteilungen übernimmt, ist dies seinerseits eine Betriebsänderung. Soll jedenfalls mittel- oder langfristig die Leitung übertragen werden, kann mit der Begründung eines gemeinsamen Betriebs die Interessenausgleichs- und Sozialplanpflicht **nicht umgangen**, sondern **nur zeitlich hinausgeschoben** werden. 36

4. Option für Zweifelsfälle

In der Praxis bestehen gelegentlich Unsicherheiten darüber, ob auch eine Betriebsänderung oder nur ein Betriebsübergang vorliegt. Das BAG erlaubt in solchen Fällen, dass Arbeitgeber und Betriebsrat **vorsorglich einen Sozialplan** – oft als Überleitungsvereinbarung oder Transfertarifvertrag – für den Fall **vereinbaren**, dass es sich bei den Maßnahmen um eine Betriebsänderung handelt[1]. Stellt sich heraus, dass tatsächlich keine Betriebsänderung, sondern ein Betriebsübergang vorliegt, können die Ansprüche aus dem vorsorglich vereinbarten Sozialplan entfallen. Unzulässig ist es jedoch, wenn die Betriebsparteien die Ansprüche aus dem Sozialplan davon abhängig machen, dass der Arbeitnehmer zuvor erfolglos eine Klage gegen den etwaigen Betriebserwerber geführt hat[2]. Ein solcher 37

---

1 BAG v. 1.4.1998, AP Nr. 123 zu § 112 BetrVG 1972; BAG v. 22.7.2003, AP Nr. 160 zu § 112 BetrVG 1972.
2 BAG v. 22.7.2003, AP Nr. 160 zu § 112 BetrVG 1972.

aufschiebend oder auflösend bedingter Sozialplan kann nicht erzwungen werden. Die Einigungsstelle muss vielmehr im Rahmen ihrer Zuständigkeitsprüfung feststellen, ob eine sozialplanpflichtige Betriebsänderung vorliegt oder nicht.

B. Vorbereitung und Organisation von arbeitsrechtlichen Umstrukturierungen

„Wo fängt man an?" – „An was ist am Anfang alles zu denken?" Dieses Kapitel soll einen Überblick geben, welche Vorbereitungen zu treffen sind, wenn eine Umstrukturierung geplant wird. Die einzelnen Schritte werden kurz vorgestellt – jeweils unter Verweis auf spätere Kapitel, in denen der rechtliche Rahmen vertieft und praktische Hinweise gegeben werden.

I. Planung einer Umstrukturierung

1 Eine Umstrukturierung kann verschiedene Auslöser haben. Sie kann zum Ziel haben, **steuerliche** Vorteile aus bestimmten gesellschaftsrechtlichen Strukturen zu nutzen (z.B. „hive-down" = eine Ausgliederung auf Personengesellschaften), sie kann **operativ** veranlasst sein, um Arbeitsabläufe zu verbessern oder Wettbewerbsfähigkeit zu erhalten (z.B. Zentralisierung des Vertriebs – „one face to the customer"), sie kann der **Kostensenkung** dienen (insbesondere **Personalabbau** und Leistungsverdichtung auf verbleibenden Arbeitsplätzen) und sie kann gezielt erwünschte **arbeitsrechtliche** Rechtsfolgen herbeiführen (z.B. einen **Tarifwechsel** oder die Verselbständigung betriebsorganisatorischer Einheiten zur **Vermeidung eines gemeinsamen Betriebs** mehrerer Unternehmen). Nur wenn die Planung arbeitsrechtliche Gestaltungsansätze **frühzeitig** berücksichtigt, lassen sich die arbeitsrechtlichen Folgen steuern.

2 ➲ **Typischer Fehler:** In einer Unternehmensgruppe sollen durch die Verschmelzung verschiedener Tochtergesellschaften Verwaltungskosten gesenkt werden. Zu spät wird erkannt, dass als aufnehmender Rechtsträger ein tarifgebundenes Unternehmen ausgesucht wurde. Mit der Verschmelzung entstehen erhebliche zusätzliche Personalkosten. Jetzt muss auch in den bisher tarifungebundenen Unternehmen der Tarifvertrag angewandt werden.

3 Werden arbeitsrechtliche Überlegungen rechtzeitig in die **Planung** einbezogen, können die unter Ziffer 1 (Rz. 4 ff.) näher dargestellten Gestaltungsmöglichkeiten genutzt werden. Steht die Planung einer Maßnahme dagegen weitgehend fest, kann so wie in Ziffer 2 (Rz. 21 ff.) dargestellt jedenfalls noch verbleibender Gestaltungsspielraum genutzt werden.

1. Arbeitsrechtliche Gestaltungsansätze

Bei jeder Umstrukturierung ist in der **Vorbereitung** zu klären, wie sie sich auf die 4

– Person des/der Arbeitgeber(s)
– betroffene(n) Betriebsorganisation(en)
– bestehenden Arbeitnehmervertretungen
– Geltung von Betriebsvereinbarungen
– Geltung von Tarifverträgen
– Anzahl der Arbeitsplätze im jeweiligen Betrieb/Unternehmen
– Arbeitsplätze, Aufgaben und Berichtswege der einzelnen Mitarbeiter und
– Arbeitsbedingungen dieser Mitarbeiter

auswirkt.

a) Person des Arbeitgebers

Arbeitsrechtliche Umstrukturierungen können den bestehenden Arbeitgeber **unberührt** lassen. Es kann ebenso gut sein, dass der bestehende Arbeitgeber infolge einer Umstrukturierung **wechselt** oder gar, wie bei Verschmelzungen, **untergeht**. Es ist daher in einem ersten Schritt immer erforderlich, sich darüber Klarheit zu verschaffen, wie sich die arbeitsrechtliche Umstrukturierung auf die Person des Arbeitgebers auswirken wird. 5

Nicht selten wird in der Planungsphase lange offen gelassen, ob ein sog. Asset Deal zu einem Betriebsinhaberwechsel oder ein sog. Share Deal nur zum **Gesellschafterwechsel** führt und die Person des Arbeitgebers gleich bleibt. Solange dies nicht geklärt ist, bleibt offen, ob eine Unterrichtung nach § 613a Abs. 5 BGB notwendig wird und den Arbeitnehmern ein Recht zum Widerspruch gegen den Übergang ihrer Arbeitsverhältnisse zusteht (vgl. Teil 3 B Rz. 1 ff.). Hiermit verbunden ist für den Arbeitgeber die Frage, ob er sich auf die Fortführung des Betriebs mit wesentlichen Schlüsselkräften verlassen kann oder deren Weggang anlässlich der Umstrukturierung befürchten muss. Die Frage eines Arbeitgeberwechsels ist außerdem von Bedeutung für die **Fortgeltung von Tarifverträgen** (vgl. Teil 4 C Rz. 19). 6

b) Betriebsorganisation und Arbeitnehmervertretungen

Für die Planung, welche Einheiten künftig einen Betrieb i.S.d. Betriebsverfassungsrechts bilden sollen, ist eine genaue Analyse der betriebsverfassungsrechtlichen Strukturen notwendig. So können die **Betriebsräte** nach den gesetzlichen Strukturen gewählt oder hiervon gem. § 3 BetrVG Abweichungen vereinbart sein (z.B. Regionalbetriebsräte in bundesweit 7 tätigen Handelsunternehmen). Eine Vorher/Nachher-Betrachtung erlaubt eine Bewertung, ob bestehende Betriebe ihre **Identität** behalten, ob Betriebe **gespalten** oder **zusammengelegt** werden. Daraus ergibt sich, welche Arbeitnehmervertretungen im Amt bleiben, ob Übergangs- oder Restmandate entstehen und damit verbunden auch, welche Betriebsräte im Zuge der Umstrukturierung mit dem Verlust ihres Mandats rechnen müssen (vgl. Teil 4 B Rz. 1 ff.)[1].

8 ➲ **Typischer Fehler:** Der Arbeitgeber plant eine Aufteilung des Betriebs nach Geschäftsfeldern, ohne die Auswirkungen auf die Betriebsratsstruktur frühzeitig zu bedenken. Unter den Betriebsräten entsteht erhebliche Verunsicherung, ob der Betriebsrat in seiner bisherigen Form im Amt bleibt oder sogar gezielt einzelne Betriebsratsmitglieder ihr Amt verlieren sollen. Diese Ungewissheiten und Missverständnisse führen zu Misstrauen in den Verhandlungen zwischen Arbeitgeber und Betriebsrat und damit auch zu erheblichen zeitlichen Verzögerungen.

9 Umstrukturierungen können gezielt eingesetzt werden, um eine **Unternehmensmitbestimmung** zu vermeiden oder jedenfalls auf dem derzeitigen Niveau „einzufrieren". In jedem Fall sollte bei einer arbeitsrechtlichen Umstrukturierung immer auch berücksichtigt werden, wie sich die Neuorganisation auf das Mitbestimmungsstatut der beteiligten Untenehmen auswirkt (vgl. im Einzelnen Teil 4 B Rz. 54 ff.).

c) Geltung von Betriebsvereinbarungen

10 Die Geltung von Betriebsvereinbarungen nach einer Umstrukturierung (vgl. Teil 4 C Rz. 2 ff.) hängt davon ab, wie sich die Betriebsorganisation mit der Umstrukturierung ändert (vgl. Teil 4 B Rz. 1 ff.). Sind die Auswirkungen einer Umstrukturierung auf **Betriebsvereinbarungen** unklar oder unerwünscht, sollten Arbeitgeber und Betriebsrat frühzeitig Verhandlungen über eine **Überleitungsvereinbarung** aufnehmen.

11 ➲ **Typischer Fehler:** Zwei Betriebe sollen zusammengelegt werden. Sie haben völlig verschiedene Arbeitszeitsysteme, die jeweils durch Betriebsvereinbarung geregelt sind. Niemand hat rechtzeitig vor Umsetzung der Umzüge in ein gemeinsames Betriebsgebäude darüber nachgedacht, welche Arbeitszeitregelung künftig gelten soll. Die Betriebsräte werfen die Frage auf – der Arbeitgeber ist unvorbereitet.

d) Geltung von Tarifverträgen

12 Um die Auswirkung auf die Geltung von Tarifverträgen beurteilen zu können, muss festgestellt werden, ob die an der Umstrukturierung beteiligten Arbeitgeber **Mitglied** eines **Arbeitgeberverbands** sind, ob die Betrie-

---

[1] Einen Überblick gibt *Maschmann*, NZA Beilage 2009, 32.

be im **Geltungsbereich** allgemeinverbindlicher Tarifverträge liegen und ob **Arbeitsverträge** in den oder dem an der Umstrukturierung beteiligten Unternehmen auf Tarifverträge **verweisen** (vgl. Teil 4 C Rz. 20 ff.).

◌ **Typischer Fehler:** Ein privates Krankenhaus gliedert den Küchenbetrieb aus. Wie viele andere Krankenhäuser will der Arbeitgeber vom Tarifwechsel in die Tarifverträge des Hotel- und Gaststättengewerbes profitieren[1]. Dabei hat er übersehen, dass die Arbeitsverträge auch nach der Ausgliederung verbindlich auf die Tarifverträge des öffentlichen Dienstes verweisen. 13

e) Anzahl der Arbeitsplätze/Wegfall von Arbeitsplätzen

Wenn mit der Umstrukturierung ein **Personalabbau** geplant ist, muss geklärt werden, welche Arbeitsplätze aus **welchen** Gründen wegfallen. Auch hier hilft eine Vorher/Nachher-Betrachtung der Betriebsorganisation, veranschaulicht an Organigrammen. Wenn sich Arbeitsplätze in der neuen Struktur nicht mehr finden, ist zu prüfen, welche Tätigkeiten bisher auf diesen Arbeitsplätzen ausgeübt wurden und welche dieser Tätigkeiten ganz eingestellt oder auf einem anderen Arbeitsplatz mit erledigt werden (vgl. Teil 4 D Rz. 18 ff.). 14

◌ **Typischer Fehler:** Die amerikanische Muttergesellschaft gibt ihrer deutschen Tochtergesellschaft eine „Headcount-Vorgabe". Die deutsche Tochtergesellschaft kündigt 20 Mitarbeitern, um ihren Personalbestand an die Vorgabe anzupassen. Erst danach werden Konzepte entwickelt, wie die Arbeitsaufgaben auf die verbleibenden Mitarbeiter verteilt werden. Alle Kündigungen sind unwirksam. 15

Gibt es **Weiterbeschäftigungsmöglichkeiten** auf freien Stellen im Unternehmen, müssen diese angeboten werden. Wird stattdessen betriebsbedingt gekündigt, sind die Kündigungen unwirksam (vgl. Teil 4 D Rz. 30 ff.). 16

◌ **Typischer Fehler:** Nach einer Vertriebsneuorganisation werden drei Regionalvertriebsleiter zum Key-Account-Manager herabgestuft. Während mit ihnen die Gespräche darüber geführt werden und Fristen zur Annahme des Änderungsangebots gesetzt sind, wird in einer anderen Sparte eine Regionalleiterstelle frei und ausgeschrieben. 17

f) Arbeitsplätze und Aufgaben

Steht die künftige Betriebsorganisation im Wesentlichen fest, ist eine Vorher/Nachher-Betrachtung auch hinsichtlich der Abteilungsorganisation und der darin enthaltenen einzelnen Arbeitsplätze vorzunehmen. Nur so kann rechtzeitig bewertet werden, ob die Umstrukturierung Änderun- 18

---

[1] Beachte dazu BAG v. 9.4.2008, FD-ArbR, 256885 (Anm. *Haußmann*).

gen für einzelne Arbeitsplätze mit sich bringen wird, die eine zustimmungspflichtige Versetzung i.S.d. § 99 BetrVG darstellen. Zeichnen sich in Einzelfällen Schwierigkeiten ab, können diese schon in den Verhandlungen über die geänderte Betriebsorganisation aufgegriffen werden.

19 ◐ **Typischer Fehler:** Die Betriebspartner haben sich im Interessenausgleich auf eine neue Vertriebsorganisation verständigt. Sie bringt für die meisten Vertriebsmitarbeiter eine Versetzung mit sich. Arbeitgeber und Betriebsrat hatten unausgesprochen während der gesamten Verhandlungen verschiedene Vorstellungen davon, wer künftig welche Position in der neuen Organisation haben soll. Jetzt widerspricht der Betriebsrat allen Versetzungen. Der Arbeitgeber ist gezwungen, in allen Einzelfällen Zustimmungsersetzungsverfahren einzuleiten. Arbeitgeber, Betriebsrat und die betroffenen Vertriebsmitarbeiter sind gleichermaßen unzufrieden.

g) Arbeitsbedingungen

20 Neben der Frage, ob organisatorische Änderungen mitbestimmungspflichtig sind, ist zu prüfen, ob der einzelne Arbeitnehmer inhaltliche Änderungen seiner **Tätigkeit** oder seines Arbeitsorts hinzunehmen hat. Diese Fragen lassen sich nur anhand des jeweiligen Arbeitsvertrags beantworten. Vertragliche **Versetzungsklauseln** entscheiden darüber, welche Änderung der Arbeitgeber einseitig vornehmen kann (vgl. Teil 4 D Rz. 49 ff.).

2. Übertragung von Managementvorgaben in arbeitsrechtliche Begriffe und Kategorien

21 Nicht selten steht die Rahmenplanung einer Umstrukturierung schon fest, wenn die Vertreter der Personal- und/oder Arbeitsrechtsabteilung einbezogen werden. Dann ist es deren Aufgabe, möglichst zügig den Stand der Planung anhand der in Rz. 4 ff. genannten Maßstäbe zu prüfen. Auch die Zeitplanung hängt maßgeblich davon ab, **welche Mitbestimmungsrechte** die beabsichtigte Umstrukturierung auslöst.

22 ◐ **Typischer Fehler:** Neuorganisationen des Vertriebs werden auf den Weg gebracht, ohne dass rechtzeitig deren Interessenausgleichspflicht erkannt wird oder ohne dass im Zeitplan berücksichtigt wird, in welchen Fällen der Betriebsrat einer Versetzung zustimmen muss. Der Zeitdruck zwingt den Arbeitgeber zu unverhältnismäßigen Zugeständnissen.

23 ◐ **Typischer Fehler:** Bei steuerlichen Optimierungen gesellschaftsrechtlicher Strukturen werden damit verbundene Zusammenlegungen oder Spaltungen von Betrieben, die Entstehung von gemeinsamen Betrieben mehrerer Unternehmen und deren Interessenausgleichspflicht zu spät erkannt.

➲ **Typischer Fehler:** Die Personalleitung wird aufgefordert, „noch eben" 23a
das Unterrichtungsschreiben an Arbeitnehmer zu verfassen, der Unternehmenskauf werde gleich besiegelt. Das Schreiben stellt Auswirkungen auf Kollektivvereinbarungen falsch dar mit der Folge, dass die Widerspruchsfrist des § 613a BGB nicht in Gang gesetzt wird (vgl. Teil 3 B Rz. 18 ff.) und spätere Widersprüche zu befürchten sind.

II. Personalliste und Bestandsaufnahme, Due Diligence

Wird eine Umstrukturierung nicht innerhalb eines Unternehmens oder 24
Konzerns vorgenommen, sondern im Zusammenhang mit der Veräußerung von Unternehmen, Betriebsteilen oder größeren Einheiten, führt (meist der Käufer) eine sog. **Due Diligence** durch (vgl. Muster einer Due Diligence Checkliste in Anhang A). Er verschafft sich dadurch einen Einblick in die arbeitsrechtlichen Verhältnisse der angebotenen Einheiten[1].

➲ **Typischer Fehler:** Der Erwerber eines Unternehmens übersieht in der 25
Due Diligence Bescheide, auf deren Grundlage Subventionen gewährt wurden. Dort ist die Pflicht zur Rückzahlung von Subventionen für den Fall betriebsbedingter Kündigungen geregelt. Eine nach der Übernahme geplante Rationalisierung wird dadurch wesentlich teurer als geplant.

Häufig kann sich der Erwerber in der Due Diligence nur einen ersten 26
Überblick über nennenswerte Risiken verschaffen, sog. „High-Level Due Diligence". Die Richtigkeit dieser Informationen kann dann gegebenenfalls Gegenstand einer **Garantie** sein[2]. In der Praxis ist die Due Diligence in Form sog. „virtueller" Datenräume verbreitet. Alle wesentlichen Dokumente werden in einem internetbasierten Datenraum zur Ansicht eingestellt und die Vertreter des Käufers erhalten passwortgeschützte Zugriffsberechtigungen und sichten dort die Dokumente.

Die **Personalliste** hat in der Vorbereitung einer Umstrukturierung viele 27
Funktionen. Sie wird nicht erst benötigt, wenn im Sozialplan die Summe aller **Abfindungen** nach einer Abfindungsformel errechnet werden soll. In übersichtlicher Form ist zusammenzustellen, welche Alters- und Betriebszugehörigkeitsstruktur ein Betrieb hat, wer besonderen Kündigungsschutz hat, welche Daten für die **Sozialauswahl** maßgeblich sind und wie die Mitarbeiter in der bisherigen Betriebsorganisation einzuordnen sind.

➲ **Typischer Fehler:** Erst bei Erstellung der Personalliste und eines Orga- 28
nigramms wird erkannt, dass sich der Status quo nicht eindeutig beschreiben lässt. Es ist unklar, welche Mitarbeiter hierarchisch gleich-

---
1 Zum Arbeitnehmerdatenschutz in der Due Diligence *Braun/Wybitul*, BB 2008, 782.
2 *Hausch*, BB 2008, 1392.

geordnet und deshalb vergleichbar in der Sozialauswahl sind. Die Neuzuordnung der Mitarbeiter infolge der Umstrukturierung lässt sich deshalb nicht eindeutig bestimmen.

1. Notwendige Informationen

a) Name

29 Die Angabe des Namens auf einer Personalliste kann **datenschutzrechtliche Fragen** aufwerfen (vgl. Rz. 54).

30 **Beispiel:** Die Konzernleitung fordert von den örtlichen Personalleitern vollständige Personallisten mit Namen der Mitarbeiter. Der Betriebsrat fragt, ob die Datenweitergabe im Konzern eine rechtliche Grundlage hat.

b) Geburtsdatum

31 Das Geburtsdatum sollte in der Personalliste auch dann angegeben werden, wenn das Lebensalter in Jahren in der Liste verzeichnet ist. Andernfalls können **Stichtagsberechnungen** nicht exakt durchgeführt werden. Dies betrifft die Berechnung von Abfindungen in Abhängigkeit vom Lebensalter ebenso wie Sozialplanregelungen, die den frühestmöglichen Renteneintritt berücksichtigen (vgl. Teil 2 B Rz. 56).

32 ⮕ **Typischer Fehler:** Das Sozialplanvolumen soll 4 Mio. Euro nicht überschreiten. Während der Verhandlungen wird die Formel laufend angepasst. Nach Unterzeichnung des Sozialplans stellt sich heraus, dass die Summe der vereinbarten Abfindungen 4,2 Mio. Euro beträgt. Grund: Es ist schließlich vereinbart worden, dass das Lebensalter aufgerundet in vollen Jahren in die Formel einzusetzen ist, gerechnet vom Lebensalter des Mitarbeiters bei Ablauf der Kündigungsfrist (nicht zum Zeitpunkt der Unterzeichnung des Interessenausgleichs und Sozialplans oder bei Ausspruch der Kündigung).

c) Lebensalter

33 Ob das Lebensalter noch eine unterschiedliche Behandlung der Mitarbeiter rechtfertigt, ist seit Inkrafttreten des **AGG** fraglich. § 2 Abs. 4 AGG bestimmt, dass für Kündigungen ausschließlich die Bestimmungen zum allgemeinen und besonderen Kündigungsschutz gelten. Dieses Ergebnis steht nicht im Einklang mit den Vorgaben der europäischen Antidiskriminierungsrichtlinien[1]. Deshalb ist § 2 Abs. 4 AGG richtlinienkonform auszulegen[2]. Das bedeutet insbesondere, dass die Herausnahme **altersgesicherter Mitarbeiter** aus der Sozialauswahl im Ergebnis nur insoweit zulässig ist, als hierdurch nicht die Sozialauswahl insgesamt grob fehler-

---

[1] *Bauer/Krieger*, AGG, § 2 Rz. 59 ff.
[2] BAG v. 6.11.2008, NZA 2009, 361.

haft wird[1]. Die Sozialauswahl hat aber unverändert auch das Lebensalter der vergleichbaren Mitarbeiter angemessen zu berücksichtigen[2].

Die Differenzierung nach dem Lebensalter in Formeln zur Berechnung von **Sozialplanabfindungen** ist nach § 10 Satz 3 Nr. 6 AGG ausdrücklich gerechtfertigt. Das gilt wegen der Generalklausel des § 10 Sätze 1 und 2 AGG auch für Tarifsozialpläne[3]. 34

d) Eintrittsdatum und Betriebszugehörigkeit

Bei der Angabe des Eintrittsdatums sollte gesondert geprüft und in der Personalliste vermerkt werden, ob **Vorbeschäftigungszeiten** anzurechnen sind. Die Anrechnung ist zwingend, wenn das Arbeitsverhältnis durch Betriebsübergang (§ 613a BGB) auf den Arbeitgeber oder einen seiner Rechtsvorgänger übergegangen ist. Die Anrechnung kann sich auch aus einer arbeitsvertraglichen Vereinbarung ergeben. Solche Vereinbarungen sind grundsätzlich wirksam, es sei denn, dass sie gezielt zu Lasten anderer Arbeitnehmer Abweichungen von den gesetzlichen Vorgaben der Sozialauswahl bewirken sollen[4]. 35

▷ **Typischer Fehler:** Der Arbeitgeber hat die Sozialauswahl sorgfältig durchgeführt. Er hat Lebensalter, Betriebszugehörigkeit und Zahl der Unterhaltsverpflichtungen ins Verhältnis gesetzt und nach Abwägung aller Umstände den sozial weniger schutzwürdigen Mitarbeiter entlassen. Dieser Mitarbeiter erhebt Kündigungsschutzklage. Er weist nach, dass in der Sozialauswahl seine Betriebszugehörigkeit nur mit vier Jahren angesetzt wurde, obwohl er kurz vor Beginn der vierjährigen Betriebszugehörigkeit mit einer minimalen Unterbrechung die drei davor liegenden Jahre bei demselben Arbeitgeber in demselben Betrieb beschäftigt war und mit ihm die Anrechnung der Dienstzeiten vereinbart ist. Die Kündigung kann unwirksam sein. 36

e) Bruttomonatsgehalt

Die Darstellung des Bruttomonatsgehalts in der Personalliste sollte im Hinblick auf die **Berechnung von Abfindungen** in einem zu verhandelnden Sozialplan aufgeschlüsselt werden. Werden hier von vornherein Durchschnittsbeträge einschließlich aller Zulagen und **variabler Bestandteile**, eventuell sogar der Überstunden, angegeben, werden sie ohne weitere Verhandlungen in Abfindungsformeln eingesetzt. Wird dagegen nur das Grundgehalt bzw. dieses getrennt von weiteren Vergütungsbestandteilen angegeben, wird deutlich, dass die Einbeziehung weiterer Vergü- 37

---

1 *Bauer/Krieger*, AGG, § 10 Rz. 49.
2 BAG v. 19.6.2007 – 2 AZR 304/06, NZA 2008, 103.
3 *Bauer/Krieger*, NZA 2004, 1014 (1019).
4 BAG v. 2.6.2005, AP Nr. 75 zu KSchG § 1 Soziale Auswahl.

tungsbestandteile in die Abfindungsformel ein eigenständiger Verhandlungsgegenstand ist.

f) Eingruppierung

38 Die Eingruppierung der Mitarbeiter ist ein Indiz für die Vergleichbarkeit innerhalb der Sozialauswahl (vgl. Teil 4 D Rz. 47)[1]. Die Eingruppierung ist auch dann von besonderer Bedeutung, wenn die Umstrukturierung in erster Linie Verschiebungen der **Hierarchieebenen** zur Folge hat. Bevor die Personalliste erstellt wird, sollte außerdem geprüft werden, ob die bisherigen Eingruppierungen zutreffend sind.

39 ⊃ **Typischer Fehler:** Werden Mitarbeiter als „AT"-Mitarbeiter bezeichnet, obgleich ihr Arbeitsverhältnis im Geltungsbereich eines Tarifvertrags liegt und richtigerweise in eine Tarifgruppe einzugruppieren wäre, kann allein dies in den Verhandlungen zwischen Arbeitgeber und Betriebsrat zum Streit führen, so dass der Zeitplan der Umstrukturierung beeinträchtigt wird.

g) Familienstand und Unterhaltspflichten

40 Die Feststellung von Unterhaltspflichten macht angesichts geänderter Lebensgewohnheiten zunehmend Schwierigkeiten. Anhand von Unterlagen der Personalabteilung lässt sich häufig zumindest klären, ob Mitarbeiter verheiratet oder geschieden sind. Angaben in den vorhandenen **Personalunterlagen** können aber fehlerhaft oder veraltet sein. Es empfiehlt sich deshalb häufig, diese Daten kurz vor Ausspruch betriebsbedingter Kündigungen noch einmal durch eine entsprechende **Umfrage** zu aktualisieren (vgl. Teil 4 D Rz. 59).

41 Unterhaltspflichten sind nach § 1 Abs. 3 KSchG in der Sozialauswahl zu berücksichtigen. Unterhaltspflichten können Eltern für ihre Kinder, aber auch für ihre eigenen Eltern haben. Außerdem bestehen wechselseitige Unterhaltsverpflichtungen der Ehegatten untereinander, abhängig von deren Einkommen. Entsprechendes gilt für **eingetragene Lebenspartnerschaften**. Streitig ist, ob der Arbeitgeber nach Unterhaltspflichten fragen muss, die nicht auf der Lohnsteuerkarte eingetragen sind (vgl. Teil 4 D Rz. 73)[2].

41a ⊃ **Typischer Fehler:** Im Sozialplan werden Sonderzuschläge zur Abfindung pro Kind von 500 Euro geregelt. Der Arbeitgeber kalkuliert das Sozialplanvolumen. Er multipliziert den Betrag mit der Anzahl Kinder, die ihm aus den Lohnsteuerkarten bekannt sind. Später wird der

---

[1] Vgl. für den öffentlichen Dienst BAG v. 23.11.2004, AP Nr. 70 zu KSchG 1969 § 1 Soziale Auswahl.
[2] ErfK/*Oetker*, § 1 KSchG Rz. 333; dem Betriebsrat gegenüber ist mitzuteilen, wenn der Arbeitgeber sich auf die Daten aus den Lohnsteuerkarten verlässt, BAG v. 6.7.2006, AP Nr. 80 zu § 1 KSchG 1969.

Sozialplan u.U. wesentlich teurer, weil weitere Kinder hinzukommen. Es empfiehlt sich deshalb, sorgfältig die möglichst verlässliche Zahl der Kinder zu ermitteln, indem etwa den Arbeitnehmern eine Frist zur Meldung nebst Nachweisen gesetzt wird. Außerdem sollte festgelegt werden, bis zu welchem Alter Kinder berücksichtigt werden.

h) Kündigungsfristen und -termine

Bei betriebsbedingten Änderungs- oder Beendigungskündigungen hängt der Zeitplan davon ab, welche Kündigungsfristen und -termine gelten. Dabei muss in jedem Einzelfall geprüft werden, ob eine **vertragliche** Kündigungsfrist durch eine **gesetzliche** oder **tarifliche** Kündigungsfrist überlagert wird. 42

i) Besonderer Kündigungsschutz

Nicht nur in der Vorbereitung eines Personalabbaus ist der besondere Kündigungsschutz von Bedeutung. Auch wenn die Betriebsorganisation so geändert wird, dass kein Arbeitsplatz wegfällt, kann der besondere Kündigungsschutz zu beachten sein. Werden Arbeitnehmern im Rahmen einer Umstrukturierung andere Arbeitsplätze zugewiesen, kann dazu eine **Änderungskündigung** notwendig sein. Hier steht dann gegebenenfalls der besondere Kündigungsschutz entgegen. Häufig werden auch Spezialvorschriften übersehen, die Kündigungsschutz gewähren, z.B. für Abgeordnete, Immissionsschutzbeauftragte und andere spezielle Ämter (vgl. Teil 4 D Rz. 142). Außerdem kann eine tarifliche Alterssicherung ordentliche Kündigungen gegenüber älteren Arbeitnehmern ausschließen[1]. 43

aa) Betriebsratsmitglieder

Betriebsratsmitglieder sind nach § 15 KSchG vor ordentlichen Kündigungen geschützt. Etwas anderes gilt, wenn ein Betrieb oder Betriebsteil in seiner Gesamtheit stillgelegt wird. Der Kündigungsschutz erstreckt sich auch auf Mitglieder des **Wahlvorstands**, auf **Wahlbewerber, Ersatzmitglieder** und **ehemalige Betriebsratsmitglieder**. Kann Betriebsratsmitgliedern danach nicht rechtmäßig gekündigt werden, ist anhand der zumeist in den Personalakten hinterlegten Lebensläufe der Betriebsratsmitglieder zu prüfen, welche weiteren Einsatzmöglichkeiten im Unternehmen bestehen. Führt die Versetzung eines Betriebsratsmitglieds zum Amtsverlust, bedarf sie nach § 103 Abs. 3 BetrVG der Zustimmung des Betriebsrats. Besonderer Kündigungsschutz besteht für: 44

---

[1] Zur Wirksamkeit solcher Regelungen nach Inkrafttreten des AGG *Bauer/Krieger*, AGG, § 10 Rz. 46 ff.

Status	Zeitraum
Wahlbewerber	Zeitpunkt der Aufstellung des Wahlvorschlags[1] bis zur Bekanntgabe des Wahlergebnisses + sechs Monate
Mitglied des Wahlvorstands	Zeitpunkt der Bestellung bis zur Bekanntgabe des Wahlergebnisses + sechs Monate
Mitglied des Betriebsrats	Amtszeit + ein Jahr
Ersatzmitglieder	Amtsausübung + ein Jahr

bb) Mutterschutz/Bundeselterngeld- und -elternzeitgesetz (BEEG)

45 Die Kündigung des Arbeitsverhältnisses einer **Schwangeren** ist nach § 9 Abs. 1 MuSchG bis zum Ablauf von vier Monaten nach der Entbindung unzulässig. Geht die Kündigung der Schwangeren zu, bevor sie dem Arbeitgeber ihre Schwangerschaft mitgeteilt hat, genügt die nachträgliche Mitteilung, wenn sie den Arbeitgeber innerhalb von zwei Wochen nach Zugang der Kündigung erreicht. Die Mitteilung muss so formuliert sein, dass der Arbeitgeber verstehen kann, dass die Schwangerschaft schon bei Zugang der Kündigung bestand[2].

46 Während der **Elternzeit** darf der Arbeitgeber nach § 18 BEEG nicht kündigen, es sei denn, dass die Kündigung nach § 18 Abs. 1 Satz 2 BEEG ausnahmsweise für zulässig erklärt wird. Das Verbot der Kündigung gilt auch, wenn während der Elternzeit in Teilzeit gearbeitet wird. Das Kündigungsverbot besteht sogar dann, wenn ein Arbeitnehmer, ohne Elternzeit in Anspruch zu nehmen, bei seinem Arbeitgeber Teilzeitarbeit leistet und Anspruch auf Elterngeld hat oder nur deshalb nicht hat, weil sein Einkommen die Einkommensgrenzen übersteigt.

cc) SGB IX – schwerbehinderte Menschen

47 Die Kündigung des Arbeitsverhältnisses eines schwerbehinderten Menschen bedarf der vorherigen **Zustimmung des Integrationsamts** (§ 85 SGB IX). Hat der Arbeitnehmer seine Behinderung oder Gleichstellung bisher nicht offengelegt, muss er dies innerhalb von drei Wochen tun, um den Kündigungsschutz zu erhalten[3].

2. Nützliche Informationen und Hinweise

48 Über diese arbeitsrechtlichen Grunddaten hinaus können weitere Informationen zur Vorbereitung einer Umstrukturierung nützlich sein.

---

1 BAG v. 19.4.2012, NJOZ 2012, 2181.
2 BAG v. 15.11.1990, AP Nr. 17 zu § 9 MuSchG 1968.
3 BAG v. 12.1.2006 – 2 AZR 539/05, NZA 2006, 1035.

a) Bestehende Vereinbarungen

Eine beabsichtigte Umstrukturierung kann überlagert sein von früheren Abreden, die nach wie vor gültig sind. Das können **Standortsicherungsvereinbarungen** sein, **betriebliche Bündnisse für Arbeit** oder ein **Interessenausgleich**, in dem sich der Arbeitgeber für eine längere Zeit auf eine bestimmte Betriebsorganisation festgelegt hat. Zu achten ist auf Festlegungen des Standorts, seiner Personalstärke oder seiner Betriebsorganisation. Derartige Festlegungen können auch Gegenstand **öffentlich-rechtlicher Verpflichtungen** sein, wenn daran z.B. **Subventionen** geknüpft sind. 49

Beispiel: Der Arbeitgeber präsentiert dem Betriebsrat einen beabsichtigten Personalabbau und tritt mit dieser Information frühzeitig an die Presse. Der Betriebsrat hält dem Arbeitgeber eine frühere Standortvereinbarung entgegen und meint, dass ein Personalabbau in diesem Umfang danach für mehrere Jahre (oder unbefristet) ausgeschlossen sei und ein Verstoß gegen diese Vereinbarung eine Pflicht zur Rückzahlung von Subventionen zur Folge hätte. 50

Neben spezifischen Regelungen dieser Art können auch allgemeine Rahmenregelungen zu beachten sein. Viele Tarifvertragswerke enthalten **Rationalisierungsschutzabkommen**, die sich auswirken könnten. Teilweise existieren auch **Rahmensozialpläne**, die bindende Abfindungsregelungen oder ein Verfahren zur Prüfung von Weiterbeschäftigungsmöglichkeiten im Unternehmen oder im Konzern enthalten. 51

b) Freie Stellen im Konzern

Gehört der Arbeitgeber einer Unternehmensgruppe an, sollte beobachtet werden, ob es während eines Personalabbaus freie Stellen in anderen Unternehmen der Gruppe gibt. Eine **rechtliche Verpflichtung** des Arbeitgebers, solche Stellen anzubieten, **besteht nicht** (vgl. Teil 4 D Rz. 31). Belegschaft und Betriebsrat erwarten aber vom Arbeitgeber, dass er sich über solche Möglichkeiten selbst ein Bild verschafft, bevor er betriebsbedingte Kündigungen ausspricht, die vermeidbar sind. 52

○ **Typischer Fehler:** Der Arbeitgeber sagt in einem Interessenausgleich zu, vor Ausspruch von Kündigungen zunächst freie Arbeitsplätze im Konzern anzubieten. Der Interessenausgleich regelt dazu keine Einzelheiten (z.B. dass der Arbeitnehmer binnen einer Frist sein Einverständnis mit der neuen Stelle erklären muss). Dies entpuppt sich dann als faktischer Kündigungsausschluss, weil der Betriebsrat oder Anwälte im Kündigungsschutzprozess reihenweise angeblich freie und zumutbare Arbeitsplätze im Konzern benennen. 53

c) Datenweitergabe

Insbesondere wenn international tätige Unternehmensgruppen Umstrukturierungen planen, wird gelegentlich das Recht des Arbeitgebers 54 zur Datenweitergabe an konzernangehörige Unternehmen überschätzt. Generell gilt, dass die Datenweitergabe an Dritte, auch Konzernangehörige, einer rechtlichen Grundlage bedarf. Sie kann in einer Betriebsvereinbarung geregelt, durch den Verarbeitungszweck gerechtfertigt oder durch Zustimmung des einzelnen Arbeitnehmers (häufig im Arbeitsvertrag) erlaubt sein[1]. Stehen in der Planungsphase aus diesen oder anderen Gründen nicht die vollständigen Personaldaten betroffener Tochtergesellschaften zur Verfügung, empfiehlt es sich, mit Durchschnittswerten der Betriebszugehörigkeit und des Lebensalters Schätzungen vorzunehmen. U.U. lassen sich außerdem **anonymisierte Personallisten** anfordern, denen diese Werte zu entnehmen sind, ohne dass sie namentlich einzelnen Arbeitnehmern zugeordnet sind.

d) Rentennähe

55 Mitarbeiter in Rentennähe haben möglicherweise ein eigenes Interesse an der Auflösung ihres Arbeitsverhältnisses, wenn ein **gleitender Übergang** in den Ruhestand ermöglicht wird (**Vorruhestandsvereinbarungen**). Grundlage für solche Regelungen sind Rentenauskünfte, die die Mitarbeiter individuell einholen müssen. Auf dieser Grundlage lassen sich z.B. Vereinbarungen treffen, die den Nettoverdienstausfall bis zum frühestmöglichen Renteneintritt und gegebenenfalls Rentenabschläge ausgleichen oder mildern. Auch **Altersteilzeitvereinbarungen** (vgl. Teil 4 E Rz. 6 ff.) können zur absehbaren Beendigung einzelner Arbeitsverhältnisse führen.

e) Selbständige Nebentätigkeiten

56 Wenn dem Arbeitgeber bekannt ist, dass einzelne Mitarbeiter durch selbständige Nebentätigkeiten ein zweites Standbein haben, können in der Umsetzung eines Personalabbaus **Angebote zur weiteren Zusammenarbeit in anderer Form** mit dem ausgeschiedenen Mitarbeiter als selbständigem Unternehmer verhandelt werden. Dabei ist die Problematik der „Scheinselbständigkeit" zu beachten[2].

57 ➔ **Typischer Fehler:** Eine größere Mitarbeitergruppe bietet an, für den Arbeitgeber künftig als Subunternehmer tätig zu werden, um so Kündigungen zu vermeiden. Neben der Frage, ob es sich hier nicht um einen Betriebsübergang handelt, wird wochenlang darüber verhandelt, ob das „Subunternehmerkonzept" wirtschaftlich überhaupt tragfähig und sozialversicherungsrechtlich vertretbar ist. Im Ergebnis verzögern sich die Verhandlungen so um mehrere Wochen, ohne dass eine Lösung erreicht wird.

---

1 Siehe dazu www.ldi.nrw.de m.w.N.; *Braun/Wybitul*, BB 2008, 782 ff.
2 *Bauer/Baeck/Schuster*, Rz. 172.

III. Informations- und Unterrichtungspflichten (Überblick)

1. Information über die Planung

Der Arbeitgeber ist verpflichtet, den Betriebsrat **rechtzeitig** von der Planung einer Betriebsänderung zu unterrichten. Die Information ist rechtzeitig, wenn die Vorüberlegungen des Arbeitgebers, seine Auswahlentscheidung zwischen verschiedenen Planungsalternativen in der Festlegung auf ein bestimmtes Konzept münden.

58

2. Unterrichtung des Wirtschaftsausschusses

Neben der rechtzeitigen Unterrichtung des Betriebsrats über eine Betriebsänderung bestehen Informationsrechte des Wirtschaftsausschusses. Sie erstrecken sich auch auf Umstrukturierungen, die keine Betriebsänderung sind. Das gilt insbesondere für Änderungen des Unternehmens, z.B. eine **Spaltung von Unternehmen**, die nicht gleichzeitig mit einer Spaltung von Betrieben verbunden ist (vgl. Teil 4 A Rz. 8).

59

3. Zustimmung zu personellen Einzelmaßnahmen

Jede Betriebsänderung kann **Versetzungen** und **Umgruppierungen** mit sich bringen. Die Notwendigkeit der Zustimmung des Betriebsrats zu derartigen personellen Einzelmaßnahmen (§ 99 BetrVG) entfällt nicht durch die Herbeiführung eines Interessenausgleichs. Die Verfahren können aber miteinander verbunden werden. Dies setzt voraus, dass der Betriebsrat in den Informationen und Beratungen zur Betriebsänderung im Einzelnen darüber informiert wird, wie sich die Maßnahmen auf die Arbeitsplätze der Mitarbeiter auswirken.

60

4. Unterrichtung über Personalplanung und Beschäftigungssicherung

Der Betriebsrat hat das Recht, über die **Personalplanung** des Arbeitgebers unterrichtet zu werden. Die Information über die Personalplanung ist in manchen Betrieben eine Selbstverständlichkeit und als solche Bestandteil regelmäßiger Gespräche zwischen dem Arbeitgeber und Betriebsrat. In anderen Unternehmen fordert der Betriebsrat diese Informationen nicht ein oder erhält sie nicht, weil der Arbeitgeber keine geordnete Personalplanung hat. Werden im Betrieb regelmäßig Gespräche über die Personalplanung geführt, kann die Unterrichtung über eine Betriebsänderung daran anknüpfen und verläuft dadurch zügiger und reibungsloser.

61

Zur **Beschäftigungssicherung** kann der Betriebsrat dem Arbeitgeber nach § 92a BetrVG Vorschläge machen. Der Arbeitgeber ist verpflichtet, diese mit dem Betriebsrat zu beraten. In Betrieben mit mehr als 100 Arbeitnehmern muss der Arbeitgeber schriftlich begründen, wenn er die Vorschläge des Betriebsrats für ungeeignet hält. Hier können Betriebsräte ansetzen, um gezielte Maßnahmen der Beschäftigungssicherung, insbesondere

62

Qualifizierungsmaßnahmen, die über das übliche Maß hinausgehen, zur Diskussion zu stellen. In diesem Fall empfiehlt sich die Kontaktaufnahme mit der örtlichen Agentur für Arbeit, die qualifiziert bewerten kann, ob die geforderten Maßnahmen der Fortbildung wirklich geeignet sind, die Chancen für die von der Entlassung bedrohten Mitarbeiter auf dem Arbeitsmarkt zu erhöhen. § 92a BetrVG enthält kein erzwingbares Mitbestimmungsrecht. Das Verfahren ist den Interessenausgleichsverhandlungen nicht vorgreiflich. Betriebsänderungen können nicht mit dem Argument verzögert oder blockiert werden, der Arbeitgeber habe vor den Interessenausgleichsverfahren versäumt, das Verfahren nach § 92a BetrVG durchzuführen[1].

5. Qualifizierungsmaßnahmen

63 Ist mit einer Betriebsänderung die Notwendigkeit verbunden, Arbeitnehmer auf anderen Arbeitsplätzen zu beschäftigen, wird der Betriebsrat u.U. die Schulung der Mitarbeiter verlangen und eventuell auch in erheblichem Umfang **Weiterbildungsmaßnahmen** anregen, um dadurch betriebsbedingte Entlassungen zu vermeiden. Bei der Gestaltung des **Schulungsangebots** sind die Mitbestimmungsrechte des Betriebsrats nach §§ 97, 98 BetrVG zu beachten.

6. Allgemeine Aufgaben des Betriebsrats

64 Neben den spezifischen Mitbestimmungs- und Informationsrechten kann der Betriebsrat auf der Grundlage des § 80 BetrVG eine Vielzahl von Informationen verlangen. Nach § 80 Abs. 2 BetrVG ist ihm ausdrücklich die **Einsicht in die Bruttolohn- und Gehaltslisten** gestattet. Die Förderung und Sicherung der Beschäftigung im Betrieb ist ein eigenständiger Gegenstand der Information in § 80 Abs. 1 Nr. 8 BetrVG. Der allgemeine Unterrichtungsanspruch des § 80 Abs. 2 Satz 1 BetrVG begründet aber nicht losgelöst vom Bestehen gesetzlicher Aufgaben einen generellen Unterrichtungsanspruch gegen den Arbeitgeber über betriebliche Vorgänge und den jeweiligen Kenntnisstand des Arbeitgebers[2].

7. Massenentlassungsanzeige

65 Die Massenentlassungsanzeige ist **vor Ausspruch** betriebsbedingter Kündigungen zu erstatten (vgl. Teil 4 A Rz. 86 ff.). Die Anzeigepflicht besteht in Betrieben, die mehr als 20 und weniger als 60 Arbeitnehmer beschäftigen, wenn mehr als fünf Arbeitnehmer entlassen werden. In Betrieben mit i.d.R. mindestens 60 und weniger als 500 Arbeitnehmern besteht die Anzeigepflicht, wenn 10 % der regelmäßig Beschäftigten oder 25 Arbeitnehmer entlassen werden. In Betrieben mit i.d.R. mindestens 500 Arbeit-

---

1 LAG Hamm v. 20.3.2009 – 10 TaBV 17/09, BeckRS 2009, 73750.
2 BAG v. 23.3.2010 – 1 ABR 81/08, BeckRS 2010, 70691.

nehmern besteht die Anzeigepflicht, wenn mindestens 30 Arbeitnehmer entlassen werden.

Das Verfahren gliedert sich in mehrere Schritte. Zunächst hat der Arbeitgeber die geplante Entlassung mit dem Betriebsrat zu **beraten** und die Stellungnahme des Betriebsrats einzuholen. Im zweiten Schritt erstattet der Arbeitgeber die **Anzeige**. Im dritten Schritt bestätigt die Bundesagentur für Arbeit den **Eingang** der ordnungsgemäßen Anzeige und bestätigt, wann die 30-Tage-Frist des § 17 Abs. 1 KSchG endet. Daraufhin spricht der Arbeitgeber die Kündigungen aus. 66

8. Europäischer Betriebsrat

Ist ein Europäischer Betriebsrat gebildet, sind dessen Informations- und Beratungsrechte zu beachten. Tritt er in der jeweiligen Unternehmensgruppe nur in großem zeitlichen Abstand zusammen, muss dies im **Zeitplan** berücksichtigt werden[1] (vgl. Teil 4 A Rz. 110 ff.). 67

9. Unterrichtung der Arbeitnehmer bei Betriebsübergang

Werden Betriebsänderungen geplant, die einen oder mehrere Betriebsübergänge zur Folge haben, sind **Unterrichtungsschreiben** nach § 613a Abs. 5 BGB vorzubereiten (vgl. Teil 3 B Rz. 1 ff.). Der Aufwand für eine rechtlich richtige und vollständige Darstellung wird häufig unterschätzt. 68

IV. Interessenausgleich und Sozialplan

1. Zeitplan

Gesetzliche Fristen oder andere Vorgaben zur Dauer der Verhandlungen über Interessenausgleich und Sozialplan gibt es nicht. Auch Erfahrungswerte über die Dauer **typischer Verhandlungen** sind nur bedingt aussagekräftig. Die Bandbreite ist von ein bis zwei Wochen bis zu drei oder sechs Monaten. Kommt es zur Anrufung einer Einigungsstelle, müssen weitere drei bis sechs Monate eingerechnet werden. 69

---

1 *Röder/Göpfert*, Restructuring a Business in Europe, § 6.02[1] [a].

70 Überblick über den zeitlichen Ablauf der Verhandlungen

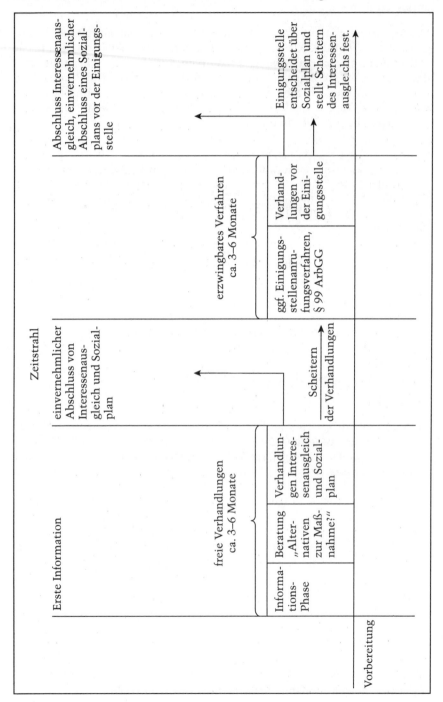

Um einen **realistischen Zeitplan** zu erstellen, sind folgende Fragen zu beantworten: 71

(1) Wie lange benötigen die internen Abteilungen, um ihre Planung zu vervollständigen?

(2) Welche Informationen müssen aufbereitet werden, damit der Betriebsrat die Planung verstehen und nachvollziehen kann?

(3) Sind Betriebsvereinbarungen, Standortsicherungsvereinbarungen oder ein noch wirksamer Verzicht auf betriebsbedingte Kündigungen zu beachten?

(4) Wann ist die vollständige Personalliste verfügbar?

(5) Wann kann der erste Informationstermin mit dem Betriebsrat stattfinden?

(6) Wer berät den Betriebsrat und wann steht der Berater frühestens zeitlich zur Verfügung?

(7) Braucht der Betriebsrat einen Sachverständigen, um die Planung nachvollziehen zu können?

(8) Wann sind Betriebsratsmitglieder und Sachverständige für Verhandlungstermine verfügbar?

(9) Wie groß sind die Interessengegensätze in den Verhandlungen?

(10) Ist es realistisch, dass innerbetrieblich eine Einigung erreicht werden kann?

(11) Bedarf es voraussichtlich der Vermittlung eines Dritten oder des Spruchs einer Einigungsstelle?

(12) Wie weit sind die Vorstellungen über das Sozialplanvolumen auseinander?

(13) Gibt es frühere Sozialpläne, mit denen Standards gesetzt wurden?

(14) Erwartet die Belegschaft oder die Öffentlichkeit ein schnelles Verhandlungsergebnis?

(15) Steht der Betriebsrat durch den Druck der Belegschaft oder der Öffentlichkeit selbst unter Zeitdruck oder verhält er sich interessengerecht, indem er Verzögerungsmöglichkeiten ausschöpft?

(16) Wie ist das Risiko eines Streiks um einen Tarifsozialplan zu bewerten?

(17) Kann eine Einigung über die Person eines Einigungsstellenvorsitzenden herbeigeführt werden?

(18) Gab es im Unternehmen schon Einigungsstellen, wenn ja, unter wessen Vorsitz? Wie sind die Erfahrungen damit?

(19) Wann steht dieser Vorsitzende zur Verfügung?

(20) Können mit dem Einigungsstellenvorsitzenden Termine abgestimmt und freigehalten werden?

(21) Ist der Betriebsrat bereit, seine Mitbestimmungsrechte bei Versetzungen (§ 99 BetrVG) und die Anhörung zur Kündigung (§ 102 BetrVG) in das Interessenausgleichsverfahren zu integrieren oder verlangt er die gesonderte Durchführung dieser Verfahrensschritte?

(22) Kommen Transfermaßnahmen in Betracht (vgl. Teil 4 E Rz. 38)? Kann mit Anbietern von Beschäftigungs- und Qualifizierungsgesellschaften im Vorfeld Kontakt aufgenommen werden?

2. Inhaltliche Organisation

72 Die Verhandlungen über Interessenausgleich und Sozialplan werden in aller Regel **zeitgleich** geführt. Gegenstand des Interessenausgleichs ist das „Ob und Wie" einer Maßnahme. Der Sozialplan regelt den Ausgleich oder die Milderung der sich aus dieser Maßnahme ergebenden Nachteile (vgl. Teil 2 B Rz. 1 ff.).

3. Vorbereitung

73 Die wesentliche Vorbereitung der Verhandlungen über den Interessenausgleich hat der Arbeitgeber zu leisten. Er muss seine **Planung** verständlich darstellen und sie erklären und begründen können. Je gründlicher diese Informationen aufbereitet sind und je verständlicher sie präsentiert werden, desto zügiger lässt sich die Informationsphase abschließen, um in die eigentliche Beratung der anstehenden Maßnahme eintreten zu können. Ein Maßstab für den **Umfang** und die **Form** der Aufbereitung dieser Information ist die Darstellung, die die Gremien erhalten, die über die Arbeitgeberplanung beschließen (z.B. Vorstand oder Aufsichtsrat). Konnten sie aus den Vorlagen der Fachabteilungen eine Planung verstehen und dazu eine Entscheidung treffen, müsste auch der Betriebsrat sich auf derselben Grundlage eine Meinung zu den Planungen des Arbeitgebers bilden können.

74 ➲ **Typischer Fehler:** Der Arbeitgeber informiert den Betriebsrat unvollständig über seine Planung. Jede Informationsanfrage des Betriebsrats prüft er rechtlich daraufhin, ob der Betriebsrat diese Information erhalten muss, statt sich davon leiten zu lassen, welche Informationen der Betriebsrat verständlicherweise kennen sollte, um die Planung nachvollziehen zu können. Er hält die Informationsverlangen des Betriebsrats für eine Verzögerungstaktik und lässt die Verhandlungen scheitern. In der Einigungsstelle stellt der Vorsitzende dieselben Fragen zur Planung, die schon der Betriebsrat gestellt hat. Seit dem Scheitern der Verhandlungen sind drei Monate vergangen.

V. Verhandlungsführung

1. Teilnahme von Rechtsanwälten

Ob und in welchem Umfang Rechtsanwälte an den Verhandlungen teilnehmen, muss den **Gegebenheiten im Unternehmen** angepasst werden. In manchen Betrieben ist es selbstverständlich, rechtlich komplexere Themen mit Unterstützung von Anwälten zu verhandeln. In anderen Unternehmen wird schon die Teilnahme von Rechtsanwälten als Zeichen einer gestörten Verhandlungsatmosphäre zwischen Arbeitgeber und Betriebsrat empfunden. Wird aus diesem Grund ohne Anwalt verhandelt, sollte auf andere Weise sichergestellt werden, dass das Ergebnis einer Einigung in rechtlich tragfähigen Formulierungen festgehalten wird. 75

⊃ **Typischer Fehler:** Ein Sozialplan enthält Abfindungsregelungen, die gegen den Gleichbehandlungsgrundsatz oder gegen die Benachteiligungsverbote des AGG verstoßen. Das Sozialplanvolumen erhöht sich im Ergebnis dadurch, dass neben den geregelten Sozialplananspruchen Ansprüche auf Gleichbehandlung bestehen. 76

⊃ **Typischer Fehler:** Im Interessenausgleich wird anlässlich eines Personalabbaus im besten Einvernehmen eine Einigung über die Besetzung verbleibender und freier Stellen gefunden. Das Ergebnis verstößt gegen die Sozialauswahl. Eine Namensliste ist nicht vereinbart. Alle Kündigungen sind unwirksam. 77

Soweit Anwälte an den Verhandlungen über eine Betriebsänderung teilnehmen, sollten sie beherzigen, dass Arroganz fehl am Platz ist. Die meisten Betriebsräte stehen gerade nicht auf „Kriegsfuß" mit ihrem Arbeitgeber. Trotz aller Interessengegensätze arbeiten viele Betriebspartner durchaus vertrauensvoll i.S.d. § 2 BetrVG zusammen. Dies schließt nicht das eine oder andere Beschluss- oder Einigungsstellenverfahren aus. Wichtig ist, dass auch Anwälte die Fähigkeit mitbringen, einen Konsens zu fördern. Der **Arbeitgebervertreter** muss den Betriebsrat erkennen lassen, dass der Betriebsrat und seine Argumente ernst genommen werden und dass ein wirklicher Ausgleich zwischen den Interessen der Beteiligten gesucht wird. Das heißt nicht notwendigerweise, in der Sache nachgiebig zu sein. 78

Da der Arbeitgeber jedoch i.d.R. nach Betriebsänderungen auch künftig mit seinem Betriebsrat vertrauensvoll zusammenarbeiten will und muss, sollte es Ziel der Beratung und Vertretung sein, eine betriebsinterne **vertrauensvolle Atmosphäre** zu schaffen. Ein vermeintlich errungener Sieg kann schnell zum Pyrrhussieg werden[1]. 79

Die Anforderungen an den **Anwalt des Betriebsrats** sind mindestens so hoch wie die an den Arbeitgeberanwalt. Er muss neben der rechtlichen Beratung des Gremiums damit umgehen, dass die einzelnen Betriebsrats- 80

---

1 *Bauer*, NZA 1999, 11 (13).

mitglieder verschiedene Interessen verfolgen. Gelegentlich hilft ein Vier-Augen-Gespräch zwischen den Anwälten, um die spezifische Interessenlage des Arbeitgebers und des Betriebsrats einander näherzubringen, ohne dass dies auf der Bühne der großen Verhandlungsrunde mit entsprechender Dramatik vorgetragen wird. Der Anwalt des Betriebsrats muss die Machtverhältnisse im Betriebsrat richtig einschätzen und Überzeugungsarbeit leisten für Lösungen, die er für richtig und sachgerecht hält. Dies ist besonders schwer, wenn das Ergebnis zäher, langwieriger Verhandlungen ein Kompromiss ist, der dann im Gremium den Betriebsratsmitgliedern nahegebracht werden muss, die an den Verhandlungen selbst nicht teilgenommen haben.

81 Frühzeitig sollte das **Honorar** des Betriebsratsanwalts besprochen werden. In der Praxis sind Stundensätze von 250 Euro (Stand 2015) nicht unüblich. Selbstverständlich darf der Arbeitgeber nicht erwarten, dass er mit einer großzügigen Honorarvereinbarung den Betriebsratsanwalt gefügig machen könnte. Eine zu hartnäckige Auseinandersetzung über ein angemessenes Honorar bleibt aber gelegentlich nicht ohne Auswirkungen auf die Verhandlungsatmosphäre.

2. Rollenverteilung zwischen operativem Management und Personal-/Rechtsabteilungen

82 Die Verhandlungsposition des Arbeitgebers ist nur so gut, wie die **Zusammenarbeit zwischen den Abteilungen** funktioniert. Wird die Personal- oder Rechtsabteilung mit knappen Zeitvorgaben in die Verhandlung über eine Betriebsänderung geschickt, muss sie von der Geschäftsführung oder den **operativ** zuständigen Leitern der Sparten mit vollständigen Planungen und Informationen versorgt sein.

83 ➲ **Typischer Fehler:** Der Personalleiter verhandelt auf Anweisung der Geschäftsführung mit hohem Zeitdruck eine Betriebsänderung. Der Betriebsrat signalisiert eine zügige Unterschrift unter den Interessenausgleich und hat mit diesem Versprechen verhältnismäßig hohe Sozialplanforderungen durchgesetzt. Jetzt stellt sich heraus, dass der Interessenausgleich noch gar nicht unterschrieben werden kann, weil die Planung des Arbeitgebers (wo fällt wann welcher Arbeitsplatz weg?) noch längst nicht vollständig entwickelt ist und im Interessenausgleich noch gar nicht niedergelegt werden kann.

3. Interessenlage des Betriebsrats

84 Naheliegend, und doch von Arbeitgebervertretern häufig übersehen, ist, dass der Betriebsrat sich in einer **Dreiecksbeziehung** zwischen Arbeitgeber und Belegschaft befindet. Für die Belegschaft nachteilige Verhandlungsergebnisse wie z.B. Beschäftigungssicherungsvereinbarungen, die eine Kürzung von Weihnachts- oder Urlaubsgeld einschließen, und jede Betriebsänderung, durch die Arbeitsplätze verloren gehen, schärfen den

Blick der Belegschaft auf ihren eigenen Betriebsrat. Er muss der Belegschaft erklären können, dass er sich nicht den Vorschlägen des Arbeitgebers ergeben, sondern die für die Belegschaft bestmöglichen Ergebnisse in den Verhandlungen erzielt hat.

⊃ **Typischer Fehler:** Der Arbeitgeber gönnt dem Betriebsrat keinen „Triumph" und tritt mit Abfindungsangeboten von einem Bruttomonatsgehalt pro Beschäftigungsjahr an die Betriebsöffentlichkeit, noch bevor die Verhandlungen über Interessenausgleich und Sozialplan geführt sind. Weitere finanzielle Mittel stehen nicht zur Verfügung. Die Sozialplanverhandlungen scheitern, weil der Arbeitgeber in den Verhandlungen mit dem Betriebsrat keine Verhandlungsspielräume mehr hat. Dieser kann den Vorschlag nicht annehmen, weil er der Belegschaft Ergebnisse einer erfolgreichen Verhandlungsführung präsentieren muss, die über die Annahme des ersten Arbeitgeberangebots hinausgehen. 85

⊃ **Typischer Fehler:** Die Verhandlungen über Interessenausgleich und Sozialplan werden eröffnet. Der Geschäftsführer zeigt auf die Betriebsräte und fragt seinen Rechtsanwalt: „Muss ich denen etwa auch Kaffee anbieten?" Trotz allem Ärger über Verhaltensweisen des Betriebsrats und seiner Berater und möglicherweise überzogener Forderungen kann den Vertretern des Arbeitgebers nur empfohlen werden, die Form zu wahren. Gelegentlich drängt sich der Eindruck auf, dass insbesondere Reaktionen von Betriebsräten dem Prinzip „Wie man in den Wald hineinruft, so schallt es heraus" folgen. 85a

Ein häufig unterschätzter Vorteil der Verhandlungen vor der **Einigungsstelle** ist, dass der Betriebsrat das Verhandlungsergebnis – das notwendig ein Kompromiss zwischen den Interessen des Arbeitgebers und des Betriebsrats ist – vor der Belegschaft besser rechtfertigen kann, im „schlimmsten Fall" als „Diktat" des Einigungsstellenvorsitzenden. 86

VI. Interessenausgleich und Umsetzung

1. Abgestimmtes Vorgehen

Haben Arbeitgeber und Betriebsrat die Verhandlungen über Interessenausgleich und Sozialplan **einvernehmlich** zu Ende geführt, liegt es nahe, jeden Umsetzungsschritt formlos auf kurzem Wege abzustimmen. 87

⊃ **Typischer Fehler:** Ein Betriebsteil wird ausgegliedert. Arbeitgeber und Betriebsrat haben eine faire Regelung zu Interessenausgleich und Sozialplan gefunden. Am nächsten Tag unterrichtet der Arbeitgeber die betroffenen Arbeitnehmer schriftlich nach § 613a Abs. 5 BGB über den Übergang ihres Arbeitsverhältnisses auf den neuen Arbeitgeber. Der Betriebsrat ist verärgert, weil er erst aus der Belegschaft von dem Unterrichtungsschreiben erfährt und unvorbereitet 88 mit Nachfragen dazu konfrontiert wird. Der Arbeitgeber versteht die Verärgerung nicht. Er hatte seinen Anwalt gefragt, ob der Betriebsrat dieses Schreiben erhalten müsse. Der Anwalt hatte dies rechtlich richtig, aber ohne personalpolitisches Gespür verneint.

2. Konfrontative Umsetzung

89 Die Verletzung des Beteiligungsrechts nach § 111 BetrVG des Betriebsrats hat nicht die Unwirksamkeit der Maßnahme zur Folge. Es besteht vielmehr nur ein Anspruch auf **Nachteilsausgleich** nach § 113 Abs. 1 und 3 BetrVG. § 113 BetrVG kommt auch dann zur Anwendung, wenn der Arbeitgeber die Durchführung eines Einigungsstellenverfahrens unterlassen hat[1].

90 Werden mit einer Betriebsänderung zugleich Kündigungen oder betriebsverfassungsrechtliche Maßnahmen im personellen oder sozialen Bereich durchgeführt, gelten die allgemeinen Grundsätze (§§ 99 ff., 87 BetrVG). Ferner ist die unterlassene, wahrheitswidrige, unvollständige oder verspätete Erfüllung der Auskunftspflicht nach § 111 BetrVG eine **Ordnungswidrigkeit**, die nach § 121 Abs. 2 BetrVG mit einer Geldbuße bis zu 10 000,- Euro geahndet werden kann[2]. Schließlich besteht bei einem groben Verstoß des Unternehmers gegen seine Pflicht aus § 111 BetrVG für den Betriebsrat die Möglichkeit eines **Antrags nach § 23 Abs. 3 BetrVG**.

VII. Informationspolitik

1. Betriebliche Verhältnisse

91 Betriebsänderungen, vor allem Betriebsstilllegungen, erregen häufig – verständlicherweise – die Gemüter der betroffenen Arbeitnehmer. Deshalb ist mit **Störmanövern** zu rechnen. Dazu gehören zeitlich überzogene Betriebsversammlungen, aber auch Betriebsbesetzungen und Streiks (vgl. Teil 4 F Rz. 1 ff.).

2. Presse und Öffentlichkeit

92 Hat eine Betriebsänderung öffentlichkeitswirksame Dimensionen, muss die Pressearbeit vorbereitet werden. Es ist nicht unüblich, dass Pressemitteilungen des Arbeitgebers, des Betriebsrats oder der Gewerkschaft zu wesentlichen Grundlagen einer **Zeitungsmeldung** gemacht, wenn nicht sogar wörtlich übernommen werden[3]. Je kürzer eine Pressemitteilung formuliert ist und je früher sie die Presse erreicht, desto größer sind die Aussichten, dass sie vollständig wiedergegeben wird. Sie muss unmiss-

---
1 BAG v. 20.11.2001 – 1 AZR 97/01, NZA 2002, 992.
2 Vgl. *Ehmann*, S. 83 ff.
3 Zur Öffentlichkeitsarbeit des Betriebsrats vgl. *Simitis/Kreuder*, NZA 1992, 1009; *Müller-Boruttau*, NZA 1996, 1071.

verständlich formuliert sein und auch komplexe Vorgänge allgemeinverständlich zusammenfassen (zum Recht des Betriebsrats auf eigene „Pressearbeit" vgl. Teil 4 F Rz. 11). Diese Veröffentlichungen sollten im Einklang mit internen Kommunikationen stehen.

◯ **Typischer Fehler:** Durch eine Verschmelzung werden zwei Unternehmen zusammengefasst. Gleichzeitig werden Betriebe zusammengelegt. In den Interessenausgleichsverhandlungen und der Unterrichtung nach § 613a BGB hat der Arbeitgeber stets betont, dass keine Arbeitsplätze wegfallen werden. Die Öffentlichkeitsabteilung nennt jetzt in Presseerklärungen Synergieeffekte, die mit dieser Maßnahme erzielt werden sollen. 93

3. Interne Kommunikation

Die im BetrVG vorgesehene Form der Unterrichtung der Belegschaft ist die **Betriebsversammlung**. Neben der Betriebsversammlung und dem Schwarzen Brett haben sich inzwischen elektronische Formen der Information durchgesetzt. Das unternehmens- oder konzernweite Intranet ist für Arbeitgeber und Betriebsrat das übliche Medium zur Information der Belegschaft[1]. 94

a) Gemeinsame Kommunikation

Konnten die Verhandlungen einvernehmlich zu Ende geführt werden, ist eine gemeinsame Unterrichtung der Belegschaft durch Arbeitgeber und Betriebsrat üblich. Der Text einer solchen gemeinsamen Information kann im unmittelbaren Anschluss an den Abschluss der Verhandlungen abgestimmt werden. Gestaltet sich die Abstimmung des Texts schwierig, kann es sinnvoll sein, vom Ziel einer gemeinsamen Veröffentlichung im Betrieb Abstand zu nehmen. Dann ist es ein Zeichen **vertrauensvoller Zusammenarbeit**, wenn Arbeitgeber und Betriebsrat sich vor der Veröffentlichung der getrennten Information diese Texte wechselseitig zukommen lassen. Dadurch können u.U. wenigstens einzelne Passagen der getrennten Informationen abgestimmt werden. So kann verhindert werden, dass vor der Belegschaft Widersprüche in der Bewertung der Verhandlungsergebnisse offen ausgetragen werden. 95

b) Getrennte Kommunikation

Lehnen es die Betriebspartner ab, ihre Mitarbeiterinformationen vorab auszutauschen, können erhebliche Irritationen in der Belegschaft entstehen. Mit der Veröffentlichung der Inhalte eines Interessenausgleichs und Sozialplans beginnt meist der erste Schritt der **Auslegung** solcher Vereinbarungen. Haben die Betriebspartner ihre Verhandlungen erfolgreich zu 96

---

1 Zur Nutzung des Intranet durch den Betriebsrat vgl. BAG v. 3.9.2003 – 7 ABR 12/03, NZA 2004, 278; BAG v. 1.12.2004, AP Nr. 82 zu § 40 BetrVG 1972.

Ende gebracht, indem sie sich auf sog. **Formelkompromisse** verständigt haben, veröffentlicht jede Seite im Betrieb dann gerne das eigene Verständnis solcher unscharfen Formulierungen.

97 ○ **Typischer Fehler:** Die Reichweite eines befristeten Verzichts auf betriebsbedingte Kündigungen ist unscharf formuliert. Es stellt sich die Frage, ob betriebsbedingte Kündigungen nur ausgeschlossen sind, wenn sie unmittelbare Folge der Umstrukturierung sind oder ob auch betriebsbedingte Änderungskündigungen ausgeschlossen sein sollen. Außerdem ist unklar, ob Kündigungen frühestens **zu** einem **bestimmten Zeitpunkt** oder erst **ab** einem bestimmten Zeitpunkt ausgesprochen werden dürfen. Arbeitgeber und Betriebsrat treten dazu mit voneinander abweichenden Aussagen an die Belegschaft heran. Dies ist für die Arbeitnehmer schwer zu verstehen. Dadurch entsteht ein Austausch von „Richtigstellungen" vor der Betriebsöffentlichkeit. Darunter leidet das Ansehen des Arbeitgebers genauso wie das des Betriebsrats.

98 Die Vor- und Nachteile solcher Gegendarstellungen müssen deshalb von Fall zu Fall sorgfältig **abgewogen** werden. Jede Veröffentlichung des Arbeitgebers oder des Betriebsrats während der laufenden Verhandlungen nimmt dieser Verhandlungspartei Flexibilität. Dies erschwert dann die weiteren Verhandlungen. Eine Verhandlungsposition aufzugeben, die der Belegschaft schon als „unverrückbar" oder „unverzichtbar" erklärt wurde, fällt schwer. Wechseln sich Arbeitgeber und Betriebsrat mit widersprüchlichen Äußerungen über den Verhandlungsverlauf gegenüber der Belegschaft ab, verunsichert dies die Belegschaft. Gelegentlich unterschätzen Betriebsräte auch, dass dies die Belegschaft gegen den Betriebsrat aufbringen kann, von dem schließlich zügig gute Verhandlungsergebnisse erwartet werden und keine „Fensterreden". Schließlich müssen beide Verhandlungspartner bedenken, dass in den Verhandlungssituationen rechtliche Argumente stark wirken, die für die Belegschaft im Ergebnis eher uninteressant sind. Ob eine Maßnahme interessenausgleichs- und sozialplanpflichtig ist, interessiert Arbeitgeber und Betriebsrat zwangsläufig und bestimmt maßgeblich deren Verhandlungsposition. Ob dadurch aber Mitarbeiter ihre Arbeitsplätze verlieren, wenn ja, ob sie Abfindungen erhalten oder ob ein Personalabbau durch Ablauf befristeter Verträge sozialverträglich umgesetzt werden kann, interessiert die Belegschaft. Ob der Sozialplan freiwillig oder rechtlich zwingend ist, interessiert dort weniger. Der Streit um die Zuständigkeit des Gesamtbetriebsrats ist ein weiteres Beispiel: Für die verhandelnden Betriebsparteien kommt dieser Vorfrage nicht nur formale Bedeutung zu. Für die Belegschaft ist dagegen entscheidend, ob die Belegschaften verschiedener Betriebe gegeneinander ausgespielt werden können oder sich sogar wechselseitig gegeneinander ausspielen, um Partikularinteressen zu verwirklichen, z.B. damit an einem Standort mehr Arbeitsplätze erhalten bleiben als an anderen.

○ **Typischer Fehler:** Das Ende der Verhandlungen ist absehbar. Der Arbeitgeber hat noch keine Belegschaftsinformation vorbereitet. Der Betriebsratsvorsitzende sitzt dem Arbeitgeber gegenüber und drückt auf die „Senden"-Taste seines Laptops und versendet die Betriebsratskommunikation direkt aus dem Verhandlungsraum. Der Arbeitgeber hat keine Chance mehr, die Kommunikation über das Verhandlungsergebnis zu kontrollieren. 99

VIII. Weitere Aufgaben

1. Aktualisierung von Daten

Dass die Daten in der Personalliste aktuell sein müssen, versteht sich von selbst. Wie dies sichergestellt wird, ist häufig nicht klar genug festgelegt. Dadurch passiert es immer wieder, dass erst in der abschließenden Verhandlungsrunde unter hohem Zeitdruck **Listen aktualisiert** werden. Dies wird dadurch vermieden, dass die Aufgabe zu Beginn der Vorbereitungen einem geeigneten Mitarbeiter klar zugewiesen wird. 100

2. Organisation von räumlichen Veränderungen und IT-Strukturen

Die Organisation von räumlichen Veränderungen und IT-Strukturen ist in ihrem Zeitplan auf die zu erwartende Dauer der Verhandlungen über Interessenausgleich und Sozialplan abzustimmen. Soll eine Konfrontation mit dem Betriebsrat vermieden werden, kann die Verlegung eines Betriebs oder Betriebsteils nicht umgesetzt werden, bevor ein Interessenausgleich zustande gekommen oder das Verfahren zur Herbeiführung eines Interessenausgleichs gescheitert ist. Auf der anderen Seite muss ein **Umzug** auch pünktlich gelingen, wenn parallel dazu Änderungskündigungen ausgesprochen werden, die den Arbeitnehmern zu einem bestimmten Zeitpunkt die Arbeitsaufnahme an einem **neuen Standort** vorgeben. Die unternehmerische Entscheidung des Arbeitgebers verliert an Überzeugungskraft, wenn er in der Umsetzung der Maßnahme seine eigenen Pläne nicht einhält, weil z.B. die neue Vertriebsstruktur noch nicht in der Vertriebsdatenbank abgebildet werden kann. 101

3. Ablauforganisation für die Zustellung von Kündigungen

Muss gleichzeitig eine Vielzahl von Kündigungen ausgesprochen werden, ist die rechtzeitige Zustellung besonders sorgfältig zu planen. Es muss damit gerechnet werden, dass nicht alle Arbeitnehmer im Betrieb anwesend sind, um das Kündigungsschreiben entgegenzunehmen und den Empfang zu quittieren. Für diesen Fall sind Vorkehrungen zu treffen. Es ist zu prüfen, ob jeder Mitarbeiter in der Personalabteilung eine aktuelle Anschrift hinterlegt hat, an der ein Kündigungsschreiben zugestellt werden kann. Hat ein Mitarbeiter mehrere Anschriften angegeben und offen gelassen, welche dieser Anschriften seinen regelmäßigen Wohnsitz be- 102 zeichnet, muss er zur Klarstellung aufgefordert werden. Kündigungsschreiben sollten nach Möglichkeit nicht mit der Post versendet werden und wenn, dann nur als Einwurf-Einschreiben. Sicherer ist es, Kündigungsschreiben mit **Boten** zu versenden (vgl. Teil 4 D Rz. 181 ff.). In jedem Fall muss bei einer Zustellung durch Post oder Boten ausreichend Zeit eingeplant werden für den Fall vergeblicher Zustellungsversuche.

Teil 2 Betriebsänderung

A. Einzelne Betriebsänderungen

Ob eine Betriebsänderung i.S.d. § 111 BetrVG vorliegt, lässt sich in vielen Fällen nicht eindeutig beantworten. In der Praxis wird allerdings häufig der Nutzen einer Auseinandersetzung über das Vorliegen einer Betriebsänderung überschätzt. Meint der Arbeitgeber, die geplante Maßnahme sei keine Betriebsänderung, sieht der Betriebsrat dies aber anders, kann er im arbeitsgerichtlichen Verfahren eine Einigungsstelle errichten lassen. Das Arbeitsgericht setzt die Einigungsstelle ein, wenn sie nicht offensichtlich unzuständig ist. Besteht Streit über das Vorliegen einer Betriebsänderung, ist häufig weder der eine noch der andere Standpunkt offensichtlich unbegründet. Dann verlieren die Betriebspartner Zeit mit dieser Auseinandersetzung bis zur Errichtung der Einigungsstelle. Diese Zeit hätte u.U. gereicht, um die Veränderungen im geplanten Zeitrahmen zu verhandeln, bis sie umsetzungsreif gewesen wäre. Die Frage kann bis zum Schluss offen gelassen werden, wenn der Arbeitgeber ohnehin einen Nachteilsausgleich anbieten möchte und eine Einigung in der Sache erreichbar erscheint und diese dann Gegenstand eines (gegebenenfalls freiwilligen) Interessenausgleichs und Sozialplans wird.

I. Voraussetzungen einer Betriebsänderung

Die §§ 111 bis 113 BetrVG regeln die Mitwirkungs- und Mitbestimmungsrechte des Betriebsrats bei Betriebsänderungen, die wesentliche Nachteile für die Belegschaft oder erhebliche Teile der Belegschaft zur Folge haben können. Voraussetzung für die Anwendung der §§ 111 bis 113 BetrVG ist das **Bestehen eines Betriebsrats**. Liegt eine Betriebsänderung i.S.d. § 111 BetrVG vor, ist mit dem Betriebsrat ein Interessenausgleich durchzuführen. Der Interessenausgleich regelt das „Ob", den Zeitpunkt und den Umfang der organisatorischen Maßnahme. Dagegen soll der Sozialplan die wirtschaftlichen Nachteile, die den Arbeitnehmern aufgrund der Betriebsänderung entstehen, ausgleichen oder mildern. 1

Einigt sich der Arbeitgeber nicht mit dem Betriebsrat oder führt er eine Betriebsänderung abweichend von einer Vereinbarung mit dem Betriebsrat durch, ist die Betriebsänderung dennoch wirksam. Betroffene Arbeitnehmer können bei Beendigung ihres Arbeitsverhältnisses vom Arbeitgeber die Zahlung einer Abfindung i.S.d. § 10 KSchG verlangen (§ 113 Abs. 1 und 3 BetrVG). 2

Bei **Nichtzustandekommen** einer Einigung zwischen den Betriebspartnern entscheidet die **Einigungsstelle** über den Sozialplan und hat dabei die Grundsätze des § 112 Abs. 5 BetrVG zu beachten. Bei einem bloßen 3

Personalabbau ist ein Sozialplan nur bei geplanten betriebsbedingten Entlassungen von 10 bis 20 % der regelmäßig beschäftigten Arbeitnehmer erzwingbar (§ 112a Abs. 1 BetrVG). Betriebsänderungen innerhalb der ersten vier Jahre nach der Neugründung eines Unternehmens bedürfen keines Sozialplans (§ 112a Abs. 2 BetrVG), wohl aber eines Interessenausgleichs (vgl. Teil 2 B Rz. 41 ff.).

4 Die §§ 111 ff. BetrVG finden keine Anwendung auf Verwaltungen und Betriebe des Bundes, der Länder, der Gemeinden und sonstigen Körperschaften, Anstalten und Stiftungen des **öffentlichen Rechts** (§ 130 BetrVG), sowie nur eingeschränkt auf Religionsgemeinschaften und ihre karitativen erzieherischen Einrichtungen unbeschadet deren Rechtsform (§ 118 Abs. 2 BetrVG). Im **Tendenzbetrieb** hat der Betriebsrat im Rahmen des § 111 BetrVG Informationsrechte, um gem. § 112 BetrVG einen Sozialplan herbeiführen zu können[1]. §§ 111 ff. BetrVG gelten nicht für ausländische Betriebe deutscher Unternehmen. Dagegen greifen die Vorschriften für Betriebsänderungen ein, wenn es sich um in Deutschland gelegene Betriebe ausländischer Unternehmen handelt.

1. Unternehmerbegriff

5 Unternehmer i.S.d. §§ 111 ff. BetrVG ist der Inhaber des Betriebs. Er betreibt das Unternehmen, in dem die Arbeitnehmer beschäftigt sind[2]. Unternehmer kann eine natürliche oder eine juristische Person (SE, AG, GmbH, VVaG, eG) oder eine Personengesellschaft (KG, KGaA, OHG, Partnerschaftsgesellschaft oder BGB-Gesellschaft) sein. Der Unternehmer ist gleichzeitig der Arbeitgeber. Fraglich ist, wer in einem **Unterordnungskonzern** der Unternehmer ist. Besteht zwischen einer AG und der Konzernspitze ein Beherrschungsvertrag, dann ist der Vorstand der abhängigen AG verpflichtet, den Weisungen des Trägers des herrschenden Unternehmens nachzukommen (§ 308 Abs. 2 AktG). Besteht kein Beherrschungsvertrag, darf das beherrschende Unternehmen die abhängige AG grundsätzlich nicht veranlassen, ein für sie nachteiliges Rechtsgeschäft vorzunehmen oder Maßnahmen zu ihrem Nachteil zu treffen oder zu unterlassen (§ 311 Abs. 1 AktG). Werden einem oder mehreren Unternehmen des Konzerns von der Konzernleitung Veränderungen vorgegeben, ist die Unterrichtung und Beratung der Betriebsräte gem. § 111 BetrVG streng juristisch Aufgabe der Konzernspitze[3]. In der Praxis führt aber zumeist die Geschäftsleitung des unmittelbar betroffenen Betriebs bzw. Unternehmens die Verhandlungen.

---

[1] BAG v. 30.3.2004 – 1 AZR 7/03, DB 2004, 1511.
[2] BAG v. 15.1.1991, DB 1991, 147.
[3] *Fitting*, § 111 Rz. 104; a.A. *Löwisch/Kaiser*, § 111 Rz. 41, einschränkend für den Fall der Konzernspitze im Ausland.

2. Bedeutung der Unternehmens- und Betriebsgröße

Die **Unterrichtungs- und Beratungspflicht** des Unternehmers nach § 111 BetrVG besteht nur in **Unternehmen** mit i.d.R. mehr als 20 wahlberechtigten Arbeitnehmern. Anknüpfungspunkt ist damit nicht der Betrieb als betriebsverfassungsrechtliche Organisationseinheit, sondern das Unternehmen. Das bedeutet, dass nach den §§ 111 ff. BetrVG auch in einem **Kleinbetrieb**, in dem weniger als 20 Mitarbeiter beschäftigt werden, eine interessenausgleichs- und sozialplanpflichtige Betriebsänderung vorliegen kann, sofern dieser Betrieb zu einem größeren Unternehmen gehört und mindestens sechs Arbeitnehmer betroffen sind[1]. Dies gilt auch, wenn der Gesamtbetriebsrat für den Interessenausgleich zuständig ist[2]. Ausgenommen vom Geltungsbereich der §§ 111 ff. BetrVG sind nur **Kleinunternehmen**, die insgesamt weniger als 20 Arbeitnehmer beschäftigen.

6

Mit der Frage der Anwendbarkeit der §§ 111 ff. BetrVG nicht zu verwechseln ist die Frage, unter welchen Voraussetzungen der Tatbestand einer Betriebsänderung vorliegt. Dieses Tatbestandsmerkmal ist **betriebsbezogen**.

7

Beispiel: Die Y-GmbH mit den Betrieben A mit 150 und B mit 25 Arbeitnehmern und dem Betrieb C mit 18 Arbeitnehmern plant, im Betrieb A und im Betrieb C jeweils acht Arbeitsplätze auf Grund der Einführung rationeller arbeitender Maschinen abzubauen. Die Y-GmbH meint, zu einem Interessenausgleich und Sozialplan nicht verpflichtet zu sein, da mangels Erreichen der Schwellenwerte des § 17 KSchG keine Betriebsänderung i.S.d. § 111 BetrVG vorliege.

8

Nach § 111 BetrVG ist für das Eingreifen der Beteiligungsrechte i.S.d. §§ 111 ff. BetrVG Voraussetzung, dass im Unternehmen mehr als 20 Arbeitnehmer beschäftigt werden. Für die Feststellung, ob eine Betriebsänderung vorliegt, ist dagegen grundsätzlich maßgeblich, ob für den jeweiligen Betrieb die von der Rspr. entwickelten **Schwellenwerte des § 17 KSchG** erfüllt werden. Im Beispiel ist das bei der Entlassung von acht Arbeitnehmern im Betrieb A nicht der Fall, und an und für sich auch nicht im Betrieb C, weil § 17 KSchG eine Betriebsgröße von mehr als 20 Arbeitnehmern voraussetzt. Weil § 111 BetrVG hinsichtlich des Schwellenwerts auf das Unternehmen abstellt, kann hinsichtlich der Feststellung einer Betriebsänderung in kleineren Betrieben der Schwellenwert des § 17 KSchG (mehr als 20 Arbeitnehmer) keine Rolle spielen. Mit dem Betriebsrat des Betriebs C ist damit ein Interessenausgleichs- und Sozialplanverfahren durchzuführen. Ein Verstoß gegen den **Gleichbehandlungsgrundsatz** ist aus Sicht der betroffenen Arbeitnehmer des Betriebs A nicht gegeben, da es sachgerecht ist, hinsichtlich des Vorliegens der Voraussetzungen einer Betriebsänderung auf den Betrieb abzustellen.

9

Das BetrVG enthält keine **Definition des Betriebs**. Die Rspr. definiert ihn meist als „organisierte Einheit, innerhalb derer ein Arbeitgeber allein

10

---
1 BAG v. 9.11.2010 – 1 AZR 708/09, DB 2011, 941.
2 BAG v. 19.7.2012 – 2 AZR 386/11, DB 2013, 523.

oder mit seinen Arbeitnehmern mit Hilfe von technischen und immateriellen Mitteln bestimmte arbeitstechnische Zwecke fortgesetzt verfolgt, die sich nicht in der Befriedigung von Eigenbedarf erschöpfen" (vgl. Teil 1 A Rz. 4).

a) Betriebsteile und Kleinbetriebe

11 Auch Betriebsteile und Kleinbetriebe i.S.d. § 4 BetrVG können als selbständige Betriebe gelten[1]. In diesem Fall finden die §§ 111 ff. BetrVG für Betriebsänderungen, die in solchen Betriebsteilen geplant sind oder sich dort auswirken, nur Anwendung, wenn dort ebenfalls die Voraussetzungen des § 111 BetrVG vorliegen. Dies gilt jedoch nicht, wenn die **Betriebsteile** gem. § 4 Abs. 2 BetrVG dem **Hauptbetrieb** zuzuordnen sind.

12 Nach § 4 Abs. 1 BetrVG gelten Betriebsteile als **selbständige Betriebe**, wenn sie i.d.R. mindestens fünf ständige wahlberechtigte Arbeitnehmer haben, von denen drei wählbar sind (§ 1 BetrVG), und räumlich weit vom Hauptbetrieb entfernt oder durch Aufgabenbereich und Organisation eigenständig sind. Diese (fingierte) Eigenständigkeit verliert der betriebsratslose Betriebsteil i.S.d. § 4 Abs. 1 Satz 1 BetrVG allerdings, wenn er sich aufgrund einer Abstimmung nach § 4 Abs. 1 Satz 2 BetrVG an der Betriebsratswahl im Hauptbetrieb beteiligt. Dadurch wird er Teil des Hauptbetriebs, nach dessen Verhältnissen sich die Voraussetzungen für die Aufstellung eines Sozialplans i.S.d. § 112 Abs. 4 BetrVG bestimmen[2]. Ebenso sind Betriebe (Kleinbetriebe), die die Voraussetzungen des § 1 Abs. 1 Satz 1 BetrVG nicht erfüllen, dem Hauptbetrieb zuzuordnen (§ 4 Abs. 2 BetrVG). Nur Arbeitnehmer in Unternehmen mit 20 oder weniger Arbeitnehmern oder in nicht betriebsratsfähigen Kleinbetrieben, die nicht i.S.d. § 4 Abs. 2 BetrVG einem Hauptbetrieb zuzuordnen sind, werden vom Anwendungsbereich des § 111 BetrVG ausgenommen. Für diese fehlt es an einer möglichen Vertretung durch einen Betriebsrat[3].

b) Gemeinsamer Betrieb

13 Anknüpfungspunkt für den Anwendungsbereich des § 111 BetrVG ist die Unternehmens- und nicht die Betriebsgröße. Dies hat auch Auswirkungen auf Betriebsänderungen im sog. **gemeinsamen Betrieb** mehrerer Unternehmen. Da nach dem ausdrücklichen Wortlaut für die Anwendbarkeit von § 111 BetrVG nur auf die Anzahl der beim Unternehmen beschäftigten Arbeitnehmer abzustellen ist, ist entscheidend, ob in dem jeweiligen Unternehmen, das den gemeinsamen Betrieb bildet, mehr als 20 wahlberechtigte Arbeitnehmer beschäftigt sind[4].

---

1 BAG v. 27.6.1995 – 1 ABR 62/94, NZA 1996, 164.
2 BAG v. 17.9.2013, RdA 2014, 317.
3 *Löwisch*, BB 2001, 1796.
4 Str.; wie hier *Löwisch*, BB 2001, 1797; *Richardi/Annuß*, § 111 Rz. 26; a.A. LAG Berlin v. 23.1.2003 – 18 TaBV 2141/02, NZA-RR 2003, 477; vermittelnd *Wiß-*

Rechtlich bedeutet das, dass im Fall einer Betriebsänderung, bei der nur ein Unternehmen mehr als 20 Arbeitnehmer beschäftigt und damit in den Anwendungsbereich des § 111 BetrVG fällt, nur für dieses Unternehmen die Beteiligungspflichten der §§ 111 ff. BetrVG gegenüber dem Betriebsrat des **gemeinsamen Betriebs** eingreifen. Für das Unternehmen, das weniger als 20 Arbeitnehmer beschäftigt, bestehen dagegen diese Verpflichtungen nicht. Für diese Arbeitnehmer gilt dann auch ein für das andere Unternehmen abgeschlossener Interessenausgleich und Sozialplan nicht. Ebenso lässt sich begründen, dass zwei Unternehmen mit jeweils weniger als 20 Beschäftigten nicht dadurch in den Geltungsbereich des § 111 BetrVG gelangen, dass sie einen gemeinsamen Betrieb unterhalten[1].

14–15

Die theoretisch begründbare unterschiedliche Behandlung von zwei Unternehmen, die einen gemeinsamen Betrieb bilden, ist allerdings in der Praxis **personalpolitisch häufig nicht durchsetzbar**. Bedeutung gewinnt die rechtliche Trennung zwischen den Gesellschaften deshalb in erster Linie für den Fall, dass im Einigungsstellenverfahren eine Einigung nicht gelingt und durch Spruch über die Aufstellung eines Sozialplans entschieden werden muss. Die Einigungsstelle kann keinen Sozialplan für ein Unternehmen vorsehen, das nicht mehr als 20 Arbeitnehmer beschäftigt.

16

Verhandlungspartner des Betriebsrats eines gemeinsamen Betriebs mehrerer Unternehmen soll der „**gewillkürte Betriebsarbeitgeber**"[2] sein. Für den Interessenausgleich hat das BAG entschieden, dass dieser bei einem gemeinsamen Betrieb mehrerer Unternehmen „regelmäßig sinnvoll nur mit der Gemeinschaft der den Betrieb führenden Unternehmen verhandelt werden kann"[3]. Außerdem sollen nach zwei Entscheidungen zu § 111 BetrVG a.F. beide Arbeitgeber zu Verhandlungen über Interessenausgleich und Sozialplan verpflichtet sein, wenn ein Arbeitgeber den gemeinsamen Betrieb verlässt[4].

17

Wird der **gemeinsame Betrieb mit mehr als 20 Arbeitnehmern** von zwei Unternehmen gebildet, in denen jeweils 20 oder weniger Arbeitnehmer beschäftigt sind und wird dieser Betrieb geschlossen, so sind nach dem Wortlaut der §§ 111 ff. BetrVG die Voraussetzungen für eine Betriebsänderung nicht gegeben. Die Rechtslage ist aber alles andere als klar, zumal das BAG in seiner Entscheidung vom 29.9.2004[5] den Leitsatz aufgestellt hat, dass in dem Fall, dass „mehrere Unternehmen mit jeweils

18

---

mann, NZA 2001, 409; *Fitting*, § 111 Rz. 23: Interessenausgleich mit „gewillkürtem Betriebsarbeitgeber".
1 Streitig: Zum Meinungsstand vgl. *Fitting*, § 111 Rz. 22, 23.
2 BAG v. 15.5.2007 – 1 ABR 32/06, NZA 2007, 1240 zu § 99 BetrVG; *Wißmann*, NZA 2001, 409 (410).
3 BAG v. 12.11.2002 – 1 AZR 632/01, NZA 2003, 676.
4 LAG Nürnberg v. 22.3.1995 – 4 TaBV 33/94, DB 1995, 1972; BAG v. 11.11.1997 – 1 ABR 6/97, BB 1998, 1315.
5 BAG v. 29.9.2004 – 1 ABR 39/03, NZA 2005, 420.

weniger als 20 wahlberechtigten Arbeitnehmern gemeinsam einen Betrieb [führen], in dem insgesamt mehr als 20 wahlberechtigte Arbeitnehmer beschäftigt sind, so ist die Vorschrift des § 99 BetrVG auf Versetzungen in diesem Betrieb analog anwendbar." Klar ist damit nur der Fall, dass nicht nur in den einzelnen beteiligten Unternehmen, sondern auch in dem Gemeinschaftsbetrieb selbst 20 oder weniger Arbeitnehmer beschäftigt werden.

3. Teilbarkeit von Betriebsänderungen

19 Betriebsänderungen i.S.d. § 111 Satz 2 Nr. 1–5 BetrVG sind nur solche Veränderungen, die ein gewisses Gewicht haben. Maßnahmen nach Nr. 1–3 müssen sich auf den gesamten Betrieb oder zumindest auf wesentliche Betriebsteile beziehen. Soweit es sich um Änderungen der Betriebsorganisation i.S.d. Nr. 4 und 5 handelt, müssen diese grundlegend sein. Ob ein betroffener Betriebsteil wesentlich oder eine Änderung nach Nr. 4 und 5 grundlegend ist, bestimmt das BAG grds. anhand der **Zahlenstaffeln des § 17 KSchG** (vgl. Teil 4 A Rz. 87).

20 Die Orientierung an diesen Zahlenstaffeln bereitet kein Problem, wenn der Arbeitgeber eine **einheitliche Maßnahme** auf Grund einer einheitlichen Planung zu einem einheitlichen Zeitpunkt durchführen will. Schwieriger zu beurteilen sind dagegen Fälle, in denen der Arbeitgeber

– mehrere gleichartige Maßnahmen zeitversetzt,

– mehrere verschiedenartige Maßnahmen zeitgleich oder gar

– mehrere verschiedenartige Maßnahmen zeitversetzt

durchführen will. In diesen Fällen stellt sich stets die Frage, ob die **Gesamtzahl** aller betroffenen Arbeitnehmer an der Zahlenstaffel gemessen wird, oder ob jede einzelne Maßnahme gesondert zu beurteilen ist[1]. Führt der Arbeitgeber in engem zeitlichen Zusammenhang mehrere gleichartige Maßnahmen durch, soll nach verbreiteter Auffassung eine **Vermutung** dafür sprechen, dass sie auf einer **einheitlichen Planungsentscheidung** beruhen[2]. Werden z.B. innerhalb kurzer zeitlicher Abfolge 10 % der Filialen eines Handelsunternehmens einer bestimmten Größenordnung geschlossen, soll diese Vermutung eingreifen[3]. In diesem Fall werden die von den einzelnen Teilen der Gesamtmaßnahme betroffenen Arbeitnehmer für die Ermittlung des Schwellenwerts zusammengerechnet. Obgleich ein Interessenausgleich nicht mehr in Betracht kommt, soweit die Betriebsänderung durchgeführt ist, soll in diesem Fall für alle nicht auszuschließenden künftigen Teilmaßnahmen ein Interessenausgleich noch

---

1 BAG v. 28.3.2006 – 1 ABR 5/05, MDR 2007, 96 = NZA 2006, 932; vgl. *Baeck/Diller*, NZA 1997, 689.
2 *Fabricius*, Anm. zu BAG AP Nr. 12 zu § 111 BetrVG; BAG v. 28.3.2006 – 1 ABR 5/05, NZA 2006, 932.
3 LAG Berlin-Brandenburg v. 19.8.2009, AuR 2010, 132.

in Betracht kommen[1]. Auch wenn ein enger zeitlicher Zusammenhang zwischen mehreren Entlassungswellen eine einheitliche Planungsentscheidung indizieren kann, schließt die Rechtsprechung nicht aus, dass mehrere Entlassungswellen auf eigenständigen Planungen beruhen. Dies gilt insbesondere, wenn nach der ersten Entlassungswelle neue, vom Arbeitgeber ursprünglich nicht vorgesehene und eingeplante Umstände eingetreten sind[2]. Eine „Änderung" der Planung, zu der sich der Arbeitgeber erst nach Durchführung der zunächst geplanten Maßnahmen entschließt, ist grundsätzlich nicht zusammenzurechnen mit vorangegangenen Maßnahmen, sondern stellt eine neue Planung dar[3].

4. Sog. „überholende" Betriebsänderung

Die zeitliche Abfolge verschiedener Umstrukturierungsmaßnahmen spielt nicht nur im Hinblick auf die §§ 111 ff. BetrVG eine Rolle. Sie kann sich bei **betriebsbedingten Kündigungen** auch auf den Zuschnitt des Betriebs und damit den Umfang der – ausschließlich betriebsbezogenen – Sozialauswahl nach § 1 Abs. 3 KSchG auswirken. Die Rspr. zur Abgrenzung einheitlicher Maßnahmen von eigenständigen Betriebsänderungen hat die Folgen für die Sozialauswahl im Blick. Sie sollen nicht beliebig gestaltet werden können. Zur Veranschaulichung dienen nachfolgende Beispiele:

Beispiel: Die X-GmbH führt den Produktionsbetrieb A und den eigenständigen Forschungs- und Entwicklungsbetrieb B. Der Betrieb A besteht aus der Abteilung Serienfertigung mit 200 Mitarbeitern und der Abteilung Maßfertigung mit 50 Mitarbeitern. Die X-GmbH beschließt am 1.1.2015, künftig keine Serienfertigung mehr durchzuführen und ihre Aktivitäten auf Forschung und Entwicklung sowie die Maßfertigung zu konzentrieren. Der Betrieb A soll zum 31.5.2015 stillgelegt werden. Die X-GmbH will daher im Januar 2015 sämtlichen Mitarbeitern der Abteilung Serienfertigung zum 31.5.2015 kündigen. Die Abteilung Maßfertigung soll zum 31.5.2015 in den Betrieb B verlagert werden.

Die X-GmbH muss im Beispiel vor Ausspruch der Kündigungen im Januar 2015 eine Sozialauswahl nach § 1 Abs. 3 KSchG durchführen, die sich auf den gesamten Betrieb A erstreckt. Vergleichbare Arbeitnehmer der Maßfertigung sind also in die **Sozialauswahl** einzubeziehen, obwohl ihre Arbeitsplätze fortbestehen. Die Stilllegung der Abteilung Serienfertigung ist dann mit den Unwägbarkeiten einer korrekten Sozialauswahl belastet. Die X-GmbH könnte daher im Beispiel versucht sein, zur Vermeidung der mit der Sozialauswahl verbundenen Rechtsunsicherheiten folgenden Weg zu wählen:

Beispiel: Die X-GmbH beschließt am 1.1.2015, die Maßfertigung abzuspalten, zu verlegen und zum 1.2.2015 mit dem Betrieb B zusammenzufassen und die Serienfertigung zum 31.5.2015 stillzulegen. Nach der Abspaltung und Verlegung der Maß-

---
1 LAG Berlin-Brandenburg v. 19.8.2009, AuR 2010, 132.
2 BAG v. 28.3.2006 – 1 ABR 5/05, NZA 2006, 932.
3 BAG v. 28.3.2006 – 1 ABR 5/05, NZA 2006, 932.

fertigung spricht die X-GmbH ab dem 2.2.2015 den Arbeitnehmern der Serienfertigung betriebsbedingte Kündigungen zum 31.5.2015 aus und legt den gesamten Betrieb A zum 31.5.2015 still.

25 Nach der Ausgliederung der Maßfertigung am 1.2.2015 besteht der Betrieb A ausschließlich aus der Serienfertigung. Kündigt die X-GmbH anschließend den dortigen Arbeitnehmern, kann sie keine Sozialauswahl mehr durchführen, weil alle Arbeitnehmer des Betriebs A von der Kündigung betroffen sind. Die Arbeitnehmer der Maßfertigung, die nunmehr dem Betrieb B zugehören, wären dann wegen der **Betriebsbezogenheit** der Sozialauswahl nicht zu berücksichtigen.

26 **Maßgeblicher Beurteilungszeitpunkt** für die soziale Rechtfertigung der Kündigung ist zwar der Zeitpunkt des Zugangs der Kündigung[1]. Das Vorgehen der X-GmbH könnte jedoch eine unzulässige Umgehung der Sozialauswahl darstellen. Dafür spricht die Entscheidung des BAG vom 10.11.1994[2]. In dem zugrundeliegenden Fall hatte der Arbeitgeber beschlossen, einen Betrieb stillzulegen und die dort bisher ausgeführten Aufgaben auf einen anderen Betrieb des Unternehmens zu verlagern. Die Aufgaben sollten dort aufgrund technischer Neuerungen mit einem Bruchteil des bisherigen Personalaufwands auf einigen neuen, umgestalteten und tariflich höher eingruppierten Arbeitsplätzen ausgeführt werden. Die umgestalteten Arbeitsplätze wurden ohne Sozialauswahl an geeignete Bewerber aus dem stillzulegenden Betrieb vergeben. Den verbleibenden Arbeitnehmern dieses Betriebs wurde anschließend gekündigt.

27 Das BAG entschied, dass der Arbeitgeber es nicht in der Hand habe, den Kündigungsschutz des Arbeitnehmers dadurch leerlaufen zu lassen, dass er zunächst die umgestalteten Arbeitsplätze besetzt und dann erst den übrigen Arbeitnehmern kündigt. Es handele sich um einen Anwendungsfall des § 162 BGB. Daher bestehe der Kündigungsschutz des Arbeitnehmers auch dann, wenn im Kündigungszeitpunkt eine Weiterbeschäftigungsmöglichkeit nicht – mehr – besteht und auch eine Sozialauswahl nicht – mehr – vorgenommen werden kann. Wird die freie Stelle in einem einheitlichen Vorgang mit der Kündigung (*uno actu*) aufgrund eines **einheitlichen Entschlusses** besetzt, so seien beide Erklärungen des Arbeitgebers bei der Prüfung der Voraussetzungen des § 1 KSchG auch als Einheit zu würdigen. Das gelte sowohl für die Prüfung der anderweitigen Beschäftigungsmöglichkeit als auch der Sozialauswahl nach § 1 Abs. 3 KSchG.

28 Im Beispiel sind die Abspaltung und Verlegung der Maßfertigung in den Betrieb B und die Stilllegung des Betriebs A als einheitliche Maßnahme zu bewerten. Sie werden in engem **zeitlichem Zusammenhang** durch-

---

1 BAG v. 21.4.2005 – 2 AZR 241/04, NZA 2005, 1307.
2 BAG v. 10.11.1994 – 2 AZR 242/94, NZA 1995, 566; BAG v. 5.10.1995 – 2 AZR 269/95, NZA 1996, 524.

geführt (*uno actu*) und beruhen auf **derselben unternehmerischen Entscheidung.** Daher besteht im Beispiel die Gefahr, dass die X-GmbH in einem Kündigungsschutzverfahren wegen der nicht durchgeführten Sozialauswahl mit den Arbeitnehmern der Maßfertigung unterliegt, sofern dort vergleichbare Arbeitnehmer beschäftigt sind, die sozial weniger schutzwürdig sind als der klagende Arbeitnehmer der Serienfertigung. U.E. können sich in diesem Fall allerdings nicht zwingend sämtliche gekündigten Arbeitnehmer der Serienfertigung mit Erfolg auf die fehlerhafte Sozialauswahl berufen (sog. *Domino-Effekt*), sondern nur diejenigen, denen bei korrekter Sozialauswahl nicht gekündigt worden wäre, für deren Kündigung also der Fehler in der Sozialauswahl kausal war[1]. Für die X-GmbH empfiehlt es sich im Hinblick auf die Darlegung der fehlenden Kausalität im Kündigungsschutzprozess, vorsorglich ein Punkteschema zur Gewichtung der Kriterien der Sozialauswahl mit dem Betriebsrat zu vereinbaren.

Anders wäre eine sog. **überholende Betriebsänderung** zu bewerten. Eine überholende Betriebsänderung liegt vor, wenn der Arbeitgeber zunächst eine Betriebsänderung beschließt und bis zum Abschluss dieser Betriebsänderung eine weitere, davon unabhängige „überholende" Betriebsänderung beschließt und durchführt. Dieser Fall ist im laufenden Geschäftsbetrieb gang und gäbe; im Wettbewerb stehende Unternehmen sind gehalten, kontinuierlich Einsparungs- und Rationalisierungspotenzial zu prüfen und umzusetzen. Die Durchführung von Umstrukturierungsmaßnahmen nimmt nicht selten erhebliche Zeit in Anspruch, insbesondere wenn sie – wie etwa bei einem größeren Personalabbau – mit Verhandlungen über Interessenausgleich und Sozialplan, Durchführung einer Einigungsstelle und ggf. Verhandlungen mit der Gewerkschaft über einen Tarifsozialplan einhergehen kann. In diesem Fall kommt es häufig zu Überschneidungen mit weiteren („überholenden") Betriebsänderungen, die mit der laufenden Umstrukturierungsmaßnahme nicht in Zusammenhang stehen. 29

Beispiel: Das Auftragsvolumen der X-GmbH ist im Jahr 2014 so gering, dass die Kapazitäten des zweiten Serienfertigungsstandorts im Ausland auf lange Sicht ausreichend sind; die Serienfertigung des Betriebs A wird nicht mehr benötigt. Die X-GmbH beschließt daher im Januar 2015 die Stilllegung der Abteilung Serienfertigung des Betriebs A zum 31.12.2015. Im März 2015 entscheidet sie, zur Nutzung von Synergieeffekten die Maßfertigung auf den Forschungs- und Entwicklungsbetrieb B zu übertragen, da die Maßfertigung auch die Prototypen für Forschung und Entwicklung herstellt. Die Auslagerung wird zum 31.3.2015 durchgeführt. Am 30.9.2015 kündigt die X-GmbH allen Mitarbeitern der Serienfertigung zum 31.12.2015. 30

In diesem Fall besteht kein sachlicher Zusammenhang zwischen der Stilllegung der Abteilung Serienfertigung und der Verlagerung der Abteilung Maßfertigung auf den Betrieb B. Grund für die Stilllegung der Seri- 31

---

1 Vgl. dazu *Bauer/Gotham*, BB 2007, 1729; *Lingemann/Beck*, Anm. zu BAG v. 9.11.2006, AP Nr. 87 zu § 1 KSchG 1969 Soziale Auswahl.

enfertigung ist der Rückgang des Auftragsvolumens. Die Verlagerung der Maßfertigung auf den Betrieb B beruht auf der davon unabhängigen, den Stilllegungsbeschluss „**überholenden**" Entscheidung, Synergieeffekte im Forschungs- und Entwicklungsbereich zu nutzen[1]. Auch an einem engen zeitlichen Zusammenhang beider Maßnahmen fehlt es hier; zwischen der Ausgliederung der Maßfertigung und dem Ausspruch der Kündigungen liegen im Beispiel mehrere Monate. Sie erfolgen daher nicht „uno actu". Nach der Ausgliederung der Maßfertigung ist eine Sozialauswahl wegen der vollständigen Stilllegung des Betriebs A vor Ausspruch der Kündigungen nicht durchzuführen. Das Entfallen der Sozialauswahl ist – anders als im Beispiel Rz. 24 – lediglich ein zufälliger Nebeneffekt der Ausgliederung; eine Umgehung der Sozialauswahl liegt darin nicht.

32 Diese Beispiele zeigen im Vergleich, dass ähnliche Teilschritte einmal als einheitliche Betriebsänderung zusammengerechnet werden (Rz. 24) und einmal als getrennte Maßnahmen zu bewerten sind (Rz. 30).

5. Berechnung der Anzahl der beschäftigten Arbeitnehmer

33 Das Mitbestimmungsrecht nach §§ 111 bis 113 BetrVG greift nur in Unternehmen mit i.d.R. mehr als 20 wahlberechtigten Arbeitnehmern ein. Der sich in vielen Vorschriften (z.B. §§ 4 Abs. 1, 20 Abs. 2 SprAuG, §§ 1 Abs. 1, 9, 99 Abs. 1, 106 Abs. 1, 110 Abs. 1, 115 Abs. 1 und 2, 116 Abs. 2 BetrVG, § 23 Nr. 1 Satz 2 KSchG) wiederholende Begriff „**in der Regel**" geht davon aus, dass die regelmäßige Anzahl der Arbeitnehmer nicht durch einfaches Abzählen ermittelt werden kann. Maßgebend ist vielmehr die Zahl der Arbeitnehmer, die für das Unternehmen **im Allgemeinen** kennzeichnend ist. Dabei hat vor allem ein vorübergehendes Absinken der Zahl der Arbeitnehmer unter den Grenzwert 21 außer Betracht zu bleiben[2].

34 Entscheidend ist die normale Beschäftigtenzahl des Unternehmens, die sich aus einem **Rückblick** und einer Einschätzung der zukünftigen Entwicklung ergibt. Wird wegen **einer Betriebsstilllegung** gekündigt, kommt nur **ein Rückblick** auf die bisherige Belegschaftsstärke in Frage[3]. Abzustellen ist auf den Zeitpunkt, zu dem der Arbeitgeber noch eine regelmäßige Betriebstätigkeit entwickelt und wie viele Arbeitnehmer er hierfür eingesetzt hat[4]. Maßgeblicher Zeitpunkt der Betrachtung ist der des Stilllegungsentschlusses[5]. Hatte der Arbeitgeber allerdings zuvor eine geplante Betriebseinschränkung durchgeführt und das Unternehmen mit entsprechend verminderter Belegschaft weitergeführt, so stellt diese die normale, das Unternehmen kennzeichnende Belegschaftsstärke dar. Ent-

---

1 Der X-GmbH ist – wie stets – zu raten, beide Beschlüsse zu dokumentieren, sie also jeweils schriftlich niederzulegen.
2 BAG v. 16.11.2004 – 1 AZR 642/03, DB 2005, 456.
3 BAG v. 10.12.1996 – 1 ABR 43/96, NZA 1997, 733.
4 BAG v. 8.6.1989 – 2 AZR 624/88, DB 1990, 183.
5 BAG v. 16.11.2004 – 1 AZR 642/03, DB 2005, 456.

schließt er sich dann, den Betrieb endgültig stillzulegen, so ist diese (also die schon verminderte) Belegschaftszahl maßgebend, auch wenn der Arbeitgeber das Personal im Ergebnis stufenweise entlässt.

Geht der Stilllegung eines Betriebs ein **Personalabbau** voraus, der sich über einen längeren Zeitraum erstreckt, so richtet sich die Zahl der regelmäßig beschäftigten Arbeitnehmer i.S.d. § 111 BetrVG danach, wie sich der Personalabbau im **Zeitablauf** darstellt: 35

– Erweist er sich im Zeitpunkt des Stilllegungsbeschlusses rückblickend als **Vorstufe** der Betriebsstilllegung, die damit in der Form eines gleitenden Übergangs eingeleitet wurde, so bleibt er außer Betracht; maßgebend ist die ursprüngliche Beschäftigtenzahl[1].

– Sollte die Personalverminderung dagegen eine **Fortführung** des Betriebs ermöglichen und hat sie für eine nicht unerhebliche Zeit zu einer Stabilisierung der Belegschaftsstärke auf niedrigerem Niveau geführt, so ergibt sich die Zahl der i.d.R. Beschäftigten aus der Belegschaftsstärke dieser Zwischenstufe[2].

Vertretungsberechtigte **Organmitglieder** i.S.d. § 5 Abs. 1 BetrVG (z.B. AG-Vorstandsmitglieder und GmbH-Geschäftsführer) und **leitende Angestellte** i.S.d. § 5 Abs. 3 BetrVG zählen bei der Ermittlung des Schwellenwerts nach § 111 BetrVG nicht mit. Dieser Begriff des Arbeitnehmers wird für das BetrVG durch §§ 5 und 6 BetrVG zum einen erweitert, zum anderen eingeschränkt. Für die weitaus überwiegende Zahl der Mitarbeiter stimmen der allgemeine arbeitsrechtliche und der betriebsverfassungsrechtliche **Arbeitnehmerbegriff** überein[3]. Zu dessen Einzelheiten sei auf die betriebsverfassungsrechliche Literatur verwiesen. Eigenständige Abgrenzungen des Begriffs sind im MitbestG zu beachten (vgl. Teil 4 B Rz. 66). Arbeitnehmer ist, wer aufgrund eines privatrechtlichen Vertrags im Dienste eines anderen, d.h. eines Arbeitgebers, zur Leistung fremdbestimmter Arbeit in persönlicher Abhängigkeit verpflichtet ist[4]. Es zählen deshalb mit: Teilzeitarbeitnehmer, Job-Sharing, befristet Angestellte, beurlaubte und kranke Arbeitnehmer, Arbeitnehmer, die sich in der Elternzeit befinden oder deren Arbeitsverhältnis wegen Wehr- oder zivilen Ersatzdienstes ruht, unter Mutterschutz stehende Arbeitnehmerinnen sowie Arbeitnehmer, deren Arbeitszeit bis zum Eintritt in die Rente reduziert ist auf der Grundlage des ATZG oder die in den Genuss einer Teilrente nach § 42 SGB VI kommen. Ob das Arbeitsverhältnis wirksam begründet worden ist, ist nicht entscheidend. 36

Problematisch ist die Abgrenzung zum **freien Mitarbeiter**. Handelt es sich um „echte" freie Mitarbeiter, sind sie im Rahmen des § 111 BetrVG 37

---

1 BAG v. 9.5.1995 – 1 ABR 51/94, NZA 1996, 166.
2 BAG v. 9.5.1995 – 1 ABR 51/94, NZA 1996, 166.
3 Vgl. dazu BAG v. 5.12.2012 – 7 ABR 48/11, NZA 2013, 793.
4 BAG v. 16.10.1987 – 7 AZR 519/86, DB 1988, 712; *Bauer/Diller/Schuster*, NZA 1999, 1997.

nicht mitzuzählen; handelt es sich dagegen in Wirklichkeit um Arbeitnehmer („Scheinselbständige"), sind diese zu berücksichtigen[1]. **Arbeitnehmerähnliche Personen** sind keine Arbeitnehmer i.S.d. BetrVG, weil sie keine Dienste in persönlicher Abhängigkeit leisten. Bei der Berechnung des Schwellenwerts sind auch solche Mitarbeiter mitzuzählen, die ihre Arbeit nicht innerhalb der Betriebsräume erbringen, wie Mitarbeiter im **Außendienst** oder Mitarbeiter, die mit **Telearbeit** beschäftigt werden (§ 5 Abs. 1 Satz 1 BetrVG). Als Arbeitnehmer gelten auch in **Heimarbeit** Beschäftigte, die in der Hauptsache für den Betrieb arbeiten (§ 5 Abs. 1 Satz 2 BetrVG). **Leiharbeitnehmer** sind im Entleiherbetrieb wahlberechtigt, wenn sie länger als drei Monate im Betrieb eingesetzt werden (§ 7 Satz 2 BetrVG). Nach neuerer Rechtsprechung des Bundesarbeitsgerichts[2] sind sie bei der Ermittlung der maßgeblichen Unternehmensgröße in § 111 Satz 1 BetrVG mitzuzählen. Zu den Arbeitnehmern i.S.d. BetrVG gehören auch **Auszubildende**, nicht aber Personen im freiwilligen sozialen Jahr[3].

38 Sind im Unternehmen weniger als 20 wahlberechtigte Arbeitnehmer beschäftigt, kann **freiwillig** ein Interessenausgleich und Sozialplan gem. § 88 BetrVG abgeschlossen werden (vgl. Rz. 40)[4].

6. Bestehen eines Betriebsrats

39 Die §§ 111 ff. BetrVG setzen die **Existenz** eines Betriebsrats als Verhandlungspartner des Unternehmers voraus. Ein Sozialplan kann damit nicht mehr verlangt werden, wenn der Betriebsrat erst nach Beginn der Durchführung der Betriebsänderung gewählt wird[5].

40 Mit der Durchführung der Betriebsänderung hat der Unternehmer spätestens dann begonnen, wenn der Stilllegungsbeschluss gefasst und bekanntgegeben worden ist und die Kündigungen zumindest teilweise ausgesprochen worden sind. Besteht zu dem genannten Zeitpunkt kein Betriebsrat, kann der Unternehmer also frei darüber entscheiden, ob und falls ja, in welcher Höhe er einen freiwilligen Sozialplan anbietet. Entschließt er sich aus sozialen Gründen, den betroffenen Arbeitnehmern Abfindungen zu zahlen, muss er allerdings den **Gleichbehandlungsgrundsatz** beachten. Ein gering dotierter **freiwilliger Sozialplan** kann größere Unmutsäußerungen auslösen als gar kein Sozialplan.

41 In Betrieben mit i.d.R. **fünf bis 50 wahlberechtigten Arbeitnehmern** wird der Betriebsrat in einem zweistufigen Wahlverfahren gewählt. Dort gilt ein vereinfachtes Wahlverfahren für Kleinbetriebe nach § 14a BetrVG.

---

1 BAG v. 30.10.1991, EzA § 10 AÜG Nr. 3.
2 BAG v. 18.10.2011 – 1 AZR 335/10, ZIP 2012, 540.
3 BAG v. 12.2.1992 – 7 ABR 42/91, BB 1992, 2150.
4 LAG München v. 5.9.1986 – 3 Sa 446/86, NZA 1987, 464.
5 BAG v. 20.4.1982 – 1 ABR 3/80, NJW 1982, 2334; BAG v. 28.10.1992 – 10 ABR 75/91, NZA 1993, 420.

Auf einer ersten Wahlversammlung wird der Wahlvorstand nach § 17a Nr. 3 BetrVG gewählt und auf einer zweiten, eine Woche nach der ersten, in geheimer und unmittelbarer Wahl der Betriebsrat (§ 14a Abs. 1 Satz 2 bis 4 BetrVG). Diese **Schnellwahl** muss der Unternehmer im Auge behalten, der in einem betriebsratslosen Betrieb eine Betriebsänderung zu möglichst niedrigen Kosten durchführen will. An der klaren Stichtagsrechtsprechung muss u.E. auch dann festgehalten werden, wenn mit den Maßnahmen innerhalb der Wochenfrist des § 14a Abs. 1 BetrVG begonnen wird. Der Betriebsrat kann einen Interessenausgleich und Sozialplan nicht fordern, wenn der Unternehmer vor der Konstituierung des Betriebsrats mit der Betriebsänderung begonnen hat.

Ist die Betriebsratswahl **nichtig**[1], besteht kein Betriebsrat, der sich auf Mitbestimmungsrechte nach §§ 111 ff. BetrVG berufen kann. Die Feststellung der Nichtigkeit hat rückwirkende Kraft, während die erfolgreiche Anfechtung der Wahl nur für die Zukunft wirkt. Die bloß anfechtbare Betriebsratswahl, der in der Praxis häufigste Fall, führt also dazu, dass zunächst ein Betriebsrat besteht, der die Mitbestimmungsrechte nach §§ 111 ff. BetrVG wahrnehmen kann. 42

Auch ein Betriebsrat, dem nur ein **Übergangsmandat** nach § 21a BetrVG zusteht, ist ein Betriebsrat, der die Mitbestimmungsrechte nach § 111 BetrVG wahrnehmen kann. 43

7. Betriebsänderung und wesentliche Nachteile

Das Mitbestimmungsrecht nach § 111 BetrVG besteht nur, wenn eine Betriebsänderung vorliegt, die **wesentliche Nachteile für die Belegschaft** oder erhebliche Teile der Belegschaft zur Folge haben kann. Für die in § 111 Abs. 1 Satz 3 BetrVG genannten gesetzlichen Fälle der Betriebsänderung wird dabei unwiderleglich gesetzlich vermutet, dass die dort genannten Betriebsänderungen wesentliche Nachteile für die Belegschaft oder erhebliche Teile der Belegschaft zur Folge haben. Die Frage, ob es wirklich zu ausgleichspflichtigen Nachteilen kommt, ist in diesen Fällen erst bei der Aufstellung eines Sozialplans zu prüfen[2] und wird in den gesetzlich genannten Fällen fingiert[3]. 44

Außerhalb der Vermutung nach § 111 Abs. 1 Satz 3 BetrVG sind Entlassungen, Versetzungen, Gehaltskürzungen, Arbeitserschwerungen, weitere Arbeitswege und schlechtere Aus- und Fortbildungsmöglichkeiten i.d.R. „wesentliche Nachteile". In der Literatur[4] werden teilweise weitere Fälle genannt (z.B. psychische Belastungen durch zusätzliche Kontrol- 45

---

1 BAG v. 27.4.1976, AP Nr. 4 zu § 18 BetrVG 72; BAG v. 28.11.1977, AP Nr. 6 zu § 19 BetrVG 1972; BAG v. 10.6.1983, AP Nr. 10 zu § 19 BetrVG 1972; BAG v. 29.4.1998, AP Nr. 58 zu § 40 BetrVG 1972.
2 BAG v. 25.1.2000 – 1 ABR 1/99, NZA 2000, 1069.
3 BAG v. 17.8.1982 – 1 ABR 40/80, DB 1983, 344.
4 *Fitting*, § 111 Rz. 47 m.w.N.; ErfK/*Kania*, § 111 BetrVG Rz. 7.

len mit oder ohne Verwendung technischer Einrichtungen, Leistungsverdichtungen, Qualifikationsverluste durch geringere Anforderungen an die Arbeit, auch bei unverändertem Entgelt).

46 Soweit § 111 BetrVG verlangt, dass die Betriebsänderung die **ganze Belegschaft** oder doch „**erhebliche Teile**" berühren muss, kommt diesem Tatbestandsmerkmal nach der Rspr. des BAG dann keine selbständige Bedeutung zu, wenn eine Betriebseinschränkung schon infolge Entlassung einer größeren Zahl von Arbeitnehmern vorliegt. Damit kann auch der **bloße Personalabbau** unter Beibehaltung der Organisation im Übrigen eine Betriebseinschränkung sein.

47 Auf den Betrieb bezogen ist hier eine Personalreduzierung i.S.d. § 17 Abs. 1 KSchG, mindestens jedoch von **5 % der Beschäftigten**, erforderlich. Es kommt nur darauf an, wie viele Arbeitnehmer voraussichtlich von der geplanten unternehmerischen Maßnahme insgesamt nachteilig betroffen werden können, und zwar auch dann, wenn die Maßnahme stufenweise durchgeführt wird (vgl. Rz. 20–32)[1].

48 Eine vom Arbeitgeber gewollte Personalreduzierung, die allein durch Ausnutzen der natürlichen Personalfluktuation erreicht werden soll, stellt keine Betriebsänderung dar[2]. In Betracht kommt dann aber eine Beteiligung des Betriebsrats nach § 92 BetrVG, weil sich eine solche Personalreduzierung aufgrund einer **Personalplanung** ergibt.

II. Einzelne Betriebsänderungen

49 Eher theoretischer Natur ist der Streit, ob der Katalog des § 111 Satz 3 BetrVG erschöpfend ist oder nicht. Das BAG hat diese Frage offen gelassen; es hat aber im Beschluss vom 17.2.1981[3] klargestellt: Selbst wenn man der Ansicht folgt, dass § 111 Satz 3 BetrVG die Fälle einer beteiligungspflichtigen Betriebsänderung nicht erschöpfend nennt, bedeutet das nicht, dass jede Maßnahme des Unternehmers, die zu wesentlichen Nachteilen für die Belegschaft oder erhebliche Teile der Belegschaft führen könnte, mitbestimmungspflichtig ist. Entscheidend ist, dass durch eine Maßnahme entweder die organisatorische Einheit des Betriebs, die Betriebsmittel, der Betriebszweck oder die in der Belegschaft zusammengefassten Arbeitnehmer eine Änderung in **quantitativer oder qualitativer Hinsicht** erfahren.

---

[1] BAG v. 6.6.1978, AP Nr. 2 zu § 111 BetrVG 1972; BAG v. 22.5.1979, BB 1979, 1501; BAG v. 22.1.1980 – 1 ABR 28/78, BB 1980, 1267; BAG v. 6.12.1988, AP Nr. 26 zu § 111 BetrVG 1972; BAG v. 7.8.1990 – 1 AZR 445/89, DB 1991, 760; BAG v. 13.11.1996, AP Nr. 4 zu § 620 BGB Aufhebungsvertrag; BAG v. 28.3.2006 – 1 ABR 5/05, MDR 2007, 96 = NZA 2006, 932.
[2] LAG Hamm v. 8.12.1982 – 12 TaBV 51/82, DB 1983, 832.
[3] BAG v. 17.2.1981 – 1 ABR 101/78, DB 1981, 1190.

1. Stilllegung des ganzen Betriebs oder wesentlicher Betriebsteile

Eine Betriebsstilllegung setzt den ernstlichen und endgültigen Entschluss voraus, die Betriebs- und Produktionsgemeinschaft zwischen Arbeitgeber und Arbeitnehmer für einen seiner Dauer nach unbestimmten, wirtschaftlich nicht unerheblichen Zeitraum aufzugeben (vgl. Teil 3 A Rz. 32 und Teil 3 A Rz. 94)[1]. Andernfalls liegt nur eine unerhebliche **Betriebspause** oder **Betriebsunterbrechung** vor. Deshalb spricht bei alsbaldiger Wiedereröffnung des Betriebs eine tatsächliche Vermutung gegen eine ernsthafte Stilllegungsabsicht[2]. Das soll insbesondere dann der Fall sein, wenn es noch innerhalb der Kündigungsfrist zu einem Betriebsübergang nach § 613a Abs. 1 BGB kommt[3]. Betriebsstilllegung und Betriebsübergang schließen einander logisch aus[4]. In der Praxis ist die **Dauer der Unterbrechung** wesentliches Abgrenzungsmerkmal zwischen Betriebsstilllegung und -übergang. Je länger die Unterbrechung dauert, desto größer ist die Indizwirkung gegen das Vorliegen eines Betriebsübergangs. Einzelfallbezogen hat die Rspr. im Einzelhandel eine neunmonatige[5] und in der Gastronomie eine sechsmonatige Unterbrechung[6] für erheblich gehalten (vgl. Teil 3 A Rz. 31). Stellt der Arbeitgeber die betrieblichen Tätigkeiten ein, indem er die Arbeitnehmer von ihrer Pflicht zur Arbeitsleistung freistellt, ohne Kündigungen auszusprechen, ist dies noch keine Stilllegung i.S.d. § 111 Satz 3 BetrVG. Erst mit Ausspruch der Kündigung beginnt er mit der Stilllegung des Betriebs[7].

50

Die Weiterbeschäftigung weniger Arbeitnehmer mit **Abwicklungsarbeiten** steht der Annahme einer Stilllegung nicht entgegen[8].

51

Kündigen die Arbeitnehmer wegen erheblicher Lohnrückstände selbst ihre Arbeitsverhältnisse fristlos, handelt es sich um eine Betriebsstilllegung, wenn der Arbeitgeber wegen einer von ihm geplanten Betriebs-

52

---

1 BAG v. 10.10.1996 – 2 AZR 477/95, NZA 1997, 251; BAG v. 28.4.1988 – 2 AZR 623/87, NZA 1989, 265; BAG v. 19.5.1988 – 2 AZR 596/87, MDR 1989, 668 = NZA 1989, 461.
2 BAG v. 12.2.1987 – 2 AZR 247/86, NZA 1988, 170; vgl. auch BAG v. 15.5.1985 – 5 AZR 276/84, NZA 1985, 736, wonach der Beweis des ersten Anscheins für einen rechtsgeschäftlichen Betriebsübergang sprechen soll, wenn der in Anspruch genommene Erwerber nach Einstellen des Geschäftsbetriebs durch den bisherigen Inhaber die wesentlichen Betriebsmittel verwendet, um einen gleichartigen Geschäftsbetrieb zu führen.
3 BAG v. 27.9.1984 – 2 AZR 309/83, NZA 1985, 493; BAG v. 20.1.1994 – 2 AZR 489/93, NZA 1994, 653.
4 BAG v. 26.4.2007 – 8 AZR 612/06, NZA 2007, 1319.
5 BAG v. 22.5.1997 – 8 AZR 101/96, NZA 1997, 1050.
6 BAG v. 11.9.1997 – 8 AZR 555/95, DB 1997, 2540.
7 BAG v. 22.1.2005, DB 2006, 1907; anders LAG Berlin-Brandenburg, ZIP 2012, 1429, für die unwiderrufliche Freistellung.
8 BAG v. 23.4.1980, AP Nr. 8 zu § 15 KSchG 1969; BAG v. 14.10.1982, AP Nr. 1 zu § 1 KSchG 1969 Konzern.

stilllegung die Arbeitnehmer durch die Nichtzahlung des Lohns zu den **Eigenkündigungen veranlassen** wollte[1].

53 Dagegen liegt keine Betriebsstilllegung vor, wenn der Arbeitgeber allen Arbeitnehmern eines Betriebs kündigt und ihnen gleichzeitig einen Anspruch auf **Wiedereinstellung** nach geraumer Zeit, z.B. nach dem Wiederaufbau einer abgebrannten Fabrik, einräumt[2]. Dasselbe gilt bei der Schließung eines Betriebs, der von vornherein und für die Arbeitnehmer erkennbar lediglich für einen zeitlich begrenzten Betriebszweck errichtet worden ist[3].

54 **Beispiel:** Betrieb eines Bauunternehmens für ein bestimmtes Großprojekt; Auffanggesellschaft zur Verwertung einer Insolvenzmasse; Kampagnebetriebe.

55 Eine Betriebsstilllegung kann auch der **Pächter** eines Betriebs beschließen[4], wobei sie dem Verpächter zuzurechnen ist, wenn er den Betrieb nur zum Zwecke der Stilllegung verpachtet.

2. Einschränkung des Betriebs oder Stilllegung wesentlicher Betriebsteile

56 Die Stilllegung muss nicht den **gesamten Betrieb** betreffen. Will der Arbeitgeber den Betrieb eingeschränkt fortführen, kann darin entweder die Stilllegung eines wesentlichen Betriebsteils oder eine Einschränkung des Betriebs oder wesentlicher Betriebsteile liegen. Auch ein wesentlicher Personalabbau ist eine Betriebsänderung in Form der Einschränkung des Betriebs nach § 111 Satz 3 Nr. 1 BetrVG (vgl. Rz. 61).

a) Stilllegung eines Betriebsteils

57 Wird eine Betriebsabteilung stillgelegt, sind auch diejenigen Arbeitnehmer zu berücksichtigen, die aus dem stillgelegten Betriebsteil in einen anderen **versetzt** werden[5]. Es ist allerdings nicht ausgeschlossen, dass ein Betriebsteil auch dadurch zu einem Wesentlichen wird, dass ihm erhebliche wirtschaftliche Bedeutung zukommt. Allerdings ist ein Betriebsteil nicht allein deswegen ein wesentlicher Betriebsteil, weil in ihm ein notwendiges Vorprodukt gefertigt wird[6]. Die Rspr. lässt offen, ob auch **qualitative Merkmale** die Wesentlichkeit begründen können[7]. Im **Kleinbetrieb** soll ein Betriebsteil dann als wesentlich anzusehen sein, wenn in ihm

---

1 BAG v. 4.7.1989, EzA § 111 BetrVG 1972 Nr. 24.
2 BAG v. 4.7.1989 – 1 ABR 35/88, DB 1990, 485.
3 LAG München v. 15.2.1989 – 7 TaBV 34/88, BB 1989, 775.
4 BAG v. 17.3.1987 – 1 ABR 47/85, DB 1987, 1540.
5 LAG Berlin v. 27.6.1986, LAGE § 15 KSchG Nr. 4.
6 BAG v. 7.8.1990, AP Nr. 34 zu § 111 BetrVG 1972.
7 BAG v. 28.3.2006 – 1 ABR 5/05, MDR 2007, 96 = DB 2006, 1792.

mindestens 30 % der Arbeitnehmer des Betriebs beschäftigt waren, unabhängig von dessen wirtschaftlicher Bedeutung[1].

b) Betriebseinschränkung

Bei der Betriebseinschränkung wird der Betriebszweck weiterverfolgt, aber die **Leistung** der Betriebsanlagen erheblich und nicht nur vorübergehend **herabgesetzt**. 58

Beispiel: Bei einer Ausgliederung der Bereiche Produktion, Konstruktion und Entwicklung als neues selbständiges Unternehmen ist eine Einschränkung des bisherigen Betriebs gegeben, die sowohl die Arbeitnehmer des bisherigen als auch diejenigen des neuen Betriebs betrifft[2]. Bei diesem Sachverhalt handelt es sich gleichzeitig um eine Betriebsänderung nach § 111 Satz 3 Nr. 4 BetrVG. 59

Nach weitverbreiteter Meinung[3] setzt eine Betriebseinschränkung voraus, dass die **Leistung** der Betriebsanlagen herabgesetzt wird. Wird dagegen nur die **Ausnutzung** der Betriebsanlagen vermindert, liegt keine Betriebseinschränkung vor. Die **potentielle Gesamtkapazität** der Betriebsanlagen wird hierdurch nicht verringert. Bei **Kurzarbeit** oder geringerer Schichtzahl der einzelnen Arbeitnehmer ist daher der Tatbestand der Nr. 1 nicht erfüllt. Dagegen liegt eine Betriebseinschränkung bereits bei einer erheblichen ungewöhnlichen und nicht nur vorübergehenden Herabsetzung der Leistungsfähigkeit des Betriebs vor, gleichgültig ob die Leistungsfähigkeit durch Außerbetriebsetzung von Betriebsanlagen oder durch Personalreduzierung herabgesetzt wird[4]. 60

3. Personalabbau

Aus der sehr weiten Interpretation der Betriebseinschränkung ergibt sich, dass auch ein **bloßer Personalabbau** eine Betriebseinschränkung sein kann, selbst wenn die sächlichen Betriebsmittel beibehalten werden[5]. Dazu kann wieder auf die Staffel des § 17 Abs. 1 KSchG verwiesen werden (vgl. Teil 4 A Rz. 87). Im **Kleinbetrieb** mit bis zu 20 Arbeitnehmern müssen mindestens sechs Arbeitnehmer betroffen sein[6]. Unter Personalabbau ist in erster Linie die Kündigung von Arbeitsverhältnissen durch den Arbeitgeber aus betriebsbedingten Gründen zu verstehen. Werden Aufhebungsverträge geschlossen, ohne dass der Arbeitgeber darauf hinweist, notfalls betriebsbedingte Kündigungen auszusprechen, erfüllt dies nicht den Tatbestand einer Betriebsänderung[7]. Zwar ist auch hier das Ausscheiden der 61

---

1 LAG Nürnberg v. 21.9.2009 – 6 Sa 808/08.
2 LAG Frankfurt v. 12.2.1985, DB 1985, 1999.
3 Richardi/*Annuß*, § 111 Rz. 69; *Fitting*, § 111 Rz. 72.
4 BAG v. 22.5.1979, DB 1979, 1897; BAG v. 22.1.1980 – 1 ABR 28/78, DB 1980, 1402.
5 BAG v. 22.1.2004, AP Nr. 1 zu § 112 BetrVG 1972 Namensliste; BAG v. 28.3.2006 – 1 ABR 5/05, MDR 2007, 96 = DB 2006, 1792.
6 BAG v. 9.11.2010 – 1 AZR 708/09, DB 2011, 941.
7 *Bauer/Röder*, NZA 1985, 201.

Arbeitnehmer vom Arbeitgeber verursacht, doch setzt der Schutzzweck der §§ 111 ff. BetrVG voraus, dass der Personalabbau notfalls gegen den Willen der Belegschaft durchgeführt wird. Ein **Aufhebungsvertrag** ist als vom Arbeitgeber veranlasst anzusehen, wenn an seiner Stelle sonst eine Kündigung im Zuge der geplanten Betriebsänderung notwendig würde[1] und die Annahme des Arbeitnehmers, er werde ohne den Aufhebungsvertrag seinen Arbeitsplatz durch eine betriebsbedingte Kündigung verlieren, objektiv gerechtfertigt war[2]. Dies deckt sich mit dem nachträglich eingefügten § 112a Abs. 1 Satz 2 BetrVG.

62 Die Rspr. hat die **Eigenkündigung** von Arbeitnehmern dem vom Arbeitgeber veranlassten Aufhebungsvertrag gleichgestellt, soweit auch die Eigenkündigung des Arbeitnehmers dazu dient, eine vom Arbeitgeber auszusprechende betriebsbedingte Kündigung vorwegzunehmen[3]. Nicht geschützt sind dagegen solche Arbeitnehmer, die aus anderen Gründen ausscheiden. Arbeitnehmer, die aus verhaltens- oder personenbedingten Gründen entlassen werden, sind bei der Feststellung einer Betriebsänderung also nicht mitzuzählen[4]. Veräußert der Arbeitgeber einen Betriebsteil und baut im verbleibenden Betrieb Personal ab, sind auch diejenigen Arbeitsverhältnisse mitzuzählen, die gekündigt werden, weil Arbeitnehmer dem Übergang ihres Arbeitsverhältnisses auf den Erwerber des Teilbetriebs widersprechen[5].

63 Fraglich ist, inwieweit **Änderungskündigungen** mitzuzählen sind. Nach zutreffender Auffassung[6] kommt es darauf an, ob der betroffene Arbeitnehmer unter Vorbehalt die angebotenen Arbeitsbedingungen annimmt; dann besteht das Arbeitsverhältnis in jedem Fall fort. Das ist zwar problematisch, weil grundsätzlich auf den Zeitpunkt des Ausspruchs der Kündigung abzustellen ist und zu diesem Zeitpunkt der Arbeitgeber regelmäßig nicht weiß, ob der Arbeitnehmer die angebotenen Arbeitsbedingungen **unter Vorbehalt** annimmt oder nicht; in jeder Änderungskündigung steckt also eine potentielle Beendigungskündigung[7]. Diese in der Tat bestehende praktische Schwierigkeit, im Vorhinein verlässlich das Vorliegen einer Betriebsänderung prüfen zu können, rechtfertigt auf der anderen Seite u.E. im Zweifel nicht, jede Änderungskündigung einer Entlassung gleichzustellen. Bei einer strengen Betrachtung zum Zeitpunkt der Planung der Betriebsänderung muss u.E. im Vordergrund stehen, dass aufgrund der Änderungskündigung für diese Mitarbeiter eine **Weiterbeschäftigungsmöglichkeit im Betrieb** besteht, die der Arbeitgeber ihnen zur Verfügung

---

1 BAG v. 20.4.1994, AP Nr. 77 zu § 112 BetrVG 1972; vgl. BAG v. 19.7.1995, AP Nr. 96 zu § 112 BetrVG 1972.
2 BAG v. 13.2.2007 – 1 AZR 184/06, DB 2007, 1419.
3 BAG v. 13.2.2007 – 1 AZR 184/06, DB 2007, 1419.
4 BAG v. 2.8.1983 – 1 AZR 516/81, DB 1983, 2776; *Bauer/Röder*, NZA 1985, 201.
5 BAG v. 10.12.1996 – 1 AZR 290/96, BB 1997, 1899.
6 LAG Baden-Württemberg v. 16.6.1987, LAGE § 111 BetrVG 1972 Nr. 6; *Fitting*, § 111 Rz. 79.
7 Richardi/*Annuß*, § 111 Rz. 77.

stellt. Wenn die Arbeitnehmer diese Weiterbeschäftigungsmöglichkeit ablehnen, kann es nicht auf den formalen Gesichtspunkt ankommen, dass die Änderungskündigung eine Beendigungskündigung enthält. Die Beendigung dieser Arbeitsverhältnisse ist nicht Bestandteil der vom Arbeitgeber geplanten Betriebsänderung.

Nach § 3 Abs. 5 BetrVG gelten die aufgrund eines **Tarifvertrags** oder einer **Betriebsvereinbarung** nach § 3 Abs. 1 Nr. 1 bis 3 BetrVG gebildeten betriebsverfassungsrechtlichen Einheiten als Betriebe i.S.d. BetrVG, also auch i.S.v. § 111 BetrVG. Kommt der gesetzlich fingierte Betriebsbegriff im Rahmen des § 111 BetrVG zum Zuge und wird deshalb der zusammengefasste Betrieb für die Ermittlung des Schwellenwerts nach § 17 KSchG zugrunde gelegt, so ergeben sich völlig andere Voraussetzungen für die Annahme einer Betriebsänderung. Ob eine solche Veränderung der für die Beurteilung einer Betriebsänderung entwickelten Schwellenwerte jedoch der Zwecksetzung der Regelung von § 3 BetrVG entspricht, dürfte immerhin fraglich sein. § 3 BetrVG will in erster Linie sicherstellen, dass die gebildeten neuen betriebsverfassungsrechtlichen Vertretungsorgane in diesem Zuständigkeitsrahmen auch ihre Beteiligungskompetenzen wahrnehmen können und Vereinbarungen sich auf diese Organisationseinheiten beziehen. Eine materielle Veränderung der Voraussetzungen einer Betriebsänderung war damit kaum bezweckt. Dem ist allerdings nicht nur der Wortlaut von § 3 Abs. 5 BetrVG entgegenzuhalten, sondern auch, dass bei Verträgen nach § 3 BetrVG i.d.R. „auf Augenhöhe" zwischen Arbeitgeber und Gewerkschaft bzw. Betriebsrat verhandelt wird. Der Arbeitgeber kann einen Tarifvertrag nach § 3 BetrVG nicht erzwingen. Lässt sich die Arbeitnehmerseite auf einen solchen Tarifvertrag ein, sollte es ihre Sache sein, entsprechend Vorsorge für den Fall eines späteren Personalabbaus zu treffen. Ob dieses Argument die Rspr. davon abhalten wird, § 3 Abs. 5 BetrVG im Zusammenspiel mit § 111 BetrVG einschränkend auszulegen, bleibt aber abzuwarten.

4. Verlegung des ganzen Betriebs oder wesentlicher Betriebsteile

Eine Betriebsänderung liegt auch vor, wenn der ganze Betrieb oder ein wesentlicher Betriebsteil verlegt wird (§ 111 Satz 3 Nr. 2 BetrVG). Verlegung eines Betriebs oder eines Betriebsteils ist jede **nicht nur geringfügige Veränderung** der örtlichen Lage des Betriebs oder Betriebsteils[1].

Im Rahmen des § 111 BetrVG kann an und für sich offenbleiben, ob es sich um eine Stilllegung oder um eine **Verlegung** handelt. Nach Auffassung des BAG[2] handelt es sich dann um eine Betriebsstilllegung und an-

---
1 BAG v. 17.8.1982 – 1 ABR 40/80, DB 1983, 344; LAG Berlin v. 8.3.1983 – 3 TaBV 6/82, DB 1983, 1264: Betriebsänderung bei Verlegung um 4,3 km in Berlin; vgl. auch LAG Frankfurt v. 28.10.1986, AiB 1987, 292: Betriebsänderung bei Verlegung in Frankfurt um 5,5 km; BAG v. 27.6.2006 – 1 ABR 21/05, DB 2006, 2468 zu Verlagerung um 3 km innerhalb einer Gemeinde.
2 BAG v. 6.11.1959, AP Nr. 15 zu § 13 KSchG.

schließende **Neuerrichtung** des Betriebs, wenn wesentliche Teile der Belegschaft am neuen Arbeitsort nicht weiterbeschäftigt werden.

67 Widersprüchlich ist die Rspr. des BAG zu der Frage, ob eine Betriebsverlegung i.S.d. § 111 BetrVG gleichzeitig eine Betriebsveräußerung nach § 613a BGB sein kann (vgl. Teil 3 A Rz. 26 f.). In der Entscheidung vom 12.2.1987[1] geht das BAG davon aus, dass eine Betriebsstilllegung und damit kein Betriebsübergang vorliegt, wenn eine **nicht unerhebliche räumliche Verlegung** des Betriebs vorgenommen **und** die alte Betriebsgemeinschaft tatsächlich und rechtsbeständig aufgelöst wird. Dagegen nimmt das BAG in der Entscheidung vom 20.4.1989[2] eine Betriebsveräußerung nach § 613a Abs. 1 BGB auch im Falle einer Betriebsverlegung an. Leitsatz 1 dieser Entscheidung lautet:

„Geht ein Betrieb durch Rechtsgeschäft auf einen anderen Inhaber über und verlagert dieser den Betrieb an einen Ort, an dem die Arbeitnehmer nach dem Inhalt ihrer bestehenden Arbeitsverträge nicht zur Arbeitsleistung verpflichtet sind, so tritt der Erwerber nach § 613a Abs. 1 BGB in die Rechte und Pflichten aus den zum Zeitpunkt des Übergangs bestehenden Arbeitsverhältnissen nur derjenigen Arbeitnehmer ein, die bereit sind, die Arbeit am neuen Leistungsort zu erbringen."

68 Führt die anlässlich eines Betriebsübergangs geplante örtliche Verlagerung des Betriebs zum **Verlust seiner Identität**, wie z.B. bei der Verlagerung eines Einzelhandelsgeschäfts, das dadurch die bisherigen Kundenbeziehungen verliert, liegt eine Betriebsstilllegung, nicht aber eine Betriebsverlegung vor[3].

5. Zusammenschluss mit anderen Betrieben

69 Eine Betriebsänderung liegt weiter vor, wenn mehrere Betriebe zusammengelegt werden (§ 111 Satz 3 Nr. 3 BetrVG). Dabei sind zwei unterschiedliche **Konstellationen** denkbar: Entweder wird aus den bisherigen Betrieben ein neuer Betrieb gebildet oder ein Betrieb wird in einen bestehenden Betrieb integriert.

70 Im Gegensatz zu Nr. 1 und Nr. 2 fehlt in Nr. 3 ein Hinweis auf **wesentliche Betriebsteile**. In der Literatur ist deshalb umstritten, ob der Zusammenschluss eines Betriebsteils mit anderen Betriebsteilen von Nr. 3 erfasst wird[4]. Hiergegen spricht der Wortlaut des Gesetzes. Die praktischen Auswirkungen dieser Diskussion sind gering, weil in den meisten Fällen jedenfalls eine grundlegende Änderung der Betriebsorganisation, § 111 Abs. 1 Satz 3 Nr. 4 BetrVG, vorliegen wird.

---

1 BAG v. 12.2.1987 – 2 AZR 247/86, DB 1988, 126; dazu krit. *Joost*, ZfA 1988, 601.
2 BAG v. 20.4.1989 – 2 AZR 431/88, DB 1989, 2334.
3 BAG v. 2.12.1999, EzA § 613a BGB Nr. 188.
4 *Fitting*, § 111 BetrVG Rz. 85; a.A. ErfK/*Kania*, § 111 BetrVG Rz. 13 am Ende.

Nach dem klaren Wortlaut des Gesetzes sind **Unternehmenszusammenschlüsse**, insbesondere die Verschmelzung von Unternehmen nach dem UmwG (vgl. Teil 1 A Rz. 10 ff.) für sich betrachtet keine Fallgruppe des § 111 Abs. 1 Satz 3 Nr. 3 BetrVG. Dagegen handelt es sich um einen Zusammenschluss mit anderen Betrieben, wenn selbständige Betriebsabteilungen i.S.d. § 4 BetrVG mit ihrem eigenen Hauptbetrieb zusammengelegt werden. 71

Ein Zusammenschluss mit anderen Betrieben kann nicht angenommen werden, wenn ein **Tarifvertrag** nach § 3 Abs. 1 Nr. 1b) BetrVG abgeschlossen wird. Der Abschluss eines solchen Tarifvertrags hat keinerlei Auswirkungen auf die Betriebsorganisation. Er regelt Arbeitnehmervertretungsstrukturen, nicht betriebsorganisatorische Strukturen[1]. Nur wenn mit der Zusammenfassung durch Tarifvertrag auch tatsächliche Änderungen der Organisations- und Leitungsstruktur der betroffenen Betriebe einhergehen, kann darin ein Zusammenschluss mit anderen Betrieben i.S.d. § 111 Satz 3 Nr. 3 BetrVG liegen[2]. 72

6. Spaltung von Betrieben

Die Spaltung eines Betriebs kann vielerlei Gestalt haben. Sie kann sich auf die reine Zwei- oder Mehrteilung eines bestehenden Betriebs[3] beschränken. Sie kann auch die **betriebsorganisatorische Ausgliederung** einzelner Abteilungen bedeuten, häufig auch die gleichzeitige Eingliederung der abgespaltenen Betriebsabteilungen in andere Betriebe. Auch das Ende eines Tarifvertrags nach § 3 BetrVG kann dazu führen, dass aus einer betriebsratsfähigen Einheit mehrere betriebsratsfähige Einheiten entstehen. Da das Bundesarbeitsgericht[4] jedoch unterscheidet zwischen der Zusammenfassung durch Tarifvertrag und einer tatsächlichen organisatorischen Zusammenfassung ergibt sich u.E. im Umkehrschluss, dass allein die Auflösung des Tarifvertrags nicht dazu führt, dass ein Betrieb aufgespalten wird, sondern nunmehr die unverändert fortbestehenden betriebsverfassungsrechtlichen Organisationseinheiten wieder eigenständige Betriebsratswahlen durchführen. 73

Beispiel 1 (Ausgliederung): Lager und Auslieferung eines Verlags werden ausgegliedert. Sie werden als eigenständige Betriebe fortgeführt. 74

Beispiel 2 (Ausgliederung und Zusammenfassung): Innerhalb eines Konzerns wird aus den selbständigen Betrieben mehrerer Konzerngesellschaften die Verwaltung ausgegliedert und zusammengefasst im Betrieb der Konzernobergesellschaft, die künftig alle zentralen Dienste (Recht, Buchhaltung, Controlling usw.) steuert (sog. Shared Services). 75

---

1 DKKW/*Trümner*, § 3 Rz. 147.
2 BAG v. 7.6.2011 – 1 ABR 110/09, NZA 2012, 110.
3 BAG v. 18.3.2008 – 1 ABR 77/06, NZA 2008, 957.
4 BAG v. 7.6.2011 – 1 ABR 110/09, NZA 2012, 110.

76 Hier gibt es eine Vielzahl von **Überschneidungen** mit anderen Betriebsänderungstatbeständen. So ist die gleichzeitige Spaltung und Verlegung eines Betriebs nicht selten. Wird der abgespaltene Betriebsteil in einen anderen Betrieb eingegliedert, ist dies eine Änderung der Betriebsorganisation.

77 Werden Betriebsteile ausgegliedert, spricht eine **gesetzliche Vermutung** gegen die gleichzeitige Betriebsänderung. Nach § 1 Abs. 2 Nr. 2 BetrVG wird vermutet, dass die Spaltung eines Unternehmens grds. keine Spaltung des Betriebs zur Folge hat. Dies gilt nach h.M. entsprechend für die Ausgliederung von Betriebsteilen im Wege der Einzelrechtsnachfolge (Asset Deal). Wenn sich bei der Spaltung die Organisation des betroffenen Betriebs wesentlich ändert, gilt die gesetzliche Vermutung nicht.

78 Eine Betriebsänderung soll sogar vorliegen, wenn es sich um eine **Bagatellausgliederung** handelt (vgl. Teil 1 A Rz. 30). Die Abspaltung eines unwesentlichen Betriebsteils kann nach Sinn und Zweck des Gesetzes u.E. nicht gemeint sein. Die gegenteilige Auffassung[1] führt zu unverständlichen Wertungswidersprüchen. Wenn nur die Stilllegung eines wesentlichen Betriebsteils eine Betriebsänderung nach § 111 Satz 3 Nr. 1 BetrVG ist, dann kann erst recht die Abspaltung eines Betriebsteils nur dann eine Betriebsänderung sein, wenn es sich ebenfalls um einen wesentlichen Betriebsteil handelt[2].

7. Grundlegende Änderung der Betriebsorganisation, des Betriebszwecks oder der Betriebsanlagen

a) Betriebsorganisation

79 Unter einer Änderung der **Betriebsorganisation** versteht man eine Änderung entweder des Betriebsaufbaus, der Gliederung des Betriebs oder der Zuständigkeit innerhalb des Betriebs[3] mit einschneidenden Auswirkungen auf Abläufe, Arbeitsweise oder Arbeitsbedingungen.

80 **Beispiel:** Infolge einer Fusion von zwei Unternehmensgruppen werden die Zuständigkeiten unterhalb der Geschäftsleitungsebene in der Weise neu gefasst, dass zusätzliche Berichtspflichten zu Abteilungen außerhalb des Unternehmens geschaffen werden (sog. „Dotted Lines"). Ändern sich dabei die Unterstellungsverhältnisse im Unternehmen nicht, liegt keine grundlegende Organisationsänderung vor. Das wäre erst dann der Fall, wenn auch die Zuordnungsverhältnisse einer wesentlichen Zahl von Mitarbeitern des Unternehmens innerhalb des Unternehmens geändert würden.

---

1 BAG v. 18.3.2008 – 1 ABR 77/06, NZA 2008, 957 = FD-ArbR 265375 m. Anm. *Haußmann*.
2 *Kreßel*, BB 1995, 925; *Willemsen*, NZA 1996, 791; Richardi/*Annuß*, § 111 Rz. 102; a.A. BAG v. 10.12.1996 – 1 ABR 32/96, NZA 1997, 898; LAG Bremen v. 21.10.2004, DB 2005, 167 für die Abspaltung der Cafeteria eines Einkaufsmarkts.
3 BAG v. 22.5.1979, DB 1979, 1896; BAG v. 18.3.2008 – 1 ABR 77/06, NZA 2008, 957.

Eine Änderung der Betriebsorganisation kann nach der Rspr. z.B. beim 81
"Outsourcing" von Aufgaben, die bislang mit eigenen Angestellten durchgeführt wurden, auf selbständige Handelsvertreter vorliegen[1]. Grundlegend ist eine Änderung vor allem dann, wenn sie erhebliche Auswirkungen auf den Betriebsablauf hat bzw. einen "Sprung" in der technisch-wirtschaftlichen Entwicklung darstellt[2]. Auch hier ist allerdings zu beachten, dass die Änderung häufig in **mehreren kleineren Schritten** stattfindet. Dann ist wie bei einem stufenweisen Personalabbau (vgl. Rz. 20–32) zu prüfen, ob diese Entwicklung auf einer Gesamtplanung beruht. Dazu muss u.E. ein sachlicher Zusammenhang zwischen einzelnen Maßnahmen erkennbar sein. Allein das allgemeine Ziel der Effizienzsteigerung verklammert nicht jede Maßnahme mit anderen zu einer einheitlichen Betriebsänderung. Auf die Zahl der von der Änderung betroffenen Arbeitnehmer soll abgestellt werden, wenn sich nicht zweifelsfrei beurteilen lässt, ob die Änderung grundlegend ist[3]. Ob verschiedene Maßnahmen der Effizienzsteigerung als einheitliche Betriebsänderung zu bewerten sind, gibt der Arbeitgeber in der Praxis mit der Dokumentation seiner Vorüberlegungen in Projektplänen vor. Je stärker dort die Zusammenfassung zu einem einheitlichen Projekt artikuliert wird, desto weniger wird er sich in den Interessenausgleichsverhandlungen darauf berufen können, dass einzelne "Teilprojekte" isoliert zu betrachten sind.

b) Betriebszweck

Eine grundlegende Änderung des Betriebszwecks ist die völlige Umstellung der Produktion oder des Gegenstands der Betriebstätigkeit, z.B. wenn statt Personen- nunmehr Lastkraftwagen produziert werden[4]. Mit dem Betriebszweck i.S.d. § 111 Satz 3 Nr. 4 BetrVG ist der **arbeitstechnische Zweck** eines Betriebs gemeint, nicht der wirtschaftliche[5]. Die bloße technische Verbesserung eines Produkts stellt keine Änderung des Betriebszwecks dar[6]. Auch bloße Reparaturarbeiten oder das Ersetzen abgenützter Maschinen genügen nicht. Eine Änderung der Betriebsorganisation und des Betriebszwecks liegt aber vor, wenn ein Versicherungsunternehmen beschließt, den eigenen Vertrieb aufzugeben und ihn künftig nur noch durch freie Handelsvertreter durchführen zu lassen[7].

82

---

1 BAG v. 18.11.2003 – 1 AZR 637/02, NZA 2004, 741.
2 *Fitting*, § 111 Rz. 95.
3 *Fitting*, § 111 Rz. 95.
4 Nicht aber die Umstellung eines Schlachthofs von Rinder- auf Schweineschlachtung, BAG v. 28.4.1993 – 10 AZR 38/92, NZA 1993, 1142.
5 BAG v. 17.12.1985 – 1 ABR 78/83, DB 1986, 2085.
6 BAG v. 26.10.1982 – 1 ABR 11/81, DB 1983, 1766; vgl. auch LAG Frankfurt v. 27.10.1987, NZA 1988, 407.
7 BAG v. 8.6.1999, AP Nr. 47 zu § 111 BetrVG 1972; BAG v. 23.9.2003 – 1 AZR 576/02, NZA 2004, 440.

c) Betriebsanlagen

83 Auch die Änderung einzelner Betriebsanlagen kann den Tatbestand des § 111 Satz 2 Nr. 4 BetrVG erfüllen, wenn dadurch eine erhebliche Zahl von Arbeitnehmern betroffen wird[1]. Bei der Frage, ob die Änderung der Betriebsanlagen grundlegend ist, kommt es entscheidend auf den **Grad der technischen Änderung** an, wobei die betriebliche Situation und nicht eine unternehmensweite Betrachtungsweise maßgebend ist[2]. Liegt danach eine grundlegende Änderung der Betriebsanlagen vor, so indiziert dies ohne weiteres die Möglichkeit des Entstehens wesentlicher Nachteile für die Belegschaft[3]. Lässt sich aufgrund der Beurteilung der technischen Änderung die Frage einer grundlegenden Änderung nicht zweifelsfrei beantworten, so ist nach § 111 Abs. 1 Satz 3 BetrVG auch auf den Grad der nachteiligen Auswirkungen der Änderungen auf die betroffenen Arbeitnehmer abzustellen und zu prüfen, ob sich wesentliche Nachteile für sie ergeben können[4].

84 **Beispiel:** Wird in einer Samt- und Plüschweberei mit insgesamt 27 Arbeitnehmern der einzige Schärstuhl stillgelegt, an dem bislang drei Mitarbeiter eingesetzt waren, handelt es sich noch nicht um eine Betriebsanlage i.S.d. § 111 Satz 3 Nr. 4 BetrVG. Von Betriebsanlagen im Sinne dieser Vorschrift kann, wenn nur eine einzige Maschine in Rede steht, nur dann gesprochen werden, wenn durch den Wegfall dieser Maschine eine erhebliche Zahl von Arbeitnehmern betroffen wird. Das ist bei drei Arbeitnehmern nicht der Fall[5].

85 Unter Betriebsanlagen werden im Übrigen sämtliche Anlagen bzw. Betriebsmittel verstanden, die dem **arbeitstechnischen Produktions- und Dienstleistungsprozess** dienen[6].

86 **Beispiele:**
- Einführung völlig neuer Maschinen;
- Einführung eines neuen technischen Produktionsverfahrens;
- Bau neuer Werkshallen;
- völlige Umgestaltung der Büroeinrichtung in einem Dienstleistungsbetrieb;
- Übergang zur Selbstbedienung in einem Einzelhandelsgeschäft;
- technische Rationalisierung und vor allem fortschreitende Automation;
- Einsatz von Mikroprozessoren, NC- oder CNC-Maschinen; Einführung von Bildschirmarbeitsplätzen[7].

---

1 BAG v. 7.8.1990 – 1 AZR 445/89, DB 1991, 760; BAG v. 26.10.1982 – 1 ABR 11/81, CR 1986, 650 = DB 1983, 1766; OLG Stuttgart v. 22.11.1984, AuR 1985, 293; LAG Hamburg v. 5.2.1986, LAGE § 23 BetrVG 1972 Nr. 5.
2 BAG v. 6.12.1983 – 1 ABR 43/81, DB 1984, 775.
3 BAG v. 26.10.1982 – 1 ABR 11/81, DB 1983, 1766.
4 BAG v. 26.10.1982 – 1 ABR 11/81, DB 1983, 1766.
5 BAG v. 7.8.1990 – 1 AZR 445/89, DB 1991, 760.
6 BAG v. 26.10.1982 – 1 ABR 11/81, DB 1983, 1766.
7 LAG Berlin v. 31.3.1981 – 8 TaBV 5/80, 8 TaBV 6/80, DB 1981, 1519; BAG v. 26.10.1982, DB 1983, 1766.

8. Einführung grundlegend neuer Arbeitsmethoden und Fertigungsverfahren

Dieser Tatbestand steht im Zusammenhang mit der Änderung der Betriebsorganisation nach § 111 Satz 3 Nr. 4 BetrVG. Nr. 5 befasst sich mit der Gestaltung der Arbeit. Maßgeblich ist, ob die Arbeitsmethoden und Fertigungsverfahren für den Betrieb neu sind. Insbesondere bei **Rationalisierungsmaßnahmen** greift der Tatbestand ein. Auch die Einführung eines Systems, das standardisierte Verfahren vorgibt zur Steigerung der Produktivität, kann darunter zu fassen sein[1]. Eine genaue Unterscheidung zwischen Nr. 4 und Nr. 5 ist vielfach nicht möglich und in der Praxis auch nicht nötig.

87

Ändern sich neben den Arbeitsmethoden und Fertigungsverfahren auch die **Arbeitsbedingungen** (z.B. Übergang auf Zeitlohn bei Einführung von Bandarbeit), besteht gegebenenfalls ein Mitbestimmungsrecht des Betriebsrats nach § 87 Abs. 1 Nr. 6, 10 oder 11 BetrVG[2]. In Betracht kommt auch ein Mitbestimmungsrecht nach § 87 Abs. 1 Nr. 13 BetrVG, wenn **Gruppenarbeit** eingeführt werden soll.

88

III. Zuständigkeit des Betriebsrats oder Gesamt-/Konzernbetriebsrats

Nach der Klärung, ob überhaupt eine Betriebsänderung vorliegt, ist im nächsten Schritt zu prüfen, mit welchem Gremium Interessenausgleichs- und Sozialplanverhandlungen geführt werden müssen.

89

1. Zuständigkeit des Gesamtbetriebsrats

Nach § 50 Abs. 1 BetrVG ist der Gesamtbetriebsrat zuständig für die Behandlung von Angelegenheiten, die das **Gesamtunternehmen** betreffen und nicht durch die einzelnen Betriebsräte innerhalb ihrer Betriebe geregelt werden können[3]. Dabei ist der Gesamtbetriebsrat nicht nur zuständig, wenn der einzelne Betriebsrat objektiv oder subjektiv außerstande ist, das Mitbestimmungsrecht auszuüben, sondern auch, wenn ein zwingendes Erfordernis für eine **unternehmenseinheitliche** oder jedenfalls **betriebsübergreifende Regelung** besteht, wobei auf die Verhältnisse des einzelnen Unternehmens und der konkreten Betriebe abzustellen ist[4].

90

---

1 LAG Schleswig-Holstein v. 22.1.2014 – 3 TaBV 38/13, BeckRS 2014, 67630.
2 *Fitting*, § 111 Rz. 101.
3 BAG v. 17.2.1981, EzA § 112 BetrVG 1972 Nr. 21; BAG v. 3.5.2006 – 1 ABR 15/05, BB 2006, 2250.
4 BAG v. 6.12.1988 – 1 ABR 44/87, DB 1989, 984; BAG v. 8.6.1999, NZA 1999, 1168.

91 Ein **zwingendes Erfordernis** liegt zunächst vor, wenn es rechtstechnisch überhaupt nicht möglich ist, getrennte Vereinbarungen jeweils mit den einzelnen Betriebsräten der jeweiligen Betriebe eines Unternehmens zu schließen und nebeneinander sinnvoll anzuwenden. Dies gilt insbesondere bei standortübergreifenden Veränderungen. Darüber hinaus besteht ein zwingendes Erfordernis, wenn sich aus der vom Unternehmer vorgegebenen Entscheidung, über die verhandelt werden soll, ergibt, dass eine einheitliche Regelung ohne Berücksichtigung von betrieblichen Besonderheiten eines bestimmten Betriebs getroffen werden soll. Ein einheitliches, alle Betriebe in den Blick nehmendes Umstrukturierungskonzept begründet die Zuständigkeit des Gesamtbetriebsrats und damit auch die Zuständigkeit des Gesamtbetriebsrats für die Vereinbarung einer Namensliste[1].

92 Hinsichtlich des **Interessenausgleichs** gibt letztlich die unternehmerische Entscheidung vor, wer der zuständige Verhandlungspartner ist. Will der Arbeitgeber eine **unternehmenseinheitliche Regelung** durchsetzen, bei der nicht auf Besonderheiten der einzelnen Betriebe Rücksicht genommen werden soll, ist der Gesamtbetriebsrat zuständig. In allen anderen Fällen bleibt es bei der Zuständigkeit des örtlichen Betriebsrats, es sei denn, dieser hätte mit der Mehrheit seiner Stimmen den Gesamtbetriebsrat beauftragt, die Angelegenheit für ihn zu behandeln (§ 50 Abs. 2 Satz 1 BetrVG). Maßgebend für die Zuständigkeit des Betriebsrats bzw. des Gesamtbetriebsrats ist nicht, wie sich die Betriebsänderung im Laufe der Zeit realisiert, sondern die ursprüngliche Planung[2].

93 **Beispiele für die Zuständigkeit des Gesamtbetriebsrats:**

(1) Stilllegung aller Betriebe eines Unternehmens[3].

(2) Zusammenlegung mehrerer Betriebe.

(3) Umstrukturierung des Gesamtunternehmens einer Bank mit der Maßgabe, dass unternehmenseinheitlich Filialen abgebaut bzw. zusammengelegt und die Kompetenzen der Filialen neu geregelt werden.

94 Die **Originärzuständigkeit** des Gesamtbetriebsrats besteht auch für Betriebe, in denen ein **Betriebsrat nicht gewählt** worden ist, wenn sonst die Zuständigkeit des Gesamtbetriebsrats gegeben ist. Der Gesamtbetriebsrat kann damit bei Betriebsänderungen, die mehrere Betriebe betreffen und seine originäre Zuständigkeit begründen, für betriebsratslose Betriebe einen Interessenausgleich verlangen. Die Originärzuständigkeit des Gesamtbetriebsrats kann sich auch auf **Kleinbetriebe**, die mangels Erreichens der Beschäftigtenzahl des § 1 Abs. 1 Satz 1 BetrVG nicht betriebsratsfähig sind, erstrecken[4]. Nach wohl h.M. ist der Gesamtbetriebsrat auch bei Vorliegen der Voraussetzungen einer Originärzuständigkeit dann

---

1 BAG v. 19.7.2012 – 2 AZR 386/11, NZA 2013, 333.
2 BAG v. 24.1.1996 – 1 AZR 542/95, NZA 1996, 1107.
3 BAG v. 17.2.1981, AP Nr. 11 zu § 112 BetrVG 1972.
4 BAG v. 19.7.2012 – 2 AZR 386/11, DB 2013, 523.

nicht für solche Kleinbetriebe zuständig, wenn sie nach § 4 Abs. 2 BetrVG dem Hauptbetrieb zuzuordnen sind und von dessen Betriebsrat vertreten werden. Sie sind dann nicht betriebsratslos[1]. Nur wenn es im Hauptbetrieb keinen Betriebsrat gibt, ist der Gesamtbetriebsrat auch für solche Kleinbetriebe nach § 50 Abs. 1 Satz 1 Halbs. 2 BetrVG zuständig.

Daneben kann die Zuständigkeit des Gesamtbetriebsrats auch durch die Beauftragung (**Delegation**) eines örtlichen Betriebsrats begründet werden (§ 50 Abs. 2 BetrVG). Der Gesamtbetriebsrat handelt dann für den örtlichen Betriebsrat. Da der Gesamtbetriebsrat in solchen Fällen jedoch nur „als Vertreter der örtlichen Betriebsräte" tätig wird, erlangt er durch die Delegation keine Zuständigkeit für betriebsratsfähige Betriebe, in denen ein Betriebsrat nicht gewählt worden ist[2]. 95

Hinsichtlich des **Sozialplans** gilt demgegenüber Folgendes: Nach der Rspr. des BAG folgt aus der Zuständigkeit des Gesamtbetriebsrats für einen Interessenausgleich nicht automatisch und zwingend auch dessen Zuständigkeit für den Abschluss eines Sozialplans[3]. Vielmehr ist gesondert zu prüfen, ob ein zwingendes Bedürfnis nach einer zumindest betriebsübergreifenden Regelung auch für den Sozialplan besteht[4]. Da sich der Inhalt des Sozialplans wiederum nach dem Inhalt des Interessenausgleichs bestimmt, ist die Prüfung jeweils getrennt vorzunehmen. Dieser Rspr. gerecht zu werden, fällt der Praxis nicht leicht[5]. Interessenausgleich und Sozialplan beeinflussen sich regelmäßig wechselseitig und können daher in den Verhandlungszuständigkeiten auch kaum getrennt werden. Zudem führt ein Wechsel der Verhandlungszuständigkeiten in der Praxis zu unzumutbaren Verfahrenserschwerungen und -verzögerungen. Betriebsräte machen erfahrungsgemäß eine Zustimmung zu einem Interessenausgleich regelmäßig vom Inhalt eines Sozialplans abhängig. Das BAG hat die Zuständigkeit des Gesamtbetriebsrats für den Abschluss eines Sozialplans bejaht, wenn die im Interessenausgleich vereinbarte Betriebsänderung nicht nur einen Betrieb, sondern die Mehrzahl der Betriebe des Arbeitgebers betrifft und die Durchführung der Betriebsänderung **betriebsübergreifend einheitliche Kompensationsregelungen erfordert**[6]. 96

Fallen die Zuständigkeiten für Interessenausgleich und Sozialplan auseinander und können die Verhandlungen kaum praktikabel mit dem Gesamtbetriebsrat über den Interessenausgleich und mit den örtlichen Betriebsräten über Sozialpläne geführt werden, gibt es zwei **Möglichkeiten**: 97

---

1 Fitting, § 50 Rz. 29.
2 JRH/Röder/Baeck, Kap. 28 Rz. 109.
3 BAG v. 11.12.2001 – 1 AZR 193/01, NZA 2002, 688; BAG v. 23.10.2002 – 7 ABR 55/01, DB 2003, 1852; BAG v. 3.5.2006 – 1 ABR 15/05, BB 2006, 2250.
4 Besteht die originäre Zuständigkeit auch für den Sozialplan, haben örtliche Betriebsräte daraus grundsätzlich keinen Durchführungsanspruch, BAG v. 18.5.2010 – 1 ABR 6/09, DB 2010, 2175.
5 JRH/Röder/Baeck, Kap. 28 Rz. 109.
6 BAG v. 23.10.2002 – 7 ABR 55/01, NZA 2003, 1360.

Entweder delegieren die örtlichen Betriebsräte die Verhandlungs- und Abschlusskompetenz für einen Sozialplan an den Gesamtbetriebsrat oder die Verhandlungen werden einheitlich mit dem Gesamtbetriebsrat geführt und das Verhandlungsergebnis wird anschließend den örtlichen Betriebsräten zur Zustimmung vorgelegt. In diesem Fall trägt allerdings der Arbeitgeber das Risiko, dass einzelne örtliche Betriebsräte dem Verhandlungsergebnis nicht zustimmen.

98 Bei unklarer Rechtslage genügt der Arbeitgeber seinen betriebsverfassungsrechtlichen Pflichten, wenn er in geeigneter Weise versucht, den richtigen Partner für die Verhandlungen über einen Interessenausgleich zu finden. Die Abgrenzung der Zuständigkeit zwischen Einzelbetriebsrat und Gesamtbetriebsrat ist unscharf. Wollte man dem Arbeitgeber die **fehlerhafte Wahl des Verhandlungspartners** in jedem Fall als unterbliebenen Versuch i.S.d. § 113 BetrVG anlasten, läge hierin ein nicht zumutbares und vom Sanktionszweck der Regelung auch nicht gefordertes Risiko. Eine Vorabklärung der Zuständigkeit in einem gerichtlichen Verfahren ist oft nicht ohne weiteres möglich, weil Betriebsänderungen vielfach schnelle Entscheidungen erfordern. Für die Annahme des hinreichenden Versuchs eines Interessenausgleichs muss daher bei unklarer Zuständigkeit ausreichen, dass der Arbeitgeber alles ihm Zumutbare unternimmt. Vor diesem Hintergrund hat das BAG zugunsten der Rechtssicherheit klargestellt, dass der Arbeitgeber die in Betracht kommenden Gremien zu Beginn der Verhandlungen zur internen Klärung der Zuständigkeit auffordern kann.

99 **Einigen** sich Gesamtbetriebsrat und Einzelbetriebsräte auf die Zuständigkeit des Gesamtbetriebsrats, ist dieser i.d.R. schon deshalb der richtige Verhandlungspartner, weil dann zumindest eine Beauftragung des Gesamtbetriebsrats nach § 50 Abs. 2 BetrVG anzunehmen ist, wenn ein formwirksamer Betriebsratsbeschluss vorliegt. Einigen sich Gesamtbetriebsrat und Einzelbetriebsräte auf die Zuständigkeit eines oder mehrerer Einzelbetriebsräte, ist diese Einigung allerdings rechtlich nicht bindend, falls gesetzlich der Gesamtbetriebsrat zuständig ist; das Gesetz sieht eine entsprechende Delegation nicht vor. Verhandelt der Arbeitgeber aber dennoch mit derjenigen Arbeitnehmervertretung, die ihm gegenüber von den in Betracht kommenden betriebsverfassungsrechtlichen Organen übereinstimmend als zuständig bezeichnet wurde, liegt hierin regelmäßig ein dem Sanktionszweck des § 113 Abs. 3 BetrVG genügender **Versuch eines Interessenausgleichs**[1]. Das Gleiche gilt, wenn sich die Arbeitnehmervertretungen nicht einigen und der Arbeitgeber daraufhin eine Entscheidung trifft, die unter Berücksichtigung der Entscheidungssituation nachvollziehbar erscheint[2].

---

[1] BAG v. 24.1.1996 – 1 AZR 542/95, NZA 1996, 1107.
[2] BAG v. 24.1.1996 – 1 AZR 542/95, NZA 1996, 1107.

2. Zuständigkeit des Konzernbetriebsrats

Soweit in einem sog. Unterordnungskonzern ein Konzernbetriebsrat besteht (§ 54 BetrVG), ist dieser **originär zuständig** für die Behandlung von Angelegenheiten, die den Konzern oder mehrere Konzernunternehmen betreffen und nicht durch die einzelnen Gesamtbetriebsräte innerhalb ihrer Unternehmen geregelt werden können (§ 58 Abs. 1 Satz 1 BetrVG)[1]. Dazu können auch konzernweite Betriebsänderungen und deren Folgen gehören.

Im Übrigen kann der Gesamtbetriebsrat mit der Mehrheit der Stimmen seiner Mitglieder den **Konzernbetriebsrat** beauftragen, eine Angelegenheit für ihn zu behandeln (§ 58 Abs. 2 Satz 1 BetrVG). Eine solche Zuständigkeit des Konzernbetriebsrats hat den Vorteil, in einem gegebenenfalls abzuschließenden **Sozialplan** die Übernahme der Arbeitnehmer der von der Betriebsänderung betroffenen Betriebe in andere Konzernunternehmen vorsehen zu können (vgl. auch § 112 Abs. 5 Nr. 2 BetrVG: Weiterbeschäftigung im Konzern statt Abfindungen). Der Abschluss einer solchen Regelung wäre dem örtlichen Betriebsrat des betroffenen Betriebs oder dem Gesamtbetriebsrat des betroffenen Konzernunternehmens wegen seines auf den Betrieb bzw. das Konzernunternehmen beschränkten Zuständigkeitsbereichs rechtlich nicht möglich.

Nehmen die in einem Konzernverbund zusammengeschlossenen Unternehmen eine **Neuausrichtung der Konzernstruktur** vor, die zur Folge hat, dass eine Vielzahl von Betriebsteilen aus den bestehenden Betrieben der Konzernunternehmen abgespalten und mit Betriebsteilen anderer Konzernunternehmen zusammengeschlossen werden, und liegt dieser Neuausrichtung ein einheitliches Organisationskonzept zugrunde, handelt es sich um eine unternehmensübergreifende Maßnahme, die zwingend konzerneinheitlich geregelt werden muss. Damit besteht jedenfalls im Hinblick auf den Interessenausgleich eine originäre Zuständigkeit des Konzernbetriebsrats. U.E. spricht viel dafür, dass in einem solchen Fall auch die Zuständigkeit für den Abschluss des Sozialplans beim Konzernbetriebsrat liegt, da auch für Ausgleichsleistungen infolge von Nachteilen, die aufgrund der Spaltung und Zusammenlegung von Betriebsteilen entstehen, ein Bedürfnis nach einer konzerneinheitlichen Regelung besteht. Dies ist aber nicht abschließend geklärt.

IV. Sicherung der Beteiligungsrechte nach § 111 BetrVG, Unterlassungsanspruch und Nachteilsausgleich

Die Verletzung des Beteiligungsrechts des Betriebsrats zum Abschluss eines Interessenausgleichs hat nicht die Unwirksamkeit der Maßnahme

---

[1] Vgl. dazu BAG v. 20.12.1995 – 7 ABR 8/95, BB 1996, 2686: Zuständigkeit des Konzernbetriebsrats für den Abschluss einer Konzern-BV über den Austausch von Mitarbeiterdaten.

zur Folge. Es besteht vielmehr ein Anspruch auf **Nachteilsausgleich** nach § 113 Abs. 1 und 3 BetrVG. § 113 BetrVG kommt auch dann zur Anwendung, wenn der Arbeitgeber die Durchführung eines Einigungsstellenverfahrens unterlassen hat[1].

104 Werden mit einer Betriebsänderung zugleich Kündigungen oder betriebsverfassungsrechtliche Maßnahmen im personellen oder sozialen Bereich durchgeführt, gelten die **allgemeinen Grundsätze** (§§ 99 ff., 87 BetrVG). Ferner stellt die unterlassene, wahrheitswidrige, unvollständige oder verspätete Erfüllung der Auskunftspflicht nach § 111 BetrVG eine **Ordnungswidrigkeit** dar, die nach § 121 Abs. 2 BetrVG mit einer Geldbuße bis zu 10 000 Euro geahndet werden kann. Schließlich besteht bei einem groben Verstoß des Unternehmers gegen seine Pflicht aus § 111 BetrVG die Möglichkeit eines Antrags nach § 23 Abs. 3 BetrVG.

1. Unterlassungsanspruch

105 Teilweise wird die Auffassung vertreten, geplante Betriebsänderungen und die dazugehörenden Maßnahmen, insbesondere **Kündigungen**, dürften unabhängig von etwaigen Nachteilsausgleichsansprüchen **vor vollständigem Durchlaufen des Einigungsstellenverfahrens** nicht durchgeführt werden; sie könnten vielmehr durch einstweilige Verfügung (vorläufig) untersagt werden[2]. Das ArbG Hamburg[3] meinte sogar, es könnten **Aufhebungsverträge** auf diesem Wege untersagt werden. Reine Vorbereitungshandlungen, die keine irreversiblen Tatsachen schaffen, sollen allerdings nicht untersagt werden können[4]. Nur solche Umsetzungsschritte, die den Verhandlungsanspruch des Betriebsrats rechtlich oder faktisch in Frage stellen, können (soweit ein Unterlassungsanspruch anerkannt wird) untersagt werden[5].

106 Diese Auffassung war und ist falsch. Nach richtiger Ansicht riskiert der Unternehmer bei vorzeitiger Durchführung der Betriebsänderung, insbesondere durch Ausspruch von Kündigungen und Abbau von Betriebs-

---

1 BAG v. 20.11.2001, AP Nr. 39 zu § 113 BetrVG 1972.
2 LAG Berlin v. 7.9.1995 – 10 TaBV 5/95, 10 TaBV 5/95, NZA 1996, 1284; LAG Berlin-Brandenburg v. 12.12.2013 – 17 TaBV Ga 2058/13, BeckRS 2014, 66466; LAG Hessen v. 21.9.1982 – 4 TaBV Ga 94/82, DB 1983, 613 und LAG Hessen v. 30.8.1984, DB 1985, 178; LAG Hessen v. 27.6.2007, AuR 2008, 267; LAG Hamburg v. 26.6.1997, NZA-RR 1997, 196; LAG Hamburg v. 8.6.1983 – 6 TaBV 9/83, DB 1983, 2369 und LAG Hamburg v. 5.2.1986, DB 1986, 598; LAG Hamm v. 28.8.2003, NZA-RR 2004, 80 und v. 23.3.1983 – 12 TaBV 15/83, AuR 1984, 54; LAG Thüringen v. 26.9.2000, LAGE BetrVG 1972 § 111 Rz. 17; ArbG Jena v. 22.9.1992, AuA 1993, 26; *Dütz*, DB 1984, 115; *Pünnel/Isenhardt*, Rz. 409; *Trittin*, DB 1983, 230; *Buschmann*, BB 1983, 510; *Derleder*, AuR 1983, 289; *Wahsner*, AiB 1982, 186.
3 ArbG Hamburg v. 3.8.1993, AiB 1993, 649.
4 LAG Hessen v. 19.1.2010, NZA-RR 2010, 187.
5 LAG Berlin-Brandenburg v. 19.6.2014 – 7 TaBV GA 1219/14.

anlagen, nur **Nachteilsausgleichsansprüche** nach § 113 BetrVG[1]. Dabei handelt es sich um die spezielle und damit ausschließliche Sanktion. Das ergibt sich vor allem auch daraus, dass § 23 Abs. 3 BetrVG für besonders gravierende Fälle einen Unterlassungsanspruch vorsieht, dagegen in §§ 111 ff. BetrVG nur Nachteilsausgleichsansprüche der Arbeitnehmer geregelt werden. Dafür, dass der Unternehmer nicht durch ein Verbot der Durchführung der Betriebsänderung in seiner unternehmerischen und wirtschaftlichen Entscheidungs- und Handlungsfreiheit eingeschränkt ist, spricht weiter, dass der Gesetzgeber davon Abstand genommen hat, zu bestimmen, dass eine Betriebsänderung, die der Unternehmer ohne Beachtung der aus den §§ 111, 112 BetrVG folgenden Rechte des Betriebsrats durchführt, unwirksam ist, wie er dies z.B. in § 102 Abs. 1 Satz 2 BetrVG für den Fall der nicht ordnungsgemäßen Anhörung des Betriebsrats getan hat[2]. Auch kann nicht übersehen werden, dass der Gesetzgeber dem Betriebsrat hinsichtlich des Zustandekommens eines Interessenausgleichs über eine Betriebsänderung kein erzwingbares Mitbestimmungsrecht eingeräumt hat, obwohl der Interessenausgleich neben dem „Wann" und der „Art und Weise" einer Betriebsänderung auch klären soll, ob eine unternehmerische Maßnahme dieser Art überhaupt durchgeführt werden soll[3].

Damit **fehlt es am Verfügungsanspruch**, selbst wenn es der Arbeitgeber ganz unterlässt, einen Interessenausgleich herbeizuführen. Da der Betriebsrat kein eigenes Recht auf Einhaltung des Interessenausgleichs hat, steht ihm auch kein Verfügungsanspruch zur Sicherung eines solchen – nicht bestehenden – Rechts zu[4]. Erst recht können nach richtiger Auffassung auch einzelne Arbeitnehmer keine einstweilige Verfügung erwirken, um so vorübergehend die Kündigung ihrer Arbeitsverhältnisse zu verhindern. Wird eine Kündigung ausgesprochen, so kann **Kündigungsschutzklage** erhoben werden, wobei die Kündigung gerade nicht deshalb sozial ungerechtfertigt ist, weil sie vor Abschluss des Interessenausgleichsverfahrens bzw. abweichend von einem solchen ausgesprochen worden ist. Dies ergibt sich deutlich aus § 113 BetrVG, der „nur" Nachteilsausgleichsansprüche begründet und die Kündigung gerade voraussetzt. 107

---

1 BAG v. 28.8.1991 – 7 ABR 72/90, NZA 1992, 41; LAG Baden-Württemberg v. 28.8.1985 – 2 TaBV 8/85, DB 1986, 805; LAG Düsseldorf v. 14.11.1983 – 12 TaBV 88/83, DB 1984, 511; LAG Rheinland-Pfalz v. 28.3.1989, LAGE § 111 BetrVG 1972 Nr. 10; LAG Köln v. 8.3.1995 – 7 TaBV 66/94, BB 1995, 2115; LAG Hamm v. 1.4.1997 – 13 TaBV 34/97; LAG München v. 24.9.2003 – 5 TaBV 48/03; ArbG Nürnberg v. 20.3.1996 – 12 BVGa 6/96, BB 1996, 1723; ArbG Herne v. 24.5.1991, DB 1991, 2296; *Etzel*, Rz. 941; *Eich*, DB 1983, 675; *Schmidt*, BB 1982, 48; *Heise*, DB 1983, Beil. Nr. 9, S. 20; *Walker*, FA 2008, 290 ff. ausführlich *Bengelsdorf*, DB 1990, 1233 (1282).
2 BAG v. 16.9.1993, NZA 1994, 311.
3 LAG Baden-Württemberg v. 28.8.1985 – 2 TaBV 8/85, DB 1986, 805.
4 BAG v. 28.8.1991 – 7 ABR 72/90, NZA 1992, 41.

108 Es wird immer wieder empfohlen, als Arbeitgeber **Schutzschriften** beim Arbeitsgericht zu hinterlegen für den Fall, dass Betriebsräte einen Unterlassungsanspruch geltend machen. Die praktische Wirkung solcher Schutzschriften ist gering, da die Arbeitsgerichte üblicherweise auch dann nicht ohne mündliche Verhandlung über einen Antrag im einstweiligen Rechtsschutz entscheiden, wenn keine Schutzschrift hinterlegt ist. Ist eine Schutzschrift hinterlegt, wird sie zugestellt an den Betriebsrat, wenn dessen Antrag eingeht. Er erhält dadurch die Gelegenheit, kurzfristig noch vor der mündlichen Verhandlung ausgehend von der Argumentation des Arbeitgebers in der Schutzschrift seine eigene Antragsschrift zu vervollständigen.

2. Nachteilsausgleich

109 Nachteilsausgleichsansprüche spielen in der Praxis nur eine verhältnismäßig kleine Rolle. Dies liegt nicht zuletzt daran, dass nach der Rspr. Ansprüche auf Nachteilsausgleich auf Sozialplanabfindungen **anrechenbar sind**[1]. Das BAG[2] hat allerdings offen gelassen, ob dies auch gilt, wenn der Arbeitgeber auch das von der europäischen Massenentlassungsrichtlinie vorgeschriebene Konsultationsverfahren nach § 17 Abs. 2 KSchG (vgl. Teil 4 A Rz. 33 ff.) nicht durchgeführt hat. In diesem Fall sind allerdings schon die ausgesprochenen Kündigungen unwirksam, sodass es einer weitergehenden Sanktion nicht bedarf. Der bisweilen von Arbeitgebern gewählte Weg, bewusst auf eine Beteiligung des Betriebsrats zu verzichten und Nachteilsausgleichsansprüche in Kauf zu nehmen, kann also riskant sein.

a) Allgemeine Voraussetzungen

110 **Weicht der Arbeitgeber** von einem **Interessenausgleich** über die geplante Betriebsänderung ohne zwingenden Grund **ab**, so können Arbeitnehmer, die infolge dieser Abweichung entlassen werden, beim Arbeitsgericht Klage erheben mit dem Antrag, den Arbeitgeber zur Zahlung von Abfindungen zu verurteilen (§ 113 Abs. 1 BetrVG). Dies gilt auch dann, wenn der Arbeitgeber eine geplante Betriebsänderung durchführt, ohne über sie einen Interessenausgleich mit dem Betriebsrat versucht zu haben, und infolge der Maßnahme Arbeitnehmer entlassen werden oder andere wirtschaftliche Nachteile erleiden (§ 113 Abs. 3 BetrVG). § 113 BetrVG gilt für alle Betriebsänderungen. Die Vorschrift gilt auch dann, wenn kein erzwingbarer Anspruch auf Abschluss eines Sozialplans besteht, also ein Fall des § 112a Abs. 2 BetrVG vorliegt. Erleiden die Arbeitnehmer infolge der Abweichung nur andere wirtschaftliche Nachteile, sind diese in begrenztem Umfang auszugleichen (§ 113 Abs. 2 BetrVG).

---

1 BAG v. 20.11.2001, DB 2002, 950.
2 BAG v. 16.5.2007 – 8 AZR 693/06, NZA 2007, 1296.

b) Abweichen von einem Interessenausgleich

Der Unternehmer muss sich grundsätzlich an einen erzielten Interessenausgleich über die geplante Maßnahme halten. Nur aus **zwingenden Gründen** darf er davon abweichen, ohne ausgleichspflichtig zu werden. Ob ein zwingender Grund vorliegt, muss sich aus den Umständen ergeben. Dabei ist ein **strenger Maßstab** anzulegen. Zwingender Grund ist mehr als wichtiger Grund, unter dem man allgemein versteht, dass dem Betreffenden nach Treu und Glauben nicht zumutbar ist, an einer Vereinbarung festgehalten zu werden. Es muss so sein, dass vom Standpunkt eines verantwortungsbewussten Unternehmers dieser nicht anders handeln konnte, als die Maßnahme entgegen der Vereinbarung vorzunehmen[1]. 111

Beispiel: In dem Interessenausgleich ist festgelegt, dass die Entscheidung über eine für den 1.7.2015 geplante Betriebstilllegung zunächst um ein Jahr zurückgestellt werden und der Arbeitgeber den Betrieb wie bisher weiterführen soll. Der Arbeitgeber kommt dem nicht nach, weil er des Betriebs überdrüssig ist oder sich gegenüber anderen Firmen verpflichtet hat, den Betrieb stillzulegen. In diesem Fall liegt kein zwingender Grund für die Stilllegung vor. Fallen jedoch plötzlich die Preise infolge Überangebots, entziehen die Banken dem Arbeitgeber den Kredit, gehen keine Aufträge mehr ein, geht der Hauptkunde in Insolvenz oder tritt plötzlich ein erheblicher Rohstoff- oder Energiemangel auf dem Weltmarkt ein und kann der Arbeitgeber nachweisen, dass er keine Möglichkeit hatte, zumutbare Gegenmaßnahmen zu treffen, so liegen zwingende Gründe i.S.d. § 113 Abs. 1 BetrVG vor[2]. 112

Eine wesentliche Frage ist, **zu welchem Zeitpunkt** diese zwingenden Gründe entstanden sein müssen. Gründe, die ausschlaggebend für die Betriebsänderung waren, können nicht ein Abweichen vom Interessenausgleich rechtfertigen; sie sind insoweit verbraucht. Deshalb müssen die Gründe nachträglich entstanden sein oder, sofern sie schon bei den Verhandlungen über den Interessenausgleich vorlagen, erst nachträglich in ihrer Intensität und ihrem Gewicht erkennbar geworden sein[3]. 113

Ein zwingender Grund dürfte vorliegen, wenn nach Vereinbarung des Interessenausgleichs die **Insolvenz** eröffnet wird. Dies gilt aber dann nicht, wenn diese drohende Gefahr ausschlaggebend für den Interessenausgleich war und damit von den Betriebspartnern in ihre Überlegungen einbezogen wurde; insoweit fehlt es an **nachträglich** entstandenen Gründen. 114

Das Vorliegen eines zwingenden Grundes wird als **Vorfrage** im Rechtsstreit über die Verpflichtung des Unternehmens zur Zahlung des Nachteilsausgleichs entschieden, also im **Urteilsverfahren** zwischen einem oder mehreren betroffenen Arbeitnehmern und dem Arbeitgeber. Eine isolierte Entscheidung dieser Frage in einem Beschlussverfahren ist nicht zulässig[4]. 115

---
1 Fitting, § 113 Rz. 8.
2 Vgl. Fitting, § 113 Rz. 8.
3 BAG v. 17.9.1974, AP Nr. 1 zu § 113 BetrVG.
4 BAG v. 18.3.1975, DB 1975, 1322.

116 Nicht unter § 113 BetrVG fällt das **Abweichen von einem Sozialplan**. Der Arbeitnehmer kann seine Ansprüche auf Grund des Sozialplans unmittelbar vor dem Arbeitsgericht im Urteilsverfahren geltend machen.

c) Fehlender Versuch eines Interessenausgleichs

117 § 113 Abs. 3 BetrVG regelt den Fall, dass ein Unternehmer begonnen hat, eine **geplante Betriebsänderung** nach § 111 BetrVG durchzuführen, ohne über sie einen Interessenausgleich mit dem Betriebsrat versucht zu haben. Die tatbestandsmäßigen Voraussetzungen sind also nur erfüllt, wenn ein Versuch zur Einigung über einen Interessenausgleich nicht unternommen wurde, nicht aber, wenn der Versuch zur Aufstellung eines Sozialplans unterblieben ist[1].

118 Mit der Durchführung einer **Betriebsstilllegung** hat der Unternehmer begonnen, sobald er **unumkehrbare Maßnahmen** zur Auflösung der Betriebsorganisation ergriffen hat. Die bloße **Einstellung der Produktion** oder der sonstigen betrieblichen Tätigkeit und die **widerrufliche**[2] **Freistellung der Arbeitnehmer** sind regelmäßig keine unumkehrbaren Maßnahmen und stellen daher noch keinen Beginn der Betriebsstilllegung dar[3]. In der Kündigung von **Ausbildungsverhältnissen** liegt regelmäßig kein Beginn der Betriebsstilllegung, da auch ohne Auszubildende der Betriebszweck uneingeschränkt weiter verfolgt werden kann, es sei denn, es handelte sich um reine Ausbildungsbetriebe[4].

119 Das BAG hatte zunächst[5] die Frage der Ausschöpfung des Verfahrens noch ausdrücklich offen gelassen. Dann hat es festgestellt, dass § 113 Abs. 3 BetrVG den **Einigungsversuch vor der Einigungsstelle** verlangt[6]. Von einem Versuch eines Interessenausgleichs i.S.d. § 113 Abs. 3 BetrVG kann danach erst dann ausgegangen werden, wenn auch die Einigungsbemühungen vor der Einigungsstelle gescheitert sind. Dies führt in der Praxis häufig dazu, dass sich der Betriebsrat zur zeitlichen Streckung der geplanten Betriebsänderung (zunächst) einem Interessenausgleich verschließt und es auf ein Verfahren vor der Einigungsstelle ankommen lässt, was aber nicht Sinn und Zweck der gesetzlichen Regelung sein kann. Wenig hilfreich sind Hinweise, der Unternehmer könne einer solchen Situation weitgehend dadurch begegnen, dass er die Einschaltung des Betriebsrats frühzeitig genug vornimmt[7].

---

1 BAG v. 27.3.1984 – 1 AZR 210/83, DB 1984, 1478.
2 Anders für die unwiderrufliche Freistellung LAG Berlin-Brandenburg v. 2.3.2012, ZIP 2012, 1429.
3 BAG v. 22.11.2005 – 1 AZR 407/04, NZA 2006, 736; BAG v. 30.5.2006 – 1 AZR 25/05, NZA 2006, 1122.
4 BAG v. 30.5.2006 – 1 AZR 25/05, NZA 2006, 1122.
5 BAG v. 14.9.1976, DB 1977, 309.
6 BAG v. 18.12.1984 – 1 AZR 176/82, DB 1985, 1293; ebenso BAG v. 9.7.1985 – 1 AZR 323/83, DB 1986, 279.
7 Vgl. *Rumpff/Boewer*, Rz. 21.

Die Rspr. des BAG[1] führt dazu, dass Nachteilsausgleichsansprüche auch dann entstehen, wenn der Unternehmer das Verfahren nach §§ 111 ff. BetrVG **verspätet**, d.h. nach Einleitung der Betriebsänderung durchführt. Unter Einleitung der Betriebsänderung können aber nicht **unverbindliche Vorbereitungsmaßnahmen** verstanden werden. Zu den Vorbereitungsmaßnahmen, und nicht zur Durchführung einer Betriebsänderung, gehören die Massenentlassungsanzeige nach § 17 KSchG, das Anhörungsverfahren nach § 102 BetrVG und die Zustimmungsverfahren hinsichtlich der Arbeitnehmer mit Sonderkündigungsschutz. Dennoch ist bei einer Anhörung des Betriebsrats nach § 102 BetrVG und/oder einer Einleitung der genannten Zustimmungsverfahren nicht ganz zweifelsfrei, ob diese im Einzelfall als Beginn der Durchführung der Betriebsänderung anzusehen sind. Allerdings ist ein Nachteilsausgleich noch nicht begründet, wenn der Arbeitgeber die betrieblichen Tätigkeiten einstellt und Arbeitnehmer freistellt, ohne schon Kündigungen auszusprechen[2]. Nach Möglichkeit sollten solche Maßnahmen erst nach dem vollständigen Durchlaufen des Interessenausgleichsverfahrens eingeleitet werden. Im Übrigen kämen allenfalls Nachteilsausgleichsansprüche für die Arbeitnehmer in Betracht, die infolge der vorzeitigen Maßnahme entlassen werden oder andere wirtschaftliche Nachteile erleiden. Mit anderen Worten: Arbeitnehmer, in Bezug auf die das Anhörungsverfahren nach § 102 BetrVG erst nach Ausschöpfung des Interessenausgleichsverfahrens eingeleitet worden ist, können sich jedenfalls nicht darauf berufen, anderen Arbeitnehmern gegenüber sei die Betriebsänderung vorzeitig durchgeführt worden. 120

Der Anspruch nach § 113 Abs. 3 BetrVG setzt nicht voraus, dass es der Unternehmer **schuldhaft** unterlassen hat, einen Interessenausgleich mit dem Betriebsrat zu versuchen. Ein mit dem Betriebsrat vereinbarter, zeitlich unbefristeter Sozialplan, der für alle künftig aus betrieblichen Gründen entlassenen Arbeitnehmer die Zahlung von Abfindungen vorsieht, entbindet den Arbeitgeber nicht von seiner Pflicht, bei später von ihm geplanten Betriebsänderungen jeweils einen Interessenausgleich mit dem Betriebsrat zu versuchen[3]. Der Grad des betriebsverfassungswidrigen Verhaltens des Arbeitgebers ist bei der **Höhe** des Nachteilsausgleichs zu berücksichtigen[4]. 121

Der Arbeitgeber ist auch dann verpflichtet, einen Interessenausgleich über eine geplante Betriebsänderung bis hin vor die Einigungsstelle zu versuchen, wenn der Betriebsrat anlässlich der geplanten Betriebsänderung nach § 112a BetrVG einen **Sozialplan nicht erzwingen** kann[5]. 122

Trotz unterbliebenen Interessenausgleichs entfällt ausnahmsweise ein Anspruch der Arbeitnehmer auf Nachteilsausgleich gem. § 113 Abs. 3 123

---
1 BAG v. 18.12.1984 – 1 AZR 176/82, DB 1985, 1293.
2 BAG v. 22.11.2005 – 1 AZR 407/04, DB 2006, 1907.
3 BAG v. 29.11.1983, AP Nr. 10 zu § 113 BetrVG.
4 BAG v. 24.8.2006 – 8 AZR 317/05, NZA 2007, 1287.
5 BAG v. 8.11.1988 – 1 AZR 687/87, DB 1989, 331.

BetrVG, wenn Ereignisse eingetreten sind, die eine **sofortige Schließung** des Betriebs unausweichlich gemacht haben, und ein Hinausschieben der Betriebstilllegung zum Zwecke des Versuchs eines Interessenausgleichs den betroffenen Arbeitnehmern nur weitere Nachteile hätte bringen können[1].

124 **Beispiel:** Der Arbeitgeber hat den Betriebsrat laufend über die wirtschaftliche Entwicklung des Unternehmens unterrichtet und ihm die monatlich aufgestellten Betriebsabrechnungen zugänglich gemacht. Er hat den Betriebsrat über von dem Arbeitgeber geführte Übernahmeverhandlungen mit einer anderen Firma informiert. Ferner hat er dem Betriebsrat das plötzliche Scheitern der Übernahmeverhandlungen mitgeteilt. Damit war in dem Betrieb eine ausweglose Situation eingetreten, die zu sofortigem Handeln zwang. Die Fortführung des Betriebs bis zur Ausschöpfung des Verfahrens nach § 112 BetrVG hätte weitere Betriebskosten verursacht, für die keine Deckung mehr vorhanden war. Die Arbeitnehmer wären nur hingehalten worden, anstatt sich möglichst bald um eine andere Arbeitsstelle zu bemühen. Die sofortige Schließung des Betriebs war die einzig mögliche und auch im Interesse der Arbeitnehmer dringend gebotene Reaktion des Arbeitgebers. Unter solchen Umständen hat der Versuch eines Interessenausgleichs mit dem Betriebsrat nach § 112 BetrVG jeden Sinn verloren.

d) Entlassungen und andere wirtschaftliche Nachteile als Konsequenzen unternehmerischer Maßnahmen

125 Der Anspruch auf Nachteilsausgleich setzt voraus, dass infolge des Abweichens von einem Interessenausgleich ohne zwingenden Grund oder infolge der Durchführung einer Betriebsänderung ohne vorhergegangenen Versuch eines Interessenausgleichs mit dem Betriebsrat Arbeitnehmer **entlassen** werden oder andere **wirtschaftliche Nachteile** erleiden. Der Nachteilsausgleichsanspruch nach § 113 Abs. 3 BetrVG entsteht nach der Rspr. des BAG, sobald der Unternehmer mit der **Durchführung der Betriebsänderung** begonnen hat, ohne dass er bis dahin einen Interessenausgleich mit dem Betriebsrat versucht hätte. Besteht die geplante Betriebsänderung in der Stilllegung des Betriebs, so beginnt der Unternehmer mit der Durchführung nach dieser Rspr. jedenfalls dann, wenn er zu diesem Zweck die bestehenden Arbeitsverhältnisse betriebsbedingt kündigt[2]. Andernfalls können nur Unterrichtungs- und Beratungsrechte des Betriebsrats verletzt worden sein.

126 Entlassen infolge einer Betriebsänderung i.S.d. § 113 Abs. 3 BetrVG wird ein Arbeitnehmer auch dann, wenn der Arbeitgeber den Arbeitnehmer mit Rücksicht auf die von ihm geplante Betriebstilllegung dazu veranlasst, sein Arbeitsverhältnis **selbst zu kündigen**[3]. Es gelten hier dieselben Grundsätze wie beim Sozialplan (vgl. Teil 2 B Rz. 70).

---

1 BAG v. 23.1.1979, DB 1979, 1139.
2 BAG v. 23.9.2003 – 1 AZR 576/02, NZA 2004, 440; BAG v. 4.12.2002 – 10 AZR 16/02, NZA 2003, 665; BAG v. 22.11.2005 – 1 AZR 407/04, DB 2006, 1907.
3 BAG v. 23.3.1988 – 1 AZR 276/87, DB 1988, 2413; BAG v. 8.11.1988, AP Nr. 18 zu § 113 BetrVG 1972; BAG v. 4.7.1989 – 1 ABR 35/88, DB 1990, 485; vgl. auch

127 Kündigen die Arbeitnehmer eines Betriebs wegen erheblicher Lohnrückstände ihre Arbeitsverhältnisse selbst fristlos, so liegt darin allerdings noch keine vom Arbeitgeber geplante oder durchgeführte Betriebstilllegung. In der Nichtzahlung des Lohns liegt eine Entlassung infolge einer Betriebsänderung durch den Arbeitgeber nur dann, wenn dieser mit Rücksicht auf eine von ihm geplante Betriebstilllegung durch die **Nichtzahlung des Lohns** die Arbeitnehmer zu Eigenkündigungen **veranlassen** will[1].

128 Aus alledem folgt, dass das Verhalten des Arbeitgebers kausal für die genannten Nachteile sein muss. Deshalb steht der Nachteilsausgleich nicht allen Arbeitnehmern zu, die wegen der Betriebsänderung entlassen werden, sondern nur denjenigen, die **deswegen** entlassen werden oder wirtschaftliche Nachteile erleiden, weil der Arbeitgeber von einem Interessenausgleich ohne zwingenden Grund abgewichen ist oder keinen Interessenausgleich versucht hat.

129 Der geforderte **Kausalzusammenhang** fehlt auch, wenn der Arbeitnehmer allein wegen des Widerspruchs gegen den Übergang seines Arbeitsverhältnisses gemäß § 613a BGB seine Stelle verliert.

130 Der Arbeitnehmer hat den **Nachweis** dafür zu erbringen, dass die Abweichung bzw. der fehlende Versuch des Interessenausgleichs kausal für die Entlassung oder die erlittenen anderen wirtschaftlichen Nachteile sind. Das dürfte ohne Schwierigkeiten bei Stilllegungen, Teilstilllegungen, Betriebseinschränkungen und Betriebsverlegungen gelingen. Problematischer kann der Nachweis der Ursächlichkeit bei den in § 111 Satz 3 Nr. 3, 4 und 5 BetrVG genannten Mitbestimmungstatbeständen sein; hier wird man auf die Grundsätze des **prima facie-Beweises** zurückgreifen können.

131 Für den Anspruch nach § 113 BetrVG kommt es nicht darauf an, ob die ausgesprochene Kündigung **rechtswirksam**, d.h. nach dem KSchG sozial gerechtfertigt ist. Die Wirksamkeit der Kündigung braucht also weder zuvor in einem besonderen gerichtlichen Verfahren noch inzidenter im Nachteilsausgleichsverfahren geprüft und festgestellt zu werden[2]. Es reicht also, dass eine an und für sich unwirksame Kündigung vom Arbeitnehmer hingenommen wird. Wird allerdings von den Gerichten für Arbeitssachen rechtskräftig festgestellt, dass ein Arbeitsverhältnis nicht auf Grund einer Kündigung beendet wird, dann fehlt es an einer Entlassung i.S.d. § 113 BetrVG[3]. Eine Entlassung nach § 113 Abs. 1 BetrVG setzt voraus, dass das Arbeitsverhältnis beendet wird. Der hiermit verbundene Verlust des Arbeitsplatzes ist der wirtschaftliche Nachteil, der nach § 113 Abs. 3 i.V.m. Abs. 1 BetrVG durch eine Abfindung ausgegli-

---

LAG Bremen v. 31.10.1986, BB 1986, 195; LAG Berlin v. 1.9.1986 – 9 Sa 43/86, DB 1987, 181.
1 BAG v. 4.7.1989 – 1 ABR 35/88, DB 1990, 485.
2 *Fitting*, § 113 Rz. 23.
3 BAG v. 31.10.1995 – 1 AZR 372/95, NZA 1996, 499.

chen werden soll. Wirtschaftliche Nachteile in einem fortbestehenden Arbeitsverhältnis, z.B. auf Grund einer Versetzung oder Umgruppierung, sind nach § 113 Abs. 3 i.V.m. Abs. 2 BetrVG in anderer Form zu kompensieren. Dem kann auch nicht entgegengehalten werden, dass u.U. ein fortbestehendes Arbeitsverhältnis für den klagenden Arbeitnehmer kaum noch einen wirtschaftlichen Wert hat. Dagegen soll und kann der Nachteilsausgleich nach § 113 BetrVG nicht schützen[1].

132 Der Arbeitnehmer kann **Kündigungsschutzklage** nach dem KSchG erheben und deren Ergebnis abwarten. Falls seine Klage abgewiesen wird, kann er Klage nach § 113 BetrVG erheben. Der Arbeitnehmer kann auch beide Klagen in der Weise verbinden, dass er die Klage nach § 113 BetrVG als **Hilfsantrag** zusammen mit der Kündigungsschutzklage geltend macht. Gegebenenfalls kann der Arbeitnehmer noch einen Auflösungs- und Abfindungsantrag nach § 9 KSchG stellen.

133 Ein **anderer wirtschaftlicher Nachteil** i.S.d. § 113 Abs. 3 BetrVG liegt nur dann vor, wenn er vermögenswerter Art ist und finanziell ausgeglichen werden kann. Als solche Nachteile kommen z.B. in Betracht: Ausgleich von Lohnausfall, Erstattung von Fahrtkosten, Umzugskosten, größerer Verschleiß an Arbeitskleidung. Immaterielle Beeinträchtigungen reichen nicht aus. Kann ein genauer Betrag für den finanziellen Ausgleich nicht ermittelt werden, kann das Arbeitsgericht dessen Höhe nach § 287 ZPO **schätzen**[2].

134 § 113 BetrVG gilt auch in der **Insolvenz** des Unternehmens. Hat sich der Arbeitgeber noch vor Eröffnung des Insolvenzverfahrens betriebsverfassungswidrig verhalten und spricht das Gericht dem Arbeitnehmer daher eine Abfindung zu, so ist dieser Anspruch eine Insolvenzforderung nach § 38 InsO[3]. Nach der Rspr. des BAG gilt dies auch dann, wenn der Unternehmer die Kündigung in Absprache mit dem vorläufigen Insolvenzverwalter und mit dessen Zustimmung ausgesprochen hat[4]. Beschließt hingegen der Insolvenzverwalter nach Eröffnung des Insolvenzverfahrens eine Betriebsänderung und verhält sich hierbei betriebsverfassungswidrig, so ist der Anspruch auf Nachteilsausgleich eine Masseverbindlichkeit i.S.d. § 55 Abs. 1 Nr. 1 InsO[5].

135 Ansprüche auf Nachteilsausgleich sind Ansprüche „aus dem Arbeitsverhältnis". Sie fallen daher unter einschlägige **tarifliche Ausschluss-**

---

[1] BAG v. 31.10.1995 – 1 AZR 372/95, NZA 1996, 499.
[2] Vgl. *Fitting*, § 113 Rz. 34.
[3] *Fitting*, § 113 Rz. 40.
[4] BAG v. 8.4.2003, AP Nr. 40 zu § 113 BetrVG 1972; BAG v. 4.12.2002, AP Nr. 2 zu § 38 InsO.
[5] BAG v. 4.6.2003, AP Nr. 2 zu § 209 InsO; *Fitting*, § 113 Rz. 41.

klauseln[1]. Sie unterliegen den allgemeinen **Verjährungsfristen** und sind abtretbar **und vererblich**, jedenfalls sofern der Arbeitnehmer in den Fällen des § 113 Abs. 1 und 2 BetrVG nach der Beendigung des Arbeitsverhältnisses stirbt.

Der Arbeitnehmer kann auf Nachteilsausgleichsansprüche anders als auf Sozialplanansprüche **wirksam ohne Zustimmung des Betriebsrats verzichten**[2]. Anders als § 112 Abs. 1 i.V.m. § 77 Abs. 4 Satz 2 BetrVG für Sozialplanansprüche enthält § 113 BetrVG **keine ausdrückliche Anordnung der Unverzichtbarkeit** von Nachteilsausgleichsansprüchen. Auch eine analoge Anwendung dieser Vorschrift scheidet aus. Kommt ein Sozialplan zustande, ist der Nachteilsausgleich auf die Sozialplanabfindung anrechenbar. Beide Leistungen dienen demselben Zweck[3]. 136

V. Hinzuziehung von Beratern

1. Person und Anzahl

Nach § 111 Satz 2 BetrVG kann der Betriebsrat in Unternehmen mit mehr als 300 Arbeitnehmern zu seiner Unterstützung einen Berater hinzuziehen. Die Person des Beraters definiert das Gesetz nicht. Eine formale **Qualifikation** (z.B. Rechtsanwalt, Wirtschaftsprüfer) wird nicht vorausgesetzt[4]. Insbesondere soll der Kreis der Berater nicht auf die anerkannten Beratungsberufe beschränkt sein[5]. Dem Gesetzgeber geht es darum, dem Betriebsrat im Zeitalter der Globalisierung und der damit verbundenen und immer komplizierteren Vorgänge ausreichend externen Sachverstand zu verschaffen[6]. Damit kommt insbesondere eine Beratung in technischen, betriebswirtschaftlichen und arbeitswissenschaftlichen Fragen in Betracht[7]. Vor allem steht aber die Hinzuziehung von Rechtsberatern im Vordergrund, also zuallererst von Rechtsanwälten[8]. Der Betriebsrat hat ein deutliches Interesse daran, die Rechtsgrundlage der Beauftragung eines Anwalts klarzustellen: Kommt der Vertrag mit dem Berater nicht wirksam zustande, kann auch ein Mitglied des Betriebsrats entsprechend § 179 BGB haften[9]. 137

---

1 BAG v. 20.6.1978, 22.9.1982, 22.2.1983, 29.11.1983, 18.12.1984, AP Nr. 3 zu § 113 BetrVG 1972, AP Nr. 42 zu § 1 TVG TV Bau, AP Nrn. 7, 10, 11 zu § 113 BetrVG 1972.
2 BAG v. 23.9.2003 – 1 AZR 576/02, NZA 2004, 440.
3 BAG v. 20.11.2001, DB 2002, 950; BAG v. 16.5.2007 – 8 AZR 693/06, NZA 2007, 1296.
4 *Fitting*, § 111 Rz. 120.
5 *Däubler*, AuR 2001, 285 (286); GK/*Oetker*, § 111 Rz. 153; *Oetker*, NZA 2002, 465 (467).
6 Begründung zum RegE BetrVerf-Reformgesetz (§ 111), BT-Drucks. 14/5741, 52.
7 *Fitting*, § 111 Rz. 120.
8 *Bauer*, NZA-Beil. zu Heft 24/2001, 61; *Bauer*, NZA 2001, 375 (376 f.).
9 BAG v. 25.10.2012, DB 2012, 2752.

138 Nicht ausdrücklich geregelt ist der Fall, dass ein Berater allein nicht den erforderlichen Sachverstand aufweist. Damit stellt sich die Frage, ob in diesem Fall der Betriebsrat berechtigt ist, mehrere Berater hinzuzuziehen. Der Wortlaut („*einen Berater*") und ein Vergleich mit § 80 Abs. 2 Satz 3 und Abs. 3 BetrVG sprechen tatsächlich dafür, dass im numerischen Sinne nur ein einziger Berater hinzugezogen werden kann. Der in den Gesetzesmaterialien zum Ausdruck kommende Zweck des § 111 Satz 2 BetrVG lässt aber auch eine andere Deutung zu. Deshalb wird überwiegend davon ausgegangen, der Betriebsrat könne auch **mehr als einen Berater** hinzuziehen, sofern dies wegen des unterschiedlichen Fachwissens auf mehreren Gebieten erforderlich sei[1].

2. Erforderlichkeit

139 Die Hinzuziehung des Beraters in Unternehmen mit mehr als 300 Arbeitnehmern wird dem Wortlaut nach an keinerlei weitere Voraussetzung geknüpft. Damit soll erreicht werden, dass der Betriebsrat abweichend von § 80 Abs. 3 BetrVG auf schnellem Weg, d.h. ohne nötige vorherige Vereinbarung mit dem Arbeitgeber, externen Sachverstand zur Verfügung hat[2]. Deshalb besteht weitgehend Einigkeit darüber, dass die Hinzuziehung nach Maßgabe der konkreten **Umstände des Einzelfalls** und der dadurch entstehenden **Kosten** erforderlich sein muss[3]. Nicht erforderlich ist regelmäßig u.E. die Hinzuziehung von Personen, die über keinen ausgewiesenen Sachverstand verfügen, z.B. selbsternannte Unternehmens- oder Personalberater ohne einschlägige berufliche Erfahrungen. Nachdem eine Einigungsstelle eingesetzt ist, kann ein Berater nicht mehr nach § 111 Satz 2 BetrVG hinzugezogen werden. Es bedarf einer Vereinbarung mit dem Arbeitgeber nach § 80 Abs. 3 BetrVG[4].

3. Kleinere Unternehmen

140 Mit dem Zusatz in § 111 Satz 2 Halbs. 3 BetrVG, dass § 80 Abs. 3 BetrVG im Übrigen unberührt bleibt, wird klargestellt, dass bei Betriebsänderungen in kleineren Unternehmen mit bis zu 300 Arbeitnehmern der Betriebsrat auch weiterhin zu seiner Unterstützung einen **Sachverständigen** nach § 80 Abs. 3 BetrVG hinzuziehen kann. Auch danach muss die Hinzuziehung zur ordnungsgemäßen Erfüllung der Aufgaben des Betriebsrats erforderlich sein. Sachverständige i.S.d. Vorschrift sind Personen, die dem Betriebsrat oder sonstigen Betriebsverfassungsorganen die ihnen feh-

---

1 *Däubler*, AuR 2001, 285 (286); Richardi/*Annuß*, § 111 Rz. 54; GK/*Oetker*, § 111 Rz. 155; *Oetker*, NZA 2002, 465 (471); a.A. *Rose/Grimmer*, DB 2003, 1790 (1792); *Kleinebrink*, ArbRB 2003, 212 (213).
2 Wlotzke/Preis/Kreft/*Preis/Bender*, § 111 Rz. 35.
3 *Fitting*, § 111 Rz. 122; *Reichold*, NZA 2001, 857 (865); *Oetker*, NZA 2002, 465 (469 ff.); a.A. *Däubler*, AuR 2001, 285 (286); *Manske*, FS 25 Jahre Arbeitsgemeinschaft Arbeitsrecht im DAV, 2006, S. 953 (957).
4 LAG München v. 24.6.2010 – 2 TaBV 121/09.

lenden fachlichen oder rechtlichen Kenntnisse (mündlich oder schriftlich) vermitteln, damit sie ihre Aufgaben in Zusammenarbeit mit dem Arbeitgeber sachgemäß erfüllen können. Dazu zählen auch Rechtsanwälte und Gewerkschaftsvertreter[1].

Sachverständige nach § 80 Abs. 3 BetrVG müssen ebenso wenig wie Berater nach § 111 BetrVG „neutral" sein; sie können dem Betriebsrat ihre Sachkunde vielmehr zur Wahrnehmung der **Interessen des Betriebsrats** zur Verfügung stellen[2]. Die Hinzuziehung eines Sachverständigen nach § 80 Abs. 3 BetrVG ist ein Recht des Betriebsrats. Nur seine Ausübung bedarf der *„näheren Vereinbarung"* mit dem Arbeitgeber. Die Einigung bezieht sich auf Thema, Person des Sachverständigen, Kosten und Zeitpunkt[3]. Durch die Vereinbarung entsteht ein gesetzliches Schuldverhältnis zwischen den Betriebspartnern. Dadurch erwirbt der Betriebsrat einen **Kostenerstattungsanspruch**. Das fehlende Einverständnis des Arbeitgebers zur Hinzuziehung eines Sachverständigen nach § 80 Abs. 3 BetrVG kann durch gerichtliche Entscheidung im Beschlussverfahren ersetzt werden. In dringenden Fällen kommt eine einstweilige Verfügung in Betracht.

141

4. Verschwiegenheitspflicht, Anwaltsvertrag

Sowohl für Berater nach § 111 BetrVG als auch Sachverständige nach § 80 BetrVG gilt die Verschwiegenheitspflicht des § 79 BetrVG (§§ 80 Abs. 4, 111 Satz 2 Halbs. 3 BetrVG) für ihnen bekanntwerdende **Betriebs- und Geschäftsgeheimnisse**. Beauftragt der Betriebsrat einen Rechtsanwalt, ihn bei Verhandlungen über einen Interessenausgleich und Sozialplan zu beraten und zu vertreten, folgt im Übrigen daraus kein Mandat zur Vertretung der einzelnen Arbeitnehmer. I.d.R. stellt weder der vom Betriebsrat mit dem Rechtsanwalt nach § 111 Satz 2 BetrVG geschlossene Anwaltsvertrag noch die nach § 80 Abs. 3 BetrVG zustande gekommene Vereinbarung einen Vertrag mit Schutzwirkung zugunsten der Arbeitnehmer dar[4]. Für den Anwaltsvertrag nach § 111 Satz 2 BetrVG gilt im Übrigen das RVG. Eine Honorarzusage, die zu einer höheren Vergütung führt, darf der Betriebsrat regelmäßig nicht für erforderlich halten[5]. Da es sich regelmäßig bei der Beratung nach § 111 Satz 2 BetrVG um eine außergerichtliche Tätigkeit handelt, kommen auch Zeithonorare in Betracht. Sie sind in der Praxis weit verbreitet. Im Zweifel gilt das marktübliche Honorar nach § 612 Abs. 2 BGB. Dass es dabei zu Streitigkeiten kommen kann, liegt auf der Hand. Im Interesse einer zügigen Durchführung geplanter Betriebsänderungen sollten solche Streitigkeiten möglichst vermieden werden.

142

---

1 BAG v. 25.4.1978, AP Nr. 11 zu § 80 BetrVG 1972.
2 BAG v. 26.2.1992, AP Nr. 48 zu § 80 BetrVG 1972.
3 BAG v. 19.4.1989, AP Nr. 35 zu § 80 BetrVG 1972.
4 BAG v. 24.8.2006 – 8 AZR 414/05, NZA 2007, 51.
5 *Fitting*, § 111 Rz. 125.

B. Interessenausgleich und Sozialplan

Wie die Verhandlungen über Interessenausgleich und Sozialplan geführt werden und welche Inhalte dabei zu bedenken sind – auch welche Schwierigkeiten dabei entstehen können und wie sie zu lösen sind – ist Gegenstand dieses Kapitels. Der Schwerpunkt ist auf die betrieblichen Verhandlungen gelegt. Scheitert eine Einigung, ist das Einigungsstellenverfahren zu durchlaufen. In der Einigungsstelle kommt häufig eine Einigung mit Hilfe der vermittelnden Tätigkeit des Vorsitzenden zustande. Muss durch Spruch entschieden werden, ist der Spruch gerichtlich überprüfbar.

I. Interessenausgleich

1 Liegt eine Betriebsänderung vor, muss mit dem Betriebsrat über einen Interessenausgleich in **vertrauensvoller Zusammenarbeit** verhandelt werden (§ 112 Abs. 1 i.V.m. §§ 2 Abs. 1, 74 Abs. 1 BetrVG). Der interne Ausgleich soll klären, **ob, wann und in welcher Weise** die vorgesehene Maßnahme durchgeführt werden soll. Darüber ist der Betriebsrat **rechtzeitig** zu unterrichten. Der Betriebsrat muss in die Lage versetzt werden, Alternativen vorzuschlagen. Dies setzt voraus, dass die Entscheidung des Arbeitgebers noch nicht endgültig gefallen ist (vgl. Teil 1 B Rz. 73). Der Betriebsrat ist zu informieren, wenn sich die Vorüberlegungen des Arbeitgebers zu einer konkreten Planung verdichtet haben (vgl. Teil 4 A Rz. 9 ff. zu Umfang und Zeitpunkt der Unterrichtung des Wirtschaftsausschusses).

1. Allgemeines

2 Ein Unternehmer, der Ansprüche auf Nachteilsausgleich (§ 113 BetrVG) vermeiden will, muss das für den **Versuch einer Einigung** über den Interessenausgleich vorgesehene Verfahren voll ausschöpfen. Er muss, falls **keine Einigung** mit dem Betriebsrat möglich ist und dieser nicht selbst die Initiative ergreift, die **Einigungsstelle** anrufen, um dort einen Interessenausgleich zu versuchen (vgl. Teil 2 A Rz. 119 ff.).[1] Ist sein Entschluss gefasst, kann ein Interessenausgleich nicht mehr nachgeholt werden[2].

---

1 BAG v. 18.12.1984 – 1 AZR 176/82, DB 1985, 1293; BAG v. 9.7.1985 – 1 AZR 323/83, DB 1986, 279; BAG v. 20.11.2001 – 1 AZR 97/01, NZA 2002, 992.
2 BAG v. 14.9.1976, DB 1977, 309; BAG v. 4.12.2002 – 10 AZR 16/02, NZA 2003, 665.

a) Gegenstand der Verhandlung

Im Interessenausgleich ist zu regeln, ob, wann und in welcher Form die vom Unternehmer geplante Betriebsänderung durchgeführt werden soll[1]. Um von seiner Planung zu überzeugen und im Sinne einer vollständigen Unterrichtung des Betriebsrats über die Erwägungen des Arbeitgebers ist im Zweifel darzustellen, ob **Alternativen** zu dieser Planung bestehen und warum diese **Alternativen** letztlich zu **verwerfen** sind. Gegenstand der Verhandlungen über einen Interessenausgleich sind grds. nicht einzelne Kündigungen, sondern die Betriebsänderung als solche[2].

Als **Gegenstand des Interessenausgleichs** kommen daher in Betracht[3]:

– Inhalt einer Organisationsänderung;

– Zeitpunkt der völligen oder stufenweisen Produktionseinschränkung;

– der damit verbundene Personalabbau; Entlassungen;

– Erklärungen des Betriebsrats, erforderlichen Anzeigen an Behörden nicht zu widersprechen;

– Unterbleiben der Betriebsänderung überhaupt;

– Veränderung der ursprünglichen Planung der Betriebsänderung in zeitlicher, quantitativer und qualitativer Hinsicht, ggf. mit dem Ziel der Sanierung des Unternehmens bzw. Betriebs;

– neue Produktion zur Vermeidung von Entlassungen und entsprechende Umschulungsmaßnahmen der Arbeitnehmer;

– Maßnahmen zur Fort- und Weiterbildung der Arbeitnehmer;

– Maßnahmen der Arbeitsgestaltung, insbesondere im Zusammenhang mit neuen Technologien;

– Einführung einer transparenten Personalplanung.

Die Betriebspartner können in den Interessenausgleich auch die zwingend vorgeschriebene Anhörung des Betriebsrats zu Kündigungen einbeziehen[4]. Das setzt allerdings voraus, dass die **von der Kündigung betroffenen Arbeitnehmer** konkret benannt werden[5]. Außerdem müssen dann im Interessenausgleichsverfahren die Erwägungen zur Sozialauswahl mitgeteilt werden. Es liegt im Interesse des Arbeitgebers, den wesentlichen Inhalt der Anhörung zu dokumentieren. Wird in einem Kündigungsschutzverfahren streitig, ob der Betriebsrat alle Informationen über den Einzelfall hatte, trägt der Arbeitgeber das Risiko der Unwirksamkeit

---

1 BAG v. 27.10.1987, EzA § 112 BetrVG 1972 Nr. 41; vgl. auch *Löwisch*, RdA 1989, 216.
2 BAG v. 6.6.1978, BB 1978, 1362.
3 *Fitting*, §§ 112, 112a Rz. 16–20.
4 BAG v. 21.7.2007 – 6 AZR 592/04, NZA 2006, 162.
5 Vgl. BAG v. 17.9.1991 – 1 ABR 23/91, DB 1992, 229 zum zulässigen Inhalt des Interessenausgleichs und des Einigungsstellenspruchs über den Sozialplan.

einer Kündigung. Für die Anhörung sind stets die **Standortbetriebsräte** zuständig, auch wenn der Interessenausgleich mit dem Gesamtbetriebsrat zu verhandeln ist (vgl. Teil 2 A Rz. 90 ff.).

6 ⮕ **Typischer Fehler:** Die Verhandlungen mit dem Gesamtbetriebsrat verlaufen konstruktiv. Der Inhalt der Betriebsänderung wird mit allen Auswirkungen auf die einzelnen Arbeitnehmer besprochen. Auch die dazu erforderlichen Versetzungen und Kündigungen werden im Einzelnen erörtert. Im Interessenausgleich wird festgehalten, dass der Betriebsrat alle notwendigen Informationen gem. §§ 99 und 102 BetrVG erhalten hat. An keiner Stelle ist dokumentiert, dass nicht nur der Gesamtbetriebsrat, der Partei des Interessenausgleichs ist, sondern auch die jeweils zuständigen Standortbetriebsräte unterrichtet werden. Sie widersprechen den Versetzungen. Die von Kündigungen betroffenen Arbeitnehmer berufen sich darauf, dass die Kündigungen unwirksam seien, weil der zuständige Betriebsrat nicht nach § 102 BetrVG zur beabsichtigten Kündigung angehört worden sei.

7 Im Interessenausgleich kann eine **Namensliste** der betroffenen Arbeitnehmer mit besonderen kündigungsschutzrechtlichen Rechtsfolgen vereinbart werden (vgl. Teil 4 D Rz. 107 ff.).

8 In der Praxis werden die Verhandlungsgegenstände von Interessenausgleich und Sozialplan häufig nicht streng und auch nicht korrekt voneinander getrennt. So enthalten „Sozialpläne" vielfach Regelungen, die nicht dem Ausgleich oder der Milderung entstandener wirtschaftlicher Nachteile dienen, sondern die Vermeidung solcher Nachteile zum Inhalt haben, indem **Kündigungsverbote** normiert, Versetzungs- oder Umschulungspflichten begründet oder ähnliche Maßnahmen vorgeschrieben werden[1]. Das BAG[2] geht zutreffend davon aus, dass das so lange unschädlich ist, wie sich die Betriebspartner auf einen solchen „Sozialplan" **freiwillig** einigen. Der „Sozialplan" enthält dann unabhängig von seiner Bezeichnung und unabhängig davon, ob sich die Betriebspartner dessen bewusst sind, Teile eines einvernehmlichen Interessenausgleichs. Entscheidet jedoch die **Einigungsstelle** verbindlich über den Sozialplan, können solche Regelungen nicht Gegenstand ihres Spruchs sein (vgl. Rz. 147 ff.)[3].

b) Form und Wirkung

9 Der Interessenausgleich bedarf zu seiner Wirksamkeit der **Schriftform** und **Unterzeichnung** durch den Unternehmer und den Betriebsrat[4]. Aus

---

1 *Löwisch*, DB 2005, 554 ff.
2 BAG v. 17.9.1991 – 1 ABR 23/91, DB 1992, 229.
3 BAG v. 17.9.1991 – 1 ABR 23/91, DB 1992, 229.
4 BAG v. 26.10.2004, DB 2005, 115; BAG v. 9.7.1985 – 1 AZR 323/83, DB 1986, 279.

einem bloßen Schweigen des Betriebsrats innerhalb angemessener Frist kann nicht auf die Zustimmung des Betriebsrats zu einer Betriebsänderung geschlossen werden[1].

Im Fall der Einigung über den Interessenausgleich ist es zwar i.d.R. zweckmäßig, wenn gleichzeitig schon eine Regelung über den Sozialplan getroffen wird. Wegen der verschiedenen Inhalte von Interessenausgleich und Sozialplan ist dies aber nicht zwingend nötig. Im Übrigen empfiehlt es sich, die Einigung hinsichtlich des Interessenausgleichs und des Sozialplans **in getrennten Urkunden** niederzulegen. Dementsprechend empfiehlt es sich auch, schon die ersten Entwürfe des Arbeitgebers für Interessenausgleich und Sozialplan getrennt zu fassen und auch Gegenvorschläge des Betriebsrats danach zu unterteilen. Ob schließlich tatsächlich zwei getrennte Texte Gegenstand der Einigung sind oder der Arbeitgeber der Forderung des Betriebsrats nachgibt, ist Bestandteil der Verhandlung. Von Fall zu Fall muss abgewogen werden, ob in der Praxis nennenswerte Auswirkungen entstehen, z.B. weil inhaltliche Festlegungen zur künftigen Betriebsorganisation im Sozialplan unmittelbare Ansprüche der Arbeitnehmer begründen können. 10

Während aufgrund eines Sozialplans der einzelne Arbeitnehmer unmittelbar Rechtsansprüche geltend machen kann (vgl. Rz. 118), hat der Interessenausgleich für den einzelnen Arbeitnehmer Wirkungen nur nach § 113 BetrVG[2]. Der Interessenausgleich ist **keine Betriebsvereinbarung**, sondern eine kollektive Vereinbarung besonderer Art[3], die keinen Anspruch des Betriebsrats auf dessen Einhaltung erzeugt. Es handelt sich gegenüber dem Betriebsrat nur um eine Naturalobligation[4]. Deshalb kann der Unternehmer u.E. auch **jederzeit davon Abstand nehmen**, eine in Form eines Interessenausgleichs mit dem Betriebsrat vereinbarte Betriebsänderung überhaupt durchzuführen[5]. Gibt er dies dem Betriebsrat bekannt und kommt es danach im Management des Unternehmens zu einem erneuten „Sinneswandel" in Richtung ursprünglichen Interessenausgleich, ist u.E. ein neuer Interessenausgleich zu versuchen. Ob ein Interessenausgleich unter einer Bedingung geschlossen werden kann oder bedingungsfeindlich ist, hat das BAG bisher offen gelassen[6]. 11

---

1 LAG Düsseldorf v. 16.2.1982 – 24 Sa 1485/81, ZIP 1982, 1120.
2 *Fitting*, §§ 112, 112a Rz. 11.
3 *Fitting*, §§ 112, 112a Rz. 44.
4 BAG v. 28.8.1991 – 7 ABR 72/90, NZA 1992, 41; im Ergebnis ebenso GK/*Oetker*, §§ 112, 112a Rz. 54.
5 Streitig, vgl. *Fitting*, §§ 112, 112a Rz. 45.
6 BAG v. 21.7.2005 – 6 AZR 592/04, NZA 2006, 162.

2. Verfahren zur Herbeiführung eines Interessenausgleichs

a) Betriebliche Verhandlungen

12 Im ersten Schritt führt der Arbeitgeber nach ausreichender Information des Betriebsrats mit diesem **betriebliche Verhandlungen**.

aa) Verhandlungsphasen

13 Diese Verhandlungen folgen keinen strengen Regeln, so dass sich in der Unternehmenspraxis häufig eigene Informations- und Verhandlungsabläufe entwickelt haben. Wenn man derartige Verhandlungsabläufe zeitlich und inhaltlich ordnen will, lassen sich folgende **Phasen** unterscheiden:

- **Informationsphase:** Der Arbeitgeber stellt seine Planung vor („Announcement") und erläutert dem Betriebsrat Umfang und Gründe sowie die Auswirkungen der geplanten Umstrukturierung auf die Arbeitsverhältnisse. Er erläutert zweckmäßigerweise anhand einer **Präsentation** die beabsichtigte unternehmerische Entscheidung sowie die sich aus ihrer Umsetzung ergebenden Konsequenzen für die einzelnen Arbeitsplätze. Im Anschluss daran sollte der Arbeitgeber den Betriebsrat dazu auffordern, eine möglichst abschließende Liste mit Fragen zu der geplanten Umstrukturierung zu erstellen, die der Arbeitgeber entweder unmittelbar oder in der darauffolgenden Sitzung beantworten sollte. Der Betriebsrat hat dann die Gelegenheit, ergänzende Fragen zu stellen. Sind die Fragen des Betriebsrats erschöpft, sollte dies jedenfalls in einem eigenen **Protokoll** der Arbeitgeberseite festgehalten werden.

- **Beratungsphase:** Nach Abschluss der Informationsphase stellt der Arbeitgeber seine **Planung zur Diskussion** und erörtert mit dem Betriebsrat die Notwendigkeit, aber auch Alternativen zu der beabsichtigten Umstrukturierung. Im Ergebnis zahlt es sich häufig aus, wenn der Arbeitgeber in der Informationsphase bereits Alternativen beschrieben hat und jeweils auch dazu sagt, warum er diese Alternativen nicht für tragfähig hält. Der Arbeitgeber muss sich in der Beratungsphase mit Alternativen, die der Betriebsrat nennt, ernsthaft auseinandersetzen und sollte gegebenenfalls möglichst plausible Erklärungen dafür geben, warum er diese – meistens aus Sicht der Arbeitnehmer mildere – Maßnahmen nicht umsetzen will. Hat der Arbeitgeber das Ziel seiner Betriebsänderung klar definiert, muss er sich u.E. nur mit anderen Wegen zu demselben Ziel auseinandersetzen. Gegenvorschläge des Betriebsrats, das Ziel aufzugeben, bedürfen u.E. keiner vertieften Erörterung, insbesondere nicht der Begutachtung durch Sachverständige.

- **Verhandlungsphase:** Häufig schon zu Beginn der Verhandlungen, spätestens aber nach Abschluss der Beratungsphase legt der Arbeitgeber dem Betriebsrat den **Entwurf eines Interessenausgleichs** vor und stellt dessen Inhalte zur Verhandlung. Für diese sog. freien Verhandlungen gibt es keine gesetzlichen Spielregeln. Allerdings ist der Arbeitgeber zur Vermeidung von Nachteilsausgleichsansprüchen gehalten, in den freien Verhandlungen mit dem ernsthaften Willen zur Einigung zu verhandeln und – sollten die freien Verhandlungen scheitern – einen weiteren Verhandlungsversuch vor der Einigungsstelle zu unternehmen.

– **Abschluss des Interessenausgleichs:** Das Interessenausgleichsverfahren endet mit der Unterzeichnung eines schriftlichen Interessenausgleichs durch Arbeitgeber und Betriebsrat auf der Grundlage eines entsprechenden Beschlusses des Betriebsrats.

bb) Verhandlungstaktische Überlegungen

Die Verhandlungen über den Interessenausgleich sind nicht selten durch eine gewisse „**Hinhaltetaktik**" des Betriebsrats geprägt. Verhandlungen vor der Einigungsstelle kann der Arbeitgeber jederzeit für gescheitert erklären mit der Folge, dass der Arbeitgeber dann die Betriebsänderung ohne Interessenausgleich umsetzen kann (vgl. Rz. 27 f.). Wenn er bereit ist, dieses Verfahren zu durchlaufen, kann er sich über alle inhaltlichen Einwände des Betriebsrats hinwegsetzen. Mit dem Eintritt in die Einigungsstelle verschlechtert sich daher die Verhandlungsposition des Betriebsrats. Demzufolge kann es das Ziel des Betriebsrats sein, den Beginn der freien Verhandlungen durch eine ausgiebige Informations- und Beratungsphase in die Länge zu ziehen, was den Zeitplan des Arbeitgebers in Gefahr bringen kann.

Ordnet der Betriebsrat nur wenige seiner Mitglieder als **Verhandlungsteam** ab, hat dies Vor- und Nachteile. Kann sich das Verhandlungsteam im Gremium mit seinen Vorstellungen nicht durchsetzen, kommt es regelmäßig mit Ergänzungswünschen an den Verhandlungstisch zurück. Darauf zu bestehen, dass das Verhandlungsteam nicht nur Verhandlungs-, sondern auch Abschlussvollmacht hat, ist in der Praxis illusorisch und wäre wohl auch rechtlich nicht zulässig. Der Arbeitgeber sollte versuchen, die wesentlichen Meinungsführer in das Verhandlungsteam einzubinden und/oder auf häufige Abstimmungen innerhalb des Betriebsratsgremiums bestehen und eigene Zugeständnisse nur dann zu machen, wenn Zugeständnisse des Verhandlungsteams des Betriebsrats jeweils durch eine entsprechende Beratung im Gremium gesichert sind.

In **organisatorischer Hinsicht** sollten für Interessenausgleichs- und Sozialplanverhandlungen immer zwei bis drei Räume vorgesehen werden. Beide Seiten tagen häufig getrennt und gelegentlich wird ein dritter Raum benötigt, damit die jeweiligen Verhandlungsführer (Personalleiter/Betriebsratsvorsitzender bzw. Anwälte) „Auszeiten" nehmen können, um sensible Verhandlungspunkte unter „vier Augen" zu klären. Weiterhin kann es sinnvoll sein, dass jede Seite ihr eigenes Verhandlungsprotokoll führt, da die Abstimmung eines gemeinsamen Verhandlungsprotokolls oft mehr Zeit in Anspruch nimmt als die Verhandlungen selbst. Für die Einberufung einer Einigungsstelle kann der Arbeitgeber jederzeit sein eigenes Verhandlungsprotokoll vorlegen, aus dem sich das Scheitern der Verhandlungen aus Sicht des Arbeitgebers ergibt.

17 Eine weitere wesentliche Vorbereitung erfolgreicher und effizienter Interessenausgleichs- und Sozialplanverhandlungen ist die **technische Einrichtung**, mit Rücksicht auf die technischen Fähigkeiten beider Seiten. Legt der Arbeitgeber den Entwurf eines Interessenausgleichs oder Sozialplans in einem überarbeitungsfähigen Dokument oder, im späteren Verlauf der Verhandlungen, als überarbeitete Version vor, ist nicht mit Selbstverständlichkeit davon auszugehen, dass der Betriebsrat dem folgt. Oft folgen nicht einmal Nummerierung und gedanklicher Aufbau des Gegenentwurfs dem Erstentwurf. Hier die Zeit mit langen Streitereien darüber zu verbringen, wie man Entwürfe technisch gegenseitig austauscht, ist in angespannten Verhandlungssituationen reine Zeitverschwendung.

18 Schließlich ist ein in vielen Verhandlungen entscheidender Aspekt die angespannte **Terminlage** der Parteien, vor allem wenn Berater und Rechtsanwälte auf Betriebsratsseite hinzugezogen werden. Bei der Planung von Interessenausgleichs- und Sozialplanverhandlungen ist es daher eine Selbstverständlichkeit, neben den Urlaubsplanungen der Betriebsratsmitglieder auch die Urlaubsplanungen möglicher Berater abzufragen. Ob ein Berater noch „erforderlich" i.S.v. § 80 BetrVG ist, der nur schwer und nach Wochen verfügbar ist, bedarf der Prüfung im Einzelfall. Um hier Risiken für den Arbeitgeber zu minimieren, empfiehlt es sich, zu eigenen Terminvorschlägen jeweils zwei bis drei Alternativtermine zu nennen und bei Terminvereinbarungen immer darauf zu bestehen, dass zugleich Folgetermine mit vereinbart werden.

b) Vorstand der Bundesagentur für Arbeit

19 Kommt der Interessenausgleich nicht zustande, kann – muss aber nicht – der **Vorstand der Bundesagentur für Arbeit** um Vermittlung ersucht werden (§ 112 Abs. 2 Satz 1 BetrVG)[1]. Unterbleibt dieses Verfahren, zieht dies keine Rechtsfolgen nach § 113 BetrVG nach sich.

20 Der Vorstand der Bundesagentur für Arbeit oder sein Vertreter muss dem Ersuchen nachkommen. **Weigert** sich der Arbeitgeber mitzuwirken, so lässt dies aber u.E. nicht Nachteilsausgleichsansprüche nach § 113 Abs. 3 BetrVG zu. Der Vorstand der Bundesagentur für Arbeit kann selbst (alternative) Vorschläge machen und Anregungen geben. Die Einigungsstelle kann nur angerufen werden, wenn entweder der Vorstand der Bundesagentur für Arbeit nicht um Vermittlung ersucht wurde oder der Vermittlungsversuch ergebnislos verlief (§ 112 Abs. 2 Satz 2 BetrVG)[2]. Ist die **Einigungsstelle** bereits eingeschaltet, ist ein Ersuchen an den Vorstand der Bundesagentur für Arbeit ausgeschlossen.

---

1 *Dolde/Bauer*, BB 1978, 1675.
2 So ArbG München v. 2.4.2009, AuR 2010, 132.

Gelingt dem Vorstand der Bundesagentur für Arbeit die Vermittlung eines Interessenausgleichs, bedarf dieser ebenfalls der **Schriftform** und der **Unterzeichnung** durch den Unternehmer und den Betriebsrat.

21

Es **empfiehlt** sich, bereits in einer frühen Phase der Interessenausgleichsverhandlungen **Kontakt mit der örtlichen Agentur für Arbeit** aufzunehmen und diese gegebenenfalls zu einer Verhandlungsrunde einzuladen. Auf diese Weise kann festgestellt werden, in welchem Umfang Transfer- und andere Qualifizierungsmaßnahmen im konkreten Fall eingesetzt und staatlich gefördert werden können (vgl. Teil 4 E Rz. 38 ff.). Transfermaßnahmen setzen die rechtzeitige Einschaltung der Agentur für Arbeit zwingend voraus, § 110 Abs. 1 Satz 1 Nr. 1 SGB III.

22

c) Einigungsstelle

Wird der Vorstand der Bundesagentur für Arbeit nicht um Vermittlung ersucht oder bleibt der Vermittlungsversuch ergebnislos, können Unternehmer oder Betriebsrat die Einigungsstelle **anrufen** (§ 112 Abs. 2 Satz 2 BetrVG). Diese hat auf eine **Einigung** hinzuwirken, die, wenn sie zustande kommt, schriftlich niederzulegen und von den Parteien und dem Vorsitzenden zu unterschreiben ist (§ 112 Abs. 3 Satz 2 und 3 BetrVG).

23

Die Einigungsstelle kann auch **allein zum Zwecke des Interessenausgleichs** angerufen werden[1]. I.d.R. besteht der Betriebsrat aber darauf, eine Einigungsstelle für Interessenausgleich und Sozialplan durchzuführen, weil der Sozialplan von der Einigungsstelle notfalls erzwingbar ist.

24

Kommt in den sog. freien Verhandlungen zwischen Arbeitgeber und Betriebsrat eine Einigung über den Interessenausgleich nicht zustande, so kann die Einigungsstelle zeitlich erstmals dann angerufen werden, wenn der Arbeitgeber nach entsprechender **Unterrichtung** des Betriebsrats über die beabsichtigte Betriebsänderung die von ihm vorgeschlagene Betriebsänderung ernsthaft verhandeln will und der Betriebsrat Verhandlungen **ablehnt oder verzögert**[2] oder in der Beratung keine Einigung zu erzielen ist. Dies erklärt, warum der Verlauf der Interessenausgleichsverhandlungen wesentlich dadurch geprägt werden kann, dass der Arbeitgeber auf den Abschluss der Informations- und Beratungsphase hinarbeitet, während der Betriebsrat mit Anschlussfragen die Informationsphase und mit Gegenvorschlägen die Beratungsphase verlängert.

25

Unternehmer und Betriebsrat sollen der Einigungsstelle **Vorschläge zur Beilegung** der Meinungsverschiedenheiten über den Interessenausgleich und den Sozialplan machen. Die Einigungsstelle hat eine Einigung der Parteien zu versuchen (§ 112 Abs. 3 BetrVG; vgl. Rz. 147). Die Vorschläge der Betriebspartner können, vor allem auch auf Wunsch des Einigungsstellenvorsitzenden, selbstverständlich schriftsätzlich vorgelegt werden.

26

---

1 LAG Berlin v. 3.6.1994 – 6 TaBV 1/94, NZA 1994, 1146.
2 *Göpfert/Krieger*, NZA 2005, 254.

Es genügt aber auch, dass sich beide Betriebspartner während des Einigungsstellenverfahrens mündlich äußern. Beschränkt sich der Betriebsrat durch die von ihm bestellten Beisitzer oder einen Verfahrensbevollmächtigten darauf, die geplante Maßnahme des Arbeitgebers nur zu kritisieren, ohne Alternativen vorzuschlagen, ist das Scheitern des Verfahrens hinsichtlich des Interessenausgleichs festzustellen. Gleiches gilt, wenn der Betriebsrat **unrealistische Alternativvorschläge** einbringt oder solche, die sich vollständig über die Ziele des Arbeitgebers hinwegsetzen. Andere Alternativvorschläge des Betriebsrats sind von der Einigungsstelle zu erörtern.

27 Ein Interessenausgleich ist **freiwillig**. Dies müssen sich alle Beteiligten, auch der Vorsitzende der Einigungsstelle, immer wieder vor Augen führen, aber auch, dass auf den Unternehmer möglicherweise unzumutbare zusätzliche Personalkosten zukommen, wenn er **Nachteilsausgleichsansprüche** vermeiden will und sich das Einigungsstellenverfahren hinsichtlich des Interessenausgleichs länger hinzieht. Dass mit dem Vorsitzenden häufig Honorarabsprachen getroffen werden, die sich am Zeitaufwand orientieren (Tages- oder Stundensätze, vgl. Rz. 174 ff.), darf selbstverständlich ebenfalls nicht dazu führen, dass sich die Verhandlungen über die Maßen in die Länge hinziehen[1].

28 Deshalb sollten für den Interessenausgleich ein, in Ausnahmefällen zwei Termine ausreichen. Mehrere Sitzungen abzuhalten, etwa mit der Begründung, es müsse noch ein **Sachverständiger** gehört oder eine Bilanz eingesehen werden, wird diesen Besonderheiten des Interessenausgleichs nicht gerecht, auch wenn dies in Einigungsstellenverfahren mit einem anderen Gegenstand (z.B. Sozialplan) nach Konstituierung der Einigungsstelle durchaus durch Mehrheitsbeschluss geschehen kann. Der Vorsitzende hat vielmehr in der ersten Sitzung nach mündlicher Erörterung eines etwaigen Alternativvorschlags des Betriebsrats den Unternehmer zu fragen, ob er an seiner Planung festhält. Wird dies ohne Einschränkung bejaht, bleibt dem Vorsitzenden nur, das Scheitern des Verfahrens festzustellen. Dies gilt auch, wenn Interessenausgleich und Sozialplan in der ersten Sitzung der Einigungsstelle gemeinsam verhandelt werden. Das Verfahren kann dann grds. nur hinsichtlich des Sozialplans vertagt werden, es sei denn, der Unternehmer wäre auch mit einer Vertagung des Interessenausgleichsverfahrens einverstanden. Wenn in der Praxis zwei bis

---

[1] Zuzustimmen ist Pünnel/Isenhardt/*Isenhardt*, Rz. 410, soweit es bei ihnen heißt: „Muss daher der Betriebsrat erkennen, dass der Unternehmer trotz zahlreicher Gegenargumente auf der Durchführung der geplanten Betriebsänderung besteht, sollte er seine Bedenken zurückstellen und sich ausschließlich auf eine Abschwächung der Wirkungen der geplanten Betriebsänderung konzentrieren .... Wenn die Einigungsstelle im Rahmen der Verhandlungen über den Interessenausgleich eine endgültige Verhärtung der Standpunkte feststellt, sollte sie versuchen, falls die Betriebspartner damit einverstanden sind, das Einigungsstellenverfahren in die Verhandlung über die Aufstellung des Sozialplanes überzuleiten. Wird dies abgelehnt, bleibt dem Vorsitzenden nichts übrig, als das Verfahren einzustellen."

drei Sitzungen mit dem Einigungsstellenvorsitzenden gehalten werden, so liegt dies in erster Linie daran, dass dem Arbeitgeber aus personalpolitischen Gründen daran gelegen ist, sich mit dem Betriebsrat doch zu einigen. Z.B. bei Outsourcing-Maßnahmen oder einem Personalabbau steht der Arbeitgeber sonst vor erheblichen praktischen Schwierigkeiten in der Durchführung, die zur vorgeblichen Kürze der Einigungsstelle bei Abbruch nach nur einer Sitzung nicht im Verhältnis stehen.

Ein Einigungsstellenspruch über einen Interessenausgleich wäre **unverbindlich**[1]. Kommt kein Interessenausgleich vor der Einigungsstelle zustande, so ist dies vom Vorsitzenden der Einigungsstelle **formell festzustellen**. Ein Spruch ist nicht zu fällen[2]. 29

Damit sind **folgende Ergebnisse** bei einem Einigungsstellenverfahren zur Herbeiführung eines Interessenausgleichs denkbar: 30

(1) Der Unternehmer erklärt seinen Verzicht auf die Durchführung der geplanten Betriebsänderung (unwahrscheinlichste Variante).

(2) Der Unternehmer verpflichtet sich, entsprechend dem Vorschlag des Betriebsrats die Betriebsänderung durchzuführen (ebenfalls unwahrscheinliche Variante).

(3) Beide Betriebspartner einigen sich unter Abweichung von ihren ursprünglichen Standpunkten in anderer Weise, z.B. auf den Vorschlag des unparteiischen Vorsitzenden.

(4) Der Betriebsrat lässt seine Einwände fallen bzw. verzichtet auf seinen Vorschlag und stimmt der vom Unternehmer geplanten Betriebsänderung zu (diese Variante hält der Betriebsrat gelegentlich aus optischen Gründen für nicht zumutbar).

(5) Beide Betriebspartner einigen sich in einem Interessenausgleich auf den Vorschlag des Unternehmers, die Bedenken des Betriebsrats werden im Interessenausgleich als relevante Faktoren eines Abwägungsprozesses genannt, die im Ergebnis wegen anderer gewichtigerer Aspekte nicht den Ausschlag geben konnten (häufige Variante, die den Interessen beider Seiten Rechnung trägt).

(6) Der Betriebsrat hält an seinen Bedenken fest oder widerspricht nach wie vor ausdrücklich der geplanten Betriebsänderung, stimmt aber der Einstellung des Einigungsstellenverfahrens hinsichtlich des Interessenausgleichs durch den unparteiischen Vorsitzenden zu (häufige Variante).

(7) Die Fronten sind derart verhärtet, dass noch nicht einmal eine übereinstimmende Erklärung der Betriebspartner zur Einstellung des Einigungsstellenverfahrens hinsichtlich des Interessenausgleichs zustan-

---
1 LAG München v. 13.1.1989 – 8 TaBV 10/88, BB 1989, 916.
2 LAG Düsseldorf v. 14.11.1983 – 12 TaBV 88/83, DB 1984, 511.

de kommt. Das Verfahren ist dann durch den Vorsitzenden einzustellen (nicht seltene Variante).

II. Sozialplan

31 In Unternehmen mit i.d.R. mehr als 20 Arbeitnehmern besteht bei Betriebsänderungen i.S.d. § 111 BetrVG grds. ein **erzwingbares Mitbestimmungsrecht** des Betriebsrats zur Aufstellung eines Sozialplans. Dies gilt unabhängig davon, ob ein Interessenausgleich zwischen Unternehmer und Betriebsrat zustande gekommen ist. Zu beachten sind lediglich die Einschränkungen des § 112a BetrVG (vgl. Rz. 35 ff.).

1. Wesen und Funktion des Sozialplans

32 Die Leistungen aus einem Sozialplan stellen einerseits Entschädigungen für die Einbuße des Arbeitsplatzes und den Verlust erworbener Vorteile infolge einer von den Arbeitnehmern hinzunehmenden Betriebsänderung dar, andererseits kommt ihnen eine **Fürsorge- und Vorsorgefunktion** zu[1]. Damit kommt dem Sozialplan hinsichtlich der vom Unternehmer geplanten und letztlich frei durchführbaren Betriebsänderung eine Art Steuerungsfunktion zu, indem die unternehmerische Entscheidung zur Betriebsänderung mit finanziellen Lasten verbunden wird, die den Unternehmer tendenziell anhalten sollen, eine Betriebsänderung so durchzuführen, dass möglichst **geringe wirtschaftliche Nachteile** für die betroffenen Arbeitnehmer entstehen[2]. Deshalb ist es auch zulässig, Entschädigungen für typischerweise zu erwartende wirtschaftliche Nachteile mehr oder weniger differenziert zu pauschalieren und dabei auf den Zeitpunkt abzustellen, zu dem nach dem Willen des Gesetzgebers der Sozialplan grds. zu vereinbaren ist, also vor Durchführung der Betriebsänderung[3]. Diese Sichtweise soll wegen der **Steuerungsfunktion** des Sozialplans auch dann maßgebend sein, wenn dieser nicht vor der Betriebsänderung, sondern erst später, z.B. durch Spruch der Einigungsstelle, aufgestellt wird[4]. Dem Zweck eines Sozialplans entspricht es nicht, in einem Sozialplan Gruppen zu bilden, um dem Arbeitgeber eine eingearbeitete und qualifizierte Belegschaft zu erhalten[5]. Interessenausgleich und Sozialplan unterscheiden sich durch Verfahrensablauf, Inhalt[6] und rechtliche Wirkung. Zwischen ihnen besteht aber ein enger Sachzusammenhang. Einigungsstellenverfahren erstrecken sich häufig auf beide

---

1 BAG GS v. 13.12.1978, AP Nr. 6 zu § 112 BetrVG; *Heinze*, DB 1974, 817.
2 Sog. Steuerungstheorie; vgl. *Beuthien*, RdA 1976, 147/155; *Beuthien*, ZfA 1982, 181/193; *Willemsen*, ZIP 1981, 1508; *Reuter*, S. 18 ff.; *Rumpff/Boewer*, I. Rz. 64 f.
3 BAG GS v. 15.12.1978, AP Nr. 6 zu § 112 BetrVG; *Rumpff/Boewer*, I. Rz. 65.
4 *Rumpff/Boewer*, I. Rz. 65.
5 BAG v. 6.11.2007, BB 2008, 1793; LAG Köln v. 17.9.2008 – 3 Sa 653/08, ZIP 2009, 533.
6 BAG v. 17.9.1991 – 1 ABR 23/91, DB 1992, 229.

Komplexe. Interessenausgleich und Sozialplan werden in der Praxis **meist zeitgleich abgeschlossen;** das muss aber nicht so sein. Auch für den Sozialplan gilt Schriftform (§ 112 Abs. 1 Satz 2 BetrVG).

Der Zweck des Sozialplans besteht im Ausgleich oder in der Milderung 33 wirtschaftlicher Nachteile für die von einer Betriebsänderung betroffenen Arbeitnehmer. Aus den Wörtern „geplante Betriebsänderung" in § 112 Abs. 1 BetrVG ergibt sich, dass ein Sozialplan (soweit er erzwingbar ist) grds. vor der Durchführung einer Betriebsänderung aufzustellen ist. Aus der sozialen Schutzfunktion des Sozialplans folgt aber, dass seine Aufstellung auch noch verlangt werden kann, wenn der Unternehmer die geplante **Betriebsänderung bereits durchgeführt hat**[1]. Dies gilt auch, wenn der Unternehmer einen Interessenausgleich überhaupt nicht versucht hat, also auch die weiteren Rechtsfolgen nach § 113 BetrVG eintreten können[2]. Der Unternehmer hat damit **kein Wahlrecht** zwischen Sozialplan und Nachteilsausgleich.

Die betriebliche Praxis kennt auch sog. **Rahmensozialpläne** (Dauersozial- 34 pläne; vorsorgliche Sozialpläne). Solche Sozialpläne, die nicht erzwingbar sind, legen ähnlich wie tarifliche Rationalisierungsschutzabkommen im Voraus fest, welche Leistungen den Arbeitnehmern im Fall einer Betriebsänderung zukommen sollen. Sie entbinden den Arbeitgeber **nicht** von seiner Pflicht, bei später von ihm geplanten Betriebsänderungen jeweils einen **Interessenausgleich** mit dem Betriebsrat zu versuchen[3]. In der Praxis anerkannt ist allerdings, dass in einem Interessenausgleich nicht nur eine konkrete Maßnahme selbst geregelt wird, sondern zusätzlich oder stattdessen Verfahren, wie mit weiteren Betriebsänderungen oder Teilen von Betriebsänderungen umgegangen werden soll (auch **prozessorientierter Interessenausgleich**). Während ein „Rahmeninteressenausgleich", also eine abstrakt-generelle Regelung für alle im Betrieb in nächster Zeit möglicherweise vorkommenden interessenausgleichspflichtigen Maßnahmen, unzulässig ist, sind „Rahmensozialpläne", also abstrakt-generelle Regelungen über den Ausgleich wirtschaftlicher Nachteile bei Betriebsänderungen für eine zwischen den Betriebspartnern bestimmte Zeit rechtlich zulässig. Das BAG geht allerdings davon aus, dass ein bestehender Rahmensozialplan nicht die Mitbestimmung des Betriebsrats hinsichtlich der Aufstellung des Sozialplans für die konkrete Betriebsänderung entfallen lässt[4]. Auch wenn Rahmensozialpläne in der Praxis häufig sind, ist zu beachten, dass ein Rahmensozialplan nur unabhängig von einer bestimmten, geplanten Betriebsänderung Verfahrens- und Sachgrundsätze festlegen kann, er also generell abstrakt formuliert

---

1 BAG v. 15.10.1979, AP Nr. 5 zu § 111 BetrVG 1972; LAG Hamm v. 23.10.1975, EzA § 112 BetrVG 1972 Nr. 10.
2 LAG Hamm v. 1.3.1972, AP Nr. 1 zu § 112 BetrVG 1972.
3 BAG v. 19.1.1999 – 1 AZR 342/98, DB 2000, 231; vgl. auch BAG v. 19.2.2008, NZA 2008, 719.
4 So auch *Rumpff/Boewer*, I. Rz. 78; *Ohl*, S. 64; *Däubler*, NZA 1985, 546; a.A. *Hartung*, DB 1976, 2064.

sein muss[1]. Der **Rahmensozialplan** löst damit im Wesentlichen nur eine Bindungswirkung für den Arbeitgeber aus. Die in ihm festgelegten Leistungen kann der Betriebsrat daher an sich nur als Mindeststandard bei aktuellen Betriebsänderungen verlangen[2]. Soweit Rahmensozialpläne nur die Betriebspartner betreffen, entstehen daraus folgerichtig grds. keine unmittelbaren Ansprüche für die Arbeitnehmer. Für deren Rechtsposition ist der im konkreten Fall abgeschlossene Sozialplan maßgebend[3]. Unterbleibt aus Anlass einer konkreten Betriebsänderung auf betrieblicher Ebene der Abschluss eines Sozialplans, begründet der vorsorgliche Sozialplan aber normative Ansprüche zugunsten von Arbeitnehmern[4]. Wollen die Betriebspartner einen **vorsorglichen Sozialplan** als abschließende Regelung verstanden wissen, sollten sie dies im Text klar zum Ausdruck bringen. Jedenfalls der vorsorgliche Sozialplan für einen begrenzten Zeitraum, in dem bestimmte Maßnahmen in groben Zügen absehbar sind, ist im Zweifel als abschließend anzusehen[5].

2. Ausnahme von der Sozialplanpflicht

a) Reiner Personalabbau

35 Eine sozialplanpflichtige Betriebsänderung durch **reinen Personalabbau** kommt nach § 112a Abs. 1 BetrVG nur in Betracht, wenn in Betrieben mit i.d.R.

(1) weniger als 60 Arbeitnehmern 20 % der regelmäßig beschäftigten Arbeitnehmer, aber mindestens sechs Arbeitnehmer,

(2) mindestens 60 und weniger als 250 Arbeitnehmern 20 % der regelmäßig beschäftigten Arbeitnehmer oder mindestens 37 Arbeitnehmer,

(3) mindestens 250 und weniger als 500 Arbeitnehmern 15 % der regelmäßig beschäftigten Arbeitnehmer oder mindestens 60 Arbeitnehmer,

(4) mindestens 500 Arbeitnehmern 10 % der regelmäßig beschäftigten Arbeitnehmer, aber mindestens 60 Arbeitnehmer

aus betriebsbedingten Gründen entlassen werden sollen. Werden die Grenzwerte durch stufenweise Maßnahmen erreicht, sind sie nur zusammenzurechnen, wenn sie auf einer einheitlichen unternehmerischen Entscheidung beruhen (vgl. Teil 2 A Rz. 20–32)[6].

---

1 *Birk*, ZfA 1986, 73 (89).
2 *Rumpff/Boewer*, I. Rz. 79.
3 *Rumpff/Boewer*, I. Rz. 79.
4 BAG v. 26.8.1997 – 1 ABR 12/97, DB 1998, 265.
5 BAG v. 26.8.1997 – 1 ABR 12/97, DB 1998, 265.
6 BAG v. 28.3.2006 – 1 ABR 5/05, DB 2006, 1792.

Damit sind für den Interessenausgleich und den Sozialplan verschiedene Zahlenverhältnisse maßgebend[1]. Es sind also Fälle denkbar, in denen der Betriebsrat nach § 111 BetrVG unterrichtet und mit ihm über einen Interessenausgleich (notfalls auch vor der Einigungsstelle) verhandelt werden muss, ohne dass der Betriebsrat einen Sozialplan erzwingen kann[2]. Liegt ein Fall des § 112a BetrVG vor, muss sich der Unternehmer auch nicht auf ein unverbindliches Einigungsstellenverfahren hinsichtlich des Abschlusses eines Sozialplans einlassen. Allerdings werden häufig gerade in Fällen der vorliegenden Art **freiwillige Sozialpläne** geschlossen, um eine Vielzahl von Kündigungsschutzverfahren zu verhindern, zu deren Erledigung Abfindungen vereinbart würden. 36

Nach § 112a Abs. 1 Satz 2 BetrVG gilt als Entlassung auch das vom Arbeitgeber aus Gründen der Betriebsänderung veranlasste Ausscheiden von Arbeitnehmern aufgrund von **Aufhebungsverträgen** und **Eigenkündigungen**, die der Arbeitgeber veranlasst hat[3]. 37

Aus § 112a Abs. 1 Satz 2 BetrVG ergibt sich nicht, ob sich die Kündigungsabsicht des Arbeitgebers schon auf einen bestimmten Arbeitnehmer zu einem fest bestimmten Zeitpunkt konkretisieren muss. Anders als bei der Anwendung der §§ 17 ff. KSchG (vgl. Teil 4 A Rz. 97 ff.) kann dies für die Beurteilung von Aufhebungsverträgen als Entlassung aber nicht entscheidend sein. Das ergibt sich aus den unterschiedlichen Schutzzwecken des Massenentlassungsschutzes und der Sozialplanvorschriften. § 112a Abs. 1 Satz 2 BetrVG greift deshalb auch dann ein, wenn ein Personalabbau aufgrund eines **einheitlichen unternehmerischen Plans** durch Aufhebungsverträge und notfalls durch betriebsbedingte Kündigungen durchgeführt werden soll[4]. 38

Wird ein Personalabbau **nur durch Abschluss von Aufhebungsverträgen** durchgeführt und ohne Hinweis, notfalls betriebsbedingte Kündigungen auszusprechen, erfüllt dies nicht den Tatbestand einer Betriebsänderung. Zwar ist auch hier das Ausscheiden der Arbeitnehmer vom Arbeitgeber verursacht, doch setzt der Schutzzweck der §§ 111 ff. BetrVG voraus, dass der Personalabbau notfalls gegen den Willen der Belegschaft durchgeführt wird. Der Wortlaut des § 112a BetrVG ist allerdings nicht ganz eindeutig. Spricht der Arbeitgeber im zeitlichen und sachlichen Zusammenhang mit dem Personalabbau durch Aufhebungsverträge noch betriebsbedingte Kündigungen aus, so besteht gegebenenfalls eine **Vermutung** für einen einheitlichen Unternehmensplan. Die zuvor abgeschlossenen Aufhebungsverträge sind dann als Entlassungen i.S.d. § 112a Abs. 1 Satz 2 BetrVG anzusehen. 39

---

1 LAG Niedersachsen v. 27.4.1988 – 5 Sa 1416/87, NZA 1989, 280.
2 BAG v. 8.11.1988 – 1 AZR 687/87, DB 1989, 331.
3 BAG v. 26.10.2004, AP Nr. 171 zu § 112 BetrVG 1972; BAG v. 13.12.2005 – 1 AZR 551/04, NZA 2006, 1430.
4 LAG Düsseldorf v. 14.5.1986 – 6 TaBV 18/86, DB 1987, 180.

40 § 112a Abs. 1 BetrVG schränkt die Sozialplanpflicht in Fällen des reinen Personalabbaus ein. Nach der Gesetzessystematik und dem Sinn und Zweck der Vorschrift steht ihrer Anwendbarkeit jedoch nicht entgegen, dass zu dem Personalabbau **weitere Maßnahmen** des Arbeitgebers hinzutreten. Erst wenn diese weiteren Maßnahmen allein oder zusammen mit dem Personalabbau eine Betriebsänderung darstellen, ist § 112a Abs. 1 BetrVG unanwendbar und demzufolge die Anwendbarkeit des § 112 Abs. 4 BetrVG eröffnet[1].

b) Sozialplanpflicht für neu gegründete Unternehmen

41 § 112a Abs. 2 BetrVG sieht vor, dass im Betrieb eines neu gegründeten Unternehmens in den **ersten vier Jahren** nach seiner Gründung Betriebsänderungen durchgeführt werden können, ohne dass ein Sozialplan über die Einigungsstelle erzwungen werden kann. Diese Ausnahme gilt aber nicht für das Interessenausgleichsverfahren. Es entfällt nur die Sozialplanpflicht. § 112a Abs. 2 BetrVG gilt nicht für Unternehmen und Konzerne, die rechtlich **umstrukturiert** werden und bei denen in diesem Zusammenhang Unternehmen neu gegründet werden. Als solche kommen in Betracht:

– Verschmelzung von Unternehmen zu einem neu gegründeten Unternehmen;

– Umwandlung in ein neu gegründetes Unternehmen;

– Auflösung eines Unternehmens und Übertragung seines Vermögens auf ein neu gegründetes Unternehmen;

– Aufspaltung eines Unternehmens auf mehrere neu gegründete Unternehmen;

– Abspaltung von Unternehmensteilen und ihre Übertragung auf neu gegründete Tochtergesellschaften.

42 Durch die Befreiung von der Sozialplanpflicht wird nicht jede Schaffung neuer Arbeitsplätze, sondern nur die **Unternehmensneugründung** (im Unterschied zur Betriebsneugründung[2]) arbeitsrechtlich privilegiert[3]. § 112a Abs. 2 BetrVG ist deshalb nicht einschlägig, wenn ein Unternehmen, das länger als vier Jahre besteht, in seine Produktpalette ein neues Produkt aufnimmt, dazu einen neuen Betrieb gründet und diesen innerhalb von vier Jahren nach der Betriebsgründung wieder schließt.

43 Übertragen zwei Unternehmen einzelne Betriebe einem neu gegründeten Unternehmen, das die Betriebe mit einer auf dem **Zusammenschluss** beruhenden unternehmerischen Zielsetzung fortführen soll, handelt es sich um eine Neugründung im Zusammenhang mit der rechtlichen Umstruk-

---

1 BAG v. 28.3.2006 – 1 ABR 5/05, DB 2006, 1792.
2 BAG v. 27.6.2006, DB 2007, 63.
3 *Willemsen*, DB 1990, 1405.

turierung von Unternehmen i.S.d. § 112a Abs. 2 Satz 2 BetrVG[1]. Wird dieser Betrieb innerhalb von vier Jahren nach der Gründung des Unternehmens stillgelegt, so ist er nicht von der Sozialplanpflicht nach § 112a Abs. 2 Satz 1 BetrVG befreit. Auch wenn der Alleingesellschafter und Geschäftsführer der Komplementär-GmbH einer KG eine neue GmbH gründet und diese GmbH von der KG z.B. den Nahverkehrsbetrieb übernimmt, handelt es sich bei der GmbH um eine Neugründung im Zusammenhang mit der rechtlichen Umstrukturierung von Unternehmen i.S.v. § 112a Abs. 2 Satz 2 BetrVG[2]. Dagegen ist ein neu gegründetes Unternehmen in den ersten vier Jahren nach seiner Gründung auch dann von der Sozialplanpflicht für eine Betriebsänderung befreit, wenn diese Betriebsänderung einen Betrieb betrifft, den das Unternehmen übernommen hat und der selbst schon länger als vier Jahre besteht[3].

Die so verstandene Regelung kann Bestrebungen erleichtern, einen Betrieb dadurch stillzulegen, dass dieser auf ein neu gegründetes Unternehmen übertragen und dann von dem neu gegründeten Unternehmen stillgelegt wird. Die Gründung einer solchen „Stilllegungs-GmbH" könnte nach den Gegebenheiten des Einzelfalls als **rechtsmissbräuchliche Inanspruchnahme** des Befreiungstatbestandes in § 112a Abs. 2 Satz 1 BetrVG zu werten sein. Im Übrigen kann ein solcher Vorgang unter Umständen auch als **Umstrukturierung des Unternehmens** verstanden werden, so dass die Befreiung von der Sozialplanpflicht nach § 112a Abs. 2 Satz 2 BetrVG ohnehin nicht eintritt[4]. 44

Zweifelhaft ist, zu welchem Zeitpunkt die ersten vier Jahre nach der Neugründung des Unternehmens **ablaufen**. Hier bieten sich verschiedene Zeitpunkte an, nämlich (1) Planung der Betriebsänderung, (2) Beginn ihrer Durchführung oder (3) Zeitpunkt der vollständigen Abwicklung[5]. Da es um die Aufstellung des Sozialplans und seine Erzwingbarkeit geht, muss u.E. der Zeitpunkt maßgebend sein, in dem normalerweise der Anspruch des Betriebsrats auf Abschluss eines Sozialplans entsteht, d.h. sich der Unternehmer endgültig für eine Betriebsänderung entschieden hat und damit zur Unterrichtung des Betriebsrats nach § 111 BetrVG verpflichtet ist. Dagegen kann nicht darauf abgestellt werden, wann der Unternehmer Maßnahmen zur Durchführung der Betriebsänderung ergreift[6]. Auch ist es nicht möglich, auf den Termin abzustellen, zu dem 45

---
1 BAG v. 22.2.1995 – 10 ABR 23/94, NZA 1995, 697.
2 BAG v. 22.2.1995 – 10 ABR 23/94, NZA 1995, 697.
3 BAG v. 27.6.2006, DB 2007, 63; BAG v. 13.6.1989 – 1 ABR 14/88, DB 1989, 2335; *Heinze*, NZA 1987, 41/49; *von Hoyningen-Huene*, NJW 1985, 1802; *Fitting*, §§ 112, 112a Rz. 109.
4 Vgl. die „praktischen Vorschläge" von *Kamm/Diez/Ligowski/Dormann*, AiB 1991, 411 zum Umgang mit § 112a Abs. 2 BetrVG aus Betriebsrats- und Arbeitnehmersicht.
5 Vgl. *Rumpff/Boewer*, I. Rz. 61.
6 So aber *Rumpff/Boewer*, I. Rz. 61.

Arbeitnehmer entlassen werden sollen[1], was andernfalls vor allem bei sukzessivem Personalabbau zu Ungereimtheiten führen würde:

46 **Beispiel:** Das Unternehmen ist am 1.3.2015 gegründet worden. Die Vier-Jahres-Frist läuft deshalb am 1.3.2019 ab. Am 30.8.2017 hat sich das Unternehmen zu einer teilweisen Betriebstilllegung entschlossen mit der Maßgabe, dass 150 von 500 Mitarbeitern sukzessive (jeweils 50 Arbeitnehmer) zum 31.12.2018, 31.3.2019 und 30.6.2019 entlassen werden sollen. Der Betriebsrat hat keinen Anspruch auf einen erzwingbaren Sozialplan. Das heißt, auch nicht für die am 31.3. bzw. 30.6.2019 ausscheidenden Arbeitnehmer, weil die Vier-Jahres-Frist am 30.8.2017 noch nicht abgelaufen war, als die Maßnahme geplant wurde. Die andere Auffassung liefe darauf hinaus, dass nur ein Teil der betroffenen Belegschaft in den Genuss eines erzwingbaren Sozialplans kommen würde.

3. Verfahren für die Aufstellung des Sozialplans

47 Auch bei der Aufstellung eines Sozialplans sollen Unternehmer und Betriebsrat zunächst eine **Einigung** über den Inhalt des Sozialplans anstreben.

48 Kommt keine Einigung zustande, kann der Vorstand der Bundesagentur für Arbeit um Vermittlung ersucht oder sofort die Einigungsstelle angerufen werden (vgl. Rz. 19 ff.). Einigen sich die Betriebspartner vor der Einigungsstelle nicht, so entscheidet die **Einigungsstelle** und beschließt einen Sozialplan. Die Einigungsstelle hat dabei sowohl die sozialen Belange der betroffenen Arbeitnehmer zu berücksichtigen als auch auf die wirtschaftliche Vertretbarkeit ihrer Entscheidung für das Unternehmen zu achten (vgl. Rz. 147 ff.).

4. Regelungskompetenz der Betriebspartner

a) Allgemeines

49 Unternehmer und Betriebsrat haben bei der Aufstellung eines Sozialplans einen weiten **Gestaltungsspielraum**. Sie sind dabei an die Grenzen von Recht und Billigkeit gebunden (§ 75 BetrVG). Die Regelungskompetenz für den Betriebsrat und damit auch für die Einigungsstelle fehlt, wenn ein erst während der Durchführung der Betriebsänderung gewählter Betriebsrat die Aufstellung eines Sozialplans verlangt[2]. Das BAG weist zutreffend darauf hin, dass schon aufgrund der Wechselwirkung von Interessenausgleich und Sozialplan der Betriebsrat zu einem Zeitpunkt errichtet sein muss, in dem er noch **Einfluss** nehmen kann auf die Planung einer Betriebsänderung. Im Übrigen habe auch der Unternehmer ein schützenswertes Interesse daran, zu wissen, welche finanziellen Auswirkungen ein Sozialplan mit sich bringe, bevor er sich zu einer Betriebsänderung entschließt. Diese Rspr. führt dazu, dass manchmal bei Betriebsschließungen aus der Sicht des Unternehmers Eile geboten sein kann.

---

1 So aber *Etzel*, Rz. 992.
2 BAG v. 20.4.1982, AP Nr. 15 zu § 112 BetrVG 1972 zur Betriebsstilllegung.

Grds. hängen die Mitbestimmungsrechte des Betriebsrats von seiner 50
Existenz ab. Da das **Betriebsratsamt** erlischt, wenn der Betrieb zu bestehen aufhört und den Betriebsratsmitgliedern gekündigt ist, fehlt es an einem Verhandlungspartner auf der Arbeitnehmerseite, wenn über den Sozialplan noch nicht zu Ende verhandelt ist. In einem solchen Fall steht dem eigentlich nicht mehr existenten Betriebsrat jedoch ein **Restmandat** zu, § 21b BetrVG (vgl. Teil 4 B Rz. 12 ff.). Die Wahrnehmung dieses Mandats steht dem Betriebsrat insgesamt und nicht allein dem Vorsitzenden zu[1]. Dazu ist auch nicht erforderlich, dass die Arbeitsverhältnisse der Betriebsratsmitglieder über den Zeitpunkt der Stilllegung hinaus fortbestehen[2].

Über diese „**Restabwicklung**" von Beteiligungsrechten hinaus hat das 51
BAG[3] im Fall einer Betriebsunterbrechung durch Brand auch noch ein Mandat des Betriebsrats bejaht, wenn das Beteiligungsrecht überhaupt erst nach dem Ende der Amtszeit entstanden ist.

Wird ein Betriebsteil nach § 613a BGB veräußert, scheiden betroffene Be- 52
triebsratsmitglieder aus dem Betriebsrat des Veräußererbetriebs gem. § 24 Abs. 1 Nr. 1 BetrVG aus. Für sie rücken Ersatzmitglieder nach (§ 25 BetrVG). Wird ein Betriebsteil auf einen anderen Inhaber nach § 613a BGB übertragen und von diesem als selbständiger Betrieb fortgeführt oder in einen bestehenden Betrieb integriert, so endet damit die Zuständigkeit des Betriebsrats des abgebenden Betriebs für den abgetrennten Betriebsteil und die in ihm beschäftigten Arbeitnehmer (vgl. Teil 4 B Rz. 33 ff.)[4]. In einem solchen Fall besteht auch kein Mandat des Betriebsrats des abgebenden Betriebs zur Wahrnehmung von Betriebsratsaufgaben gegenüber dem neuen Inhaber des früheren Betriebsteils.

Diese Rechtslage sollte die Praxis nicht zum **Missbrauch** verleiten. Wird 53
der so verselbständigte Betrieb kurze Zeit nach der Ausgliederung des Betriebsteils stillgelegt, besteht die Gefahr, dass das BAG diese Maßnahme dem bisherigen Arbeitgeber zurechnet mit der Folge, dass dann doch der bisher zuständige Betriebsrat im Rahmen seines Restmandats nach § 21b BetrVG für die Aufstellung eines Sozialplans zuständig wäre[5].

b) Verstoß gegen das AGG

Auf Regelungen in einem Sozialplan sind die Diskriminierungsverbote 54
des AGG anwendbar. Die praktisch größte Rolle spielt dabei das **Verbot**

---

1 BAG v. 14.11.1978, DB 1979, 849.
2 BAG v. 14.10.1982 – 2 AZR 568/80, DB 1983, 2635.
3 BAG v. 16.6.1987, AP Nr. 20 zu § 111 BetrVG 1972.
4 BAG v. 23.11.1988 – 7 AZR 121/88, DB 1989, 1194.
5 Vgl. die „Warnung" des BAG im Beschluss v. 13.6.1989 – 1 ABR 14/88, DB 1989, 2335 im Zusammenhang mit der Befreiung neu gegründeter Unternehmen von der Sozialplanpflicht.

der Altersdiskriminierung. Nach § 10 Satz 3 Nr. 6 AGG sind Differenzierungen nach dem Alter bei Sozialplanleistungen zulässig, soweit die Betriebspartner eine nach Alter oder Betriebszugehörigkeit gestaffelte Abfindungsregelung (vgl. Rz. 72) geschaffen haben, in der die wesentlich vom Alter abhängenden Chancen auf dem Arbeitsmarkt durch eine verhältnismäßig starke Betonung des Lebensalters berücksichtigt worden sind[1]. Die Ungleichbehandlung älterer Arbeitnehmer bei der Berechnung von Sozialplanabfindungen kann nach der Rechtsprechung des EuGH durch ein legitimes Ziel i.S.v. Art. 6 Abs. 1 Unterabs. 1 der Richtlinie 2000/78/EG gerechtfertigt sein, wenn mit der Sozialplanabfindung ein Ausgleich für die Zukunft, der Schutz jüngerer Arbeitnehmer sowie die Unterstützung bei ihrer beruflichen Wiedereingliederung und eine gerechte Verteilung der begrenzten finanziellen Mittel bezweckt werden. Die damit verbundene Verhältnismäßigkeitsprüfung steht den nationalen Gerichten zu[2].

55 Auch die Verwendung **verschiedener Faktoren** für abgrenzbare Altersgruppen ist zulässig, soweit dadurch diejenigen Arbeitnehmer begünstigt werden, die aufgrund ihres Alters typischerweise schlechtere Chancen auf dem Arbeitsmarkt haben[3]. Zulässig ist auch, für die Berechnung von Abfindungen sowohl an das Lebensalter als auch die Dauer der Betriebszugehörigkeit anzuknüpfen[4].

56 § 10 Satz 3 Nr. 6 AGG lässt es darüber hinaus zu, Beschäftigte von den Leistungen eines Sozialplans auszuschließen, wenn diese wirtschaftlich abgesichert sind, weil sie, gegebenenfalls nach Bezug von Arbeitslosengeld, rentenberechtigt sind. Knüpft der Ausschluss oder die Kürzung einer Sozialplanleistung allerdings an einen vorzeitigen Rentenbezug **wegen Schwerbehinderung** an, hält der EuGH[5] die Differenzierung für unzulässig. Gleiches gilt dann konsequenterweise auch für eine Anknüpfung an einen vorzeitigen Rentenbezug für Frauen. Bei der Sozialplangestaltung ist deshalb darauf zu achten, dass in Regelungen, die eine Reduzierung von Abfindungsansprüchen für rentennahe Arbeitnehmer vorsehen, ausschließlich auf die Möglichkeit der Inanspruchnahme einer normalen Altersrente abgestellt und ein etwaiges vorzeitiges Bezugsrecht für Renten wegen Schwerbehinderung oder für Frauen ausdrücklich ausgenommen wird.

57 Klauseln in Sozialplänen, die einen **Höchstbetrag der Abfindung** vorsehen, sind ebenfalls zulässig[6]. Sie stellen weder eine unmittelbare noch eine mittelbare Benachteiligung wegen des Alters dar, sondern wirken im

---

1 BAG v. 26.5.2009, DB 2009, 1766.
2 BAG v. 9.12.2014 – 1 AZR 102/13, BeckRS 2015, 66014.
3 BAG v. 26.5.2009, DB 2009, 1766.
4 BAG v. 12.4.2011, DB 2011, 1641.
5 EuGH v. 6.12.2012, NZA 2012, 1435 („Odar").
6 BAG v. 2.10.2007, DB 2008, 69.

Gegenteil der "diskriminierenden Tendenz" von Sozialplanformeln entgegen, nach denen jüngere Arbeitnehmer typischerweise geringere Abfindungen erhalten als ältere Beschäftigte[1].

Neben dem Verbot der Altersdiskriminierung und der Diskriminierung wegen einer Behinderung ist vor allem das Verbot einer Benachteiligung wegen des **Geschlechts** zu berücksichtigen. Werden beispielsweise Elternzeiten nicht für die Ermittlung der für die Höhe der Abfindung maßgeblichen Betriebszugehörigkeit berücksichtigt, ist das eine verbotene mittelbare Diskriminierung von Frauen[2], jedenfalls solange in der Praxis Frauen Elternzeit wesentlich häufiger in Anspruch nehmen als Männer. 58–59

Rechtsfolge einer unzulässigen Benachteiligung ist nach § 7 Abs. 2 AGG die **Unwirksamkeit** der entsprechenden Sozialplanbestimmung. Welche Regelung gegebenenfalls an die Stelle der unwirksamen Bestimmung tritt, ist umstritten. Die Rechtsprechung und herrschende Meinung geht in vergleichbaren Fallgestaltungen aber vom Grundsatz einer **Anpassung nach oben** aus. D.h., der Arbeitgeber muss damit rechnen, dass die durch diskriminierende Regelungen benachteiligten Beschäftigtengruppen gerichtlich zusätzliche Leistungsansprüche durchsetzen könnten mit der Folge, dass sich das Sozialplanvolumen entsprechend verteuert[3]. 60

c) Zwingendes Gesetzesrecht

Eine Regelung in einem Sozialplan, die etwa gegen **zwingendes Kündigungsrecht** verstößt, ist unzulässig. So kann die Zahlung von Abfindungen nicht davon abhängig gemacht werden, dass Arbeitnehmer gegen ihre Kündigungen keine gerichtlichen Schritte einleiten[4]. Dies soll weiterhin gelten, obgleich der Gesetzgeber mit § 1a KSchG das Abfindungsverbot in Verbindung mit einem Verzicht auf die Kündigungsschutzklage nunmehr ausdrücklich vorsieht (zu sog. Turboprämien s.u. Rz. 73). 61

Da Sozialplanansprüche wie Ansprüche aus einer Betriebsvereinbarung wirken, kann auf diese nur mit Zustimmung des Betriebsrats **verzichtet** werden (§ 77 Abs. 4 BetrVG). Dies gilt auch für den Spruch der Einigungsstelle, der nach § 112 Abs. 4 Satz 2 BetrVG die Einigung zwischen den Betriebspartnern ersetzt. 62

---

1 BAG v. 21.7.2009, DB 2009, 2666; BAG v. 2.10.2007, DB 2008, 69.
2 So BAG v. 12.11.2002, NZA 2003, 1287.
3 Zu Einzelheiten *Bauer/Krieger*, § 7 Rz. 25 ff.; dort unter § 10 Rz. 51 ff. auch weitere Beispiele für nach dem AGG (un)zulässige Differenzierungen in Sozialplänen.
4 BAG v. 20.12.1983, DB 1984, 723.

d) Individualrechte

63 Bereits entstandene und fällige Ansprüche der Arbeitnehmer können durch den Sozialplan nicht entzogen werden (vgl. Rz. 86)[1]. Ebenso dürfen **Leistungen aus einem Sozialplan** nicht davon abhängig gemacht werden, dass Arbeitnehmer auf ihre Individualrechte verzichten, z.B. Abfindung statt tariflichen Weihnachts-/Urlaubsgeldes. Zulässig ist es aber, die Fälligkeit eines Abfindungsanspruchs bis zum rechtskräftigen Abschluss eines Kündigungsschutzverfahrens aufzuschieben (vgl. Rz. 80).

5. Personeller Geltungsbereich

64 Von dem Geltungsbereich eines Sozialplans werden alle Arbeitnehmer erfasst, die infolge einer Betriebsänderung wirtschaftliche Nachteile erleiden. Dabei genügt bereits die **Möglichkeit eines Nachteils**. Eine typisierende Betrachtung ist erlaubt. Sozialplanansprüche gegenüber Dritten können die Betriebsparteien nicht begründen.[2] Die Betriebspartner dürfen nur diejenigen Arbeitnehmer in den Geltungsbereich eines Sozialplans einbeziehen, die zum Zeitpunkt seines Inkrafttretens in einem Arbeitsverhältnis zum Arbeitgeber stehen.[3]

65 Ein solcher Nachteil ist bei Arbeitnehmern zu verneinen, die eine **wirtschaftlich gleichwertige Anschlusstätigkeit** gefunden haben[4]. Der Sozialplan darf Arbeitnehmer ausnehmen, die ein Änderungsangebot annehmen, wenn sie eine Änderungskündigung zum Zwecke der Versetzung erhalten und dadurch vor Nachteilen bewahrt werden[5]. Von einem Sozialplan werden auch erst kurzzeitig im Betrieb beschäftigte Arbeitnehmer erfasst. § 112 BetrVG enthält keine der Wartezeit des § 1 Abs. 1 KSchG entsprechende Bestimmung, wobei in der Praxis für diesen Personenkreis zulässigerweise regelmäßig keine Abfindungen vorgesehen werden. Nicht unter einen Sozialplan fallen auch Arbeitnehmer, deren Arbeitsverhältnis bereits beendet ist. Dies gilt aber nicht, wenn das Ausscheiden auf dieser Betriebsänderung beruht.

66 **Leitende Angestellte** werden von einem Sozialplan nicht erfasst. Sprecherausschuss und Arbeitgeber können die unmittelbare und zwingende Wirkung eines Sozialplans durch eine Vereinbarung nach § 28 Abs. 2 Satz 1 SprAuG herbeiführen[6]. Zulässig ist es auch, den Arbeitnehmern keine Sozialplanleistungen zukommen zu lassen, deren Arbeitsverhält-

---

1 LAG Baden-Württemberg v. 27.4.1977, DB 1977, 1706.
2 BAG v. 11.1.2011, DB 2011, 1171.
3 BAG v. 14.12.2010, NZA RR 2011, 182.
4 LAG Hamm v. 18.1.1978, DB 1978, 1504; BAG v. 19.6.1996, NZA 1997, 562 und BAG v. 22.3.2005, NZA 2005, 831 für den Fall einer Vermittlung durch den Arbeitgeber.
5 BAG v. 13.12.2005, NZA 2006, 1430.
6 BAG v. 10.2.2009, ZIP 2009, 1244.

nisse aufgrund wirksamer Befristung zum vorgesehenen Zeitpunkt enden.

6. Abfindungen

Im Mittelpunkt der meisten Sozialpläne stehen **Abfindungsregelungen**. Abfindungen sind auch zulässig, wenn der Arbeitnehmer alsbald auf einem gleichwertigen Arbeitsplatz weiterbeschäftigt werden kann, weil jedenfalls der Bestandsschutz des bisherigen Arbeitsverhältnisses und daraus abgeleitete Anwartschaften verlorengehen[1]. 67

a) Allgemeines

Entscheidet eine Einigungsstelle nach § 112 Abs. 5 Nr. 2 BetrVG, sind die **Aussichten** der betroffenen Arbeitnehmer **auf dem Arbeitsmarkt** zu prüfen. Die Betriebsparteien dürfen davon ausgehen, dass sich die Arbeitsmarktchancen der Arbeitnehmer mit zunehmendem Alter fortschreitend verschlechtern.[2] Damit muss häufig eine Prognose getroffen werden. Auch das BAG[3] erkennt in Anlehnung an die sog. Steuerungstheorie an, dass von einem zukunftsorientierten Anknüpfungspunkt auszugehen ist. Denkbar ist, dass von den Betriebspartnern bzw. der Einigungsstelle nach **Arbeitnehmergruppen** unterschieden wird, z.B. nach fachlicher Qualifikation, aber auch nach Schwierigkeiten bei der Vermittlung auf dem Arbeitsmarkt[4]. 68

Als Maßstab für die Festlegung von Abfindungen dienen in der Praxis **Merkmale der sozialen Stellung** des Arbeitnehmers, nämlich Alter, Dauer der Betriebszugehörigkeit, Höhe der bisherigen Vergütung und Familienstand[5]. 69

Die Betriebsparteien haben bei der Aufstellung eines Sozialplans einen **weiten Spielraum** für die Bestimmung des angemessenen Ausgleichs der mit einer Betriebsänderung verbundenen wirtschaftlichen Nachteile.[6] Sie können grds. frei darüber entscheiden, ob, in welchem Umfang und in welcher Weise sie diese ausgleichen oder mildern wollen. Dabei sind sie nicht gehalten, alle denkbaren Nachteile zu entschädigen[7]. Die Betriebsparteien haben aber die Grenzen von Recht und Billigkeit nach § 75 Abs. 1 BetrVG und die Funktion eines Sozialplans nach § 112 Abs. 1 BetrVG zu 70

---

1 BAG v. 22.3.2005, NZA 2005, 831; BAG v. 23.4.1985, DB 1985, 1593; *Richardi*, NZA 1984, 177; *Fitting*, §§ 112, 112a Rz. 122.
2 BAG v. 12.4.2011, DB 2011, 1641.
3 BAG v. 23.4.1985, DB 1985, 1593; *Richardi*, NZA 1984, 177; *Fitting*, §§ 112, 112a Rz. 121.
4 BAG v. 2.8.2006, NZA 2007, 55; BAG v. 19.2.2008, DB 2008, 1384. Dabei sind die Grenzen des AGG zu beachten.
5 Vgl. BAG v. 27.10.1987, DB 1988, 558.
6 BAG v. 23.3.2010, DB 2010, 1353.
7 BAG v. 19.2.2008, NZA 2008, 719.

beachten. Recht und Billigkeit verlangen insbesondere die Beachtung des **Gleichbehandlungsgrundsatzes**, dem wiederum der allgemeine Gleichheitssatz des Art. 3 Abs. 1 GG zu Grunde liegt. Außerdem sind die besonderen Vorgaben des AGG mit seinen Spezialbestimmungen für den Sozialplan (§ 10 Satz 3 Nr. 6 AGG) zu beachten. Der Gleichbehandlungsgrundsatz zielt darauf ab, eine Gleichbehandlung von Personen bei vergleichbaren Sachverhalten sicherzustellen und eine gleichheitswidrige Gruppenbildung auszuschließen. Maßgeblich für das Vorliegen eines die Bildung unterschiedlicher Gruppen rechtfertigenden Sachgrundes ist vor allem der mit der Regelung verfolgte Zweck[1]. Sozialplanabfindungen dienen dem Ausgleich und der Überbrückung der künftigen Nachteile, die durch eine geplante Betriebsänderung entstehen können[2]. Dieser Unterstützung bedarf nach Ansicht des BAG[3] ein Arbeitnehmer, der aus Anlass der Betriebsänderung selbst kündigt, regelmäßig in gleicher Weise wie ein Arbeitnehmer, dem vom Arbeitgeber gekündigt wird. Eine Sozialplanregelung, die formal zwischen Arbeitgeber- und Arbeitnehmerkündigung unterscheidet und den generellen Anspruchsausschluss aller Arbeitnehmer vorsieht, die ihr Arbeitsverhältnis im Wege der **Eigenkündigung** selbst gekündigt haben, verstößt demnach gegen § 75 Abs. 1 BetrVG. Voraussetzung für die Gleichbehandlung von Arbeitgeber- und Eigenkündigung ist, dass Letztere im Hinblick auf die geplante Betriebsänderung vom Arbeitgeber **veranlasst** wurde. Dies ist der Fall, wenn der Arbeitgeber gegenüber dem Arbeitnehmer die berechtigte Annahme hervorgerufen hat, für ihn bestehe nach Durchführung der Betriebsänderung keine Beschäftigungsmöglichkeit mehr und er komme mit der eigenen Kündigung einer sonst auszusprechenden betriebsbedingten Kündigung nur zuvor[4]. Die Betriebspartner dürfen Arbeitnehmer vom Geltungsbereich des Sozialplans ausnehmen, die zum Zeitpunkt seines Inkrafttretens nicht mehr in einem Arbeitsverhältnis zum Arbeitgeber stehen.[5]

71 Der Sozialplan kann **Sonderzuschläge** für Schwerbehinderte und Mitarbeiter mit unterhaltsberechtigten Kindern vorsehen.

72 Es ist grds. zulässig, dass Sozialpläne **pauschaliert** Abfindungen für den Verlust des Arbeitsplatzes enthalten[6]. Folgende Gestaltungen sind von der Rechtsprechung geprüft oder werden von der herrschenden Meinung für zulässig erachtet:

---

1 BAG v. 19.2.2008, NZA 2008, 719.
2 BAG v. 12.11.2002, NZA 2003, 1287.
3 BAG v. 13.2.2007, NZA 2007, 756; BAG v. 20.5.2008 – 1 AZR 203/07.
4 BAG v. 13.2.2007, NZA 2007, 756; BAG v. 20.5.2008 – 1 AZR 203/07.
5 BAG v. 14.12.2010, NZA-RR 2011, 182.
6 BAG v. 13.12.1978, AP Nr. 6 zu § 112 BetrVG 1972; BAG v. 23.4.1985, DB 1985, 1593.

Interessenausgleich und Sozialplan   Rz. 72   Teil **2 B**

Bruttomonatsgehalt × *Betriebszugehörigkeit* × *Faktor*[1]
Bruttomonatsgehalt × *Betriebszugehörigkeit* × *Lebensalter* : *Divisor*[2]. In dieser Formel ist der Divisor die zu verhandelnde Größe.
Steigende Abfindungshöhe mit zunehmender Betriebszugehörigkeit[3].
Volle Abfindung für Arbeitnehmer erst ab dem 40. Lebensjahr, vom 30. bis zum 39. Lebensjahr nur 90 % und bis zum 29. Lebensjahr nur 80 %.
Abfindung für Mitarbeiter ab dem 60. Lebensjahr um 1/60 pro Monat nach Vollendung des 60. Lebensjahrs vermindert[4].
Keine oder geringere Abfindung für Arbeitnehmer, (1) die **Rente** aus der gesetzlichen Rentenversicherung beziehen, (2) denen mit Wirkung bis zum Ende des Beschäftigungsverhältnisses eine solche Rente bewilligt wird[5], (3) die eine vorgezogene Rente in Anspruch nehmen können[6] oder (4) die nicht unmittelbar nach Bezug von Arbeitslosengeld rentenberechtigt sind, aber eine Abfindung erhalten, die den Zeitraum bis zum frühestmöglichen Bezug einer Altersrente überbrückt[7], wobei das Recht zur Inanspruchnahme einer Rente für Schwerbehinderte und für Frauen jeweils außer Betrachtung zu bleiben hat.
Abfindung von zwei Bruttomonatsverdiensten ab dem vollendeten 63. Lebensjahr, auch wenn grundsätzlich für jüngere Arbeitnehmer die Formel *Bruttomonatsvergütung* × *Betriebszugehörigkeit* × *Faktor* anzuwenden ist[8].
Vollständiger Ausschluss von Sozialplanleistungen von älteren Arbeitnehmern, die nach dem Bezug von Arbeitslosengeld I nahtlos eine Regelaltersrente beanspruchen können und zuvor die Fortsetzung ihres Arbeitsverhältnisses an einem anderen Unternehmensstandort abgelehnt haben[9].

---

[1] BAG v. 26.3.2013, FD-ArbR 2013, 349 (392) m. Anm. *Winzer*; *Bauer/Krieger*, AGG, § 10 Rz. 56.
[2] *Bauer/Krieger*, AGG, § 10 Rz. 56.
[3] BAG v. 26.5.2009, DB 2009, 1766.
[4] BAG v. 23.3.2010, DB 2010, 1353.
[5] BAG v. 8.11.1988, DB 1989, 587; EuGH v. 6.12.2012, DB 2012, 2872.
[6] BAG v. 27.10.1987, DB 1988, 558; BAG v. 26.7.1988, NZA 1989, 25; BAG v. 20.1.2009, DB 2009, 1023.
[7] BAG v. 23.3.2010, DB 2010, 1353.
[8] BAG v. 26.3.2013, FD-ArbR 2013, 349, 392.
[9] BAG v. 9.12.2014 – 1 AZR 102/13, BeckRS 2015, 66014.

Vollständiger Ausschluss von Sozialplanleistungen wegen Bezugs einer befristeten **vollen Erwerbsminderungsrente**, wenn mit der Wiederherstellung der Arbeitsfähigkeit nicht zu rechnen ist[1] (soweit darin keine Diskriminierung eines Schwerbehinderten zu sehen ist)[2].
Höchstbegrenzung einer mit Alter und Betriebszugehörigkeit steigenden Sozialplanabfindung[3]
Abfindung kalkuliert aufgrund der zuletzt bezogenen Monatsvergütung und geregelter Ausnahme in Fällen, in denen sich die individuelle Arbeitszeit kürzlich wesentlich geändert hat: Durchschnittsbetrachtung über die gesamte Betriebszugehörigkeit ist maßgeblich[4].
Vollständiger Ausschluss von Sozialplanabfindungen bei einem vom Arbeitgeber vermittelten neuen Arbeitsplatz[5].
Arbeitnehmern, die einen ihnen angebotenen zumutbaren Arbeitsplatz ablehnen, ist im Regelfall durch § 112 Abs. 5 Satz 2 Nr. 2 BetrVG die Zuerkennung von Abfindungsansprüchen durch die Einigungsstelle versagt[6]. Eine entsprechende von den Betriebspartnern unmittelbar vereinbarte Klausel ist aber wirksam. In der Praxis führt dies häufig zu schwierigen Verhandlungen über den Begriff der „Zumutbarkeit".
Erprobung auf örtlich unzumutbaren Stellen im Konzern und Ausschluss von Arbeitnehmern, die die Erprobungszeit wegen einer anderen Beschäftigung vorzeitig abbrechen[7].

73 Sog. **Turboprämien** für den Verzicht auf Kündigungsschutzklagen sind nach einer Entscheidung des BAG[8] zulässig. Allerdings ist dies nur für den Fall geklärt, dass der Arbeitgeber zusätzlich zu der „eigentlichen" Sozialplanabfindung in einer getrennten Vereinbarung als freiwillige zusätzliche Leistung Turboprämien gewährt. Auch wenn es u.E. nicht darauf ankommen kann, dass die Leistungen in einem einheitlichen Dokument geregelt werden, empfiehlt es sich, vorsorglich diese Trennung beizubehalten.

74 Zulässig ist es weiter, die Pauschalierungen anhand eines **Punktesystems** vorzunehmen[9]. Vor allem in kleineren Betrieben ist es aber auch praktikabel und nicht zu beanstanden, wenn für jeden einzelnen Arbeitnehmer

---

1 BAG v. 7.6.2011, NZA 2011, 1370.
2 EuGH v. 6.12.2012, DB 2012, 2872; BAG v. 11.11.2008, DB 2009, 347.
3 BAG v. 2.10.2007, DB 2008, 69; BAG v. 21.7.2009, ZIP 2009, 1834.
4 BAG v. 22.9.2009, DB 2009, 2664.
5 BAG v. 7.12.2009 – 1 AZR 801/08, DB 2010, 456.
6 BAG v. 28.9.1988, DB 1989, 48.
7 BAG v. 28.4.2010, ZInsO 2010, 1712.
8 BAG v. 31.5.2005 – 1 AZR 254/04, DB 2005, 1744.
9 LAG Frankfurt v. 28.10.1986, AiB 1987, 292; vgl. Teil 4 D Rz. 78 ff. zur Zulässigkeit von Punkteschemata zur Sozialauswahl bei betriebsbedingten Kündigungen.

die wirtschaftlichen Nachteile ermittelt und dementsprechend **individuelle Abfindungen** festgesetzt werden[1]. In diesem Fall ist besonders deutlich klarzustellen, dass die Abfindung trotz der Zuordnung von Abfindungsbeträgen zu einzelnen Namen nur bei einer betriebsbedingten Beendigung des Arbeitsverhältnisses zu zahlen ist.

§ 112 BetrVG enthält keine Regelung über **Höchstgrenzen** von Abfindungen. Das BAG lehnt es ab, § 113 Abs. 1 oder 3 BetrVG mit den Höchstgrenzen des § 10 KSchG entsprechend und damit zwingend anzuwenden[2]. Andererseits ist es aber ohne weiteres zulässig, wenn der Sozialplan Höchstbegrenzungsklauseln für die Abfindungen vorsieht, was vor allem bei der Berechnung nach einem Punktesystem in Betracht kommen kann[3]. Bei Festlegung der Abfindungen sind die sozialen Belange der Arbeitnehmer, aber auch die wirtschaftliche Vertretbarkeit für das betroffene Unternehmen zu berücksichtigen[4]. Dem BAG[5] lag ein Fall zur Entscheidung vor, in dem die nach einer Formel berechneten Abfindungsbeträge auf 85 000 Euro gekappt wurden. Zusätzlich erhielten Arbeitnehmer ab dem vollendeten 55. Lebensjahr einen Betrag von 4 500 Euro. Ohne die Kappung hätte die Abfindung im Streitfall über 240 000 Euro brutto betragen.

75

§ 112 Abs. 1 Satz 4 BetrVG bestimmt ausdrücklich, dass der **Tarifvorbehalt** des § 77 Abs. 3 BetrVG nicht gilt. Das hat zur Folge, dass ein Sozialplan – was gerade für Abfindungen wichtig ist – über eine tarifliche Regelung hinausgehen, sie aber nicht rechtswirksam unterschreiten kann.

76

b) Pfändbarkeit

Die nach §§ 9, 10 KSchG zu zahlende Abfindung ist „**Arbeitseinkommen**" i.S.d. § 850i ZPO[6]. Das hat zur Folge, dass ein formularmäßig erlassener Pfändungs- und Überweisungsbeschluss auch die Abfindung erfasst, ohne dass die Pfändungsgrenzen des § 850c ZPO gelten, da die Abfindung nicht für einen festumrissenen Zeitraum gezahlt wird. Bei der Abfindung handelt es sich aber um eine „nicht wiederkehrend zahlbare Vergütung" i.S.v. § 850i ZPO. Entsprechendes gilt auch für die Entlassungsabfindungen in Sozialplänen und Nachteilsausgleichsansprü-

77

---

1 BAG v. 12.2.1985, EzA § 112 BetrVG 1972 Nr. 33; *Etzel*, Rz. 960.
2 BAG v. 27.10.1987 – 1 ABR 9/86, DB 1988, 558; BAG v. 6.5.2003 – 1 ABR 11/02, DB 2004, 193.
3 BAG v. 2.10.2007 – 1 AZN 793/07, DB 2008, 69; BAG v. 23.8.1988 – 1 AZR 284/87, NZA 1989, 28 = AP Nr. 46 zu § 112 BetrVG 1972 m. zust. Anm. *Löwisch*.
4 BAG v. 22.5.1979, DB 1979, 1897; LAG Hamm v. 13.11.1985 – 12 TaBV 103/85, DB 1986, 438.
5 BAG v. 21.7.2009, DB 2009, 2666.
6 BAG v. 12.9.1979 – 4 AZR 420/77, DB 1980, 358.

chen nach § 113 BetrVG[1], für eine im **Prozessvergleich** und einem außergerichtlichen Aufhebungsvertrag vereinbarte Abfindung.

c) Vererbbarkeit

78 Nach Auffassung des BAG[2] ist das Erleben des vereinbarten Beendigungstermins des Arbeitsverhältnisses für den Arbeitnehmer im Zweifel Voraussetzung für den Anspruch der Erben[3]. Ist der Zeitpunkt der Entstehung eines Sozialplananspruchs nicht eindeutig geregelt, ist er durch **Auslegung** zu ermitteln. In Aufhebungsverträgen und in Sozialplänen finden sich deshalb häufig auch klarstellende Klauseln zur Vererbbarkeit von Abfindungen für den Fall, dass ein betroffener Arbeitnehmer vor dem vorgesehenen Ende des Arbeitsverhältnisses stirbt[4].

d) Familienrechtliche Auswirkungen

79 Lebt der Arbeitnehmer – wie im Regelfall – im Güterstand der **Zugewinngemeinschaft** nach § 1363 BGB, tritt bei Ehescheidung für die Berechnung des Zugewinns nach §§ 1373 ff. BGB anstelle der Beendigung des Güterstands der Zeitpunkt der Rechtshängigkeit des **Scheidungsantrags** (§ 1384 BGB). Kann der Arbeitnehmer daher aufgrund eines Sozialplans mit einer (größeren) Abfindung rechnen, kann dies zu Überlegungen hinsichtlich des günstigsten Zeitpunkts zur Einreichung des Scheidungsantrags beim Familiengericht führen.

e) Fälligkeit, Verjährung, Verwirkung

80 Wird die Fälligkeit einer vereinbarten Abfindung in einem Sozialplan oder Aufhebungsvertrag nicht geregelt, tritt **Fälligkeit** mit dem rechtlichen Ende des Arbeitsverhältnisses ein[5]. Der Fälligkeitszeitpunkt sollte dennoch aus Gründen der Rechtssicherheit im Sozialplan oder Aufhebungsvertrag ausdrücklich klargestellt werden. Die Klausel könnte so lauten: „Die Abfindungen werden mit der rechtlichen Beendigung der Arbeitsverhältnisse fällig". Zulässig ist eine Regelung in einem Sozialplan, nach der die Fälligkeit der Abfindung auf den Zeitpunkt des rechtskräftigen Abschlusses eines Kündigungsrechtsstreits hinausgeschoben wird[6]. Unzulässig ist es dagegen, die Fälligkeit der Abfindung oder sogar

---

1 OLG Düsseldorf v. 28.8.1979 – 3 W 191/79, DB 1980, 112; *Fitting*, § 113 Rz. 45.
2 BAG v. 27.6.2006, DB 2006, 2131.
3 Dazu aber LAG Köln v. 11.12.1990, LAGE § 611 BGB Aufhebungsvertrag Nr. 2 zum Ausscheiden im Rahmen eines Frühpensionierungsprogramms und LAG Frankfurt v. 21.8.1984, NZA 1984, 634.
4 *Bauer/Krieger/Arnold*, C III Rz. 33 f.
5 LAG Köln v. 21.9.1983 – 9 Ta 148/83, DB 1984, 568; LAG München v. 28.6.1991 – 3 Ta 106/91; a.A. LAG Hamm v. 16.5.1991, LAGE § 9 KSchG Nr. 20; vgl. auch BAG v. 29.11.1983 – 1 AZR 523/82, NJW 1984, 1650 zur Abfindung nach § 113 Abs. 3 BetrVG.
6 BAG v. 20.6.1985 – 2 AZR 427/84, DB 1985, 2357; *Heinze*, NZA 1984, 17.

den Abfindungsanspruch selbst unter die Bedingung zu stellen, dass die Arbeitnehmer wegen eines möglicherweise vorliegenden Betriebsteilübergangs zunächst den **vermeintlichen Betriebsteilerwerber** erfolglos auf Feststellung des Übergangs ihres Arbeitsverhältnisses **verklagen**[1]. Unzulässig ist außerdem, die Sozialplanleistungen vom **Verzicht** auf eine Kündigungsschutzklage gegen den Arbeitgeber abhängig zu machen. Dies gilt unverändert, obwohl der Gesetzgeber in § 1a KSchG im einzelnen Arbeitsverhältnis eine Verknüpfung der Abfindungszusage mit dem Verzicht auf die Kündigungsschutzklage ausdrücklich gestattet hat[2]. Dass der Arbeitgeber **freiwillige** Abfindungen vom Verzicht auf die Kündigungsschutzklage abhängig machen darf (sog. „Turboprämie"), hat das BAG ausdrücklich festgestellt[3].

Sozialplanabfindungen, auch von der Einigungsstelle festgesetzte, unterliegen der regelmäßigen **Verjährung** gem. § 195 BGB von drei Jahren. Dagegen ist die Verwirkung von Arbeitnehmerrechten aus Betriebsvereinbarungen ausgeschlossen[4]. Die Geltendmachung eines Sozialplananspruchs aus einer Betriebsvereinbarung kann aber aus anderen Gründen eine **unzulässige Rechtsausübung** sein[5].

81

f) Anrechnung

Eine Vereinbarung in einem Sozialplan ist zulässig, nach der nicht nur die Fälligkeit der Abfindung auf den Zeitpunkt des **rechtskräftigen Abschlusses** eines Kündigungsrechtsstreits hinausgeschoben, sondern in der auch zugleich bestimmt wird, dass eine nach §§ 9, 10 KSchG (auch i.V.m. § 113 BetrVG) durch Urteil zugesprochene Abfindung oder entsprechend vereinbarte Abfindung auf Leistungen nach dem Sozialplan angerechnet wird[6]. Anrechenbar ist auch der Nachteilsausgleich gem. § 113 BetrVG[7]. Fordert die Gewerkschaft einen Tarifsozialplan (vgl. Teil 2 C Rz. 1 ff.), ist auch die Anrechnung der dort vereinbarten Abfindungen im Sozialplan aufzunehmen. Selbst wenn eine solche Klausel fehlt, wird man aber i.d.R. schon aufgrund Auslegung zu dem Ergebnis kommen, dass mehrfache Abfindungen miteinander zu verrechnen sind, wobei dann das Günstigkeitsprinzip gilt[8].

82

---

1 BAG v. 22.7.2003, DB 2003, 2658.
2 BAG v. 31.5.2005 – 1 AZR 254/04, DB 2005, 1744.
3 BAG v. 15.2.2005, AP Nr. 15 zu § 612a BGB.
4 *Fitting*, § 77 Rz. 137.
5 *Fitting*, § 77 Rz. 137.
6 BAG v. 20.6.1985 – 2 AZR 427/84, DB 1985, 2357.
7 BAG v. 20.11.2001, DB 2002, 950.
8 BAG v. 14.11.2006, DB 2007, 173; BAG GS v. 13.12.1978, DB 1979, 261; BAG v. 13.6.1989 – 1 AZR 819/87, DB 1989, 2026.

7. Andere finanzielle Zuwendungen und Leistungen sowie sonstige Vergünstigungen

a) Finanzielle Zuwendungen und Leistungen

83 Betriebsänderungen können für Arbeitnehmer verschiedenartige wirtschaftliche Nachteile haben. Entsprechend vielfältig sind – neben Abfindungen – die Möglichkeiten **finanzieller Zuwendungen**.

84 Bei Versetzungen kommt vor allem Folgendes in Betracht:
- Ausgleich von Vergütungseinbußen,
- Finanzierung von Umschulungs- und Fortbildungsmaßnahmen,
- Trennungsentschädigungen,
- Mietbeihilfen,
- Fahrtkostenzuschüsse,
- Aufwandsentschädigungen,
- Erstattung von **Umzugskosten**.

Im Übrigen ist zu beachten, dass § 112 Abs. 5 Satz 2 Nr. 2 BetrVG i.d.R. die Zuerkennung von Abfindungsansprüchen durch den **Spruch einer Einigungsstelle** an Arbeitnehmer verbietet, die einen angebotenen zumutbaren Arbeitsplatz ablehnen; diese Vorschrift bestimmt aber nicht, dass Arbeitnehmern eine Abfindung zuerkannt werden muss, wenn sie einen angebotenen anderen, ihnen unzumutbaren Arbeitsplatz ablehnen[1] (vgl. auch Rz. 72).

85 Es ist vom **Ermessen** der Betriebspartner und auch der Einigungsstelle gedeckt, wenn abschließend geregelt wird, unter welchen persönlichen Voraussetzungen Arbeitnehmer einen nach Art der Tätigkeit entsprechenden und in der Vergütung möglichst gleichwertigen Arbeitsplatz **ablehnen** können, ohne den Anspruch auf eine Abfindung zu verlieren. Die Einigungsstelle ist nicht gehalten, die Voraussetzungen für die Ablehnung eines Arbeitsplatzangebots als unzumutbar generalklauselartig zu umschreiben[2].

86 Die Betriebspartner sind nicht befugt, **unverfallbar** gewordene **Versorgungsanwartschaften** im Rahmen eines Sozialplans aus Anlass einer Betriebsstilllegung zu beseitigen[3]. Das hat seinen Grund darin, dass den Betriebspartnern die Kompetenz fehlt, in entstandene Rechte und einzelvertragliche Ansprüche von Arbeitnehmern einzugreifen[4].

---

1 BAG v. 28.9.1988 – 1 ABR 23/87, DB 1989, 48.
2 BAG v. 28.9.1988 – 1 ABR 23/87, DB 1989, 48.
3 BAG v. 30.10.1980 – 3 AZR 364/79, DB 1981, 699; vgl. auch BAG v. 7.8.1975, DB 1975, 1991.
4 LAG München v. 25.11.1987, LAGE § 112 BetrVG 1972 Nr. 10.

87 Zulässig ist es, den Verlust verfallbarer Anwartschaften einer betrieblichen Altersversorgung finanziell im Rahmen eines Sozialplans **auszugleichen**. **Verfallbare** Anwartschaften können auch für unverfallbar erklärt werden, obwohl die Kriterien des § 1b Abs. 1 Satz 1 BetrAVG noch nicht erfüllt sind. Es handelt sich dabei jedoch lediglich um eine vertragliche, nicht um eine gesetzliche Unverfallbarkeit. Das hat zur Folge, dass diese vertraglichen Anwartschaften so lange dem **Insolvenzrisiko** ausgesetzt sind, bis die gesetzlichen Unverfallbarkeitsvoraussetzungen erfüllt sind. Ob solche Regelungen allerdings opportun sind, ist häufig fraglich, weil sich immer wieder das Problem ergibt, wo die Grenze zu ziehen ist.

88 Ein Sozialplan, der den betroffenen Arbeitnehmern eine Abfindung oder eine vorgezogene Pensionierung **zur Wahl** anbietet, kann von Regelungen einer bestehenden Versorgungsordnung abweichen, um Wertungswidersprüche zu vermeiden. So ist es nicht zu beanstanden, wenn für diejenigen Arbeitnehmer, die sich für die Abfindungslösung entscheiden und gleichzeitig die **flexible Altersgrenze** in Anspruch nehmen (§ 6 BetrAVG), ein **versicherungsmathematischer Abschlag** eingeführt wird, obwohl die bestehende Versorgungsordnung einen solchen nicht vorsieht[1].

89 Viele Sozialpläne enthalten **Überbrückungszahlungen** bei Arbeitslosigkeit oder bis zum Bezug von Altersruhegeld aus der Rentenversicherung.

90 Häufiger geregelt sind weiter Auswirkungen auf

– Arbeitgeberdarlehen,

– Jubiläumszuwendungen,

– tarifliche Sonderzahlungen[2],

– Weihnachtsgelder,

– 13. Monatsgehalt und

– vermögenswirksame Leistungen.

91 Gelegentlich wird in Sozialplänen ein **Härtefonds** gebildet, aus dem für solche Arbeitnehmer ergänzende Leistungen gewährt werden, die durch die Betriebsänderung besondere (nicht voraussehbare) wirtschaftliche Nachteile erleiden. Der Härtefonds ist eine **Sozialeinrichtung** i.S.v. § 87 Abs. 1 Nr. 8 BetrVG. Deshalb besteht bei der Verwaltung des Fonds ein Mitbestimmungsrecht des Betriebsrats. Wird ein solcher Härtefonds nicht oder nicht vollständig ausgeschöpft, haben die vom Sozialplan erfassten Arbeitnehmer nicht ohne weiteres einen **Anspruch** darauf, dass dieser Härtefonds entsprechend den übrigen Regelungen des Sozialplans unter ihnen aufgeteilt wird[3]. Zu Unrecht übergangene Arbeitnehmer

---

1 BAG v. 25.2.1986 – 3 AZR 485/84, DB 1987, 53.
2 Auch deren Absicherung durch eine Dauerregelung, die sogar einen Betriebserwerber binden kann, vgl. BAG v. 28.3.2007, NZA 2007, 1066.
3 LAG Bremen v. 15.6.1990 – 4 Sa 353/89, DB 1990, 1776.

können aber nach § 315 BGB gegen den Arbeitgeber auf Leistungen aus dem Härtefonds nach billigem Ermessen klagen[1].

b) Sonstige Vergünstigungen

92 Als Ausgleich für die den Arbeitnehmern durch eine Betriebsänderung entstehenden Nachteile kommen auch in Betracht: Erleichterungen für **Wettbewerbsverbote**; Änderungen bei Arbeitgeberdarlehen; fortbestehendes **Wohnrecht** in Werkswohnungen; Warenrabatte; **zusätzliche Urlaubsgewährung** und Urlaubsgeld. Der Sozialplan kann auch regeln, wer das Risiko zu tragen hat, wenn die Arbeitsagentur nach Abschluss eines Aufhebungsvertrages eine **Sperrfrist** nach § 159 SGB III verhängt[2].

8. Gültigkeitsdauer und Beendigung des Sozialplans

93 Zur Klarstellung ist es zweckmäßig, die **Gültigkeitsdauer** des Sozialplans festzulegen. Dabei kann als Termin auf den Zeitpunkt abgestellt werden, bis zu dem die geplanten personellen Maßnahmen abzuschließen sind. Ferner kann der Sozialplan eine Kündigungsmöglichkeit vorsehen. Sonst ist eine außerordentliche **Kündigung** der Dauerregelungen denkbar, soweit Einzelansprüche der Arbeitnehmer noch nicht entstanden sind[3]. Die Bestimmungen über die Laufzeit und Kündbarkeit des Sozialplans sind dann ohne nennenswerte praktische Bedeutung, wenn sich der Sozialplan dort, wo Abfindungsansprüche oder andere Nachteilsausgleichsansprüche begründet werden, klar auf den Interessenausgleich und die Maßnahme bezieht, deren Auswirkungen abgemildert werden sollen. Dies sollte klar zum Ausdruck gebracht werden, z.B. durch Formulierungen wie „... ein Arbeitnehmer, der aufgrund der im Interessenausgleich vom heutigen Tag geregelten Betriebsänderung seinen Arbeitsplatz verliert, erhält eine Abfindung ...".

94 Gemäß § 76 Abs. 6 BetrVG **wirkt** der Sozialplan bis zu einer anderweitigen Regelung **nach**, soweit es sich um einen erzwingbaren Sozialplan handelt[4]. Ist die Nachwirkung – wie häufig – nicht gewünscht, muss dies ausdrücklich geregelt werden.

95 Die Betriebspartner können einen Sozialplan auch durch eine ablösende Neuregelung zuungunsten der Arbeitnehmer ersetzen, jedenfalls soweit er **Dauerregelungen** für fortbestehende Arbeitsverhältnisse enthält und fortlaufende, zeitlich unbegrenzte Leistungsansprüche begründet[5].

---

1 BAG v. 17.10.1989 – 1 ABR 75/88, DB 1990, 486.
2 BAG v. 27.10.1987 – 1 ABR 9/86, DB 1988, 558.
3 BAG v. 10.8.1994 – 10 ABR 61/93, NZA 1995, 314; LAG Saarland v. 3.7.1985, DB 1986, 48; *Fitting*, §§ 112, 112a Rz. 217.
4 BAG v. 28.2.1984 – 1 ABR 37/82, NZA 1984, 230.
5 Vgl. BAG v. 24.3.1981 – 1 AZR 805/78, DB 1981, 2178.

Beispiel: Wird aus Anlass einer Betriebsverlegung, die nach § 111 Satz 3 Nr. 2 BetrVG eine sozialplanpflichtige Betriebsänderung ist, ein Sozialplan aufgestellt und darin vereinbart, dass die dadurch bedingten längeren Wegezeiten besonders vergütet und zusätzlich entstehende Fahrtkosten erstattet werden, so können die Betriebspartner später diese von ihnen vereinbarte Sozialplanregelung einvernehmlich – in den Grenzen der Billigkeit – auch wieder ändern und sogar ersatzlos aufheben.

Dieses Verfahren versagt in den Fällen, in denen infolge der Betriebsänderung der bisherige Betrieb zu bestehen aufhört und damit auch der Betriebsrat, mit dem der Sozialplan vereinbart worden ist, **nicht mehr existiert**. Das ist bei der Betriebsänderung in der Form der Betriebsstilllegung nach § 111 Satz 2 Nr. 1 BetrVG der Fall. Hier hilft auch das **Restmandat** (§ 21b BetrVG) nicht weiter, wenn mit der Stilllegung des Betriebs alle damit zusammenhängenden Fragen von den Betriebspartnern geregelt worden sind.

Bleiben die von der Stilllegung betroffenen Arbeitnehmer in den Diensten des bisherigen Arbeitgebers – allerdings **in einem anderen Betrieb** –, verlieren die Regelungen des Sozialplans nicht ihren kollektivrechtlichen Charakter. Sie werden Bestandteil der kollektiven Normenordnung des neuen Betriebs mit der Folge, dass dessen Betriebsrat nunmehr für eine ablösende Betriebsvereinbarung zuständig ist[1].

Eine ablösende Betriebsvereinbarung kann im Übrigen aber keine Wirkung gegenüber solchen Arbeitnehmern entfalten, denen aufgrund einer Betriebsänderung gekündigt worden ist und die deshalb aus dem Unternehmen **ausgeschieden** sind oder ausscheiden werden. Für diese Arbeitnehmer kann hinsichtlich der Sozialplanabfindung nur der Sozialplan maßgeblich sein, der zum Zeitpunkt des Zugangs der Kündigung galt, es sei denn, eine spätere ablösende Betriebsvereinbarung würde zu Erhöhungen der Abfindungen führen. Eine **Verschlechterung** (vollständiger Wegfall oder Reduzierung der Abfindung) ist für diesen Personenkreis nur denkbar, wenn der Sozialplan aufgrund eines Einigungsstellenspruchs zustande gekommen ist und dieser Spruch wegen Ermessens- und/oder Rechtsfehlern rechtskräftig aufgehoben wird (vgl. Rz. 169 ff.).

9. Rechte ungleich behandelter oder übergangener Arbeitnehmer

Die Betriebspartner und auch die Einigungsstelle sind in den Grenzen von **Recht und Billigkeit** (§ 75 BetrVG) beim Abschluss eines Sozialplans frei, darüber zu entscheiden, welche Nachteile, die der Verlust eines Arbeitsplatzes mit sich bringt, durch eine Abfindung ausgeglichen werden sollen[2].

---

1 BAG v. 24.3.1981 – 1 AZR 805/78, DB 1981, 2178.
2 BAG v. 29.11.1978, DB 1979, 795.

101 Gerichte überprüfen Sozialpläne in Form einer sog. **Billigkeitskontrolle**[1]. Es kann nur darum gehen, ob die von den Betriebspartnern vereinbarte Regelung in sich der Billigkeit entspricht oder ob einzelne Arbeitnehmer oder Gruppen von Arbeitnehmern in unbilliger Weise benachteiligt werden. Dabei ist auf den Gleichbehandlungsgrundsatz als Maßstab zurückzugreifen. Ausgehend von diesen Überlegungen hat die Rspr. vor allem folgende Varianten entschieden:

102 Als unbillig und damit unzulässig wird es angesehen, wenn in einem Sozialplan, der im Rahmen einer Liquidation aufgestellt wird, diejenigen Arbeitnehmer nicht berücksichtigt werden, denen wesentlich geringere Abfindungen aus einem vorhergehenden, für die ursprünglich beabsichtigte Teilstilllegung aufgestellten Sozialplan zustehen[2]. Das setzt allerdings ein wirtschaftliches Gesamtgeschehen voraus, wovon dann auszugehen ist, wenn durch die ursprünglich beabsichtigte Teilstilllegung eine Sanierung des Unternehmens gewollt war, sich diese aber als aussichtslos erweist, bevor überhaupt die Sanierungsmaßnahmen verwirklicht werden und deshalb die Liquidation beschlossen wird[3]. Dabei darf der Unternehmer nicht übersehen, dass er nicht nur einen neuen Sozialplan mit dem Betriebsrat aufzustellen, sondern auch einen neuen Interessenausgleich zu versuchen hat[4]. Werden allerdings für zwei verschiedene Betriebsänderungen bei demselben Arbeitgeber verschiedene Sozialpläne verhandelt, haben Arbeitnehmer, die von einer Betriebsänderung betroffen sind, nur Ansprüche auf Leistungen aus demjenigen Sozialplan, der infolge gerade dieser Betriebsänderung abgeschlossen wurde[5].

103 Dagegen können in einem Sozialplan Abfindungen ausgeschlossen werden, wenn vorgesehen ist, dass den Arbeitnehmern **zumutbare andere Arbeitsplätze** im eigenen oder in einem zum Konzern gehörenden Unternehmen angeboten werden. Wenn ein einzelner Arbeitnehmer ein zumutbares **Umsetzungs- oder Versetzungsangebot ausschlägt**, kann er keine Abfindung beanspruchen. Im Sozialplan darf nach verschiedenen möglichen Nachteilen (Versetzung oder Entlassung) und nach der Vermeidbarkeit dieser Nachteile differenziert werden[6]. Ausgenommen werden können auch Mitarbeiter, die nach einem (unzumutbaren) Arbeitsplatzangebot des Arbeitgebers selbst kündigen[7], oder rentennahe Arbeitneh-

---

[1] Vgl. BAG v. 11.6.1975, AP Nr. 1 zu § 77 BetrVG Auslegung; BAG v. 27.8.1975, AP Nr. 2 zu § 112 BetrVG 1972.
[2] BAG v. 9.12.1981 – 5 AZR 549/79, DB 1982, 908; BAG v. 19.2.2008, DB 2008, 1087.
[3] BAG v. 9.12.1981 – 5 AZR 549/79, DB 1982, 908.
[4] *Rumpff/Boewer*, K. Rz. 11.
[5] BAG v. 23.3.2010 – 1 AZR 981/08, DB 2010, 1595.
[6] BAG v. 8.12.1976, DB 1977, 729; BAG v. 25.10.1983 – 1 AZR 260/82, DB 1984, 725; BAG v. 27.10.1987 – 1 ABR 9/86, DB 1988, 558; vgl. auch BAG v. 28.9.1988 – 1 ABR 23/87, DB 1989, 48.
[7] BAG v. 13.2.2007 – 1 AZR 163/06, DB 2007, 1315.

mer, die Weiterbeschäftigung an einem anderen Standort des Unternehmens ablehnen[1].

Eine **unzulässige Differenzierung** liegt auch dann vor, wenn ein Betrieb oder Betriebsteil nach § 613a BGB übertragen wird und mit einem Betrieb des Erwerbers zusammengelegt und im Rahmen einer anschließenden Stilllegung des „neuen" Betriebs die beim Veräußerer zurückgelegten Dienstzeiten bei der Aufstellung des Sozialplans nicht berücksichtigt werden[2]. Nach LAG Berlin-Brandenburg[3] verstößt es gegen den betriebsverfassungsrechtlichen Gleichbehandlungsgrundsatz, wenn nur ein Teil der Arbeitnehmer ein erweiterter Kündigungsschutz eingeräumt wird und diejenigen Arbeitnehmer diesen besonderen Kündigungsschutz nicht erhalten, denen nach ihrem Widerspruch gegen den Übergang ihres Arbeitsverhältnisses auf einen anderen Arbeitgeber betriebsbedingt gekündigt wird. Diese Entscheidung steht u.E. nicht im Einklang mit der Rechtsprechung des BAG (Rz. 103), wonach die Ablehnung einer zumutbaren Weiterbeschäftigungsmöglichkeit eine Differenzierung im Sozialplan rechtfertigen kann. 104

Gegen die Grundsätze von Recht und Billigkeit verstößt es, wenn die Betriebsparteien in einer von der Betriebszugehörigkeit abhängigen Abfindungsberechnung Zeiten der **Elternzeit** ausnehmen[4] oder Mitarbeiterinnen von einer Abfindung ausschließen, die infolge der Elternzeit zeitlich versetzt im Zusammenhang mit einer weiteren Betriebsänderung ausscheiden[5]. 105

Bestimmt der Sozialplan aber, dass bei einer Unterbrechung der Betriebszugehörigkeit, die länger als sechs Monate gedauert hat, die davor liegenden **Betriebszugehörigkeitsjahre** nicht angerechnet werden, ist eine solche Regelung nicht zu beanstanden[6]. 106

Ein Verstoß gegen den Gleichbehandlungsgrundsatz liegt nicht vor, wenn die Betriebspartner oder die Einigungsstelle bei der Aufstellung des Sozialplans wegen Betriebsstilllegung Sonderabfindungen nur für solche schwerbehinderten Arbeitnehmer vorsehen, deren **Schwerbehinderteneigenschaft** zu dieser Zeit (Stichtagsregelung) feststeht. Arbeitnehmer, deren Schwerbehinderteneigenschaft von der zuständigen Behörde erst später rückwirkend festgestellt wird, können keine Gleichbehandlung mit den übrigen schwerbehinderten Arbeitnehmern verlangen[7]. 107

---
1 BAG v. 9.12.2014 – 1 AZR 102/13, BeckRS 2015, 66014.
2 LAG Hamm v. 30.3.1989, DB 1989, 1621.
3 LAG Berlin-Brandenburg v. 10.2.2015 – 7 Sa 1619/14, ZIP 2015, A 19.
4 BAG v. 12.11.2002 – 1 AZR 58/02, DB 2003, 1635; BAG v. 21.10.2003 – 1 AZR 407/02, NZA 2004, 559; LAG Niedersachsen v. 27.6.2013 – 22 Sa 364/08, BeckRS 2013, 73706.
5 So LAG Berlin-Brandenburg v. 20.6.2008 – 22 Sa 364/08, BeckRS 2010, 70086.
6 BAG v. 11.6.1975, EzA § 77 BetrVG 1972; vgl. BAG v. 13.3.2007, NZA-RR 2007, 411 zur Zulässigkeit der Vereinbarung über anrechenbare Dienstzeiten.
7 BAG v. 19.4.1983 – 1 AZR 498/81, DB 1983, 2372.

108 Rechtlich unbedenklich ist es, einen **Kinderzuschlag** nur für das zweite und jedes weitere Kind eines Mitarbeiters zu gewähren[1]. Die Zahl der zu berücksichtigenden Kinder auf drei oder vier Kinder zu beschränken, kann neben einem Verstoß gegen den Gleichbehandlungsgrundsatz auch eine Diskriminierung wegen der ethnischen Herkunft oder Religion sein.

109 Zulässig ist weiter ein Sozialplan, der für **ältere Arbeitnehmer** Ausgleichsleistungen nach den mit hoher Wahrscheinlichkeit zu erwartenden tatsächlichen Nachteilen wegen ihrer **erschwerten Vermittelbarkeit** auf dem Arbeitsmarkt vorsieht, hingegen für jüngere Arbeitnehmer einen pauschalen Ausgleich in Form von Abfindungen regelt, der sich nur an der Dauer der bisherigen Betriebszugehörigkeit orientiert[2].

110 Ein Verstoß gegen den Gleichbehandlungsgrundsatz liegt vor, wenn **ausländischen Arbeitnehmern** eine niedrigere Abfindung als deutschen Arbeitnehmern oder überhaupt nur für den Fall der endgültigen Rückkehr in ihre Heimat[3] zugesagt oder zwischen Arbeitern und Angestellten ohne sachlichen Grund differenziert wird[4].

111 Knüpft die Differenzierung unmittelbar oder mittelbar an einen Benachteiligungsgrund i.S.v. § 1 AGG an, ist die Zulässigkeit der entsprechenden Regelung daneben immer auch am Maßstab der Diskriminierungsverbote zu prüfen. Eine Differenzierung nach der **ethnischen Herkunft** der Arbeitnehmer bei der Gewährung von Sozialplanleistungen wäre auch danach **unzulässig** (vgl. Rz. 54 ff. zu weiteren Einzelheiten der Vereinbarkeit von Sozialplanbestimmungen mit den Vorgaben des AGG und den Rechtsfolgen einer verbotenen Benachteiligung).

112 **Teilzeitbeschäftigte** Arbeitnehmer müssen grds. wegen des Verbots unterschiedlicher Behandlung bei Sozialplanleistungen mitberücksichtigt werden, jedenfalls entsprechend ihrer tatsächlichen Arbeitszeit im Verhältnis zu Vollzeitbeschäftigten[5]. Sachliche Gründe, die nach § 4 TzBfG eine Differenzierung rechtfertigen könnten, sind auch hier kaum denkbar.

113 In der Praxis sehen sich Arbeitgeber vielfach damit konfrontiert, dass einzelne Arbeitnehmer gegen Kündigungen, die im Rahmen einer Betriebsänderung ausgesprochen werden, Kündigungsschutzklage erheben und eine fehlerhafte Sozialauswahl nach § 1 Abs. 3 KSchG rügen. In dieser Situation verstößt es nicht gegen den arbeitsrechtlichen Gleichbehandlungsgrundsatz, wenn solchen Arbeitnehmern im Rahmen eines Ver-

---

1 LAG Frankfurt v. 22.1.1982, AuR 1983, 92; *Etzel*, Rz. 961.
2 BAG v. 14.2.1984 – 1 AZR 574/82, DB 1984, 1527.
3 Sog. Heimkehrklausel; vgl. dazu BAG v. 7.5.1987 – 2 AZR 271/86, DB 1988, 450.
4 BAG v. 5.3.1980 – 5 AZR 881/78, DB 1980, 1650.
5 BAG v. 13.2.2007 – 1 AZR 184/06, NZA 2007, 825; BAG v. 14.8.2001 – 1 AZR 760/00, NZA 2002, 451; *Fitting*, §§ 112, 112a Rz. 187.

gleichs über den Sozialplan hinaus **zusätzliche Abfindungen** gezahlt werden[1].

Werden Arbeitnehmer von Leistungen versehentlich ausgeschlossen, so haben sie einen unmittelbaren Anspruch gegenüber dem Arbeitgeber, und zwar selbst dann, wenn die bereitgestellten **Mittel aus dem Sozialplan** schon erschöpft sind[2]. Der Arbeitnehmer hat die Mehrbelastung hinzunehmen, jedenfalls solange sie im Verhältnis zum Gesamtvolumen nicht ins Gewicht fällt[3]. 114

Verstößt eine Regelung des Sozialplans gegen den Gleichbehandlungsgrundsatz, so ist die Betriebsvereinbarung **teilnichtig**. Die Teilnichtigkeit führt nicht zur Unwirksamkeit der gesamten Betriebsvereinbarung, wenn diese auch ohne die unwirksamen Bestimmungen noch eine in sich geschlossene und sinnvolle Regelung enthält[4]. 115

10. Wirkung des Sozialplans

Sozialpläne sind **Betriebsvereinbarungen** besonderer Art (§ 112 Abs. 1 Satz 2 BetrVG)[5]. Sie sind nach den für die Auslegung von Tarifverträgen geltenden Grundsätzen auszulegen[6]. Bei der Auslegung ist der Zweck des Sozialplans (Ausgleich wirtschaftlicher Nachteile infolge der Betriebsänderung) mit zu berücksichtigen[7]. Der Verzicht auf Sozialplanleistungen in einer individuellen Vereinbarung ist wirksam, wenn die Individualvereinbarung insgesamt günstiger ist[8]. 116

Der **Tarifvorbehalt** des § 77 Abs. 3 BetrVG gilt nach § 112 Abs. 1 Satz 4 BetrVG nicht für den Sozialplan. Allerdings kann der Sozialplan eine tarifliche Regelung (z.B. Abfindungen aufgrund eines Rationalisierungsschutzabkommens) nicht unterschreiten. Verweist ein Sozialplan wegen der Voraussetzungen eines Anspruchs auf „tarifvertragliche Bestimmungen", ohne diese näher zu bezeichnen, so ist im Zweifel von den jeweiligen einschlägigen Bestimmungen auszugehen, auch soweit sie nach dem Abschluss des Sozialplans geändert werden[9]. Das hat vor allem für **Deputate** Bedeutung, bei denen es auch sachgerecht ist, ausgeschiedene Arbeitnehmer nicht besser zu stellen als aktive. Werden durch einen nachfolgenden Tarifvertrag Deputate – aus welchen Gründen auch im- 117

---

1 BAG v. 1.6.1988 – 5 AZR 371/87, NZA 1989, 815.
2 LAG Düsseldorf v. 23.12.1971, DB 1972, 979.
3 BAG v. 21.10.2003 – 1 AZR 407/02, DB 2004, 991.
4 BAG v. 12.6.1975, AP Nr. 1 zu § 87 BetrVG Vorschlagswesen; BAG v. 20.12.1983, NZA 1984, 54.
5 BAG v. 27.8.1975, DB 1975, 2188; BAG v. 8.11.1988, AP Nr. 48 zu § 112 BetrVG 1972.
6 BAG v. 27.8.1975, DB 1975, 2188.
7 BAG v. 22.8.1979 – 5 AZR 1066/77, DB 1980, 502.
8 BAG v. 27.1.2004 – 1 AZR 148/03, BB 2004, 1282.
9 BAG v. 22.8.1979 – 5 AZR 1066/77, DB 1980, 502, zum Anspruch der Berginvaliden auf „*Hausbrand*".

mer – aufgehoben, so gilt das nach der erwähnten Klausel auch für Arbeitnehmer, die infolge der Betriebsänderung ausgeschieden sind.

118 Der Sozialplan begründet für die einzelnen Arbeitnehmer **unmittelbare Rechtsansprüche**. Dies gilt auch für Arbeitnehmer, die vor Abschluss des Sozialplans nach dem festgelegten **Stichtag** aus dem Betrieb ausgeschieden sind[1]. Entschließt sich der Unternehmer, eine an und für sich beschlossene Betriebsänderung trotz Vorliegens eines Interessenausgleichs und eines Sozialplans **nicht durchzuführen**, so haben nur die Arbeitnehmer Anspruch auf Sozialplanleistungen (insbesondere Abfindungen), denen vor Bekanntmachung des „Sinneswandels" gegenüber dem Betriebsrat gekündigt worden ist und die infolge solcher Kündigungen tatsächlich aus dem Unternehmen ausscheiden, also die Kündigung akzeptieren.

11. Streit über die Wirksamkeit eines Sozialplans

119 Der einzelne Arbeitnehmer kann im Rahmen eines **Urteilsverfahrens** Rechtsfehler (auch eine Überschreitung der Ermessensgrenzen) des Sozialplans bei der Festlegung von Grund und Höhe der Ansprüche geltend machen. Ein zu Unrecht von Leistungen ausgeschlossener Arbeitnehmer kann deshalb Sozialplanleistungen **unmittelbar** gegenüber dem Arbeitgeber einklagen[2].

120 Dagegen erstreckt sich die arbeitsgerichtliche Überprüfung **nicht auf die Angemessenheit** der finanziellen Gesamtausstattung (Dotierung) eines Sozialplans. Diese Frage ist nicht von juristischen, sondern von betriebswirtschaftlichen Voraussetzungen abhängig. Das hat zur Folge, dass sich der einzelne Arbeitnehmer nicht im Urteilsverfahren gegen den Arbeitgeber auf ein zu geringes Volumen des Sozialplans berufen kann[3].

121 Auch wenn das in der Praxis nicht selten vorkommt, ist eine **Schiedsabrede**, nach der Meinungsverschiedenheiten zwischen dem Unternehmer und den Arbeitnehmern über die Anwendung des Sozialplans durch einen verbindlichen Spruch der Einigungsstelle entschieden werden sollen, unzulässig[4] (vgl. Rz. 169 ff. zur gerichtlichen Überprüfung eines durch Einigungsstellenspruchs aufgestellten Sozialplans).

---

1 Vgl. LAG Hamm v. 1.3.1972, AP Nr. 1 zu § 112 BetrVG 1972.
2 BAG v. 8.12.1976, AP Nr. 3 zu § 112 BetrVG 1972; BAG v. 25.10.1983, AP Nr. 18 zu § 112 BetrVG 1972.
3 BAG v. 17.2.1981 – 1 AZR 290/78, DB 1981, 1414.
4 BAG v. 27.10.1987 – 1 AZR 80/86, DB 1988, 503.

III. Einigungsstelle

Die Einigungsstelle[1] besteht nach § 76 BetrVG aus einer gleichen Zahl von Beisitzern, die von den Betriebspartnern entsandt werden, und einem unparteiischen Vorsitzenden. I.d.R. einigen sich die Betriebspartner auf einen Vorsitzenden. Wird zwischen ihnen über die **Person des Vorsitzenden** und/oder die **Zahl der Beisitzer** keine Einigung erzielt, entscheidet das Arbeitsgericht im Beschlussverfahren (§ 76 Abs. 2 Sätze 2 und 3 BetrVG).

122

1. Errichtung der Einigungsstelle mit Hilfe des Gerichts

Einigen sich die Betriebspartner **nicht** auf einen Einigungsstellenvorsitzenden und/oder die Zahl der Beisitzer, beantragt eine Seite die gerichtliche Einsetzung. Das Arbeitsgericht entscheidet in diesem Fall im **Beschlussverfahren** nach § 99 ArbGG. Der Beschluss ergeht nach § 99 Abs. 1 Satz 1 ArbGG durch den Vorsitzenden Richter allein. Eine mündliche Verhandlung ist nicht zwingend vorgeschrieben[2], aber üblich (§ 83 Abs. 4 Satz 3 ArbGG).

123

Der **Antrag** ist auf die Bestellung des unparteiischen Vorsitzenden und/oder die Bestimmung der Zahl der Beisitzer zu richten. Es kann also beantragt werden,

124

„(1) Herrn Richter am Arbeitsgericht ... zum Vorsitzenden einer Einigungsstelle für die Regelung von ... zu bestellen;"

und/oder:

„(2) die Zahl der von jeder Seite zu benennenden Beisitzer auf je zwei festzusetzen."

Denkbar ist auch, in einem „**Hilfsantrag**" eine **weitere Person** als Vorsitzenden der Einigungsstelle vorzuschlagen. Auf die Benennung einer bestimmten Person kann aber auch verzichtet werden, zumal das Arbeitsgericht nicht auf die von den Beteiligten genannten Personen beschränkt ist[3].

125

Ob (eine) bestimmte Person(en) schon im „Antrag" oder im „Gegenantrag" bezeichnet werden soll(en), ist in erster Linie eine taktische Frage. Es verstößt aber gegen den Grundsatz des rechtlichen Gehörs, wenn das Arbeitsgericht abweichend von den Vorschlägen der Beteiligten einen Vorsitzenden bestellt, ohne sie zu hören[4]. Der zu bestellende Vorsitzende einer Einigungsstelle sollte tunlichst das **Vertrauen beider Seiten** haben.

126

---

1 *Bauer*, NZA 1992, 433; *Bauer*, ZIP 1996, 117.
2 LAG Hamm v. 1.3.1972, DB 1972, 684; ErfK/*Koch*, § 99 ArbGG Rz. 4; a.A. LAG Frankfurt, AuR 1978, 215.
3 LAG Hamm v. 16.8.1976, DB 1976, 2069; LAG Frankfurt v. 5.7.1985, DB 1986, 756; a.A. LAG Bremen v. 1.7.1988, AiB 1988, 315, wonach im Regelfall der vom Antragsteller vorgeschlagene Vorsitzende eingesetzt werden soll.
4 LAG München v. 31.1.1989 – 3 TaBV 62/88, BB 1989, 916.

Deshalb sind auch subjektive Vorbehalte beachtlich, sofern sie nachvollziehbar sind[1].

127 Der bestellende Richter hat auf die **Unparteilichkeit des Vorsitzenden der Einigungsstelle zu achten** und unnötige Kosten zu vermeiden. Er sollte nach Möglichkeit keine Person zum Vorsitzenden bestellen, die von einer Seite abgelehnt wird, vor allem dann nicht, wenn ohne Schwierigkeiten ein anderer Vorsitzender bestellt werden kann, gegen den keine Einwendungen erhoben werden[2]. Ein Richter darf nur dann zum Vorsitzenden der Einigungsstelle bestellt werden, wenn aufgrund der **Geschäftsverteilung** ausgeschlossen ist, dass er mit der Überprüfung, Auslegung oder der Anwendung des Spruchs der Einigungsstelle befasst wird (§ 99 Abs. 1 Satz 4 ArbGG).

128 Der Beschluss des Gerichts soll den Beteiligten **innerhalb von zwei Wochen nach Eingang des Antrags zugestellt werden** (§ 99 Abs. 1 Satz 6 ArbGG).

129 Gegen die Entscheidung des Arbeitsgerichts ist die **Beschwerde an das Landesarbeitsgericht** statthaft (§ 99 Abs. 2 Satz 1 ArbGG). Abweichend vom „allgemeinen" Beschlussverfahren muss aber beachtet werden, dass die Beschwerdefrist nicht einen Monat, sondern nur **zwei Wochen** beträgt und innerhalb dieser Frist die Beschwerde auch **zu begründen** ist (§ 99 Abs. 2 Satz 2 ArbGG). Über die Beschwerde entscheidet anstelle der Kammer des Landesarbeitsgerichts der Vorsitzende (§ 99 Abs. 2 Satz 3 ArbGG). Gegen die Entscheidung des Landesarbeitsgerichts findet kein Rechtsmittel mehr statt (§ 99 Abs. 2 Satz 4 ArbGG). **Damit ist der die zweite Instanz abschließende Beschluss unanfechtbar.**

130 Die Tatsache, dass mit dem beschleunigten Verfahren nach § 99 ArbGG i.d.R. binnen einer Frist von ein bis zwei Monaten eine Einigungsstelle eingesetzt ist, vor der der Arbeitgeber dann nur noch einen letzten Einigungsversuch über den Interessenausgleich machen muss (vgl. Rz. 23 ff.), verleitet manche Betriebsräte und deren Berater dazu, die Verhandlungen über eine Betriebsänderung um jeden Preis **zu verzögern** (vgl. Teil 4 F Rz. 24 ff. zu weiteren Verzögerungsrisiken), etwa wie folgt:

(1) Die Beratungsphase im Rahmen des § 111 BetrVG wird möglichst lange hingezogen.

(2) Ein Interessenausgleich wird abgelehnt und dadurch der Weg in die Einigungsstelle notwendig.

(3) Der vom Arbeitgeber vorgeschlagene Einigungsstellenvorsitzende und/oder die von ihm vorgeschlagene Anzahl der Beisitzer werden abgelehnt.

---

1 LAG Frankfurt v. 23.6.1988, DB 1988, 2520; ErfK/*Koch*, § 99 Rz. 5.
2 LAG Frankfurt v. 5.7.1985, DB 1986, 756.

(4) Der Arbeitgeber ist so gezwungen, das Verfahren nach § 99 ArbGG beim Arbeitsgericht einzuleiten.

(5) Gegen den Beschluss des Arbeitsgerichts wird Beschwerde beim Landesarbeitsgericht eingelegt.

(6) Nach Verkündung der Entscheidung des Landesarbeitsgerichts kann der Einigungsstellenvorsitzende seine Tätigkeit aufnehmen. Bei der Terminierung lässt sich erst nach Wochen ein gemeinsamer Termin finden.

(7) Es wird versucht, auch das endlich in Gang gekommene Einigungsstellenverfahren zu verzögern, z.B. durch umfangreiche Anträge, Sachverständige zu hören oder mittels Befangenheitsanträgen[1].

(8) Der Vorstand der Bundesagentur für Arbeit wird um Vermittlung ersucht.

Natürlich ist der Arbeitgeber im eigenen Interesse gehalten, Betriebsänderungen rechtzeitig zu planen. Dazu gehört es auch, **realistische Zeiträume** zwischen der Unterrichtung des Betriebsrats und der endgültigen Durchführung der Betriebsänderung einzukalkulieren. Bei zügiger Unterrichtung und Beratung nach § 111 BetrVG und einem (einzukalkulierenden) Verfahren nach § 99 ArbGG bis zur Rechtskraft kann ein Zeitraum von sechs bis neun Monaten durchaus realistisch sein (beispielhafter Zeitplan vgl. Teil 1 B Rz. 69 f.). Die einvernehmliche Errichtung einer ständigen Einigungsstelle kann den Zeitplan vereinfachen[2].

2. Bestellung der Beisitzer

Der Betriebsrat und der Arbeitgeber bestellen die **Beisitzer** je zur Hälfte. Dabei bestehen keine besonderen Voraussetzungen für die Personen der Beisitzer. Sie müssen also nicht Angehörige des Betriebs sein. Es können demnach auch Verbandsvertreter, d.h. Vertreter des Arbeitgeberverbands bzw. der Gewerkschaften, oder Rechtsanwälte hinzugezogen werden. Die Gegenseite kann die von einer Seite bestellten Beisitzer nicht wegen Befangenheit ablehnen[3]. Eine Bestellung ist nur dann ausgeschlossen, wenn die Angelegenheit **besondere persönliche Interessen** eines Arbeitnehmers berührt, z.B. in den Fällen der §§ 38 Abs. 2 Satz 4, 87 Abs. 1 Nr. 9 oder 98 Abs. 4 Satz 1 BetrVG. Die Betriebspartner sollten sich bemühen, sachkundige Beisitzer zu finden. Auf Seiten des Arbeitgebers sollte ein Beisitzer über gute **arbeitsrechtliche Kenntnisse** verfügen und mindestens ein zweiter Beisitzer sollte in der Lage sein, den **betriebswirtschaftlichen** Hintergrund der **unternehmerischen Entscheidung** zu erläutern.

---

1 Vgl. dazu BAG v. 9.5.1995 – 1 ABR 56/94, DB 1995, 2610; *Bauer/Diller*, DB 1996, 137; *Bertelsmann*, NZA 1996, 234.
2 *Kühn*, BB 2009, 2651.
3 BAG v. 6.4.1973, AP Nr. 1 zu § 76 BetrVG 1972.

133 Die Zahl der Beisitzer ist **gesetzlich nicht bestimmt**. Es ist lediglich in § 76 Abs. 2 Satz 1 BetrVG vorgeschrieben, dass es sich bei den vom Arbeitgeber und Betriebsrat gestellten Beisitzern um die gleiche Anzahl handeln muss. Im Normalfall sind **zwei**[1] **Beisitzer auf jeder Seite**, in ganz einfachen Sachen nur einer, in schwierigen und/oder bedeutenden Sachen – was bei Betriebsänderungen regelmäßig anzunehmen ist – auch mehr als zwei (in der Praxis häufig drei) Beisitzer angemessen[2]. Dem Arbeitgeber gibt dies die Möglichkeit, einen Geschäftsführer, den Personalleiter und seinen Rechtsanwalt oder einen operativ verantwortlichen Betriebs- oder Spartenleiter, den Personalleiter und seinen Rechtsanwalt teilnehmen zu lassen.

134 Die Beteiligten können sich auch nachträglich auf eine Anzahl von Beisitzern **einigen**, die von der vom Vorsitzenden des Arbeitsgerichts bestimmten Zahl abweichen kann. Auch können Beisitzer von der jeweiligen Seite **ausgewechselt** werden.

3. Zuständigkeit der Einigungsstelle

135 Die Zuständigkeit der Einigungsstelle kann im Beschlussverfahren und/oder von der Einigungsstelle selbst geprüft werden:

a) Prüfung im gerichtlichen Bestellungsverfahren

136 Im Bestellungsverfahren nach § 99 ArbGG darf die Bestimmung des Vorsitzenden und/oder der **Anzahl der Beisitzer** (vgl. Rz. 133) nur unterbleiben, wenn die Einigungsstelle **offensichtlich unzuständig** ist (§ 99 Abs. 1 Satz 2 ArbGG). Das ist der Fall, wenn bei fachkundiger Beurteilung durch das Gericht sofort erkennbar ist, dass ein Mitbestimmungsrecht des Betriebsrats in der fraglichen Angelegenheit unter keinem denkbaren rechtlichen Gesichtspunkt in Frage kommt[3], z.B. weil eine bestehende Betriebsvereinbarung zum Gegenstand der Einigungsstelle nicht gekündigt ist[4] oder weil für den Betrieb bereits ein (Rahmen-)Sozialplan (vgl. Rz. 34) besteht. Offensichtlich unzuständig ist die Einigungsstelle, wenn zuvor das Landesarbeitsgericht im Verfahren zum Erlass einer einstweiligen (Unterlassungs-)Verfügung das Vorliegen einer Betriebsänderung schon verneint hat[5] oder wenn sich bereits aus dem unstreitigen eigenen Tatsa-

---

1 LAG Berlin v. 12.9.2001, NZA-RR 2002.
2 Dazu LAG Hamm v. 20.6.1975, DB 1975, 2452 und LAG Hamm v. 8.4.1987, LAG Hamm v. 8.4.1987 – 12 TaBV 17/87, DB 1987, 1441.
3 Vgl. auch LAG München v. 30.10.1985 – 8 TaBV 15/85, NZA 1986, 577 und v. 13.3.1986, DB 1987, 479; LAG Hamm v. 16.4.1986 – 12 TaBV 170/85, BB 1986, 1359; LAG Niedersachsen v. 30.9.1988, NZA 1989, 149; LAG Düsseldorf v. 4.11.1988 – 17 (6) TaBV 114/88, CR 1989, 711 = NZA 1989, 146; LAG Schleswig-Holstein v. 21.12.1989, NZA 1990, 703; LAG Frankfurt v. 30.10.1990, DB 1991, 920.
4 ErfK/*Koch*, § 99 ArbGG Rz. 3 m.w.N.
5 LAG Hamburg v. 26.3.2014, BeckRS 2014, 67984.

chenvortrag des Antragstellers ergibt, dass nach gefestigter Rechtsprechung oder gefestigter Rechtsmeinung dem Betriebsrat kein Mitbestimmungsrecht zustünde[1].

Wird der Antrag des Betriebsrats auf Errichtung einer Einigungsstelle mit der Begründung rechtskräftig abgewiesen, die Einigungsstelle sei **offensichtlich unzuständig**, so entfällt dadurch nicht das Rechtsschutzinteresse des Betriebsrats an der Feststellung des umstrittenen Mitbestimmungsrechts. Der Betriebsrat kann vielmehr erneut die Errichtung der Einigungsstelle nach § 99 ArbGG beantragen, wenn das geltend gemachte Mitbestimmungsrecht unter den Beteiligten rechtskräftig festgestellt worden ist[2].

137

b) Prüfung im allgemeinen Beschlussverfahren

Das Verfahren nach § 99 ArbGG hindert nicht, dass über das Bestehen oder Nichtbestehen eines geltend gemachten Mitbestimmungsrechts (z.B. hinsichtlich der Frage, ob das Sozialplanprivileg des § 112a BetrVG eingreift) in einem allgemeinen Beschlussverfahren auf Antrag eines Betriebspartners entschieden wird. Dieses **Vorabentscheidungsverfahren** ist zulässig, gleichgültig, ob es vor, während oder nach dem Verfahren nach § 99 ArbGG anhängig gemacht wird[3]. Das ergibt sich daraus, dass die Gerichte für Arbeitssachen für die Frage der Zuständigkeit der Einigungsstelle die sog. Kompetenz-Kompetenz haben[4]. Die Arbeitsgerichte können entscheiden, ohne den Spruch der Einigungsstelle abzuwarten. Das Einigungsstellenverfahren ist keine Prozessvoraussetzung für das normale Beschlussverfahren. Auch eine Aussetzung des allgemeinen Beschlussverfahrens bis zur Entscheidung durch die Einigungsstelle kommt nicht in Betracht[5].

138

c) Inzidente Vorabprüfung durch die Einigungsstelle

Die Einigungsstelle hat über ihre eigene **Zuständigkeit** als Vorfrage selbst zu befinden. Wird die Zuständigkeit verneint, so ist das Verfahren einzustellen; wird sie bejaht, so ist das Verfahren vor der Einigungsstelle grds. unabhängig von einem anhängigen Beschlussverfahren durchzuführen. Die Einigungsstelle kann allerdings bei Zweifeln an ihrer Zuständigkeit die **Aussetzung des Einigungsstellenverfahrens** entsprechend § 148 ZPO – sei es auch nur mehrheitlich – beschließen[6]. Dass ein Mehrheitsbeschluss für die Aussetzung ausreichend ist, ergibt sich aus § 76 Abs. 3

139

---
1 LAG Kiel v. 8.2.2012 – 6 TaBV 47/11; LAG Hannover v. 12.1.2010 – 1 TaBV 73/09.
2 BAG v. 25.4.1989 – 1 ABR 91/87, DB 1989, 1928.
3 BAG v. 6.12.1983, AP Nr. 7 zu § 87 BetrVG 1972 Überwachung.
4 *Dütz*, AuR 1973, 368; LAG Düsseldorf, DB 1978, 701.
5 *Fitting*, § 76 Rz. 36.
6 So zu Recht *Heinze*, RdA 1990, 262 (273); a.A. *Matthes*, DB 1984, 453.

Satz 1 BetrVG, wonach die Einigungsstelle ihre Beschlüsse nach mündlicher Beratung und Stimmenmehrheit fasst. Zu den Beschlüssen gehört aber auch der Beschluss, das Verfahren entsprechend § 148 ZPO auszusetzen. § 148 ZPO enthält einen allgemein gültigen Rechtsgedanken, demzufolge die Aussetzung allein aufgrund pflichtgemäßer Ermessensausübung durch das Gericht (und damit bei entsprechender Anwendung im Einigungsstellenverfahren durch die Einigungsstelle) erfolgt. Von der Aussetzung ist das Ruhen des Verfahrens zu unterscheiden, das entsprechend § 251 ZPO anzuordnen ist, wenn dies beide Betriebspartner beantragen und anzunehmen ist, dass wegen Schwebens von Vergleichsverhandlungen oder aus sonstigen wichtigen Gründen diese Anordnung zweckmäßig ist[1].

140 **Bejaht** die Einigungsstelle ihre Zuständigkeit und fällt sie in der Sache einen Spruch, so wird dieser gegenstandslos, wenn im allgemeinen Beschlussverfahren (vgl. Rz. 138) oder im Rahmen des Anfechtungsverfahrens nach § 76 Abs. 5 Satz 4 BetrVG die Unzuständigkeit der Einigungsstelle rechtskräftig festgestellt wird.

141 **Beispiel:** Zwischen den Betriebspartnern ist streitig, ob auf eine Betriebsänderung das Sozialplanprivileg des § 112a BetrVG Anwendung findet. Dabei sind folgende Verfahren denkbar:

(1) Das Bestellungsverfahren nach § 99 ArbGG.

(2) Das allgemeine Beschlussverfahren, in dem der Arbeitgeber beantragt, festzustellen, dass dem Betriebsrat bei der geplanten Betriebsänderung kein Mitbestimmungsrecht bezüglich der Aufstellung eines Sozialplans zusteht (auch der „Gegenantrag" des Betriebsrats im normalen Beschlussverfahren ist denkbar).

(3) Das Einigungsstellenverfahren im Wege der Vorabprüfung durch die Einigungsstelle, gegebenenfalls anschließend das Verfahren nach (2) oder, wenn die Einigungsstelle mit einem Sozialplanspruch beendet wird, das Anfechtungsverfahren (vgl. Rz. 165 ff.).

142 Ist zum Zeitpunkt des Einigungsstellenspruchs das normale Beschlussverfahren hinsichtlich der Zuständigkeit der Einigungsstelle **noch anhängig**, so sollte in die Sozialplanregelung folgende Klausel aufgenommen werden:

„Ansprüche aus diesem Sozialplan stehen unter dem Vorbehalt, dass im Beschlussverfahren ... das Mitbestimmungsrecht des Betriebsrats bei der Aufstellung des Sozialplans rechtskräftig festgestellt wird. Abfindungsansprüche sind frühestens zu diesem Zeitpunkt fällig."

Wenn eine solche Sozialplanklausel fehlt, ist es denkbar, dass einzelne Arbeitnehmer ihren (vermeintlichen) Abfindungsanspruch aus dem Sozialplan gegenüber dem Arbeitgeber geltend machen und entsprechende Urteilsverfahren einleiten, weil sich der Arbeitgeber unter Hinweis auf das noch nicht rechtskräftige Beschlussverfahren weigert, die Abfindungen

---

1 Vgl. *Heinze*, RdA 1990, 262.

auszubezahlen. Dann ist das Arbeitsgericht u.E. verpflichtet, das **Urteilsverfahren** bis zum rechtskräftigen Abschluss des Beschlussverfahrens **auszusetzen**.

4. Verfahrensablauf

Die Einigungsstelle fasst ihre Beschlüsse nach **mündlicher Beratung** mit Stimmenmehrheit[1]. Dabei liegt die Regelung des Verfahrens weitgehend im pflichtgemäßen Ermessen der Einigungsstelle. Bei der Beschlussfassung enthält sich der Vorsitzende bei der ersten Abstimmung der Stimmabgabe. Kommt bei der ersten Abstimmung keine Mehrheit zustande, nimmt der Vorsitzende nach weiterer Beratung an der erneuten Beschlussfassung teil. Eine erneute Sitzung ist nicht erforderlich. Die **Stimme des Vorsitzenden** gibt dann den Ausschlag. Eine Stimmenthaltung des Vorsitzenden ist daher – anders als eine Stimmenthaltung von Beisitzern – nicht zulässig. Haben die Betriebspartner an der Einigungsstelle sonstige Teilnehmer, z.B. aus dem Betriebsrat, zugelassen, müssen diese während der Abstimmung den Raum verlassen. Insoweit sind Abstimmung und Stimmabgabeverhalten geheim[2]. 143

Weitere Einzelheiten des Verfahrensablaufs können durch **Betriebsvereinbarung** geregelt werden (§ 76 Abs. 4 BetrVG). Dabei darf jedoch nicht von den gesetzlichen Vorschriften abgewichen werden. 144

Über die Beschlüsse der Einigungsstelle ist eine **Niederschrift** anzufertigen. Der Vorsitzende hat diese zu unterschreiben und Arbeitgeber und Betriebsrat zuzuleiten (§ 76 Abs. 3 Satz 3 BetrVG). Zur Erleichterung einer gerichtlichen Überprüfung des Spruchs der Einigungsstelle ist es zweckmäßig, dass der Spruch schriftlich begründet wird[3]. 145

Auf Grund des **Gebots zur vertrauensvollen Zusammenarbeit** (§ 2 Abs. 1 BetrVG) haben der Arbeitgeber und der Betriebsrat der Einigungsstelle die angeforderten **Unterlagen** zur Verfügung zu stellen. Der Einigungsstelle stehen hierfür jedoch keine Zwangsmittel zu. Der Betriebsrat kann aber gem. § 80 Abs. 2 BetrVG verlangen, dass der Arbeitgeber die Unterlagen ihm vorlegt. Der Betriebsrat kann dann die Einigungsstelle entsprechend informieren und die Unterlagen an sie weiterleiten. 146

5. Sozialplanspruch der Einigungsstelle

Während der Arbeitgeber hinsichtlich des Interessenausgleichs nur einen Verhandlungsversuch vor der Einigungsstelle machen muss (vgl. Teil 2 A 147

---

1 § 76 Abs. 3 BetrVG; vgl zu den Einzelheiten: *Hennige*, S. 167 ff.; *Friedemann*, Rz. 258 ff.; *Heinze*, RdA 1990, 262; *Schönfeld*, NZA Beil. 4/1988, S. 3.
2 Zur Geheimhaltungspflicht der Berater vgl. Teil 2 A Rz. 142.
3 Vgl. BAG v. 8.3.1977, 30.10.1979, 28.7.1981, 31.8.1982, AP Nr. 1 zu § 87 BetrVG 1972 Auszahlung, AP Nr. 9 zu § 112 BetrVG 1972, AP Nr. 2 zu § 87 BetrVG 1972 Urlaub, AP Nr. 8 zu § 87 BetrVG 1972 Arbeitszeit.

Rz. 119), ein Spruch also unzulässig wäre, entscheidet die Einigungsstelle über den Sozialplan notfalls durch Spruch. In der Praxis schlägt der Vorsitzende der Einigungsstelle einen Text für den Sozialplan zur letzten Durchsprache vor mit dem Ziel, doch noch eine **Einigung über den Sozialplan** zu erzielen. Erfahrene Vorsitzende machen dabei sehr genau deutlich, welche Sozialplangegenstände im Fall eines Spruchs nicht „spruchfähig" wären (z.B. die Einführung und Dotierung einer Transfergesellschaft, vgl. Rz. 162). Für die Betriebsratsseite erhöht das häufig den **Einigungsdruck**. Kommt es zum Spruch, ist dieser nur nach Maßgabe der folgenden Ausführungen **anfechtbar**.

148 Der Spruch der Einigungsstelle unterliegt der arbeitsgerichtlichen Rechtskontrolle. Die Gerichte für Arbeitssachen entscheiden gem. § 2a Abs. 1 Nr. 1, Abs. 2 ArbGG im **Beschlussverfahren**, ob die Einigungsstelle eine vertretbare und **ermessensfehlerfreie Interessenabwägung** beim Sozialplan vorgenommen und die Grenzen des § 112 Abs. 5 BetrVG eingehalten hat.

a) Anfechtung wegen Rechtsfehlern

149 Der Spruch der Einigungsstelle über den Sozialplan ist **rechtsfehlerhaft**, wenn er Kündigungsverbote, Versetzungs- und Umschulungspflichten u.ä. enthält[1]. Der Sozialplan, über den die Einigungsstelle nach § 112 Abs. 4 BetrVG verbindlich entscheiden kann, knüpft an diejenigen wirtschaftlichen Nachteile an, die den Arbeitnehmern trotz einer möglichst schonungsvollen Durchführung der Betriebsänderung noch tatsächlich entstehen.

b) Überprüfung der Ermessensentscheidung

150 Die Einigungsstelle hat bei ihrer Entscheidung sowohl die **sozialen Belange** der betroffenen Arbeitnehmer zu berücksichtigen als auch die wirtschaftliche Vertretbarkeit[2] ihrer Entscheidung für das Unternehmen zu beachten. Wird geltend gemacht, es sei unzulässig, in einem Sozialplan unabhängig von den individuellen unterschiedlichen Nachteilen für alle Arbeitnehmer pauschale Abfindungen zu beschließen, handelt es sich um die Geltendmachung eines **Ermessenfehlers**[3]. Die Einigungsstelle handelt u.E. ermessensfehlerhaft, wenn sie durch Spruch auch den Arbeitnehmern Abfindungen zuerkennt, deren Arbeitsverhältnis zum Zeitpunkt des Ausspruchs der betriebsbedingten Kündigungen noch keine sechs Monate bestanden hat[4].

---

1 BAG v. 17.9.1991 – 1 ABR 23/91, DB 1992, 229.
2 Vgl. dazu von Hoyningen-Huene, RdA 1986, 102; Drukarzyk, RdA 1986, 115; Targan, AuA 1993, 42.
3 BAG v. 26.5.1988 – 1 ABR 11/87, DB 1988, 2154.
4 ArbG Köln v. 3.9.1975, DB 1975, 2451; a.A. LAG Düsseldorf v. 1.4.1976, DB 1976, 1824.

Der Sozialplan dient gem. § 112 Abs. 1 Satz 2 BetrVG dem Ausgleich oder der Milderung wirtschaftlicher Nachteile der Arbeitnehmer. Nach der Rspr. des BAG stehen beide Alternativen gleichberechtigt nebeneinander. Daher liegt es im Ermessen der Einigungsstelle festzulegen, ob und welche Nachteile ganz oder teilweise ausgeglichen und welche gemildert werden sollen[1]. Bei ihrer **Ermessensausübung** ist die Einigungsstelle dabei an **zwei Grenzen** gebunden. Sie darf kein größeres Gesamtvolumen des Sozialplans vorsehen als für den vollen Ausgleich aller wirtschaftlichen Nachteile der Arbeitnehmer erforderlich ist, und sie muss grds. Leistungen vorsehen, die noch als substantielle, **spürbare Milderung** der wirtschaftlichen Nachteile angesehen werden können[2]. Die Einigungsstelle kann aber von einer substantiellen **Milderung** der wirtschaftlichen Nachteile der Arbeitnehmer **ganz absehen**, wenn die **wirtschaftlichen Verhältnisse** der Gesellschaft dies gebieten[3]. Ein Berechnungsdurchgriff auf Konzernobergesellschaften[4] orientiert sich an der Rechtsprechung des BGH[5]. Danach gehört ein möglicher Schadensersatzanspruch wegen Existenzvernichtungshaftung zum Vermögen der Gesellschaft. Dieser Schadensersatzanspruch kann in die Beurteilung der Vermögenslage der Gesellschaft einzustellen sein und könnte so auch die wirtschaftliche Vertretbarkeit eines Sozialplans beeinflussen[6]. Ein Bemessungsdurchgriff im Konzern kommt außerdem in Betracht, soweit sich aus dem Umwandlungsrecht Einstandspflichten bei der Aufspaltung eines Unternehmens in Anlagegesellschaft und Betriebsgesellschaft ergeben[7].

c) Richtlinien für die Ermessensausübung der Einigungsstelle

Das Ermessen der Einigungsstelle ist durch **gesetzliche Richtlinien** (§ 112 Abs. 5 BetrVG) **begrenzt**:

aa) Gegebenheiten des Einzelfalls

Die Einigungsstelle soll beim Ausgleich oder bei der Milderung wirtschaftlicher Nachteile (z.B. durch Einkommensminderung, Wegfall von Sonderleistungen, Verlust von Anwartschaften auf betriebliche Altersversorgung, Umzugskosten, erhöhte Fahrtkosten) Leistungen vorsehen, die „in der Regel" den Gegebenheiten des Einzelfalls Rechnung tragen. Da ein Sozialplan zügig aufgestellt und abgewickelt werden muss, ist hinsichtlich der die einzelnen Arbeitnehmer treffenden Nachteile zumeist nur eine **Prognose** möglich. § 112 Abs. 5 Satz 2 Nr. 1 BetrVG schließt es nicht

---
1 BAG v. 24.8.2004 – 1 ABR 23/03, NZA 2005, 302.
2 BAG v. 24.8.2004 – 1 ABR 23/03, NZA 2005, 302.
3 BAG v. 24.8.2004 – 1 ABR 23/03, NZA 2005, 302.
4 Dazu ausführlich *Löwisch*, ZIP 2015, 209 ff.
5 BGH v. 16.7.2007 zum Haftungsdurchgriff bei missbräuchlicher Schädigung der Gläubiger, ZIP 2007, 1525.
6 BAG v. 15.3.2011 – 1 ABR 97/09, NZA 2011, 1112.
7 BAG v. 15.3.2011 – 1 ABR 97/09, NZA 2011, 1112.

aus, als Abfindung Pauschalbeträge zu gewähren, die an die Dauer der Betriebszugehörigkeit, das Lebensalter und die Unterhaltsverpflichtungen des Arbeitnehmers anknüpfen. Die Einigungsstelle darf nicht dauerhaft von einer eigenen Entscheidung über die Höhe des Sozialplanvolumens absehen und muss mindestens ein eindeutiges Verfahren beschließen, in dem offene Fragen geklärt werden können[1]. Die Einigungsstelle erfüllt ihren Regelungsauftrag dann nicht, wenn sie nur Bestimmungen über die Verteilung eines möglichen Sozialplanvolumens trifft, ohne dessen Umfang festzulegen[2].

154 Die Einigungsstelle muss jedoch auch die **weiteren Gesichtspunkte** des § 112 Abs. 5 Satz 2 Nr. 1 BetrVG bei der Bemessung der Abfindung berücksichtigen[3]. Andernfalls ist der Spruch der Einigungsstelle ermessensfehlerhaft. Nach Auffassung des BAG[4] überschreitet die Einigungsstelle die Grenzen des ihr durch § 112 Abs. 5 BetrVG vorgegebenen Ermessensrahmens, wenn sie für alle infolge einer Betriebsänderung entlassenen Arbeitnehmer **ohne Unterschied** Abfindungen festsetzt, deren Höhe sich allein nach dem Monatseinkommen und der Dauer der Betriebszugehörigkeit bemisst.

bb) Aussichten auf dem Arbeitsmarkt

155 Die Einigungsstelle hat bei ihrem Spruch die **Aussichten** der betroffenen Arbeitnehmer auf dem **Arbeitsmarkt** zu berücksichtigen (§ 112 Abs. 5 Satz 2 Nr. 2 BetrVG). Hierzu ist es erforderlich, dass die Einigungsstelle eine Auskunft bei der zuständigen Arbeitsagentur einholt[5]. Es kann gegebenenfalls nach Arbeitnehmergruppen unterschieden werden (fachliche Qualifikation, Schwierigkeiten bei der Vermittlung auf dem Arbeitsmarkt wegen Alters, Behinderung). Aus der Formulierung in § 112 Abs. 5, „die Einigungsstelle hat **bei ihrer Entscheidung** ...", folgt, dass für die Beurteilung der Verhältnisse der Zeitpunkt der Beschlussfassung der Einigungsstelle entscheidend ist. Hat der Arbeitnehmer zu diesem Zeitpunkt bereits einen neuen Arbeitsplatz oder ist ihm ein zumutbarer neuer Arbeitsplatz angeboten worden, ist eine **niedrigere** Abfindung festzusetzen[6].

cc) Mögliche Weiterbeschäftigung

156 Die Einigungsstelle soll bei ihrem Spruch Arbeitnehmer von Leistungen ausschließen, die in einem **zumutbaren Arbeitsverhältnis**

---

[1] BAG v. 26.5.2009, DB 2009, 2330.
[2] BAG v. 26.5.2009, DB 2009, 2330.
[3] LAG Frankfurt v. 28.10.1986, AuR 1987, 418; BAG v. 27.10.1987, AP Nr. 41 zu § 112 BetrVG 1972.
[4] BAG v. 14.9.1994 – 10 ABR 7/94, NZA 1995, 440.
[5] Vgl. *Etzel*, Rz. 976.
[6] Vgl. *Etzel*, Rz. 977; a.A. noch BAG v. 23.4.1985, AP Nr. 26 zu § 112 BetrVG 1972 a.F.

– in demselben Betrieb oder
– in einem anderen Betrieb des Unternehmens oder
– in einem Betrieb eines zum Konzern gehörenden Unternehmens

weiterbeschäftigt werden können und diese Weiterbeschäftigung ablehnen. Dabei begründet die mögliche Weiterbeschäftigung an einem anderen Ort für sich nicht die Unzumutbarkeit (§ 112 Abs. 5 Satz 2 Nr. 2 BetrVG). Die „Zumutbarkeit" i.S.d. Vorschrift ist ein unbestimmter Rechtsbegriff, der nach § 76 Abs. 7 BetrVG der gerichtlichen Nachprüfung unterliegt. Zumutbar ist das neue Arbeitsverhältnis nur, wenn es der Ausbildung, den Fähigkeiten und den Qualifikationen des Arbeitnehmers entspricht. Ferner sind die neuen Arbeitsbedingungen nur dann zumutbar, wenn dem Arbeitnehmer keine erheblich geringere Vergütung angeboten wird als bisher[1].

In einem anderen **Konzernunternehmen** sind die Arbeitsbedingungen nur dann zumutbar, wenn dem Arbeitnehmer auch die Anrechnung seiner bisherigen Betriebszugehörigkeit und die Aufrechterhaltung einer **Versorgungsanwartschaft** zugesagt wird. Ein **Ortswechsel** allein begründet nicht die Unzumutbarkeit des Angebots. Es bedarf hierfür weiterer Umstände: 157

Beispiele: sehr weite Entfernung des neuen Arbeitsplatzes, Krankheit eines Familienmitglieds, körperliche Behinderung des Arbeitnehmers, hohes Lebensalter, erforderliche Umschulung der Kinder des Arbeitnehmers. 158

Gesetzlich nicht geregelt ist der Fall, dass ein Arbeitnehmer ein unzumutbares Angebot auf Weiterbeschäftigung in demselben Betrieb oder im Betrieb eines **zum Konzern gehörenden Unternehmens** annimmt und dort weiterbeschäftigt wird. Es stellt sich die Frage, ob er von den Leistungen aus dem Sozialplan ausgeschlossen werden kann. Dies ist jedenfalls dann zulässig, wenn er eine im Sozialplan geregelte Erprobungsgelegenheit nutzt und abweichend von den Sozialplanbestimmungen vorzeitig ausscheidet, um eine andere Stelle anzunehmen[2]. Erhält der Arbeitnehmer eine geringere Vergütung als bisher, kann er in der Höhe seiner Einkommensminderung Leistungen aus dem Sozialplan erhalten[3]. 159

dd) Förderungsmöglichkeiten zur Vermeidung von Arbeitslosigkeit

Nach § 112 Abs. 5 Satz 2 Nr. 2a BetrVG soll die Einigungsstelle die im Dritten Buch des Sozialgesetzbuchs vorgesehenen **Förderungsmöglichkeiten** zur Vermeidung von Arbeitslosigkeit berücksichtigen. Solche Förderungsmöglichkeiten sind das **Transferkurzarbeitergeld** nach § 111 SGB III und die Teilnahme an Transfermaßnahmen. 160

---
1 BAG v. 27.10.1987 – 1 ABR 9/86, NZA 1988, 203.
2 LAG Hamm v. 7.8.2008 – 8 Sa 1585/07, FD-ArbR 2008, 266900.
3 BAG v. 28.9.1988 – 1 ABR 23/87, DB 1989, 48.

161 Zweck des § 112 Abs. 5 Satz 2 Nr. 2a BetrVG ist es, einen **Vorrang der Beschäftigungsförderung vor reinen Abfindungsregelungen** in Sozialplänen festzulegen. Die Einigungsstelle kann in Anbetracht dieser Regelung sich nicht damit begnügen, einen reinen Abfindungs- und Sozialplan ohne jegliche Prüfung der Förderungsmöglichkeiten zu verabschieden. Sie muss prüfen, welche Förderungsmöglichkeiten zur Vermeidung der Arbeitslosigkeit nach dem SGB III in Betracht kommen[1].

162 Diese Förderungsmöglichkeiten können in der Einigungsstelle aber **nicht gegen den Willen des Arbeitgebers** erzwungen werden. Andernfalls würde unzulässig in die Freiheit der **Unternehmerentscheidung** eingegriffen. Der Gesetzgeber hat mit der Differenzierung zwischen Interessenausgleich und Sozialplan in § 112 Abs. 4 BetrVG deutlich gemacht, dass nur Maßnahmen, die dem Ausgleich bzw. der Milderung wirtschaftlicher Nachteile dienen, in der Einigungsstelle erzwungen werden können. Der Gesetzgeber hat der Einigungsstelle zwar aufgegeben, Förderungsmöglichkeiten zu prüfen. Die gesetzliche Intention, die Nutzung dieser Möglichkeiten zu fördern, bedeutet aber nicht, dass über eine Ermessensrichtlinie in die Unternehmerentscheidung selbst eingegriffen werden kann. Die Maßnahmen können deshalb nur dann gegen den Willen des Arbeitgebers erzwungen werden, wenn sie sich lediglich finanziell belastend für das Unternehmen auswirken[2]. Es ist z.B. nicht möglich, den Arbeitgeber über innerbetriebliche Qualifizierungsmaßnahmen zu zwingen, die von ihm beabsichtigte betriebsbedingte Kündigung erst zu einem späteren Zeitpunkt auszusprechen[3]. Es kann auch keine Pflicht der Einigungsstelle zur Aufstellung eines Transfersozialplans infolge einer „Ermessensreduzierung auf Null" geben[4]. Das ist übrigens heute die Sichtweise praktisch aller Einigungsstellenvorsitzenden.

ee) Fortbestand des Unternehmens und vorhandener Arbeitsplätze

163 Die Einigungsstelle hat bei der **Bemessung des Gesamtbetrags** der Sozialplanleistungen darauf zu achten, dass der Fortbestand des Unternehmens oder die nach Durchführung der Betriebsänderung verbleibenden Arbeitsplätze nicht gefährdet werden (§ 112 Abs. 5 Satz 2 Nr. 3 BetrVG). Dieser Gesichtspunkt entfällt, wenn ein Betrieb oder Unternehmen ohne Durchführung eines Insolvenzverfahrens stillgelegt wird.

164 In einem Sozialplan können auch **Höchstbegrenzungsklauseln** für Abfindungen wegen des Verlusts des Arbeitsplatzes vorgesehen werden[5]. Dies kommt insbesondere bei der Berechnung der Abfindung nach einem Punktesystem in Betracht. Bedenklich ist dagegen die Rspr. des BAG,

---

1 JRH/*Röder/Baeck*, Kap. 28 Rz. 316 f.
2 JRH/*Röder/Baeck*, Kap. 28 Rz. 317.
3 ErfK/*Kania*, §§ 112, 112a BetrVG Rz. 37d.
4 ErfK/*Kania*, §§ 112, 112a BetrVG Rz. 37d.
5 BAG v. 6.5.2003 – 1 ABR 11/02, DB 2004, 193; BAG v. 21.7.2009 – 1 AZR 566/08, ZIP 2009, 1834.

nach der die Einigungsstelle auch bei wirtschaftlich schwachen Unternehmen einschneidende finanzielle Belastungen „bis an den Rand der Bestandsgefährdung" festlegen darf[1]. Auf der anderen Seite kann die Einigungsstelle von einer Milderung der wirtschaftlichen Nachteile der Arbeitnehmer ganz absehen, wenn dies die wirtschaftlichen Verhältnisse der Gesellschaft gebieten[2].

6. Verfahren der gerichtlichen Überprüfung des Spruchs der Einigungsstelle

Antragsberechtigt für das Beschlussverfahren nach § 2 ArbGG sind der Arbeitgeber und der Betriebsrat, nicht einzelne von der Betriebsänderung betroffene Arbeitnehmer. Die Einigungsstelle selbst ist nicht Beteiligte des Beschlussverfahrens[3].

Der Antrag an das Arbeitsgericht hat **keine aufschiebende Wirkung** für den Spruch der Einigungsstelle.

Der Antrag muss binnen einer materiell-rechtlichen **Ausschlussfrist von zwei Wochen** nach Zuleitung des Einigungsstellenspruchs beim Arbeitsgericht eingegangen sein, wenn eine Überschreitung des Ermessens geltend gemacht wird (§ 76 Abs. 5 Satz 4 BetrVG). Diese Frist wird nicht gewahrt, wenn innerhalb der zwei Wochen beim Arbeitsgericht nur die Feststellung der Unwirksamkeit eines Sozialplans ohne jede Begründung beantragt wird[4]. Eine nach Ablauf der Frist nachgeschobene Begründung für den Feststellungsantrag heilt den Mangel nicht. Neben der fristgebundenen gerichtlichen Ermessenskontrolle unterliegt ein Einigungsstellenspruch aber auch der gerichtlichen **Rechtskontrolle**, die nicht fristgebunden ist. Damit bestehen für den Arbeitgeber im Wege des Beschlussverfahrens zwei mit unterschiedlicher „Kontrolldichte" ausgestattete Möglichkeiten der gerichtlichen Überprüfung: Will der Arbeitgeber Ermessensüberschreitungen rügen, muss er sie nach § 76 Abs. 5 Satz 4 BetrVG innerhalb einer Anfechtungsfrist von zwei Wochen geltend machen; ohne Einhaltung der Frist kann er nur das Fehlen der gesetzlichen Grundlagen für die von der Einigungsstelle beanspruchte Regelungskompetenz rügen.

Das Arbeitsgericht entscheidet im Rahmen des Beschlussverfahrens auch die **Vorfrage, ob überhaupt eine Betriebsänderung** i.S.d. § 111 BetrVG vorliegt und damit die Einigungsstelle über den Sozialplan eine Entscheidung treffen konnte.

---

1 BAG v. 6.5.2003 – 1 ABR 11/02, DB 2004, 193.
2 BAG v. 24.8.2004 – 1 ABR 23/03, NZA 2005, 302.
3 BAG v. 22.1.1980 – 1 ABR 28/78, DB 1980, 1402; vgl. aber auch ArbG Berlin v. 5.2.1975, DB 1975, 652.
4 BAG v. 26.5.1988 – 1 ABR 11/87, DB 1988, 2154.

169 Die Gerichte für Arbeitssachen können lediglich die **(Teil-)Unwirksamkeit** des Spruchs der Einigungsstelle feststellen. Sie dürfen den Einigungsstellenspruch nicht abändern und eine eigene Entscheidung nach billigem Ermessen treffen[1]. Hierzu fehlt ihnen die Kompetenz. Dementsprechend lautet der **Antrag**:

„Es wird festgestellt, dass der Spruch der Einigungsstelle vom ... unwirksam ist."

170 Stellt das Gericht die Unwirksamkeit des Einigungsstellenspruchs fest, müssen der Arbeitgeber und der Betriebsrat entscheiden, ob sie erneut eine Einigung versuchen oder wiederum die Einigungsstelle anrufen. Nicht möglich ist es dagegen, einen durch eine Einigungsstelle zustande gekommenen Sozialplan durch eine **weitere Einigungsstelle** überprüfen und/oder abändern zu lassen[2].

171 Der **Streitwert** eines Beschlussverfahrens, in dem es um die Anfechtung eines durch Spruch der Einigungsstelle aufgestellten Sozialplans geht, bestimmt sich nach dem Wert des letztlich strittigen Sozialplanvolumens[3].

172 Der **einzelne Arbeitnehmer** kann nur Rechtsfehler des Sozialplans bei der Festlegung von Grund und Höhe der Ansprüche geltend machen. Richtige Verfahrensart ist das **Urteilsverfahren**.

173 **Beispiel:** Der Arbeitnehmer macht als Rechtsfehler die Nichtbeachtung des Diskriminierungsverbots oder des arbeitsrechtlichen Gleichbehandlungsgrundsatzes nach § 75 Abs. 1 BetrVG geltend. Ferner kann die Überschreitung der Ermessensgrenzen beanstandet werden.

7. Kosten der Einigungsstelle

a) Honoraranspruch

174 § 76a BetrVG regelt die Kosten der Einigungsstelle[4]. § 76a Abs. 3 BetrVG bestimmt, dass nur der Vorsitzende und die nichtbetriebsangehörigen Beisitzer einen **gesetzlichen Vergütungsanspruch** haben, zu dem auch Ansprüche auf Mehrwertsteuer und Auslagenersatz gehören[5]. Die betriebsangehörigen Beisitzer sind auf den Anspruch auf Freistellung von ihrer Arbeitstätigkeit und Fortzahlung des Entgelts nach § 37 Abs. 2, 3 BetrVG verwiesen.

---

1 BAG v. 23.10.2002 – 7 ABR 55/01, DB 2003, 1852.
2 LAG Düsseldorf v. 9.9.1977, DB 1977, 1954.
3 LAG Hamm v. 13.10.1988 – 8 TaBV 53/88, DB 1989, 52.
4 Vgl. dazu *Löwisch*, DB 1989, 223; *Bauer/Röder*, DB 1989, 224; *Engels/Natter*, BB Beil. 8/1989, 27; *Bengelsdorf*, NZA 1989, 495; *Lunk/Nebendahl*, NZA 1990, 921; *Schäfer*, NZA 1991, 836; *Kamphausen*, NZA 1992, 55; *Kamphausen*, NZA 1994, 49; *Bauer*, NZA 1992, 433.
5 BAG v. 14.2.1996 – 7 ABR 24/95, NZA 1996, 1225.

b) Vergütungshöhe

Der Bundesminister für Wirtschaft und Arbeit hat von der ihm nach § 76 BetrVG eingeräumten Ermächtigung für eine Vergütungsordnung bisher keinen Gebrauch gemacht. Aus der Formulierung „insbesondere" in § 76a Abs. 4 Satz 2 BetrVG folgt, dass es sich bei den für die Bestimmung der Höhe für die Vergütung genannten Kriterien um **keine abschließende Regelung** handelt. Maßgebliche Kriterien für die Vergütung sind vor allem der erforderliche **Zeitaufwand** und die **Schwierigkeit** der Streitigkeit. Dagegen wird die wirtschaftliche Bedeutung der mitbestimmungspflichtigen Angelegenheit nicht erwähnt. Bei der Bemessung der Vergütung ist regelmäßig von Stundensätzen auszugehen, wobei nicht nur der Zeitaufwand für die Sitzung, sondern auch für eine notwendige Vor- und Nachbearbeitung zu berücksichtigen ist. I.d.R. wird das Honorar zwischen Arbeitgeber und Einigungsstellenvorsitzendem vor Beginn des Verfahrens ausgehandelt. Liegt eine solche Einigung nicht vor, können von den Gerichten für Arbeitssachen nachträglich allerdings keine Höchstbeträge für das Honorar festgesetzt werden, weil diese Befugnis nur dem Verordnungsgeber zusteht; es fehlt also an einer planwidrigen Gesetzeslücke, die von den Gerichten geschlossen werden könnte (§§ 315, 316 BGB)[1]. Der Einigungsstellenvorsitzende hat bei Fehlen einer vertraglichen Vergütungsvereinbarung den Umfang der Vergütung selbst nach **billigem Ermessen** zu bestimmen, wobei die Bemessungsgrundsätze der §§ 76a Abs. 4 Sätze 2 bis 5 BetrVG zu beachten sind. Eine gerichtliche Festsetzung der Vergütungshöhe kommt erst dann in Betracht, wenn die vom Einigungsstellenvorsitzenden bestimmte Höhe seiner Vergütung nicht der Billigkeit entspricht (§ 315 Abs. 3 Satz 2 BGB).

175

Nach § 76a Abs. 4 Satz 3 BetrVG ist die **Vergütung der Beisitzer** niedriger zu bemessen als die des Vorsitzenden. Da die für die Vergütung maßgeblichen Kriterien bei den jeweiligen Mitgliedern der Einigungsstelle in durchaus unterschiedlichem Maße vorliegen können, unterstellt das Gesetz auch die Möglichkeit unterschiedlicher Vergütungsansprüche der einzelnen Mitglieder. Die in Anlehnung an das BAG[2] geübte Praxis, den Beisitzern pauschal ein Honorar von 7/10 der dem Vorsitzenden der Einigungsstelle zustehenden Vergütung zu gewähren, ist an sich aufgrund der gesetzlichen Regelung überholt[3]. Dennoch wird vor allem in der Rspr. die Auffassung vertreten, es entspreche i.d.R. billigem Ermessen, das Honorar der außerbetrieblichen Beisitzer am Entgelt des Vorsitzenden zu orientieren und ihnen davon 7/10 zuzubilligen[4].

176

§ 76a Abs. 5 BetrVG sieht vor, dass von den dort niedergelegten Vergütungsgrundsätzen und einer eventuell erlassenen Vergütungsordnung

177

---
1 BAG v. 28.6.1996 – 7 ABR 42/95, BB 1997, 158.
2 BAG v. 14.2.1996 – 7 ABR 24/95, NZA 1996, 1225.
3 Dazu aber *Fitting*, § 76a Rz. 25.
4 BAG v. 12.2.1992 – 7 ABR 20/91, DB 1993, 743; BAG v. 14.2.1996 – 7 ABR 24/95, NZA 1996, 1225; *Kamphausen*, NZA 1994, 49; *Schäfer*, NZA 1991, 836.

durch Tarifvertrag oder Betriebsvereinbarung abgewichen werden kann. Möglich sind aber auch **individualvertragliche Vereinbarungen** zwischen dem Vorsitzenden und einzelnen Mitgliedern der Einigungsstelle einerseits und dem Arbeitgeber andererseits[1]. Daraus folgt aber keine Pflicht zur gleichen Vergütung beider Beisitzerseiten[2]. Individualabsprachen des Arbeitgebers mit einzelnen Mitgliedern sind zulässig[3]. Aus dem Paritätsgrundsatz kann nicht abgeleitet werden, dass die Zusage einer höheren Vergütung an den Beisitzer der Arbeitgeberseite zwangsläufig denselben Vergütungsanspruch beim Beisitzer der Betriebsratsseite auslöst.

178 Der Gesetzgeber hat die Gebühren eines beauftragten Rechtsanwalts, der als **Vertreter vor der Einigungsstelle** auftritt, nicht gesondert geregelt. Der Anwalt erhält Gebühren nach § 17 Nr. 7d RVG i.V.m. VV 2403 Nr. 4[4]. Danach erhält der Anwalt 1,5 Geschäftsgebühren. Kommt es unter Mitwirkung des Anwalts zu einer Einigung, fällt zusätzlich eine Einigungsgebühr nach VV 1000 ff. an. Diese beläuft sich ebenfalls auf 1,5[5]. Die Gebühren bemessen sich grds. nach dem Gegenstandswert des Verfahrens, der durch die Regelung über die Vergütungshöhe nach § 76a BetrVG nicht berührt wird. Bei der Beauftragung des Anwalts als Einigungsstellenbeisitzer oder als Verfahrensbevollmächtigter darf sich der Betriebsrat nicht vom anwaltlichen Gebühreninteresse bestimmen lassen[6].

179 Bei der Frage, **welcher Gegenstandswert** zugrunde zu legen ist, muss nach § 23 Abs. 3 RVG zwischen vermögens- und nichtvermögensrechtlichen Angelegenheiten unterschieden werden. Um eine vermögensrechtliche Angelegenheit handelt es sich z.B. bei der Aufstellung eines **Sozialplans**. Hier ist der Gegenstandswert nach dem zwischen den Betriebspartnern strittigen Sozialplanvolumen zu bestimmen[7], es sei denn, der Betriebsrat hätte eine von vornherein unrealistische Forderung gestellt[8].

180 Der Betriebsrat hat aber auch das Recht, einem Anwalt für die Wahrnehmung seiner Interessen vor der Einigungsstelle ein Honorar in Höhe der Vergütung eines betriebsfremden Beisitzers zuzusagen, wenn der von

---

1 *Fitting*, § 76a Rz. 32; *Löwisch*, DB 1989, 223; *Bengelsdorf*, NZA 1989, 495, a.A. *Engels/Natter*, BB Beil. 8/1989.
2 *Bauer/Röder*, DB 1989, 224; a.A. *Löwisch*, DB 1989, 223; a.A. *Fitting*, § 76a Rz. 32; *Kamphausen*, NZA 1994, 49.
3 ErfK/*Kania*, § 76a BetrVG Rz. 7.
4 BAG v. 14.2.1996 – 7 ABR 25/95, NZA 1996, 892, allerdings noch zu § 65 Abs. 1 Nr. 4, Abs. 2 BRAGO; a.A. *Sowka*, NZA 1990, 92; restriktiv auch *Kamphausen*, NZA 1994, 49.
5 *Gebauer/Schneider*, RVG, VV 2403 Rz. 62 i.V.m. Rz. 16.
6 *Kamphausen*, NZA 1994, 49.
7 BAG v. 14.2.1996 – 7 ABR 25/95, NZA 1996, 892; LAG Hamm v. 13.10.1988 – 8 TaBV 53/88, DB 1989, 52; s. auch BAG v. 9.11.2004 – 1 ABR 11/02, NZA 2005, 70.
8 *Müller/Bauer*, J. II. 3.

ihm ausgewählte Anwalt seines Vertrauens nur gegen eine solche Honorarzahlung zur Mandatsübernahme bereit ist und sich das Erfordernis der Honorarvereinbarung daraus ergibt, dass der Gegenstandswert der anwaltlichen Tätigkeit nach billigem Ermessen zu bestimmen wäre[1]. Das ist der Fall bei einem **nicht bezifferbaren Gegenstandswert**. Der in § 23 Abs. 3 RVG enthaltene Hilfsstreitwert von 5 000 Euro wird regelmäßig nicht dem Arbeitsaufwand gerecht, den ein Anwalt als Verfahrensbevollmächtigter des Betriebsrats vor der Einigungsstelle erbringen muss. Da Maßstäbe zur wertmäßigen Konkretisierung des Gegenstandswerts der anwaltlichen Tätigkeit vor der Einigungsstelle weder im RVG noch in § 76a BetrVG enthalten sind, führt dies in der Praxis oft zu unterschiedlichen Wertfestsetzungen[2].

IV. Tendenzunternehmen und -betriebe

1. Normzweck

§ 118 Abs. 1 Nr. 2 BetrVG bestimmt für Tendenzunternehmen, dass einzelne Phasen der Interessenausgleichsverhandlungen im Hinblick auf den Tendenzschutz nur eingeschränkt gelten. Tendenzunternehmen sind Unternehmen und Betriebe, die unmittelbar und überwiegend einem Tendenzzweck dienen. Tendenzzweck sind nach der gesetzlichen Regelung politische, koalitionspolitische, konfessionelle, karitative, erzieherische, wirtschaftliche oder künstlerische Bestimmungen sowie die Zwecke der Berichterstattung oder Meinungsäußerung (§ 118 Abs. 1 Nr. 1 und Nr. 2 BetrVG). Unterhält das Tendenzunternehmen mehrere Betriebe, Nebenbetriebe oder Betriebsteile, so ist für **jeden Betrieb** gesondert zu prüfen, ob sich die Tendenz des Unternehmens dort auswirkt. Da für die betriebsverfassungsrechtliche Mitbestimmung regelmäßig an den Betriebsbegriff anzuknüpfen ist, wird begrifflich auf den „Tendenzbetrieb" abgestellt. 181

Unternehmen und Betrieb müssen „**unmittelbar**" und „**überwiegend**" dem Tendenzzweck dienen. „Unmittelbar" bedeutet, dass der Betriebszweck selbst auf die Tendenz ausgerichtet ist und nicht nur nach seiner wirtschaftlichen Tätigkeit geeignet ist, den eigentlichen Tendenzbetrieb zu unterstützen[3]. Auf das Merkmal „überwiegend" kommt es insbesondere bei Mischunternehmen an. Ob hierbei auf das Gepräge des Unternehmens abzustellen ist[4] oder auf ein quantitatives Überwiegen[5], ist 182

---
1 BAG v. 21.6.1989 – 7 ABR 78/87, DB 1989, 2436.
2 Vgl. BAG v. 21.6.1989 – 7 ABR 78/87, DB 1989, 2436.
3 BAG v. 8.3.1983 – 1 ABR 44/81, BAGE 42, 75; OLG Stuttgart v. 3.5.1989 – 8 W 38/89, BB 1989, 1005.
4 So noch BAG v. 27.8.1968, AP Nr. 10 zu § 81 BetrVG 1952; *Mayer-Maly/Löwisch*, BB 1983, 915.
5 So wohl BAG v. 31.10.1975, DB 1976, 158; BAG v. 21.6.1989, AP Nr. 43 zu § 118 BetrVG 1972; *Fitting*, § 118 Rz. 6.

streitig. Die überwiegende Auffassung stellt auf **quantitative Merkmale** ab. Als Kriterien kommen in Betracht die prozentualen Anteile an Umsatz und Ertrag sowie gegebenenfalls auch der Anteil der in dem Tendenzbereich tätigen Arbeitnehmer an der Gesamtbelegschaft.

a) Pressebetrieb

183 Pressebetriebe sind tendenzgeschützt, wenn sie i.S.v. Art. 5 Abs. 1 Satz 2 GG Zwecken der **Berichterstattung** oder **Meinungsäußerung** unmittelbar und überwiegend dienen[1]. Dazu reicht die bloße schriftliche Darstellung in Wort und Bild noch nicht aus. Nur wenn das Unternehmen auf Darstellungen zum Zwecke der Berichterstattung oder Meinungsäußerung[2] gerichtet ist, genießt es Tendenzschutz. Zeitungen oder Zeitschriften, gleich ob politischen oder fachlichen Inhalts, sowie die Zeitschriftenverlage werden daher von § 118 Abs. 1 Nr. 2 BetrVG erfasst. Auch **Buchverlage** sind in aller Regel Tendenzbetriebe, da sie entweder in den Schutzbereich der Presseunternehmen fallen oder „wissenschaftliche, künstlerische oder erzieherische Ziele" i.S.v. § 118 Abs. 1 Satz 1 BetrVG verfolgen[3]. Nicht geschützt sind Verlage, die sich ausschließlich oder überwiegend auf die Herausgabe von **Anzeigenblättern**, amtlichen Mitteilungen, Formularen, **Adressen- oder Telefonbüchern** etc. beschränken. Diese Tätigkeit dient weder der Berichterstattung noch der Meinungsäußerung[4].

184 Für eine **Druckerei** gilt der Tendenzschutz nur, wenn sie entweder mit dem Tendenzbetrieb einen einheitlichen Betrieb bildet oder als selbständiger Betrieb auf den Inhalt der Publikation **Einfluss** nehmen kann[5]. Ob die Druckerei auch dann Tendenzschutz genießt, wenn sie nur zur Sicherung des wirtschaftlichen Bestands des Tendenzunternehmens dient, ist fraglich[6]. Nach der überwiegenden Auffassung fehlt es an der „Unmittelbarkeit", solange die Lohndruckerei selbst keinen Einfluss auf die Auswahl und die Gestaltung der mit dem Druckerzeugnis verfolgten Tendenz nehmen kann[7]. Ein selbständiges Druckereiunternehmen, das nur der technischen Herstellung von Zeitungen dient, genießt daher keinen Tendenzschutz[8]. Unter betriebsverfassungsrechtlichen Gesichtspunkten

---

1 Vgl. schon *Bauer/Lingemann*, NZA 1995, 813, zur Stilllegung von Pressebetrieben.
2 Materieller Pressebegriff, BAG v. 14.11.1975, DB 1976, 297.
3 BAG v. 29.5.1970, DB 1970, 1492; BAG v. 14.11.1975, DB 1976, 279.
4 BAG v. 14.11.1975, DB 1976, 279.
5 BAG v. 31.10.1975, DB 1976, 151; BAG v. 9.12.1975, DB 1976, 584; HWGNRH/*Hess*, § 118 Rz. 25.
6 Dafür noch BAG v. 29.5.1970, DB 1970, 1492; LAG Hamm v. 16.2.1968, DB 1968, 714; zu § 81 BetrVG a.F.; anders wohl BAG v. 31.10.1975, DB 1976, 151.
7 BAG v. 31.10.1975, DB 1976, 151.
8 BAG v. 13.6.1981 – 1 ABR 30/79, DB 1981, 2624; BAG v. 7.11.1975, DB 1976, 248; BAG v. 31.10.1975, DB 1976, 151.

kann daher der **gemeinsame Betrieb aus Redaktion und Druckerei** bei einem Überwiegen der Redaktion aus Sicht des Arbeitgebers günstig sein.

b) Weitere Tendenzbetriebe

Weitere Beispiele für Tendenzbetriebe sind Verwaltungsapparate **politischer Parteien** sowie deren Geschäftsstellen, Büros und Sekretariate, wirtschafts- und sozialpolitische Vereinigungen (z.B. Bundesverband der deutschen Industrie, Wirtschaftsverbände), Deutsches Rotes Kreuz, Arbeiterwohlfahrt, aber auch Krankenhäuser, Bibliotheken, Theater, Konzertagenturen, Musikverlage, Symphonieorchester. 185

c) Gewinnerzielungsabsicht

Die Gewinnerzielungsabsicht berührt i.d.R. den Tendenzstatus nicht[1]. Dies soll nur bei **karitativen** Betrieben nach § 118 Abs. 1 Nr. 1 BetrVG anders sein[2]. Eine nur kostendeckende Gestaltung der Tätigkeit steht aber auch dort einem Tendenzschutz nicht entgegen[3]. 186

2. Unterrichtung und Beratung nach § 111 BetrVG

Auch bei Tendenzbetrieben besteht unstreitig die Verpflichtung des Arbeitgebers, nach § 111 BetrVG den Betriebsrat über die geplante Betriebsänderung zu **unterrichten** und eine Beratung mit dem Betriebsrat durchzuführen. 187

Fraglich ist aber, ob auch bei betroffenen Tendenzbetrieben eine Unterrichtungs- und Beratungspflicht bereits vor der definitiv gefassten Änderungsentscheidung besteht. Bedenken ergeben sich aus **Sinn und Zweck** der Unterrichtungs- und Beratungspflicht. Insoweit ist zu unterscheiden zwischen der Unterrichtung und Beratung, die in den Interessenausgleich münden, und der Unterrichtung und Beratung zur Vorbereitung des Sozialplans. 188

Die Vorschrift des § 111 BetrVG ist im Zusammenspiel mit § 118 BetrVG so zu verstehen, dass der Betriebsrat auch im Tendenzbetrieb einen **Anspruch auf Unterrichtung** über die Betriebsänderung hat. Dieser beschränkt sich jedoch gem. § 118 BetrVG auf die Vermeidung und Milderung wirtschaftlicher Nachteile für die Arbeitnehmer, also den Gegenstand eines **Sozialplans**. Da der Sozialplan nicht vor der Änderungsentscheidung und dem Beginn der Durchführung geschlossen sein muss, 189

---

1 Vgl. BAG v. 29.5.1970, DB 1970, 1492.
2 Zur karitativen Bestimmung des Unternehmens BAG v. 7.4.1981, AP Nr. 16 zu § 118 BetrVG; BAG v. 29.8.1988 – 7 ABR 15/87, NZA 1989, 431, 432 m.w.N.; BAG v. 8.11.1988 – 1 ABR 17/87, NZA 1989, 429; BAG v. 14.9.2010 – 1 ABR 29/09, NZA 2011, 225; BAG v. 22.5.2012 – 1 ABR 7/11, DB 2012, 2468.
3 BAG v. 7.4.1981, AP Nr. 16 zu § 118 BetrVG; BAG v. 29.8.1988 – 7 ABR 15/87, NZA 1989, 431, 432 m.w.N.; BAG v. 8.11.1988 – 1 ABR 17/87, NZA 1989, 429.

reicht es aus, wenn diese Unterrichtung **vor Beginn der Durchführung einsetzt**. Die auf den Sozialplan gerichtete Beratung kann auch nach Beginn der Durchführung stattfinden.

3. Sozialplan

190 Nach § 118 Abs. 1 Nr. 2 BetrVG sind die §§ 111 bis 113 BetrVG auf Tendenzbetriebe nur insoweit anzuwenden, als sie den Ausgleich oder die Milderung wirtschaftlicher Nachteile für die Arbeitnehmer infolge von Betriebsänderungen regeln. Da der Sozialplan nach § 112 Abs. 1 Satz 2 BetrVG gerade dem „Ausgleich oder der Milderung der wirtschaftlichen Nachteile dient, die den Arbeitnehmern infolge der geplanten Betriebsänderung entstehen", gelten die §§ 112, 112a BetrVG für den Abschluss eines Sozialplans auch in Tendenzbetrieben[1]. Auch das **Verfahren** zur Vereinbarung eines Sozialplans folgt ohne Einschränkung den Regeln des § 112 BetrVG. So kann gem. § 112 Abs. 2 BetrVG bei Scheitern einer Einigung der Vorstand der Bundesagentur für Arbeit um Vermittlung ersucht werden. Auch die Zuständigkeit der Einigungsstelle für den Sozialplan bleibt unberührt. Der Betriebsrat kann den Sozialplan also auch in Tendenzbetrieben **erzwingen**. Ein Anspruch auf Nachteilsausgleich (§ 113 BetrVG) kommt in Betracht, wenn der Arbeitgeber seine Informationspflichten im Hinblick auf den Sozialplan verletzt hat[2].

C. Alternative Tarifsozialplan?

I. Sozialplan und Tarifsozialplan – Begriffsbestimmung und wesentliche Unterschiede

1 Nach der Konzeption des BetrVG obliegt die Entscheidung, **ob, in welchem Umfang und mit welcher Organisation** ein Betrieb geführt wird, entsprechend der grundgesetzlichen Wertung **allein dem Arbeitgeber**. Das Beteiligungsrecht des Betriebsrats bei Änderungen der bestehenden Betriebsorganisation ist auf die Einflussnahmemöglichkeit im Rahmen der zu führenden Verhandlungen über einen Interessenausgleich begrenzt. Anderes gilt hinsichtlich der **Folgen** einer solchen Änderung der Betriebsorganisation. Hier sieht das BetrVG ein **echtes Mitbestimmungsrecht des Betriebsrats** vor, das über den gegebenenfalls durch ein Einigungsstellenverfahren erzwingbaren Sozialplan ausgeübt wird.

2 Nach diesem austarierten System wurde jahrzehntelang bei Betriebsänderungen in Deutschland verfahren. Trotz aller damit verbundener praktischer Schwierigkeiten – insbesondere weil das BetrVG anders als andere Rechtsordnungen weder feste Fristen für das Verfahren noch finanzielle

---

1 BAG v. 17.8.1982 – 1 ABR 40/80, BAGE 40, 36.
2 BAG v. 18.11.2003, DB 2004, 1372.

Obergrenzen für Abfindungsleistungen kennt – war dies ein **praktisch handhabbarer** und **relativ gut planbarer und berechenbarer Ablauf.**

Dieses „klassische" Verfahren wurde durch das Eindringen der Gewerkschaften in die bislang ausschließlich auf betrieblicher Ebene geführten Verhandlungen durch Forderungen nach Abschluss eines Tarifsozialplans **gezielt durchbrochen**. Die tatsächliche Entwicklung gibt Anlass, das Verfahren bei Betriebsänderungen insgesamt neu zu bewerten. **Neue taktische Überlegungen** müssen angestellt und in die Planungen einbezogen werden. 3

Man kann mit Sicherheit sagen, dass die Entwicklung des Tarifsozialplans vom Gesetzgeber **weder vorhergesehen noch gar so geplant** war. Gleichwohl bleibt der Unternehmenspraxis nichts anderes übrig, als sich darauf einzustellen und ihre Planungen an den betrieblichen Realitäten auszurichten. 4

1. Tarifsozialplan/Sozialtarifvertrag

Deutsche Telekom, AEG/Electrolux, Infineon, Giesecke & Devrient, OTIS, Heidelberger Druckmaschinen – nur einige Namen aus der Liste der Ziele von Streiks für einen **Tarifvertrag über den Ausgleich wirtschaftlicher Nachteile aus einer Betriebsänderung**. In der Praxis haben sich für solche Tarifverträge die Bezeichnungen „**Tarifsozialplan**" oder – in gewerkschaftsnahen Kreisen – „**Sozialtarifvertrag**" eingebürgert. Nicht wenige betroffene Unternehmen haben versucht, sich gerichtlich durch Anträge auf Erlass einer einstweiligen Verfügung gegen solche Arbeitskämpfe zur Wehr zu setzen. Die Eilanträge der Arbeitgeber wurden von den Instanzgerichten allerdings jeweils mit der Begründung zurückgewiesen, ein für den Abschluss eines Tarifsozialplans geführter Arbeitskampf sei **prinzipiell nicht rechtswidrig**[1]. 5

2. Entwicklung

Die Strategie des „doppelten Sozialplans" wurde 1998 von der IG Metall Küste entwickelt[2]. Durch gezielte Veröffentlichungen[3] hat die IG Metall den wissenschaftlichen Boden für die praktische Umsetzung bereitet. Rechtsdogmatisch stellt die von der Gewerkschaft geforderte Regelung 6

---

1 Z.B. ArbG Kiel v. 14.3.2003, ArbuR 2003, 192; LAG Schleswig-Holstein v. 27.3.2003, NZA-RR 2003, 592; ArbG Hameln v. 7.5.2004, AiB 2004, 574; LAG Niedersachsen v. 2.6.2004, NZA-RR 2005, 200; so auch BAG v. 24.4.2007 – 1 AZR 252/06, NZA 2007, 987. Die Literatur hielt Arbeitskämpfe für Tarifsozialpläne dagegen überwiegend für nicht oder nur unter Einschränkungen zulässig, vgl. z.B. *Bauer/Krieger*, NZA 2004, 1020; *Fischinger*, NZA 2007, 310; *Hohenstatt/Schramm*, DB 2004, 2214; *Löwisch*, DB 2005, 554; *Reichold*, BB 2004, 2814; *Schiefer/Worzalla*, DB 2006, 46.
2 IG Metall Küste, Bezirksleitung Hamburg, Qualifizieren statt Entlassen, 1998.
3 *Zabel*, AiB 1998, 615; *Wendeling-Schröder*, NZA 1998, 624.

einen **firmenbezogenen Ergänzungstarifvertrag** dar. Dabei nimmt die Gewerkschaft wahlweise den Arbeitgeber selbst als Tarifvertragspartei in Anspruch (Haustarifvertrag) oder sie verlangt vom Arbeitgeberverband den Abschluss eines auf den Betrieb seines Mitgliedsunternehmens bezogenen ergänzenden Verbandstarifvertrags. Inhaltlich fordert die Gewerkschaft die Vereinbarung **typischer Sozialplanleistungen**, wie etwa die Zahlung von **Abfindungen bei betriebsbedingten Kündigungen** oder die **Finanzierung von Qualifizierungsmaßnahmen** für die von der Betriebsänderung betroffenen Arbeitnehmer. Freilich werden diese inhaltlichen Ziele aus rechtlichen Gründen regelmäßig nur vorgeschoben, während es der Gewerkschaft in der Sache darum geht, die Umsetzung der geplanten Betriebsänderung zu verhindern[1].

7 Als rechtlicher „Dammbruch" hat sich der Streik der IG Metall Küste im Kieler Betrieb der **Heidelberger Druckmaschinen AG** im März 2003 erwiesen. Nachdem Heidelberger Druckmaschinen angekündigt hatte, große Teile des Betriebs in Kiel an den Hauptsitz der Gesellschaft oder in die USA verlagern zu wollen, verlangte die IG Metall vom Arbeitgeberverband Nordmetall den Abschluss eines auf den Kieler Betrieb der Heidelberger Druckmaschinen AG bezogenen Tarifsozialplans. Im Umfeld des Streikaufrufs sprach sich die IG Metall offen gegen einen Arbeitsplatzabbau bei Heidelberger Druckmaschinen aus. Ähnliche Fälle folgten in zeitlich immer kürzerem Abstand. In der Öffentlichkeit die meiste Beachtung gefunden hat bislang der Arbeitskampf um einen Tarifsozialplan für das **AEG-Werk** in Nürnberg, der während der 46 Tage, die er dauerte, die Schlagzeilen beherrschte und nach einer Meldung in Focus online[2] sogar verfilmt werden sollte.

3. Nachteilsausgleich oder Standorterhalt?

8 Tarifsozialpläne enthalten typischerweise Regelungen über den Ausgleich wirtschaftlicher Nachteile, die den im Geltungsbereich erfassten Arbeitnehmern in Folge der Umsetzung einer Betriebsänderung entstehen. Damit **entspricht der Inhalt** von Tarifsozialplänen **1:1** dem **Inhalt herkömmlicher betrieblicher Sozialpläne**, die in § 112 Abs. 1 Satz 2 BetrVG als „Einigung über den Ausgleich oder die Milderung der wirtschaftlichen Nachteile, die den Arbeitnehmern in Folge der geplanten Betriebsänderung entstehen" definiert sind. So forderte die IG Metall im Fall Heidel-

---

1 So hat etwa der IG Metall-Bezirksleiter Niedersachsen und Sachsen-Anhalt, *Hartmut Meine*, am 12.5.2004 anlässlich des Streikbeginns bei OTIS offen erklärt: „*Wir werden es nicht länger widerspruchslos hinnehmen, dass größere Betriebe schließen und ins Ausland verlagert werden. ... Jeder Konzern, der den Abbau von Arbeitsplätzen und die Verlagerung ins Ausland plant, muss wissen, dass sich Arbeitnehmer nicht mehr mit einem herkömmlichen Sozialplan abspeisen lassen. Jeder Beschluss zur Verlagerung von Arbeitsplätzen nach Osteuropa oder anderswo wird zu einem massiven Konflikt mit der IG Metall führen.*".
2 www.focus.de/Kultur/Kino_TV/AEG-Arbeitskampf_aid_136773.html.

berger Druckmaschinen etwa eine Verlängerung der Kündigungsfrist für betriebsbedingte Kündigungen sowie einen Anspruch betriebsbedingt gekündigter Arbeitnehmer auf Qualifizierungsmaßnahmen und eine Sozialabfindung.

Tarifsozialpläne werden nach bisheriger Praxis **anlassbezogen** aufgrund der Ankündigung einer Betriebsänderung gefordert und gegebenenfalls vereinbart. Rechtlich zwingend ist dies allerdings nicht. Es ist deshalb nicht auszuschließen, dass Gewerkschaften zukünftig auch außerhalb von Betriebsänderungen z.B. einen **Tarifsozialplan „auf Vorrat"** verlangen oder anlässlich **anderer Maßnahmen** des Arbeitgebers mit einem Arbeitskampf reagieren könnten, etwa wenn der Arbeitgeber einen Personalabbau durchführt, der nicht den Umfang einer Betriebsänderung i.S.v. § 111 BetrVG erreicht[1]. 9

Regelungsgegenstand eines Tarifsozialplans kann jeder Gegenstand sein, der nach § 1 Abs. 1 TVG **tariflich regelbar** ist und der bislang **nicht Gegenstand eines geltenden Tarifvertrags** ist. Ob der Arbeitgeber eine Betriebsänderung durchführt oder nicht, betrifft den Kern seiner unternehmerischen Entscheidungsfreiheit. Die Entscheidung über das **„Ob" einer Betriebsänderung** kann daher **nicht Gegenstand** eines Tarifsozialplans und damit auch nicht von Tarifforderungen sein. Den Gewerkschaften kommt deshalb nach allgemeiner Auffassung nicht das Recht zu, den Arbeitgeber im Wege eines Arbeitskampfes unmittelbar auf Unterlassung einer geplanten Betriebsänderung in Anspruch zu nehmen. Eine solche Tarifforderung wäre als rechtswidriger Eingriff in die grundrechtlich geschützte Unternehmerfreiheit **unzulässig**, ein um diese Forderung geführter Arbeitskampf mithin **rechtswidrig**[2]. 10

Nach Auffassung der Rspr. soll dies aber nicht das Recht der Gewerkschaften beschränken, andere **für sich genommen zulässige Tarifforderungen** aufzustellen, die „nur" dazu führen, dass eine Umsetzung der geplanten Betriebsänderung **wirtschaftlich unmöglich** wird oder sich jedenfalls für den Arbeitgeber nicht mehr rechnet. So belief sich das von der IG Metall im Fall Heidelberger Druckmaschinen geforderte Volumen des Tarifsozialplans beispielsweise auf ca. 120 Mio. Euro[3]. Im Fall OTIS hätte der Arbeitgeber bei Erfüllung der gewerkschaftlichen Forderungen an jeden gekündigten Arbeitnehmer im Durchschnitt das Siebenfache eines Jahresgehalts zahlen müssen[4]. 11

---

1 *Krieger*, FA 2007, 366 (367).
2 So ausdrücklich LAG Hamm v. 31.5.2000, AP Nr. 158 zu Art. 9 GG Arbeitskampf. Vgl. auch *Seebacher*, AiB 2006, 70 (71): „Damit ist den Arbeitnehmern und ihren Vertretungen de facto der direkte Kampf gegen die Betriebsänderung untersagt."
3 *Bayreuther*, NZA 2007, 1017 (1018).
4 *Bauer/Krieger*, NZA 2004, 1019 (1022).

12 Vor diesem Hintergrund ist die Forderung nach Abschluss eines Tarifsozialplans und der daran anschließende Arbeitskampf eine offensichtliche, aber **von den Gerichten tolerierte „Umgehungsstrategie"**. Die tariflich regelbare Forderung nach einem Nachteilsausgleich wird offiziell vorgeschoben. Vorrangiges Ziel ist und bleibt aber häufig der Versuch, die Umsetzung der geplanten Betriebsänderung zu verhindern, indem Forderungen in einer Höhe aufgetürmt werden, die im Falle ihrer Erfüllung dazu führen würden, dass die Betriebsänderung wirtschaftlich nicht mehr umgesetzt werden kann. Dies wird regelmäßig von den Gewerkschaften auch offen kommuniziert. So hieß es etwa in einem Streikaufruf der IG Metall anlässlich der Auseinandersetzung um einen Tarifsozialplan bei Infineon wörtlich: *„Das Ziel der IG Metall ist und bleibt der Erhalt des Standortes [...]"*.

4. Verhältnis der Ansprüche aus einem Tarifsozialplan und einem betrieblichen Sozialplan zueinander

13 Das BAG geht davon aus, dass sich die Regelungskompetenz der Tarifvertragsparteien und die Befugnisse des Betriebsrats auf verschiedenen Regelungsebenen bewegen. Für das Verhältnis der beiden Ebenen Tarifsozialplan einerseits und betrieblicher Sozialplan andererseits gilt – wie sonst auch – das **Günstigkeitsprinzip**[1]. Dies kann im Einzelfall dazu führen, dass sich beispielsweise der Abfindungsanspruch nach der gegenüber der betrieblichen Regelung günstigeren Tarifvereinbarung bemisst, aber sonstige Leistungen – etwa Qualifizierungsmaßnahmen – auf der Grundlage der betrieblichen Regelung gewährt werden müssen, weil der Tarifvertrag insoweit keine oder weniger weitreichende Regelungen enthält.

14 Zwar spricht das BAG an anderer Stelle in der Entscheidung die Möglichkeit an, im betrieblichen Sozialplan ausdrücklich zu vereinbaren, dass die dortigen Leistungen auf Ansprüche aus dem Tarifsozialplan angerechnet werden sollen. Unter Geltung des Günstigkeitsprinzips ist dies rechtlich aber nicht zwingend erforderlich[2]. Gleichwohl empfiehlt sich zur **Klarstellung**, eine **Anrechnung ausdrücklich zu vereinbaren**.

15 ➩ **Typischer Fehler:** Der Arbeitgeber schließt unter dem Druck eines Arbeitskampfs einen Tarifsozialplan mit der Gewerkschaft. Anschließend vereinbart er mit dem Betriebsrat einen Sozialplan. Weder der Tarifsozialplan noch der Sozialplan enthalten eine Regelung, nach der Abfindungsansprüche aus beiden Vereinbarungen aufeinander angerechnet werden sollen. Der Arbeitgeber sieht sich deshalb einer Vielzahl von Klagen ausgesetzt, in denen Arbeitnehmer zusätzlich zu der

---

1 BAG v. 24.4.2007 – 1 AZR 252/06, NZA 2007, 987.
2 Dies verkennt *Bayreuther*, NZA 2007, 1017 (1021), wenn er sich gegen eine „automatische Anrechnung" tariflicher Leistungen auf Ansprüche aus einem Sozialplan (oder umgekehrt) ausspricht.

gezahlten Abfindung aus der einen Vereinbarung Zahlung des in der anderen Vereinbarung geregelten Betrags verlangen.

Bei Fehlen einer ausdrücklichen Regelung kann sich eine Anrechnung **konkludent** aus der jeweiligen Vereinbarung ergeben. So liegt es nahe, dass die Parteien der jeweils zeitlich späteren Vereinbarung in Kenntnis der bereits vorhandenen Regelung eine **Gesamtleistung** vereinbaren wollten[1]. Ergeben sich aus einer solchen Vereinbarung keine konkreten Anhaltspunkte dafür, dass die Vertragspartner die vorgesehenen Leistungen auf die bereits bestehenden Ansprüche aus dem anderen Sozialplan aufsatteln wollten, findet also eine Anrechnung kraft vertraglicher Vereinbarung statt.

5. Wesentliche Unterschiede zu betrieblichen Sozialplänen

a) Parteien

Parteien eines **Sozialplans** nach § 112 BetrVG sind der Arbeitgeber und der für den betroffenen Betrieb gewählte **Betriebsrat**[2]. Tarifsozialpläne werden dagegen auf Arbeitnehmerseite durch die tarifzuständige **Gewerkschaft** geschlossen. Partei eines Tarifsozialplans auf Arbeitgeberseite kann entweder der zuständige **Arbeitgeberverband** sein (in diesem Fall spricht man von einem firmenbezogenen Verbandstarifvertrag) oder der **betroffene Arbeitgeber selbst** (in diesem Fall handelt es sich um einen Haustarifvertrag, häufig auch Firmentarifvertrag genannt).

In der Praxis wird häufig nicht getrennt mit der Gewerkschaft über den Abschluss eines Tarifsozialplans und mit dem Betriebsrat über den Abschluss eines Sozialplans verhandelt, sondern beide Verhandlungen werden **einheitlich zwischen Arbeitgeber- und Arbeitnehmerlager** geführt. Oft steht bis zum Schluss der Verhandlungen nicht fest, ob die Einigung schließlich als Tarifsozialplan oder als betrieblicher Sozialplan festgehalten werden soll. Nicht unüblich ist es in solchen Fällen auch, dass am Ende ein **einheitlicher Vereinbarungstext** aufgesetzt wird, der von allen an den Verhandlungen beteiligten Parteien unterschrieben wird, d.h. auf Arbeitgeberseite durch den betroffenen Arbeitgeber und gegebenenfalls seinen Arbeitgeberverband und auf Arbeitnehmerseite durch den Betriebsrat und die tarifzuständige Gewerkschaft.

Welche **Rechtsqualität** eine solche Vereinbarung hat, an der auf Arbeitnehmerseite sowohl der Betriebsrat als auch die Gewerkschaft beteiligt

---

1 *Bauer/Krieger*, NZA 2004, 1019 (1023).
2 In aller Regel besteht für Sozialpläne eine Zuständigkeit der örtlichen Betriebsräte; eine originäre Zuständigkeit des Gesamt- oder gar Konzernbetriebsrats kommt nur in dem Ausnahmefall in Betracht, dass ein im Interessenausgleich vorgesehenes unternehmens- bzw. konzerneinheitliches Sanierungskonzept nur auf der Grundlage eines bestimmten unternehmens- bzw. konzernbezogenen Sozialplanvolumens realisiert werden kann, vgl. BAG v. 11.12.2001, AP Nr. 22 zu § 50 BetrVG 1972; BAG v. 23.10.2002, AP Nr. 26 zu § 50 BetrVG 1972.

sind, ist **nicht abschließend geklärt**. Teilweise wird vertreten, solche dreiseitigen Vereinbarungen seien vom Gesetz nicht vorgesehen und deshalb generell unverbindlich[1]. Das BAG steht auf dem Standpunkt, die Rechtsnatur einer solchen Vereinbarung sei im Wege der **Auslegung** zu ermitteln. Ist das Ergebnis der Auslegung nicht eindeutig, hält das BAG[2] die Vereinbarung für unwirksam. Soweit es für einen sog. „Konsolidierungsvertrag" die Auffassung vertreten hat, im Zweifel handle es sich bei einer durch Betriebsrat und Gewerkschaft unterzeichneten Vereinbarung um einen Tarifvertrag[3], ist dieser Auffassung für dreiseitige Vereinbarungen mit Sozialplaninhalt nicht zu folgen. Anders als Sanierungsvereinbarungen, die Abweichungen von den tariflichen Rahmenbedingungen vorsehen und deshalb wirksam nur in einem Tarifvertrag geregelt werden können, können Sozialplaninhalte sowohl Gegenstand einer betrieblichen als auch einer tariflichen Regelung sein. Deshalb hängt es vom Einzelfall ab, ob die Parteien den Abschluss eines Tarifvertrags oder eines betrieblichen Sozialplans gewollt haben.

b) Geltung

20 Nach § 112 Abs. 1 Satz 2 BetrVG hat ein Sozialplan die **Wirkung einer Betriebsvereinbarung**. Sozialpläne gelten daher nach § 77 Abs. 4 Satz 1 BetrVG – wie Betriebsvereinbarungen – **unmittelbar und zwingend** für alle im Betrieb beschäftigten Arbeitnehmer mit Ausnahme der leitenden Angestellten. Tarifverträge gelten demgegenüber unmittelbar nur für diejenigen Arbeitnehmer, die vom Geltungsbereich des Tarifvertrags erfasst[4] und Mitglied in der tarifschließenden Gewerkschaft sind (§ 3 Abs. 1 TVG). Für Nichtgewerkschaftsmitglieder gelten Tarifsozialpläne nur, wenn die tarifvertraglichen Bestimmungen **kraft arbeitsvertraglicher Bezugnahme oder betrieblicher Übung** auf ihr Arbeitsverhältnis Anwendung finden. Ob eine arbeitsvertragliche Bezugnahmeklausel einen für den Arbeitgeber geltenden Tarifsozialplan erfasst, ist im Wege der Auslegung zu ermitteln.

21 **Beispiel:** Eine arbeitsvertragliche Bezugnahmeklausel, nach der die „für den Arbeitgeber geltenden Tarifverträge und sonstigen Bestimmungen maßgebend" sind, erfasst auch einen Tarifsozialplan[5].

22 **Beispiel:** Eine Bezugnahmeklausel, nach der „das Arbeitsverhältnis den Tarifverträgen der Metallindustrie Nordwürttemberg/Nordbaden unterliegt", erfasst als Gleichstellungsabrede u.E. ebenfalls einen (Haus)Tarifsozialplan; die Frage ist aber nicht eindeutig geklärt[6].

---

1 *Löwisch/Rieble*, § 1 Rz. 58.
2 BAG v. 15.4.2008, FD-ArbR 263227 m. Anm. *Merten*.
3 BAG v. 7.11.2000 – 1 AZR 175/00, NZA 2001, 727; ähnlich LAG München v. 22.8.2006 – 8 Sa 569/06, juris.
4 Eine Rolle spielt insoweit vor allem der persönliche Geltungsbereich von Tarifverträgen, der häufig die sog. „außertariflichen" Angestellten ausnimmt.
5 BAG v. 6.12.2006, AP Nr. 1 zu § 1 TVG Sozialplan.
6 Wie hier *Bayreuther*, NZA 2007, 1017 (1021).

In der Praxis stellt sich das Problem der Reichweite einer arbeitsvertraglichen Bezugnahmeklausel häufig deshalb nicht, weil der **Organisationsgrad** in einem Betrieb, in dem ein Arbeitskampf um einen Tarifsozialplan bevorsteht oder geführt wird, i.d.R. **extrem hoch** ist. Ein Organisationsgrad von 98 % oder 99 % ist in solchen Fällen keine Seltenheit.

c) Ausschluss von Ansprüchen für den Fall der Erhebung einer Kündigungsschutzklage

Nach der Rspr. des BAG verstößt eine Regelung, nach der eine Sozialplanabfindung den Verzicht auf eine Kündigungsschutzklage voraussetzt, gegen den betriebsverfassungsrechtlichen Gleichbehandlungsgrundsatz des § 75 Abs. 1 Satz 1 BetrVG. Die Zahlung einer Abfindung in einem betrieblichen Sozialplan darf daher **nicht davon abhängig gemacht werden**, dass die Arbeitnehmer **keine Kündigungsschutzklage** erheben[1]. Vgl. Teil 2 B Rz. 73 zu sog. „Turboprämien".

Diese Rspr. **gilt nicht für Tarifsozialpläne**. Das BAG hat ausdrücklich entschieden, dass der Ausschluss eines tariflichen Abfindungsanspruchs für den Fall der Erhebung einer Kündigungsschutzklage durch den gekündigten Arbeitnehmer weder gegen den Gleichbehandlungsgrundsatz noch gegen das Maßregelungsverbot des § 612a BGB verstößt[2]. Die Tarifparteien haben insoweit einen **weiteren Spielraum** als die Betriebspartner. Gelingt es, die Aufnahme einer solchen Klausel in einen Tarifsozialplan durchzusetzen, kann es aus Arbeitgebersicht damit nicht unerhebliche Vorteile haben, anstelle eines oder zusätzlich zu einem betrieblichen Sozialplan auch einen Tarifsozialplan über die beabsichtigte Betriebsänderung zu vereinbaren.

d) Verfahren

Kommt eine Einigung über einen betrieblichen Sozialplan nicht zustande, ist der Betriebsrat berechtigt, die **Einigungsstelle** anzurufen. Diese entscheidet dann verbindlich durch Beschluss über die Aufstellung eines Sozialplans, der nach § 112 Abs. 4 BetrVG die Einigung zwischen Arbeitgeber und Betriebsrat ersetzt. **Betriebliche Sozialpläne** sind daher für den Fall einer Betriebsänderung – bei einem reinen Personalabbau nach Maßgabe von § 112a BetrVG – **erzwingbar**. Auf der anderen Seite gilt das betriebsverfassungsrechtliche **Streikverbot** nach § 74 Abs. 2 BetrVG. Danach sind Maßnahmen des Arbeitskampfs zwischen Arbeitgeber und Betriebsrat unzulässig. Der Betriebsrat ist daher nicht berechtigt, zur Unterstützung seiner Forderungen nach Abschluss eines Sozialplans einen Arbeitskampf zu führen oder die im Betrieb beschäftigten Arbeitnehmer zu Arbeitsniederlegungen aufzufordern. Unterlaufen wird dies in der Pra-

---
1 BAG v. 20.12.1983, AP Nr. 17 zu § 112 BetrVG 1972; BAG v. 20.6.1985, AP Nr. 33 zu § 112 BetrVG 1972; BAG v. 31.5.2005, AP Nr. 175 zu § 112 BetrVG 172.
2 BAG v. 6.12.2006, AP Nr. 1 zu § 1 TVG Sozialplan.

xis gelegentlich, indem der Betriebsrat exzessiv von seinem Recht zur Einberufung von Betriebs- und Abteilungsversammlungen Gebrauch macht (vgl. Teil 4 F Rz. 6 ff.).

27 Im Unterschied dazu ist das **Mittel zur Durchsetzung eines Tarifsozialplans** allein der **Arbeitskampf**. Der Abschluss eines Tarifsozialplans ist insoweit freiwillig, als die Gewerkschaft kein Recht hat, den Arbeitgeber zu zwingen, eine solche Vereinbarung zu unterzeichnen. Beugt sich der Arbeitgeber dem Druck des Arbeitskampfs nicht, kann kein Tarifsozialplan zustande kommen. Der entscheidende Vorteil von Tarifsozialplänen liegt aus Arbeitnehmersicht darin, dass erst durch das Auftreten der Gewerkschaft und die Forderung nach Abschluss eines Tarifsozialplans die Möglichkeit eines Arbeitskampfs eröffnet wird. Die Arbeitnehmer erhalten mit dem Arbeitskampf einen tatsächlich oder vermeintlich wirkungsvolleren „Hebel" als die Einigungsstelle in die Hand, um die angekündigte Betriebsänderung u.U. verhindern oder jedenfalls ein Maximum für die betroffenen Arbeitnehmer erreichen zu können. Kritisch ist, dass die Rspr. von einem grundsätzlichen Gleichrang zwischen betrieblichem Sozialplan und Tarifsozialplan ausgeht. Im Ergebnis heißt das, Betriebsrat und Gewerkschaft können „zweigleisig" fahren und den Arbeitgeber über die Schienen Einigungsstelle und Arbeitskampf **von zwei Seiten unter Druck setzen**.

II. Praktische Überlegungen im Vorfeld von Umstrukturierungen vor dem Hintergrund neuerer Entwicklungen

28 Grundlegend für das Verständnis des Modells des Tarifsozialplans ist die Entscheidung des BAG vom 24.4.2007, in der das BAG nicht nur Arbeitskampfmaßnahmen zur Erzwingung eines Tarifsozialplans ausdrücklich für zulässig erklärt, sondern auch zu den sich für die Praxis ergebenden Folgefragen, insbesondere im Verhältnis zum betrieblichen Sozialplan, Stellung genommen hat.

1. Beschluss des BAG vom 24.4.2007

29 Für die Praxis ist die in der Rechtswissenschaft **umstrittene Rechtsfrage** der Zulässigkeit eines Streiks über einen Tarifsozialplan **geklärt**. Das BAG hat in einem durch den Arbeitgeberverband Nordmetall gegen die IG Metall wegen Unterlassung zukünftiger Streikmaßnahmen geführten Beschlussverfahren entschieden, dass Gewerkschaften grds. zu Streiks für einen Tarifvertrag aufrufen dürfen, in dem wirtschaftliche Nachteile aus einer Betriebsänderung ausgeglichen oder gemildert werden sollen[1]. Nach Auffassung des BAG wird die Regelungskompetenz der Tarifvertragsparteien durch §§ 111, 112 BetrVG nicht beschränkt; Tarifvertrag und Sozialplan seien **unterschiedliche Regelungsebenen**, die sich nicht über-

---

1 BAG v. 24.4.2007 – 1 AZR 252/06, NZA 2007, 987.

schneiden. Das betriebliche Verfahren zur Herbeiführung eines Interessenausgleichs und Sozialplans mit dem Konfliktlösungsmechanismus Einigungsstelle habe **keinen Vorrang** vor Tarifverhandlungen und Arbeitskämpfen. Welchen Umfang die gewerkschaftlichen Forderungen haben, spielt nach Ansicht des BAG für die Rechtmäßigkeit eines Streiks keine Rolle. Selbst wenn der Arbeitgeber die geplante Betriebsänderung bei Erfüllung der Tarifforderungen aus wirtschaftlichen Gründen nicht mehr umsetzen könnte, führe dies nicht zur Rechtswidrigkeit des Arbeitskampfs[1]. Das BAG stellt damit für die Beurteilung der Rechtmäßigkeit eines Streiks ausschließlich auf die offizielle, i.d.R. vorgeschobene Tarifforderung ab. Das häufig mit einem Arbeitskampf verfolgte eigentliche Ziel einer Verhinderung der Betriebsänderung spielt für die rechtliche Beurteilung keine Rolle[2]. Ein Streik soll nur unzulässig sein, wenn der geforderte Regelungsgegenstand bereits tariflich geregelt ist[3] und deshalb eine Friedenspflicht besteht oder die gewerkschaftliche Forderung einen tariflich nicht regelbaren Gegenstand enthält[4]. Typische Sozialplaninhalte wie Abfindungen, Qualifizierungsmaßnahmen oder auch die Verlängerung der tariflichen Kündigungsfristen sind danach als Beendigungsnormen i.S.v. § 1 Abs. 1 TVG einer tariflichen Regelung zugänglich.

Gegenstand der Entscheidung vom 24.4.2007 war ein Arbeitskampf, der auf Abschluss eines **firmenbezogenen Verbandstarifvertrags** geführt wurde. Das BAG hat damit noch nicht entschieden, ob die Gewerkschaft in gleicher Weise auch einen **einzelnen Arbeitgeber** auf Abschluss eines Tarifsozialplans in Anspruch nehmen und gegebenenfalls bestreiken darf. Allerdings hat es bereits in einer früheren Entscheidung die Auffassung vertreten, die Verbandsmitgliedschaft eines einzelnen Arbeitgebers hindere die Gewerkschaft nicht, ihn zusätzlich auf den Abschluss eines Haustarifvertrags in Anspruch zu nehmen[5]. Es ist deshalb davon auszugehen, dass die Grundsätze aus der Entscheidung vom 24.4.2007 in gleicher Weise Anwendung finden, wenn sich die gewerkschaftliche Forderung nach Abschluss eines Tarifsozialplans gegen den einzelnen Arbeitgeber richtet[6]. Auch der einzelne Arbeitgeber kann daher zulässiges Ziel von Arbeitskampfmaßnahmen zur Erzwingung eines „Haustarifsozialplans" sein.

2. Verhältnis Tarifverhandlungen – betriebliche Mitbestimmung

Praktisch bedeutet das vom BAG für zutreffend gehaltene Konzept der zwei Regelungsebenen, dass das betriebliche Interessenausgleichs- und

---
1 Zu berechtigten Bedenken gegen diese Rspr. *Löwisch*, DB 2005, 554 (558).
2 *Seebacher*, AiB 2006, 70 (72).
3 Z.B. weil der Arbeitgeber tarifgebunden ist und für die Branche ein tarifliches Rationalisierungsschutzabkommen gilt, vgl. *Bauer/Krieger*, NZA 2004, 1019 (1022).
4 Z.B. die Forderung, einen Standort nicht zu schließen, vgl. LAG Hamm v. 31.5.2000, AP Nr. 158 zu Art. 9 GG Arbeitskampf.
5 BAG v. 10.12.2002, AP Nr. 162 zu Art. 9 GG Arbeitskampf.
6 Ebenso *Bayreuther*, NZA 2007, 1017.

Sozialplanverfahren und das Verfahren über den Abschluss eines Tarifvertrags **„zweigleisig"** nebeneinander gefahren werden können. Beide Verfahren sind **voneinander unabhängig**. Auch wenn ein Tarifsozialplan vereinbart wurde, kann der Betriebsrat noch die Aufstellung eines betrieblichen Sozialplans verlangen – so wie umgekehrt die Vereinbarung eines betrieblichen Sozialplans nicht der Tarifforderung der Gewerkschaft die rechtliche Grundlage entzieht. Sollte der Arbeitgeber unter Verweis auf laufende Tarifverhandlungen die Vereinbarung eines Sozialplans verweigern, kann der Betriebsrat die Einigungsstelle anrufen. Die Einigungsstelle ist wegen der Zweigleisigkeit der Verfahren **nicht gehindert, tätig zu werden**, auch wenn die Tarifverhandlungen noch laufen[1]. Gegebenenfalls ist durch Spruch der Einigungsstelle ein betrieblicher Sozialplan aufzustellen.

32 Aus den gleichen Gründen **bleibt der Arbeitgeber verpflichtet** zu versuchen, einen **Interessenausgleich** über die geplante Betriebsänderung **herbeizuführen**[2]. Zwar wäre es wünschenswert, dass wegen des bevorstehenden oder bereits laufenden Arbeitskampfs das Mitbestimmungsrecht des Betriebsrats nach § 111 BetrVG entfällt. Nach der Rspr. des BAG gilt die betriebliche Mitbestimmung jedoch auch während eines Arbeitskampfs uneingeschränkt für alle Maßnahmen, die keinen konkreten Bezug zum Arbeitskampfgeschehen aufweisen. Einschränkungen unterliegen die Mitbestimmungsrechte nur insoweit, als der Arbeitgeber arbeitskampfbezogene Maßnahmen ergreifen möchte (sog. „arbeitskampfbezogene Auslegung" der Beteiligungsrechte)[3]. Lehnt der Betriebsrat Verhandlungen über einen Interessenausgleich während des Arbeitskampfs ab oder versucht er, sich durch eine Hinhaltetaktik den Verhandlungen zu entziehen, muss der Arbeitgeber die Einigungsstelle anrufen[4]. Die Einigungsstelle **muss tätig werden**. Der laufende Arbeitskampf ist kein Grund, das Einigungsstellenverfahren bis zu dessen Abschluss auszusetzen.

33 ⇨ **Typischer Fehler:** Während laufender Interessenausgleichs- und Sozialplanverhandlungen erhebt die Gewerkschaft Forderungen nach Abschluss eines Tarifsozialplans. Der Arbeitgeber lässt sich auf Tarifverhandlungen ein. Diese sind immer wieder durch Arbeitsniederlegungen unterbrochen und ziehen sich über mehrere Wochen hin.

---

1 A.A. *Willemsen/Stamer*, NZA 2007, 413 (417); *Schiefer/Worzalla*, DB 2006, 46 (48 f.) wollen umgekehrt aus dem Verhältnismäßigkeitsgrundsatz eine Verpflichtung der Gewerkschaft ableiten, mit einem Streik für einen Tarifsozialplan abzuwarten, bis das Ergebnis der betrieblichen Sozialplanverhandlungen feststeht.
2 A.A. *Willemsen/Stamer*, NZA 2007, 413 (417).
3 BAG v. 14.2.1978, BB 1978, 1403; BAG v. 6.3.1979, BB 1979, 1464; BAG v. 24.4.1979, BB 1979, 1655; BAG v. 10.12.2002 – 1 ABR 7/02, NZA 2004, 223.
4 Vgl. die Grundsatzentscheidung des BAG v. 18.12.1984, BB 1985, 1293; zum frühestmöglichen Zeitpunkt der Anrufung der Einigungsstelle *Göpfert/Krieger*, NZA 2005, 254.

Während der gesamten Zeit wird das Interessenausgleichsverfahren vom Arbeitgeber nicht mehr betrieben. Schließlich wird ein Tarifsozialplan unterzeichnet. Als der Arbeitgeber jetzt Kündigungen aussprechen will, wird er vom Betriebsrat darauf hingewiesen, dass eine Umsetzung der Betriebsänderung erst nach Abschluss des betrieblichen Interessenausgleichsverfahrens zulässig ist.

3. Bewertung des Streikrisikos

Es ist bedauerlich, dass das BAG den besseren Argumenten für die Unzulässigkeit von Arbeitskampfmaßnahmen zur Durchsetzung eines Tarifsozialplans[1] nicht gefolgt ist. Der Praxis bleibt aber nichts anderes übrig, als sich darauf einzustellen, dass gerichtlicher Rechtsschutz gegen einen solchen Streik nicht zu erlangen ist. Das **Risiko eines Arbeitskampfs muss insbesondere bei Durchführung einer Betriebsänderung bewertet und gegebenenfalls einkalkuliert werden**. 34

Eine Risikoeinschätzung bedeutet zwangsläufig immer den berühmten „**Blick in die Kristallkugel**". In den seltensten Fällen kann mit Sicherheit abgeschätzt werden, ob die Gewerkschaft den Arbeitgeber anlässlich einer Betriebsänderung mit der Forderung nach Aufstellung eines Tarifsozialplans konfrontieren wird. Macht man sich aber bewusst, dass ein Streik um einen Tarifsozialplan die beteiligte Gewerkschaft viel Geld kostet und die Gewerkschaft dieses Geld i.d.R. nur investiert, wenn sich die Investition lohnt, d.h. die Erfolgschance relativ hoch und der Streik öffentlichkeitswirksam „auszuschlachten" ist, lässt sich doch verhältnismäßig gut einschätzen, wie groß das Risiko ist, dass eine Betriebsänderung in einen Arbeitskampf eskalieren könnte. Ausgangspunkt der Überlegungen sollte sein, dass nach der tatsächlichen Entwicklung bei umfangreichen Betriebsänderungen, die zum Verlust einer Vielzahl von Arbeitsplätzen führen, der Arbeitskampf um einen Tarifsozialplan eher die Regel als die Ausnahme ist. Hier haben die Gewerkschaften selbst eine gewisse Erwartungshaltung in den Belegschaften geschürt, die sie zukünftig erfüllen müssen. 35

Für die Risikoeinschätzung spielen neben persönlichen Faktoren vor allem folgende **objektive Kriterien** eine Rolle: 36
- **Art und Umfang der geplanten Betriebsänderung:** Kurz gesagt, je mehr Arbeitsplätze auf dem Spiel stehen, desto wahrscheinlicher ist es, dass die Gewerkschaft zu einem Streik für einen Tarifsozialplan aufrufen wird. Die Streikbereitschaft ist bei einer Totalschließung oder Standortverlagerung i.d.R. höher, als wenn Teile des Betriebs erhalten und fortgeführt werden sollen, weil die Belegschaft vermeintlich nichts mehr zu verlieren hat.

---

1 Vgl. z.B. *Bauer/Krieger*, NZA 2004, 1019.

- **Bekanntheitsgrad des Arbeitgebers/Bedeutung für die Region:** Je bekannter der Konzern oder einzelne Arbeitgeber ist, der eine Betriebsänderung plant, desto lohnender ist ein Streik für die Gewerkschaft wegen des entsprechend höheren Presseechos. Da Streiks letztlich von den Bezirksstellen der Gewerkschaft organisiert und durchgeführt werden, spielt insbesondere die Bedeutung des Arbeitgebers in der Region eine Rolle, d.h. auch ein im Bundesgebiet relativ unbekanntes Unternehmen kann Ziel eines Streiks um einen Tarifsozialplan sein, wenn es in der Region große Bedeutung als Arbeitgeber oder z.B. lokaler Kulturförderer hat.

- **Wirtschaftliche Situation des Arbeitgebers:** Die wirtschaftliche Situation des Arbeitgebers spielt aus Gewerkschaftssicht sowohl für die Erfolgsaussichten eines Arbeitskampfs als auch für dessen Öffentlichkeitswirksamkeit eine große Rolle. Verlagert ein Konzern, der Milliardengewinne macht, eine Betriebsabteilung ins Ausland, um die Profitabilität zu erhöhen, lässt sich mit einem Streik eher Eigenwerbung betreiben, als wenn ein Sanierungsfall einen Teil der Belegschaft entlassen muss, um den Restbetrieb am Leben erhalten zu können.

- **Verwundbarkeit für einen Arbeitskampf:** Hält man sich vor Augen, dass sich ein Arbeitskampf für die Gewerkschaft lohnen soll, wird deutlich, dass beliebte Ziele vor allem diejenigen Arbeitgeber sind, bei denen die Gewerkschaft damit rechnen kann, durch einen Streik besonders großen Druck erzeugen zu können. Stehen dem Arbeitgeber dagegen alternative Fertigungsstätten mit ausreichender Kapazität zur Verfügung, kann er einen Arbeitskampf verhältnismäßig leicht „aussitzen" und es besteht aus Gewerkschaftssicht die Gefahr, dass der Streik erfolglos bleibt.

- **Beteiligte Gewerkschaft:** Als Initiator von Arbeitskämpfen um einen Tarifsozialplan besonders hervorgetan hat sich in den letzten Jahren die IG Metall, die das Modell Tarifsozialplan erfunden hat. Bei anderen großen Gewerkschaften, etwa der IG BCE, ist die Neigung, sich für einen Arbeitskampf um einen Tarifsozialplan einspannen zu lassen, anscheinend geringer.

- **Organisationsgrad im Betrieb, Gewerkschaftsnähe des Betriebsrats:** Die Initiative zur Einschaltung der Gewerkschaft geht in aller Regel vom Betriebsrat und/oder der Belegschaft aus. Die Wahrscheinlichkeit, dass sich Betriebsrat und Belegschaft hilfesuchend an die Gewerkschaft wenden, ist umso höher, je größer der Organisationsgrad im Betrieb und vor allem je stärker die Gewerkschaft im Betriebsrat verankert ist.

III. Folgen für die Planung und Durchführung von Sozialplanverhandlungen

1. Vorbereitung einer Betriebsänderung

Für Personalverantwortliche, aber auch für Anwälte, die Arbeitgeber im Vorfeld einer Betriebsänderung beraten, ist es wichtig, die Unternehmens- bzw. Konzernleitung **frühzeitig** auf die Gefahr möglicher Tarifforderungen der Gewerkschaft und das bestehende Arbeitskampfrisiko **aufmerksam zu machen**. Wie hoch dieses Risiko im Einzelfall wirklich ist, muss gemeinsam mit Vertretern aus dem operativen Geschäft und der Personalabteilung bewertet werden. Gegebenenfalls sind mögliche **Gegenmaßnahmen** für den Fall eines Streiks zu planen und, so gut es geht, **vorzubereiten**. Beispielsweise könnte versucht werden, Vorratslager aufzubauen, alternative Produktionsstätten zu entwickeln oder im Streikfall Subunternehmer oder Leasingkräfte einzusetzen. Ziel des Unternehmens muss sein, durch die Schaffung von Vorrats- und/oder Ersatz- und/oder Ausweichproduktionen an anderen Orten, die gegebenenfalls auch im Ausland liegen können, in eine Lage der Nicht-Erpressbarkeit durch Streikmaßnahmen zu gelangen. Da der Status der Nicht-Erpressbarkeit in der Praxis nur selten kurzfristig erreicht werden kann, setzt dies voraus, dass mit der Planung möglicher Betriebsänderungen schon **sehr frühzeitig begonnen** und Vorräte oder Ersatzkapazitäten bereits zu einem Zeitpunkt aufgebaut werden, zu dem eine Betriebsänderung noch gar nicht im Gespräch ist. 37

◯ **Typischer Fehler:** Ein Unternehmen hat in der Vergangenheit immer wieder Personalanpassungen durchgeführt und die insoweit erforderlichen Interessenausgleichs- und Sozialplanvereinbarungen jeweils anlassbezogen in verhältnismäßig kurzer Zeit mit dem Betriebsrat verhandelt und umgesetzt. Bei der Ankündigung der Betriebsschließung herrscht auf Unternehmensseite die allgemeine Erwartung, das Verfahren mit dem Betriebsrat werde wieder so laufen wie immer. Dementsprechend gibt es keinen Notfallplan für den Fall eines Streiks und das Bestehen eines Streikrisikos ist im Konzern nicht kommuniziert worden. Als kurz nach Ankündigung der beabsichtigten Betriebsschließung die IG Metall vom Arbeitgeber den Abschluss eines Tarifsozialplans verlangt und für den Fall der Nichterfüllung mit Streik droht, fällt die Geschäftsführung „aus allen Wolken". 38

Der Arbeitgeber sollte sich vergegenwärtigen, dass ein Arbeitskampf mehrere Dimensionen hat. Eine nicht zu unterschätzende Schlacht wird über die Öffentlichkeit, d.h. insbesondere die Berichterstattung in den Printmedien und gegebenenfalls auch in Radio und Fernsehen, geführt. Ein Arbeitgeber, der Arbeitsplätze abbauen will, gilt hier grds. als angreifbar. Das strukturelle Manko gegenüber der Gewerkschaft sollte man versuchen, jedenfalls teilweise dadurch wettzumachen, sich schon im Vorfeld einer Betriebsänderung Gedanken über die **Kommunikation ge-** 39 genüber den Medien zu machen. Gegebenenfalls können vorausschauend die Gründe für die geplante Betriebsänderung in die Medienlandschaft getragen werden, um jedenfalls ein gewisses Verständnis in der interessierten Öffentlichkeit für die Position des Unternehmens zu wecken. Außerdem bietet es sich an, eine Betriebsänderung, für die ein Arbeitskampf droht, von Anfang bis Ende von PR-Spezialisten begleiten zu lassen, um den Imageschaden so gering wie möglich zu halten.

2. Verhandlungstaktik

a) Reaktion auf Tarifforderung

40 Wird der Arbeitgeber mit der Forderung nach Abschluss eines Tarifsozialplans konfrontiert, ist er i.d.R. gut beraten, Verhandlungen nicht rundheraus abzulehnen, sondern sich **auf Gespräche** über die gewerkschaftlichen Forderungen **einzulassen**. So lange Tarifverhandlungen laufen, besteht nach dem Grundsatz der Verhältnismäßigkeit (Ultima-ratio-Prinzip) ein **Streikverbot**[1].

41 Im Kern gibt es in einer solchen Situation **zwei mögliche Strategien** für Arbeitgeber. Eine Taktik kann sein, die betriebliche Einigung so rasch wie möglich „durchzupeitschen". Die Verhandlungen mit der Gewerkschaft dienen in diesem Fall vor allem dazu, sich Zeit zu erkaufen. Diese Zeit sollte der Arbeitgeber nutzen, um das Verfahren über den Abschluss eines Interessenausgleichs voranzutreiben. Ziel dieser Strategie ist, das **Interessenausgleichsverfahren möglichst frühzeitig abzuschließen** und – dies empfiehlt sich häufig – nach Möglichkeit auch gleich einen betrieblichen Sozialplan durchzusetzen. Für den Arbeitgeber kann es dabei durchaus Vorteile haben, von sich aus die Einigungsstelle auch zum Verhandlungsgegenstand Sozialplan anzurufen. Ist ein betrieblicher Sozialplan erst einmal vereinbart, ist häufig der für die Einleitung oder Fortsetzung eines Arbeitskampfs erforderliche „Druck" raus und die Gewerkschaft verliert ihre Kampffähigkeit[2].

42 Eine alternative Strategie kann darin bestehen, **zunächst eine Einigung über einen Tarifsozialplan** zu versuchen. Der Schwerpunkt der Verhandlungen wird in diesem Fall von der Betriebs- auf die Gewerkschaftsebene verlagert. Gelingt eine Einigung mit der Gewerkschaft, ist die betriebliche Einigung häufig präjudiziert. Die Rolle der Gewerkschaft verschiebt sich dann eher hin zu der eines Mittlers zwischen Arbeitgeber und Betriebsrat. Allerdings besteht bei dieser Taktik ein gewisses Risiko, dass der Betriebsrat nach Abschluss eines Tarifsozialplans noch einmal versuchen könnte, über einen betrieblichen Sozialplan zusätzliche Leistungen zu erzwingen.

---

1 *Lipinski/Ferme*, DB 2007, 1250 (1251 f.).
2 *Willemsen/Stamer*, NZA 2007, 413 (417) weisen allerdings auf das Risiko hin, dass die Gewerkschaft versuchen könnte, auf die betriebliche Einigung noch einmal „draufzusatteln".

Praktisch verhindern lassen sich solche Nachforderungen nur, indem der 43
Betriebsrat in die Verhandlungen mit der Gewerkschaft einbezogen wird,
d.h. letztlich **einheitliche Verhandlungen** über betrieblichen Sozialplan
und Tarifsozialplan geführt werden. Lassen sich die Arbeitnehmervertretungen hierauf nicht ein und gelingt es auch nicht, über die Gewerkschaft Einfluss auf den Betriebsrat dahingehend auszuüben, dass dieser
einen betrieblichen Sozialplan schließt, der inhaltlich dem Tarifsozialplan entspricht, wird es der Arbeitgeber gegebenenfalls **auf ein Einigungsstellenverfahren ankommen lassen** müssen. Die Einigungsstelle muss
für ihre Entscheidung berücksichtigen, dass die unter dem Druck eines
Arbeitskampfs gefundene Einigung im Tarifsozialplan die wirtschaftliche
Leistungsfähigkeit des Arbeitgebers regelmäßig ausschöpfen dürfte. Ein
Spruch der Einigungsstelle, der über das Volumen des Tarifsozialplans hinausgeht, kann deshalb ermessensfehlerhaft sein.

Welche Strategie für den Arbeitgeber die richtige ist, lässt sich **nicht pau-** 44
schal beantworten, sondern hängt von der jeweiligen Situation ab. Insbesondere wenn der Betriebsrat z.B. wegen interner Querelen handlungsunfähig oder aus sonstigen Gründen zu erwarten ist, dass in angemessener
Zeit keine tragfähige Einigung mit ihm erreicht werden kann, kann es
vorteilhaft sein, die Verhandlungen statt mit dem Betriebsrat mit der Gewerkschaft zu führen. Gleiches gilt, wenn der Organisationsgrad und die
Bindung der Belegschaft an die Gewerkschaft sehr hoch ist, weil in diesem Fall erwartet werden kann, dass mit einem Abschluss der Gewerkschaft faktisch die Würfel gefallen sind. Auf der anderen Seite ist zu berücksichtigen, dass die Betriebsänderung erst umgesetzt werden kann,
wenn das betriebliche Verfahren über einen Interessenausgleich abgeschlossen ist. Spielt Zeit eine wesentliche Rolle, wie dies bei Betriebsänderungen häufig der Fall ist, führt also kein Weg daran vorbei,
zumindest parallel zu Verhandlungen mit der Gewerkschaft auch das betriebliche Interessenausgleichsverfahren mit Nachdruck zu betreiben.

b) Option: Vorziehen der geplanten Betriebsänderung

Hat der Arbeitskampf begonnen und ergibt eine Wiederaufnahme des Be- 45
triebs nach dessen Beendigung für den Arbeitgeber wirtschaftlich keinen
Sinn mehr, ist zu überlegen, ob nicht als Reaktion auf den Arbeitskampf
die beabsichtigte Schließung oder sonstige Betriebsänderung zeitlich
vorgezogen werden kann. Reagiert der Arbeitgeber mit einer solchen Änderung der ursprünglichen Planung auf einen Streik, handelt es sich um
eine **arbeitskampfbezogene Maßnahme**. D.h., das **Mitbestimmungsrecht
des Betriebsrats** nach §§ 111 ff. BetrVG **ist suspendiert**[1]. Die sofortige
Schließung ist damit mitbestimmungsfrei. Jedenfalls im Hinblick auf einen Interessenausgleich ist der Betriebsrat auch nicht im Nachhinein zu

---
1 Allgemeine Ansicht, vgl. *Kissel*, § 50 Rz. 5; Richardi/*Richardi/Annuß*, § 111
Rz. 31; *Eich*, DB 1979, Beil. 9, S. 4; *Galperin/Löwisch*, § 74 Rz. 13; *Kraft*, FS Müller, S. 278; *Reuter*, AuR 1973, 1 (7).

beteiligen[1]. Bezogen auf den Sozialplan spricht allerdings vieles dafür, dass ein solcher gegebenenfalls noch nachträglich vereinbart werden muss[2].

3. Überlegungen für Betriebsräte

46 Aus Betriebsratssicht sollte jeweils im Einzelfall überlegt werden, ob es sich lohnt, die Gewerkschaft mit ins Boot zu holen und damit die Möglichkeit eines Arbeitskampfs zu eröffnen. Die Option, den Arbeitgeber zusätzlich zum betriebsverfassungsrechtlichen Verhandlungszwang, der seine Fortsetzung gegebenenfalls in der Einigungsstelle findet, auch mit einem Streik unter Druck setzen zu können, eröffnet natürlich **taktische Vorteile für die Arbeitnehmerseite**. Der Arbeitgeber kann in die „Zange" von Einigungsstelle und Arbeitskampf genommen werden. Auf der anderen Seite müssen Betriebsräte berücksichtigen, dass sie mit dem Eintritt der Gewerkschaft als aktivem „Player" **das Verfahren faktisch aus der Hand geben**. Die wesentlichen Verhandlungen werden dann nicht mehr auf der betrieblichen Ebene geführt, sondern auf Ebene der Tarifparteien. Über das Schicksal der Belegschaft wird über die Köpfe der Betriebsräte hinweg verhandelt und entschieden.

IV. Verhandlung und Inhalt eines Sozialtarifvertrags

1. Spielregeln für Tarifverhandlungen

47 Anders als für die Verhandlung von betrieblichen Sozialplänen gibt es für das Verfahren zur Verhandlung von Tarifsozialplänen **keine gesetzlichen Rahmenbedingungen**. Tarifverhandlungen unterfallen dem Schutzbereich der Tarifautonomie nach Art. 9 Abs. 3 GG. Wie Tarifverhandlungen ablaufen, hängt von der Situation und den beteiligten Personen ab. Die einzige generelle Aussage, die zu Verhandlungen über einen Tarifsozialplan getroffen werden kann, ist, dass **jede Verhandlung anders** ist.

48 Der Abschluss eines Tarifsozialplans ist insoweit **freiwillig**, als die Gewerkschaft den Arbeitgeber oder den beteiligten Arbeitgeberverband rechtlich nicht zwingen kann, ein Tarifangebot anzunehmen. Es gibt auch **keine Einigungsstelle**, die im Fall des Scheiterns von Verhandlungen befugt wäre, durch Beschluss einen Tarifsozialplan aufzustellen. I.d.R. sehen bestehende Flächentarifverträge auch (noch) nicht vor, dass für solche Fälle eine tarifliche Schlichtungsstelle angerufen werden kann. Rechtlich zulässig wäre eine solche Regelung allerdings und es bleibt abzuwarten, wie sich die Tarifpraxis entwickelt.

49 Mittel zur Durchsetzung eines Tarifsozialplans ist der **Arbeitskampf**. Zentrales Arbeitskampfmittel der Arbeitnehmerseite ist der **Streik**. Hie-

---
1 *Bauer/Krieger*, NZA 2004, 1019 (1024).
2 *Krieger*, FA 2007, 366 (368); in diesem Sinne auch *Lipinski/Ferme*, DB 2007, 1250 (1252).

runter versteht man eine vorübergehende, planmäßige Arbeitsniederlegung einer größeren Anzahl von Arbeitnehmern zur Erreichung eines gemeinschaftlichen Ziels.

Begrifflich kann nach der Dauer der Arbeitsniederlegung unterschieden werden. Wird im Sinne einer „Politik der Nadelstiche" jeweils nur für einen verhältnismäßig kurzen Zeitraum die Arbeit niedergelegt, spricht man von sog. **Warnstreiks**. Gegensatz ist die dauerhafte Arbeitsniederlegung bis zur Aufgabe der Arbeitgeberseite, die teilweise mit dem Begriff **Erzwingungsstreik** bezeichnet wird. Fallen Streikgegner und Streikziel auseinander, etwa weil ein Tochterunternehmen bestreikt wird, um die Muttergesellschaft zum Abschluss eines Tarifvertrags zu zwingen, spricht man von einem sog. **Sympathie- oder Unterstützungsstreik**[1]. 50

Für die Zulässigkeit von Streikmaßnahmen spielen diese Differenzierungen nach der neueren Rspr. des BAG praktisch keine Rolle. Das BAG misst alle Arten von Streiks einheitlich am Maßstab des **Ultima-ratio-Prinzips**, nach dem mit Arbeitskampfmaßnahmen erst begonnen werden darf, wenn Tarifverhandlungen gescheitert sind, und am **Verhältnismäßigkeitsgrundsatz**[2]. 51

Arbeitskampfmittel der Arbeitgeberseite ist vor allem die **Aussperrung**. Der das Arbeitskampfrecht beherrschende Grundsatz der Verhältnismäßigkeit wirkt sich hier dadurch aus, dass für die Aussperrungsbefugnis **zeitliche und zahlenmäßige Beschränkungen** gelten sollen. Je mehr Arbeitnehmer sich an einem Streik beteiligen und je länger der Streik andauert, desto mehr weitere Arbeitnehmer darf die Arbeitgeberseite aussperren und desto länger darf die Aussperrung andauern. Alternativ hat der von einem Streik betroffene Arbeitgeber die Möglichkeit, sich dem Streikdruck zu beugen und den bestreikten Betrieb oder Betriebsteil **vorübergehend zu schließen**. Sowohl im Fall der Schließung als auch im Fall der Aussperrung entfällt grds. der Vergütungsanspruch der im Arbeitskampf befindlichen Arbeitnehmer. Wegen der Einzelheiten zum Arbeitskampfrecht wird auf die einschlägige Literatur[3] verwiesen. 52

Die Art und Weise, in der Verhandlungen über den Abschluss eines Tarifsozialplans von Gewerkschaftsseite geführt werden, ist nicht selten ein Indiz für die Ziele, die die Gewerkschaft mit einem Streik oder Streikdrohungen erreichen will. Die Aufforderung an die Arbeitnehmervertreter, gemeinsam – Gewerkschaft und Betriebsrat – an einen Tisch zu kommen, ist häufig ein guter **Test**. Besteht die Gewerkschaft darauf, die Tarifverhandlungen **getrennt** von Verhandlungen über den Abschluss eines betrieblichen Interessenausgleichs und Sozialplans zu führen, ist dies ein Indiz dafür, dass die Arbeitnehmerseite beabsichtigt, den Arbeitgeber in 53

---
1 BAG v. 19.6.2007, NZA 2007, 1055.
2 Dazu instruktiv Sächsisches LAG v. 2.11.2007 – 7 SaGa 19/07, NZA 2008, 59 (Tarifstreit Deutsche Bahn/GdL).
3 Insb. *Kissel*, Arbeitskampfrecht, 2002.

zwei Verhandlungen gegeneinander „auszuspielen" und in die „Zange" zu nehmen. Will die Gewerkschaft konstruktiv verhandeln, d.h. zügig einen für alle Seiten vertretbaren Abschluss erreichen, lässt sie sich meistens auf einen Vorschlag des Arbeitgebers ein, die Tarifverhandlungen **gemeinsam** mit den Verhandlungen über einen betrieblichen Interessenausgleich und Sozialplan zu führen (vgl. Rz. 19 zur Frage, welche Rechtsqualität ein Abschluss aufgrund solcher gemeinsamer Verhandlungen hat).

54 Einigen sich Arbeitgeber und/oder Arbeitgeberverband sowie Gewerkschaft auf einen Tarifsozialplan, ist die Einigung **schriftlich niederzulegen** und **von beiden Seiten zu unterzeichnen** (§ 1 Abs. 2 TVG). Kommt eine Einigung nicht zustande und ist der Arbeitgeber auch unter dem Druck eines Arbeitskampfs nicht bereit, sich der gewerkschaftlichen Forderung zu beugen, sind die Verhandlungen gescheitert. Der Abbruch der Verhandlungen und das Nichtzustandekommen eines Tarifsozialplans sind **sanktionslos**. Allerdings hat die Gewerkschaft jederzeit die Möglichkeit zu versuchen, den Arbeitgeber oder Arbeitgeberverband durch einen Arbeitskampf wieder an den Verhandlungstisch zu zwingen.

2. Inhalt von Tarifsozialplänen

a) Ausgleich wirtschaftlicher Nachteile

55 Gegenstand eines Tarifsozialplans kann jeder Regelungsgegenstand sein, der tariflich regelbar ist (vgl. Rz. 29). Als Faustregel gilt: Alles was in einem **betrieblichen Sozialplan** geregelt werden kann, kann **auch in einem Tarifsozialplan** geregelt werden; alles was in einem **Interessenausgleich** zu regeln ist, kann **nicht Gegenstand eines Tarifsozialplans** sein (vgl. Teil 2 B Rz. 8).

56 Klassische Tarifsozialpläne enthalten die üblichen Regelungen zum Ausgleich wirtschaftlicher Nachteile, die Arbeitnehmern in Folge der Umsetzung der beabsichtigten Betriebsänderung entstehen. In erster Linie sind das Regelungen über **Abfindungen, Qualifizierungsmaßnahmen** oder eine **Verlängerung der einzuhaltenden Kündigungsfristen** (vgl. Rz. 13 ff. zum Verhältnis der Ansprüche aus Tarifsozialplan und betrieblichem Sozialplan). Die Tarifvertragsparteien sind hieran aber nicht gebunden, sondern können auch sonstige tariflich regelbare Ansprüche, die nicht notwendig etwas mit der geplanten Betriebsänderung zu tun haben müssen, zum Gegenstand eines Tarifsozialplans machen. So kann ein Tarifsozialplan etwa die **Zahlung von Boni** vorsehen und dabei auch nach dem Zeitpunkt des Gewerkschaftsbeitritts differenzieren[1], oder Modifikationen der **betrieblichen Altersversorgung** regeln.

---

1 BAG v. 15.4.2015, PM 20/15.

b) Keine Bindung an die Vorgaben des BetrVG

Die Bestimmungen des BetrVG finden hinsichtlich des Verfahrens zum Abschluss eines Tarifsozialplans und seiner Inhalte keine – auch keine entsprechende – Anwendung. Insoweit gelten folgende **Unterschiede und Besonderheiten** im Vergleich zu betrieblichen Sozialplänen:

aa) Kein „Tarifsozialplan-Privileg" für neu gegründete Unternehmen

§ 112a Abs. 2 BetrVG, nach dem Sozialpläne für Betriebe eines Unternehmens in den ersten vier Jahren nach seiner Gründung nicht erzwungen werden können (vgl. Teil 2 B Rz. 41 ff.), **gilt nicht für Tarifsozialpläne**. D.h., die Gewerkschaft kann auch von einem neu gegründeten Unternehmen, das einen Personalabbau plant, den Abschluss eines Tarifsozialplans fordern. Ist das Unternehmen hierzu nicht bereit, hat die Gewerkschaft das Recht, für einen Tarifsozialplan im Rahmen der allgemein geltenden Rechtmäßigkeitsvoraussetzungen zu streiken. Aus Arbeitnehmersicht kann der Tarifsozialplan gerade in solchen Fällen eine vermeintliche Lücke zum Schutz der Arbeitnehmer vor Verlust ihres sozialen Besitzstands schließen – eine Lücke freilich, die der Gesetzgeber mit gutem Grund geschaffen hat, um unternehmerischen Mut und Initiative zu fördern. Weil ein betrieblicher Sozialplan nicht erzwungen werden kann, hat die Option eines Streiks für einen Tarifsozialplan **in neu gegründeten Unternehmen besondere Bedeutung**. Dies muss auf Seiten des Arbeitgebers berücksichtigt werden, wenn eine Betriebsänderung in einem neu gegründeten Unternehmen geplant und die damit verbundenen Kosten kalkuliert werden.

bb) Keine Leitlinien für die Ermessenausübung

Das BAG hat ausdrücklich entschieden, dass die Schranken des § 112 Abs. 5 BetrVG für die Regelungsbefugnis der Betriebsparteien bei Aufstellung eines Sozialplans die Rechtssetzungsmacht der Tarifparteien nicht beschränken[1]. Anders als die Betriebspartner und vor allem die Einigungsstelle müssen die Tarifparteien bei der Bemessung des Tarifsozialplanvolumens daher **nicht darauf achten**, dass der Fortbestand des Unternehmens oder die nach Durchführung der Betriebsänderung verbleibenden Arbeitsplätze **nicht gefährdet werden** (so § 112 Abs. 5 Satz 2 Nr. 3 BetrVG für betriebliche Sozialpläne). Das bedeutet, die Gewerkschaft kann vom Arbeitgeber den Abschluss eines Tarifsozialplans auch dann verlangen und gegebenenfalls dafür streiken, wenn im Fall der Erfüllung der gewerkschaftlichen Forderungen Insolvenzgefahr bestünde und damit der Fortbestand des Unternehmens in Frage gestellt würde. Die Auffassung des BAG überzeugt nicht, weil damit faktisch die zum Schutz der Grundrechte des Arbeitgebers aus Art. 12 und 14 GG geschaffenen Beschränkungen des § 112 Abs. 5 BetrVG unterlaufen wer-

---
1 BAG v. 6.12.2006, AP Nr. 1 zu § 1 TVG Sozialplan.

den[1]. Aufgrund der Ausführungen des BAG ist aber bis auf weiteres davon auszugehen, dass gerichtlicher Rechtsschutz gegen einen Arbeitskampf selbst dann nicht erreicht werden könnte, wenn der Arbeitgeber darlegen kann, dass eine Erfüllung der gewerkschaftlichen Forderungen die Insolvenz des Unternehmens zur Folge hätte.

cc) Keine Geltung des betriebsverfassungsrechtlichen Gleichbehandlungsgrundsatzes

60 § 75 Abs. 1 BetrVG, der Arbeitgeber und Betriebsrat auf die Gleichbehandlung der betriebsangehörigen Arbeitnehmer verpflichtet, gilt für die Tarifparteien und damit für Tarifsozialpläne nicht. Auch der allgemeine arbeitsrechtliche Gleichbehandlungsgrundsatz ist nach Auffassung des BAG für tarifliche Regelungen nicht anwendbar[2]. **Grenze** für die Regelungsbefugnis der Tarifparteien ist vor allem der **allgemeine verfassungsrechtliche Gleichheitssatz** aus Art. 3 Abs. 1 GG. Der verfassungsrechtliche Gleichheitssatz verbietet es, gleiche Sachverhalte unterschiedlich zu behandeln. Eine Ungleichbehandlung liegt vor, wenn sich für die vorgenommene Differenzierung ein vernünftiger, sich aus der Natur der Sache ergebender oder sonst wie einleuchtender Grund nicht finden lässt, wenn also für eine am Gleichheitsgedanken orientierte Betrachtung die Regelung als willkürlich anzusehen ist. Der Gleichheitssatz wird durch eine Tarifnorm verletzt, wenn die Tarifparteien es versäumt haben, tatsächliche Gleichheiten oder Ungleichheiten der zu ordnenden Lebensverhältnisse zu berücksichtigen, die so bedeutsam sind, dass sie bei einer am **Gerechtigkeitsgedanken orientierten Betrachtungsweise** beachtet werden müssen. Die Tarifparteien haben hiernach eine **weitgehende Gestaltungsfreiheit**. Sie brauchen nicht die zweckmäßigste, vernünftigste und gerechteste Lösung zu wählen, vielmehr genügt es, wenn sich für die getroffene Regelung ein **sachlich vertretbarer Grund** ergibt. Es ist nicht Aufgabe der Gerichte zu prüfen, ob die Tarifparteien die gerechteste oder zweckmäßigste Lösung für ein Regelungsproblem gefunden haben[3].

61 Eine Regelung in einem Tarifsozialplan, nach der der **Bezug einer Abfindung davon abhängig gemacht** wird, dass der Arbeitnehmer **keine Kündigungsschutzklage** erhebt, **verletzt den Gleichheitssatz nicht**[4]. Die Differenzierung ist durch das sachliche Interesse des Arbeitgebers an Rechts- und Planungssicherheit gerechtfertigt.

---

1 Für eine entsprechende Anwendung von §§ 112 Abs. 5 Satz 2 Nr. 3 und 112a Abs. 2 BetrVG *Bauer/Krieger*, NZA 2004, 1019 (1024).
2 BAG v. 6.12.2006, AP Nr. 1 zu § 1 TVG Sozialplan. Nimmt ein betrieblicher Sozialplan jedoch auf den Tarifsozialplan Bezug, so gilt insoweit der betriebsverfassungsrechtliche Gleichbehandlungsgrundsatz, BAG v. 12.4.2011, AP Nr. 56 zu § 75 BetrVG 1972.
3 BAG v. 15.5.2012, AP Nr. 4 zu § 1 TVG Sozialplan; BAG v. 6.11.2002, AP Nr. 300 zu Art. 3 GG; BAG v. 18.1.2001, AP Nr. 8 zu § 52 BAT.
4 BAG v. 6.12.2006, AP Nr. 1 zu § 1 TVG Sozialplan; vgl. auch Rz. 24 f.

Weitere Grenzen für die Regelungsbefugnis der Tarifparteien sind die allgemeinen Grundsätze der **§§ 242, 138 BGB** einschließlich des Maßregelungsverbots in **§ 612a BGB**. Daneben sind bei der Verhandlung von Tarifsozialplänen die **Vorgaben des AGG** zu beachten. Im Hinblick auf zulässige Regelungsinhalte und Rechtsfolgen einer unzulässigen Regelung gelten insoweit keine Besonderheiten zu betrieblichen Sozialplänen, wobei sich die Zulässigkeit von Differenzierungen jedoch teilweise aus anderen Normen ergibt[1].

---

1 Beispielsweise ergibt sich für Differenzierungen nach dem Alter die Zulässigkeit in Bezug auf Tarifsozialpläne aus § 10 Satz 1, 2 AGG und nicht aus § 10 Satz 3 Nr. 6 AGG, vgl. *Bauer/Krieger*, § 10 Rz. 51.

Teil 3 Betriebsübergang

A. Übergang der Arbeitsverhältnisse

Die Regelung des § 613a BGB ist die zentrale Vorschrift für die Behandlung von Betriebs(teil)übergängen. Wechselt der Inhaber eines Betriebs oder Betriebsteils, gehen die Arbeitsverhältnisse kraft Gesetzes auf den neuen Betriebsinhaber über. Nachfolgend werden die Voraussetzungen eines Betriebs(teil)übergangs im Einzelnen erläutert. Soweit dabei von „Betriebsübergang" die Rede ist, ist grds. auch der Fall eines „Betriebsteilübergangs" erfasst; auf Besonderheiten wird hingewiesen.

I. Verhältnis von Betriebsübergang und Betriebsänderung

1 Ein Betriebsübergang nach § 613a BGB fällt häufig mit einer Betriebsänderung i.S.d. § 111 BetrVG zusammen. Zum Verhältnis von Betriebsübergang und Betriebsänderung hat das BAG mehrere Grundsätze aufgestellt:

(1) Der Übergang eines Betriebs oder Betriebsteils ist für sich genommen keine Betriebsänderung nach § 111 BetrVG[1].

(2) Betriebsübergang und Betriebsänderung können aber zeitlich zusammenfallen. Praktisch wird dies vor allem dann, wenn ein Betriebsteil übertragen wird und deshalb zeitgleich mit der Übertragung der bestehende Betrieb gespalten werden soll (vgl. Teil 1 A Rz. 23 ff.) oder wenn ein Betrieb im Zusammenhang mit einer Übertragung räumlich verlegt werden soll. In diesen Fällen muss – hinsichtlich der Betriebsänderung, nicht aber hinsichtlich des Betriebsübergangs – ein Interessenausgleich verhandelt werden. Der Betriebsrat kann grds. auch die Aufstellung eines Sozialplans verlangen. In dem Sozialplan müssen allerdings nur diejenigen Nachteile ausgeglichen werden, die infolge der Betriebsänderung entstehen. Nachteile, die Arbeitnehmer infolge des Inhaberwechsels erleiden, zählen nicht zu den erzwingbaren Inhalten eines Sozialplans. Ist z.B. der Erwerber ein neu gegründetes Unternehmen, findet für die ersten vier Jahre das Sozialplanprivileg nach § 112a Abs. 2 BetrVG Anwendung (vgl. Teil 2 B Rz. 41 ff.). In einem solchen Fall verlangen Betriebsräte nicht selten eine Verpflichtung des Erwerbers, im Falle eines Personalabbaus gleichwohl einen Sozialplan zu vereinbaren[2]. Ein solcher Verzicht kann zwar einvernehmlich, z.B. im Rahmen einer Überleitungsbetriebsvereinbarung, erklärt werden. Eine Erzwingung durch Spruch der Einigungsstelle scheidet aber aus. Ausgleichspflichtig sind nur Nachteile, die unmit-

---

1 BAG v. 4.12.1979, AP Nr. 6 zu § 111 BetrVG 1972.
2 Zu den typischen Betriebsratsforderungen s. *Trittin*, AuR 2009, 119.

telbar aus der zugleich durchgeführten Betriebsänderung resultieren, etwa längere Anfahrtswege für Mitarbeiter, wenn der Betrieb gleichzeitig mit dem Übergang verlagert wird.

In der Praxis ist es allerdings häufig üblich, im Zusammenhang mit einem Betriebsübergang mit den betroffenen Betriebsräten **Überleitungsvereinbarungen** zu schließen, die Regelungen vor allem auch für die Zeit nach dem Betriebsübergang treffen. Problematisch ist insoweit die Legitimation des auf Arbeitgeberseite die Verhandlungen führenden Veräußerers für Regelungsgegenstände, die erst nach Wirksamwerden der Veräußerung praktische Wirkung entfalten[1]. Hält sich auch der Erwerber an die zuvor mit dem Veräußerer getroffenen Absprachen, wird dieses Problem praktisch nicht relevant. Vorsichtige Betriebsräte drängen in solchen Konstellationen darauf, dass der Erwerber der Überleitungsvereinbarung „beitritt" oder sie unmittelbar nach dem Übergang durch Vereinbarung mit dem dann zuständigen Betriebsrat bestätigt.

II. Voraussetzungen eines Betriebsübergangs

Wann die Rechtsfolgen des § 613a BGB eingreifen, lässt sich aus dem Gesetz nicht ohne weiteres erkennen. Zu den **Tatbestandsvoraussetzungen** sagt § 613a BGB lediglich, dass ein Betrieb oder Betriebsteil durch Rechtsgeschäft auf einen anderen Rechtsträger übergeht. Diese recht inhaltsleeren Tatbestandsvoraussetzungen wurden durch die Rspr. des EuGH und (dem folgend) des BAG ausgefüllt – wobei Unsicherheiten immer noch bleiben. Diese Unsicherheiten können aus Arbeitgebersicht **Gestaltungsspielräume** öffnen.

Beispiel: Kann ein Outsourcing-Partner die Outsourcing-Dienstleistungen künftig vollständig mit eigenen Geschäftsgegenständen, eigener Organisation und eigenem Personal erbringen, scheidet ein Betriebsübergang – wie gleich gezeigt wird – aus. Übernimmt dagegen der Outsourcing-Partner Vermögensgegenstände in ihrer bisherigen Organisation oder wesentliche Teile des Personals, handelt es sich um einen Betriebsübergang.

Entscheidend ist deshalb, wie ein **Outsourcing-Partner** sein Geschäft in der Praxis verfolgt. Outsourcing-Unternehmen, die ihr Geschäftsmodell erst entwickeln, bauen mittels Betriebsübergängen zunächst eine Stammbelegschaft auf und gehen später schrittweise dazu über, Betriebsübergänge durch Vertragsgestaltungen zu vermeiden. Üblicherweise wird die Übertragung von Mitarbeitern in Outsourcing-Verträgen („**Employee Transfer Agreements**") aber sehr detailliert geregelt bis hin zu Spezialregelungen für Schlüsselmitarbeiter („**Key Employees**"), dem genauen Einsatz und Verbleib dieser Schlüsselmitarbeiter für das Outsourcing-Projekt und gegebenenfalls sogar **Rückkehrklauseln** nach Abschluss des Outsourcing-Projekts („**Insourcing**").

---
1 *Fitting*, § 77 Rz. 20, §§ 112, 112a Rz. 132.

1. Übergang eines Betriebs oder eines Betriebsteils

6 § 613a BGB setzt nach seinem Wortlaut den Übergang eines Betriebs oder eines Betriebsteils voraus. Diese Begriffe sind mit den entsprechenden Begriffen des Betriebsverfassungsrechts nicht deckungsgleich. Vielmehr ist auch an dieser Stelle die europarechtliche Herkunft der Norm von Bedeutung: Der EuGH stellt nicht auf die einzelnen Begriffe „Betrieb" oder „Betriebsteil", sondern auf eine **auf Dauer angelegte wirtschaftliche Einheit** ab („Substrat der wirtschaftlichen Einheit"). Dem hat sich das BAG angeschlossen. Der Begriff der wirtschaftlichen Einheit erfasst dabei eine organisierte Gesamtheit von Personen und Sachen zur Ausübung einer wirtschaftlichen Tätigkeit mit eigener Zielsetzung. Diese Einheit darf nicht mit einer bloßen Tätigkeit gleichgesetzt werden. Ein einzelnes Wirtschaftsgut (z.B. ein LKW) bildet für sich noch keine wirtschaftliche Einheit. Die wirtschaftliche Einheit muss auf Dauer angelegt sein, d.h. ein Projekt oder eine einzelne Baustelle genügen nicht.

7 **Beispiel:** Es ist geplant, innerhalb einer Unternehmensgruppe Mitarbeiter einer bestimmten Abteilung künftig in einem anderen Unternehmen zu beschäftigen, ohne dass Betriebsmittel übergehen. Hier ist nur in Grenzfällen von einem Betriebsübergang auszugehen. Ist nur eine Überleitung der Arbeitsverhältnisse gewünscht, wird man hier in der Praxis auf die vor Inkrafttreten des § 613a BGB übliche Handhabung zurückgreifen und mit jedem einzelnen Mitarbeiter einzelvertraglich eine Überleitung seines Arbeitsverhältnisses vereinbaren müssen.

8 Ein Betriebsteil, der nach § 613a BGB auf einen Erwerber übergehen kann, stellt nur in Form einer **selbständigen abtrennbaren organisatorischen Untergliederung** des Gesamtbetriebs eine wirtschaftliche Einheit dar, mit der innerhalb der betrieblichen Gesamtorganisation ein **Teilzweck** verfolgt wird. Der Begriff des Betriebsteils ist daher nicht deckungsgleich mit dem des steuerrechtlichen Teilbetriebs. Dem Teilzweck kann auch nur eine untergeordnete Hilfsfunktion zukommen. Der Betriebsteil muss diese Voraussetzungen schon beim Veräußerer erfüllt haben. Es reicht nicht aus, wenn der Erwerber einzelne bislang nicht in einem Betriebsteil organisierte Betriebsmittel übernimmt und daraus einen Betrieb oder Betriebsteil gründet[1]. Demzufolge kann eine nur aus ein bis zwei Mitarbeitern bestehende Betriebsabteilung in der Praxis kaum als „Identität einer wirtschaftlichen Einheit" angesehen werden. In jedem Fall setzt die Anwendbarkeit des § 613a BGB im Einklang mit dem europäischen Recht aber voraus, dass die übertragene Einheit vor der Übertragung bei dem Veräußerer eine hinreichend strukturierte und selbständige Organisation aufweist[2].

9 **Beispiel:** Die X-GmbH betreibt ein Unternehmen der Baubranche mit den Bereichen Hoch- und Tiefbau. Sie möchte den Bereich Tiefbau rechtlich verselbständigen. Zu diesem Zweck gründet sie eine Gesellschaft, die Y-GmbH, deren alleinige

---

1 BAG v. 4.5.2006 – 8 AZR 299/05, NZA 2006, 1096.
2 EuGH v. 6.3.2014 – Rs. C-458/12, ZIP 2014, 791; BVerfG v. 15.1.2015 – 1 BvR 499/12, ZIP 2015, 542.

Gesellschafterin die X-GmbH ist. Der Bereich Tiefbau der X-GmbH wird mit den dazu gehörenden Vermögensgegenständen auf die Y-GmbH übertragen. Die Arbeitsverhältnisse gehen über.

Die wirtschaftliche Einheit, also der Betrieb oder der Betriebsteil, geht dann über, wenn sie trotz eines Inhaberwechsels ihre **Identität wahrt**. Unter welchen Voraussetzungen die Identität im Sinne der Richtlinie 2001/23 EG bewahrt bleibt, ist eine Frage, mit der das BAG und auch der EuGH immer wieder befasst war. Zuletzt 2009 mit der als grundlegend eingeordneten Entscheidung *Klarenberg* hat der EuGH[1] abstrakte Regeln formuliert und präzisiert. Danach liegt ein Übergang eines Betriebsteils auf einen anderen Inhaber nicht nur dann vor, wenn der Betriebsteil bei dem neuen Inhaber als organisatorisch selbständiger Unternehmens- oder Betriebsteil fortgeführt wird, sondern auch dann, wenn nur die funktionelle Verknüpfung zwischen den übertragenen Produktionsfaktoren beibehalten wird. Mit dieser Entscheidung haben sich die Grenzen zwischen einem Betriebs(teil)übergang und einer sog. reinen Funktionsnachfolge verschoben und die Abgrenzung zwischen diesen Fallgruppen ist erschwert[2]. Das BAG[3] präzisiert diese Maßstäbe bezogen auf die Vorschrift des § 613a Abs. 1 BGB und stellt nicht auf die konkrete Organisation der verschiedenen Produktionsfaktoren, wohl aber auf den Zusammenhang der Wechselbeziehungen und gegenseitigen Ergänzung ab, der die Produktionsfaktoren verknüpft und dazu führt, dass sie bei der Ausübung einer bestimmten wirtschaftlichen Tätigkeit ineinandergreifen. Dieser Funktions- und Zweckzusammenhang könne, müsse aber nicht wegfallen bei der Eingliederung in die Organisation des Erwerbers. Neben einer Auftragsnachfolge müssten zusätzliche Umstände festzustellen sein, die in der Gesamtwürdigung die Annahme des Fortbestands der wirtschaftlichen Einheit rechtfertigen.

Der EuGH[4] hat **sieben in Wechselbeziehung zueinander stehende Kriterien** entwickelt, die je nach Ausgestaltung des übergehenden Betriebs unterschiedlich starkes Gewicht für die Frage erlangen, ob die wirtschaftliche Einheit trotz des Inhaberwechsels ihre **Identität** behält. Darüber hinaus kann sich die Identität der Einheit auch aus anderen Merkmalen ergeben, wie z.B. aus dem Personal, den Führungskräften, der Arbeitsorganisation und den Betriebsmethoden.

a) Art des betreffenden Betriebs oder Unternehmens

Die Art des Betriebs oder des Unternehmens ist insbesondere für die **Gewichtung** der übrigen Aspekte von Bedeutung. So spielt in Produktionsbetrieben die Übertragung der materiellen Betriebsmittel eine größere

---
1 EuGH v. 12.2.2009 – Rs. C-466/07, NZA 2009, 251.
2 Kritisch zu der Entscheidung *Willemsen*, NZA 2009, 289.
3 BAG v. 22.1.2009 – 8 AZR 158/07, ZIP 2009, 1976.
4 St. Rspr. seit EuGH v. 18.3.1986 – C-24/85.

Rolle, während sie in Dienstleistungsbetrieben von untergeordneter Bedeutung ist. Irrelevant ist, ob das Unternehmen mit wirtschaftlicher oder ideeller Zielsetzung betrieben wird. Eine Gewinnerzielungsabsicht ist nicht erforderlich. Bei der Übertragung von Aufgaben im Wege einer Umstrukturierung von Verwaltungsbehörden findet § 613a BGB keine Anwendung. Etwas anderes kann gelten, wenn verwaltungsrechtliche Betriebsführungsverträge geschlossen werden[1]. Bedarf der Betrieb einer behördlichen Genehmigung, ist jedenfalls nach der Rspr. des LAG Berlin-Brandenburg[2] die Übertragbarkeit unter Anwendung des § 613a BGB nicht allein dadurch ausgeschlossen. Allerdings ist nach der Rechtsprechung des BAG ein rechtsgeschäftlicher Betriebsübergang jedenfalls dann ausgeschlossen, wenn das Substrat einer organisatorischen Einheit die höchstpersönliche Befugnis des Betreibers[3] ist und diese persönliche Befugnis erlischt.

b) Etwaiger Übergang der materiellen Betriebsmittel

13 Wesentliche Indizfunktion kommt in Produktionsbetrieben dem Übergang materieller Betriebsmittel zu. Der Begriff **materielle** Betriebsmittel umfasst dabei insbesondere Maschinen, Gebäude, EDV-Anlagen und andere Geräte. Die Eigentumsverhältnisse an den Betriebsmitteln sind ohne Bedeutung[4]. Es kommt auch nicht darauf an, dass dem Erwerber die sächlichen Betriebsmittel zur eigenwirtschaftlichen Nutzung überlassen sind[5]. Maßgeblich ist allein die tatsächliche Nutzungsbefugnis (vgl. Rz. 37 ff. zum Zeitpunkt des Betriebsübergangs).

14 **Beispiel:** A ist bei der X-GmbH als Sicherheitsagentin beschäftigt. Die X-GmbH führt im Auftrag des Innenministeriums die Personen- und Gepäckkontrollen am Flughafen durch. Zum Jahresende 2015 wird der Auftrag vom Innenministerium gekündigt und an die Y-GmbH neu vergeben. Die X-GmbH kündigt das Arbeitsverhältnis mit der Arbeitnehmerin A zum 31.12.2015. Die Y-GmbH benutzt zur Auftragsausführung Röntgengeräte, Handsonden und andere Geräte, die für die Durchführung des Auftrags vom Innenministerium zwingend zur Verfügung gestellt werden und zuvor von der X-GmbH benutzt wurden. Anfang 2016 werden von der Y-GmbH zahlreiche ehemalige Mitarbeiter der X-GmbH eingestellt. A macht in einer Kündigungsschutzklage die Unwirksamkeit der Kündigung wegen Vorliegens eines Betriebsübergangs[6] geltend. Das BAG bejahte die Voraussetzungen eines Betriebsübergangs[6]. Wesentlich war für das BAG, dass der Auftragnehmer die technischen Geräte und Anlagen für die Personenkontrolle zwingend von der Bundesrepublik Deutschland erhalten hatte. Der Einsatz dieser Geräte macht den Kern des zur Wertschöpfung erforderlichen Funktionszusammenhangs aus.

---

1 BAG v. 20.3.1997 – 8 AZR 856/95, BB 1997, 1743.
2 LAG Berlin-Brandenburg v. 1.9.2010, ZIP 2011, 878.
3 So das BAG zur Notarbefugnis, Urt. v. 26.8.1999 – 8 AZR 827/98, NZA 2000, 371.
4 BAG v. 6.4.2006 – 8 AZR 222/04, NZA 2006, 723.
5 BAG v. 2.3.2006 – 8 AZR 147/05, NZA 2006, 1105 (1108).
6 BAG v. 13.6.2006 – 8 AZR 271/05, NZA 2006, 1101.

Der Übergang materieller Betriebsmittel stützt für sich alleine aber die 15
Annahme eines Betriebsübergangs noch nicht. Vielmehr ist im Rahmen
der Gesamtabwägung zu prüfen, ob der Erwerber neben den Betriebsmitteln auch die **Arbeitsorganisation übernommen** hat[1]. Materielle Betriebsmittel sind nach der Rspr. des BAG nur dann wesentlich, wenn bei wertender Betrachtungsweise ihr Einsatz den eigentlichen Kern des zur
Wertschöpfung erforderlichen Funktionszusammenhangs ausmacht, sie
also **unverzichtbar zur auftragsgemäßen Verrichtung** der Tätigkeiten
sind[2]. Einem Betrieb sind daher auch solche Gebäude, Maschinen oder
Einrichtungsgegenstände als sächliche Betriebsmittel zuzurechnen, die
nicht im Eigentum des Betriebsinhabers stehen, sondern die dieser aufgrund einer mit Dritten bestehenden Nutzungsvereinbarung einsetzen
kann[3]. Erwerben zwei oder mehrere Unternehmen lediglich Betriebsmittel von einem durch den Insolvenzverwalter stillgelegten Betrieb, begründet dies für sich noch keinen Betriebsübergang[4]. Trotz weitgehender
Übernahme der sächlichen Betriebsmittel kann aber ein Betriebsübergang i.S.d. § 613a BGB ausgeschlossen sein, wenn der Betriebserwerber
erhebliche Änderungen in der Organisation und der Personalstruktur des
Betriebs eingeführt hat, so dass in der Gesamtschau keine Fortführung
des früheren Betriebs anzunehmen ist[5].

Nach der Rspr. des BAG liegt ein Betriebsübergang aber dann vor, wenn 16
der Insolvenzverwalter die Tätigkeit der Insolvenzschuldnerin durch einen Dritten mit den übernommenen Betriebsmitteln und mit den Arbeitnehmern der Insolvenzschuldnerin ausführen lässt[6]. **Nicht erforderlich**
ist, dass die Betriebsmittel auf der Grundlage eines **wirksamen** Kaufvertrags übernommen werden und in das Eigentum des Erwerbers übergehen.

Beispiel: Die X-GmbH betreibt ein Unternehmen der Textilbranche. Das Insolvenz- 17
verfahren über die X-GmbH wird eröffnet und ein Insolvenzverwalter bestellt. In
Verhandlungen mit dem Insolvenzverwalter werden wesentliche Teile des Vermögens an die Y-GmbH verkauft, die den Betrieb mit den ehemaligen Arbeitnehmern
der X-GmbH fortführt. In diesem Fall geht das BAG[7] von einem Betriebsübergang
auf die Y-GmbH aus. Wesentlich ist für das Gericht, dass der Dritte mit den Arbeitnehmern der Insolvenzschuldnerin und den übernommenen Betriebsmitteln die
wirtschaftliche Tätigkeit der Insolvenzschuldnerin fortführt. Nicht entscheidend
ist dagegen, ob der Kaufvertrag über die Betriebsmittel wirksam ist oder nicht.

---

1 BAG v. 16.5.2002, NZA 2003, 93 (98); LAG Bremen v. 19.10.2006, LAGE § 613a
 BGB 2002 Nr. 9c.
2 BAG v. 15.2.2007 – 8 AZR 431/06, NZA 2007, 793 (795).
3 BAG v. 29.3.2007 – 8 AZR 474/06, n.v.
4 BAG v. 26.7.2007 – 8 AZR 796/06, NZA 2007, 1419.
5 BAG v. 17.12.2009 – 8 AZR 1019/08, ZIP 2010, 694.
6 BAG v. 25.10.2007 – 8 AZR 917/06, DB 2008, 989.
7 BAG v. 25.10.2007 – 8 AZR 917/06, DB 2008, 989.

c) Übernahme und Wert der immateriellen Aktiva im Zeitpunkt des Übergangs

18 Weiteres Indiz für einen identitätswahrenden Übergang einer wirtschaftlichen Einheit ist der Wert der immateriellen Aktiva, die der Betriebserwerber übernimmt. Zu diesen zählen Patente, Gebrauchsmusterrechte, Marken, Lizenzen, aber auch „Know-how" und „Goodwill". Insgesamt kommt den immateriellen Aktiva allerdings nur dann eine Indizwirkung zu, wenn sie einen **gewissen Wert** haben.

d) Etwaige Übernahme der Hauptbelegschaft durch den Betriebserwerber

19 Auf den ersten Blick mutet dieses Kriterium überraschend an, weil hier Tatbestand und Rechtsfolge wie in einem Zirkelschluss verbunden zu sein scheinen: Die Übernahme einiger Arbeitnehmer (Tatbestand) bewirkt den Übergang aller Arbeitsverhältnisse (Rechtsfolge). So sah auch die frühere Rspr. in der **Übernahme von Belegschaft** kein Indiz für einen Betriebsübergang.

20 Besonders in betriebsmittelarmen Unternehmen ist die Übernahme des Personals allerdings von großer Bedeutung, denn hier bildet gerade die durch die gemeinsame Tätigkeit auf Dauer verbundene Gesamtheit der Arbeitnehmer die wirtschaftliche Einheit. Die Identität dieser Einheit ist daher nur dann gewahrt, wenn **nach Zahl und Sachkunde wesentliche Teile** des Personals übernommen werden[1]. Kein Indiz für einen Betriebsübergang ist aber, wenn der Erwerber die Arbeitnehmer nur noch als freie Mitarbeiter beschäftigt.

21 Wann die erforderliche Anzahl an übernommenen Mitarbeitern erreicht ist, lässt sich **nicht generell bestimmen**. Dies ist vielmehr im Einzelfall anhand der Art der Tätigkeit und dem Qualifikationsgrad der Arbeitnehmer zu bemessen. Je geringer die Anforderungen an die Qualifikation des Personals sind, desto höher muss die Anzahl der übergehenden Mitarbeiter sein. Das BAG entschied, dass bei der Fremdvergabe eines Reinigungsauftrags bei Übernahme von **60 %** der Reinigungskräfte, an deren Sachkunde keine besonderen Anforderungen zu stellen sind, kein Betriebsübergang vorliegt[2]. Bei einem Bewachungsdienst reichte die Übernahme von **40 %** der Belegschaft nicht für einen Betriebsübergang aus[3]. Umgekehrt genügt für einen Betriebsübergang die Übernahme eines geringeren Belegschaftsteils mit gleichzeitig hohem Qualifikationsgrad und entsprechendem **Know-how** des Personals. Maßgeblich ist, ob durch die Übernahme der Hauptbelegschaft Arbeitsorganisation und Betriebsmethoden des alten Betriebsinhabers übernommen werden[4].

---

1 BAG v. 10.12.1998, NZA 1999, 420; differenzierend LAG Berlin v. 23.10.2006 – 15 Sa 1314/06.
2 BAG v. 24.5.2005 – 8 AZR 333/04, NZA 2006, 31 (33).
3 LAG Niedersachsen v. 12.7.2007 – 7 Sa 1429/06, n.v.
4 BAG v. 11.12.1997 – 8 AZR 729/96, NZA 1998, 534 (535).

Beispiel: Aus einem Produktionsunternehmen mit angeschlossener Vertriebseinheit wird kein Produktionsmittel, sondern nur die damit verbundenen Marken und Lizenzrechte übertragen, gleichzeitig wechselt die Vertriebsmannschaft ganz überwiegend zum Erwerber. Im Ergebnis liegt für die Produktionsmitarbeiter kein Betriebsübergang vor, so dass diese beim Betriebsveräußerer betriebsbedingt kündbar sind. Die Vertriebsmannschaft geht hingegen nach § 613a BGB insgesamt auf den Betriebserwerber über.

e) Übernahme der Kundschaft

Insbesondere in **Dienstleistungsbetrieben** kommt dem Kriterium der Übernahme der Kundschaft große Bedeutung für die Frage zu, ob eine Einheit unter Wahrung ihrer Identität auf den Erwerber übergegangen ist. Auch hier eröffnen sich eine Reihe von Gestaltungsmöglichkeiten. Von einem Betriebsübergang ist dann noch nicht auszugehen, wenn ein Dritter die bisherigen Kundenbeziehungen des Unternehmens übernimmt und das Unternehmen anschließend beauftragt, in seinem Namen die Aufträge in der bisherigen Art und Weise zu erledigen[1].

Beispiel: Ein Frisörsalon, der in den vergangenen dreißig Jahren mit seiner Kundschaft „mitgealtert" ist, wird von einem neuen Team übernommen. Dieses Team wendet sich schon aus Gründen der Selbsterhaltung einem jüngeren Publikum zu („vom Herren/Damen-Frisör zur Beauty-Farm"). Ziel ist in diesem Fall also gerade nicht die Übernahme der bestehenden Kundschaft. Kommt der bisherige Kundenstamm dennoch nach wie vor zum Haareschneiden, führt dies für sich nicht zum Betriebsübergang. Anders ist die Situation freilich, wenn eine Kundenliste Gegenstand der Transaktion ist.

f) Ähnlichkeit zwischen den vor und nach dem Übergang verrichteten Tätigkeiten

In betriebsmittelarmen Branchen steht für die Prägung der wirtschaftlichen Einheit die ausgeübte Tätigkeit im Vordergrund. Deshalb ist in diesen Fällen auch der Grad der Ähnlichkeit der vor und nach dem Übergang verrichteten Tätigkeiten entscheidend. Die **bloße Funktionsnachfolge** stellt allerdings keinen Betriebsübergang dar (vgl. Rz. 50 ff.). Wiederum ist maßgeblich, ob und in welchem Maße bestehende **Betriebsmethoden** und **Arbeitsorganisation** übernommen oder geändert werden.

Die Ähnlichkeit einer betrieblichen Tätigkeit geht nicht bereits dadurch verloren, dass der Erwerber den Betrieb **verlegt**. Die wirtschaftliche Einheit kann trotz der Verlegung gewahrt bleiben, wenn der Erwerber Betriebsmittel verlagert und an einem anderen Ort mit gleicher Arbeitsorganisation und gleichen Betriebsmethoden die Produktion fortführt[2]. In der sog. **Lyon-Entscheidung** aus dem Jahr 1989 hatte das BAG noch entschieden, dass der Erwerber nach § 613a BGB nur in die Arbeitsverträge der Arbeitnehmer eintritt, die bereit sind, die Arbeit am neuen Leistungsort

---
1 BAG v. 14.8.2007 – 8 AZR 803/06, DB 2007, 2718.
2 BAG v. 16.5.2002, NZA 2003, 93 (98).

zu erbringen, wenn der Betrieb auf den Erwerber übergeht und dieser den Betrieb an einen Ort verlagert, an dem die Arbeitnehmer nach ihren Arbeitsverträgen nicht zur Arbeitsleistung verpflichtet sind[1]. Die Wahrung der Identität kann zweifelhaft erscheinen, wenn eine erhebliche räumliche Entfernung zwischen der alten und der neuen Betriebsstätte liegt. Allerdings kann ein Betriebsübergang auch dann vorliegen, wenn ein Betrieb oder Betriebsteil an einen anderen Standort verlagert wird, selbst dann, wenn der andere Standort im Ausland liegt[2]. Nach den sieben Kriterien des EuGH und des BAG ist die Frage der **räumlichen Entfernung** nur ein mögliches Kriterium, das nicht in allen Fällen einen Betriebsübergang i.S.d. § 613a BGB ausschließt.

27 **Beispiel:** Unternehmen X überträgt und verlagert Maschinen aus einem Betrieb am Bodensee nach Bonn zu Unternehmen Y. Die Entfernung zwischen Bonn und dem Raum Bodensee schließt einen Betriebsübergang nicht notwendig aus. Entscheidend ist vielmehr, ob das Substrat der wirtschaftlichen Einheit in einer im Wesentlichen gleichen Organisationsform in Bonn weitergeführt wird. Angesichts der Entfernung ist es allerdings ohnehin unwahrscheinlich, dass die Arbeitnehmer von X vom Bodensee den Übergang ihrer Arbeitsverhältnisse auf Y in Bonn geltend machen werden.

28 Eine wirtschaftliche Einheit geht grundsätzlich nur dann über, wenn sie beim Erwerber als Betrieb oder **organisatorisch selbständiger Betriebsteil** fortgeführt wird. Das ist dann nicht der Fall, wenn der Betrieb vollständig in eine eigene Organisationsstruktur des Erwerberunternehmens eingegliedert wird[3]. Allerdings soll nach neuerer Rechtsprechung des EuGH die Beibehaltung der funktionellen Verknüpfung zwischen den übertragenen Produktionsfaktoren ausreichen (vgl. Rz. 10), um von einer Fortführung der wirtschaftlichen Einheit und damit vom Vorliegen eines Betriebsübergangs ausgehen zu können.

29 **Beispiel:** A ist bei der Z-GmbH beschäftigt. Die Z-GmbH erbringt technische Dienstleistungen in einem Teilbereich des Klinikums K. Dafür nutzt sie Räume und Software des Klinikums. Wasser und Elektrizität werden vom Klinikum bezahlt. Zum 31.3.2015 kündigt das Klinikum den Dienstleistungsauftrag gegenüber der Z-GmbH. Seit 1.4.2015 erbringt die Y-GmbH für das gesamte Klinikum den technischen und kaufmännischen Service. Das BAG verneinte in diesem Fall einen Betriebsübergang von der Z-GmbH auf die Y-GmbH[4]. Ein identitätswahrender Übergang der wirtschaftlichen Einheit schied hier nach dem BAG aus, da die Aufgabe künftig im Rahmen einer wesentlich anderen, deutlich größeren Organisationsstruktur durchgeführt wird, deren Aufgabenumfang auch noch deutlich größer ist.

---

1 BAG v. 20.4.1989, AP Nr. 81 zu § 613a BGB.
2 BAG v. 26.5.2011 – 8 AZR 37/10, NZA 2011, 1143.
3 BAG v. 6.4.2006 – 8 AZR 249/04, NZA 2006, 1039 (1042).
4 BAG v. 14.8.2007 – 8 AZR 1043/06, GesR 2008, 42 = ZIP 2007, 2233.

g) Dauer einer Unterbrechung der Betriebstätigkeit – Verhältnis von Betriebsstilllegung zu Betriebsübergang

Nimmt der Betriebserwerber die vom bisherigen Betriebsinhaber aufgegebene Tätigkeit nicht unmittelbar auf, kann die so eintretende **Betriebsunterbrechung** dazu führen, dass es für einen Betriebsübergang an der erforderlichen Identitätswahrung fehlt. Je länger die Unterbrechung dauert, um so eher scheidet ein Betriebsübergang aus. Maßgeblich ist dabei, ob durch die Unterbrechung der Geschäftstätigkeit eine bestehende wirtschaftliche Einheit letztlich nicht nur unterbrochen, sondern aufgelöst wird.

30

An dieser Stelle hat ein Betriebserwerber also durchaus **Gestaltungsmöglichkeiten**: Ist es für ihn betriebswirtschaftlich tragbar, den Geschäftsbetrieb mehrere Monate ruhenzulassen, kann er dadurch gegebenenfalls die Regelungen des § 613a BGB vermeiden. In der Rspr. finden sich als Beispiele für eine solche erhebliche Unterbrechung der Tätigkeit im Einzelhandel eine neunmonatige[1] und in der Gastronomie eine sechsmonatige Unterbrechung[2]. Planen Veräußerer und Erwerber eines Betriebs die vorübergehende Stilllegung in der Absicht, die Rechtsfolgen des § 613a BGB zu vermeiden und wählen sie einen Zeitraum, der so kurz ist, dass der Erwerber Kundenbeziehungen wieder aufnehmen kann, muss der Erwerber mit dem Übergang der Arbeitsverhältnisse rechnen. § 613a BGB ist eine Arbeitnehmerschutzvorschrift und wird diesem Regelungszweck entsprechend ausgelegt. Naheliegende „Umgehungsstrategien" wie die kurzzeitige Betriebsunterbrechung (die Kundenbeziehungen nicht gefährden soll) werden von der Rspr. erfahrungsgemäß erkannt und entsprechend in ihren Folgen entwertet.

31

Wird der Betrieb oder Betriebsteil vor dem Erwerb stillgelegt, scheidet ein Betriebsübergang nach § 613a BGB aus[3]. Eine **Betriebsstilllegung** ist die Auflösung der zwischen Arbeitgeber und Arbeitnehmer bestehenden Betriebs- und Produktionsgemeinschaft, die ihren Grund und ihren Ausdruck darin findet, dass der Unternehmer die bisherige wirtschaftliche Betätigung mit der ernsthaften Absicht einstellt, den bisherigen Betriebszweck dauernd oder für eine nicht unerhebliche Zeitspanne nicht weiterzuverfolgen[4]. Betriebsveräußerung und Betriebsstilllegung schließen sich gegenseitig aus, denn es fehlt an dem erforderlichen **endgültigen** Stilllegungsentschluss, wenn die Identität des Betriebs gewahrt und lediglich der Inhaber ausgewechselt werden soll. Wird der Betrieb zunächst faktisch eingestellt, dann aber vor Ablauf der Kündigungsfrist veräußert, kommt es zu einem Betriebsübergang[5]. Indizien für eine Stilllegung des Betriebs sind die Kündigung aller Arbeitsverhältnisse, die Auflösung etwaiger Mietver-

32

---
1 BAG v. 22.5.1997 – 8 AZR 101/96, NZA 1997, 1050 (1052).
2 BAG v. 11.9.1997 – 8 AZR 555/95, DB 1997, 2540.
3 BAG v. 26.4.2007 – 8 AZR 695/05, ZIP 2007, 2136.
4 BAG v. 26.4.2007 – 8 AZR 695/05, ZIP 2007, 2136 (2137).
5 BAG v. 22.10.2009, FD Arbeitsrecht 2009, 292450 m. Anm. *J.-H. Bauer*.

träge zum nächstmöglichen Zeitpunkt, die Veräußerung oder Rückgabe der Betriebsmittel und schließlich die Einstellung der Betriebstätigkeit. Beruft sich in einem Kündigungsschutzprozess der Arbeitnehmer darauf, dass der Betrieb nicht stillgelegt, sondern auf einen neuen Inhaber übertragen worden sei, tragt der bisherige Arbeitgeber im Kündigungsschutzprozess die Darlegungslast für die Stilllegung und damit sogar dafür, dass eine Betriebsveräußerung auszuschließen ist[1].

33 Die Stilllegung muss für eine **nicht unerhebliche Zeitspanne** wirken, denn anderenfalls liegt nur eine Betriebspause oder Betriebsunterbrechung vor, welche die Anwendung von § 613a BGB nicht ausschließt und im Zweifel als vergeblicher Versuch der Umgehung des § 613a BGB bewertet würde. Dauert die Unterbrechung der Betriebstätigkeit länger als jede **gesetzliche Kündigungsfrist** nach § 622 Abs. 2 BGB, ist darin nach der Rspr. zumindest ein Indiz für eine Stilllegung zu sehen[2].

34 Grds. ist die geplante Stilllegung eines Betriebs ein **dringendes betriebliches Erfordernis** für eine Kündigung nach § 1 Abs. 2 Satz 1 KSchG. Entscheidend für die Wirksamkeit der Kündigung ist nach allgemeinen Grundsätzen der Zeitpunkt des Zugangs der Kündigung. Gibt es in diesem Zeitpunkt keinen Erwerbsinteressenten für den Betrieb und will der bisherige Inhaber den Betrieb tatsächlich nicht mehr fortführen, sind die wegen der geplanten Betriebsstilllegung ausgesprochenen Kündigungen wirksam. Daran ändert sich auch nichts, wenn später, noch vor Ablauf der Kündigungsfrist, doch noch ein Erwerber gefunden wird. Allerdings haben in diesem Fall die Arbeitnehmer i.d.R. einen Anspruch gegen den Betriebserwerber, zu den bisherigen Arbeitsbedingungen und unter Wahrung ihres Besitzstands wieder eingestellt zu werden. Eine solche **Wiedereinstellung** scheidet aber dann aus, wenn der Arbeitgeber mit Rücksicht auf die Wirksamkeit der Kündigungen schon Dispositionen getroffen hat oder ihm die Wiedereinstellung der Arbeitnehmer aus anderen Gründen nicht zumutbar ist. Unzumutbar in diesem Sinne kann die Wiedereinstellung dann sein, wenn sich nur ein Erwerber findet, der ein Unternehmenskonzept mit einer geringeren Personalstärke als beim bisherigen Arbeitgeber verwirklicht. Kommt in einem solchen Fall ein Wiedereinstellungsanspruch nur für einen Teil der bisherigen Belegschaft in Betracht, sind die wieder einzustellenden Arbeitnehmer anhand von **sozialen Gesichtspunkten** auszuwählen. Damit sind nicht ohne weiteres die Kriterien des § 1 Abs. 3 KSchG gemeint. Vielmehr kommen von vornherein nur die Arbeitnehmer in Betracht, die dem Arbeitgeber gegenüber ihren Willen zur Wiedereinstellung bekundet haben. Des Weiteren kann ein etwaiger Wiedereinstellungsanspruch durch einen **Abfindungsvergleich** ausgeschlossen sein, den der Arbeitnehmer mit dem bisheriger Arbeitgeber abgeschlossen hat. Denn in einem solchen Abfindungsvergleich kommt regelmäßig der Wille zum Ausdruck, das Arbeitsverhältnis nicht

---
1 LAG Baden-Württemberg v. 17.9.2009 – 11 Sa 39/09, ZIP 2010, 388.
2 BAG v. 22.5.1997 – 8 AZR 101/96, NZA 1997, 1050 (1052).

im Anschluss an seine Beendigung zu unveränderten Bedingungen fortsetzen zu wollen[1].

Hat der Arbeitnehmer **keine Kenntnis** von den Umständen, die den Betriebsübergang ausmachen, ist ungeklärt, wie lange er seine Wiedereinstellung geltend machen kann. Sobald der Arbeitnehmer allerdings Kenntnis von der Fortführung des Betriebs hat, muss er innerhalb der Drei-Wochen-Frist des § 4 KSchG sein Wiedereinstellungsverlangen geltend machen. 35

Entsteht die Weiterbeschäftigungsmöglichkeit erst **nach Ablauf der Kündigungsfrist**, steht den Arbeitnehmern grds. kein Wiedereinstellungsanspruch zu[2]. 36

2. Zeitpunkt des Betriebsübergangs – Wechsel des Betriebsinhabers

a) Zeitpunkt des Betriebsübergangs

Ein Betriebsübergang i.S.d. § 613a BGB liegt nur dann vor, wenn an die Stelle des bisherigen Betriebsinhabers ein anderer tritt, der den Betrieb im eigenen Namen fortführt. Betriebsinhaber ist derjenige, der die **tatsächliche Leitungsmacht** über die wirtschaftliche Einheit ausübt, der also für den Betrieb verantwortlich ist, indem er den Betrieb **im eigenen Namen** führt. Die Eigentumsverhältnisse sind dagegen nicht entscheidend. Deshalb genügt auch die Einräumung einer schuldrechtlichen oder dinglichen Nutzungsberechtigung, z.B. im Rahmen eines Pachtvertrags. Für einen Betriebsübergang ist der Zeitpunkt maßgeblich, in dem der neue Inhaber die Geschäftstätigkeit tatsächlich weiterführt und wieder aufnimmt. Die bloße vertraglich eingeräumte Möglichkeit zu einer unveränderten Fortführung des Betriebs genügt nicht[3] (vgl. Teil 3 B Rz. 3). 37

◯ **Typischer Fehler:** Häufig wird gerade bei Unternehmenskäufen der Zeitpunkt des Betriebsübergangs unzutreffend bestimmt. Der Zeitpunkt des Betriebsübergangs („Übernahme der faktischen Leitungsmacht") fällt in der Praxis häufig nicht mit dem Zeitpunkt zusammen, der im Unternehmenskaufvertrag für den schuldrechtlichen und dinglichen Vollzug eines Rechtsgeschäfts zwischen den Parteien vereinbart wird, möglicherweise sogar mit steuerlicher Rückwirkung. Die Übernahme der tatsächlichen Leitungsmacht kann „schleichend" schon in die Periode fallen, die bei größeren Unternehmenskäufen zwischen dem „Signing" und „Closing" liegt. Das ist nicht nur kartellrechtlich problematisch (Vollzugsverbot). Beim Betriebserwerb von einem vorläufigen Insolvenzverwalter kann eine vorzeitige Übernahme der faktischen Leitungsmacht – nämlich vor Eröffnung des Insolvenzverfahrens – dazu führen, dass dem Erwerber weder die 38

---
1 BAG v. 28.6.2000 – 7 AZR 904/98, NZA 2000, 1097 (1101).
2 BAG v. 28.6.2000 – 7 AZR 904/98, NZA 2000, 1097.
3 BAG v. 21.2.2008 – 8 AZR 77/07, NZA 2008, 825.

insolvenzrechtlichen Kündigungsmöglichkeiten zur Verfügung stehen, noch die Privilegierungen bei der Übernahme von Pensionsverbindlichkeiten (vgl. Teil 4 G Rz. 52). Deshalb muss darauf geachtet werden, die tatsächliche Leitungsmacht nicht vor Insolvenzeröffnung zu übertragen.

b) Wechsel des Betriebsinhabers

39 Erforderlich ist zudem ein **Wechsel der Rechtspersönlichkeit** des Betriebsinhabers. Daher führt die Sicherungsübereignung aller oder wesentlicher Betriebsmittel für sich noch nicht zu einem Betriebsübergang. Der bisherige Betriebsinhaber muss seine wirtschaftliche Betätigung in dem Betrieb oder Betriebsteil einstellen und die Geschäftstätigkeit muss durch einen anderen Rechtsträger weitergeführt werden. Deshalb findet § 613a BGB auch auf einen Übergang zwischen zwei Gesellschaften desselben Konzerns Anwendung. Wird ein Betrieb oder Betriebsteil auf ein anderes Konzernunternehmen übertragen, wechselt der Betriebsinhaber. Daher greift § 613a BGB bei Unternehmensaufspaltungen, wenn ein einheitliches Unternehmen in eine Betriebsgesellschaft und eine Besitzgesellschaft aufgespalten wird.

40 Wird das Betriebsvermögen verpachtet oder ein **Betriebsführungsvertrag**[1] geschlossen, geht die Leitungsmacht über den Betrieb – je nach Gestaltung des Betriebsführungsvertrags – unter Umständen auf eine neue Rechtspersönlichkeit über. Dann kommt ein Betriebsübergang in Betracht. Begrifflich wird zwischen der „echten" Betriebsführung unterschieden, in der der bisherige Vertragsarbeitgeber und Eigentümer des Betriebs seine Arbeitgeberstellung beibehält und der Betriebsführer im Namen der Eigentümergesellschaft handelt, und der sog. „unechten" Betriebsführung, die einen Betriebsübergang auslösen kann, da der Betriebsführer im eigenen Namen handelt[2]. In jedem Fall ist insbesondere zu prüfen, wer den Arbeitnehmern als Arbeitgeber entgegentritt. Demgegenüber ist der **Gesellschafterwechsel** kein Inhaberwechsel i.S.d. § 613a BGB, denn er berührt nicht die Identität der Gesellschaft[3]. Die **Veräußerung von Gesellschaftsanteilen** juristischer Personen, insbesondere durch Verkauf von Aktien und GmbH-Anteilen (Share Deal), hat keinen Einfluss auf die **Identität** der Gesellschaft. Vor diesem Hintergrund kann folgendes Vorgehen gewählt werden: Durch **Ausgliederung** wird eine Betriebsgesellschaft gegründet. Anschließend werden die Anteile dieser neu gegründeten Gesellschaft auf den Erwerber übertragen. In dieser Konstellation findet § 613a BGB nur bei der Einbringung des Betriebs in die Betriebsgesellschaft Anwen-

---

[1] Vgl. zu Einzelheiten *Rieble*, Betriebsführungsvertrag als Gestaltungsinstrument, NZA 2010, 1145; *Weißmüller*, BB 2000, 1949.
[2] Vgl. *Rieble*, Betriebsführungsvertrag als Gestaltungsinstrument, NZA 2010, 1145.
[3] BAG v. 14.8.2007 – 8 AZR 803/06, DB 2007, 2718.

dung. Für die meisten Arbeitnehmer besteht in diesem Fall kein Grund, dem Betriebsübergang zu widersprechen. Bei der anschließenden Veräußerung der Anteile an den Erwerber greift § 613a BGB nicht, die Arbeitnehmer haben daher auch kein Widerspruchsrecht. Allerdings setzt das Unterrichtungsverfahren nach § 613a Abs. 5 BGB diesem Vorgehen eine praktische Grenze, weil mit der Unterrichtung über den Betriebsübergang schon über die bestehende Absicht eines späteren Verkaufs des ausgegliederten Unternehmensteils informiert werden muss (vgl. Teil 3 B Rz. 14).

Unerheblich für die Frage des Vorliegens eines Betriebsübergangs ist, ob dem Betriebserwerber ein **Rücktrittsrecht** zusteht[1]. Das Rücktrittsrecht ist eine schuldrechtliche Berechtigung, die bei Ausübung zu einem Rückgewährschuldverhältnis führt. Für die Übernahme der Leitungsmacht kommt es auf den tatsächlichen Übergang und die tatsächliche Nutzung der wesentlichen Betriebsmittel an. Wird das Rücktrittsrecht später ausgeübt, kann es dadurch zu einem zweiten Betriebsübergang zurück zum ursprünglichen Betriebsveräußerer kommen. 41

Entgegen der früheren Rspr. des BAG reicht die **bloße Fortführungsmöglichkeit** des Erwerbers für die Bejahung eines Betriebsübergangs nicht aus. Der Betriebserwerber muss vielmehr den Betrieb **tatsächlich fortführen**[2]. Die Fortführung der **Organisationsstruktur** ist damit Dreh- und Angelpunkt der Vorschrift. Maßgeblich ist, dass die mit der wirtschaftlichen Einheit verbundene Aufgabe auf Dauer angelegt ist, unabhängig davon, wie lange der Betriebserwerber sie tatsächlich auszuüben gedenkt. Deshalb greift § 613a BGB auch dann, wenn der Erwerber die wirtschaftliche Einheit mit dem Ziel erwirbt, diese so schnell wie möglich stillzulegen. Der bloße Rückfall einer Pachtsache löst dagegen noch keinen Betriebsübergang aus, wenn der Verpächter keine betriebliche Tätigkeit aufnimmt oder die Pachtsache neu verpachtet. 42

Damit vollzieht sich der Betriebsübergang in dem Zeitpunkt, in dem die als wirtschaftliche Einheit organisierten materiellen, immateriellen und personellen Mittel tatsächlich im eigenen Namen genutzt werden[3]. Dies ist nicht rückwirkend möglich. Der **Zeitpunkt des Eigentumswechsels** oder des Übertragungsvertrags ist demgegenüber ohne Belang. 43

c) Gespaltene Arbeitgeberfunktion

Die Funktion des Arbeitgebers eines Betriebs kann zwischen mehreren Unternehmen aufgespalten sein. Für eine solche konzernspezifische Konstellation hat der EuGH in der vielbeachteten Entscheidung Albron[4] ent- 43a

---

1 BAG v. 15.12.2005 – 8 AZR 202/05, NZA 2006, 597.
2 BAG v. 22.7.2004, NZA 2004, 1384 (1386).
3 BAG v. 25.5.2000 – 8 AZR 416/99, ZIP 2000, 1630 (1633) m. Anm. *Bauer/Mengel*.
4 EuGH v. 21.10.2010 – Rs. C-242/09, NZA 2010, 1225.

schieden, dass auch Arbeitsverhältnisse von einem Betriebsübergang erfasst werden könnten, die nicht mit dem Betriebsveräußerer selbst bestanden. Arbeitnehmer, die dem Veräußerer „ständig überstellt" seien, könnten auch vom Übergang erfasst werden, wenn sie nicht beim Veräußerer, sondern einem anderen Arbeitgeber im Konzern angestellt und dem Veräußerer ständig überlassen wären. Diese Entscheidung ist aber bei richtiger Auslegung nicht dahin zu verstehen, dass in jedem Fall die zur Arbeitsleistung überlassenen Arbeitnehmer (Leiharbeitnehmer) von einem Betriebsübergang erfasst werden[1]. **Entscheidend** ist, ob Arbeitnehmer in dem übertragenen Betrieb vorübergehend eingesetzt sind oder die Arbeitgeberstellung **dauerhaft gespalten** ist. Da das Arbeitnehmerüberlassungsgesetz die dauerhafte Arbeitnehmerüberlassung gar nicht mehr gestattet, verringert sich der Anwendungsbereich dieser Entscheidung zunehmend und wird künftig in erster Linie noch in Gemeinschaftsbetrieben zu beachten sein.

3. Übergang aufgrund von Rechtsgeschäft

44 Ein Übergang der Arbeitsverhältnisse nach § 613a BGB setzt einen Übergang des Betriebs bzw. Betriebsteils „durch Rechtsgeschäft" voraus. Damit findet § 613a BGB keine Anwendung auf Übergänge, die im Wege der Gesamtrechtsnachfolge kraft Gesetzes vollzogen werden[2]. Der klassische Fall einer gesetzlichen **Gesamtrechtsnachfolge** ist die Erbschaft, § 1922 Abs. 1 BGB. Auch die Anwachsung[3] bewirkt eine Gesamtrechtsnachfolge, ebenso landesgesetzliche Spezialregelungen zur Umstrukturierung von Anstalten des öffentlichen Rechts. § 324 UmwG stellt klar, dass § 613a Abs. 1 und 4 BGB durch die Wirkung der Eintragung einer Verschmelzung, Spaltung oder Vermögensübertragung unberührt bleiben. Das Rechtsgeschäft liegt dann in dem Spaltungs- oder Verschmelzungsvertrag.

45 Das Rechtsgeschäft muss darauf gerichtet sein, dem Betriebserwerber die **tatsächliche Leitungsmacht** über die wirtschaftliche Einheit zu vermitteln. Für § 613a BGB ist es unerheblich, ob das Rechtsgeschäft wirksam abgeschlossen wurde[4].

46 Der Betriebsübergang kann sich durch **mehrere Rechtsgeschäfte** vollziehen. Für die Frage, ob dann ein oder mehrere Betriebsübergänge vorliegen, ist es entscheidend, ob die faktische Leitungsmacht direkt übergeht.

47 **Beispiel:** Die Europazentrale des A-Konzerns hat die deutsche Tochtergesellschaft als Lohnfertiger unter Vertrag. Dieser Vertrag wird von der Europazentrale gekün-

---

1 Vgl. *Willemsen*, NJW 2011, 1546.
2 BAG v. 2.3.2006 – 8 AZR 124/05, NZA 2006, 848 (850).
3 Sie ist aber rechtsgeschäftlich veranlasst und führt daher zur unmittelbaren Anwendung des § 613a Abs. 5 BGB: BAG v. 21.2.2008 – 8 AZR 157/07, NZA 2008, 815.
4 BAG v. 6.2.1985, NZW 1985, 735.

digt, die Lohnfertigung an ein Fremdunternehmen vergeben, das Betriebsmittel der deutschen Tochtergesellschaft übernimmt und die Produktion nahtlos fortsetzt. Nach herrschender Meinung findet hier ein direkter Betriebsübergang von der deutschen Tochtergesellschaft auf das Fremdunternehmen statt, da die faktische Leitungsmacht direkt übergeht und nicht für eine juristische Sekunde an die Europazentrale fällt. Anders ist dagegen der Fall zu beurteilen, wenn ein Betriebsteil in einem ersten Rechtsgeschäft ausgegliedert und erst anschließend mittels zweitem Rechtsgeschäft an einen Erwerber veräußert wird. Hier ist jedenfalls dann davon auszugehen, dass die faktische Leitungsmacht nicht bereits mit der Ausgliederung auf den Erwerber übergegangen ist, wenn der Zwischenerwerber – und sei es auch nur für kurze Zeit – selbst den Betrieb geführt hat.

§ 613a BGB greift auch dann, wenn die Leitungsmacht aufgrund von Rückabwicklung bzw. Rückfall (z.B. bei **Rückfall einer Pachtsache**) oder durch Eintritt in einen bestehenden Vertrag übergeht. | 48

§ 613a BGB gilt grds. auch im **Insolvenzverfahren**. In der Insolvenzordnung finden sich hierzu einige Sonderregelungen (vgl. Teil 4 G Rz. 52). | 49

4. Abgrenzung Betriebsübergang – Funktionsnachfolge

Die Abgrenzung von Betriebsübergang im oben geschilderten Sinn und einer bloßen die Rechtsfolgen von § 613a BGB nicht auslösenden Funktionsnachfolge ist mitunter schwierig[1]. Unter den **Begriff der Funktionsnachfolge** fallen die **Auftragsnachfolge**, die **Auftragsübernahme**, die erstmalige **Fremdvergabe** und die **Auftragsrücknahme**. | 50

Allerdings ist auch in diesen Fällen nach den oben dargestellten Grundsätzen zu prüfen. Maßgeblich ist, ob eine wirtschaftliche Einheit **identitätswahrend** übergegangen ist[2]. Ob das wiederum der Fall ist, richtet sich nach den geschilderten vielfältigen Kriterien (vgl. Rz. 12 ff.). Die wirtschaftliche Einheit darf nicht mit der bloßen Tätigkeit gleich gesetzt werden. Verliert ein Unternehmen lediglich einen Auftrag an einen Konkurrenten, besteht es unverändert fort, ohne dass ein Betrieb oder ein Betriebsteil übertragen wird. | 51

Auch aus der Rspr. ergibt sich hierzu nichts Anderes. So hat der EuGH entschieden, dass die **Funktionsnachfolge**, z.B. die Übernahme einer Reinigungsaufgabe, dann einen Betriebsübergang darstellen kann, wenn der neue Auftragnehmer einen wesentlichen Teil des Personals und damit auch die Arbeitsorganisation und die Betriebsmethoden vom bisherigen Auftragnehmer übernimmt. Das sollte nach inzwischen modifizierter Rspr. selbst dann möglich sein, wenn die übertragenen Aufgaben vor der Übertragung nur von einer einzigen Arbeitnehmerin erledigt wurden[3]. Entscheidend ist, ob die Wechselbeziehungen zwischen den Produktions- | 52

---

1 Vgl. *Bauer/Arnold*, AuA 2006, 264.
2 BAG v. 27.9.2007 – 8 AZR 911/06.
3 EuGH v. 14.4.1994 – Rs. C-392/92, NJW 1994, 2343 – *Christel Schmidt*; EuGH v. 11.3.1997 – Rs. C-13/95, NZA 1997, 433 – *Ayse Süzen*.

faktoren beim Erwerber erhalten bleiben und weiterhin bei der Ausübung einer bestimmten wirtschaftlichen Tätigkeit ineinandergreifen[1].

53 Das gilt auch in **Outsourcing-Fällen**: Der Begriff „Outsourcing" selbst unterscheidet nicht zwischen Funktionsnachfolge und Betriebs(teil)übergang. Vergibt das Unternehmen eine Aufgabe, die es bislang in einem Betriebsteil selbst erfüllte, an eine externe Firma, kann darin ein Betriebsübergang nur gesehen werden, wenn zu der Auftragsnachfolge weitere Umstände hinzukommen, die den Fortbestand der wirtschaftlichen Einheit bestätigen[2].

54 Wie oben bereits angesprochen, kommt ein Betriebsteilübergang nur dann in Betracht, wenn bereits beim Veräußerer ein organisatorisch verselbständigter Betriebsteil gegeben ist, der **identitätswahrend** beim Erwerber weitergeführt wird. So greift § 613a BGB nicht, wenn eine Schwimmtrainerin im Hochleistungssport ohne eine solche organisatorische Verselbständigung bei einem anderen Verein denselben Personenkreis in den gleichen Trainingsstätten wie bisher trainiert[3].

III. Folgen für die Arbeitsverhältnisse

55 Liegen die Voraussetzungen eines Betriebs- oder Betriebsteilübergangs vor, tritt nach § 613a Abs. 1 Satz 1 BGB der Betriebserwerber **in die Rechte und Pflichten** aus den im Zeitpunkt des Übergangs bestehenden Arbeitsverhältnissen ein. Das Arbeitsverhältnis mit dem bisherigen Betriebsinhaber erlischt. Die der übergehenden wirtschaftlichen Einheit zuzurechnenden Arbeitsverhältnisse gehen so, wie sie zum Zeitpunkt des Betriebsübergangs bestehen, auf den Betriebserwerber über. Eine **Zustimmung** der Arbeitnehmer ist **nicht erforderlich**. Die betroffenen Arbeitnehmer haben lediglich das Recht, dem Übergang ihres Arbeitsverhältnisses zu widersprechen (vgl. Teil 3 B Rz. 31 ff.).

1. Einzelaspekte der übergehenden Arbeitsverhältnisse

56 Der Übergang der Arbeitsverhältnisse vollzieht sich **kraft Gesetzes**, also unabhängig vom Willen der Beteiligten. Auch eine Umschreibung oder Neufassung der Arbeitsverträge ist daher nicht erforderlich.

57 Der Betriebserwerber übernimmt die Arbeitsverhältnisse in der Gestalt, wie sie sich bei Betriebsübergang darstellen. Das Arbeitsverhältnis wird also „nahtlos" fortgeführt. Das bedeutet insbesondere, dass die **Betriebszugehörigkeit** beim bisherigen Arbeitgeber voll angerechnet wird. Die Weiterführung der Betriebszugehörigkeit macht sich an mehreren Stellen bemerkbar:

---

1 BAG v. 22.1.2009 – 8 AZR 158/07, ZIP 2009, 1976.
2 BAG v. 14.8.2007 – 8 AZR 1043/06, ZIP 2007, 2233.
3 BAG v. 5.2.2004 – 8 AZR 639/02, NZA 2004, 845.

– bei der Berechnung der Kündigungsfristen nach § 622 Abs. 2 BGB,
– bei der Sozialauswahl nach § 1 Abs. 3 KSchG,
– bei den Regeln der Unverfallbarkeit nach dem BetrAVG,
– bei der Berechnung von Abfindungen nach §§ 1a, 10 KSchG,
– bei der Dauer bzw. Verlängerungen von befristeten Arbeitsverträgen nach dem TzBfG,
– in den Berechnungen von Abfindungen in betrieblichen Sozialplänen.

Der Betriebserwerber tritt auch vollständig in **Anwartschaften** ein, sie werden nicht anteilig reduziert. Dies ist insbesondere für Jahrestantiemen und Betriebsrenten von Bedeutung. 58

Allerdings geht der im Arbeitsverhältnis mit dem Betriebsveräußerer aufgrund der Zahl der beschäftigten Arbeitnehmer entstandene Kündigungsschutz nach dem KSchG nicht auf den Erwerber über, wenn in dessen Betrieb der Schwellenwert des § 23 Abs. 1 KSchG nicht erreicht ist[1]. Das Erreichen eines gesetzlichen **Schwellenwerts** ist kein Recht aus dem übergehenden Arbeitsverhältnis. Die Regelung des § 323 Abs. 1 UmwG (vgl. Teil 4 D Rz. 143 ff.) wird auch nicht analog angewendet. 59

Ebenso besteht für den Betriebserwerber keine Pflicht, **Vorbeschäftigungszeiten** beim Veräußerer für eine Jubiläumszahlung anzuerkennen, die erkennbar an die Betriebstreue anknüpft[2]. Darin liegt kein Verstoß gegen § 613a BGB, denn diese Regelung will lediglich den Besitzstand der Arbeitnehmer wahren, nicht aber neue Ansprüche beim Erwerber begründen. 60

Personalrabatte stehen nach der Rspr. des BAG unter dem vertraglichen Vorbehalt, dass der Arbeitgeber die preisgeminderte Ware auch selbst herstellt. Stellt der Arbeitgeber die Produktion ein oder veräußert er einen Betriebsteil, ohne dass der neue Betriebsinhaber die Produktion weiterführt, erlischt der Anspruch der Arbeitnehmer auf verbilligten Bezug der Ware[3]. Der Erwerber ist auch nicht verpflichtet, auf eigene Kosten die verbilligte Ware anderweitig zu beschaffen[4]. Allerdings kann der Arbeitgeber – je nach den Umständen des Einzelfalls – verpflichtet sein, die so entstehenden Nachteile der Arbeitnehmer auszugleichen. 61

Hatten die Arbeitnehmer beim bisherigen Arbeitgeber Ansprüche aufgrund **betrieblicher Übung**, muss auch der Betriebserwerber diese Bindungswirkung gegen sich wirken lassen und die Ansprüche erfüllen[5]. Hat sich die betriebliche Übung noch nicht „verfestigt", kommt es für 62

---
1 BAG v. 15.2.2007 – 8 AZR 397/06, NZA 2007, 739.
2 BAG v. 26.9.2007 – 10 AZR 657/06, NZA 2007, 1426.
3 BAG v. 7.9.2004 – 9 AZR 631/03, NZA 2005, 941.
4 BAG v. 13.12.2006 – 10 AZR 792/05, NZA 2007, 325.
5 BAG v. 3.11.2004 – 5 AZR 73/04, n.v.

das Entstehen solcher Ansprüche auf das Verhalten des neuen Betriebsinhabers an: Stellt er die bisherige Übung ein, scheidet ein Anspruch der Arbeitnehmer aus. Ebenso wie durch eine bestehende betriebliche Übung wird der Betriebserwerber durch eine **Gesamtzusage** des bisherigen Arbeitgebers gebunden. Umgekehrt ist bei Fusionen im Einzelfall zu prüfen, inwieweit sich Gesamtzusagen des Erwerbers auf hinzukommende Arbeitnehmer des Veräußerers erstrecken. Das ist regelmäßig nicht der Fall.

63 **Zeitkonten** und **Urlaubsansprüche** bleiben so erhalten, wie sie vor dem Betriebsübergang beim bisherigen Arbeitgeber bestanden. Eine Abgeltung der Urlaubsansprüche kommt nicht in Betracht, denn diese setzt nach § 7 Abs. 4 BUrlG die Beendigung des Arbeitsverhältnisses voraus. Das gilt auch für den Fall, dass der bisherige Arbeitgeber den Arbeitnehmern gekündigt hat und es anschließend doch noch zu einem Betriebsübergang kommt. Im Unternehmenskaufvertrag („Asset Deal") können Regelungen sinnvoll sein, die im Innenverhältnis dem Veräußerer wirtschaftlich die bis zum Übergang entstandenen Ansprüche zuordnen, für die im Außenverhältnis auch der Erwerber haftet.

64 Hat der Veräußerer einem Arbeitnehmer ein **Darlehen** gewährt, geht dieses auf den neuen Betriebsinhaber über, wenn das Darlehen zu den Rechten und Pflichten aus dem Arbeitsverhältnis gehört. Das ist dann der Fall, wenn das Darlehen als Gehaltsvorschuss gewährt wurde. Der Darlehensvertrag bleibt im Gegensatz dazu beim bisherigen Arbeitgeber, wenn dieser mit dem Arbeitnehmer einen separaten, vom Arbeitsvertrag unabhängigen Darlehensvertrag geschlossen hat[1].

65 Nach der Rspr. können auch Ansprüche aus einem **Aktienoptionsplan** grds. auf den Erwerber übergehen[2]. Allerdings gilt dies nicht, wenn die Konzernobergesellschaft gegenüber den Arbeitnehmern aufgrund eines von ihr aufgelegten Aktienoptionsplans eine eigenständige Verpflichtung übernommen hat. Diese Verpflichtung resultiert nicht aus dem Arbeitsverhältnis mit dem Betriebsveräußerer. Problematisch ist der Übergang von Ansprüchen aus einem Aktienoptionsplan dann, wenn beim Betriebserwerber kein Aktienoptionsplan existiert. In diesem Fall ist wohl eine Entschädigung zu zahlen.

66 Werden **Werkwohnungen** im Zusammenhang mit dem Betriebsübergang auf den Erwerber übertragen, tritt dieser – unabhängig von den Regelungen des § 613a BGB – nach § 566 BGB in das Mietverhältnis ein. Beruht die Pflicht des Arbeitgebers, dem Arbeitnehmer eine Wohnung zur Verfügung zu stellen, auf einem Arbeitsvertrag, geht diese auf den Erwerber über. Es handelt sich dann um eine sog. **Werkdienstwohnung** (§ 576b BGB). Wird die Wohnung allerdings nur im Zusammenhang mit dem Ar-

---

1 BAG v. 21.1.1999 – 8 AZR 373/97, n.v.
2 BAG v. 12.2.2003 – 10 AZR 299/02, NZA 2003, 487 (489); dazu auch *Bauer/Göpfert*, ZIP 2001, 1129 ff.

beitsverhältnis an den Arbeitnehmer vermietet, also aufgrund eines eigenständigen Mietvertrags, handelt es sich nicht um eine Verpflichtung aus dem Arbeitsverhältnis. § 613a BGB ist daher nicht anwendbar.

Ist dem Arbeitnehmer ein **Dienstwagen** auch zur privaten Nutzung überlassen, ist dies ein arbeitsvertraglicher Anspruch, der auf den Erwerber übergeht. Wird der dem Arbeitnehmer bislang zur Verfügung gestellte Dienstwagen nicht ebenfalls auf den Erwerber übertragen, muss dieser für den Mitarbeiter ein gleichwertiges Fahrzeug bereitstellen. 67

Sind **Diensterfindungen** bei Betriebsübergang noch nicht gem. § 6 ArbNErfG in Anspruch genommen worden, gehen alle Rechte und Pflichten bezüglich der Erfindung auf den neuen Betriebsinhaber über. Ist die Diensterfindung bei Betriebsübergang bereits in Anspruch genommen worden, muss differenziert werden: Wird die Erfindung ebenfalls auf den Erwerber übertragen, gehen damit auch die Rechte und Pflichten aus dem ArbNErfG auf den neuen Inhaber über. Bleibt die Erfindung dagegen beim Veräußerer, verbleiben auch die Rechte und Pflichten im Zusammenhang mit der Erfindung beim Veräußerer. 68

Unterliegt der Arbeitnehmer einem **gesetzlichen Wettbewerbsverbot** nach § 60 HGB, tritt der Erwerber auch insoweit in die Rechte des bisherigen Betriebsinhabers ein. Allerdings kann das Wettbewerbsverbot seinen Inhalt ändern, wenn der Erwerber dem übernommenen Betrieb oder Betriebsteil eine andere wirtschaftliche Zweckrichtung gibt. Nach dem Betriebsübergang darf dieser seinem bisherigen Arbeitgeber ungehindert Wettbewerb machen, sofern er damit nicht auch zum neuen Betriebsinhaber in Konkurrenz tritt. 69

Bei einem **nachvertraglichen Wettbewerbsverbot** ist zu differenzieren: Bestand das Arbeitsverhältnis noch bei Betriebsübergang, zählt ein vereinbartes nachvertragliches Wettbewerbsverbot zu den Rechten und Pflichten aus dem Arbeitsverhältnis und geht, sofern nichts anderes vereinbart ist, damit auf den Erwerber über. Auch hier kann das Wettbewerbsverbot seinen Inhalt ändern, wenn der Betriebserwerber einen anderen Geschäftszweck verfolgt. War das Arbeitsverhältnis zum Zeitpunkt des Betriebsübergangs allerdings schon beendet und hatte damit das nachvertragliche Wettbewerbsverbot schon zu laufen begonnen, scheidet ein Übergang nach § 613a BGB aus. Das Wettbewerbsverbot bleibt dann mit allen Rechten und Pflichten mit dem Veräußerer bestehen[1]. 70

Handelsrechtliche Vollmachten wie Prokura und Handlungsvollmacht sind keine Rechte aus dem Arbeitsverhältnis. Sie erlöschen im Zeitpunkt des Betriebsübergangs. Bloße **Titel** wie „Hauptabteilungsleiter" oder „Direktor" sind rein deklaratorisch und unterfallen daher ebenso wenig der Regelung des § 613a BGB. Die Eigenschaft als **leitender Angestellter** ist 71

---

1 *Bauer/Diller*, Rz. 684 ff.

auch kein Recht aus dem Arbeitsverhältnis, das auf den Betriebserwerber übergehen kann. Ob Arbeitnehmer beim Erwerber ebenfalls leitende Angestellte sind, ergibt sich aus den betrieblichen Verhältnissen beim Erwerber. Ist ihm Handlungsvollmacht oder Prokura ausdrücklich in seinem Arbeitsvertrag zugesagt, kann dies den Erwerber verpflichten, sie zu erteilen.

72 Für Ansprüche aus der **betrieblichen Altersversorgung** gilt Folgendes: Ist der Arbeitnehmer bei Betriebsübergang schon aus dem Arbeitsverhältnis ausgeschieden, bleibt der bisherige Inhaber weiterhin Versorgungsschuldner. Der neue Betriebsinhaber tritt grds. nicht in bereits laufende Versorgungsansprüche ein. Besteht das Arbeitsverhältnis bei Betriebsübergang allerdings noch, tritt der neue Arbeitgeber vollständig in die Anwartschaften ein, unabhängig von der Rechtsgrundlage der Versorgungsansprüche und unabhängig davon, ob die Anwartschaften schon unverfallbar geworden sind. Der Betriebserwerber übernimmt insoweit auch die Rentenanpassungspflicht nach § 16 BetrAVG[1]. Problematisch wird das allerdings, wenn in die Versorgung ein rechtlich selbständiger Dritter eingeschaltet ist, z.B. Unterstützungskassen, Pensionskassen, Pensionsfonds und Direktversicherungen. I.d.R. hat der Erwerber nicht die Möglichkeit, diese Versorgungen wie der bisherige Arbeitgeber fortzuführen. Aus dieser Zwangslage befreit sich die Rspr. dadurch, dass sie das Versorgungsverhältnis in das arbeitsvertragliche „**Grundverhältnis**" gegenüber dem Arbeitnehmer und das „**Deckungsverhältnis**" gegenüber dem Versorgungsträger splittet. § 613a Abs. 1 BGB erfasst nur das Grundverhältnis. Das bedeutet am Beispiel einer Unterstützungskasse, dass die Kasse beim Veräußerer bleibt und von den Ansprüchen der übergehenden Arbeitnehmer befreit wird[2]. Der Erwerber muss den Arbeitnehmern wegen des übergehenden Grundverhältnisses zum Ausgleich eine entsprechende Versorgung verschaffen. Die Form, in der der Erwerber dieser Verpflichtung nachkommt, kann er frei wählen. Üblich ist insoweit, dass der Erwerber sich vom Veräußerer aufgrund gesonderter Vereinbarung etwa vorhandene Vermögensmittel übertragen lässt oder er hierauf durch entsprechende vertragliche Vereinbarungen mit dem jeweiligen Träger des Vermögens Zugriff erhält. Angesichts der wirtschaftlichen Bedeutung von Pensionszusagen sollte auf die Gestaltung im Unternehmenskaufvertrag große Sorgfalt verwendet werden.

73 Der **Gleichbehandlungsgrundsatz** findet auf freiwillige Lohnerhöhungen des Betriebserwerbers nach dem Betriebsübergang keine Anwendung, wenn er zwischen seiner Stammbelegschaft und den übernommenen Arbeitnehmern differenziert und für beide Gruppen unterschiedliche Arbeitsbedingungen gelten[3]. Wird nach einem Betriebsübergang die tarifliche Vergütung der Tarifbeschäftigten im Erwerberbetrieb im gleichen

---
1 BAG v. 21.2.2006 – 3 AZR 216/05, NZA 2007, 931.
2 BAG v. 15.3.1979, NJW 1979, 2533.
3 BAG v. 14.3.2007, NJW 2007, 2939.

Umfang wie die tarifliche Wochenarbeitszeit erhöht, haben die Beschäftigten, deren Arbeitszeit unverändert bleibt, keinen Anspruch auf eine Gehaltserhöhung[1].

2. Haftungssystem des § 613a Abs. 2 BGB

Nach § 613a Abs. 2 BGB haftet der bisherige Arbeitgeber neben dem neuen Betriebsinhaber für Verpflichtungen aus dem Arbeitsverhältnis insoweit, als sie vor dem Betriebsübergang entstanden und vor Ablauf eines Jahres nach dem Betriebsübergang fällig werden, und zwar als **Gesamtschuldner**[2]. Werden die Verpflichtungen nach dem Betriebsübergang fällig, haftet der bisherige Betriebsinhaber allerdings nur **anteilig** in dem Umfang, der dem bis zum Betriebsübergang abgelaufenen Teil des Bemessungszeitraums entspricht. Steht also dem Arbeitnehmer eine Jahrestantieme zu und vollzieht sich der Betriebsübergang zum 1. Juli des Kalenderjahres, haftet der bisherige Betriebsinhaber zusammen mit dem Betriebserwerber nur für die Hälfte der Jahrestantieme als Gesamtschuldner. 74

Der Betriebserwerber haftet für alle Forderungen aus dem Arbeitsverhältnis, auch für **vor dem Betriebsübergang entstandene** Forderungen, z.B. rückständige Lohnforderungen. Zu den Verbindlichkeiten aus dem Arbeitsverhältnis zählen alle sonstigen Leistungen, die der bisherige Arbeitgeber gewährt hat, wie Gratifikationen und Sonderprämien. Ob Ansprüche verfallen sind und ob die Einwendung des Verfalls erhoben werden kann, ist für den Veräußerer und den Erwerber des Betriebs gesondert zu prüfen. Allerdings kann der Betriebserwerber sich nicht auf den Verfall von Ansprüchen berufen, wenn weder er noch der bisherige Arbeitgeber den Arbeitnehmer pflichtgemäß nach § 613a Abs. 5 BGB unterrichtet haben[3]. 75

⇨ **Typischer Fehler:** Der Betriebserwerber wird mit Forderungen auf Sonderzahlungen konfrontiert. Diese Leistungen waren vom bisherigen Arbeitgeber freiwillig *und* jederzeit widerrufbar gewährt. Auf diesen Vorbehalt beruft sich der Erwerber. Dass der Vorbehalt intransparent (§ 307 Abs. 1 Satz 2 BGB) und deshalb nicht wirksam ist, hat er in der Due Diligence übersehen[4]. 76

Der Erwerber haftet nicht für **rückständige Sozialversicherungsbeiträge** und nicht abgeführte Lohnsteuer[5]. Diese Ansprüche entstehen nicht aus dem Arbeitsverhältnis, sondern sind öffentlich-rechtliche Verpflichtungen des Arbeitgebers. 77

---

1 BAG v. 14.3.2007 – 5 AZR 791/05, NZA 2007, 981.
2 Zum Haftungssystem des § 613a BGB vgl. PWW/*Lingemann*, § 613a Rz. 26 ff.
3 BAG v. 22.8.2012 – 5 AZR 526/11, ZIP 2013, 86.
4 BAG v. 30.7.2008 – 10 AZR 606/07, NZA 2008, 1173 = FD-ArbR 26804 m. Anm. *Bauer*.
5 LSG Bayern v. 28.1.2011 – L 5 R 848/10 B ER, ZIP 2011, 1380.

3. Erfasste Arbeitsverhältnisse

78 Vom Übergang auf den Betriebserwerber werden **alle Arbeitsverhältnisse** erfasst, unabhängig davon, ob es sich um leitende Angestellte, Arbeiter, Angestellte oder Auszubildende **handelt**. Auch Arbeitnehmer, die sich in der **Freistellungsphase einer Altersteilzeit** befinden, gehen auf den Erwerber über[1]. Aus praktischen Gründen werden diese jedoch häufig aufgefordert, dem Betriebsübergang zu widersprechen. In diesen Fällen muss allerdings die Unterrichtung besonders sorgfältig formuliert sein. Werden die Risiken eines solchen Widerspruchs falsch dargestellt (z.B. Insolvenzsicherung eines Abfindungsanspruchs zum Ende der Altersteilzeit unzutreffend beschrieben), kann auch der Widerspruch unbeachtlich sein[2]. Arbeitsverhältnisse, die aus anderen Gründen ruhen, z.B. während der Elternzeit, gehen ebenfalls auf den Erwerber über. Auch ein gekündigtes Arbeitsverhältnis geht auf den Erwerber über, wenn die Kündigungsfrist im Zeitpunkt des Betriebsübergangs noch nicht abgelaufen ist. Ebenso unterliegen Arbeitsverhältnisse mit Langzeitkranken § 613a BGB.

79 **Nicht** unter den Anwendungsbereich des § 613a Abs. 1 BGB fallen dagegen die Dienstverhältnisse von **Organen** (z.B. eines GmbH-Geschäftsführers). Mangels Arbeitsverhältnis mit dem Betriebsveräußerer gehen grundsätzlich auch die Vertragsverhältnisse **freier Mitarbeiter** und sog. **Leiharbeitnehmer** nicht auf den Erwerber über. Allerdings hat dieser Grundsatz Einschränkungen durch die Rspr. des EuGH[3] erfahren, soweit im Konzern des Veräußerers die Arbeitgeberfunktion auf mehrere Rechtsträger dauerhaft aufgespalten ist[4]. Bei **Rentnern** fehlt es an einem aktuell bestehenden Arbeitsverhältnis, auch sie verbleiben beim Veräußerer.

80 **Beispiel:** Ein Geschäftsführer des bisherigen Betriebsinhabers hat noch ein ruhendes Arbeitsverhältnis aus der Zeit vor seiner Bestellung als Geschäftsführer. Das ruhende Arbeitsverhältnis – nicht aber das Geschäftsführerdienstverhältnis – geht auf den Betriebserwerber über.

81 Ebenfalls keine Anwendung findet § 613a Abs. 1 BGB auf diejenigen **Arbeitsverhältnisse**, die von einem Betriebsübergang **nicht betroffen** sind. Das hat zur Folge, dass diese Arbeitnehmer nicht nach § 613a Abs. 5 BGB über die möglichen Folgen des Betriebsübergangs für ihre Arbeitsverhältnisse unterrichtet werden müssen. Auch wenn diesen Mitarbeitern infolge eines größeren Outsourcings eine alsbaldige Kündigung zur Anpassung der verbleibenden Organisation drohen sollte, führt dies nicht dazu, dass diese verbleibenden Mitarbeiter einen Unterrichtungsanspruch aus § 613a Abs. 5 BGB haben.

---

1 BAG v. 31.1.2008, NZA 2008, 705.
2 LAG Frankfurt a.M. v. 16.2.2011, ZIP 2011, 1230.
3 EuGH v. 21.10.2010 – Rs. C-242/09, NZA 2010, 1225.
4 Zur Bedeutung der Albron-Entscheidung des EuGH *Willemsen*, NJW 2011, 1546.

4. Zuordnungsprobleme bei Betriebsteilübergang

Geht nur ein Betriebsteil auf den Erwerber über, ergeben sich mitunter Zuordnungsprobleme. Dies ist hauptsächlich bei Arbeitnehmern der Fall, die organisatorisch zwar in eine bestimmte Betriebsabteilung eingegliedert sind, funktional aber auch für andere Abteilungen (z.B. in **Zentralbereichen**) tätig werden. Ebenso schwierig kann die Zuordnung von in verschiedenen Abteilungen eingesetzten Arbeitnehmern sein, sog. **Springern**. 82

Die Zuordnung der Arbeitnehmer ist von deren **tatsächlicher Eingliederung** in den übergegangenen Betriebsteil abhängig. Dass sie ausschließlich Tätigkeiten für den Betriebsteil ausgeführt haben, reicht nicht aus. Für den Fall, dass Arbeitnehmer organisatorisch keiner Betriebsabteilung zugeordnet sind, werden verschiedene Lösungsmöglichkeiten vorgeschlagen: So soll den Arbeitnehmern im Hinblick auf ihr Widerspruchsrecht ein Wahlrecht zustehen, ob sie dem übergehenden Betriebsteil zugeordnet werden wollen oder nicht[1]. Nach richtiger Auffassung steht dem Betriebsinhaber entsprechend § 315 BGB ein **Bestimmungsrecht** dafür zu, ob das Arbeitsverhältnis auf den neuen Erwerber übergehen soll oder nicht. Bei dieser Entscheidung muss der Veräußerer soziale Gesichtspunkte berücksichtigen[2]. So hat auch das BAG entschieden, dass die Arbeitsverhältnisse eines stillgelegten Betriebsteils nicht automatisch in den vom Arbeitgeber eventuell weitergeführten und einem späteren Betriebsübergang zugänglichen Bereich übergehen. Soll ein Arbeitnehmer, der einem Teilbetriebsübergang widersprochen hat, von einem weiteren Teilbetriebsübergang erfasst werden, bedarf es einer neuen Zuordnung des Arbeitnehmers zu diesem Teilbetrieb. Anderenfalls bleibt der Arbeitnehmer bei dem früheren Betriebsinhaber[3]. 83

Für Betriebsübergänge, die unter das **Umwandlungsgesetz** fallen, enthält § 323 Abs. 2 UmwG eine Sonderregelung: Kommt bei einer Verschmelzung, Spaltung oder Vermögensübertragung ein Interessenausgleich zustande, in dem diejenigen Arbeitnehmer namentlich aufgeführt sind, die nach der Umwandlung einem bestimmten Betrieb oder Betriebsteil zugeordnet werden, kann diese **Zuordnung der Arbeitnehmer** durch das ArbG nur auf grobe Fehlerhaftigkeit hin überprüft werden[4]. 84

Auch außerhalb des Umwandlungsrechts ist es aber üblich, die vom Betriebsübergang betroffenen Mitarbeiter in entsprechenden **Listen** als Anlagen zu einem mit dem Betriebsrat geschlossenen Interessenausgleich („Überleitungsvereinbarung") oder einem mit dem Erwerber vereinbarten Outsourcing-Vertrag namentlich festzuhalten. In Vereinbarungen mit dem Erwerber werden häufig zwei Listen gebildet, eine für sämtliche 85

---
1 ErfK/*Preis*, § 613a BGB Rz. 72.
2 *Annuß*, NZA 1998, 70 (77).
3 BAG v. 25.9.2003, AP Nr. 256 zu § 613a BGB.
4 *Hausch*, RNotZ 2007, 308 (336).

übergehende Mitarbeiter und eine für sogenannte Schlüsselmitarbeiter („**Key Employees**"). Hinsichtlich der Schlüsselmitarbeiter wird i.d.R. zusätzlich vereinbart, dass die Unterschreitung einer bestimmten Quote dieser Mitarbeiter zu Rücktritts- oder Vertragsanpassungsrechten führt. Derartigen Listen kommt außerhalb umwandlungsrechtlicher Vorgänge **nicht die Vermutungswirkung des § 323 Abs. 2 UmwG** zu, sondern allenfalls eine Indizwirkung.

5. Ausschluss der Kündigung

86 § 613a BGB dient vorrangig dem **arbeitsrechtlichen Bestandsschutz**. Wechselt ein Betrieb oder Betriebsteil den Inhaber, sollen die Arbeitnehmer ihren Arbeitsplatz nicht verlieren. Mit diesem Schutzzweck wäre nicht vereinbar, wenn die Arbeitsverhältnisse zwar von dem ehemaligen auf den neuen Betriebsinhaber übergingen, den Arbeitnehmern aber wegen des Betriebsübergangs gekündigt werden könnte. Weit verbreitet, aber **falsch** ist die Annahme, innerhalb **eines Jahres** dürfte gar nicht gekündigt werden.

87 Aus diesem Grund erklärt § 613a Abs. 4 Satz 1 BGB die **Kündigung** eines Arbeitsverhältnisses durch den bisherigen Arbeitgeber oder den neuen Inhaber wegen des Übergangs eines Betriebs oder eines Betriebsteils für unwirksam. § 613a Abs. 4 Satz 1 BGB ist ein eigenständiges Kündigungsverbot i.S.v. §§ 13 Abs. 3 KSchG, 134 BGB. Die Vorschrift findet deshalb auch dann Anwendung, wenn das Arbeitsverhältnis nicht länger als sechs Monate bestanden hat (§ 1 Abs. 1 KSchG) oder die Betriebsgröße des § 23 KSchG nicht erreicht ist. § 613a Abs. 4 Satz 1 BGB erfasst sowohl ordentliche als auch außerordentliche Beendigungs- oder Änderungskündigungen. Aufhebungsverträge, die zur Umgehung des Kündigungsverbots geschlossen werden, sind ebenfalls unwirksam. Die Vorschrift gilt grds. auch für Kündigungen, die im Insolvenzverfahren ausgesprochen werden (vgl. Teil 4 G Rz. 52).

88 Wegen eines Betriebsübergangs wird eine Kündigung dann ausgesprochen, wenn **Beweggrund** für die Kündigung der Betriebsübergang ist, also der Betriebsinhaberwechsel Motiv der Kündigung und damit tragender Grund ist. Nach der Rspr. des BAG ist bei der Anwendung des § 613a Abs. 4 BGB stets zu prüfen, ob neben dem Betriebsübergang ein **sachlicher Grund** vorliegt, der „aus sich heraus" die Kündigung rechtfertigt, so dass der Betriebsübergang nur äußerer Anlass der Kündigung ist[1]. § 613a BGB schützt nicht vor Risiken, die jederzeit unabhängig von einem etwaigen Betriebsübergang eintreten können. Deshalb ist die Kündigung nicht allein schon deshalb unwirksam, weil sie ursächlich auf dem Betriebsübergang beruht, sondern nur, wenn der Beweggrund für die Kündigung wesentlich durch den Betriebsinhaberwechsel bedingt war.

---

1 BAG v. 16.5.2002, NZA 2003, 93.

§ 613a Abs. 4 Satz 2 BGB stellt ausdrücklich klar, dass die Kündigung **aus** **anderen Gründen** weiterhin zulässig ist. Eine Kündigung aus anderen Gründen i.S.d. § 613a Abs. 4 Satz 2 BGB kann eine betriebsbedingte ebenso wie eine personen- oder verhaltensbedingte Kündigung sein. Unterliegt der gekündigte Arbeitnehmer nicht dem Schutz des Kündigungsschutzgesetzes, genügt jeder nachvollziehbare, nicht willkürlich erscheinende, sachliche Grund, der den Verdacht einer bloßen Umgehung von § 613a Abs. 4 Satz 1 BGB auszuschließen vermag.

89

In diesem Zusammenhang ist auf die Gestaltung „**Kündigung nach Erwerber-Konzept**" hinzuweisen, die im Zusammenhang mit der Veräußerung aus der Insolvenz höchstrichterlich anerkannt ist (vgl. Teil 4 G Rz. 53 f.). Aber auch ein eigenes Sanierungskonzept des Veräußerers zur Verbesserung des Betriebs kann einen sachlichen Grund darstellen, der aus sich heraus die Kündigung rechtfertigt[1].

90

Für die betriebsbedingte Kündigung des widersprechenden Arbeitnehmers gelten die gleichen Voraussetzungen wie für jede andere betriebsbedingte Kündigung auch. Auch wenn der Arbeitnehmer dem Übergang seines Arbeitsverhältnisses widersprochen hat, muss der Arbeitgeber vor der außerordentlichen Kündigung eines ordentlich unkündbaren Arbeitnehmers alle zumutbaren, eine **Weiterbeschäftigung** ermöglichenden Mittel ausschöpfen[2]. Die Weiterbeschäftigungsmöglichkeit ist aber auch bei einem ordentlich kündbaren Arbeitnehmer stets vor Ausspruch einer Kündigung zu prüfen. Grds. ist der maßgebliche Zeitpunkt für die Beurteilung der Weiterbeschäftigungsmöglichkeit der Zeitpunkt des Zugangs der Kündigungserklärung. Damit dürfte es unschädlich sein, wenn der Veräußerer vor dem Widerspruch freie Arbeitsplätze mit Dritten besetzt. Allerdings hat das BAG dies zumindest für den Fall des **Teilbetriebsübergangs** abgelehnt. Ab dem Zeitpunkt der Unterrichtung der Arbeitnehmer nach § 613a Abs. 5 BGB müsse der Veräußerer mit dem Widerspruch der vom Teilbetriebsübergang betroffenen Arbeitnehmer rechnen. Daher sei er verpflichtet, freie Arbeitsplätze für die potentiell widersprechenden Arbeitnehmer jedenfalls bis zum Ablauf der Widerspruchsfrist freizuhalten. Unterlässt er dies und will später mangels freier Arbeitsplätze den widersprechenden Arbeitnehmern kündigen, sorgt er **treuwidrig** für den Wegfall der Weiterbeschäftigungsmöglichkeit, so dass die Kündigung mangels sozialer Rechtfertigung unwirksam ist[3]. Das BAG geht hier wohl zu weit. Der Arbeitgeber zielt regelmäßig mit der Einstellung von Arbeitnehmern während der **Widerspruchsfrist** nicht darauf, eventuell widersprechende Arbeitnehmer um ihre Weiterbeschäftigungsmöglichkeiten zu bringen. Trotzdem sollte in der Praxis während der laufenden Widerspruchsfrist vorsichtig mit Stellenbesetzungen verfahren werden.

91

---
1 BAG v. 20.9.2006 – 6 AZR 249/05, NZA 2007, 387.
2 BAG v. 29.3.2007 – 8 AZR 538/06, ZIP 2007, 1724.
3 BAG v. 15.8.2002 – 2 AZR 195/01, NZA 2003, 430.

92 Im Zusammenhang mit der betriebsbedingten Kündigung gegenüber widersprechenden Arbeitnehmern stellt sich die Frage nach der **Sozialauswahl**. Sie entfällt, wenn der gesamte Betrieb übergeht. Da es beim Veräußerer keinen Betrieb mehr gibt, ist selbstverständlich auch keine Sozialauswahl durchzuführen. Schwieriger ist es jedoch bei einem Teilbetriebsübergang. Nach der bisherigen Rspr. des BAG galt, dass sich auch der widersprechende Arbeitnehmer auf eine **fehlerhafte Sozialauswahl** berufen konnte[1]. Der Arbeitgeber konnte im Rahmen der Sozialauswahl aber die Gründe, die zum Widerspruch des Arbeitnehmers führten, berücksichtigen. Je geringer die Unterschiede zwischen vergleichbaren Arbeitnehmern nach sozialen Gesichtspunkten waren, desto schwerwiegender mussten die Widerspruchsgründe sein[2]. Das BAG trug damit dem Umstand Rechnung, dass der Arbeitnehmer mit seinem Widerspruch bewusst auf den ihm zur Verfügung stehenden Arbeitsplatz verzichtet und dadurch u.U. im Rahmen der Sozialauswahl einen vom Betriebsübergang gar nicht betroffenen Mitarbeiter verdrängt, der keine Chance auf einen Arbeitsplatz beim Betriebserwerber hat.

93 Für die Sozialauswahl zu berücksichtigende Kriterien sind Betriebszugehörigkeit, Lebensalter, Unterhaltspflichten und eine Schwerbehinderung des Arbeitnehmers. Gründe, die zum Widerspruch führten, müssen **unberücksichtigt** bleiben[3]. Dem hat sich das BAG angeschlossen[4], selbst wenn ein ohne jeglichen Grund, geradezu willkürlich erklärter Widerspruch zur Kündigung eines am Betriebsübergang unbeteiligten Arbeitnehmers führt.

94 Schwierigkeiten treten insbesondere dann auf, wenn **Kündigungen wegen der Stilllegung** des Betriebs ausgesprochen werden, es aber **tatsächlich zu einem Betriebsübergang** kommt. Wenn der Betriebsveräußerer vor dem Betriebsübergang ein Arbeitsverhältnis gekündigt hatte, ist der Betriebserwerber für die gerichtliche Klärung der Wirksamkeit dieser Kündigung nicht passiv legitimiert[5]. Für die Prüfung der Wirksamkeit der Kündigung ist auf den Zeitpunkt des Zugangs der Kündigung abzustellen. Zu diesem Zeitpunkt muss der Arbeitgeber endgültig entschlossen sein, die Betriebs- und Produktionsgemeinschaft aufzulösen. Wie gezeigt schließt § 613a Abs. 4 BGB keine Kündigungen aus, die aus anderen Gründen als dem Betriebsübergang ausgesprochen werden. Aufhebungsverträge können, müssen aber nicht zwangsläufig eine Umgehung des Kündigungsverbots darstellen[6]. Ebenso sind Vertragsänderungen nach einem Be-

---

1 BAG v. 18.3.1999 – 8 AZR 190/98, NJW 1999, 3508.
2 Vgl. auch *Bauer/von Steinau-Steinrück*, Sonderbeilage NZA Heft 16/2003, 72 (75).
3 So auch *Quecke*, ZIP 2007, 1846 ff.
4 BAG v. 31.5.2007 – 2 AZR 276/06, NZA 2008, 33.
5 LAG Köln v. 10.2.2012 – 10 Sa 1144/11, ZIP 2012, 1778.
6 Vgl. BAG v. 23.11.2006 – 8 AZR 349/06, NZA 2007, 866: Abschluss eines dreiseitigen Vertrags (Aufhebungsvertrag und zugleich Übertritt in eine BQG).

triebsübergang auch ohne Sachgrund möglich, beispielsweise zur Absenkung der Vergütung[1].

6. Abweichende Vereinbarungen

Zwar folgt aus dem Schutzgedanken des § 613a BGB, dass es sich bei den Bestimmungen des § 613a BGB um zwingendes Recht handelt. Wo eine Umgehung des § 613a BGB aber nicht zu befürchten ist, können anlässlich eines Betriebsübergangs getroffene **Vereinbarungen mit dem Arbeitnehmer** zulässig sein. Unwirksam ist ein Erlassvertrag, mit dem der Arbeitnehmer auf rückständige Vergütung für den Fall verzichtet, dass es zu einem Übergang des Betriebs auf einen Dritten kommt[2]. Vereinbarungen mit dem Erwerber, die zu Lasten des Arbeitnehmers von den Rechtsfolgen des § 613a BGB abweichen, sind auch ohne Vorliegen eines sachlichen Grundes wirksam, wenn sie **nach** dem Betriebsübergang zustande kommen. 95

Beispiel: In einem Pachtvertrag findet sich eine Regelung, die den Pächter verpflichtet, mit Familienmitgliedern eingegangene Arbeitsverhältnisse im Fall einer Beendigung des Pachtvertrags auf seine Kosten zu beenden und den Verpächter oder Nachfolgebetreiber von allen daraus entstehenden Kosten frei zu halten bzw. entstandene Kosten zu erstatten. Eine solche Regelung ist im Innenverhältnis zulässig, kann aber im Verhältnis zu den Arbeitnehmern die Rechtsfolgen des § 613a BGB nicht verhindern. 96

Ein **Aufhebungsvertrag** im Zusammenhang mit einem Betriebsübergang ist zulässig, wenn er auf das endgültige Ausscheiden des Arbeitnehmers aus dem Betrieb gerichtet ist, regelmäßig aber nicht, wenn zugleich ein neues Arbeitsverhältnis zum Betriebsübernehmer zu schlechteren Bedingungen vereinbart oder zumindest verbindlich in Aussicht gestellt wird[3]. Wirksam ist dagegen ein Aufhebungsvertrag im letzteren Fall, wenn die mit einer solchen Vertragsgestaltung verbundenen Verschlechterungen der Arbeitsverhältnisse sachlich berechtigt sind. Das kann beim Abschluss eines dreiseitigen Vertrags unter Einschaltung einer **Transfergesellschaft** zur Vermeidung einer Insolvenz der Fall sein (vgl. Teil 4 G Rz. 40 ff.). In jedem Fall ist ein Aufhebungsvertrag unwirksam, wenn der Arbeitgeber den Arbeitnehmer darüber täuscht, dass ein Betriebsübergang geplant ist, indem er ihm wahrheitswidrig vorspiegelt, der Betrieb solle stillgelegt werden, und der Arbeitnehmer deswegen die Anfechtung erklärt. Unwirksam ist auch die Vereinbarung über den Wechsel in eine Beschäftigungs- und Qualifizierungsgesellschaft, wenn es für den Arbeitnehmer klar ersichtlich ist, dass er alsbald damit rechnen kann, vom Betriebserwerber neu eingestellt zu werden[4]. 97

---

1 BAG v. 7.11.2007 – 5 AZR 1007/06, NZA 2008, 530.
2 BAG v. 19.3.2009 – 8 AZR 722/07, BB 2009, 2319.
3 BAG v. 23.11.2006, AP Nr. 1 zu § 613a BGB Wiedereinstellung.
4 BAG v. 25.10.2012, ArbR Aktuell 2012, 583 m. Anm. *Lingemann*.

98 Unwirksam ist auch eine **dreiseitige** Vereinbarung zwischen Veräußerer und Erwerber unter Einbeziehung der Arbeitnehmer, die den Abschluss eines Aufhebungsvertrags sämtlicher Arbeitnehmer mit dem Veräußerer mit gleichzeitiger Wiedereinstellungszusage beim Erwerber zu schlechteren Arbeitsbedingungen vorsieht („**Lemgoer Modell**")[1]. Allerdings verbietet § 613a BGB auch nicht grds. die Änderungen des Arbeitsvertragsinhalts. So hindert § 613a BGB Arbeitnehmer und Betriebsübernehmer nicht, **nach** einem Betriebsübergang einzelvertraglich die mit dem Betriebsveräußerer vereinbarte Vergütung abzusenken. Eine solche Vereinbarung bedarf auch keines sie rechtfertigenden Sachgrundes[2]. Unwirksam ist dagegen aber die Vereinbarung, dass der Arbeitnehmer auf Lohnansprüche verzichtet, um einen Betriebsübergang zu ermöglichen[3]. Sofern vor dem Betriebsübergang feststeht, dass beabsichtigt ist, die Arbeitsbedingungen entsprechend zu ändern, muss dies auch in das **Informationsschreiben** nach § 613a Abs. 5 BGB aufgenommen werden (vgl. Teil 3 B Rz. 13 ff.).

B. Unterrichtung der Arbeitnehmer über den Betriebsübergang und Widerspruchsrecht

Nach § 613a Abs. 5 BGB sind der bisherige Arbeitgeber und der neue Betriebsinhaber verpflichtet, die von einem Betriebsübergang betroffenen Arbeitnehmer vor dem Betriebsübergang über den Übergang ihres Arbeitsverhältnisses und die damit zusammenhängenden rechtlichen und wirtschaftlichen Folgen zu informieren. Ab dem Zugang dieser Information läuft die einmonatige Frist des § 613a Abs. 6 BGB, innerhalb der die Arbeitnehmer dem Übergang ihres Arbeitsverhältnisses widersprechen können mit der Folge, dass ihr Arbeitsverhältnis mit dem bisherigen Betriebsinhaber fortbesteht. War die Information über den Übergang des Arbeitsverhältnisses unvollständig oder fehlerhaft, ist ein Widerspruch auch noch nach Ablauf der Monatsfrist zulässig. Um die sich hieraus insbesondere für den Betriebsveräußerer ergebenden wirtschaftlichen Risiken zu vermeiden, muss große Sorgfalt auf die Erstellung der Informationsschreiben verwendet werden. Die Entscheidung zwischen einem Unternehmenskauf per Asset Deal oder einem Share Deal muss diese Risiken berücksichtigen.

I. Inhalt der Unterrichtung

1 Der Umfang der Unterrichtungspflicht bestimmt sich nach dem Zweck der Unterrichtung, den Arbeitnehmern eine **ausreichende Wissensgrund-**

---

1 BAG v. 28.4.1987 – 3 AZR 75/86, NZA 1988, 198.
2 BAG v. 7.11.2007 – 5 AZR 1007/06, NZA 2008, 530.
3 BAG v. 19.3.2009 – 8 AZR 722/07, BB 2009, 2319.

lage für die Ausübung des Widerspruchsrechts zu verschaffen[1]. Die betroffenen Arbeitnehmer müssen so informiert werden, dass sie sich ein Bild über die Person des Betriebsübernehmers und über die in § 613a Abs. 5 BGB genannten Umstände machen können[2].

Maßgeblich ist dabei immer der subjektive Kenntnisstand von Veräußerer und Erwerber im Zeitpunkt der Unterrichtung (Grundsatz der subjektiven Determinierung). Die Informationen müssen **zutreffend, vollständig** und **präzise** sowie für den Arbeitnehmer **leicht verständlich** sein[3]. Allerdings reicht es bei komplexen Rechtsfragen aus, wenn der Unterrichtende bei angemessener Prüfung der Rechtslage eine rechtlich vertretbare Ansicht gegenüber dem Arbeitnehmer wiedergibt[4]. Vorsorglich sollten die Arbeitnehmer im Unterrichtungsschreiben aufgefordert werden, bei etwaigen Unklarheiten beim Erwerber oder Veräußerer nachzufragen[5]. 2

1. Zeitpunkt oder geplanter Zeitpunkt des Übergangs

Gemäß § 613a Abs. 5 Nr. 1 BGB sind die von dem Betriebsübergang betroffenen Arbeitnehmer über den Zeitpunkt des Übergangs zu unterrichten. Maßgeblich ist der Zeitpunkt, in dem der Erwerber die tatsächliche Leitungsmacht übernimmt[6]. Steht noch nicht fest, wann dies genau sein wird, reicht es nach dem ausdrücklichen Wortlaut der Vorschrift aus, die Arbeitnehmer über den **geplanten** Zeitpunkt des Übergangs zu informieren (vgl. zur möglichen Nachinformationspflicht Rz. 23 ff.). 3

Auch bei **gesellschaftsrechtlichen Umwandlungen** ist der Zeitpunkt des Betriebsübergangs der Zeitpunkt der tatsächlichen Übernahme der Leitungsmacht durch die aufnehmende Gesellschaft. Nur wenn keine organisatorischen Veränderungen auf der Leitungsebene geplant sind, ist dieser Zeitpunkt identisch mit dem Zeitpunkt der Eintragung der Umwandlung ins Handelsregister (§ 20 Abs. 1 Nr. 1 UmwG). Geht der Betrieb mit der Eintragung ins Handelsregister über, deren Zeitpunkt die an der Umwandlung beteiligten Gesellschaften nicht beeinflussen können, reicht es aus, im Unterrichtungsschreiben darauf hinzuweisen, dass der Übergang mit der Eintragung ins Handelsregister vollzogen wird[7]. Schon zuvor kann durch Überlassung der Betriebsnutzung an den Erwerber ein rechtsgeschäftlicher Betriebsübergang stattfinden[8] (vgl. Teil 3 A Rz. 37). 4

---

1 BAG v. 13.7.2006 – 8 AZR 305/05, NZA 2006, 1268.
2 LAG Düsseldorf v. 18.1.2007, LAGE Nr. 11 zu § 613a BGB 2002.
3 *Lindemann/Wolter-Roßteutscher*, BB 2007, 938 ff.
4 BAG v. 14.12.2006 – 8 AZR 763/05, NZA 2007, 682.
5 *Meyer*, DB 2007, 858 (859).
6 BAG v. 13.12.2007, FA 2008, 204.
7 *Bauer/von Steinau-Steinrück*, Sonderbeilage NZA Heft 16/2003, 72 (76).
8 BAG v. 25.5.2000 – 8 AZR 416/99, BB 2000, 2156; BAG v. 21.2.2008 – 8 AZR 77/07, NZA 2008, 825.

2. Grund für den Übergang

5 § 613a Abs. 5 Nr. 2 BGB verlangt eine Information der Arbeitnehmer über den Grund des Übergangs. Damit ist die Angabe des **Rechtsgrundes** für den Betriebsübergang wie Kaufvertrag, Pachtvertrag, Umwandlung, etc. gemeint[1].

6 Des Weiteren verlangt das BAG neben der Mitteilung der vertraglichen Grundlage des Betriebsübergangs eine **schlagwortartige Mitteilung der unternehmerischen Gründe**, die sich im Fall eines Widerspruchs auf den Arbeitsplatz auswirken können[2]. Der Arbeitnehmer muss dabei vor allem informiert werden, ob dem Betriebsübergang ein endgültiger Stilllegungsentschluss des Veräußerers zugrunde liegt. In diesem Fall hätte ein Widerspruch zur Folge, dass für den widersprechenden Arbeitnehmer kein Arbeitsplatz mehr vorhanden ist. Die Information über den „Grund für den Übergang" verlangt eine Darstellung der zwischen Betriebsveräußerer und Betriebserwerber geschlossenen Vereinbarungen. Soweit Vereinbarungen mit einem Dritten in diesem Zusammenhang von Bedeutung sind, ist darauf bei der Unterrichtung hinzuweisen[3]. Diese Entscheidung ist insbesondere zu beachten, wenn in internationalen Konzernen in einem sog. „Master Agreement" konzernweit die Übertragung einer Geschäftssparte geregelt wird (ein Rahmenvertrag zwischen den Konzernobergesellschaften), der dann für jede Rechtsordnung Einzelrechtsübertragungen (häufig „Local Transfer Agreements" oder ähnlich bezeichnet) vorgibt.

3. Rechtliche, wirtschaftliche und soziale Folgen des Übergangs

7 Der ehemalige Betriebsinhaber und der Erwerber müssen gem. § 613a Abs. 5 Nr. 3 BGB über die rechtlichen, wirtschaftlichen und sozialen Folgen unterrichten, die der Betriebsübergang für die Arbeitnehmer hat. Dies umfasst sowohl **unmittelbare** wie auch **mittelbare Folgen**. Nicht ausreichend ist es, insoweit lediglich den Gesetzeswortlaut des § 613a BGB wiederzugeben.

8 Zur Angabe der rechtlichen Folgen des Übergangs gehört zunächst die Information über die **Person des Betriebserwerbers**. Nach der Rspr. des BAG sollen die betroffenen Arbeitnehmer über die Identität des Betriebserwerbers unterrichtet werden, damit sie Klarheit über den Erwerber haben und ergänzende Erkundigungen einholen können[4]. Zu nennen sind grds. **Firmenbezeichnung** und **Anschrift** des Betriebserwerbers. Zusätzlich muss die vom Übergang betroffene wirtschaftliche Einheit (Betriebsteil) so präzise wie möglich beschrieben werden. Zweck der Unterrich-

---

1 BAG v. 13.7.2006 – 8 AZR 305/05, NZA 2006, 1268.
2 BAG v. 13.7.2006 – 8 AZR 305/05, NZA 2006, 1268.
3 BAG v. 23.7.2009 – 8 AZR 538/08, NZA 2010, 89.
4 BAG v. 13.7.2006 – 8 AZR 305/05, NZA 2006, 1268; BAG v. 21.8.2008 – 8 AZR 407/07, FD-ArbR 2008, 265423 m. Anm. *Beck*.

tung ist, die Arbeitnehmer in die Lage zu versetzen, Erkundigungen über den Betriebserwerber, d.h. ihren neuen Arbeitgeber einzuholen. Dazu gehört die Firma, die Angabe des Sitzes und des zuständigen Handelsregisters, um ggf. einen Widerspruch zutreffend adressieren zu können[1]. Nicht erforderlich dürfte dagegen die Angabe der Handelsregisternummer oder der Namen der Geschäftsführer des erwerbenden Unternehmens sein, soweit diese zum Zeitpunkt der Unterrichtung noch nicht benannt werden können. Soweit das Risiko von Widersprüchen nicht unerheblich ist, empfiehlt es sich, den sichersten Weg zu gehen und so umfassend wie möglich über den Erwerber zu informieren. Die Unterrichtung über die Person des Erwerbers ist auch dann ordnungsgemäß, wenn eine im Zeitpunkt der Unterrichtung noch nicht im Handelsregister eingetragene Gesellschaft als Erwerberin genannt wird, die Eintragung aber bis zum Betriebsübergang erfolgt[2]. Die Angabe, Betriebsübernehmer sei eine „neu gegründete GmbH" („NewCo"), reicht dagegen nicht aus[3]. Ist die Erwerberin eine neu gegründete Gesellschaft, die nach § 112a Abs. 2 BetrVG nicht sozialplanpflichtig ist, ist darüber zu informieren. Dies soll auch dann gelten, wenn keine konkrete Betriebsänderung geplant ist[4].

Zu den anzugebenden rechtlichen Folgen gehören darüber hinaus die sich **unmittelbar** aus dem Betriebsübergang ergebenden Rechtsfolgen[5]. Erforderlich ist also nicht nur ein Hinweis auf den **Eintritt des Übernehmers** in die Rechte und Pflichten aus dem bestehenden Arbeitsverhältnis nach § 613a Abs. 1 Satz 1 BGB und auf die **Gesamtschuldnerschaft** von Übernehmer und Veräußerer nach § 613a Abs. 2 BGB[6], sondern vor allem auch auf das Widerspruchsrecht und die sich daraus möglicherweise ergebenden kündigungsrechtlichen Konsequenzen (vgl. Teil 3 B Rz. 31 ff.). Unklar ist, inwieweit eine Beschreibung des Inhalts einzelner **Tarifverträge** und **Betriebsvereinbarungen** nötig ist. Das BAG hat sich dahingehend geäußert, dass eine „detaillierte Bezeichnung einzelner Tarifverträge und Betriebsvereinbarungen" nicht erforderlich ist, da sich der Arbeitnehmer nach Erhalt der Information selbst näher erkundigen könne[7]. Erforderlich ist aber der Hinweis, ob die Normen kollektiv- oder individualrechtlich fortgelten (vgl. Teil 4 C Rz. 1 ff.). Ergeben sich substantielle Änderungen z.B. durch ablösende Betriebsvereinbarungen nach § 613a Abs. 1 Satz 3 BGB zur betrieblichen Altersversorgung, kann auch diese Information relevant sein. 9

Zu den Informationen über die wirtschaftlichen Folgen des Übergangs gehört insbesondere die **wirtschaftliche Situation des Erwerbers**, sofern 10

---
1 BAG v. 23.7.2009 – 8 AZR 538/08, NZA 2010, 89.
2 LAG Berlin-Brandenburg v. 20.7.2007, NZA-RR 2007, 626.
3 BAG v. 21.8.2008 – 8 AZR 407/07.
4 BAG v. 14.11.2013, NZG 2014, 552; BAG v. 14.11.2013 – 8 AZR 824/12, ZIP 2014, 839.
5 BAG v. 13.7.2006, NZA 2006, 1269.
6 BAG v. 14.12.2006 – 8 AZR 763/05, NZA 2007, 682.
7 BAG v. 14.12.2006 – 8 AZR 763/05, NZA 2007, 682.

diese für die Ausübung des Widerspruchsrechts von Bedeutung sein kann. Insoweit bedarf es wohl eines Hinweises, wenn eine wirtschaftliche Krise beim Erwerber besteht oder absehbar ist. Eine Informationspflicht zur allgemeinen finanziellen Ausstattung des Betriebserwerbers besteht jedoch nicht[1]. Eine Pflicht, Angaben über die bilanzielle Situation des Erwerbers zu machen, kann schon deshalb nicht angenommen werden, weil die wirtschaftliche Situation eines Unternehmens Folge seiner wirtschaftlichen Betätigung und der damit einhergehenden Vielzahl von Faktoren ist und nicht etwa Folge des Betriebsübergangs[2].

11 Nach zutreffender Auffassung des LAG Düsseldorf besteht keine Pflicht, über einen zwischen Betriebsrat und Betriebsveräußerer abgeschlossenen Sozialplan zu informieren, der Abfindungsregelungen für Arbeitnehmer vorsieht, denen auf Grund eines Widerspruchs gegen den Betriebsübergang betriebsbedingt gekündigt wird[3]. Insoweit handele es sich nicht um Folgen des Betriebsübergangs, sondern um **Folgen des Nichtübergangs**. Es ist aber nicht auszuschließen, dass das BAG dieser Auffassung nicht folgen wird, so dass bei vorsichtiger Vorgehensweise auch Informationen über Bestehen oder Nichtbestehen eines Abfindungsanspruchs bei betriebsbedingter Kündigung nach Widerspruch gegen den Betriebsübergang aufgenommen werden sollten.

12 Nach der Rspr. des BAG sollen die Arbeitnehmer auch über **mittelbare Folgen** des Betriebsübergangs unterrichtet werden, wenn dies für die Schaffung einer ausreichenden Wissensgrundlage für die Ausübung ihres Widerspruchsrechts erforderlich ist[4]. Inhalt und Umfang der Unterrichtungspflicht bestimmen sich auch insoweit nach dem Kenntnisstand des Veräußerers und des Erwerbers im Zeitpunkt der Unterrichtung.

4. Hinsichtlich der Arbeitnehmer in Aussicht genommene Maßnahmen

13 Gemäß § 613a Abs. 5 Nr. 4 BGB ist über die in Aussicht genommenen Maßnahmen zu unterrichten. Maßnahmen gelten dann als in Aussicht genommen, wenn ein **Stadium konkreter Planung** erreicht ist[5]. Die Intention zur Durchführung der Maßnahmen muss durch objektive Indizien – z.B. durch Beschluss der Geschäftsführung, Einrichtung von Projektgruppen zur Abarbeitung bestimmter Restrukturierungsvorhaben, etc. – bereits greifbar verdichtet sein[6]. Vor diesem Stadium ist eine Unterrichtung nicht erforderlich. Vorüberlegungen, in denen noch Alternativen geprüft werden, sind noch keine konkrete Planung.

---

1 LAG Düsseldorf v. 6.10.2005 – 15 Sa 355/05; vgl. auch LAG München v. 25.6.2008 – 9 Sa 837/07 und LAG München v. 4.6.2008 – 6 Sa 934/07.
2 LAG Düsseldorf v. 6.10.2005 – 15 Sa 355/05.
3 LAG Düsseldorf v. 1.4.2005 – 18 Sa 1950/04, DB 2005, 1741.
4 BAG v. 13.7.2006 – 8 AZR 305/05, NZA 2006, 1268.
5 BAG v. 13.7.2006 – 8 AZR 303/05, NZA 2006, 1273.
6 *Schnitker/Grau*, BB 2005, 2240; *Gaul/Otto*, DB 2005, 2468.

14 Maßnahmen im Sinne dieser Vorschrift meint jede durch den bisherigen oder neuen Betriebsinhaber geplante erhebliche Änderung der rechtlichen, wirtschaftlichen oder sozialen Situation der betroffenen Arbeitnehmer. Dies umfasst vor allem Sekundärfolgen des Betriebsübergangs wie einen **geplanten Personalabbau** oder vorzunehmende **Qualifizierungsmaßnahmen**, aber auch eine geplante nochmalige Veräußerung des übergehenden Betriebsteils.

II. Verpflichteter und Adressat der Unterrichtung

15 Nach dem Wortlaut des § 613a Abs. 5 BGB ist der bisherige Arbeitgeber **oder** der neue Inhaber zur Unterrichtung verpflichtet. Möglich ist auch eine gemeinsame Unterrichtung.

16 Insbesondere für den Veräußerer besteht hier ein erhebliches Risiko. Für die Unterrichtung kommt es auf den Kenntnisstand von Veräußerer **und** Erwerber an. Das Unterrichtungsschreiben muss das „**gemeinsame Wissen**" ordnungsgemäß wiedergeben[1]. Eine vom Veräußerer nach bestem Wissen erstellte Information kann deshalb trotzdem falsch sein, etwa weil er keine Kenntnis davon hatte, dass der Erwerber einen Personalabbau oder sonstige die übergehenden Arbeitnehmer betreffenden Maßnahmen bereits konkret in Aussicht genommen hat. Um dieses Risiko zu minimieren, sollte sich der Veräußerer bei einem Asset Deal im Unternehmenskaufvertrag entsprechend absichern. In der Regel geschieht dies durch Aufnahme einer Klausel, nach der sich der Erwerber verpflichtet, den Veräußerer umfassend und zutreffend über alle in Aussicht genommenen Maßnahmen zu informieren und ihn bei der Erstellung des Unterrichtungsschreibens zu unterstützen.

17 Zu unterrichten sind nur die vom Betriebsübergang betroffenen Arbeitnehmer. Nicht unterrichtet werden müssen vertretungsberechtigte Organmitglieder, freie Mitarbeiter oder ausgeschiedene Arbeitnehmer. **Gekündigte Arbeitnehmer** sind zu unterrichten, wenn die Kündigungsfrist erst nach dem Betriebsübergang abläuft. Geht nur ein Betriebsteil über, müssen nur die in diesem Betriebsteil beschäftigten Arbeitnehmer unterrichtet werden.

III. Form und Zeitpunkt der Unterrichtung

18 Die Unterrichtung der Arbeitnehmer ist in **Textform** (§ 126b BGB) vorgeschrieben. Es reicht daher aus, wenn die Unterrichtung per Email versandt wird und/oder die Unterschrift des Unterrichtenden unter einen Standardtext eingescannt wird. Eine individuelle Unterrichtung für jeden einzelnen vom Betriebsübergang betroffenen Arbeitnehmer ist nicht er-

---
1 BAG v. 14.12.2006 – 8 AZR 763/05, NZA 2007, 682.

forderlich. Eine standardisierte Information muss aber die Besonderheiten des Arbeitsverhältnisses erfassen. Zu bewerkstelligen wäre dies zum Beispiel dadurch, dass das Unterrichtungsschreiben Alternativen enthält, die auf die jeweiligen Besonderheiten abgestimmt sind. Für den Arbeitnehmer muss klar erkennbar sein, welche Alternative ihn betrifft. Erforderlich ist zudem eine konkrete betriebsbezogene Darstellung in einer auch für juristische Laien verständlichen Sprache[1]. Keineswegs ausreichend ist es deshalb, wenn das Informationsschreiben **lediglich den Wortlaut des Gesetzestexts** wiederholt. Nicht geklärt ist, ob gegenüber ausländischen Mitarbeitern oder deutschen Mitarbeitern mit Migrationshintergrund, die der deutschen Sprache nicht oder kaum mächtig sind, eine Unterrichtung auf Deutsch ausreichend ist. Richtigerweise (aber **Vorsicht!**) wird man für die Informationspflicht nach § 613a Abs. 5 BGB darauf abstellen müssen, welche **Verhandlungs- und Vertragssprache** zwischen den Parteien gilt, was sich i.d.R. aus der für den Anstellungsvertrag gewählten Sprache ergeben wird. Diese Sprache ist dann von beiden Seiten als Medium nicht nur für Willenserklärungen, sondern auch für Wissenserklärungen akzeptiert[2]. Mit anderen Worten: Hat sich der Arbeitgeber z.B. auf Englisch oder Türkisch eingelassen, ist diese Sprache auch maßgeblich für die Information über den Betriebsübergang und seine Folgen[3]. Der Abschluss der Unterrichtung muss, z.B. durch Namensnennung des Unterrichtenden oder dessen eingescannte Unterschrift, erkennbar sein.

19 Weil erst der Zugang der Unterrichtung die einmonatige Widerspruchsfrist auslöst, sollte darauf geachtet werden, dass der **Zeitpunkt des Zugangs** dokumentiert wird und gegebenenfalls nachweisbar ist. Dies kann insbesondere bei einer **Unterrichtung per E-Mail** praktische Schwierigkeiten bereiten. Nach Möglichkeit sollte der Arbeitnehmer durch Unterschrift und Datum den Erhalt des Unterrichtungsschreibens quittieren. Bei kleineren Gruppen von Arbeitnehmern bietet es sich an, im Rahmen einer Betriebsversammlung das Informationsschreiben zu übergeben und sich den Erhalt beim Verlassen der Betriebsversammlung quittieren zu lassen (ähnlich dem Hammelsprung im Deutschen Bundestag). Die von Personalabteilungen gelegentlich gut gemeinten schriftlichen Ergänzungen in zusätzlichen Schreiben, die weitere Einzelheiten nennen, können unter Umständen die Monatsfrist erneut in Gang setzen und sollten deshalb frühzeitig geplant und auf den Zeitplan abgestimmt oder weggelassen werden.

20 Die Unterrichtung der Arbeitnehmer ist gesetzlich **vor dem Betriebsübergang** vorgesehen. Das Gesetz gibt zwar keine Grenze für die frühestens mögliche Unterrichtung vor. Eine Unterrichtung wird allerdings erst

---

1 BAG v. 14.12.2006 – 8 AZR 763/05, NZA 2007, 682.
2 *Rieble*, FS Löwisch, 2007, S. 229 (242 f.); vgl. auch *Diller/Powietzka*, DB 2000, 718.
3 *Rieble*, FS Löwisch, 2007, S. 228 (243).

möglich sein, wenn den Unternehmen die für die Unterrichtung erforderlichen Informationen bekannt sind. Werden die Arbeitnehmer nicht vor dem Betriebsübergang unterrichtet, besteht die Unterrichtungspflicht unverändert fort[1]. Die Verzögerung bewirkt nur, dass die Monatsfrist erst später (mit Zugang des Unterrichtungsschreibens) beginnt.

Während ein **Verzicht** auf die Ausübung des Widerspruchsrechts nach ordnungsgemäßer Unterrichtung zulässig ist, ist ein Verzicht auf die Unterrichtung gem. § 613a Abs. 5 BGB nicht zulässig. 21

IV. Folgen unvollständiger oder unterbliebener Unterrichtung

Wird der betroffene Arbeitnehmer entgegen § 613a Abs. 5 BGB **nicht oder nicht ordnungsgemäß** über den Betriebsübergang informiert, beginnt die einmonatige Widerspruchsfrist des § 613a Abs. 6 BGB nicht zu laufen. Das bedeutet, ein Widerspruch ist auch noch lange Zeit nach dem Betriebsübergang möglich. Eine zeitliche Grenze wird hier nur durch die Verwirkung des Widerspruchsrechts gesetzt (vgl. Rz. 37 ff.). Die Verletzung der Unterrichtungspflicht kann im Einzelfall auch Schadensersatzansprüche des Arbeitnehmers nach § 280 Abs. 1 BGB auslösen[2]. Insbesondere für den Veräußerer eines Betriebs sind damit erhebliche Unsicherheiten und Risiken verbunden. Die Vollständigkeit und Richtigkeit der Unterrichtung sollte deshalb oberste Priorität bei der Vorbereitung eines Betriebsübergangs haben[3]. 22

V. Nachinformationspflicht

Die im Rahmen der Unterrichtungspflicht bestehenden Herausforderungen wären noch größer, wenn Veräußerer und Erwerber außerdem verpflichtet wären, die Mitarbeiter über Änderungen des der Unterrichtung zugrundeliegenden Sachverhalts zu informieren, die nach Übergabe des Unterrichtungsschreibens eintreten. Denkbar ist dies insbesondere in Bezug auf eine **zeitliche Verschiebung** des Betriebsübergangs. Aber auch die wirtschaftlichen Rahmenbedingungen können sich **unerwartet verschlechtern** und z.B. einen **weitergehenden Restrukturierungsbedarf** auslösen. Treten solche Änderungen auf, stehen Arbeitgeber regelmäßig vor dem Problem, ob gegenüber den Mitarbeitern nach § 613a Abs. 5 BGB nochmals eine Unterrichtungspflicht besteht oder die ursprüngliche Un- 23

---

1 BAG v. 14.12.2006 – 8 AZR 763/05, NZA 2007, 682.
2 BAG v. 13.7.2006 – 8 AZR 382/05, NZA 2006, 1406; BAG v. 31.1.2008, FA 2008, 207; ausführlich zu Annahmeverzug und Schadensersatz *Schneider/Sittard*, BB 2007, 2230.
3 *Bauer/von Steinau-Steinrück*, Schnellbrief für Personalwirtschaft und Arbeitsrecht, Nr. 9/2002.

terrichtung ergänzt werden muss. Damit im Zusammenhang steht die Frage, ob die Widerspruchsfrist gegebenenfalls **neu zu laufen** beginnt[1].

24 Das Gesetz regelt dieses Problem nicht ausdrücklich. § 613a Abs. 5 BGB bestimmt nur, dass die Angabe des **geplanten Zeitpunkts** des Betriebsübergangs genügt. Nach der Rspr. des BAG ist aber von Folgendem auszugehen:

- Der Inhalt der Unterrichtung richtet sich nach dem **Kenntnisstand des Veräußerers und des Erwerbers**[2].
- Die Unterrichtungspflicht aus § 613a Abs. 5 BGB ist erfüllt, wenn die Unterrichtungsverpflichteten dem Mitarbeiter Informationen nach ihrem Kenntnisstand **zum Zeitpunkt der Unterrichtung** erteilen[3].
- Ein Anspruch auf **ergänzende Information** über neue Umstände kann sich aus § 613a Abs. 5 BGB nur ergeben, wenn es sich nicht mehr um denselben Betriebsübergang handelt, beispielsweise weil der Betrieb auf einen anderen Erwerber übergeht[4].

25 In dem in der Praxis häufigsten Fall der **zeitlichen Verschiebung** des Betriebsübergangs müssen Veräußerer und Erwerber daher nicht nochmals gem. § 613a Abs. 5 BGB über den neuen Zeitpunkt des Betriebsübergangs informieren.

26 **Beispiel:** Der Veräußerer und der Erwerber eines Betriebs haben die Mitarbeiter informiert, dass der Betriebsübergang voraussichtlich zum 1. Januar stattfindet. Durch unvorhergesehene Änderungen verschiebt sich der Betriebsübergang auf den 1. Mai. Eine erneute Unterrichtung ist nicht erforderlich.

27 Allerdings kann es personalpolitisch geboten sein, die Mitarbeiter zum Zeitpunkt des tatsächlichen Übergangs über den Vollzug zu informieren, und sei es auch nur, um sie beim neuen Unternehmen „Willkommen" zu heißen. Eine solche Information setzt aber **keine neue Widerspruchsfrist** in Gang, da es sich lediglich um eine allgemeine Mitteilung außerhalb des § 613a BGB handelt. Um Zweifel zu vermeiden, sollte der Arbeitgeber im Schreiben die Notwendigkeit eines Widerspruchs innerhalb der ursprünglichen Frist klarstellen.

28 Neben zeitlichen Verschiebungen können sich auch **materielle Arbeitsbedingungen ändern**, die besondere Bedeutung für die Mitarbeiter haben. Sind Änderungen der Arbeitsbedingungen im Zeitpunkt der Unterrichtung schon konkret zu erwarten, etwa weil der Veräußerer mit dem Betriebsrat Verhandlungen über eine Überleitungsvereinbarung führt, ist auf diesen Umstand hinzuweisen. Der konkrete Stand der Gespräche

---

1 *Göpfert/Winzer*, ZIP 2008, 761.
2 BAG v. 14.12.2006 – 8 AZR 763/05, NZA 2007, 682.
3 BAG v. 13.7.2006 – 8 AZR 305/05, NZA 2006, 1268.
4 BAG v. 13.7.2006 – 8 AZR 305/05, NZA 2006, 1268.

zwischen den Betriebspartnern muss u.E. allerdings nicht mitgeteilt werden.

Grds. sollte nicht in Aussicht gestellt werden, nach Abschluss der Verhandlungen über die Ergebnisse erneut zu informieren. Das könnte sonst als vertragliche Zusage gewertet werden, die Unterrichtung nach § 613a Abs. 5 BGB noch einmal – dieses Mal abschließend – zu wiederholen. Treten die im ursprünglichen Informationsschreiben bereits angekündigten Änderungen ein, d.h. wird z.B. eine Überleitungsvereinbarung abgeschlossen, begründet dies keine erneute Unterrichtungspflicht nach § 613a Abs. 5 BGB. Allerdings sollten die Mitarbeiter vorsorglich dann noch einmal abschließend unterrichtet werden, wenn die **Änderungen in die Widerspruchsfrist** fallen. In diesem Fall kann die Änderung noch Einfluss auf die Entscheidung der Mitarbeiter haben, dem Übergang ihrer Arbeitsverhältnisse zu widersprechen. Diese Unterrichtung löst dann aber wohl keine erneute Widerspruchsfrist nach § 613a Abs. 6 BGB aus. 29

Werden die Änderungen erst **nach Ablauf der Widerspruchsfrist** wirksam, besteht dagegen keine Informationspflicht nach § 613a Abs. 5 BGB. Da diese Fragen von der Rspr. bislang aber noch nicht abschließend entschieden wurden, sollte der Arbeitgeber im jeweiligen Fall prüfen, ob vorsorglich eine zusätzliche Unterrichtung erteilt wird, um damit eine etwaige neue Widerspruchsfrist nach § 613a Abs. 5 BGB in Gang zu setzen. Nur so sichert man sich gegen den Fall ab, dass ein Gericht doch eine Unterrichtungspflicht bejahen sollte. 30

VI. Widerspruchsrecht

1. Grundzüge

Die Rechtsfolge des § 613a Abs. 1 BGB ist der Übergang des Arbeitsverhältnisses vom alten auf den neuen Betriebsinhaber. Der Arbeitnehmer behält also seinen bisherigen Arbeitsplatz und zwar grds. zu den bisherigen Bedingungen. Allerdings kann dem Arbeitnehmer der neue Arbeitgeber nicht gegen seinen Willen als Vertragspartner aufgezwungen werden. Will der Arbeitnehmer mit seinem Arbeitsverhältnis nicht auf den Betriebserwerber übergehen, kann er dies durch seinen Widerspruch nach § 613a Abs. 6 BGB verhindern. Die Frist hierfür beträgt nach § 613a Abs. 5 BGB **einen Monat nach Zugang der Unterrichtung**. Die Einmonatsfrist beginnt dabei erst ab richtiger und vollständiger Information des Arbeitnehmers über den Betriebsübergang[1]. Solange der Arbeitnehmer nicht zutreffend oder nicht vollständig informiert wurde, ist seinem Widerspruchsrecht bis zu den **Grenzen der Verwirkung** grds. keine zeitliche Grenze gesetzt[2]. Das Widerspruchsrecht erlischt in diesem Fall auch nicht etwa mit dem 31

---
1 BAG v. 14.12.2006 – 8 AZR 763/05, NZA 2007, 682; BAG v. 21.8.2008 – 8 AZR 407/07.
2 LAG Düsseldorf v. 4.7.2007, LAGE § 613a BGB 2002 Nr. 12.

Vollzug des Betriebsübergangs. Voraussetzung für einen wirksamen Widerspruch nach Betriebsübergang ist aber, dass das Arbeitsverhältnis mit dem Erwerber zu diesem Zeitpunkt noch besteht[1].

32 Der Widerspruch ist **schriftlich** zu erklären. Er kann sowohl gegenüber dem bisherigen Arbeitgeber als auch gegenüber dem Betriebserwerber erklärt werden. Einer Begründung für den Widerspruch bedarf es nicht. Der Widerspruch löst für sich betrachtet keine Sperrzeit für den Bezug von Arbeitslosengeld aus[2]. Auch im Falle des Widerspruchs ist zu prüfen, ob ein wichtiger Grund zur Lösung des Beschäftigungsverhältnisses bestand. Ein einmal ausgesprochener Widerspruch kann nicht mehr einseitig zurückgenommen werden. Auf das Widerspruchsrecht kann im Fall eines konkret anstehenden Betriebsübergangs nach ordnungsgemäßer Information auch verzichtet werden[3]. Der Verzicht sollte aus Beweisgründen schriftlich niedergelegt werden und idealerweise auch eine Bestätigung über die umfassende Information nach § 613a Abs. 5 BGB enthalten.

33 Widersprechen mehrere Arbeitnehmer, kann ein **kollektiver Widerspruch**[4] vorliegen. Dieser ist nur ausnahmsweise dann rechtsmissbräuchlich, wenn die Arbeitnehmer mit ihrem Widerspruch zielgerichtet beabsichtigen, einen Betriebsübergang zum Schaden des Veräußerers zu verhindern oder diesem ein sonstiger anderer Zweck als die Sicherung der arbeitsvertraglichen Rechte und die Beibehaltung des bisherigen Arbeitgebers zugrunde liegt[5].

2. Rechtsfolge des Widerspruchs

34 Die Ausübung des Widerspruchsrechts durch schriftliche Erklärung gegenüber dem Betriebsveräußerer oder dem Betriebserwerber hat zur Folge, dass das Arbeitsverhältnis mit dem Betriebsveräußerer unverändert fortbesteht. Hat der Betriebsübergang bereits stattgefunden, wirkt der Widerspruch nach Ansicht des BAG **rückwirkend** auf den Zeitpunkt des Übergangs[6]. In diesem Fall gilt das Arbeitsverhältnis zwischen dem Arbeitnehmer und dem Betriebserwerber für den Zeitraum zwischen Betriebsübergang und Widerspruch als fehlerhaftes Arbeitsverhältnis, bei dem der Arbeitnehmer für die Vergangenheit so behandelt wird, als sei das Arbeitsverhältnis wirksam gewesen. D.h. insbesondere, dass der Betriebserwerber für diesen Zeitraum zur Zahlung von Vergütung verpflichtet ist.

35 Der Widerspruch des Arbeitnehmers ändert nichts daran, dass sein Arbeitsplatz dennoch bei dem neuen Betriebsinhaber fortbesteht. Der Ar-

---

1 LAG Berlin-Brandenburg v. 20.7.2007, NZA-RR 2007, 626.
2 BSG v. 8.7.2009, BB 2010, 443.
3 BAG v. 19.3.1998 – 8 AZR 139/97, NZA 1998, 750.
4 Vgl. dazu *Rieble*, NZA 2005, 1.
5 BAG v. 30.9.2004 – 8 AZR 462/03, NZA 2005, 43.
6 BAG v. 13.7.2006, AP Nr. 312 zu § 613a BGB; krit. dazu *Löwisch*, FS Birk, S. 541 ff.

beitnehmer hat durch den Widerspruch auf den ihm gem. § 613a BGB zustehenden Bestandsschutz verzichtet. Eine Einschränkung ist insoweit für **Dienstleistungsbetriebe** zu machen. Diese erfahren ihr typisches Gepräge durch den Einsatz von Personal und nicht durch bestimmte Produktionsgüter. Sie sind – mit Ausnahme der Kundenbeziehungen – betriebsmittellos. In diesen Fällen ist der Übergang der Arbeitsverhältnisse nicht nur Rechtsfolge, sondern auch Tatbestandsmerkmal des Betriebsübergangs. Das bedeutet, dass der Widerspruch der weit überwiegenden Mehrheit der Arbeitnehmer den gesamten Betriebsübergang verhindern kann. Als Konsequenz kann in diesen Fällen die Situation eintreten, dass auch die nicht widersprechenden Arbeitnehmer beim bisherigen Betriebsinhaber bleiben.

3. Kein Kündigungsverbot

Mit dem Betriebsübergang fällt der Arbeitsplatz des Arbeitnehmers beim bisherigen Arbeitgeber weg. Kann der Veräußerer den widersprechenden Arbeitnehmer nicht auf einem anderen freien Arbeitsplatz weiter beschäftigen, kommt nach Durchführung einer Sozialauswahl grds. eine **betriebsbedingte Kündigung** in Betracht[1]. Das Kündigungsverbot des § 613a Abs. 4 Satz 1 BGB steht dem nicht entgegen. Diese Vorschrift verbietet lediglich eine Kündigung „wegen" des Betriebsübergangs. Dagegen gilt das Kündigungsverbot nicht, wenn es einen sachlichen Grund gibt, der „aus sich heraus" die Kündigung zu rechtfertigen vermag, so dass der Betriebsübergang „nur äußerer Anlass, nicht aber der tragende Grund für die Kündigung gewesen ist"[2]. Dies entspricht § 613a Abs. 4 Satz 2 BGB, der die Kündigung „aus anderen Gründen" ausdrücklich unberührt lässt. Im Fall des Widerspruchs ist der Betriebsübergang zwar mitursächlich für die spätere Kündigung – ohne Betriebsübergang kein Widerspruch und auch kein Wegfall des Arbeitsplatzes – die eigentliche Ursache für den fehlenden Bedarf an der Arbeitskraft des Arbeitnehmers liegt aber in seinem Widerspruch. Ein Kündigungsverbot besteht auch dann nicht, wenn der Widerspruch nach einer unzureichenden Unterrichtung erklärt wurde[3]. Ebenso wenig ist der Abschluss von Aufhebungsverträgen verwehrt.

4. Verwirkung des Widerspruchsrechts

In der Rspr. ist anerkannt, dass das Widerspruchsrecht nach § 242 BGB verwirken kann[4]. Das Widerspruchsrecht des Arbeitnehmers ist ver-

---

1 Zur Frage der Sozialauswahl vgl. BAG v. 31.5.2007 – 2 AZR 276/06, DB 2008, 1106; *Schumacher-Mohr*, NZA 2008, 513.
2 BAG v. 16.5.2002, NZA 2003, 93.
3 BAG v. 24.5.2005 – 8 AZR 398/04, NZA 2005, 1302.
4 BAG v. 14.12.2006 – 8 AZR 763/05, NZA 2007, 682; ausführlich zur Verwirkung des Widerspruchsrechts bei Betriebsübergang *Löwisch/Göpfert/Siegrist*, DB 2007, 2538; *Göpfert/Siegrist*, Anm. zu LAG München v. 12.10.2006, BB 2006, 506.

wirkt, wenn der Berechtigte es längere Zeit nicht ausübt (**Zeitmoment**) und er mit seinem Verhalten den Eindruck erweckt, dass er es nicht mehr ausüben wird (**Umstandsmoment**).

38 Eine feste Grenze für das sog. Zeitmoment lässt sich nicht bestimmen. Für die Bestimmung der Dauer des Zeitmoments sollen vielmehr die **Umstände des Einzelfalls** maßgeblich sein[1]. Es ist gerade die Kombination aus Zeitablauf und Umständen, die eine Verwirkung begründet, wie sich aus der Zusammenschau einer Reihe von Einzelfallentscheidungen ergibt:

Rechtsprechung zu Verwirkungsfällen

BAG, Urteil vom	Zeitraum	Umstände
14.12.2006[2]	ca. 11 Monate	Weiterarbeit beim Erwerber (nicht ausreichend)
2.4.2009[3]	ca. 15 Monate	Weiterarbeit und Kündigungsschutzklage gegen Erwerber (nicht ausreichend)
23.7.2009[4]	ca. 14 Monate	Weiterarbeit, Entgegennahme von Vergütung (nicht ausreichend)
21.1.2010[5]	ca. 19 Monate	Weiterarbeit, Kündigungsschutzklage gegen Erwerber, danach Annahme einer Abfindung und Klagerücknahme (ausreichend)
21.1.2010[6]	ca. 2 Jahre	Weiterarbeit, Aufhebungsvertrag mit dem Erwerber (ausreichend)
18.3.2010[7]	ca. 17 Monate	Aufhebungsvertrag mit dem Erwerber, Übertritt in BQG (ausreichend)
20.5.2010[8]	ca. 13 Monate	Weiterarbeit Aufhebungsvertrag mit dem Erwerber (ausreichend)

39 Das BAG legt für die Bestimmung des **Zeitmoments** den Zeitraum zwischen dem Zugang des Unterrichtungsschreibens und der Erklärung des Widerspruchs zugrunde[9]. Es kommt danach nicht auf den Zeitpunkt an, „zu dem der Arbeitnehmer Kenntnis davon erlangt, dass die Unterrichtung fehlerhaft war"[10]. Das Zeitmoment wird zusätzlich verkürzt, wenn den von einem Betriebsübergang betroffenen Arbeitnehmern die Mög-

---

1 BAG v. 13.7.2006 – 8 AZR 382/05, NZA 2006, 1406.
2 BAG v. 14.12.2006 – 8 AZR 763/05, NZW 2007, 682.
3 BAG v. 2.4.2009 – 8 AZR 262/07, DB 2009, 2213.
4 BAG v. 23.7.2009 – 8 AZR 541/08, BeckRS 2009, 74730.
5 BAG v. 21.1.2010 – 8 AZR 977/07.
6 BAG v. 21.1.2010 – 8 AZR 63/08.
7 BAG v. 18.3.2010 – 8 AZR 840/08.
8 BAG v. 20.5.2010 – 8 AZR 1033/08.
9 BAG v. 14.12.2006 – 8 AZR 763/05, NZA 2007, 682.
10 LAG Düsseldorf v. 15.11.2006 – 7 (18) Sa 230/06.

lichkeit der Klärung von Fragen durch Nennen einer Ansprechperson angeboten wird und von diesem Angebot kein Gebrauch gemacht wird[1].

Fraglich ist, wann das **Umstandsmoment** für die Verwirkung des Widerspruchsrechts erfüllt ist. Über die bloße Weiterarbeit hinaus ist das Umstandsmoment jedenfalls dann erfüllt, wenn der Arbeitsvertrag mit dem Betriebserwerber geändert wird. Denn wenn ein Arbeitnehmer nicht nur für den Erwerber arbeitet, sondern das Arbeitsverhältnis durch **Änderungen des Arbeitsvertrags** auf eine neue Grundlage gestellt wird, bringt der Arbeitnehmer zum Ausdruck, dass er den Erwerber als Arbeitgeber akzeptiert[2]. 40

Liegen die Voraussetzungen für die Verwirkung durch Erfüllung des Umstands- und Zeitmoments an sich vor, dürfte sich der Arbeitgeber jedoch dann nicht auf die Verwirkung berufen, wenn der Arbeitgeber in Schädigungsabsicht in einer **gegen die guten Sitten verstoßenden Weise** den Arbeitnehmer **falsch unterrichtet** hätte. Die Voraussetzungen dieses eher seltenen schwerwiegenden Vorwurfs müsste der Arbeitnehmer im Prozess darlegen und beweisen[3]. 41

---

1 LAG München v. 12.10.2006 – 2 Sa 990/05, BB 2007, 502 (505) m. Anm. *Göpfert/Siegrist*, BB 2006, 506.
2 *Löwisch/Göpfert/Siegrist*, DB 2007, 2538.
3 BAG v. 20.5.2010 – 8 AZR 1033/08.

Teil 4 Umsetzung und Folgen arbeitsrechtlicher Umstrukturierungen

A. Informations-, Beratungs- und Anzeigepflichten im Überblick

Neben den zentralen Unterrichtungs-, Beratungs- und Mitbestimmungsrechten bei Betriebsänderung – Interessenausgleich, Sozialplan und gegebenenfalls Tarifsozialplan – und Betriebsübergang – Informationspflicht nach § 613a Abs. 5 BGB – gibt es eine Vielzahl weiterer Pflichten des Arbeitgebers zur Beteiligung der Arbeitnehmer und ihrer Vertretungen, die bei einer Umstrukturierung abgearbeitet werden müssen. Im Folgenden ist dargestellt, welche Maßnahmen welche Beteiligungsrechte auslösen und in welcher zeitlichen Reihenfolge diese Pflichten erfüllt werden können bzw. müssen.

I. Unterrichtungspflichten gegenüber dem Wirtschaftsausschuss

1. Aufgabe des Wirtschaftsausschusses

1 § 106 BetrVG regelt die Voraussetzungen für die Bildung eines Wirtschaftsausschusses, dessen Aufgaben und das Verfahren seiner Beteiligung. Der Wirtschaftsausschuss hat die Aufgabe, **wirtschaftliche Angelegenheiten** mit dem Unternehmer zu **beraten** und **den Betriebsrat zu unterrichten** (§ 106 Abs. 1 Satz 2 BetrVG). Der Wirtschaftsausschuss soll als **Hilfsorgan des Betriebsrats**[1] die Zusammenarbeit zwischen Unternehmer und Betriebsrat in wirtschaftlichen Angelegenheiten fördern, indem er als „**Informationsmittler**" fungiert. Er soll als spezialisiertes Gremium beim Unternehmer Informationen zu wirtschaftlichen Themen aufnehmen und diese, angereichert durch seinen Sachverstand, an den Betriebsrat weitergeben. Tatsächlich herrscht freilich oft Personenidentität zwischen den Mitgliedern des Betriebsrats und des Wirtschaftsausschusses, so dass die Mittlerfunktion leerläuft.

2 Nach der Vorstellung des Gesetzgebers soll der Unternehmer den Wirtschaftsausschuss möglichst frühzeitig in seine unternehmerischen Planungen einbinden. Der Betriebsrat soll so die Gelegenheit haben, eigene Vorstellungen und Konzepte zu entwickeln, bevor hinsichtlich der Umsetzung von Maßnahmen konkrete Mitbestimmungsrechte des Betriebsrats einsetzen. Vor diesem Hintergrund ist verständlich, weshalb die gesetzlichen **Informationspflichten** gegenüber dem Wirtschaftsausschuss **weiter** sind als gegenüber dem Betriebsrat und grds. bereits zu einem **früheren Zeitpunkt** einsetzen.

---

1 BAG v. 18.11.1980, AP Nr. 2 zu § 108 BetrVG 1972; BAG v. 7.4.2004, AP Nr. 17 zu § 106 BetrVG 1972.

In der Praxis ist vor allem die **Unterrichtung des Wirtschaftsausschusses** 3
von großer Bedeutung. Die gesetzlich ebenfalls vorgesehene **Beratung** über
wirtschaftliche Angelegenheiten spielt demgegenüber häufig nur eine **untergeordnete Rolle**; sie findet in aller Regel auf der Betriebsrats- und nicht
auf der Wirtschaftsausschussebene statt.

2. Gegenstände der Unterrichtung

Nach § 106 Abs. 2 BetrVG hat der Unternehmer den Wirtschaftsausschuss 4
über alle wirtschaftlichen Angelegenheiten des Unternehmens zu unterrichten. § 106 Abs. 3 BetrVG enthält einen **Katalog von Beispielen** für wirtschaftliche Angelegenheiten, die eine Unterrichtungspflicht auslösen.
Der Katalog ist nach h.M. **nicht abschließend**[1].

Für Umstrukturierungen sind vor allem die Unterrichtungstatbestände 5
des § 106 Abs. 3 Nr. 6–10 BetrVG von Bedeutung. § 106 Abs. 3 Nr. 6–9
BetrVG entspricht weitgehend der Legaldefinition einer Betriebsänderung
in § 111 Satz 3 BetrVG. Das bedeutet, immer wenn der Arbeitgeber eine
Betriebsänderung plant und deshalb eine Interessenausgleichspflicht besteht, hat er **auch den Wirtschaftsausschuss zu unterrichten**. Die Unterrichtungspflicht gegenüber dem Wirtschaftsausschuss geht insoweit über
die Interessenausgleichspflicht hinaus, als § 106 Abs. 3 Nr. 6–9 BetrVG im
Unterschied zu § 111 Satz 3 BetrVG nicht voraussetzt, dass die betreffende
Maßnahme wesentliche Nachteile für die Arbeitnehmer zur Folge haben
kann. Selbst wenn also ausgeschlossen ist, dass infolge einer Restrukturierung Nachteile für die betroffenen Belegschaften entstehen können – und
deshalb kein Interessenausgleich verhandelt werden muss – hat der Arbeitgeber den Wirtschaftsausschuss ordnungsgemäß zu unterrichten.

Beispiel: Das Unternehmen U fertigt auf demselben Betriebsgelände Zulieferteile 6
für die Automobil- und die Luftfahrtindustrie. Entsprechend der Spartenorganisation des Unternehmens besteht für beide Produktgruppen auf Betriebsebene eine eigene Leitung, die auch die Arbeitgeberfunktionen in personeller und sozialer Hinsicht jeweils getrennt für die Mitarbeiter der Automobil- und der Luftfahrtsparte
wahrnimmt. Beabsichtigt das Unternehmen U, die Spartenorganisation auf Betriebsebene aufzugeben und die Fertigung von Automobil- und Luftfahrtzubehör
einer einheitlichen Leitung zu unterstellen, liegt ein geplanter Zusammenschluss
von Betrieben vor. Hierüber ist der Wirtschaftsausschuss nach § 106 Abs. 3 Nr. 8
BetrVG zu unterrichten. Eine Informations- und Beratungspflicht gegenüber dem
Betriebsrat würde nach § 111 BetrVG nur bestehen, wenn die Zusammenlegung
wesentliche Nachteile für die Belegschaften der beiden bisher getrennten Betriebe
zur Folge haben könnte, etwa weil die Hebung von Synergieeffekten beabsichtigt
ist.

Für die Unterrichtungspflicht gegenüber dem Wirtschaftsausschuss gilt 7
keine Erheblichkeitsschwelle. D.h., der Wirtschaftsausschuss ist auch
dann zu unterrichten, wenn es sich nur um „einfache" Änderungen der

---

1 *Fitting*, § 106 Rz. 48.

Betriebsorganisation oder des Betriebszwecks handelt oder wenn „unwesentliche" Betriebsteile verlegt oder stillgelegt werden.

8 Über die Fälle einer Betriebsänderung hinaus hat der Unternehmer den Wirtschaftsausschuss über den **Zusammenschluss oder die Spaltung von Unternehmen** (§ 106 Abs. 3 Nr. 8 Var. 1 BetrVG) und über **sonstige Vorgänge und Vorhaben** zu unterrichten, **welche die Interessen der Arbeitnehmer des Unternehmens wesentlich berühren können** (§ 106 Abs. 3 Nr. 10 BetrVG). Zu den sonstigen Vorgängen und Vorhaben zählt nach allgemeiner Auffassung die Veräußerung von Unternehmen, Betrieben oder Betriebsteilen im Wege des **Asset Deals** sowie die Veräußerung der Unternehmensanteile durch die Gesellschafter (**Share Deal**)[1]. Weitere Sachverhalte, die eine Unterrichtungspflicht nach § 106 Abs. 3 Nr. 10 BetrVG auslösen können, sind die Zusammenarbeit mit anderen Unternehmen, die Aufnahme eines neuen Gesellschafters oder die Aufspaltung des Unternehmens in Besitz- und Betriebsgesellschaft[2]. Bei den von § 106 Abs. 3 Nr. 10 BetrVG umfassten Vorgängen handelt es sich i.d.R. um Sachverhalte, die ausschließlich die Unternehmensebene oder – im Fall des Share Deals oder bei Aufnahme eines neuen Gesellschafters – sogar nur die Ebene der Gesellschafter betreffen. Obwohl in diesen Fällen regelmäßig keine Betriebsänderung vorliegt und der Betriebsrat deshalb nicht zu beteiligen ist, besteht gleichwohl eine Unterrichtungs- und Beratungspflicht gegenüber dem Wirtschaftsausschuss.

8a Für **Unternehmensübernahmen** schreibt der durch das Risikobegrenzungsgesetz mit Wirkung zum 19.8.2008 eingefügte § 106 Abs. 3 Nr. 9a BetrVG eine Information des Wirtschaftsausschusses vor. Die Informationspflicht besteht im Fall der Übernahme eines Unternehmens, „wenn hiermit der Erwerb der Kontrolle verbunden ist". Nach dem WpÜG liegt ein **Kontrollerwerb** bei Übernahme von mindestens 30 % der Stimmrechte an der Zielgesellschaft vor. Die Informationspflicht nach § 106 Abs. 3 Nr. 9a BetrVG gilt dabei nicht nur für den Erwerb börsennotierter Unternehmen, sondern auch für die Übernahme anderer Gesellschaften, insbesondere einer GmbH[3]. Hier ist von einem Kontrollerwerb regelmäßig erst bei Übernahme von mehr als 50 % der Anteile auszugehen. Fallen Stimmrechtsquote und Anteilsquote ausnahmsweise auseinander, ist die Frage des Kontrollerwerbs im Einzelfall zu bestimmen.

8b Die Informationspflicht gilt nicht nur bei Veräußerung eines Unternehmens an eine andere Unternehmensgruppe, sondern auch bei der Übertragung eines Unternehmens innerhalb eines Konzerns (**Konzernumstrukturierung**). Sie gilt nach der ausdrücklichen Regelung in § 106 Abs. 2 Satz 2 BetrVG auch für den Fall, dass im Vorfeld des Erwerbs des Unternehmens ein **Bieterverfahren** durchgeführt wird.

---

1 *Fitting*, § 106 Rz. 131.
2 Beispiele nach BAG v. 22.1.1991, AP Nr. 9 zu § 106 BetrVG 1972; vgl. zur Aufspaltung in Besitz- und Betriebsgesellschaft Teil 1 A Rz. 21.
3 *Simon/Dobel*, BB 2008, 1956; *Thüsing*, ZIP 2008, 108.

Zu den bei Unternehmensübernahmen **zu erteilenden Informationen** gehören insbesondere Angaben über 8c

– den/die potentiellen Erwerber,
– dessen/deren Absichten im Hinblick auf die zukünftige Geschäftstätigkeit des Unternehmens,
– die sich daraus ergebenden Auswirkungen auf die Arbeitnehmer.

Mitzuteilen sind danach vor allem Informationen über vom Erwerber geplante **Restrukturierungsmaßnahmen**, einen Beitritt zu oder Austritt aus einem Arbeitgeberverband. Weiterhin wäre z.B. über eine geplante Vereinheitlichung von betrieblichen Rentensystemen oder die Schließung von Versorgungswerken zu informieren. 8d

Die Pflicht zur Information besteht für die **Unternehmensleitung** des **zu erwerbenden Unternehmens**. Unklar ist allerdings, wie die Unternehmensleitung der Zielgesellschaft an Informationen über Planungen des potentiellen Erwerbers gelangen soll, um sie an den Wirtschaftsausschuss weitergeben zu können. Ein Auskunftsanspruch gegenüber dem Erwerber besteht nicht. Auch der Gesellschafter der Zielgesellschaft ist nicht Schuldner der Information des Betriebsrats. U.U. hat die Zielgesellschaft noch nicht einmal Kenntnis von möglichen Verkaufsverhandlungen. U.E. genügt die Unternehmensleitung ihren Pflichten, wenn sie diejenigen Informationen an den Wirtschaftsausschuss weitergibt, über die sie selbst verfügt. Es besteht keine Verpflichtung, Erkundigungen von möglichen Erwerbern extra zum Zweck der Information des Wirtschaftsausschusses einzuholen[1]. 8e

Bei Unternehmen, die auf Grund ihrer Größe **keinen Wirtschaftsausschuss** haben, ist im Fall einer Unternehmensübernahme der **Betriebsrat** zu unterrichten (§ 109a BetrVG). Da die Unternehmensübernahme eine Angelegenheit ist, die das gesamte Unternehmen betrifft und zwingend nur einheitlich geregelt werden kann, liegt die Zuständigkeit in Unternehmen mit mehreren Betrieben nach § 50 Abs. 1 BetrVG beim Gesamtbetriebsrat. 8f

3. Zeitpunkt und Umfang der Unterrichtung

Nach § 106 Abs. 2 BetrVG hat der Unternehmer den Wirtschaftsausschuss **rechtzeitig** und **umfassend** über die wirtschaftlichen Angelegenheiten des Unternehmens **unter Vorlage der erforderlichen Unterlagen** zu unterrichten, soweit dadurch nicht die Betriebs- und Geschäftsgeheimnisse des Unternehmens gefährdet werden, sowie die sich daraus ergebenden Auswirkungen auf die Personalplanung darzustellen. 9

---

1 Unklar *Moderegger*, ArbRB 2008, 243 (244).

a) Rechtzeitige Unterrichtung

10 Sinn und Zweck der Unterrichtung ist es, den Betriebsrat in die Lage zu versetzen, auf die Entscheidung des Arbeitgebers Einfluss nehmen zu können[1]. Er ist daher zu einem Zeitpunkt zu unterrichten, zu dem der Betriebsrat die Willensbildung des Unternehmers noch beeinflussen kann. Mit anderen Worten heißt das, die Unterrichtung ist jedenfalls dann **verspätet**, wenn das zuständige **Geschäftsführungsorgan** bereits die Umsetzung der Maßnahme **beschlossen** hat. Eine Freigabe durch den Aufsichtsrat ist unschädlich.

11 Im Übrigen gilt hinsichtlich des Zeitpunkts der Unterrichtung des Wirtschaftsausschusses Ähnliches wie zur Unterrichtung des Betriebsrats nach § 111 BetrVG (vgl. Teil 1 B Rz. 58). Die Unterrichtungspflicht setzt voraus, dass der Arbeitgeber eine konkrete Maßnahme „**plant**". Keine Unterrichtungspflicht besteht, solange es sich noch um „**Planspiele**" handelt, d.h. sich die Überlegungen des Unternehmers noch nicht in eine bestimmte Richtung verdichtet haben. Der Übergang von Planspiel zu Planung ist naturgemäß eine **Grauzone**. Der Unternehmer kann bis zu einem gewissen Grad steuern, wann eine Unterrichtungspflicht eintritt. Dies setzt allerdings voraus, dass genau auf die Kommunikation geachtet wird.

12 ➔ **Typischer Fehler:** Der Arbeitgeber unterrichtet den Wirtschaftsausschuss erstmals von der Absicht, bestimmte Hilfstätigkeiten an ein Fremdunternehmen outsourcen zu wollen. Dabei erklärt er, er habe „beschlossen", die Tätigkeit nicht mehr selbst durchzuführen, weil sich dies wirtschaftlich nicht lohne. Diese Erklärung legt nahe, dass die Unterrichtung verspätet ist, weil der Beschluss zur Umsetzung der Maßnahme schon gefasst ist und der Betriebsrat deshalb auf die Willensbildung des Arbeitgebers keinen Einfluss mehr nehmen kann. Besser und richtiger ist es daher, im Zeitpunkt der Unterrichtung von einer „Planung" zu sprechen. Bevor die Kommunikation gegenüber den Arbeitnehmervertretungen eröffnet wird, kann der Arbeitgeber, wenn er die Mitbestimmung respektiert, „Überlegungen" anstellen, die in einer Planung münden.

13 Für das Timing ist wichtig, dass der **Wirtschaftsausschuss** grds. **vor dem Betriebsrat** unterrichtet werden muss[2]. Die Praxis behilft sich häufig dadurch, dass bei einer größeren Betriebsänderung zunächst der Wirtschaftsausschuss und unmittelbar anschließend am selben Tag der Betriebsrat informiert wird. Regelmäßig schließt sich an die Information des Betriebsrats dann eine Information der Arbeitnehmer im Rahmen einer Belegschaftsversammlung an. Zwar ist der Sinn einer solchen vorgezogenen Unterrichtung fraglich, wenn der Wirtschaftsausschuss schon aus Zeitgründen keine Gelegenheit hat, den Betriebsrat über die neuen

---

[1] BAG v. 20.11.1984, AP Nr. 3 zu § 106 BetrVG 1972.
[2] *Fitting*, § 106 Rz. 30.

Informationen in Kenntnis zu setzen. Rechtlich dürfte ein solches Vorgehen aber kaum angreifbar sein.

b) Umfassende Unterrichtung unter Vorlage der Unterlagen

Nach § 106 Abs. 2 BetrVG hat die Unterrichtung des Wirtschaftsausschusses umfassend zu sein und unter Vorlage der erforderlichen Unterlagen zu geschehen. Dahinter steht die gesetzgeberische Vorstellung, mit der Unterrichtung des Wirtschaftsausschusses den Betriebsrat **auf „Augenhöhe"** zum Unternehmer zu bringen. Der Wirtschaftsausschuss soll deshalb grds. **dieselben Informationen** erhalten, über die auch der Arbeitgeber verfügt. Dies gilt auch für Unterlagen, insbesondere Zahlenwerke, die für die Willensbildung des Arbeitgebers eine Rolle spielen.

Nach der Gesetzeskonzeption hat der Arbeitgeber den Wirtschaftsausschuss **von sich aus** umfassend unter Vorlage von Unterlagen zu unterrichten. Die Unterrichtungs- und Vorlagepflicht wird nicht erst durch konkrete Nachfragen des Wirtschaftsausschusses zu einzelnen Themen oder bestimmten Dokumenten ausgelöst – auch wenn er natürlich das Recht hat „nachzuhaken". Im Einzelnen sollte der Arbeitgeber bei einer geplanten Restrukturierung **eigeninitiativ** folgende Fragen so beantworten, dass die Antworten vom Wirtschaftsausschuss ohne Weiteres anhand der erhaltenen Informationen und übergebenen Unterlagen nachvollzogen werden können:

(1) **Was** ist Gegenstand der Planung des Arbeitgebers?

(2) **Warum** plant der Arbeitgeber, die Maßnahme zum geplanten Zeitpunkt mit dem geplanten Inhalt umzusetzen?

(3) **Welche Folgen** wird die Umsetzung der Planung für das Unternehmen und die beschäftigten Arbeitnehmer haben?

Das BAG betont ausdrücklich, dass die Unterrichtung **glaubwürdig** und **verständlich** zu sein hat[1]. Auch ohne ausdrückliches Verlangen des Wirtschaftsausschusses hat der Arbeitgeber durch geeignete Unterlagen die dem Wirtschaftsausschuss erteilten Informationen zu belegen und die zum Verständnis erforderlichen Hintergrundinformationen zu vermitteln. Die vorzulegenden Unterlagen erfassen insbesondere vorhandene **Aufbereitungen der maßgeblichen Finanzkennzahlen**, wie z.B. Jahresabschlüsse, Gewinn- und Verlustrechnungen, Bilanzen, Wirtschaftsprüfungsberichte, etc. Im Einzelfall kann eine ordnungsgemäße Unterrichtung auch die Vorlage des **Gutachtens einer Unternehmensberatung** erfordern, wenn diese z.B. Organisations- und Rationalisierungsmaßnahmen vorschlägt, die der Arbeitgeber umsetzen möchte[2].

---
1 BAG v. 17.3.1987, AP Nr. 29 zu § 80 BetrVG 1972.
2 LAG Frankfurt v. 1.9.1988, NZA 1989, 193.

17 Die Vorlage von Unterlagen ist in der Praxis immer wieder **Anlass für Streit**. Die vorzulegenden Unterlagen beinhalten häufig sensible Dokumente, die der Arbeitgeber nur ungern einem größeren Kreis zur Einsicht geben will. Auf der anderen Seite hat der Wirtschaftsausschuss ein erhebliches Interesse daran, alle für die Beurteilung einer geplanten Maßnahme erforderlichen Informationen zu erhalten, um daraus Argumente für die Position des Betriebsrats ableiten zu können. Das BAG hat zur Vorlagepflicht folgende **Leitlinien** entwickelt:

18 Grds. müssen Unterlagen dem Wirtschaftsausschuss **zur Einsichtnahme vorgelegt** werden. Die Mitglieder des Wirtschaftsausschusses können sich schriftliche Aufzeichnungen machen[1]. Gegen den Willen des Unternehmers dürfen aber **keine Abschriften oder Ablichtungen** angefertigt werden[2]. Der Arbeitgeber kann den Mitgliedern des Wirtschaftsausschusses Fotokopien der Unterlagen überlassen. Er kann aber auch verlangen, dass die Unterlagen nach Abschluss der Wirtschaftsausschusssitzung wieder an ihn zurückgegeben werden[3]. Sind die Unterlagen so umfangreich, dass sie nicht im Rahmen einer Sitzung ausgewertet werden können, hat der Wirtschaftsausschuss das Recht, **ohne den Unternehmer** zu einer vorbereitenden Informationssitzung zusammenzutreten. Der Unternehmer hat dem Wirtschaftsausschuss für diese Sitzung die Unterlagen zur Verfügung zu stellen[4]. Unterlagen zurückhalten darf der Arbeitgeber nur dann, wenn im Fall einer Einsichtnahme durch den Wirtschaftsausschuss Betriebs- und Geschäftsgeheimnisse gefährdet wären. Hierbei handelt es sich um **Ausnahmefälle**[5]. Eine mögliche Gefährdung von Geschäftsgeheimnissen kann entweder objektiv im Hinblick auf die Bedeutung der Geheimhaltung einer bestimmten Tatsache für Bestand oder Entwicklung des Unternehmens (z.B. grundlegendes Patent) oder subjektiv durch konkrete Tatsachen in der Person eines oder mehrerer Mitglieder des Wirtschaftsausschusses begründet sein (z.B. weil von einem Mitglied des Wirtschaftsausschusses bekannt ist, dass es in Kürze zur Konkurrenz wechseln wird)[6].

19 Bei der Veräußerung von Unternehmen stellt sich immer wieder die Frage, ob der Arbeitgeber verpflichtet ist, dem Wirtschaftsausschuss den **Unternehmenskaufvertrag** zur Einsichtnahme **vorzulegen**. Das BAG hat dies für den Fall eines **Share Deals verneint**, weil es sich bei dem Kaufvertrag nicht um eine Unterlage des Unternehmens, sondern um eine wirtschaftliche Angelegenheit der Gesellschafter handelt[7]. **Anders** ist die Rechtslage bei einem **Asset Deal**. Da bei der Veräußerung von Vermögensgegenständen das Unternehmen selbst Partei des Kaufvertrags ist, handelt es sich um

---

1 *Fitting*, § 106 Rz. 40.
2 BAG v. 20.11.1984, AP Nr. 3 zu § 106 BetrVG 1972.
3 BAG v. 20.11.1984, AP Nr. 3 zu § 106 BetrVG 1972.
4 BAG v. 16.3.1982, AP Nr. 3 zu § 108 BetrVG 1972.
5 BAG v. 11.7.2000, AP Nr. 2 zu § 109 BetrVG 1972.
6 BAG v. 11.7.2000, AP Nr. 2 zu § 109 BetrVG 1972; *Fitting*, § 106 Rz. 45.
7 BAG v. 22.1.1991, AP Nr. 9 zu § 106 BetrVG 1972.

eine wirtschaftliche Angelegenheit des Unternehmens. Der Kaufvertrag muss daher in diesem Fall dem Wirtschaftsausschuss grds. vorgelegt werden.

In der Praxis wird die Information des Wirtschaftsausschusses bei einer **Betriebsänderung** i.d.R. so gehandhabt, dass ein Vertreter des Unternehmens im Rahmen einer kurzen Präsentation einen **Überblick über die geplante Maßnahme** gibt. Dabei werden die Gründe für die geplante Betriebsänderung regelmäßig nur kurz angerissen und nicht weiter vertieft. Die Erörterung im Detail findet zumeist im Rahmen der anschließenden Verhandlungen mit dem Betriebsrat über den Abschluss eines Interessenausgleichs statt (vgl. Teil 2 B Rz. 13 ff.).

20

4. Verletzung der Unterrichtungspflicht

Unterrichtet der Arbeitgeber den Wirtschaftsausschuss nicht ordnungsgemäß, d.h. verspätet oder nicht umfassend, über eine wirtschaftliche Angelegenheit, stellt dies eine **Ordnungswidrigkeit** nach § 121 BetrVG dar, die mit einer Geldbuße von bis zu 10 000 Euro belegt werden kann. Verhängt werden kann die Geldbuße sowohl gegen die juristische Person als auch gegen ihre vertretungsberechtigten Organmitglieder. Besteht Streit über den Umfang der Unterrichtungspflicht, so hat der Betriebsrat – nicht der Wirtschaftsausschuss selbst! – das Recht, eine **Einigungsstelle** anzurufen. Diese entscheidet nach § 109 BetrVG abschließend über die Verpflichtung zur Erteilung von Informationen bzw. zur Vorlage von Unterlagen an den Wirtschaftsausschuss. Bei groben Verstößen gegen die Unterrichtungspflicht kann der Betriebsrat auch ein Verfahren nach § 23 Abs. 3 BetrVG bei den Arbeitsgerichten einleiten, eine die Zuständigkeit des Arbeitsgerichts ausschließende Primärzuständigkeit der Einigungsstelle nach § 109 BetrVG ist nicht anzunehmen[1].

21

II. Informations-, Unterrichtungs- und Beratungspflichten gegenüber dem Betriebsrat bzw. Personalrat

1. Beteiligung des Betriebsrats

a) Änderungen auf Betriebsebene

Für Umstrukturierungen sind vor allem die Mitbestimmungsrechte des Betriebsrats in wirtschaftlichen Angelegenheiten (§§ 106 ff. BetrVG) von Bedeutung. § 111 BetrVG regelt die Beteiligung des Betriebsrats bei einer Betriebsänderung. Danach ist der Arbeitgeber verpflichtet, den Betriebsrat über die geplante Betriebsänderung zu informieren und diese mit ihm zu beraten sowie einen Interessenausgleich und gegebenenfalls Sozialplan zu verhandeln (vgl. Teil 2 B Rz. 1 ff.). Handelt es sich um eine Änderung auf Betriebsebene, die **nicht den Umfang einer Betriebsänderung** er-

22

---
1 LAG Berlin-Brandenburg v. 30.3.2012 – 10 TaBV 2362/11.

reicht (z.B. Outsourcing eines unwesentlichen Betriebsteils), ist der Betriebsrat hieran nicht zu beteiligen, sondern es besteht **nur eine Unterrichtungs- und Beratungspflicht gegenüber dem Wirtschaftsausschuss** (§ 106 BetrVG).

b) Umwandlungen nach dem Umwandlungsgesetz

aa) Zuleitung des Umwandlungsvertrags

23 Für den Fall einer Verschmelzung sieht § 5 Abs. 3 UmwG eine besondere Informationspflicht des Arbeitgebers vor. Danach hat der Arbeitgeber dem Betriebsrat spätestens **einen Monat vor der Beschlussfassung der Anteilseigner den Verschmelzungsvertrag oder seinen Entwurf zuzuleiten.** Entsprechendes gilt für andere umwandlungsrechtliche Vorgänge (vgl. § 126 Abs. 3 UmwG für die Spaltung, der gem. § 176 UmwG für die Vermögensübertragung entsprechende Anwendung findet). Die Informationspflicht ist deshalb von erheblicher Bedeutung, weil vom Handelsregister zu prüfen ist, ob die Zuleitung ordnungsgemäß und insbesondere fristgerecht war. Weist der Arbeitgeber die fristgerechte Zuleitung eines ordnungsgemäßen Umwandlungsvertrags nicht nach, besteht die Gefahr, dass die Umwandlung nicht ins Handelsregister eingetragen wird.

24 Die Frist für die Zuleitung des Umwandlungsvertrags kann auch in eiligen Fällen nicht einseitig durch den Arbeitgeber abgekürzt werden. Zulässig ist aber eine anlassbezogene **Vereinbarung** mit dem Betriebsrat über eine **Abkürzung der Monatsfrist**. Wird die Frist zu sehr verkürzt, besteht allerdings ein Risiko, dass das Handelsregister die Eintragung der Umwandlung mit der Begründung verweigern könnte, innerhalb dieser kurzen Frist habe sich der Betriebsrat nicht sachgerecht mit der Maßnahme befassen können. Es empfiehlt sich deshalb, auch in eiligen Fällen stets eine Frist von mindestens einer, besser zwei Wochen einzuhalten.

25 §§ 5 Abs. 1, 126 Abs. 1 UmwG sehen jeweils einen Katalog von Pflichtangaben vor, die in dem Umwandlungsvertrag bzw. seinem Entwurf enthalten sein müssen. Der Katalog schließt ausdrücklich auch **Angaben hinsichtlich der Folgen der Umwandlung** für die Arbeitnehmer und ihre Vertretungen sowie die **insoweit vorgesehenen Maßnahmen** ein. Aus Arbeitgebersicht sollte tunlichst darauf geachtet werden, diese Vorgabe ernst zu nehmen und entsprechende Angaben sorgfältig in den Umwandlungsvertrag aufzunehmen. Genügen die im Umwandlungsvertrag enthaltenen Angaben den gesetzlichen Anforderungen nicht, hat der Registerrichter eine Eintragung der Umwandlung in das Handelsregister abzulehnen[1]. Für eine umfassende Richtigkeitskontrolle fehlen dem Register allerdings die notwendigen Informationen. Es kann deshalb allenfalls beanstanden, dass Angaben vollständig fehlen oder offenkundig lückenhaft sind[2].

---

1 OLG Düsseldorf v. 15.5.1998, AiB 1998, 594.
2 Vgl. DLWBH/*Baeck/Haußmann*, 3 Rz. 4035.

bb) Angaben zu den arbeitsrechtlichen Folgen

Wie umfangreich und detailliert die Angaben zu den Folgen der Verschmelzung für die Arbeitnehmer und die vorgesehenen Maßnahmen zu sein haben, ist im Einzelnen umstritten. Es spricht einiges dafür, dass der Umfang der erforderlichen Angaben **hinter der Information nach § 613a Abs. 5 BGB** (vgl. Teil 3 B Rz. 1 ff.) **zurückbleibt**. Bei §§ 5 Abs. 1, 126 Abs. 1 UmwG steht der **formale Informationscharakter** im Vordergrund. Die Anforderungen an Umfang und Tiefe der Angaben dürfen daher nicht überspannt werden[1]. 26

Folgende Angaben sollte der **Umwandlungsvertrag** jedenfalls enthalten: 27

(1) Information über einen möglichen **Arbeitgeberwechsel**.

(2) Erklärung über eine **Anrechnung der Betriebszugehörigkeitszeiten**.

(3) Aussage zur **Haftung** der beteiligten Rechtsträger für offene Ansprüche aus Arbeitsverhältnissen.

(4) Auswirkungen der Umwandlung für **Betriebsratsgremien** und **mitbestimmte Aufsichtsräte** (vgl. Teil 4 B Rz. 1 ff.).

(5) Auswirkungen der Umwandlung für **Betriebsvereinbarungen** (vgl. Teil 4 C Rz. 2 ff.).

(6) Auswirkungen der Umwandlung für die Geltung von **Tarifverträgen** (vgl. Teil 4 C Rz. 19 ff.).

(7) Mögliche Auswirkungen der Umwandlung auf **sonstige Arbeitsbedingungen** (z.B. stock options).

(8) **Vorgesehene Maßnahmen**, z.B. eine geplante Restrukturierung, auch wenn diese nicht mit der Umwandlung im Zusammenhang stehen.

Weil die erforderlichen Angaben für den Umwandlungsvertrag nicht über die Pflichtangaben nach § 613a Abs. 5 BGB hinausgehen, kann man sich grds. an den Inhalten eines gegebenenfalls parallel vorzubereitenden Informationsschreibens über den Betriebsübergang orientieren. Die Angaben im Umwandlungsvertrag können dabei tendenziell **kürzer** und **„juristischer"** ausfallen. Insoweit kann beispielhaft auf das im Anhang beigefügte Muster (vgl. Anh. B Nr. 21) eines Ausschnitts aus einem Verschmelzungsvertrag verwiesen werden. 28

Obgleich der Text des § 5 Abs. 1 Nr. 9 UmwG klar darauf abzielt, Veränderungen infolge der Umwandlung zu beschreiben, wird immer häufiger in der umwandlungsrechtlichen Literatur[2] vertreten, es müssten auch sog. **Negativerklärungen** aufgenommen werden. Damit ist gemeint, dass die Beschreibung der Verschmelzungsfolgen auch jeweils ausdrücklich angeben müsse, inwieweit für Arbeitnehmer und ihre Vertretungen keine Veränderungen zu erwarten seien. Dies kann nicht richtig sein. Allerdings 29

---
1 *Bungert*, DB 1997, 2209.
2 *Schmitt/Hörtnagl/Stratz*, § 5 Rz. 96a; a.A. *Semler/Stengel/Simon*, § 5 Rz. 92.

ist in der Praxis vereinzelt zu beobachten, dass Registerrichter diesen Kommentierungen folgen, teilweise sogar die – entbehrliche – Klarstellung fordern, dass bei dem aufnehmenden Rechtsträger einer Verschmelzung die Arbeitsverhältnisse nicht berührt würden und unverändert mit diesem fortbestünden. Insbesondere bei aus steuerlichen Gesichtspunkten zeitkritischen Umwandlungen ist dies bei der Formulierung der Angaben zu den arbeitsrechtlichen Folgen zu berücksichtigen.

cc) Zuständiger Betriebsrat

30 Nach §§ 5 Abs. 3, 126 Abs. 3 UmwG ist der Umwandlungsvertrag oder sein Entwurf dem **Betriebsrat zuzuleiten**. Zuständige Adressaten sind die Betriebsräte aller an der Verschmelzung beteiligten Rechtsträger. Unterhalten die beteiligten Rechtsträger mehrere Betriebe, ist der Verschmelzungsvertrag oder sein Entwurf nur dann jedem einzelnen örtlichen Betriebsrat gesondert zuzuleiten, wenn kein Gesamtbetriebsrat gebildet ist. Ist bei den beteiligten Rechtsträgern ein Gesamtbetriebsrat errichtet, ist der **Gesamtbetriebsrat** i.d.R. nach § 50 Abs. 1 Satz 1 BetrVG zuständig[1]. In der Literatur wird teilweise empfohlen, gleichwohl im Interesse der „Rechtssicherheit"[2] oder „im Interesse der Transparenz und des sozialen Friedens im Unternehmen"[3] den Vertrag oder seinen Entwurf auch den Einzelbetriebsräten zuzuleiten.

31 Ist übertragender Rechtsträger bei einer Verschmelzung das herrschende Unternehmen eines Konzerns, kommt eine Zuständigkeit des **Konzernbetriebsrats** in Betracht[4]. Durch die Verschmelzung wird das herrschende Unternehmen im beherrschten Konzern des übertragenden Rechtsträgers ausgewechselt. Richtigerweise ist der Konzernbetriebsrat auch dann zuständig, wenn nicht das herrschende Unternehmen eines Konzerns, sondern zwei abhängige Konzernunternehmen miteinander verschmolzen werden, weil die Verschmelzung nur konzerneinheitlich und daher nicht durch die Einzel- oder Gesamtbetriebsräte der beteiligten Unternehmen im Rahmen ihrer Zuständigkeit geregelt werden kann[5]. Da in der Literatur aber teilweise vertreten wird, die Zuständigkeit des Konzernbetriebsrats bestehe nur zusätzlich neben der der Gesamtbetriebsräte, empfiehlt es sich, den Umwandlungsvertrag auch in diesem Fall nicht nur dem Konzernbetriebsrat, sondern **immer auch den Gesamt- oder Einzelbetriebsräten** der beteiligten Konzernunternehmen zuzuleiten.

32 ➩ **Typischer Fehler:** Auf Konzern- und Unternehmensebene werden umfassende Änderungen der gesellschaftsrechtlichen Struktur beschlossen. Deshalb werden die entsprechenden Umwandlungsverträge dem

---

1 Semler/Stengel/*Simon*, § 5 Rz. 142.
2 Widmann/Mayer/*Mayer*, § 5 UmwG Rz. 253.
3 *Wlotzke*, DB 1995, 40 (45).
4 *Müller*, DB 1997, 713 (715).
5 Vgl. dazu *Hausch*, RNotZ 2007, 308; a.A. Semler/Stengel/*Simon*, § 5 Rz. 142.

Konzern- und Gesamtbetriebsrat zugeleitet. Dabei wird übersehen, dass in Presseveröffentlichungen zu den Veränderungen von der Absicht die Rede ist, auch Standorte zusammenzulegen. Die betroffenen Standortbetriebsräte beanstanden, dass aus diesem Grund auch ihnen die Verträge hätten zugeleitet werden müssen. Diese Zuleitung wird nachgeholt und damit die Monatsfrist erneut in Gang gesetzt, wodurch sich der Zeitplan der gesamten Maßnahme verschiebt.

c) Konsultationspflicht bei Massenentlassungen

Liegen die Voraussetzungen einer Massenentlassungsanzeigepflicht vor (vgl. Rz. 87), ist der Arbeitgeber nach § 17 Abs. 2 KSchG und Art. 2 der zugrunde liegenden Massenentlassungsrichtlinie 98/59/EG verpflichtet, den Betriebsrat **schriftlich**, d.h. mit Unterschrift des Arbeitgeber unter dem Dokument[1], über die geplante Massenentlassung zu **informieren** und mit ihm die Möglichkeiten zu **beraten**, Entlassungen zu vermeiden oder einzuschränken und ihre Folgen zu mindern. Der EuGH[2] hat dazu entschieden, der Arbeitgeber dürfe Kündigungen im Rahmen von Massenentlassungen erst „nach Ende des Konsultationsverfahrens" aussprechen. Die Durchführung des Konsultationsverfahrens nach § 17 Abs. 2 KSchG ist daher **Voraussetzung für die Wirksamkeit der Kündigungen**, eine unter Verletzung von § 17 Abs. 2 KSchG ausgesprochene Kündigung ist gem. § 134 BGB unwirksam[3]. Die ordnungsgemäße Durchführung des Konsultationsverfahrens ist vom Arbeitgeber im Kündigungsschutzprozess auf entsprechende Rüge[4] des Arbeitnehmers darzulegen und gegebenenfalls zu beweisen. Kann der Arbeitgeber nicht nachweisen, dass er den Betriebsrat ordnungsgemäß nach § 17 Abs. 2 KSchG beteiligt hat, ist die erstattete Massenentlassungsanzeige unwirksam (vgl. § 17 Abs. 2 Satz 3 KSchG). Dies gilt auch dann, wenn der Arbeitgeber eine im Übrigen ordnungsgemäße Massenentlassungsanzeige nach § 17 Abs. 1 KSchG erstattet hat[5].

33

Die schriftliche Unterrichtung des Betriebsrats muss folgende Informationen enthalten (vgl. § 17 Abs. 2 Satz 1 KSchG):

34

(1) **Gründe für die geplanten Entlassungen:** Gemeint ist der Sachverhalt, der den Arbeitgeber zur Beendigung der Arbeitsverhältnisse veran-

---

1 Das BAG (v. 20.9.2012, AP Nr. 41 zu § 17 KSchG 1969) hat die Frage, ob eine Unterschrift erforderlich ist, zwar zuletzt offen gelassen und außerdem eine Heilung eines etwaigen Formverstoßes durch abschließende Stellungnahme des Betriebsrats angenommen, es empfiehlt sich aber „auf Nummer sicher zu gehen".
2 EuGH v. 27.1.2005 – Junk, DB 2005, 454 m. Anm. *Bauer/Krieger/Powietzka*, DB 2005, 445.
3 BAG v. 21.3.1013, AP Nr. 45 zu § 17 KSchG 1969.
4 Auch ohne Rüge des Arbeitnehmers hat das Gericht § 17 Abs. 2 KSchG zu beachten, wenn sich aus dem Arbeitgebervortrag oder den vorgelegten Unterlagen das Fehlen dessen Voraussetzungen ergibt, vgl. BAG v. 13.12.2012, AP Nr. 43 zu § 17 KSchG 1969.
5 BAG v. 22.11.2012, AP Nr. 42 zu § 17 KSchG 1969.

lasst[1] (z.B. Schließung des Betriebs, Verlagerung der Produktion, Rationalisierung). Aufgenommen werden sollten auch Angaben zum wirtschaftlichen Hintergrund einer beabsichtigten Unternehmerentscheidung. Die Darlegung erfordert keine Substantiierung wie im Kündigungsschutzprozess. Nur die Angabe „betriebliche Gründe" wäre aber nicht ausreichend.

(2) **Zahl und Berufsgruppen der zu entlassenden Arbeitnehmer:** Es empfiehlt sich, insoweit der Berufsgruppeneinteilung der Bundesagentur für Arbeit zu folgen, die diese ihren Formblättern für Massenentlassungsanzeigen zugrunde legt[2].

(3) **Zahl und Berufsgruppen der in der Regel beschäftigten Arbeitnehmer:** Hier ist dieselbe Berufsgruppeneinteilung zu verwenden wie bei der Information über die zu entlassenden Arbeitnehmer.

(4) **Zeitraum, in dem die Entlassungen vorgenommen werden sollen:** Gemeint ist wohl nicht der Zeitpunkt des Ausspruchs bzw. Zugangs der Kündigungen, sondern der Kündigungstermin[3]. Es empfiehlt sich aber, vorsorglich beide Daten mitzuteilen.

(5) **Vorgesehene Kriterien für die Auswahl der zu entlassenden Arbeitnehmer:** Die Auswahl der zu entlassenden Arbeitnehmer hat zwingend nach § 1 Abs. 3 KSchG zu erfolgen. Es empfiehlt sich deshalb, auf die dort genannten Grundsätze zu verweisen, wobei man sich auch die Möglichkeit offen halten sollte, Arbeitnehmer wegen berechtigter betrieblicher Interessen aus der Sozialauswahl auszunehmen (§ 1 Abs. 3 Satz 2 KSchG; vgl. Teil 4 D Rz. 88 ff.). Eine entsprechende Angabe könnte etwa lauten: „Die Auswahl der zu entlassenden Arbeitnehmer soll unter Berücksichtigung der Kriterien Dauer der Betriebszugehörigkeit, Lebensalter, Unterhaltspflichten und Schwerbehinderung vorgenommen werden. Dabei soll auch berücksichtigt werden, ob eine Weiterbeschäftigung einzelner Arbeitnehmer z.B. wegen ihrer Kenntnisse, Fähigkeiten und Leistungen oder zur Sicherung einer ausgewogenen Personalstruktur des Betriebs im berechtigten betrieblichen Interesse liegt."

(6) **Für die Berechnung etwaiger Abfindungen vorgesehene Kriterien:** Soweit der Arbeitgeber zur Aufstellung eines Sozialplans verpflichtet ist (vgl. Teil 2 B Rz. 31 ff.), ist die vom Arbeitgeber nach derzeitigem Stand der Verhandlungen vorgeschlagene Formel für die Berechnung von Abfindungen anzugeben. Gleiches gilt, wenn der Arbeitgeber freiwillig, ohne Bestehen einer Sozialplanpflicht, die Zahlung von Abfindungen anbieten möchte. Ist keine Zahlung von Abfindungen beabsichtigt, ist dies ebenfalls anzugeben.

---

1 KR/*Weigand*, § 17 KSchG Rz. 60a.
2 Abzurufen im Internet unter www.arbeitsagentur.de über folgende Links: Formulare > Formulare für Unternehmen > Entlassungen, Streik > Anlage zur Anzeige von Entlassungen.
3 KR/*Weigand*, § 17 KSchG Rz. 60d.

Eine Abschrift der schriftlichen Unterrichtung des Betriebsrats hat der Arbeitgeber **gleichzeitig**, d.h. grds. am Tag der Unterrichtung des Betriebsrats, **der zuständigen Agentur für Arbeit zuzuleiten**. Ein Verstoß gegen diese Verpflichtung führt nicht zur Unwirksamkeit der Kündigungen[1], kann es aber gegebenenfalls erforderlich machen, die Einhaltung der zweiwöchigen Stellungnahmefrist (vgl. Rz. 38) durch eidesstattliche Versicherung glaubhaft zu machen. 35

Die Beratungspflicht nach § 17 Abs. 2 KSchG erfordert, dass der Arbeitgeber die Verhandlungsgegenstände Vermeidung oder Einschränkung von Entlassungen sowie Milderung ihrer Folgen **ernsthaft mit dem Willen zur Einigung** mit dem Betriebsrat erörtert. Darüber hinaus hat er dem Betriebsrat nach § 17 Abs. 2 KSchG die „zweckdienlichen Auskünfte" zu erteilen. Dies erfordert, dass der Arbeitgeber etwaige Fragen des Betriebsrats, die im Zusammenhang mit der beabsichtigten Massenentlassung und ihren wirtschaftlichen Hintergründen stehen, wahrheitsgemäß und vollständig beantwortet. 36

Kommt der Arbeitgeber dieser Verpflichtung nach, hat er die Konsultationspflicht erfüllt. Es ist nicht erforderlich, dass die Beratungen zu einem Ergebnis führen. Insbesondere begründet § 17 Abs. 2 KSchG **keine Verpflichtung, eine Einigungsstelle anzurufen**. Dies gilt auch dann, wenn der Betriebsrat die Aufstellung von Richtlinien über die personelle Auswahl bei Kündigungen verlangt (§ 95 BetrVG). Erst recht ist der Arbeitgeber nach § 17 Abs. 2 KSchG nicht verpflichtet, vor dem Ausspruch von Kündigungen das Einigungsstellenverfahren über Interessenausgleich und Sozialplan abzuschließen[2]. 37

Im Unterschied zu den Verhandlungen über einen Interessenausgleich und Sozialplan ist die Zeitspanne, in der das Konsultationsverfahren durchzuführen ist, zeitlich begrenzt. Liegt innerhalb von **zwei Wochen** seit der Unterrichtung keine schriftliche Stellungnahme des Betriebsrats zu der geplanten Massenentlassung vor, kann der Arbeitgeber – auch ohne die Beratungen abgeschlossen zu haben – Massenentlassungsanzeige erstatten und darauf gestützt **wirksam Kündigungen aussprechen** (§ 17 Abs. 3 Satz 3 KSchG). Voraussetzung ist nur, dass er den Stand der Beratungen skizziert und die rechtzeitige Unterrichtung des Betriebsrats glaubhaft macht. Hat er eine Abschrift der Unterrichtung des Betriebsrats der Agentur für Arbeit zeitgleich mit der Unterrichtung zugeleitet, genügt eine Bezugnahme auf dieses Schriftstück. Eine gesonderte Glaubhaftmachung der rechtzeitigen Unterrichtung, z.B. durch eidesstattliche Versicherung, ist dann nicht erforderlich. Die Stellungnahme des Betriebsrats kann auch nachgereicht werden (§ 17 Abs. 3 Satz 3 KSchG). 38

---

1 KR/*Weigand*, § 17 KSchG Rz. 65.
2 So aber der Vorlagebeschluss des ArbG Berlin v. 21.2.2006 – 79 Ca 22399/05, NZA 2006, 739. Dagegen zu Recht die ganz h.M., z.B. *Bauer/Krieger/Powietzka*, BB 2006, 2023 (2025 f.); *Giesen*, SAE 2006, 135; *Klumpp*, NZA 2006, 703; *Thüsing*, BB 2006, Heft 23, S. I.

Dann gilt die Anzeige aber erst nach Eingang der Stellungnahme als vollständig[1].

39 Zwischen dem Konsultationsverfahren nach § 17 Abs. 2 KSchG und dem betriebsverfassungsrechtlichen Verfahren zur Herbeiführung eines **Interessenausgleichs und Sozialplans** bestehen zahlreiche Überschneidungen. Die beiden Verfahren sind aber **nicht miteinander identisch**. Die Vereinbarung eines Interessenausgleichs und Sozialplans entbindet den Arbeitgeber daher nicht von der Verpflichtung, zusätzlich auch ein Konsultationsverfahren nach § 17 Abs. 2 KSchG durchzuführen.

40 ➩ **Typischer Fehler:** Der Arbeitgeber eröffnet dem Betriebsrat im Januar, den Betrieb so rasch wie möglich schließen zu wollen. Mitte April einigen sich Arbeitgeber und Betriebsrat auf einen Interessenausgleich und Sozialplan. Der Arbeitgeber hört den Betriebsrat nach § 102 BetrVG zu den beabsichtigten Kündigungen an und erstattet Massenentlassungsanzeige. Ende April werden die Kündigungen ausgesprochen. Im Prozess machen die gekündigten Arbeitnehmer geltend, die Kündigungen seien unwirksam, weil es der Arbeitgeber versäumt habe, das Konsultationsverfahren nach § 17 Abs. 2 KSchG durchzuführen.

41 Ohne weiteres zulässig[2] und aus Zweckmäßigkeitsgründen auch geboten, ist es aber, das **Konsultationsverfahren mit den Verhandlungen über einen Interessenausgleich und Sozialplan zu verbinden**. Hierzu kann dem Betriebsrat in einer der ersten Verhandlungsrunden zu Interessenausgleich und Sozialplan ein Schreiben übergeben werden, in dem ausdrücklich auf das Konsultationsverfahren nach § 17 Abs. 2 KSchG Bezug genommen wird und das die dort genannten Pflichtangaben enthält. Verständigt sich der Arbeitgeber mit dem Betriebsrat auf einen Interessenausgleich und Sozialplan, empfiehlt es sich außerdem, in die Vereinbarungen eine klarstellende Regelung aufzunehmen, dass mit der Herbeiführung von Interessenausgleich und Sozialplan auch das Konsultationsverfahren nach § 17 Abs. 2 KSchG abgeschlossen ist. Eine solche Klausel im Interessenausgleich oder Sozialplan ersetzt die Stellungnahme des Betriebsrats, kann aber nicht die schriftliche Unterrichtung nach § 17 Abs. 2 KSchG ersetzen[3].

42 Eine **eigenständige Bedeutung** erlangt das Konsultationsverfahren insbesondere dann, wenn **keine Sozialplanpflicht** besteht. Dies ist der Fall, wenn bei einem reinen Personalabbau zwar die Schwellenwerte des § 17 Abs. 1 KSchG überschritten sind, aber nicht die Voraussetzungen von § 112a Abs. 1 BetrVG vorliegen. Außerdem kann dem Konsultationsverfahren eigenständige Bedeutung zukommen, wenn der Interessenaus-

---

1 BAG v. 21.5.2008 – 8 AZR 84/07, NZA 2008, 753.
2 So auch BAG v. 21.3.2012, AP Nr. 39 zu § 17 KSchG 1969.
3 BAG v. 18.1.2012 – 6 AZR 407/10, NZA 2012, 817; BAG v. 20.9.2012 – 6 AZR 155/11, NZA 2013, 32.

gleich aufgrund einer **Delegation** von einem übergeordneten Betriebsratsgremium verhandelt wird, also z.B. der originär zuständige örtliche Betriebsrat die Zuständigkeit hinsichtlich der Beteiligungsrechte nach §§ 111 ff. BetrVG an den Gesamtbetriebsrat delegiert hat. Grundsätzlich folgt die Zuständigkeit auf Betriebsratsseite für das Konsultationsverfahren der Zuständigkeit für die Wahrnehmung der Beteiligungsrechte nach §§ 111 ff. BetrVG, d.h. wenn die Zuständigkeit für den Interessenausgleich aufgrund eines unternehmenseinheitlichen Konzepts beim Gesamtbetriebsrat liegt, ist dieser grundsätzlich auch für das Konsultationsverfahren nach § 17 Abs. 2 KSchG zuständig[1]. Allerdings soll nach der Rspr. des BAG die Zuständigkeitsdelegation für den Interessenausgleich nicht automatisch zu einer entsprechenden Delegation auch des Beteiligungsrechts nach § 17 Abs. 2 KSchG führen. Das BAG geht vielmehr davon aus, dass das Beteiligungsrecht für das Konsultationsverfahren in diesem Fall ausdrücklich mitdelegiert werden müsse[2]. Fehlt es an einer solchen Mitdelegation, fallen die Zuständigkeiten für Interessenausgleich (Gesamtbetriebsrat) und Konsultationsverfahren (örtlicher Betriebsrat) ausnahmsweise auseinander. Der Arbeitgeber muss dann hinsichtlich einer Umstrukturierung zwei Betriebsratsgremien beteiligen.

Die Pflicht zur Durchführung eines Konsultationsverfahrens – Entsprechendes gilt für die Pflicht zur Erstattung einer Massenentlassungsanzeige – gilt nicht für Entlassungen **vertretungsberechtigter Organmitglieder und leitender Angestellter**, die zur selbständigen Einstellung oder Entlassung von Arbeitnehmern berechtigt sind (§ 17 Abs. 5 KSchG). Der Begriff des leitenden Angestellten in § 17 Abs. 5 Nr. 3 KSchG entspricht dem in § 14 KSchG. Er ist deutlich enger als der betriebsverfassungsrechtliche Begriff des leitenden Angestellten in § 5 Abs. 3 BetrVG. D.h., es gibt leitende Angestellte i.S.v. § 5 Abs. 3 BetrVG, die nicht leitende Angestellte i.S.v. § 17 Abs. 5 KSchG sind, und für die deshalb ein Konsultationsverfahren durchgeführt und eine Massenentlassungsanzeige erstattet werden muss. 43

Zwar enthält das SprAuG keine § 17 Abs. 2 KSchG entsprechende Regelung. Da der Betriebsrat aber keine Zuständigkeit für leitende Angestellte i.S.v. § 5 Abs. 3 BetrVG besitzt, lässt sich die Lücke nur so schließen, dass der Arbeitgeber im Fall einer beabsichtigten Massenentlassung, unter die auch leitende Angestellte i.S.v. § 5 Abs. 3 BetrVG fallen, verpflichtet ist, zusätzlich **auch den Sprecherausschuss** entsprechend § 17 Abs. 2 KSchG zu informieren und mit ihm die Möglichkeiten einer Vermeidung von Entlassungen sowie einer Milderung ihrer Folgen zu beraten[3]. Für die Erstattung der Massenentlassungsanzeige hat der Arbeitgeber dann neben der rechtzeitigen Information des Betriebsrats auch die rechtzeiti- 44

---

1 ErfK/*Kiel*, § 17 KSchG Rz. 19a m.w.N.
2 BAG v. 20.9.2012 – 6 AZR 155/11, NZA 2013, 32.
3 *von Hoyningen-Huene*/Linck, § 17 Rz. 105.

ge Unterrichtung des Sprecherausschusses darzulegen und den Stand der Beratungen mit beiden Gremien zu skizzieren.

d) Weitere Beteiligungsrechte

45 Neben den spezifischen Beteiligungsrechten anlässlich einer Betriebsänderung oder eines Betriebsübergangs gibt es eine Vielzahl von Informations-, Beratungs- und Unterrichtungsrechten des Betriebsrats, die im Zusammenhang mit diesen Maßnahmen stehen können. Besonders hervorzuheben ist § 92a BetrVG (**Beschäftigungssicherung**), der je nach Betriebsgröße auch eine qualifizierte Auseinandersetzung des Arbeitgebers mit den Vorschlägen des Betriebsrats vorschreibt. Andere Mitbestimmungsrechte des Betriebsrats, die durch eine beabsichtigte Umstrukturierung berührt sein können, sind etwa die Mitbestimmungsrechte aus § 90 Abs. 2 BetrVG (**Arbeitsplatzgestaltung**), § 92 BetrVG (**Personalplanung**) und § 95 BetrVG (**Auswahlrichtlinien**, vgl. dazu Teil 4 D Rz. 78 ff.). Darüber hinaus ist der Betriebsrat hinsichtlich der **personellen Einzelmaßnahmen** zur Umsetzung einer Betriebsänderung zu beteiligen. Für Kündigungen ergeben sich die Beteiligungsrechte aus §§ 102, 103 Abs. 1 und 2 BetrVG (vgl. Teil 4 D Rz. 147 ff.); für Versetzungen gelten §§ 99, 103 Abs. 3 BetrVG. Hinsichtlich dieser Bestimmungen des BetrVG verweisen wir auf die betriebsverfassungsrechtliche Spezialliteratur.

2. Beteiligung des Personalrats

a) Beteiligung hinsichtlich des Ob einer Umstrukturierung

46 Nach § 78 Abs. 1 Nr. 2 BPersVG muss der Personalrat bei einer Auflösung, Einschränkung, Verlegung oder Zusammenlegung von Dienststellen oder wesentlichen Teilen von ihnen beteiligt werden. Der ein Beteiligungsrecht des Personalrats auslösende Tatbestand ist weitgehend **deckungsgleich** mit dem Begriff einer **Betriebsänderung** nach § 111 BetrVG[1]. Allerdings ist der Personalrat nach § 78 Abs. 1 Nr. 2 BPersVG auch dann zu beteiligen, wenn durch die geplante Änderung keine wesentlichen Nachteile für die in der Dienststelle beschäftigten Arbeitnehmer und Beamten entstehen können. Außerdem ist der Begriff der Dienststelle nicht deckungsgleich mit dem Betriebsbegriff.

47 Der Umfang der Beteiligung ist nach § 78 BPersVG auf eine „**Mitwirkung**" des Personalrats beschränkt. Mitwirkung heißt nach § 72 Abs. 1 BPersVG, dass die beabsichtigte Maßnahme vor ihrer Durchführung mit dem Ziel einer Verständigung **rechtzeitig und eingehend** mit dem Personalrat zu **erörtern** ist. Der Personalrat hat das Recht, der Durchführung der Maßnahme innerhalb von zehn Arbeitstagen zu widersprechen (§ 72 Abs. 2 BPersVG). Hilft die Dienststelle dem Widerspruch des Personalrats nicht ab, teilt sie dem Personalrat ihre Entscheidung unter Angabe

---

[1] RDW/*Benecke*, § 78 Rz. 13.

der Gründe schriftlich mit (§ 72 Abs. 3 BPersVG). Der Personalrat hat dann die Möglichkeit, die Angelegenheit innerhalb von drei Arbeitstagen zu der übergeordneten Dienststelle und der bei ihr gebildeten Stufenvertretung zu eskalieren (§ 72 Abs. 4 BPersVG). Kommt auch dort keine Einigung zustande, kann die Maßnahme durchgeführt werden. Es besteht – anders als im BetrVG – **keine Pflicht, eine Einigungsstelle anzurufen.**

Was Zeitpunkt und Umfang der erforderlichen Erörterung anlangt, bestehen weitgehend Parallelen zur betriebsverfassungsrechtlichen Situation. Auch eine Erörterung i.S.v. § 72 Abs. 1 BPersVG gilt nur dann als rechtzeitig, wenn sie so **frühzeitig** durchgeführt wird, dass etwaige Gegenvorstellungen der Personalvertretung noch bei der weiteren Planung berücksichtigt und in sie einbezogen werden können[1]. Eine „eingehende" Erörterung verlangt, dass die Position des Personalrats zum **Gegenstand einer ernsthaften Auseinandersetzung** gemacht wird[2]. Insoweit ist der Dienstherr verpflichtet, dem Personalrat das vorhandene und für seine Entscheidung maßgebliche **Unterlagenmaterial zur Verfügung zu stellen**[3]. 48

Die Beteiligung des Personalrats bei der Entscheidung über eine Restrukturierung der Dienststelle ist in den **Personalvertretungsgesetzen der Länder teilweise ähnlich** wie im BPersVG geregelt[4]. **Teilweise** sehen die Personalvertretungsgesetze der Länder aber auch die stärkere Beteiligungsform der **Mitbestimmung** vor[5]. 49

b) Beteiligung hinsichtlich der wirtschaftlichen Folgen

Art und Umfang der Beteiligung des Personalrats hinsichtlich eines Ausgleichs der wirtschaftlichen Folgen einer Restrukturierung richten sich nach § 75 Abs. 3 Nr. 13 BPersVG. Danach hat der Personalrat **mitzubestimmen** bei der **Aufstellung von Sozialplänen** einschließlich Plänen für Umschulungen zum Ausgleich oder zur Milderung von wirtschaftlichen Nachteilen, die den Beschäftigten infolge von Rationalisierungsmaßnahmen entstehen. 50

Die Vorschrift bietet keinen umfassenden Schutz vor organisatorischen Änderungen der Dienststelle, sondern beschränkt die Sozialplanpflicht ausdrücklich auf **Rationalisierungsmaßnahmen**. Unter einer Rationalisierungsmaßnahme versteht das BVerwG Organisationsänderungen, durch die die Leistungen der Dienststelle durch eine zweckmäßige Gestaltung von Arbeitsabläufen verbessert werden sollen, indem der Aufwand an 51

---

1 BVerwG v. 11.10.1972, BVerwGE 41, 30; BVerwG v. 24.11.1983 – 2 C 9/82, BVerwGE 68, 189; *Ilbertz/Widmaier/Sommer*, § 72 Rz. 5.
2 BVerwG v. 27.1.1995 – 6 P 22/92, BVerwGE 97, 349.
3 BVerwG v. 27.1.1995 – 6 P 22/92, BVerwGE 97, 349.
4 Z.B. § 76 Abs. 1 Nr. 2 Baden-Württembergisches LPVG; Art. 76 Abs. 2 Nr. 4 Bayerisches LPVG; § 81 Abs. 2 Hessisches LPVG.
5 Z.B. § 89 Abs. 1 Nr. 2 Hamburgisches LPVG; § 80 Abs. 2 Nr. 12 Rheinland-Pfälzisches LPVG; § 69 Nr. 8 Saarländisches LPVG.

menschlicher Arbeit oder auch an Zeit, Energie, Material und Kapital herabgesetzt wird[1]. Handelt es sich bei der geplanten Organisationsänderung nicht um eine Rationalisierungsmaßnahme, muss kein Sozialplan aufgestellt werden. Eine Sozialplanpflicht besteht weiter nur dann, wenn infolge der Rationalisierungsmaßnahme bei einem oder mehreren Beschäftigten **wirtschaftliche Nachteile** eintreten können. Solche Nachteile sind vor allem ein Verlust des Arbeitsplatzes, Einkommenseinbußen oder erhöhte Kosten durch längere Anfahrtswege[2]. Inhaltlich entspricht der Sozialplan nach § 75 Abs. 3 Nr. 3 BPersVG dem betrieblichen Sozialplan nach §§ 111, 112 BetrVG (vgl. Teil 2 B Rz. 67 ff.).

52 Das **Verfahren** zur Herbeiführung eines Sozialplans regelt § 69 BPersVG. Danach kann der Leiter der Dienststelle die Angelegenheit der übergeordneten Dienststelle übertragen, wenn mit dem zuständigen Personalrat keine Einigung erreicht werden kann. Kommt auch zwischen der übergeordneten Dienststelle und der bei ihr gebildeten Stufenvertretung keine Einigung über den Sozialplan zustande, entscheidet die **Einigungsstelle** (§ 71 BPersVG).

53 Die **Personalvertretungsgesetze der Länder** enthalten hinsichtlich Voraussetzungen, Inhalt und Zustandekommen eines Sozialplans weitgehend entsprechende Vorschriften.

III. Pflichten gegenüber dem mitbestimmten Aufsichtsrat

1. Informationspflichten des Vorstands in der AG

54 Für die AG sieht § 90 Abs. 1 und 2 AktG eine **Pflicht des Vorstands zur regelmäßigen unaufgeforderten Berichterstattung an den Aufsichtsrat** vor. Für Restrukturierungen bedeutsam ist insbesondere die Berichtspflicht nach § 90 Abs. 1 Nr. 4 AktG. Danach hat der Vorstand dem Aufsichtsrat über Geschäfte zu berichten, die für die Rentabilität oder Liquidität der Gesellschaft von erheblicher Bedeutung sein können. Die Unterrichtung muss grds. so rechtzeitig sein, dass der Aufsichtsrat vor Vornahme der Geschäfte Gelegenheit hat, zu ihnen Stellung zu nehmen (§ 90 Abs. 2 Nr. 4 AktG).

55 Der Begriff der **Geschäfte, die für die Rentabilität oder Liquidität der Gesellschaft von erheblicher Bedeutung sein können**, ist nicht deckungsgleich mit dem Begriff einer Betriebsänderung i.S.v. § 111 BetrVG. I.d.R. stellt aber eine **Betriebsänderung** ein für die Gesellschaft wesentliches Geschäft dar, das eine Berichtspflicht nach § 90 Abs. 1 AktG auslöst. Dies gilt erst recht für Änderungen auf Unternehmensebene, z.B. eine geplante **Verschmelzung** oder **Spaltung**, oder für die **Veräußerung von Anteilen** an bedeutenden Tochtergesellschaften.

---

[1] BVerwG v. 17.6.1992, PersR 1992, 451.
[2] *Altvater/Baden/Berg/Kröll*, § 75 Rz. 222 mit weiteren Beispielen.

Die Berichtspflicht des Vorstands erstreckt sich nicht nur auf das Unternehmen der AG selbst, sondern auch auf **Tochterunternehmen** und **Gemeinschaftsunternehmen** (§ 90 Abs. 1 Satz 2 AktG). 56

Beispiele: 57

(1) Bei der H-AG ist ein Aufsichtsrat nach dem Mitbestimmungsgesetz gebildet. Die Geschäftsführung der T-GmbH, einer Tochtergesellschaft der H-AG, plant, einen ihrer Betriebe zu schließen. Hierbei handelt es sich um ein Geschäft eines Tochterunternehmens, das für die Rentabilität oder Liquidität der Gesellschaft von erheblicher Bedeutung sein kann. Der Vorstand der H-AG muss daher den dort gebildeten Aufsichtsrat unaufgefordert unterrichten.

(2) Die U-GmbH, eine weitere Tochtergesellschaft der H-AG, soll auf deren Tochtergesellschaft V-GmbH verschmolzen werden. Hier greift die **Sondervorschrift des § 32 MitbestG**. Danach benötigt der Vorstand der H-AG für die Beschlussfassung über die Verschmelzung der U-GmbH auf die V-GmbH einen Ermächtigungsbeschluss des Aufsichtsrats. D.h., der Vorstand hat den Aufsichtsrat zu informieren und eine entsprechende Beschlussfassung herbeizuführen. Der Ermächtigungsbeschluss bedarf nach § 32 Abs. 1 Satz 2 MitbestG nur der Mehrheit der Stimmen der Aufsichtsratsmitglieder der Anteilseigner. Er ist für den Vorstand verbindlich.

Für die Form der Berichterstattung gilt § 90 Abs. 4 Satz 2 AktG. Danach sind Berichte des Vorstands an den Aufsichtsrat i.d.R. **in Textform** zu erstatten. Für die Wahrung der Textform (§ 126b BGB) genügt z.B. ein Fax oder E-Mail. In der Praxis erfolgt die Berichterstattung häufig anhand einer Präsentation, die anschließend den Aufsichtsratsmitgliedern übergeben wird. Alle Mitglieder des Aufsichtsrats, auch die Arbeitnehmervertreter, haben das **Recht**, dem Vorstand **Fragen** zu Angelegenheiten der Gesellschaft oder ihrer Tochter- und Gemeinschaftsunternehmen **zu stellen**. Diese Fragen hat der Vorstand nach bestem Wissen und Gewissen wahrheitsgemäß zu beantworten. 58

Der Aufsichtsrat ist grds. **so frühzeitig** zu informieren, dass sich dieser an der Planung und **vor der Entscheidung** beratend und kontrollierend einschalten und die spätere Erfolgskontrolle auch wirklich nachvollziehen kann[1]. Bei einer Betriebsänderung verfährt die Praxis i.d.R. so, dass der Aufsichtsrat kurz vor dem Wirtschaftsausschuss informiert wird. Diese Information ist i.S.d. § 90 Abs. 2 Nr. 4 AktG rechtzeitig, weil die Entscheidung über die Durchführung der Betriebsänderung erst nach Abschluss der Interessenausgleichsverhandlungen getroffen werden darf. Damit ist gewährleistet, dass der Vorstand die Position des Aufsichtsrats bei seiner Entscheidung berücksichtigen kann. 59

Die Satzung der AG, eine Geschäftsordnung für den Vorstand oder auch eine sog. „Informationsordnung" können weitergehende Berichtspflichten vorsehen und Einzelheiten regeln, auf welche Art und Weise die Information durch den Vorstand zu erteilen ist. Dabei kann auch bestimmt werden, dass bestimmte Umstrukturierungsmaßnahmen der Zustim- 60

---
1 *von Hoyningen-Huene/Powietzka*, BB 2001, 529 (533).

mung des Aufsichtsrats bedürfen (§ 111 Abs. 4 Satz 2 AktG). Es ist deshalb **unerlässlich**, vor Planung einer Umstrukturierung einen **Blick in die Satzung und sonstige Geschäftsordnungsunterlagen** für den Vorstand zu werfen, um zu vermeiden, dass der Vorstand unwissentlich seine Befugnisse überschreitet und damit eine Pflichtverletzung gegenüber der Gesellschaft begeht (vgl. zu Auswirkungen fehlerhafter Beschlussfassung Teil 4 D Rz. 21).

2. Informationspflichten der Geschäftsführung in der mitbestimmten GmbH

61 Die Vorschriften zu den Befugnissen des mitbestimmten Aufsichtsrats einer GmbH im MitbestG und im DrittelbG verweisen nur auf § 90 Abs. 3, 4 und 5 Satz 1 und 2 AktG (§ 25 Abs. 1 Nr. 2 MitbestG, § 1 Abs. 1 Nr. 3 DrittelbG). Die **Pflicht zur regelmäßigen unaufgeforderten Berichterstattung** nach § 90 Abs. 1 und 2 AktG **gilt daher in der mitbestimmten GmbH nicht**. Die entsprechenden aktienrechtlichen Vorschriften finden nach h.M. für die mitbestimmte GmbH auch keine entsprechende Anwendung[1].

62 Im Ergebnis bedeutet das, die Geschäftsführer müssen dem Aufsichtsrat grds. nur über solche Angelegenheiten Bericht erstatten, hinsichtlich derer der Aufsichtsrat **oder ein einzelnes Aufsichtsratsmitglied** eine Berichterstattung verlangt. Ein solches Informationsverlangen kann auch in allgemeiner Form gestellt werden.

63 **Beispiel:** Der Arbeitnehmervertreter im Aufsichtsrat A erklärt: Die Geschäftsführung wird aufgefordert, den Aufsichtsrat jeweils unaufgefordert über alle für das Unternehmen geplanten Umstrukturierungsmaßnahmen zu unterrichten, insbesondere über geplante Personalanpassungsmaßnahmen, Änderungen der Betriebsorganisation oder des Betriebszwecks und umwandlungsrechtliche Vorgänge.

64 Wichtig ist, dass einzelne Aufsichtsratsmitglieder immer nur eine **Berichterstattung an den Aufsichtsrat als Gremium** verlangen können. Die Arbeitnehmervertreter sind daher nicht berechtigt, von der Geschäftsführung zu verlangen, ihnen außerhalb des Gremiums Sonderinformationen zu erteilen.

65 Auch für die mitbestimmte GmbH gilt, dass die Satzung oder eine Geschäfts- oder Informationsordnung weitergehende Berichtspflichten regeln kann. Für eine Beurteilung des Umfangs der bestehenden Informationspflichten ist es daher auch hier **unerlässlich**, die entsprechenden **Dokumente einzusehen**.

66 Alle Aufsichtsratsmitglieder sind verpflichtet, Geheimnisse und vertrauliche Angelegenheiten der Gesellschaft zu wahren, gleich, ob sie aus Sitzungen des Aufsichtsrats oder in anderer Weise zu ihrer Kenntnis gelangt

---

1 Nachweise bei *von Hoyningen-Huene/Powietzka*, BB 2001, 529 f.

sind (§ 116 Abs. 1 i.V.m. § 93 Abs. 1 AktG). Die Pflicht trifft Anteilseignervertreter und Arbeitnehmervertreter in gleicher Weise. Sie gilt für alle vertraulichen Angelegenheiten der Gesellschaft, wobei § 116 Satz 2 AktG exemplarisch vertrauliche Berichte und vertrauliche Beratungen nennt. Die **Verschwiegenheitspflicht** erstreckt sich darüber hinaus auf sämtliche Informationen der Gesellschaft, die in der Erwartung gegeben werden, dass sie vom Empfänger nur persönlich zur Kenntnis genommen werden und deren Weitergabe zu einem Schaden der Gesellschaft führen kann. Es ist nicht erforderlich, dass der Vorstand das Geheimhaltungsbedürfnis besonders kenntlich macht oder gar durch einen Vermerk „vertraulich" auf den Tagungsunterlagen des Aufsichtsrats hervorhebt. Maßgeblich ist nur, ob für das Aufsichtsratsmitglied der vertrauliche Charakter der Information erkennbar ist. Eine Verletzung der Verschwiegenheitspflicht ist strafbewehrt (§ 404 AktG).

IV. Pflichten nach WpÜG und WpHG

Besondere Anzeige- und Informationspflichten bestehen für börsennotierte Aktiengesellschaften nach dem WpÜG und dem WpHG. Soweit das WpÜG bei einer öffentlichen Übernahme auch eine Beteiligung der Arbeitnehmer und ihrer Vertretungen vorschreibt, dienen diese Pflichten anders als die arbeitsrechtlichen Unterrichtungspflichten nicht dem Schutz der Arbeitnehmer, sondern dem **Schutz der Kapitalanleger**. Diese sollen ein möglichst umfassendes Bild von der Situation der Zielgesellschaft erhalten, um darauf gestützt eine fundierte Entscheidung über die Annahme oder Ablehnung eines Übernahmeangebots treffen zu können.

1. Öffentliches Übernahmeangebot

a) Angebotsverfahren

Entschließt sich ein Bieter, ein **öffentliches Übernahmeangebot** für ein börsennotiertes Unternehmen abzugeben, muss er diesen Entschluss **veröffentlichen** (§ 10 Abs. 3 WpÜG). Zugleich hat er dem Vorstand der Zielgesellschaft die Absicht mitzuteilen, ein Übernahmeangebot abzugeben (§ 10 Abs. 5 WpÜG).

Innerhalb einer kurzen Frist nach Veröffentlichung der Entscheidung zur Abgabe eines Übernahmeangebots muss der Bieter eine **Angebotsunterlage** erstellen und ebenfalls veröffentlichen (§ 11 WpÜG). Die Angebotsunterlage muss zahlreiche **Pflichtangaben** enthalten, die für die Aktionäre der Zielgesellschaft von Interesse sein können. Hierzu zählen u.a. Angaben über die Absichten des Bieters im Hinblick auf die künftige Geschäftstätigkeit der Zielgesellschaft, insbesondere den Sitz und den Standort wesentlicher Unternehmensteile, die Arbeitnehmer und deren Vertretungen und wesentliche Änderungen der Beschäftigungsbedingungen einschließlich der insoweit vorgesehenen Maßnahmen (§ 11 Abs. 2 Satz 3

Nr. 2 WpÜG). Insoweit geht die Informationspflicht nach § 11 WpÜG noch über die Unterrichtungspflichten nach dem UmwG bzw. § 613a Abs. 5 BGB hinaus. Die vollständige Angebotsunterlage leitet der Bieter dem Vorstand der Zielgesellschaft zu.

70 Nach § 27 WpÜG haben der **Vorstand und der Aufsichtsrat der Zielgesellschaft** zu dem Angebot eine **begründete Stellungnahme** abzugeben. Dabei sind sie ausdrücklich verpflichtet, auch auf die voraussichtlichen Folgen eines erfolgreichen Angebots für die Zielgesellschaft, die Arbeitnehmer und ihre Vertretungen, die Beschäftigungsbedingungen und die Standorte der Zielgesellschaft einzugehen (§ 27 Abs. 1 Nr. 2 WpÜG). Die Stellungnahmen von Vorstand und Aufsichtsrat sind zu veröffentlichen. Vorstand und Aufsichtsrat haften für fehlerhafte Stellungnahmen[1].

b) Beteiligung der Arbeitnehmer und ihrer Vertretungen

71 Da die Kapitalanleger ein möglichst vollständiges Bild über die Situation bei der Zielgesellschaft erhalten sollen, sieht das WpÜG eine **Einbindung der Arbeitnehmer** der Zielgesellschaft und ihrer Vertretungen in das Angebotsverfahren vor. Von zentraler Bedeutung ist dabei § 27 Abs. 2 WpÜG. Danach haben der zuständige Betriebsrat oder, sofern ein solcher nicht besteht, unmittelbar die Arbeitnehmer der Zielgesellschaft das Recht, eine **eigene Stellungnahme** zu dem Angebot zu verfassen. Diese Stellungnahme muss der Vorstand seiner Stellungnahme beifügen und beide gemeinsam veröffentlichen.

72 Um den Betriebsrat oder die Arbeitnehmer in die Lage zu versetzen, selbst Stellung zu dem Angebot nehmen zu können, müssen sie jeweils über den Stand des Angebotsverfahrens unterrichtet werden. Das WpÜG sieht deshalb eine **Verpflichtung des Vorstands** der Zielgesellschaft vor, sowohl die **Entscheidung des Bieters** zur Abgabe eines Übernahmeangebots (§ 10 Abs. 5 Satz 2 WpÜG) als auch die **Angebotsunterlage** (§ 14 Abs. 4 Satz 2 WpÜG) unverzüglich dem zuständigen Betriebsrat oder, sofern ein solcher nicht besteht, unmittelbar den Arbeitnehmern zu **übermitteln**. Ebenfalls übermittelt werden müssen die Stellungnahmen des Vorstands und des Aufsichtsrats.

73 Die Frage, welches Gremium zuständiger Betriebsrat i.S.d. WpÜG ist, ist nach denselben Grundsätzen zu beantworten, wie sie im Umwandlungsrecht für die Pflicht zur Zuleitung des Umwandlungsvertrags gelten (vgl. Rz. 30 ff.). Zuständiges Gremium ist **grds.** der **Gesamtbetriebsrat** des Zielunternehmens. Sofern die Zielgesellschaft herrschendes Unternehmen eines Konzerns ist, wird teilweise vertreten, anstelle des Gesamtbetriebsrats sei der Konzernbetriebsrat einzubinden[2]. Zur Vermeidung von Risiken

---

1 *Friedl*, NZG 2004, 448 ff.
2 So *Grobys*, NZA 2002, 1 (3); a.A. *Seibt*, DB 2002, 529 (532).

empfiehlt es sich, in einem solchen Fall vorsorglich beide Gremien zu beteiligen.

Besteht **kein Gesamtbetriebsrat**, sind die **Einzelbetriebsräte** der Zielgesellschaft zuständig[1]. Nur wenn bei der Zielgesellschaft **kein Betriebsrat** besteht, sind die **Arbeitnehmer unmittelbar** zu beteiligen. Die unmittelbare Beteiligung der Arbeitnehmer erfordert keine schriftliche individuelle Information wie bei § 613a Abs. 5 BGB (vgl. Teil 3 B Rz. 1 ff.). Ausreichend ist, die Informationen in einer Art und Weise im Unternehmen bekannt zu machen, dass alle Arbeitnehmer die Möglichkeit haben, hiervon Kenntnis zu nehmen. Insoweit kann auf § 12 Abs. 5 AGG zurückgegriffen werden, nach dem eine Bekanntmachung durch Aushang oder Auslegung an geeigneter Stelle oder den Einsatz der im Betrieb üblichen Informations- und Kommunikationstechnik erfolgen kann. Geeignete Mittel der Bekanntmachung sind danach beispielsweise ein Aushang am Schwarzen Brett oder, soweit alle Arbeitnehmer hierauf Zugriff haben, die Einstellung der Information ins Intranet[2]. 74

Das WpÜG geht davon aus, dass die Arbeitnehmer der Zielgesellschaft dem Vorstand „eine" Stellungnahme zum Übernahmeangebot zukommen lassen, die dieser dann zu veröffentlichen hat. Erforderlich ist also, dass sich die zuständige Arbeitnehmervertretung auf eine **einheitliche Linie** einigt. Dies gilt auch, wenn kein Betriebsrat besteht und deshalb die Arbeitnehmer unmittelbar das Recht haben, eine eigene Stellungnahme abzugeben. Erhält der Vorstand **mehrere Stellungnahmen** einzelner Arbeitnehmer oder von Fraktionen von Arbeitnehmern, **muss und darf** er diese **nicht** als Stellungnahme der Arbeitnehmer **veröffentlichen**. 75

Die Arbeitnehmer bzw. ihre Vertretungen dürfen zu **allen Punkten des Angebots** Stellung nehmen. Sie sind nicht auf arbeitsrechtliche Fragestellungen beschränkt. Anders als der Vorstand ist der Betriebsrat auch nicht gehalten, sich bei seiner Stellungnahme am Wohl der Gesellschaft und den Interessen der Aktionäre zu orientieren. Sind sich Vorstand und Betriebsrat einig, eine Übernahme verhindern zu wollen, kann der Betriebsrat im Rahmen einer Übernahmeschlacht **instrumentalisiert** und seine Stellungnahme gezielt zur Abwehr der Übernahmebemühungen eingesetzt werden. 76

Da es sich um eine Stellungnahme der Arbeitnehmer und nicht um eine Stellungnahme des Vorstands handelt, verbietet sich jede Zensur durch den Vorstand. Der Vorstand muss die Stellungnahme der Arbeitnehmer grds. so veröffentlichen, wie er sie erhält. Er darf die Ausführungen **weder kürzen noch ergänzen**. Etwas anderes gilt nur, falls die Stellungnahme 77

---
1 *Grobys*, NZA 2002, 1 (3); *Seibt*, DB 2002, 529 (532).
2 *Bauer/Krieger*, § 12 Rz. 43.

ausnahmsweise einen beleidigenden oder gar strafbaren Inhalt haben sollte[1].

78 Liegt dem Vorstand die Stellungnahme der Arbeitnehmer zu dem Zeitpunkt noch nicht vor, zu dem er seine Stellungnahme zu dem Angebot abgibt, stellt sich die Frage, ob er verpflichtet ist, eine ihm später zugeleitete Stellungnahme der Arbeitnehmer nachträglich zu veröffentlichen. Gegen eine solche Verpflichtung sprechen sowohl der Wortlaut von § 27 Abs. 2 WpÜG als auch Sinn und Zweck der Veröffentlichungspflicht. Nach § 27 Abs. 2 WpÜG ist die Stellungnahme der Arbeitnehmer der Stellungnahme des Vorstands „beizufügen". Das Gesetz geht also grds. von **zeitgleicher Veröffentlichung** aus. Dem entspricht der Zweck des WpÜG, ein durchstrukturiertes Verfahren vorzugeben, in dessen Verlauf die Aktionäre der Zielgesellschaft zeitnah die Position der Zielgesellschaft zu dem Angebot erfahren sollen. Dieses Verfahren würde verwässert, wenn Stellungnahmen „tröpfchenweise" veröffentlich werden müssten. Verpassen also die Arbeitnehmer oder ihre Vertretungen die Gelegenheit, ihre eigene Stellungnahme dem Vorstand rechtzeitig zuzuleiten, ist dieser **weder** verpflichtet, seine eigene Stellungnahme so lange **zurückzuhalten noch** muss er die Stellungnahme der Arbeitnehmer **nachträglich veröffentlichen**[2]. Allerdings entspricht es dem Grundsatz der vertrauensvollen Zusammenarbeit nach § 2 BetrVG, dass der Vorstand zumindest versuchen muss, mit dem Betriebsrat einen Termin abzustimmen, zu dem die jeweiligen Stellungnahmen vorzuliegen haben, um so eine gemeinsame Veröffentlichung zu ermöglichen.

2. Ad-hoc-Publizität

79 Nach § 15 Abs. 1 WpHG müssen börsennotierte Unternehmen Insiderinformationen, die sie unmittelbar betreffen, unverzüglich veröffentlichen (sog. ad-hoc-Publizität). **Insiderinformationen** sind nach § 13 Abs. 1 WpHG konkrete Informationen über nicht öffentlich bekannte Umstände, die sich auf das börsennotierte Unternehmen beziehen und die geeignet sind, im Falle ihres öffentlichen Bekanntwerdens den **Kurswert** der Unternehmensaktien **erheblich zu beeinflussen**. Umstrukturierungen eines börsennotierten Unternehmens einschließlich seiner Tochtergesellschaften und deren Betrieben können je nach Art und Umfang solche ad-hocpflichtigen Tatsachen sein.

80 **Beispiele:** Schließung einer defizitären Betriebsstätte, Erwerb eines namhaften Konkurrenzunternehmens, Durchführung eines massiven Personalabbaus.

81 Umstrukturierungen unterschieden sich von sonstigen Insiderinformationen typischerweise dadurch, dass ihnen **mehrstufige Entscheidungs-**

---

[1] Weitergehend *Grobys*, NZA 2002, 1 (6) und *Seibt*, DB 2002, 529 (534), die eine Veröffentlichungspflicht auch dann ablehnen wollen, wenn die Ausführungen der Arbeitnehmer „bedeutungslos" oder „inhaltslos" sind.
[2] Ebenso *Seibt*, DB 2002, 529 (534); a.A. *Grobys*, NZA 2002, 1 (6).

und teilweise Verhandlungsprozesse zugrunde liegen. Insoweit ist gerade bei Umstrukturierungen fraglich, zu welchem Zeitpunkt eine ad-hoc-Pflicht besteht. So stellt sich z.b. bei einer Betriebsänderung die Frage, ob eine ad-hoc-Mitteilung schon dann erforderlich ist, wenn das Unternehmen in die konkrete, eine Informationspflicht gegenüber dem Wirtschaftsausschuss und den Betriebsräten auslösende Planungsphase eintritt oder erst, nachdem der Interessenausgleich abgeschlossen ist und das Unternehmen mit der Umsetzung der Betriebsänderung beginnt. Richtigerweise lässt sich die Frage nicht pauschal beantworten, sondern es ist für jede Stufe getrennt zu hinterfragen, ob der derzeitige nicht allgemein bekannte Umstand geeignet ist, den Kurswert des Unternehmens zu beeinflussen. Ist dies der Fall, ist die entsprechende Information zu veröffentlichen.

Beispiele: 82

(1) Die X-AG plant, wegen anhaltender wirtschaftlicher Schwierigkeiten einen Geschäftszweig aufzugeben und die damit befassten Betriebsstätten zu veräußern oder stillzulegen. Auf Grund der möglichen Auswirkungen dieser Information auf den Kurswert der X-AG löst bereits die Planung eine ad-hoc-Pflicht aus (Inhalt: „Die X-AG plant, ...“). Wird entsprechend der Planung ein Interessenausgleich vereinbart und trifft der Vorstand anschließend die Entscheidung, die Betriebsänderung wie vereinbart umzusetzen, kann auch dies den Kurs der Aktien der X-AG beeinflussen. Es besteht deshalb erneut eine ad-hoc-Pflicht (Inhalt: „Die X-AG beschließt, die Maßnahme ... im Folgenden, mit dem Betriebsrat vereinbarten Umfang umzusetzen: ...“).

(2) Der Vorstand der börsennotierten Y-AG erhält von der US-amerikanischen Konzernleitung die Vorgabe, 1 000 Arbeitsplätze abzubauen. Hierbei handelt es sich noch nicht um eine ad-hoc-pflichtige Tatsache. Eine ad-hoc-Pflicht wird erst ausgelöst, wenn der Vorstand der Y-AG selbst konkrete Planungen für einen Personalabbau trifft. Insoweit fällt die ad-hoc-Pflicht zeitlich mit der Informationspflicht gegenüber dem Betriebsrat zusammen.

Nach § 15 Abs. 4 WpHG hat die Gesellschaft die Information vor der Veröffentlichung **den Börsen und der BaFin mitzuteilen**. Die Art der Veröffentlichung ist in § 15 Abs. 7 WpHG i.V.m. § 5 WpAIV im Einzelnen geregelt. Danach hat die Veröffentlichung in deutscher Sprache über ein elektronisch betriebenes Informationsverbreitungssystem und über die Website des Unternehmens zu erfolgen. 83

3. Insiderverzeichnis

§ 15b WpHG verpflichtet börsennotierte Aktiengesellschaften, ein Verzeichnis über diejenigen Personen zu führen, die für sie tätig sind und bestimmungsgemäß Zugang zu Insiderinformationen haben. Nähere Einzelheiten zu Inhalt, Berichtigung, Aufbewahrung und Vernichtung von Insiderverzeichnissen regeln §§ 14–16 der Wertpapierhandelsanzeige- und Insiderverzeichnisverordnung (WpAIV)[1]. Zu den in das Verzeichnis **auf-** 84

---

1 BGBl. I 2004, 3376 ff.

zunehmenden Personen zählen neben den Mitgliedern des Vorstands und des Aufsichtsrats der AG insbesondere die **Mitglieder der Betriebsräte und des Wirtschaftsausschusses**, weil deren Stellung bestimmungsgemäß mit dem Zugang zu Insiderinformationen verbunden ist[1].

85 Die in das Insiderverzeichnis aufgenommenen Personen sind über die aus dem Zugang zu Insiderinformationen erwachsenden Pflichten sowie die Rechtsfolgen bei Zuwiderhandlung **aufzuklären**. Aus Unternehmenssicht empfiehlt es sich, die Aufklärung **schriftlich zu dokumentieren**. Ein entsprechendes Muster-Aufklärungsschreiben ist über die Website der BaFin abrufbar[2]. Alternativ besteht die Möglichkeit, mit jedem Insider eine ausdrückliche **Vertraulichkeitsvereinbarung** abzuschließen. Die in das Verzeichnis aufgenommenen Personen sind aber nicht verpflichtet, eine solche Vereinbarung zu unterschreiben. Weigert sich beispielsweise ein Mitglied des Betriebsrats, eine Vertraulichkeitsvereinbarung zu schließen, stellt dies keine grobe Pflichtverletzung dar, die einen Ausschluss aus dem Betriebsrat (§ 23 Abs. 1 BetrVG) oder gar eine verhaltensbedingte Kündigung des Arbeitsverhältnisses rechtfertigen könnte.

V. Anzeigepflichten gegenüber der Arbeitsverwaltung

1. Anzeigepflichtige Entlassungen

86 Nach § 17 Abs. 1 Satz 1 Nr. 1–3 KSchG muss der Arbeitgeber „Entlassungen", die einen bestimmten, von der jeweiligen Betriebsgröße abhängigen Umfang erreichen, vorher bei der Agentur für Arbeit anzeigen. Die Anzeige hat den **Zweck**, die Arbeitsagenturen frühzeitig davon in Kenntnis zu setzen, dass in absehbarer Zeit eine erhebliche Zahl von Arbeitsuchenden dem örtlichen Arbeitsmarkt zur Verfügung stehen wird. Die Arbeitsagenturen sollen so – nach der etwas unrealistischen Vorstellung des Europäischen Richtliniengebers – **in die Lage versetzt werden**, sich hierauf **vorzubereiten** und rechtzeitig **Vermittlungsbemühungen einleiten** zu können.

87 Ob eine Massenentlassungsanzeige erstattet werden muss, bestimmt sich nach der **Größe** des entlassenden Betriebs[3] und der **Anzahl** der zu entlassenden Arbeitnehmer. Im Einzelnen gelten folgende **Schwellenwerte**:

(1) Betriebe mit i.d.R. mehr als 20 und weniger als 60 Arbeitnehmern: Anzeigepflicht bei Entlassung von mehr als 5 Arbeitnehmern,

(2) Betriebe mit i.d.R. mindestens 60 und weniger als 500 Arbeitnehmern: Anzeigepflicht bei Entlassung von 10 % der im Betrieb regelmäßig beschäftigten Arbeitnehmer oder von mehr als 25 Arbeitnehmern,

---

1 KK-WpHG/*Heinrich*, § 15b Rz. 38.
2 www.bafin.de/merkblaetter/aufklaerungsbogen.doc.
3 Im Falle gewillkürter Betriebsratsstrukturen nach § 3 BetrVG ist ungeklärt, welche Einheit als Betrieb gilt, vgl. Teil 2 A Rz. 64.

(3) Betriebe mit i.d.R. mindestens 500 Arbeitnehmern: Anzeigepflicht bei Entlassung von mindestens 30 Arbeitnehmern.

Maßgeblich ist die Zahl von Entlassungen, die **innerhalb von 30 Kalendertagen** vorgenommen werden sollen. Für die Bestimmung der Betriebsgröße ist nicht die Zahl der tatsächlich beschäftigten Arbeitnehmer maßgeblich, sondern die regelmäßige, d.h. für den Betrieb im Allgemeinen kennzeichnende Belegschaftsstärke. Zur Ermittlung dieser Zahl ist nicht nur auf die bisherige Beschäftigtenzahl abzustellen, sondern auch eine Einschätzung der künftigen Entwicklung vorzunehmen[1]. Bei einer **Betriebsstilllegung** entfällt die zukunftsbezogene Betrachtung und es ist nur auf die bisherige Personalentwicklung zurückzugreifen. Wird der Betrieb nicht auf einen Schlag stillgelegt, sondern erfolgt der Personalabbau stufenweise (in „Wellen", vgl. Teil 2 A Rz. 20–32), kommt es für die Beurteilung des Bestehens einer Massenentlassungsanzeigepflicht nicht auf die jeweilige Beschäftigtenzahl im Zeitpunkt der konkreten Abbauwelle an, sondern maßgeblich ist der **im Zeitpunkt der Beschlussfassung vorhandene Personalbestand**[2]. 88

„**Entlassung**" i.S.d. Richtlinie des Rates zur Angleichung der Rechtsvorschriften der Mitgliedstaaten über Massenentlassungen[3] ist die **Kündigungserklärung**. Dies hat der EuGH mit Urteil vom 27.1.2005[4] entschieden. Kündigungen dürfen danach im Rahmen einer Massenentlassung erst nach Ende des Konsultationsverfahrens mit der Arbeitnehmervertretung und **nach Anzeige** der beabsichtigten Massenentlassung bei der zuständigen Behörde ausgesprochen werden. 89

Das BAG hat sich der Rspr. des EuGH angeschlossen und entschieden, § 17 Abs. 1 Satz 1 KSchG sei **richtlinienkonform** in dem Sinn **auszulegen**, dass unter dem Begriff „Entlassung" der Ausspruch der Kündigungen der Arbeitsverhältnisse zu verstehen ist[5]. Massenentlassungen müssen deshalb bei der Agentur für Arbeit **vor Ausspruch der Kündigungen** angezeigt werden. Die gegenteilige jahrzehntelange Rspr. des BAG, nach der die Massenentlassungsanzeige vor der tatsächlichen Beendigung der Arbeitsverhältnisse zu erstatten war[6], ist damit überholt. Für Altfälle, in denen Kündigungen vor Bekanntwerden der EuGH-Entscheidung vom 27.1.2005 und der sich daran anschließenden geänderten Rechtsauffassung der Bun- 90

---
1 BAG v. 31.7.1986 – 2 AZR 594/85, BB 1987, 1608.
2 BAG v. 31.7.1986 – 2 AZR 594/85, BB 1987, 1608; BAG v. 8.6.1989, BB 1989, 2403.
3 Richtlinie 98/59/EG v. 20.7.1998, ABl. EG Nr. L 225 v. 12.8.1998, S. 16.
4 EuGH v. 27.1.2005 – Junk, DB 2005, 454 m. Anm. *Bauer/Krieger/Powietzka*, DB 2005, 445.
5 BAG v. 23.3.2006 – 2 AZR 343/05, BB 2006, 1971 m. Anm. *Bauer/Krieger/Powietzka*, BB 2006, 2023; BAG v. 13.7.2006 – 6 AZR 198/06, BB 2007, 156.
6 Siehe z.B. BAG v. 13.4.2000, AP Nr. 13 zu § 17 KSchG 1969; BAG v. 18.9.2003 – 2 AZR 79/02, BB 2004, 1223; in diese Richtung auch noch BAG v. 24.2.2005 – 2 AZR 207/04, DB 2005, 1576 m. Anm. *Bauer/Krieger/Powietzka*, DB 2005, 1570.

desagentur für Arbeit ausgesprochen wurden, gewährt das BAG den Arbeitgebern allerdings **Vertrauensschutz**[1].

91 Auf der Grundlage der richtlinienkonformen Auslegung des § 17 Abs. 1 Satz 1 KSchG durch das BAG kommt es auch für die Beurteilung des Bestehens einer Anzeigepflicht für Massenentlassungen ausschließlich auf den **Zeitpunkt des Ausspruchs der Kündigungen** an. Beabsichtigt der Arbeitgeber, innerhalb von 30 Kalendertagen die in § 17 Satz 1 KSchG genannte Anzahl von Kündigungen auszusprechen, muss er zuvor eine Massenentlassungsanzeige erstatten. Keine Anzeigepflicht besteht dagegen im Unterschied zur früheren Rechtslage, wenn er vorhat, eine Vielzahl von Arbeitsverhältnissen zum selben Beendigungstermin zu kündigen, die Kündigungen aber unter Berücksichtigung der jeweiligen Kündigungsfristen gestaffelt ausgesprochen werden und die Anzahl der innerhalb von 30 Kalendertagen ausgesprochenen Kündigungen dabei jeweils unterhalb der Schwellenwerte des § 17 Abs. 1 Satz 1 KSchG liegt.

92 **Praktische Probleme** kann das Abstellen auf den Ausspruch der Kündigungen für die Beurteilung des Bestehens einer Massenentlassungsanzeigepflicht bereiten, wenn die Anzahl der vom Arbeitgeber geplanten Kündigungen knapp unterhalb des Schwellenwerts liegt.

93 **Beispiel:** Beschäftigt ein Arbeitgeber 50 Arbeitnehmer und beabsichtigt er, fünf Arbeitnehmern zu kündigen, muss er nach § 17 Abs. 1 Satz 1 Nr. 1 KSchG keine Massenentlassungsanzeige erstatten. Stellt der Arbeitgeber aber nach Ausspruch der fünf Kündigungen fest, dass er noch einen sechsten Mitarbeiter abbauen muss und spricht er die Kündigung gegenüber diesem Mitarbeiter innerhalb von 30 Tagen seit Ausspruch der ersten fünf Kündigungen aus, werden mit einem Schlag alle Kündigungen anzeigepflichtig.

(Beispiel nach *Bauer/Krieger/Arnold*, Arbeitsrechtliche Aufhebungsverträge, E, Rz. 69.)

94 Um das Risiko einer möglichen formellen Unwirksamkeit aller ausgesprochenen Kündigungen zu vermeiden, sollte deshalb vorsorglich auch dann eine Massenentlassungsanzeige erstattet werden, wenn die Anzahl der beabsichtigten Kündigungen und Aufhebungsverträge **knapp unterhalb** der Schwellenwerte des § 17 Abs. 1 KSchG liegt (Motto: „Man weiß nie, was kommt!").

95 Eine Anzeigepflicht besteht nicht nur für betriebsbedingte Kündigungen, sondern für alle vom Arbeitgeber veranlassten Beendigungen des Arbeitsverhältnisses (§ 17 Abs. 1 Satz 2 KSchG). Auch ordentliche verhaltens- und/oder personenbedingte Kündigungen sind deshalb bei der Anzeige zu berücksichtigen. Nach § 17 Abs. 4 KSchG nicht mitzuzählen sind dagegen **fristlose Kündigungen**. Sollte die fristlose Kündigung allerdings in

---

1 BAG v. 23.3.2006 – 2 AZR 343/05, BB 2006, 1971 m. Anm. *Bauer/Krieger/Powietzka*, BB 2006, 2023; BAG v. 13.7.2006 – 6 AZR 198/06, BB 2007, 156; BAG v. 12.7.2007, NZA 2008, 425; BAG v. 8.11.2007, AP Nr. 28 zu § 17 KSchG 1969.

eine ordentliche Kündigung umzudeuten sein, gilt wieder die Massenentlassungsanzeigepflicht. Auch insoweit sollte also im Zweifel vorsorglich Anzeige erstattet werden.

Nach neuer BAG-Rechtsprechung fallen **Änderungskündigungen** generell unter den Massenentlassungsschutz nach § 17 KSchG[1] und sind daher anzuzeigen. Dies gilt unabhängig davon, ob der Arbeitnehmer das ihm mit der Kündigung unterbreitete Änderungsangebot ablehnt oder – gegebenenfalls unter Vorbehalt – annimmt. 95a

Eigenkündigungen gelten dann als Entlassung i.S.d. § 17 KSchG, wenn der Arbeitnehmer dadurch einer vom Arbeitgeber erklärten Kündigungsabsicht zuvorkommt[2]. Dies setzt zum einen voraus, dass das Arbeitsverhältnis ungefähr zum selben Zeitpunkt endet, zu dem auch der Arbeitgeber das Arbeitsverhältnis gekündigt hätte. Zum anderen muss die Eigenkündigung vom Arbeitgeber „veranlasst" worden sein. Dabei gilt eine Eigenkündigung jedenfalls solange als vom Arbeitgeber veranlasst, als dieser keine Kenntnis davon hat, dass der Arbeitnehmer bereits ein neues Arbeitsverhältnis begründet hat[3]. 96

Ähnliche Grundsätze wie für Eigenkündigungen gelten für **Aufhebungsverträge**. Aufhebungsverträge sind dann für die Ermittlung der Schwellenwerte nach § 17 Abs. 1 KSchG mitzuzählen, wenn sie auf Veranlassung des Arbeitgebers geschlossen wurden[4]. Erforderlich ist insoweit, dass die vom Arbeitgeber geäußerte Kündigungsabsicht die alleinige Ursache für den Abschluss des Aufhebungsvertrags ist. D.h., es muss feststehen, dass der Arbeitgeber dem **konkreten Arbeitnehmer** ohne Abschluss eines Aufhebungsvertrags **zum selben Zeitpunkt** gekündigt hätte und der Arbeitnehmer sich deshalb veranlasst gesehen hat, einen Aufhebungsvertrag zu schließen[5]. Keine Massenentlassungsanzeigepflicht besteht, wenn die Entscheidung über die Beendigung des Arbeitsverhältnisses im Rahmen eines freiwilligen Abfindungsprogramms vom Arbeitnehmer getroffen wird. 97

Beispiele: 98

(1) Der Arbeitgeber kündigt auf einer Betriebsversammlung an, 200 von 1 000 Arbeitsplätzen abbauen zu müssen. Er verspricht jedem Arbeitnehmer, der freiwillig eine Aufhebungsvereinbarung unterzeichnet, eine Abfindung in Höhe von einem Bruttomonatsgehalt pro vollendetem Beschäftigungsjahr zu zahlen. Zugleich kündigt er an, sollten sich innerhalb der nächsten Wochen nicht ausreichend Freiwillige melden, seien betriebsbedingte Kündigungen im entsprechenden Umfang unvermeidlich. Obwohl hier der Umfang der geplanten Entlassungen bereits feststeht, fehlt es hinsichtlich der abzuschließenden Aufhebungsverträge an einer Konkretisierung der Kündigungsabsicht auf den je-

---

1 BAG v. 20.2.2014 – 2 AZR 346/12, NZA 2014, 1069.
2 BAG v. 6.12.1973, AP Nr. 1 zu § 17 KSchG 1969.
3 BAG v. 28.6.2012, AP Nr. 40 zu § 17 KSchG 1969.
4 KR/*Weigand*, § 17 KSchG Rz. 43 ff.
5 *Bauer/Röder*, NZA 1985, 201; *von Hoyningen-Huene*/Linck, § 17 Rz. 31.

weiligen Arbeitnehmer. Schließt der Arbeitgeber wie geplant innerhalb von vier Wochen 200 Aufhebungsverträge ab, besteht hierfür keine Massenentlassungsanzeigepflicht. Gleichwohl empfiehlt es sich, vorsorglich Massenentlassungsanzeige zu erstatten.

(2) Finden sich im Beispiel (1) nur 150 Freiwillige und spricht der Arbeitgeber deshalb im Anschluss an die Vier-Wochen-Frist noch 50 Kündigungen aus, so muss er für diese Kündigungen – nicht aber für die abgeschlossenen Aufhebungsverträge – Massenentlassungsanzeige erstatten.

(3) Melden sich im Beispiel (1) 185 Freiwillige und kündigt der Arbeitgeber deshalb nur 15 Arbeitnehmern, besteht insgesamt keine Massenentlassungsanzeigepflicht.

99 Anders als bei Kündigungen löst bei Aufhebungsverträgen nicht bereits die Erklärung des Arbeitgebers die Rechtsfolge der Beendigung des Arbeitsverhältnisses aus. Zu einer im Rahmen von § 17 Abs. 1 Satz 1 KSchG zu berücksichtigenden „Entlassung" wird ein Aufhebungsvertrag erst mit Annahme des Vertragsangebots durch die jeweils andere Seite. Es reicht deshalb aus, wenn der Arbeitgeber nach Abgabe seines Vertragsangebots, jedoch **vor Annahme** durch den Arbeitnehmer, die Massenentlassungsanzeige erstattet. Umgekehrt kann der Arbeitgeber auch zunächst den Arbeitnehmer ein verbindliches Angebot zum Abschluss eines Aufhebungsvertrags unterbreiten lassen, um dieses dann nach Erstattung einer ordnungsgemäßen Massenentlassungsanzeige durch Gegenzeichnung der Vertragsurkunde anzunehmen.

2. Form und Inhalt der Massenentlassungsanzeige

100 Nach § 17 Abs. 3 Satz 2 KSchG ist die Massenentlassungsanzeige **schriftlich** unter Beifügung der Stellungnahme des Betriebsrats zu den Entlassungen[1] zu erstatten. Zuständig ist die Agentur für Arbeit am Sitz des Betriebs, in dem die Entlassungen durchgeführt werden sollen. Liegt eine Stellungnahme des Betriebsrats nicht vor, muss der Arbeitgeber gegenüber der Agentur für Arbeit **glaubhaft machen**, dass er den Betriebsrat mindestens zwei Wochen vor Erstattung der Anzeige unterrichtet hat, und den Stand der Beratungen darlegen (vgl. Rz. 38). Eine ohne Stellungnahme des Betriebsrats und ohne Glaubhaftmachung des Stands der Beratungen nach § 17 Abs. 3 Satz 3 KSchG erstattete Massenentlassungsanzeige ist unwirksam[2].

---

1 Vgl. zu dem nach § 17 Abs. 2 KSchG durchzuführenden Konsultationsverfahren Rz. 33 ff. In der Praxis wird häufig keine gesonderte Stellungnahme des Betriebsrats abgegeben, sondern der Betriebsrat erklärt im Rahmen des Interessenausgleichs, dass mit Abschluss von Interessenausgleich und Sozialplan das Konsultationsverfahren beendet ist. In diesem Fall sollte der Massenentlassungsanzeige eine Kopie des abgeschlossenen Interessenausgleichs und des Sozialplans beigefügt werden.

2 ErfK/*Kiel*, § 17 KSchG Rz. 25.

Nach § 17 Abs. 3 Satz 4 KSchG **muss** die Massenentlassungsanzeige folgende Pflichtangaben enthalten: 101
- Name des Arbeitgebers,
- Sitz und Art des Betriebs,
- Gründe für die geplanten Entlassungen,
- Zahl und Berufsgruppen der zu entlassenden und i.d.R. beschäftigten Arbeitnehmer,
- Zeitraum, in dem die Entlassungen vorgenommen werden sollen,
- vorgesehene Kriterien für die Auswahl der zu entlassenden Arbeitnehmer.

Die Anzeige **soll** ferner im Einvernehmen mit dem Betriebsrat Angaben enthalten über: 102
- Geschlecht,
- Alter,
- Beruf,
- Staatsangehörigkeit

der zu entlassenden Arbeitnehmer.

Die Agentur für Arbeit hält für die Massenentlassungsanzeige **Formblätter** bereit[1]. Es empfiehlt sich, diese zu verwenden, um das Risiko einer unvollständigen Anzeige zu vermeiden. 103

Erstattet der Arbeitgeber Massenentlassungsanzeige, muss er **dem Betriebsrat** eine **Abschrift** der Anzeige zukommen lassen. Der Betriebsrat kann gegenüber der Agentur für Arbeit weitere Stellungnahmen abgeben. Er hat von diesen Stellungnahmen jeweils Abschriften dem Arbeitgeber zuzuleiten (§ 17 Abs. 3 Sätze 6–8 KSchG). 104

3. Bedeutung von § 18 KSchG

Nicht abschließend geklärt ist, welche Wirkung den in § 18 KSchG normierten **Sperr- und Freifristen** bei einer richtlinienkonformen Auslegung von § 17 Abs. 1 KSchG zukommt[2]. In § 18 Abs. 1 KSchG ist geregelt, dass anzeigepflichtige Entlassungen grds. erst nach Ablauf eines Monats nach Eingang der Anzeige bei der Agentur für Arbeit wirksam werden (sog. „Sperrfrist"). Im Einzelfall kann die Agentur für Arbeit eine Verlängerung der Sperrfrist auf bis zu zwei Monate festsetzen (§ 18 Abs. 2 KSchG). Teilweise wird vertreten, auch hier sei der Begriff „Entlassung" als „Kündigung" zu lesen. Dies würde bedeuten, Kündigungen dürften erst einen 105

---

1 Abzurufen im Internet unter www.arbeitsagentur.de über folgende Links: Formulare > Formulare für Unternehmen > Entlassungen, Streik > Anzeige von Entlassungen bzw. Anlage zur Anzeige von Entlassungen.
2 Hierauf kam es im Urteil des BAG v. 21.5.2008 – 8 AZR 84/07, NZA 2008, 753 nicht an, weil zwischen Anzeige und Ausspruch der Kündigung mehr als ein Monat lag.

Monat nach Anzeige der Massenentlassung ausgesprochen werden[1] oder die Kündigungsfrist beginne erst nach Ablauf der einmonatigen Sperrfrist zu laufen[2]. Diese Auslegung ist aber nicht zwingend. Im Gegenteil spricht viel dafür, dass unter „Entlassung" in § 18 KSchG nach wie vor die Beendigung des Arbeitsverhältnisses und nicht der Ausspruch der Kündigung zu verstehen ist. Zwischen der Anzeige und der Beendigung des Arbeitsverhältnisses muss daher die – gegebenenfalls auf bis zu zwei Monate verlängerte – Frist des § 18 Abs. 1 KSchG eingehalten werden[3]. Wer als Arbeitgeber alle Risiken ausschließen will, könnte aber vorsorglich zweimal Kündigungen aussprechen: Einmal gleich nach Anzeige der Massenentlassung und ein zweites Mal nach Ablauf der Sperrfrist.

106 Noch unklarer ist die Rechtslage hinsichtlich der in § 18 Abs. 4 KSchG geregelten sog. „Freifrist", nach der Entlassungen innerhalb von 90 Tagen nach dem maßgeblichen Zeitpunkt nach § 18 Abs. 1, 2 KSchG durchgeführt werden müssen oder andernfalls einer erneuten Anzeige bedürfen. Die Bundesagentur für Arbeit vertritt insoweit die Auffassung, die Freifrist sei auf Grund der richtlinienkonformen Auslegung von § 17 Abs. 1 KSchG „ohne Anwendungsbereich"[4]. Einen gewissen Sinn behält die Freifrist dann, wenn die Regelung in § 18 Abs. 4 KSchG so ausgelegt wird, dass Kündigungen **innerhalb von 90 Tagen** nach Erstattung der Massenentlassungsanzeige **ausgesprochen** werden müssen[5]. Das passt zwar nicht unmittelbar zum Gesetzeswortlaut des § 18 Abs. 4 KSchG, der als Fristbeginn den Zeitpunkt bestimmt, zu dem die Entlassungen „nach den Abs. 1 und 2 zulässig sind". Die Abs. 1 und 2 des § 18 KSchG befassen sich aber gar nicht mit der Frage, ab wann Kündigungen zulässigerweise ausgesprochen werden dürfen, sondern mit der Frage, wann die Arbeitsverhältnisse enden. Behelfen kann man sich u.E. damit, den Verweis auf die „Abs. 1 und 2" zu ignorieren. Dies entspricht wohl auch der Auffassung des BAG, das davon spricht, § 18 Abs. 4 KSchG müsse „teleologisch reduziert" werden[6].

4. Rechtsfolge bei nicht ordnungsgemäßer Anzeige

107 Nach früherer Rspr. des BAG führte ein Verstoß des Arbeitgebers gegen die Massenentlassungsanzeigepflicht nicht zur Unwirksamkeit der Kündigung, sondern hinderte nur deren Vollzug[7]. Für die Praxis war diese Differenzierung weitgehend ohne Bedeutung, weil die Kündigung auch auf Grund der vom BAG angenommenen „**Entlassungssperre**" das Ar-

---

1 So wohl ArbG Berlin v. 30.4.2003 – 36 Ca 19726/02, ZIP 2003, 1265.
2 So *Ferme/Lipinski*, ZIP 2005, 593 (596 f.).
3 *Bauer/Krieger/Powietzka*, DB 2005, 445 (447); *Bauer/Krieger/Powietzka*, BB 2006, 2023 (2026).
4 VA v. 15.4.2005, AuR 2005, 224.
5 *Bauer/Krieger/Powietzka*, DB 2005, 445 (447); *Bauer/Krieger/Powietzka*, BB 2006, 2023 (2026).
6 BAG v. 23.3.2006 – 2 AZR 343/05, BB 2006, 1971.
7 BAG v. 18.9.2003 – 2 AZR 79/02, BB 2004, 1223.

beitsverhältnis nicht wirksam beenden konnte. Umstritten war allerdings bislang, ob der Arbeitnehmer innerhalb der dreiwöchigen Klagefrist des § 4 KSchG Kündigungsschutzklage erheben musste, um einen Verstoß gegen die Anzeigepflicht des § 17 KSchG geltend machen zu können. Dagegen wurde eingewendet, der Arbeitnehmer könne drei Wochen nach Kündigungszugang noch nicht wissen, ob der Arbeitgeber eine gegebenenfalls erforderliche Anzeige ordnungsgemäß erstatten werde. Auf Grundlage der richtlinienkonformen Auslegung des § 17 Abs. 1 KSchG ist dieser Einwand nicht mehr tragfähig, weil der Arbeitgeber die Anzeige bereits vor Ausspruch der Kündigung erstatten muss. Es besteht deshalb kein Grund mehr, den Fall einer Verletzung der Anzeigepflicht anders zu behandeln als andere Sachverhalte, die zur Rechtswidrigkeit einer Kündigung führen. Eine unter Verletzung der Anzeigepflicht ausgesprochene Kündigung ist deshalb gem. § 134 BGB **unwirksam** und löst nicht bloß eine Entlassungssperre aus[1]. Will der Arbeitnehmer die Unwirksamkeit der Kündigung mangels ordnungsgemäßer Massenentlassungsanzeige geltend machen, muss er innerhalb von drei Wochen nach Zugang der Kündigung Klage erheben. Hat er fristgerecht Kündigungsschutzklage erhoben, kann er sich auf die Verletzung der Anzeigepflicht noch bis zum Schluss der mündlichen Verhandlung in I. Instanz berufen (§ 6 KSchG).

Entlässt der Arbeitgeber **mehr Arbeitnehmer**, als er in der Massenentlassungsanzeige angegeben hat, stellt sich die Frage, ob deswegen sämtliche Entlassungen unwirksam sind. Nach Sinn und Zweck der Anzeigepflicht ist dies nicht geboten. Danach sind nur die Entlassungen gegenüber denjenigen Arbeitnehmern **unwirksam**, die **nicht Gegenstand der Anzeige** waren. Diese Auffassung vertritt nun auch das BAG[2]. Die Darlegungs- und Beweislast dafür, dass ein Arbeitnehmer von der Anzeige erfasst war, trägt der Arbeitgeber. Den Nachweis kann er beispielsweise dadurch erbringen, dass er auf die freiwilligen Angaben in dem von der Bundesagentur für Arbeit empfohlenen Formblatt verweist, die zwar anonymisiert sind, aber i.d.R. dennoch eine zweifelsfreie Zuordnung der angezeigten zu den gekündigten Arbeitnehmern ermöglicht.

5. Empfohlenes Vorgehen

Unter Berücksichtigung der geänderten Rspr. des BAG zu Zeitpunkt und Erforderlichkeit einer Massenentlassungsanzeige ergibt sich für Arbeitgeber folgende **Handlungsempfehlung**:

(1) Prüfung der Schwellenwerte – maßgebend ist, ob innerhalb von 30 Kalendertagen die nach § 17 Abs. 1 KSchG erforderliche Anzahl an Kündigungen ausgesprochen bzw. an Aufhebungsverträgen unterzeichnet wird; der Zeitpunkt der Beendigung der Arbeitsverhältnisse ist unerheblich.

---
1 So jetzt auch BAG v. 22.11.2012, AP Nr. 42 zu § 17 KSchG 1969.
2 BAG v. 28.6.2012, AP Nr. 40 zu § 17 KSchG 1969.

(2) Aufnahme der Verhandlungen über einen Interessenausgleich und Sozialplan; zugleich schriftliche Unterrichtung des Betriebsrats und gegebenenfalls Sprecherausschusses über eine beabsichtigte Massenentlassung unter Mitteilung sämtlicher Informationen nach § 17 Abs. 2 Satz 1 KSchG (schriftlich!).

(3) Abschluss des Konsultationsverfahrens, d.h. Information und Beratung mit dem Betriebsrat gem. § 17 Abs. 2 Satz 2 KSchG (längstens zwei Wochen nach der schriftlichen Unterrichtung).

(4) Abschluss des Verfahrens zur Herbeiführung eines Interessenausgleichs und gegebenenfalls Sozialplans.

(5) Anhörung des Betriebsrats nach § 102 BetrVG.

(6) Massenentlassungsanzeige bei der Agentur für Arbeit.

(7) Ausspruch der Kündigungen/Unterzeichnung der Aufhebungsverträge.

(8) Für vorsichtige Arbeitgeber (vgl. Rz. 105): Falls zwischen Erstattung der Anzeige und Ausspruch der Kündigungen/Unterzeichnung der Aufhebungsverträge ein Zeitraum von weniger als einem Monat liegen sollte: Vorsorglich erneute Kündigungen (in Massenentlassungsanzeige und bei Betriebsratsanhörung bereits mitteilen!)/Aufhebungsverträge nach Ablauf eines Monats.

VI. Rechte des Europäischen Betriebsrats und des SE-Betriebsrats

1. Europäischer Betriebsrat

110 Gesetzlich ist vorgesehen, dass die zentrale Leitung einer gemeinschaftsweit tätigen Unternehmensgruppe und der Europäische Betriebsrat regelmäßig in einem Turnus von einem Jahr zur Beratung zusammentreffen. § 29 Abs. 1 EBRG schreibt insoweit vor, dass die zentrale Leitung den Europäischen Betriebsrat einmal im Kalenderjahr über die **Entwicklung der Geschäftslage und die Perspektiven des Unternehmens** unter rechtzeitiger Vorlage der erforderlichen Unterlagen zu **unterrichten** und ihn dazu **anzuhören** hat. § 29 Abs. 2 EBRG enthält einen Beispielskatalog von Umständen, die die Entwicklung der Geschäftslage und die Perspektiven i.S.v. § 29 Abs. 1 EBRG betreffen. Der Katalog ist nicht abschließend[1].

111 Für Umstrukturierungen sind insbesondere folgende **Anhörungsgegenstände** relevant:

– grundlegende Änderungen der Organisation (§ 29 Abs. 2 Nr. 5 EBRG),

– Einführung neuer Arbeits- und Fertigungsverfahren (§ 29 Abs. 2 Nr. 6 EBRG),

---

1 Vgl. den Wortlaut: „insbesondere".

– Verlegung von Unternehmen, Betrieben oder wesentlichen Betriebsteilen sowie Verlagerungen der Produktion (§ 29 Abs. 2 Nr. 7 EBRG),

– Zusammenschlüsse oder Spaltungen von Unternehmen oder Betrieben (§ 29 Abs. 2 Nr. 8 EBRG),

– Einschränkung oder Stilllegung von Unternehmen, Betrieben oder wesentlichen Betriebsteilen (§ 29 Abs. 2 Nr. 9 EBRG),

– Massenentlassungen (§ 29 Abs. 2 Nr. 10 EBRG).

Während hinsichtlich der anderen Anhörungsgegenstände deutliche Parallelen zu den wirtschaftlichen Angelegenheiten i.S.d. § 106 Abs. 3 BetrVG bestehen, die der Unternehmer mit dem Wirtschaftsausschuss zu erörtern hat (vgl. Rz. 4 ff.), entsprechen die für Umstrukturierungen wesentlichen Tatbestände des § 29 Abs. 2 Nr. 5–10 EBRG weitgehend dem Begriff einer Betriebsänderung i.S.v. § 111 BetrVG[1]. Als **Faustregel** gilt deshalb: Immer wenn eine **Betriebsänderung** i.S.d. § 111 Satz 3 BetrVG vorliegt, für die eine Interessenausgleichspflicht besteht, besteht **auch eine Unterrichtungs- und Anhörungspflicht gegenüber dem Europäischen Betriebsrat**.

Die Anhörungsgegenstände nach § 29 Abs. 2 EBRG sind allerdings insoweit **weiter gefasst**, als sie auch solche Maßnahmen einbeziehen, die keine Auswirkungen auf die Betriebsebene haben, sondern **nur die Unternehmensebene** betreffen (Verlegung, Zusammenschlüsse oder Spaltungen von Unternehmen). In diesen Fällen besteht zwar keine Unterrichtungs- und Beratungspflicht gegenüber dem Betriebsrat. Der Europäische Betriebsrat ist aber gleichwohl zu unterrichten und anzuhören.

Die Begriffe „Unterrichtung" und „Anhörung" sind legaldefiniert in § 1 Abs. 4 und 5 EBRG. In zeitlicher Hinsicht bestimmt § 1 Abs. 7 EBRG, dass die Unterrichtung und Anhörung des Europäischen Betriebsrats **spätestens gleichzeitig** mit der der nationalen Arbeitnehmervertretungen durchzuführen ist. Das bedeutet, der Europäische Betriebsrat ist bei Zuständigkeit eines vorhandenen Wirtschaftsausschusses spätestens gleichzeitig mit diesem, anderenfalls gleichzeitig mit dem hinsichtlich der konkreten Maßnahme zu beteiligenden Betriebsrat zu unterrichten[2].

Außerhalb der turnusmäßigen Unterrichtungs- und Anhörungspflichten nach § 29 Abs. 1 EBRG werden dem Europäischen Betriebsrat in § 30 EBRG weitere Mitwirkungsrechte eingeräumt, wenn **außergewöhnliche Umstände** eintreten, die erhebliche Auswirkungen auf die Interessen der Arbeitnehmer haben. Solche außergewöhnlichen Umstände sind insbesondere (d.h. nicht abschließend):

– Verlegung von Unternehmen, Betrieben oder wesentlichen Betriebsteilen (§ 30 Abs. 1 Satz 2 Nr. 1 EBRG),

---
1 *Fitting*, Übersicht EBRG Rz. 89.
2 *Annuß/Kühn/Rudolph/Rupp*, EBRG, § 1 Rz. 15.

- Stilllegung von Unternehmen, Betrieben oder wesentlichen Betriebsteilen (§ 30 Abs. 1 Satz 2 Nr. 2 EBRG),
- Massenentlassungen (§ 30 Abs. 1 Satz 2 Nr. 3 EBRG).

115 Treten außergewöhnliche Umstände ein, hat die zentrale Leitung den Europäischen Betriebsrat unter Vorlage der erforderlichen Unterlagen (vgl. Rz. 17 ff.) **unverzüglich** zu unterrichten und auf sein Verlangen anzuhören. Ist wegen der Größe des Europäischen Betriebsrats ein Ausschuss i.S.d. § 26 EBRG gebildet, besteht die Unterrichtungs- und Anhörungspflicht über außergewöhnliche Umstände nicht gegenüber seinem Plenum, sondern gegenüber dem Ausschuss (§ 30 Abs. 2 Satz 1 EBRG). Der Ausschuss wird dabei um diejenigen Mitglieder des Europäischen Betriebsrats erweitert, die für die Betriebe oder Unternehmen bestellt worden sind, die unmittelbar von den geplanten Maßnahmen betroffen sind (§ 30 Abs. 2 Satz 3 EBRG).

116 § 30 Abs. 2 Satz 2 EBRG verweist auf § 27 Abs. 1 Satz 2–5 EBRG. Der Europäische Betriebsrat bzw. der Ausschuss i.S.d. § 26 EBRG hat danach das Recht, vor der eigentlichen Unterrichtung durch die zentrale Leitung eine – mit Einverständnis der zentralen Leitung auch mehrere – **vorbereitende Sitzungen** durchzuführen, in denen die Angelegenheit ohne Beteiligung der Unternehmensvertreter erörtert werden kann. Wegen der damit verbundenen zeitlichen Verzögerung wird von diesem Recht in der Praxis allerdings nur selten Gebrauch gemacht.

116a §§ 29 und 30 EBRG gehören zum subsidiären Teil des EBRG. Sie gelangen gem. § 21 Abs. 1 EBRG nur zur Anwendung, wenn in einer Unternehmensgruppe keine Vereinbarung über die grenzübergreifende Unterrichtung und Anhörung der Arbeitnehmer zustandekommt. Gibt es eine solche Vereinbarung, ist diese gegenüber den Auffangvorschriften des vierten Teils des EBRG **vorrangig**. Die Voraussetzungen für eine Unterrichtung und Anhörung des Europäischen Betriebsrats oder eines etwaigen an seiner Stelle errichteten Gremiums zur Durchführung der grenzübergreifenden Unterrichtung und Anhörung der Arbeitnehmer richten sich in diesem Fall ausschließlich nach den Bestimmungen der entsprechenden Vereinbarung. §§ 29 und 30 EBRG sind in diesem Fall nicht, auch nicht ergänzend anwendbar.

2. SE-Betriebsrat

117 Die **Unterrichtungs- und Anhörungsrechte des SE-Betriebsrats** sind denen des Europäischen Betriebsrats nachgebildet. §§ 28 und 29 Abs. 1–3 SEBG entsprechen nahezu wörtlich §§ 29 und 30 EBRG. Für die Unterrichtung und Anhörung des SE-Betriebsrats gelten deshalb die **vorstehend geschilderten Grundsätze** zur Beteiligung des Europäischen Betriebsrats **entsprechend**. Auch §§ 28 und 29 SEBG gelten nur **subsidiär** für den Fall, dass keine Vereinbarung über die Beteiligung der Arbeitnehmer in der SE zustandekommt (§ 22 Abs. 1 SEBG). Gibt es eine solche Vereinbarung,

bestimmen sich die Unterrichtungs- und Anhörungsrechte des SE-Betriebsrats ausschließlich nach dieser Vereinbarung.

Einziger wesentlicher Unterschied im Umfang der Beteiligungsrechte nach den für den Europäischen Betriebsrat und den SE-Betriebsrat vorgesehenen Auffanglösungen ist das dem SE-Betriebsrat in § 29 Abs. 4 SEBG eingeräumte **Zweiterörterungsrecht**. Danach hat der SE-Betriebsrat das Recht, noch ein zweites Mal mit der Leitung der SE zusammenzutreffen, um eine Einigung herbeizuführen, wenn diese beschließt, nicht entsprechend der von dem SE-Betriebsrat oder dem geschäftsführenden Ausschuss abgegebenen Stellungnahme zu handeln. Der Anhörungspflicht gegenüber dem Europäischen Betriebsrat ist demgegenüber regelmäßig mit einer einmaligen Anhörung genüge getan. Weder der europäische Betriebsrat noch der SE-Betriebsrat haben das Recht, eine Einigungsstelle anzurufen oder können rechtlich in sonstiger Weise die Umsetzung einer geplanten Umstrukturierung verhindern[1]. 118

VII. Rechte des Sprecherausschusses

Entsprechend seiner Nähe zur Unternehmensleitung sind die **Rechte des Sprecherausschusses** bei wirtschaftlichen Angelegenheiten **wesentlich schwächer ausgestaltet** als die Rechte des Betriebsrats. § 32 Abs. 1 SprAuG sieht vor, dass der Unternehmer den Sprecherausschuss mindestens einmal im Kalenderhalbjahr über die wirtschaftlichen Angelegenheiten des Betriebs und des Unternehmens i.S.d. § 106 Abs. 3 BetrVG zu unterrichten hat, soweit dadurch nicht die Betriebs- oder Geschäftsgeheimnisse des Unternehmens gefährdet werden. Art, Umfang und Inhalt der Unterrichtung entsprechen der Beteiligung des Wirtschaftsausschusses (vgl. Rz. 4 ff.). 119

Plant der Unternehmer eine – im Verhältnis zum Betriebsrat interessenausgleichspflichtige – **Betriebsänderung** i.S.d. § 111 BetrVG, die auch wesentliche Nachteile für leitende Angestellte zur Folge haben kann, hat er den Sprecherausschuss nach § 32 Abs. 2 SprAuG **rechtzeitig und umfassend zu unterrichten**. Insoweit bestehen keine Unterschiede zum Zeitpunkt und zum Umfang der Unterrichtung des Betriebsrats. Anders als der Betriebsrat hat der Sprecherausschuss aber kein Recht, die Aufstellung eines Sozialplans zu verlangen. § 32 Abs. 2 Satz 2 SprAuG sieht lediglich eine Verpflichtung des Unternehmers vor, mit dem Sprecherausschuss über Maßnahmen zum Ausgleich oder zur Milderung von wirtschaftlichen Nachteilen zu beraten, die leitenden Angestellten infolge der geplanten Betriebsänderung entstehen können. Ob ein „Sozialplan für leitende Angestellte" vereinbart wird und gegebenenfalls welchen Inhalt eine solche 120

---

1 In anderen EU-Mitgliedstaaten können Verstöße gegen Informations- und Beratungspflichten die Pflicht zur Unterlassung einer Maßnahme begründen, z.B. in Belgien.

Vereinbarung hat, unterliegt der alleinigen Entscheidung des Arbeitgebers.

121 Da der Arbeitgeber bei einer Umstrukturierung nicht selten auf die Arbeitsleistung der leitenden Angestellten für die schwierige Abwicklungsphase angewiesen ist, kann es im Einzelfall gute Gründe geben, **freiwillig** auch für leitende Angestellte **Ausgleichsmaßnahmen vorzusehen**. Dies muss aber im Einzelfall bewertet und gegebenenfalls entschieden werden. Entschließt sich der Arbeitgeber, einen Ausgleich wirtschaftlicher Nachteile auch für leitende Angestellte vorzusehen, kommt auch in Betracht, mit dem Sprecherausschuss eine entsprechende Anwendung des mit dem Betriebsrat geschlossenen Sozialplans zu vereinbaren. Eine solche Vereinbarung bedarf nach § 28 Abs. 1 SprAuG der Schriftform. Eine mündliche Absprache hat gegenüber den leitenden Angestellten grds. keine unmittelbare Wirkung.

VIII. Beteiligung der Arbeitnehmer bei Gründung einer SE und grenzüberschreitender Verschmelzung

122 Das SEBG bei der Gründung einer SE und das MgVG bei der grenzüberschreitenden Verschmelzung von Gesellschaften sehen entsprechend den europarechtlichen Vorgaben jeweils **Beteiligungsrechte der Arbeitnehmer** der an der Gründung beteiligten Unternehmen vor. Die Beteiligungsrechte beziehen sich auf die **Ausgestaltung der betrieblichen Mitbestimmung und der Unternehmensmitbestimmung** in der neuen Gesellschaft. Auf Grund der eingeschränkten praktischen Relevanz von SE-Gründungen und grenzüberschreitenden Verschmelzungen beschränkt sich die nachfolgende Darstellung auf einen groben Überblick. Hinsichtlich der Einzelheiten wird auf die einschlägige Kommentarliteratur verwiesen.

1. Gründung einer SE

123 Die Beteiligung der Arbeitnehmer bei der Gründung einer SE wird dadurch abgesichert, dass die SE gem. Art. 12 Abs. 2 der Verordnung 2157/2001 EG über das Statut der Europäischen Gesellschaft erst dann in das Handelsregister eingetragen werden kann, wenn mit dem sog. besonderen Verhandlungsgremium, das von den Arbeitnehmern der beteiligten Gesellschaften gebildet wird, eine **Vereinbarung über die Beteiligung der Arbeitnehmer** abgeschlossen wurde oder das besondere Verhandlungsgremium beschlossen hat, keine Verhandlungen aufzunehmen bzw. diese abzubrechen oder die Verhandlungsfrist abgelaufen ist, ohne dass es zum wirksamen Abschluss einer Vereinbarung über die Beteiligung der Arbeitnehmer gekommen ist. Plant die Unternehmensleitung die Gründung einer SE, muss sie deshalb zunächst ein **Verhandlungsverfahren** einleiten und durchführen.

124 Eingeleitet wird das Verhandlungsverfahren gem. § 4 Abs. 2 SEBG, indem die an der Gründung der SE beteiligten Unternehmensleitungen die **Betriebsräte und Sprecherausschüsse** in den beteiligten Gesellschaften, den betroffenen Tochtergesellschaften und den betroffenen Betrieben über das Gründungsvorhaben **informieren**. Da nach dem ausdrücklichen Wortlaut der Vorschrift auch die Arbeitnehmervertretungen der betroffenen Betriebe zu informieren sind, muss die Information **allen bestehenden Betriebsräten** zugeleitet werden. Dies gilt auch dann, wenn ein Gesamtbetriebsrat gebildet ist. Besteht keine Arbeitnehmervertretung, richtet sich die Information gem. § 4 Abs. 2 Satz 2 SEBG unmittelbar an die Arbeitnehmer (vgl. Rz. 74).

125 Hinsichtlich des Zeitpunkts der Information bestimmt § 4 Abs. 2 Satz 3 SEBG, dass die Information **unverzüglich nach Offenlegung** des für die Gründung der SE erstellten Plans zu erfolgen hat. § 4 Abs. 3 SEBG schreibt folgende **Pflichtangaben** für die Information vor:

- Identität und Struktur der beteiligten Gesellschaften, betroffenen Tochtergesellschaften und betroffenen Betriebe und deren Verteilung auf die Mitgliedstaaten (§ 4 Abs. 1 SEBG),
- in diesen Gesellschaften und Betrieben bestehende Arbeitnehmervertretungen (§ 4 Abs. 2 SEBG),
- Zahl der in diesen Gesellschaften und Betrieben jeweils beschäftigten Arbeitnehmer sowie die daraus zu errechnende Gesamtzahl der in einem Mitgliedstaat beschäftigten Arbeitnehmer (§ 4 Abs. 3 SEBG),
- Zahl der Arbeitnehmer, denen Mitbestimmungsrechte in den Organen dieser Gesellschaften zustehen (§ 4 Abs. 4 SEBG).

126 Zugleich mit der Information haben die Leitungen dazu aufzufordern, das sog. **besondere Verhandlungsgremium** zu bilden, das die Aufgabe hat, mit den Leitungen eine Vereinbarung über die Beteiligung der Arbeitnehmer in der SE abzuschließen. In welcher Form die Arbeitnehmer bzw. ihrer Vertretungen zu unterrichten sind, ist gesetzlich nicht vorgegeben. Aus Nachweisgründen empfiehlt sich aber Text- oder Schriftform.

127 Das besondere Verhandlungsgremium soll **innerhalb von zehn Wochen** nach Erteilung der Information gebildet werden. Das SEBG enthält detaillierte Vorschriften für seine Zusammensetzung und zur Wahl seiner Mitglieder (§§ 5 ff. SEBG).

128 Einzige Aufgabe des besonderen Verhandlungsgremiums ist es, mit den Leitungen der an der Gründung der SE beteiligten Gesellschaften eine **schriftliche Vereinbarung über die Beteiligung der Arbeitnehmer in der SE** zu verhandeln und gegebenenfalls abzuschließen. Für die Verhandlungen gilt der betriebsverfassungsrechtliche Grundsatz der vertrauensvollen Zusammenarbeit (§ 13 Abs. 1 SEBG). § 13 Abs. 2 SEBG verpflichtet die Leitungen, dem besonderen Verhandlungsgremium rechtzeitig alle erforderlichen Auskünfte zu erteilen und die erforderlichen Unterlagen zur

Verfügung zu stellen. Nach § 14 SEBG hat das besondere Verhandlungsgremium das Recht, zu den Verhandlungen Sachverständige, insbesondere einen Rechtsbeistand, hinzuzuziehen.

129 Kommt es zu einer Vereinbarung über die Beteiligung der Arbeitnehmer in der SE, ist diese schriftlich niederzulegen. Sie hat grds. **folgende Regelungen** zu enthalten:

– Geltungsbereich der Vereinbarung, einschließlich der außerhalb des Hoheitsgebiets der Mitgliedstaaten gelegenen Unternehmen und Betriebe, sofern diese in den Geltungsbereich einbezogen werden (§ 21 Abs. 1 Nr. 1 SEBG),

– Zusammensetzung des SE-Betriebsrats, die Anzahl seiner Mitglieder und die Sitzverteilung, einschließlich der Auswirkungen wesentlicher Änderungen der Zahl der in der SE beschäftigten Arbeitnehmer (§ 21 Abs. 1 Nr. 2 SEBG),

– Befugnisse und Verfahren zur Unterrichtung und Anhörung des SE-Betriebsrats (§ 21 Abs. 1 Nr. 3 SEBG),

– Häufigkeit der Sitzungen des SE-Betriebsrats (§ 21 Abs. 1 Nr. 4 SEBG),

– für den SE-Betriebsrat bereit zu stellende finanzielle und materielle Mittel (§ 21 Abs. 1 Nr. 5 SEBG),

– Zeitpunkt des Inkrafttretens der Vereinbarung und ihre Laufzeit; ferner die Fälle, in denen die Vereinbarung neu ausgehandelt werden soll und das dabei anzuwendende Verfahren (§ 21 Abs. 1 Nr. 6 SEBG),

– Zahl der Arbeitnehmervertreter im Aufsichts- oder Verwaltungsorgan, das Verfahren zur Wahl und die Rechte dieser Mitglieder (§ 21 Abs. 3 SEBG)[1].

130 Kommt es innerhalb einer Frist von sechs Monaten seit der Einsetzung des besonderen Verhandlungsgremiums, die einvernehmlich auf bis zu zwölf Monate verlängert werden kann, nicht zu einer Vereinbarung, gilt eine **gesetzliche Auffanglösung**. Deren Inhalte sind im Einzelnen in §§ 22 ff. SEBG für den SE-Betriebsrat[2] und in §§ 34 ff. SEBG für die Unternehmensmitbestimmung[3] geregelt.

2. Grenzüberschreitende Verschmelzung

131 Die gesetzliche Konzeption der Beteiligung der Arbeitnehmer bei einer grenzüberschreitenden Verschmelzung entspricht weitgehend dem SEBG. Auch für die grenzüberschreitende Verschmelzung gilt, dass die aus der Verschmelzung hervorgehende Gesellschaft erst ins Handelsregister ein-

---

1 Das SEBG erlaubt, durch Satzung die Zahl der Aufsichtsratsmitglieder zu begrenzen und die Vorgaben des § 7 Abs. 1 MitbestG zu unterschreiten, was in der Praxis erhebliche Vorteile bieten kann.
2 Dazu *Thüsing*, ZIP 2006, 1469 ff.
3 Dazu *Nagel*, AuR 2007, 329 ff.

getragen werden kann, wenn eine **Vereinbarung über die Beteiligung der Arbeitnehmer** zustande gekommen ist, das besondere Verhandlungsgremium die Verhandlungen nicht aufgenommen oder abgebrochen hat oder wenn nach einem Scheitern der Verhandlungen die Auffangregelung greift. Verhandlungsführer für die Arbeitnehmer ist auch hier ein **besonderes Verhandlungsgremium**, das auf Aufforderung der Unternehmensleitungen zu bilden ist (§ 6 Abs. 1 MgVG). Zeitgleich mit der Aufforderung haben die Leitungen die Betriebsräte und Sprecherausschüsse bzw., soweit solche nicht bestehen, die Arbeitnehmer unmittelbar über die beabsichtigte Verschmelzung zu informieren. Wie bei der Gründung einer SE beträgt die Frist für die Dauer der Verhandlungen zwischen den Leitungen und dem besonderen Verhandlungsgremium grds. sechs Monate (§ 21 Abs. 1 MgVG). Diese Frist kann einvernehmlich auf bis zu zwölf Monate verlängert werden (§ 21 Abs. 2 MgVG). Das MgVG beschränkt den Verhandlungsgegenstand auf die **Unternehmensmitbestimmung** in der neuen Gesellschaft (§ 22 MgVG), d.h. im Unterschied zur Gründung einer SE ist bei einer grenzüberschreitenden Verschmelzung **kein zusätzliches grenzüberschreitendes Betriebsratsgremium** vorgesehen. Kommt es nicht zu einer Vereinbarung, gilt die Auffanglösung der §§ 23 ff. MgVG[1].

B. Folgen von Umstrukturierungen für Arbeitnehmervertretungen

Im Vorfeld einer Umstrukturierung muss geprüft werden, wie sich die Organisationsänderung auf die Arbeitnehmervertretungen im Betrieb, Unternehmen und Konzern auswirkt. Nur so lassen sich Reaktionen betroffener Arbeitnehmervertreter vorhersehen und können durch entsprechende Gestaltung unerwünschte Folgen vermieden oder erwünschte Folgen gezielt herbeigeführt werden.

I. Betriebsrat, Gesamtbetriebsrat, Konzernbetriebsrat

1. Betriebsidentität

Ein **Inhaberwechsel**, sei es durch rechtsgeschäftliche Übertragung nach § 613a BGB, sei es infolge einer Umwandlung, hat für sich betrachtet **keine** Auswirkungen auf die Betriebs- und Betriebsratsstrukturen an den Standorten. Etwas anderes gilt nur hinsichtlich der unternehmensbezogenen Gremien, insbesondere des Gesamt- und Konzernbetriebsrats (zu den verschiedenen Formen von Umstrukturierungen vgl. Teil 1 A Rz. 1 ff.). **Missverständnisse** entstehen immer wieder dadurch, dass der Begriff der **Spaltung** zwei Bedeutungen haben kann. Der Begriff ist im Umwandlungsgesetz definiert, soweit Unternehmen gespalten werden. Ein **Unter-**

1

---

1 Dazu *Nagel*, NZG 2007, 57 ff.

nehmen kann gespalten werden, ohne dass zugleich ein Betrieb gespalten wird[1]. Umgekehrt kann ein **Betrieb** gespalten werden, ohne dass das Unternehmen gespalten wird. Betriebsverfassungsrechtlich von Bedeutung ist nur, ob ein Betrieb **fortbesteht, gespalten** oder **zusammengelegt** wird. Die Betriebsverfassung knüpft an die Betriebsorganisation an und setzt sich dabei über die Rechtsträger hinweg. Ob im Zusammenhang mit einer Umstrukturierung auch das Unternehmen gespalten wird, ist für den Bestand der Betriebsratsgremien unerheblich.

2 ➲ **Typischer Fehler:** Ein Unternehmen plant ein Outsourcing-Projekt. Die IT-Abteilung soll durch Betriebsteilübergang nach § 613a BGB einem IT-Dienstleister übertragen werden. Beide beteiligten Arbeitgeber gehen davon aus, dass der Betriebsrat des Unternehmens für die IT-Abteilung künftig nicht mehr zuständig sei. Eine erkennbare Spaltung des Betriebs und den dazu notwendigen Interessenausgleich planen sie nicht.

3 Betriebe oder Betriebsteile können auf verschiedene Weise zusammengefügt oder wieder getrennt werden. In jeder denkbaren Fallgruppe sind die Auswirkungen auf die **Identität des Betriebs** eigenständig zu prüfen. Nur wenn die Identität des Betriebs erhalten bleibt, besteht auch das Mandat des Betriebsrats fort[2]. Verliert der Betrieb seine Identität, erlischt grds. auch das Amt des Betriebsrats. Im europäischen Recht ist durch Art. 6 Abs. 1 Unterabs. 1 der Richtlinie 2001/23/EG vorgegeben, dass, sofern das Unternehmen, der Betrieb oder der Unternehmens- bzw. Betriebsteil seine Selbständigkeit behält, die Rechtsstellung und die Funktion der Vertreter oder der Vertretung der von einem Betriebsübergang betroffenen Arbeitnehmer erhalten bleiben, so wie sie vor dem Zeitpunkt des Übergangs bestanden haben. Bleiben die Organisationsbefugnisse der für die übertragenen Einheiten Verantwortlichen nach dem Übergang innerhalb der Strukturen des Erwerbers im Wesentlichen unverändert, bleibt die Arbeitnehmervertretung im Amt[3].

4 Weder der nationale Gesetzgeber noch die Rspr. des BAG haben klare Vorgaben entwickelt, unter welchen Voraussetzungen die Betriebsidentität bei einer Umstrukturierung gewahrt bleibt. Dies gilt insbesondere, weil im Betriebsverfassungsrecht eine gesetzliche Definition des Betriebs fehlt. Herausgebildet hat sich der Begriff einer organisatorischen Einheit, die einen wirtschaftlichen oder ideellen Zweck verfolgt. Diese Einheit wird geprägt durch einen **Leitungsapparat**, die Betriebs**räume**, die Betriebs**mittel** und die in diesem Betrieb beschäftigten **Arbeitnehmer**. Wird deren **organisatorische Zusammenfassung** aufgelöst und durch eine andere ersetzt, verliert der Betrieb seine **Identität**.

---

1 Zur Spaltung in Besitz- und Produktionsgesellschaft vgl. Teil 1 A Rz. 21.
2 LAG Hessen v. 14.3.2011, NZA-RR 2011, 419.
3 EuGH v. 29.7.2010 – Rs. C-151/09, NZA 2010, 1014.

Das ist nicht bei jeder geringfügigen Veränderung der Fall. Der Gesetzgeber hat mit der Anordnung von **Neuwahlen** bei erheblicher **Verkleinerung** oder **Vergrößerung** der Belegschaft (§ 13 Abs. 2 Nr. 1 BetrVG) dafür gesorgt, dass der Betriebsrat bei wesentlichen Veränderungen der **Belegschaftsstärke** die demokratische Legitimation der Arbeitnehmervertreter erneuert. Die Regelung lässt zugleich den Rückschluss zu, dass der Betrieb an sich in diesem Fall seine Identität nicht verändert, andernfalls müsste in diesen Fällen der Betriebsrat automatisch sein Amt verlieren und Neuwahlen wären auch ohne die gesetzliche Anordnung des § 13 Abs. 2 Nr. 1 BetrVG erforderlich. 5

Der **Ort**, bestimmte Betriebs**räume** und ein bestimmtes Betriebs**grundstück** prägen aus der Wahrnehmung der Belegschaft den Betrieb maßgeblich. Allerdings ist auch eine **Betriebsverlegung** denkbar, ohne dass der Betrieb dabei seine Identität verliert. Damit kommt es letztlich auf den arbeitstechnischen Zweck und die zu diesem Zweck gewählte **organisatorische Zusammenfassung der Betriebsmittel** an. Maßgebliche Kriterien für einen Betrieb und dessen Identität sind insbesondere 6

– arbeitstechnischer Zweck,
– Leitungsapparat,
– Betriebsmittel,
– Betriebsräume,
– Arbeitsorganisation,
– Arbeitnehmer.

Ob und welche Einheiten, die aus einer Betriebsänderung hervorgehen, identitätswahrend einen bisherigen Betrieb fortführen, ist nicht immer eindeutig zu ermitteln. Die maßgeblichen Kriterien sind in einer **Gesamtschau** zu betrachten. Als Orientierung werden die allgemeine Definition des Betriebs und Kriterien empfohlen, die auch der Feststellung eines Betriebsübergangs (vgl. Teil 3 A Rz. 12 ff.) dienen können. Durch diese Abgrenzungsschwierigkeiten eröffnen sich allerdings auch **Gestaltungsspielräume**. Sie lassen sich nutzen, wenn schon in einem frühen Planungsstadium die künftigen Strukturen nicht losgelöst von ihrer betriebsverfassungsrechtlichen Bewertung entwickelt werden. Der Betriebsrat wird insbesondere dann die künftige Struktur in Frage stellen, wenn er einen Amtsverlust befürchtet oder maßgebliche Betriebsratsmitglieder ihr Mandat durch die Veränderungen verlieren werden, weil gerade die Einheit von einem im Übrigen fortbestehenden Betrieb abgespalten wird, in der sie arbeiten. 7

2. Neuwahl, Übergangs- und Restmandat

a) Neuwahl

8 Verliert ein Betrieb seine Identität, **endet** dadurch **das Amt** des Betriebsrats. Die Mitgliedschaft der Betriebsratsmitglieder im Betriebsrat erlischt gem. § 24 BetrVG. Damit erlischt auch die Mitgliedschaft im Gesamt- oder Konzernbetriebsrat.

9 Behält der Betrieb seine Identität, verändert sich aber die **Anzahl der Beschäftigten** wesentlich, ist nach näherer Maßgabe des § 13 Abs. 2 Nr. 1 BetrVG eine Neuwahl durchzuführen. Diese Vorschrift sieht eine **Stichtagsbetrachtung** mit Ablauf von 24 Monaten nach der letzten Wahl vor. Ist zu diesem Zeitpunkt die Zahl der regelmäßig beschäftigten Arbeitnehmer um die **Hälfte**, mindestens aber um 50 gestiegen oder gesunken, ordnet das Gesetz Neuwahlen an. Auf diese Weise soll sichergestellt werden, dass der Betriebsrat eine hinreichende Legitimation erhält. Schwankungen der Belegschaftsstärke, die sich an dem Stichtag nicht auswirken, sondern nur davor oder danach, sind unerheblich.

10 **Beispiel:** Ein Betrieb mit 100 Arbeitnehmern wird in einen Betrieb mit 180 Arbeitnehmern integriert, so dass sich die Zuständigkeit des dortigen Betriebsrats zunächst auf die hinzukommenden 100 Arbeitnehmer erstreckt. Ist dieser Vorgang vor Ablauf von 24 Monaten vom Tag der Wahl an abgeschlossen, werden Neuwahlen erforderlich. Andernfalls bleibt der amtierende Betriebsrat im aufnehmenden Betrieb in seiner bisherigen Besetzung im Amt, § 13 BetrVG.

11 Eine Neuwahl kann nach § 13 Abs. 2 Nr. 2 BetrVG außerdem erforderlich werden, wenn die Zahl der Betriebsratsmitglieder **unter die vorgeschriebene Zahl absinkt** und das, obgleich alle zur Verfügung stehenden Ersatzmitglieder eingetreten sind. Dies kann insbesondere dann der Fall sein, wenn durch Stilllegung oder Abspaltung von Betriebsteilen Betriebsratsmitglieder ihren Arbeitsplatz verlieren oder den Arbeitgeber wechseln[1].

b) Übergangsmandat

12 Eine gesetzliche Regelung des Übergangsmandats enthält § 21a BetrVG. Das Übergangsmandat hat eine **Überbrückungsfunktion**. Beteiligungsrechte sollen erhalten werden, bis eine Neuwahl in neu gebildeten betrieblichen Einheiten stattfinden kann. Eine betriebsratslose Zeit soll vermieden werden. Das Übergangsmandat endet, wenn in dem abgespaltenen Betriebsteil ein Betriebsrat errichtet wird, andernfalls nach Ablauf von **sechs Monaten**. Das Übergangsmandat besteht **nicht**, falls der abgespaltene Betriebsteil unmittelbar in einen anderen Betrieb **eingegliedert** wird. Ob dies auch gilt, wenn in dem aufnehmenden Betrieb kein Be-

---

1 Zur Kündbarkeit im Rahmen des § 15 KSchG vgl. Teil 4 D Rz. 131 ff.

triebsrat besteht, ist streitig[1]. Für den Fall des **Zusammenschlusses** mehrerer Betriebe oder Betriebsteile wird das Übergangsmandat dem Betriebsrat des Betriebs oder Betriebsteils mit der **höheren Belegschaftsstärke** zuerkannt (§ 21a Abs. 2 BetrVG). Das Übergangsmandat ist nach allgemeiner Ansicht ein **Vollmandat**, d.h. es unterliegt keinen inhaltlichen Beschränkungen. Es wird in der personellen Besetzung wahrgenommen, wie der Betriebsrat im Zeitpunkt der Umsetzung der Umstrukturierung bestanden hat[2]. Dies gilt nicht, soweit das Arbeitsverhältnis eines Betriebsratsmitglieds endet durch Beendigung seines Arbeitsverhältnisses und das Arbeitsverhältnis auch nicht fortgesetzt wird mit einem Rechtsträger einer der neu gebildeten Einheiten[3]. Dann endet sein Amt und es rückt ein Ersatzmitglied nach.

c) Restmandat

Vom Übergangsmandat zu unterscheiden ist das **Restmandat** gem. § 21b BetrVG. Es steht dem Betriebsrat zu, wenn ein Betrieb durch Stilllegung, Spaltung oder Zusammenlegung **untergeht**. Anders als das Übergangsmandat ist das Restmandat inhaltlich auf die Ausübung von Mitbestimmungsrechten beschränkt, die durch die Betriebsänderung ausgelöst werden. Praktisch geht es dabei fast immer um den Abschluss eines Sozialplans, den der Betriebsrat im Rahmen des Restmandats auch noch nach Auflösung der Betriebsorganisation erzwingen kann. Das Restmandat ist nicht die Grundlage dafür, bis dahin unerledigte Betriebsratstätigkeit noch abzuschließen[4]. 13

Übergangs- und Restmandat können **nebeneinander** bestehen[5]. Wann welche dieser Erweiterungen der Zuständigkeit oder Amtszeit eines Betriebsrats eingreift, soll im Folgenden anhand der verschiedenen Formen von Betriebsänderungen erläutert werden. 14

3. Spaltung von Betrieben

Eine Spaltung liegt vor, wenn aus einer organisatorischen Einheit mindestens zwei neue Einheiten hervorgehen. Die Verkleinerung des Betriebs auch in der Form der Stilllegung eines Betriebsteils ist keine Spaltung des Betriebs[6]. Begrifflich wird bei der Spaltung von Betrieben zwischen der **Aufspaltung** und der **Abspaltung** unterschieden[7]. Damit soll zum Ausdruck gebracht werden, dass von einem Betrieb Betriebsteile **abgetrennt** 15

---

1 Für ein Übergangsmandat *Fischer*, RdA 2005, 39; a.A. *Löwisch/Schmidt-Kessel*, BB 2001, 2162.
2 *Fitting*, § 21a Rz. 16 m.w.N.; vgl. Rz. 44 zu den Rechtsfolgen.
3 *Fitting*, § 21a Rz. 17.
4 ErfK/*Koch*, § 21b BetrVG Rz. 3.
5 A.A. *Lelley*, DB 2008, 1433.
6 BAG v. 18.3.2008 – 1 ABR 77/06, NZA 2008, 957.
7 BAG v. 18.3.2008 – 1 ABR 77/06, DB 2009, 126; BAG v. 24.5.2012 – 2 AZR 62/11, DB 2013, 1731; Bespr. *von Medem*, GWR 2013, 99.

werden können, ohne dass dieser Betrieb seine Identität verliert (Abspaltung). Als Aufspaltung wird die **Zerlegung** des Betriebs verstanden, durch die neue Einheiten entstehen, von denen keiner die Identität des bisherigen Betriebs wahrt.

a) Abspaltung

16 Bei einer Abspaltung **bewahrt** ein Betrieb seine **Identität**[1]. Er verliert sein Wesen nicht dadurch, dass einzelne Betriebsteile abgespalten werden.

17 **Beispiel:** Ein mittelständisches Metall-Produktionsunternehmen unterhält am Produktionsstandort neben der Produktion auch ein Lager und eine Auslieferung. Diese zwei abgrenzbaren Einheiten werden organisatorisch verselbständigt und an einen verkehrsgünstigeren Logistikstandort verlegt. Dort erhalten sie eine eigenständige Standortleitung, die auch die Personalleitung übernimmt.

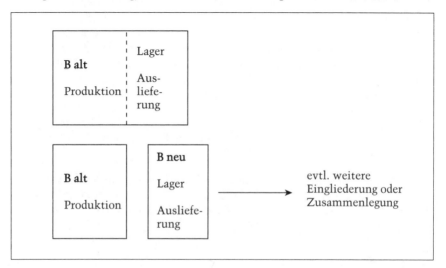

18 In diesem Fall **wahrt** der Produktionsbetrieb betriebsorganisatorisch seine **Identität**, weil Auslieferung und Lager nur **Nebenzwecke** des bisherigen arbeitstechnischen Zwecks waren und sowohl räumlich als auch in ihrer Personalstärke einen **wesentlich kleineren Teil** des bisherigen Gesamtbetriebs ausmachten. Der Betriebsrat bleibt in dem verbleibenden Produktionsbetrieb im Amt[2]. Neuwahlen werden dort nur notwendig, wenn 24 Monate nach dem Wahltag die Belegschaft sich um die Hälfte verringert hat (§ 13 Abs. 1 Nr. 1 BetrVG). Dieser Betriebsrat hat ein **Übergangsmandat** nach § 21a Abs. 1 BetrVG[3], um in dem abgespalteten Logistikbetrieb Neuwahlen einzuleiten.

---

1 BAG v. 24.5.2012 – 2 AZR 62/11, DB 2013, 1731.
2 BAG v. 24.5.2012 – 2 AZR 62/11, DB 2013, 1731.
3 BAG v. 24.5.2012 – 2 AZR 62/11, DB 2013, 1731.

b) Aufspaltung

Der Betrieb **verliert** durch die Aufspaltung vollständig seine **Identität**. Es entstehen zwei neue, selbständige Betriebe. 19

Beispiel: Eine bundesweit tätige Vertriebsgesellschaft setzt ihre Vertriebsmitarbeiter nach Produktgruppen organisiert bundesweit ein. Zwei organisatorisch selbständige Einheiten „Vertrieb Nord" und „Vertrieb Süd" sollen geschaffen und getrennt voneinander geführt werden. In ihnen sollen künftig Gebietsvertreter in festgelegten geographischen Vertriebsregionen sämtliche Produkte vertreiben und von Produktspezialisten aus dem Innendienst unterstützt werden. 20

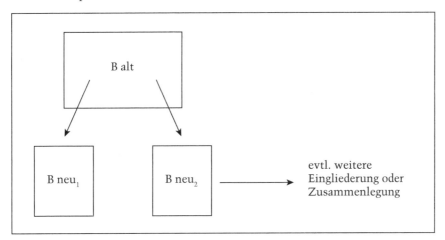

Der Betriebsrat **verliert** sein **Amt** durch die **Auflösung** des Betriebs. Nach § 21a Abs. 1 BetrVG steht ihm ein **Übergangsmandat** für die zwei aus der Betriebsspaltung hervorgehenden Betriebe für die Dauer von sechs Monaten zu. Außerdem führt der Amtsverlust durch die Spaltung daneben zu einem **Restmandat** für den Ursprungsbetrieb nach § 21b BetrVG[1]. Das Restmandat ist **inhaltlich begrenzt** auf Angelegenheiten, die im funktionalen Zusammenhang mit der Spaltung stehen. Das Übergangsmandat erstreckt sich auf alle mitbestimmungspflichtigen Angelegenheiten. 21

Im Zusammenhang mit einem solchen Spaltungsvorgang kann jeder der aus einer Betriebsspaltung hervorgehenden Betriebe oder Betriebsteile **selbständig fortbestehen**. Wird ein abgespaltener Teil mit einem anderen Betrieb oder Betriebsteil **zusammengelegt** (vgl. Rz. 27 ff.), kann das Übergangsmandat dadurch entfallen, dass die Zuständigkeit eines dort schon bestehenden Betriebsrats sich auf den abgespaltenen Betriebsteil **erstreckt** (Eingliederung, vgl. Rz. 33 ff.). 22

---

1 BAG v. 24.5.2012 – 2 AZR 62/11, DB 2013, 1731.

4. Zusammenlegung von Betrieben oder Betriebsteilen

23 Auch die organisatorische Zusammenfassung von Betrieben und Betriebsteilen durch eine Umstrukturierung wirft die Frage auf, ob einer der bisherigen Betriebe in seiner Identität nach der Betriebsänderung fortbesteht. Begrifflich lassen sich die Fallgruppen als **Zusammenfassung** von Betrieben oder Betriebsteilen bezeichnen, in denen alle beteiligten Betriebe ihre Identität verlieren und ein neuer Betrieb entsteht. Als **Eingliederung** werden die Fälle bezeichnet, in denen ein Betrieb seine Identität behält, obwohl andere Betriebe oder Betriebsteile integriert werden und dadurch ihre eigene Identität verlieren.

a) Zusammenfassung

aa) Zusammenfassung mehrerer Betriebe

24 Zwei Betriebe können so zusammengelegt werden, dass ein **neuer Betrieb** entsteht, der nicht die Identität des einen oder anderen Betriebs fortsetzt. Wenn dies das Verständnis der planenden Arbeitgeber ist, kann es auch sinnvoll sein, dies in einem Geschäftsleitungsbeschluss deutlich zum Ausdruck zu bringen. Auf diese Weise können Zweifel ausgeräumt werden, ob einer der Betriebe seine Identität wahrt.

25 **Beispiel:** Zwei Druckereien werden aufgekauft und an einem dritten Standort zusammengefasst. In einer entsprechend größeren Halle werden alle Druckmaschinen der beiden Druckereibetriebe aufgestellt. Unter einer neuen, einheitlichen Leitung wird neu festgelegt, welche Druckerzeugnisse auf welchen Druckmaschinen hergestellt werden.

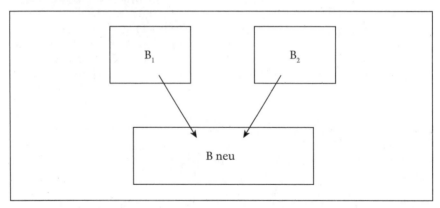

26 **Neuwahlen** werden erforderlich. Keiner der bisherigen Betriebsräte bleibt im Amt. Allerdings ordnet das Gesetz auch in diesem Fall ein **Übergangsmandat** an, damit in dem neuen Betrieb zügig Betriebsratswahlen eingeleitet werden. Dieses Übergangsmandat steht dem Betriebsrat desjenigen Betriebs zu, der zum Zeitpunkt der Zusammenfassung **mehr Arbeitnehmer** beschäftigte (§ 21a Abs. 2 BetrVG). Daneben steht den durch die Zusam-

menlegung untergehenden Betriebsräten ein auf diesen Vorgang bezogenes **Restmandat** nach § 21b BetrVG zu.

bb) Zusammenfassung von Betriebsteilen

Gegenstand der Zusammenfassung sind nicht nur selbständige Betriebe. Es können auch Betriebs**teile** zusammengefasst werden, die zuvor durch Abspaltung oder Aufspaltung (vgl. Rz. 15 ff.) aus einem anderen Betrieb herausgelöst wurden.

Beispiel: Bei einer Konzernumstrukturierung werden Buchhaltung und Personalleitung aus Standorten in Hamburg, Düsseldorf, Stuttgart, Nürnberg und München herausgelöst und in einer Verwaltungszentrale in Frankfurt zusammengefasst („Shared Services").

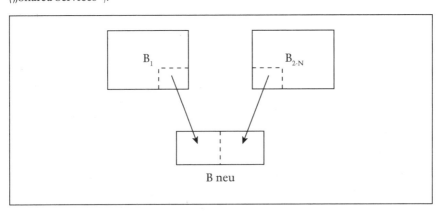

In diesem Fall soll wie bei dem Zusammenschluss mehrerer Betriebe ein **Übergangsmandat** nach § 21a Abs. 2 BetrVG sicherstellen, dass in der neu entstehenden Einheit unverzüglich Betriebsratswahlen stattfinden können. Das Übergangsmandat übt derjenige Betriebsrat aus, der nach der Zahl der wahlberechtigten Arbeitnehmer für den **größten** an der Zusammenfassung beteiligten Betriebs**teil** zuständig ist[1]. Ein Restmandat der bisher zuständigen Arbeitnehmervertretungen nach § 21b BetrVG kann hier nicht entstehen, da diese in den (durch die Abspaltungen verkleinerten) Betrieben im Amt bleiben, der Betrieb für den sie gewählt sind, also nicht untergeht.

cc) Zusammenfassung von Betrieben und Betriebsteilen

In beliebiger Kombination können anlässlich einer Betriebsänderung die aus Spaltungen hervorgehenden Betriebs**teile** mit bestehenden **Betrieben** zusammengefasst werden. Auch hier gilt, dass **Größe** und **Organisation** maßgeblich darüber entscheiden, ob ein neuer Betrieb entsteht und keiner der Betriebe seine Identität wahrt.

---

1 BAG v. 21.1.2003 – 1 ABR 9/02, NZA 2003, 1097.

31 **Beispiel:** Ein Verlag spaltet die Druckabteilung seines Betriebs (B_1) ab. Sie wird von einer Großdruckerei übernommen und mit einem Druck-Betrieb (B_2) an einem neuen Standort zusammengelegt.

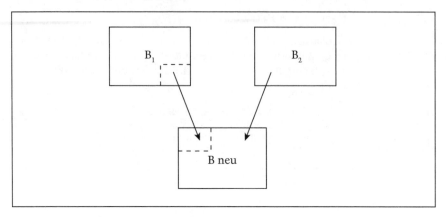

32 Auch hier steht wie bei der Zusammenfassung von Betriebsteilen das Übergangsmandat nach Maßgabe des § 21a Abs. 2 BetrVG dem Betrieb mit der größten Arbeitnehmerzahl zu. Es kommt bei Betriebsteilen auf die Zahl der Arbeitnehmer des Betriebs**teils** an. Wird z.B. ein Betrieb mit 200 Mitarbeitern zusammengelegt mit einem Betriebsteil, der selbst nur 50 Arbeitnehmer hat, zuvor aber von einem Betrieb mit 2 000 Arbeitnehmern abgespalten wurde, steht das Übergangsmandat u.E. dem Betriebsrat des Betriebs zu, der 200 Arbeitnehmer in den zusammengefassten Betrieb einbringt. Hierfür spricht jedenfalls die stärkere **Legitimation** dieses Betriebsrats. Im Beispiel steht dem Betriebsrat des Betriebs B_2 ein Restmandat zu. Der Betriebsrat des Betriebs B_1 bleibt im Amt. Streitig ist der Fall der Zusammenfassung mit einem **betriebsratslosen** Betrieb, wenn dieser mehr Arbeitnehmer beschäftigt als ein anderer, in dem ein Betriebsrat errichtet ist (vgl. Rz. 36).

b) Eingliederung

33 Als Eingliederung lassen sich begrifflich die Fallgruppen unterscheiden, in denen ein Betrieb seine Identität behält, obgleich Betriebsteile oder Betriebe in seine Organisation **integriert** werden, die durch die Integration ihre Identität verlieren. In diesen Fällen ist die Entstehung eines **Übergangsmandats** stets **ausgeschlossen**, weil Tatbestandsvoraussetzung des § 21a BetrVG für die Entstehung eines Übergangsmandats ist, dass der Betrieb(steil) „nicht in einen Betrieb eingegliedert" wird. Streitig ist, ob ein Übergangsmandat auch dann nicht entsteht, wenn in einen betriebsratslosen Betrieb eingegliedert wird (vgl. Rz. 36).

aa) Eingliederung von Betrieben in andere Betriebe

Die Eingliederung eines Betriebs in einen anderen ist dann anzunehmen, 34
wenn ein meist **kleinerer** Betrieb in einen **größeren** Betrieb in der Weise
aufgenommen wird, dass Aufgaben, Betriebsmittel und Personal in die
bestehende Organisation des anderen **eingeordnet** werden.

Beispiel: Ein größeres Callcenter unterhält einen Betrieb (B_1) mit 200 Mitarbeitern. 35
Es übernimmt den telefonischen Kundendienst für einen Auftraggeber, der bisher
in einem eigenen Callcenter-Betrieb (B_2) zehn Mitarbeiter beschäftigt hat. Diese
zehn Mitarbeiter werden räumlich in den Betrieb des Callcenters eingegliedert. Sie
behalten zunächst die ausschließliche Zuständigkeit für die Produkte des bisherigen Arbeitgebers, sollen aber schrittweise diese ausschließliche Zuständigkeit verlieren und im Wechsel mit allen anderen 200 Mitarbeitern des Callcenters in die
Dienstplanorganisation eingebunden werden.

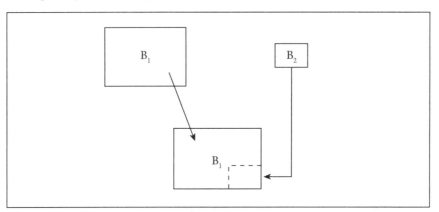

Mit der Eingliederung verliert der Callcenter-Betrieb B2 seine Identität. 36
Sein Betriebsrat verliert das Amt. Allerdings steht ihm ein **Restmandat**
nach § 21b BetrVG für die Stilllegung des eigenständigen Callcenter-Betriebs zu. Parallel dazu **erstreckt** sich das Amt des Betriebsrats im aufnehmenden Betrieb auch auf diese neu hinzugekommenen Arbeitnehmer. Für
ein Übergangsmandat ist hier kein Raum. Eine Schutzlücke ist durch das
Restmandat der bisher zuständigen Arbeitnehmervertretung und die sofortige Zuständigkeit des Betriebsrats im aufnehmenden Betrieb ausgeschlossen. Bestünde im aufnehmenden Betrieb (B1) kein Betriebsrat,
könnte nach dem Wortlaut des § 21a Abs. 1 Satz 1 BetrVG ein Übergangsmandat entstehen[1]. Allerdings spricht § 21a Abs. 2 BetrVG das Übergangsmandat dem Gremium zu, dass in dem nach der Zahl der wahlberechtigten
Arbeitnehmer größeren Betrieb oder Betriebsteil gewählt ist. Ist in dem
nach der Zahl der Arbeitnehmer größeren Betrieb kein Betriebsrat gewählt, ordnet das Gesetz nicht hilfsweise an, das in dem kleineren Betrieb

---
1 Dagegen: *Löwisch/Schmidt-Kessel*, BB 2001, 2162; *Feudner*, BB 2003, 882; a.A.
Fischer, RdA 2005, 39.

oder Betriebsteil gewähltes Gremium mit dem Übergangsmandat auszustatten[1].

37 Die Auswirkungen auf die Betriebsräte sind nicht anders, wenn ausnahmsweise ein nach der Zahl der Arbeitnehmer **größerer** Betrieb in einen **kleineren** Betrieb integriert wird. Diese Konstellation ist denkbar, wenn die **Organisationsstruktur** des kleineren Betriebs bewahrt wird und in diese Struktur die hinzukommenden Arbeitnehmer eingeordnet werden.

38 **Beispiel:** Eine kleine, gut organisierte Servicegesellschaft bietet mit einer bundesweit arbeitenden Zentrale (B_1) Kundendienste in allen Bundesländern an. Sie erhält einen Großauftrag und soll für einen führenden Hersteller von Haushaltsgeräten dessen Kundendienst kurzfristig übernehmen. Diesem Kundendienst gehören 200 Monteure an, die bisher in einem eigenständigen Betrieb (B_2) zusammengefasst waren. Sie werden jetzt den Kundendienstregionen der Servicegesellschaft zugeordnet, von deren Zentrale gesteuert und in deren Organisation vollständig eingegliedert.

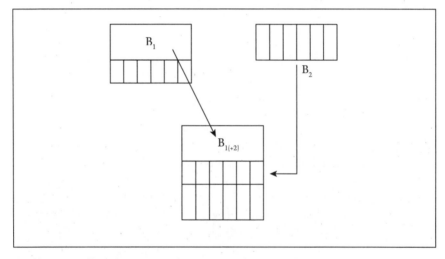

39 In diesem Fall verliert ausnahmsweise der Betrieb seine Identität, in dem mehr Arbeitnehmer beschäftigt werden. Sein Betriebsrat kann nach § 21b BetrVG im Rahmen der Eingliederung noch Mitbestimmungsrechte aus dem **Restmandat** nach § 21b BetrVG geltend machen. Mit der Eingliederung wird der Betriebsrat des aufnehmenden Betriebs, hier der Servicegesellschaft, für die eingegliederten Kundendienstmonteure zuständig.

bb) Eingliederung von Betriebsteilen in Betriebe

40 Entsprechende Eingliederungsvorgänge ergeben sich auch, wenn nicht eigenständige Betriebe, sondern **zuvor abgespaltene Betriebsteile** (vgl. Rz. 16 ff.) eingegliedert werden.

---

1 Streitig, zum Streitstand vgl. *Fitting*, § 21a Rz. 11 m.w.N.

Beispiel: Fallgestaltung wie Rz. 35 wobei die zehn Callcenter-Mitarbeiter im Unternehmen des bisherigen Arbeitgebers keinen eigenständigen Betrieb, sondern eine Betriebsabteilung darstellten. **41**

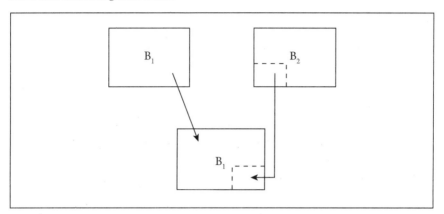

In diesem Fall erstreckt sich die Zuständigkeit des Betriebsrats des aufnehmenden Betriebs sofort auf diese Mitarbeiter, d.h. ein **Übergangsmandat** i.S.d. § 21a BetrVG entsteht **nicht**. **42**

5. Besonderheiten bei Gemeinschaftsbetrieben

Entgegen einem verbreiteten Missverständnis führt die Veräußerung von Betriebsteilen keineswegs dazu, dass ohne weiteres getrennte Betriebsräte zu bilden wären. Infolge der **gesetzlichen Vermutung** des § 1 Abs. 2 BetrVG ist **im Zweifel** sogar davon auszugehen, dass die Übertragung eines Betriebsteils auf einen anderen Rechtsträger nicht dazu führt, dass getrennte Betriebsräte zu errichten wären. Das Gesetz geht davon aus, dass nach einer Spaltung des Unternehmens im Zweifel die zwei an der Spaltung beteiligten Rechtsträger einen gemeinsamen Betrieb unterhalten, in dem der bisherige Betriebsrat im Amt bleibt. Da diese Folge in der Praxis häufig unerwünscht ist und auch im Hinblick auf Informations- und Mitbestimmungsrechte des Betriebsrats gegenüber allen beteiligten Rechtsträgern Befremden auslöst, sollte diese mögliche Rechtsfolge schon in der Konzeption einer Maßnahme bedacht werden (vgl. Teil 1 B Rz. 7). Denkbar sind folgende Gestaltungen: **43**

(1) Der Betrieb wird **vor** einem Inhaberwechsel gespalten, der betriebsorganisatorisch verselbständigte abgespaltene Betrieb wird erst im zweiten Schritt auf einen anderen Rechtsträger übertragen. Ist dem Betriebsrat bekannt, dass der Arbeitgeber sich für diese Reihenfolge entschieden hat, kann er durch Verzögerung des Interessenausgleichs auch die Spaltung verzögern und mit diesem Druck hohe Sozialplanforderungen durchsetzen.

(2) Beide Vorgänge werden **gleichzeitig** begonnen. Da der zeitliche Verlauf der Interessenausgleichsverhandlungen wegen der Betriebsspal-

tung nicht exakt bestimmbar ist, lassen die Vorgänge sich nicht ohne weiteres aufeinander abstimmen. Den Inhaberwechsel davon abhängig zu machen, ob zuvor der Betrieb betriebsorganisatorisch gespalten ist, kann im Hinblick auf z.B. steuerrechtliche Vorgaben für den Zeitplan unzweckmäßig sein.

(3) Der Inhaberwechsel wird zunächst isoliert durchgeführt. Die beteiligten Rechtsträger führen den Betrieb zunächst als gemeinsamen Betrieb fort und planen erst im zweiten Schritt **nach** dem Inhaberwechsel die Spaltung des Betriebs, über die dann der Interessenausgleich herbeizuführen ist. Der Betriebsrat wird in diesem Fall sorgfältig nachfragen, ob der Arbeitgeber nicht schon eine interessenausgleichspflichtige Planung „in der Schublade" hat.

6. Typische Gestaltungen in der Praxis

44 Arbeitgeber und Betriebsrat finden in der Praxis häufig gemeinsame Lösungen, die den Bedürfnissen der Belegschaft nach einer möglichst unmittelbaren Interessenvertretung gerecht werden und dem Arbeitgeber zugleich einen kompetenten Ansprechpartner liefern. Dazu gehört die **Verlängerung** des Übergangsmandats, die Teilnahme bisher zuständiger Betriebsratsmitglieder an den Sitzungen des nunmehr zuständigen Betriebsrats, die Festlegung, **welche Personen** aus dem bisher zuständigen Betriebsrat das Übergangsmandat wahrnehmen. Dabei wird diese Rolle häufig denjenigen Betriebsratsmitgliedern übertragen, die durch die Betriebsänderung ihr Mandat formal verloren haben und zugleich persönlich von der Veränderung betroffen sind.

45 **Beispiel:** Ein Verlag spaltet seine Druckerei auf einen eigenständigen Rechtsträger ab. Das Übergangsmandat steht dem im Verlag fortbestehenden Betriebsrat zu. Der bisherige Betriebsratsvorsitzende gehört der Druckerei an. Er nimmt sein Amt weiter wahr. Dabei wird er nicht nur (wohl richtigerweise) zu Sitzungen des Übergangsbetriebsrats, sondern auch weiterhin zu Sitzungen des Verlagsbetriebsrats (wohl fälschlicherweise) hinzugezogen.

46 Diese praxisnahen Lösungen sind nicht immer im formalen Einklang mit dem BetrVG. Sie funktionieren dann, wenn alle sich einig sind und die zu behandelnden Materien nicht streitig werden. Zu „pragmatische" Lösungen bringen aber das Risiko mit sich, dass Betriebsratswahlen auf dieser Grundlage anfechtbar oder sogar nichtig sind, Amtshandlungen und Erklärungen des Betriebsrats nichtig sein können und eine fehlerhafte **Sozialauswahl** gerügt werden kann, wenn auf diese Weise Betriebsratsmitgliedern der besondere Kündigungsschutz erhalten bleibt, obgleich sie ihr Amt formal verloren haben. Folgenreich ist auch die Anhörung des falsch zusammengesetzten Betriebsrats, wenn – wie im Beispiel (Rz. 45) – die Anhörung zu einer Kündigung dem „Nicht-mehr-Betriebsratsvorsitzen-

den" übergeben wird. Eine von den zwingenden Bestimmungen des § 21b BetrVG abweichende Vereinbarung ist unwirksam[1].

7. Auswirkungen auf Gesamt- und Konzernbetriebsrat

a) Gesamtbetriebsrat

Der Gesamtbetriebsrat ist ein **unternehmensbezogenes** Gremium. Besteht im Unternehmen des **Erwerbers** der Betriebe ein Gesamtbetriebsrat, können die Betriebsräte der übertragenen Betriebe dorthin Mitglieder **entsenden**, § 47 Abs. 2 BetrVG[2]. Ist ein Gesamtbetriebsrat dort noch nicht gebildet, ist er zu errichten, wenn durch die Übernahme der Betriebe die Voraussetzungen zur Errichtung eines Gesamtbetriebsrats geschaffen werden. 47

Das BAG hat in seinem Beschluss vom 5.6.2002[3] offen gelassen, ob der im Unternehmen des Veräußerers gebildete Gesamtbetriebsrat beim neuen Arbeitgeber **fortbestehen** könne, wenn dieser alle Betriebe des bisherigen Inhabers übernimmt und selbst keine Betriebe unterhält. Richtigerweise ist in diesem Fall der Gesamtbetriebsrat im Unternehmen des Erwerbers **neu zu errichten**[4]. 48

Der Gesamtbetriebsrat ist eine **Dauereinrichtung**. Sein Amt endet nur, wenn die Voraussetzungen seiner Errichtung entfallen. Die demokratische Legitimation des Gesamtbetriebsrats ist gesetzlich gesichert durch das Entsenderecht aller Betriebe, auch der hinzukommenden Betriebe nach § 47 Abs. 2 BetrVG. Alle an Zahlenstaffeln geknüpfte Besetzungsregeln sind zu beachten, so dass gegebenenfalls Besetzungen des Gesamtbetriebsausschusses anzupassen sind[5]. Die demokratische Legitimation des Gesamtbetriebsrats könnte nur dann in Gefahr geraten, wenn ein Tarifvertrag oder eine Betriebsvereinbarung gem. § 47 Abs. 4 BetrVG die Mitgliederzahl des Gesamtbetriebsrats abweichend von § 47 Abs. 2 Satz 1 BetrVG regeln und keine Anpassungsregelungen für den Fall des Hinzukommens weiterer Betriebe oder anderer Strukturveränderungen vorsieht. In diesem Fall lässt sich das Legitimationsdefizit jedoch durch eine Anpassung der Vereinbarung, sei es durch ergänzende Vertragsauslegung, sei es über einen Wegfall der Geschäftsgrundlage korrigieren, ohne dass der Gesamtbetriebsrat neu zu konstituieren wäre. 49

b) Konzernbetriebsrat

Der **Bestand** des Konzernbetriebsrats wird nur in Frage gestellt, wenn Konzernobergesellschaften aufeinander **verschmolzen** werden. Im Übri- 50

---
1 BAG v. 12.1.2000 – 7 ABR 61/98, NZA 2000, 669.
2 BAG v. 16.3.2005 – 7 ABR 37/04, NZA 2005, 1069.
3 NZA 2003, 336.
4 *Röder/Haußmann*, DB 1999, 1754; a.A. WHSS/*Hohenstatt*, D Rz. 101.
5 BAG v. 13.6.2005 – 7 ABR 37/04, NZA 2005, 1069.

gen können Umstrukturierungen dazu führen, dass die dorthin entsandten Vertreter von Gesamtbetriebsräten oder Betriebsräten aus dem Konzernbetriebsrat ausscheiden oder andere Einheiten künftig Vertreter zu entsenden haben. Wird durch Unternehmensverkäufe das 50 %-Quorum des § 54 Abs. 1 Satz 2 BetrVG unterschritten, endet das Amt dieser Arbeitnehmervertretung[1].

8. Besonderheiten bei Vereinbarungen nach § 3 BetrVG

51 Werden Betriebe durch einen Tarifvertrag nach § 3 BetrVG zusammengefasst, differenziert das BAG[2] zwischen der vereinbarten Zusammenfassung und eventuellen tatsächlichen Veränderungen. Die betriebsverfassungsrechtliche Identität der zusammengefassten Einheiten könne unberührt bleiben, wenn mit der Zusammenfassung durch Tarifvertrag nicht auch zusätzliche Maßnahmen die Organisations- und Leitungsstruktur tatsächlich änderten[3]. § 3 Abs. 5 BetrVG fingiert einen Betrieb im betriebsverfassungsrechtlichen Sinne. Der Wortlaut des Gesetzes gibt vor, ohne weitere Differenzierung den durch Tarifvertrag gebildeten Betrieb als den Betrieb anzusehen[4]. Ist zwischen der Zusammenfassung durch Tarifvertrag (die die Fiktion eines betriebsratsfähigen Betriebs auslöst) und der tatsächlichen Betriebsorganisation zu unterscheiden, wäre die Beendigung eines Tarifvertrags nach § 3 TVG nur dann zugleich eine Spaltung eines Betriebs, soweit damit auch tatsächliche Veränderungen der Betriebsorganisation einhergehen. In jedem Fall endet die durch Tarifvertrag gewillkürte Betriebsorganisation, der fingierte Betrieb verliert seine Identität und es sind wieder die gesetzlich vorgegebenen Arbeitnehmervertretungsstrukturen maßgeblich. Die Auswirkungen von Betriebsänderungen auf vereinbarte Arbeitnehmerstrukturen, insbesondere die zeitlichen Abläufe für Neuwahlen, sind gesetzlich nicht klar geregelt und nicht annähernd verlässlich geklärt[5]. Im ersten Schritt ist stets zu prüfen, ob die Vereinbarung eine eigenständige Regelung dazu enthält. Ist dies nicht der Fall oder bestehen Zweifel über die Anwendbarkeit einer solchen Regelung, empfiehlt es sich, **frühzeitig Verhandlungen** darüber aufzunehmen, wie die Arbeitnehmervertretungsstrukturen gegebenenfalls sachgerecht angepasst werden können.

52 **Beispiel:** Ein Tarifvertrag regelt regionale Betriebsratsstrukturen. Verschiedene Standorte werden dort so zusammengefasst, wie auch die Entscheidungsstrukturen des Arbeitgebers auf Regionalleiterebene geordnet sind. Dieser Tarifvertrag wird gekündigt mit Wirkung zu einem Zeitpunkt außerhalb der regelmäßigen Betriebs-

---

1 WHSS/*Hohenstatt*, D Rz. 134.
2 BAG v. 7.6.2011 – 1 ABR 110/09, NZA 2012, 110.
3 BAG v. 7.6.2011 – 1 ABR 110/09, NZA 2012, 110; BAG v. 18.3.2008, FD-ArbR 265375 m. Anm. *Haußmann*.
4 Dazu *Lingemann*, NZA 2002, 394; a.A. *Röder/Baeck*, JRH, Kap. 28 Rz. 9.
5 Umfassende Darstellung bei WHSS/*Hohenstatt*, D Rz. 200 ff.; vgl. zum unternehmenseinheitlichen Betriebsrat bei Verschmelzung *Trappehl/Zimmer*, BB 2008, 778.

ratswahlen. Der Tarifvertrag enthält selbst keine Übergangsregelungen. Arbeitgeber und Gesamtbetriebsrat streiten um die Nachwirkung des Tarifvertrags. Die Betriebsräte werden nach den tariflich geregelten Strukturen ein weiteres Mal gewählt. Der Arbeitgeber ficht die Wahlen erfolgreich an. Bis die Verfahren in der dritten Instanz gewonnen sind, vergehen fast vier Jahre.

Beispiel: In einer Unternehmensgruppe ist durch Tarifvertrag eine Betriebsratsstruktur geschaffen, die der konzernweiten Spartenorganisation folgt. Weltweit werden aus den Sparten die Vertriebseinheiten einem konzernweiten Rechtsträger übertragen. Die Spartenbetriebsräte machen ein Übergangsmandat geltend, der Tarifvertrag trifft dazu keine Regelungen. 53

II. Mitbestimmter Aufsichtsrat

1. Grundlagen der paritätischen Mitbestimmung

Nach § 1 Abs. 1 MitbestG unterliegen u.a. Aktiengesellschaften und Gesellschaften mit beschränkter Haftung der paritätischen Mitbestimmung, wenn sie i.d.R. **mehr als 2 000 Arbeitnehmer** beschäftigen. Soweit Unternehmen in dieser Rechtsform weniger als 2 000 Arbeitnehmer, jedoch mehr als 500 Arbeitnehmer beschäftigen, unterliegen sie den Vorschriften der Drittelbeteiligung nach dem DrittelbG. Das anzuwendende Mitbestimmungsrecht bestimmt sich daher nach der Zahl der i.d.R. beschäftigten Mitarbeiter. 54

Bei der Bestimmung des Schwellenwerts ist nicht allein auf diejenige Gesellschaft abzustellen, bei der möglicherweise ein mitbestimmter Aufsichtsrat zu errichten ist. Bleibt die Mitarbeiterzahl bei dieser Gesellschaft unterhalb der relevanten Schwelle von 2 000 Mitarbeitern, kommt das MitbestG zur Anwendung, wenn im Wege der **Konzernzurechnung** gem. § 5 MitbestG die Zahl der Arbeitnehmer der zu berücksichtigenden Gesellschaften insgesamt über 2 000 beträgt. Nach § 5 Abs. 1 Satz 1 MitbestG gelten für die Ermittlung der Arbeitnehmerzahl Mitarbeiter von Konzernunternehmen als Arbeitnehmer des herrschenden Unternehmens. Das bedeutet, bei Eingreifen der Konzernzurechnung sind die Mitarbeiter des herrschenden Unternehmens und die Mitarbeiter von abhängigen Gesellschaften **zusammenzurechnen**. 55

Für das Eingreifen der Konzernzurechnung nach § 5 MitbestG ist maßgebend, dass eine als AG oder GmbH organisierte Gesellschaft herrschendes Unternehmen eines Konzerns ist. Insoweit findet unter Berücksichtigung von Sinn und Zweck des MitbestG der Konzernbegriff nach § 18 Abs. 1 AktG Anwendung. Es kommt daher darauf an, dass zwischen den Unternehmen ein **Unterordnungskonzern** besteht. Das setzt die Möglichkeit einer beherrschenden Einflussnahme und das Vorliegen einer einheitlichen Leitung durch das herrschende Unternehmen voraus. 56

Auch eine **arbeitnehmerlose Gesellschaft** kann herrschendes Unternehmen i.S.v. § 5 Abs. 1 Satz 1 MitbestG sein. Es ist daher möglich, dass das 57

Mitbestimmungsrecht der Arbeitnehmer aufgrund einer Konzernzurechnung bei einem Unternehmen eingreift, das selbst keinen Mitarbeiter beschäftigt[1].

58 Durch die Verweisung von § 5 MitbestG auf den aktienrechtlichen Konzernbegriff kommen für die Entscheidung, ob ein Unterordnungskonzern vorliegt, die in §§ 17, 18 AktG geregelten **Vermutungstatbestände** zur Anwendung. Nach § 18 Abs. 1 Satz 2 AktG besteht eine unwiderlegliche Vermutung für das Vorliegen eines Unterordnungskonzerns, wenn zwischen den Unternehmen ein **Beherrschungsvertrag** gem. § 291 AktG abgeschlossen ist. Nach § 17 Abs. 2 AktG wird von einem **in Mehrheitsbesitz** stehenden Unternehmen vermutet, dass es von dem an ihm mit Mehrheit beteiligten Unternehmen abhängig ist. Mehrheitsbesitz führt damit zur Vermutung der Abhängigkeit. Diese Vermutung wird durch § 18 Abs. 1 Satz 3 AktG ergänzt, wonach von einem abhängigen Unternehmen vermutet wird, dass es mit dem herrschenden Unternehmen einen Konzern bildet. Diese Vermutungen können durch gegenteilige Tatsachen widerlegt werden[2]. Hierzu muss der Nachweis erbracht werden, dass das mehrheitlich beteiligte Unternehmen keinerlei Führungsaufgaben wahrnimmt und die Beteiligung lediglich den Charakter einer Finanzanlage hat[3].

59 Die Konzernzurechnung nach § 5 MitbestG kommt danach insbesondere bei **faktischen Konzernverhältnissen** zur Anwendung, in denen zwischen den Gesellschaften zwar kein Beherrschungsvertrag abgeschlossen ist, in denen jedoch ein Unternehmen kraft seiner gesellschaftsrechtlichen Beteiligung die tatsächliche Leitungsmacht über Tochtergesellschaften ausübt[4].

60 Die Zurechnung von Arbeitnehmern aufgrund eines bloßen faktischen Konzernverhältnisses unterscheidet die Konzernzurechnung nach § 5 MitbestG von der Konzernzurechnung nach den Vorschriften des DrittelbG. Nach **§ 2 Abs. 2 DrittelbG** reicht ein faktisches Konzernverhältnis **nicht** aus, um Arbeitnehmer abhängiger Unternehmen dem herrschenden Unternehmen zuzurechnen. Vielmehr bedarf es eines Beherrschungsvertrags.

61 Die Vorschriften über die Konzernzurechnung **ändern sich damit**, sobald der Schwellenwert von 2 000 Arbeitnehmern in einem Konzern überschritten ist. Bei Überschreiten des Schwellenwerts von 2 000 Arbeitnehmern kann eine Zurechnung von Arbeitnehmern nicht mehr dadurch vermieden werden, dass keine Beherrschungsverträge abgeschlossen werden. Das Überschreiten des Schwellenwerts führt dazu, dass Arbeitnehmer in Gesellschaften, die im Mehrheitsbesitz stehen, dem mehrheitlich beteiligten Unternehmen grds. zugerechnet werden.

---

1 BayObLG v. 24.3.1998 – 3Z BR 236/96, NZA 1998, 956.
2 BAG v. 15.12.2011 – 7 ABR 56/10, NZA 2012, 633.
3 BayObLG v. 6.3.2002, NZA 2002, 579.
4 ErfK/*Oetker*, § 17 AktG Rz. 2.

Nicht unter den Geltungsbereich der deutschen Mitbestimmungsgesetze 62
fallen **ausländische Gesellschaften**. Dies gilt zum einen für ausländische
Rechtsformen, die in § 1 Abs. 1 Nr. 1 MitbestG nicht genannt werden
(z.B. Ltd., plc. etc.). Zum anderen gilt dies für Gesellschaften mit Sitz im
Ausland. Der räumliche Geltungsbereich des MitbestG ist auf Deutschland begrenzt. Es scheidet daher von vornherein aus, einen paritätisch
mitbestimmten Aufsichtsrat bei einer Gesellschaft ausländischer Rechtsform oder bei einem Unternehmen mit Sitz im Ausland zu bilden[1].

2. Bestimmung des Schwellenwerts

a) Regelmäßige Arbeitnehmerzahl

Für das auf eine deutsche Kapitalgesellschaft anzuwendende Mitbestimmungsrecht kommt es daher entscheidend darauf an, ob der Schwellenwert von i.d.R. mehr als 2 000 Arbeitnehmern überschritten ist. Durch die Verwendung des Begriffs „**in der Regel**" bringt das Gesetz zum Ausdruck, dass die Arbeitnehmerzahl nicht durch einfaches Abzählen an einem bestimmten Stichtag ermittelt werden darf. Vielmehr kommt es auf die „**regelmäßige**" Arbeitnehmerzahl an. Dies schließt die Berücksichtigung einer nur vorübergehenden Beschäftigtenzahl aus. Auf diese Weise soll verhindert werden, dass bei Unternehmen, deren Arbeitnehmerzahl um 2000 schwankt, kurzfristige Änderungen jeweils einen Wechsel des Mitbestimmungsrechts erforderlich machen. 63

Zur Feststellung der regelmäßigen Arbeitnehmerzahl bedarf es sowohl einer **rückblickenden Betrachtung** als auch einer Einschätzung der **kommenden Entwicklung** des Unternehmens. Entscheidend ist der Normalzustand des Unternehmens. In der Rspr. ist anerkannt, dass die Arbeitnehmerzahl in der Vergangenheit unerheblich ist, sobald feststeht, dass sie innerhalb eines **Referenzzeitraums von 18 bis 24 Monaten** ständig höher oder niedriger sein wird[2]. In der Praxis kann man sich zur Ausschaltung kurzfristiger Beschäftigungsschwankungen an einer etwaig vorhandenen **Personal- und Stellenplanung** orientieren. Werden allerdings abweichend vom Stellenplan über längere Zeit weniger oder mehr Arbeitnehmer beschäftigt, so sind diese auch zu berücksichtigen. 64

Unterhält das Unternehmen mit anderen einen **gemeinsamen Betrieb**, sollen alle dort beschäftigten Arbeitnehmer wahlberechtigt sein[3]. 65

---

1 Vgl. OLG Frankfurt am Main v. 21.4.2008 – 20 W 342/07, ZIP 2008, 878; OLG Frankfurt am Main v. 21.4.2008 – 20 W 8/07, ZIP 2008, 880; OLG Düsseldorf v. 30.10.2006 – I-26 W 14/06 AktE, NZA 2007, 707.
2 OLG Düsseldorf v. 9.12.1994 – 19 W 2/94, WM 1995, 251.
3 BAG v. 13.3.2013 – 7 ABR 47/11, NZA 2013, 853 – offen gelassen für das DrittelBG.

b) Zu berücksichtigende Mitarbeitergruppen

66 Ausgehend von dieser „Regelbetrachtung" ist ferner zu prüfen, welche **Mitarbeitergruppen** als Arbeitnehmer i.S.v. § 1 Abs. 1 Nr. 2, § 3 MitbestG anzusehen sind. Das Mitbestimmungsrecht knüpft insoweit – mit gewissen Modifikationen – an den Arbeitnehmerbegriff des Betriebsverfassungsrechts (§ 5 BetrVG) an. Danach gilt im Einzelnen Folgendes:

aa) Organvertreter

67 **Keine Arbeitnehmer** sind Organvertreter von Unternehmen, z.B. Vorstandsmitglieder und Geschäftsführer (§ 3 Abs. 1 Satz 2 MitbestG i.V.m. § 5 Abs. 2 BetrVG).

bb) Leitende Angestellte

68–76 **Zu berücksichtigen** sind – im Gegensatz zum BetrVG – leitende Angestellte, z.B. Prokuristen (§ 3 Abs. 1 Nr. 2 MitbestG i.V.m. § 5 Abs. 3 BetrVG).

cc) Leiharbeitnehmer

77 Umstritten ist, ob Leiharbeitnehmer zu berücksichtigen sind. Nach **herkömmlicher Ansicht** sind nach den Vorschriften des AÜG ordnungsgemäß beschäftigte Leiharbeitnehmer bei der Bestimmung des Schwellenwerts **nicht** zu berücksichtigen. Maßgeblich ist dafür, dass die Leiharbeitnehmer nur zum Verleiher, nicht jedoch zum Entleiher in einem Arbeitsverhältnis stehen[1]. Dies entspräche der früheren Rspr. des BAG zur Nichtberücksichtigung von Leiharbeitnehmern bei Schwellenwerten **im Rahmen des BetrVG**[2]. Nachdem das BAG seine Rspr. dazu geändert[3] hat, ist auch in der Unternehmensmitbestimmung die Frage wieder offen[4].

3. Wechsel des Mitbestimmungsstatuts

78 Eine etwaige Überschreitung des Schwellenwerts von 2000 Arbeitnehmern z.B. im Rahmen einer arbeitsrechtlichen Umstrukturierung führt **nicht automatisch** zu einer geänderten Zusammensetzung des Aufsichtsrats. Vielmehr ist für den Wechsel des Mitbestimmungsrechts ein formalisiertes Verfahren, das sog. **Statusverfahren**, durchzuführen. Bis zum Abschluss dieses Statusverfahrens gilt nach § 6 Abs. 2 MitbestG i.V.m. § 96 Abs. 2 AktG der Grundsatz der Amtskontinuität, d.h. der bestehende Aufsichtsrat bleibt in seiner Zusammensetzung im Amt.

---

1 OLG Düsseldorf v. 12.5.2004 – I-19 W 2/04 AktE, AG 2004, 616.
2 BAG v. 16.4.2003 – 7 ABR 53/02, NZA 2003, 1345.
3 BAG v. 13.3.2013 – 7 ABR 48/11, NZA 2013, 793.
4 *Lunk*, NZG 2014, 814; *Hay/Grüneberg*, NZA 2014, 814 ff.; dagegen: OLG Hamburg v. 31.1.2014 – 11 W 89/13, NZA 2014, 858.

Die Zusammensetzung des Aufsichtsrats gilt daher als richtig, solange im Statusverfahren nach §§ 97 ff. AktG keine andere verbindliche Festlegung getroffen worden ist. Eine andere **verbindliche Feststellung** kann entweder dadurch getroffen werden, dass der Vorstand eine Bekanntmachung nach § 97 Abs. 1 AktG veröffentlicht und diese nicht innerhalb eines Monats gerichtlich angegriffen wird oder dass in einem gerichtlichen Statusverfahren eine rechtskräftige Entscheidung über die zutreffende Zusammensetzung des Aufsichtsrats nach § 99 Abs. 5 Satz 1 AktG ergeht. 79

Zu einem gerichtlichen Statusverfahren kann es kommen, wenn eine Bekanntmachung des Vorstands nach § 97 AktG gerichtlich angefochten wird oder – unabhängig von einer Bekanntmachung des Vorstands – ein nach § 98 Abs. 2 AktG Antragsberechtigter ein gerichtliches Statusverfahren durchführt. Eine **gerichtliche Überprüfung**, ob in einer Aktiengesellschaft das zutreffende Mitbestimmungsrecht zur Anwendung kommt, hängt damit nicht allein vom Willen des Vorstands, des Aufsichtsrats oder der Aktionäre ab. Vielmehr können sämtliche in § 98 Abs. 2 AktG genannte Antragsberechtigte einen Antrag stellen, die Anwendung des Mitbestimmungsrechts bei einer Aktiengesellschaft überprüfen zu lassen. Zu den Antragsberechtigten gehören u.a. **Betriebsratsgremien**, ¹/₁₀ aller oder mindestens 100 **Arbeitnehmer** und die **Gewerkschaften**. Es ist daher möglich, dass z.B. ein Betriebsratsgremium oder eine Gewerkschaft ein Statusverfahren mit der Begründung einleitet, der Schwellenwert von 2 000 i.d.R. beschäftigten Arbeitnehmern sei überschritten. 80

4. Mögliche Gestaltungen zur Vermeidung oder Begrenzung der Mitbestimmung

a) Rechtsformwechsel

Wie oben (Rz. 62) dargestellt, ist die Mitbestimmung nach dem DrittelbG und dem MitbestG sachlich und räumlich begrenzt. Nach bislang h.M. unterliegen weder ausländische Rechtsformen noch Gesellschaften mit Sitz im Ausland den deutschen Mitbestimmungsgesetzen. Diese beschränken sich sachlich auf bestimmte deutsche Rechtsformen (z.B. AG und GmbH) und räumlich auf Gesellschaften mit Sitz in Deutschland. Eine Möglichkeit zur vollständigen Vermeidung der Mitbestimmung wäre daher z.B. ein **Wechsel in eine ausländische Rechtsform**. Hierbei bestehen zahlreiche Gestaltungsmöglichkeiten. In Deutschland haben einige Unternehmen die Mitbestimmung völlig abgeschafft, indem sie **englische Rechtsformen** einsetzen (z.B. Ltd. oder plc). Teilweise werden diese ausländischen Rechtsformen auch mit deutschen Personenhandelsgesellschaften kombiniert. Denkbar ist z.B. eine „Ltd. & Co. KG". Auch in dieser Konstellation besteht nach herrschender Auffassung keine Mitbestimmung, weil die Komplementärin eine ausländische Rechtsform hat und daher nicht dem MitbestG unterliegt[1]. 81

---

1 ErfK/*Oetker*, Einl. DrittelbG Rz. 4 m.w.N.

82 Bei Wahl der **Rechtsform einer Kommanditgesellschaft** (KG) bestehen weitere Gestaltungsmöglichkeiten, um eine Mitbestimmung zu vermeiden. Neben dem Einsatz einer ausländischen Gesellschaft als Komplementärin findet eine Mitbestimmung auch dann nicht statt, wenn natürliche Personen die Komplementarfunktion übernehmen. In der Praxis wird dies jedoch meist aus haftungsrechtlichen Gründen vermieden. Eine Alternative ist ein Gesellschafterwechsel bei der Komplementärgesellschaft, der die nach § 4 Abs. 1 Satz 1 MitbestG für die mitbestimmungsrechtliche Arbeitnehmerzurechnung erforderliche **Mehrheitskongruenz** der Gesellschafterkreise der Kommanditgesellschaft und der Komplementärin **zerstört**. Etwas vereinfacht ausgedrückt entfällt eine Zurechnung von Arbeitnehmern bei Kommanditgesellschaften, wenn die Mehrheit der Kommanditisten nicht die Mehrheit der Anteile oder Stimmen an der Komplementärgesellschaft hat.

83 Allerdings wird die Frage, ob die Mehrheit der Kommanditisten die Mehrheit der Anteile oder Stimmen an der persönlich haftenden Gesellschaft inne hat, **streng geprüft**. So werden z.B. auch bei Zwischenschaltung von Personen oder Kapitalgesellschaften, von Treuhändern oder Strohmännern die Stimmenanteile den Kommanditisten zugerechnet. Ferner soll es für das Vorliegen der Konzernzurechnung nach § 4 Abs. 1 Satz 1 MitbestG auch ausreichen, wenn die Kommanditisten über Stimmbindungsverträge oder sonstige Bindungen gemeinsam die Mehrheit an der Komplementärgesellschaft halten[1].

84 Bei der Wahl ausländischer Rechtsformen ist neben den beschriebenen rechtlichen Aspekten auch zu berücksichtigen, dass die laufende Verwaltung, Änderungen der Satzung und die Stellung von Organen **ausländischem Recht unterliegen** und Maßnahmen daher stets die Einschaltung ausländischer Rechtsberater oder eines sog. „Company Secretary" zur Verwaltung der Gesellschaft erforderlich machen. Zudem ist die Wirkung gegenüber Arbeitnehmern, Kunden und Lieferanten sowie der Ruf der Gesellschaft in die Abwägung mit einzubeziehen. Zwar werden ausländische Rechtsformen in Deutschland immer häufiger verwendet. Von vielen werden sie jedoch nach wie vor als dubios und wenig vertrauenswürdig angesehen. Allerdings ist die Wahl der Gesellschaftsform Ausübung unternehmerischer Freiheit. Weder Betriebsrat noch Gewerkschaft können Umgestaltungen erzwingen oder verhindern. Auch ein Streik zur Erzwingung eines mitbestimmten Aufsichtsrats in einer Gesellschaft ausländischen Rechts wäre unzulässig.

b) Gründung einer Societas Europaea (SE)

85 Eine recht neue Möglichkeit zur Beeinflussung der zukünftigen Entwicklung der Mitbestimmung der Arbeitnehmer im Aufsichtsrat stellt die Gründung einer SE dar. Nach § 47 Abs. 1 Nr. 1 SEBG gelten die **deutschen**

---

1 ErfK/*Oetker*, § 4 MitbestG Rz. 4.

Mitbestimmungsvorschriften **nicht** für die Mitbestimmung in den Organen der SE, d.h. insbesondere nicht im Aufsichtsrat einer SE. Eine SE kann nach Art. 2 SE-VO in vier Gründungsformen errichtet werden. Danach kommt eine Gründung durch Verschmelzung, Umwandlung oder als Holding- bzw. Tochter-SE in Betracht. Voraussetzung für eine Gründung durch Verschmelzung oder Umwandlung ist, dass die AG eine Tochtergesellschaft in einem anderen Mitgliedsstaat hat und diese entweder (im Fall der Verschmelzung) auf die AG verschmolzen wird oder sie (im Fall der Umwandlung) zumindest seit zwei Jahren besteht (vgl. Art. 2 Abs. 2, Abs. 4 SE-VO). Im Fall der Verschmelzung muss die ausländische Gesellschaft in einer Rechtsform organisiert sein, die in Anlage 1 zur SE-VO genannt ist. Dies ist bei einer formwechselnden Umwandlung nicht notwendig. Insoweit kommt es lediglich darauf an, dass die deutsche AG eine Tochtergesellschaft hat, die dem Recht eines anderen Mitgliedstaats der EU unterliegt[1].

Im Rahmen der Gründung einer SE ist ein im SEBG näher geregeltes **Verhandlungsverfahren** mit einem besonderen Verhandlungsgremium der Arbeitnehmer durchzuführen, das nach § 20 Abs. 1 SEBG zumindest sechs Monate dauern kann. In einer Vereinbarung zwischen dem Unternehmen und dem besonderen Verhandlungsgremium können die Einzelheiten der Mitbestimmung relativ frei festgelegt werden (vgl. Teil 4 A Rz. 123 ff.). 86

Kommt es zu keiner Vereinbarung über die Mitbestimmung der Arbeitnehmer im Aufsichtsrat der SE, greift die **gesetzliche Auffangregelung** nach §§ 34 ff. SEBG ein. Wird die SE im Wege der Umwandlung gegründet, bleibt die Regelung zur Mitbestimmung erhalten, die in der Gesellschaft vor der Umwandlung bestanden hat (§ 35 Abs. 1 SEBG). Wird die SE durch Verschmelzung gegründet, unterliegt die Mitbestimmung der Arbeitnehmer im Aufsichtsrat der SE dem **höchsten Mitbestimmungsniveau**, das in einer der an der Verschmelzung beteiligten Gesellschaften vor der Verschmelzung bestanden hat. Das bedeutet, dass sich das höchste Mitbestimmungsniveau im Aufsichtsrat der SE durchsetzt (§ 35 Abs. 2 SEBG). § 35 Abs. 2 SEBG verlangt insoweit, dass die Zahl der Arbeitnehmervertreter **nach ihrem Anteil** unverändert bleibt. Das bedeutet, dass im Aufsichtsrat der SE eine paritätische Mitbestimmung gilt, falls bei einer der Gründungsgesellschaften eine solche Mitbestimmung bestand und der Aufsichtsrat der SE einer Drittelparität unterliegt, falls das höchste Mitbestimmungsniveau bei einer der Gründungsgesellschaften die Drittelparität war[2]. 87

Der wesentliche Unterschied zwischen dem SEBG und den deutschen Mitbestimmungsgesetzen besteht darin, dass das SEBG **keine Schwellenwerte** kennt. Daher führt eine nachträgliche Veränderung der Mitarbeiterzahl grds. nicht zu einer Veränderung des Mitbestimmungsregimes. 88

---

1 Lutter/Hommelhoff/Teichmann/*Bayer*, Art. 2 SE-VO Rz. 22.
2 Lutter/Hommelhoff/Teichmann/*Oetker*, § 34 SEBG Rz. 18.

Vielmehr wird der bei Gründung der SE bestehende Anteil der Arbeitnehmervertreter im Aufsichtsrat „**eingefroren**"[1].

89 Möglich ist jedoch, dass nach § 18 Abs. 3 SEBG eine **Verpflichtung zur Neuverhandlung** mit dem besonderen Verhandlungsgremium entsteht. Dies ist der Fall, wenn strukturelle Änderungen der SE geplant sind, die geeignet sind, Beteiligungsrechte der Arbeitnehmer zu mindern. Nach überwiegender Auffassung fällt unter eine solche „strukturelle Änderung" jedoch nicht die bloße Änderung der Arbeitnehmerzahl, insbesondere das Überschreiten eines aus dem deutschen Recht bekannten Schwellenwerts[2].

90 Sehr umstritten ist die Frage, ob es eine „strukturelle Änderung" darstellt, wenn die Erhöhung der Arbeitnehmerzahl durch einen **Betriebsübergang** nach § 613a BGB oder den **Erwerb einer Tochtergesellschaft** erfolgt. Gegenwärtig lässt sich nicht abschätzen, ob die Rspr. bei solchen Änderungen eine Neuverhandlungspflicht nach § 18 Abs. 3 SEBG annimmt, die zu einer Erhöhung der Mitbestimmung führen könnte[3].

c) Durchführung einer grenzüberschreitenden Verschmelzung

91 Eine Alternative zur Gründung einer SE kann die Durchführung einer grenzüberschreitenden Verschmelzung darstellen. Die Vorschriften über die grenzüberschreitende Verschmelzung orientieren sich eng an denen der SE. Grundlage ist die **Verschmelzungsrichtlinie 2005/56/EG** vom 26.10.2005. In Deutschland wurde der gesellschaftsrechtliche Teil der Verschmelzungsrichtlinie in §§ 122a ff. UmwG und der mitbestimmungsrechtliche Teil im MgVG umgesetzt. Die Möglichkeit zur Durchführung grenzüberschreitender Verschmelzungen besteht damit seit Ende 2006/Anfang 2007.

92 Eine grenzüberschreitende Verschmelzung ist ähnlich strukturiert wie die Gründung einer SE durch Verschmelzung. Allerdings behält der aufnehmende Rechtsträger seine ursprüngliche **Rechtsform des nationalen Rechts**. So bleibt z.B. eine deutsche AG auch nach der Aufnahme einer englischen Ltd. durch Verschmelzung weiterhin eine deutsche AG. Für sie gilt nach wie vor deutsches Aktienrecht. Allerdings richtet sich das anzuwendende **Mitbestimmungsrecht** unter den Voraussetzungen des § 5 MgVG nicht mehr nach den deutschen Mitbestimmungsgesetzen, sondern nach den **Vorschriften des MgVG**. In den meisten Fällen kommt nach Durchführung einer grenzüberschreitenden Verschmelzung nicht mehr das nationale Mitbestimmungsrecht zur Anwendung. Vielmehr gelten die für die SE dargestellten Grundsätze. Auch im Rahmen des MgVG ist vorrangig eine Vereinbarung über die Mitbestimmung der Ar-

---

1 Lutter/Hommelhoff/Teichmann/*Oetker*, § 18 SEBG Rz. 17.
2 Lutter/Hommelhoff/Teichmann/*Oetker*, § 18 SEBG Rz. 17; *Krause*, BB 2005, 1221 (1228); a.A. *Nagel*, NZG 2004, 839.
3 Lutter/Hommelhoff/Teichmann/*Oetker*, § 18 SEBG Rz. 16 f.

beitnehmer im Aufsichtsrat durch Verhandlungen mit dem besonderen Verhandlungsgremium der Arbeitnehmer zu schließen. Kommt eine solche Vereinbarung nicht zustande, greifen – wie bei der SE – die **gesetzlichen Auffangregelungen** der §§ 23 ff. MgVG ein. Auch hier setzt sich damit das **höchste Mitbestimmungsniveau** durch (§ 24 Abs. 1 MgVG).

Allerdings enthält das MgVG eine **wichtige Abweichung** von den Vorschriften des SEBG. Im Gegensatz zur Gründung einer SE erlaubt das MgVG einen **Verzicht** auf das bis zu sechs Monate dauernde **Verhandlungsverfahren**. Die Leitungen der beiden an der grenzüberschreitenden Verschmelzung beteiligten Gesellschaften können von vornherein entscheiden, nach Eintragung der Verschmelzung die gesetzliche Auffangregelung sofort anzuwenden. In diesem Fall kann die grenzüberschreitende Verschmelzung ohne vorherige Verhandlungen mit dem besonderen Verhandlungsgremium eingetragen werden. Dies kann im Vergleich zur Gründung einer SE zu einer deutlichen Verfahrensbeschleunigung bei der grenzüberschreitenden Verschmelzung nach dem MgVG führen. Nach Durchführung der grenzüberschreitenden Verschmelzung ist die Mitbestimmung der Arbeitnehmer – wie bei der SE – auf dem vorher bestehenden höchsten Niveau „**eingefroren**". Dies soll auch dann gelten, wenn die Verschmelzung auf eine deutsche AG stattfindet. Als Konsequenz würde eine solche grenzüberschreitende Hereinverschmelzung zu einer neuen „Klasse" deutscher Gesellschaften führen. Es wäre z.B. einer „deutschen AG" nicht per se anzusehen, ob sie den deutschen Mitbestimmungsgesetzen oder – weil aus einer grenzüberschreitenden Verschmelzung hervorgegangen – den Vorschriften des MgVG unterfällt. Auch insoweit bleibt die weitere Rechtsentwicklung abzuwarten. Aufgrund der übereinstimmenden Regelungen des MgVG mit den Vorschriften zur SE spricht u.E. jedoch viel dafür, dass ein späteres **Überschreiten des Schwellenwerts** von 2 000 Arbeitnehmern auf die Mitbestimmung der aus einer grenzüberschreitenden Verschmelzung hervorgehenden Gesellschaft **keinen Einfluss** mehr hat, weil das MgVG – wie das SEBG – keine Schwellenwerte kennt. 93

C. Auswirkungen von Umstrukturierungen auf Kollektivvereinbarungen

Ändern sich Betriebsinhaber und/oder Betriebsorganisation, wirft dies regelmäßig die Frage auf, welche Betriebsvereinbarungen, Konzern-, Gesamtbetriebsvereinbarungen und Tarifverträge nach der Umstrukturierung gelten. Diese Frage lässt sich nur beantworten, wenn zuvor geklärt ist, ob die jeweils betroffenen Betriebe ihre Identität wahren und welche Arbeitnehmervertretungen künftig zuständig sind (vgl. Teil 4 B Rz. 1 ff.).

I. Betriebsänderungen mit gleichzeitigem Inhaberwechsel

1 Ist ein Inhaberwechsel Teil der Betriebsänderung, sind die Regelungen des § 613a Abs. 1 BGB zu beachten. Dort ist für den Fall des Betriebsübergangs auf einen neuen Inhaber geregelt, ob die in dessen Unternehmen und Betrieben geltenden Kollektivvereinbarungen die bisher geltenden Kollektivvereinbarungen in übernommenen Betrieben und Betriebsteilen ablösen (§ 613a Abs. 1 Sätze 1–4 BGB).

1. Betriebsvereinbarungen

2 § 613a Abs. 1 Satz 2 BGB ordnet für den Fall des Betriebsinhaberwechsels die **Transformation kollektivrechtlicher Normen** an. Die Vorschrift wird in st. Rspr. aber dann nicht angewandt, wenn der Betrieb seine bisherige **Identität** behält (vgl. Teil 4 B Rz. 1 ff.). Ändert sich die Betriebsorganisation nicht, gelten Betriebsvereinbarungen unverändert als Betriebsvereinbarung kollektivrechtlich fort[1]. Wahrt ein Betrieb trotz einer Betriebsänderung und trotz eines Inhaberwechsels seine Identität, wirkt sich die Umstrukturierung auf die Geltung der Betriebsvereinbarungen also nicht aus.

3 Während die kollektivrechtliche Fortgeltung der Betriebsvereinbarungen im Wesentlichen mit dem **Fortbestand der Betriebsidentität** begründet wird, entschied das BAG[2] auch für den Fall der **selbständigen Fortführung von Betriebsteilen**, dass Betriebsvereinbarungen kollektivrechtlich fortgelten könnten:

„In einem solchen Fall gelten in den veräußerten Betriebsteilen die Betriebsvereinbarungen, die vor dem Betriebsübergang im ursprünglichen Betrieb galten, mit normativer Wirkung weiter. Der Betrieb wurde lediglich aufgespalten, ohne dass die veräußernden Teile in eine andere betriebliche Organisation eingegliedert und darin aufgegangen wären. Die Betriebsvereinbarungen gelten weiterhin nur für die Belegschaften, für die sie auch schon zuvor galten; sie behalten auf diese Weise ihre demokratische Legitimation."

4 Liegen die Voraussetzungen der kollektivrechtlichen Fortgeltung von Betriebsvereinbarungen nicht vor, greift der **Auffangtatbestand des § 613a Abs. 1 Satz 2 BGB**. Die Rechte und Pflichten aus einer Betriebsvereinbarung werden **transformiert** und so zum Inhalt der Arbeitsverhältnisse. Diese Transformation findet dann nicht statt, wenn **derselbe Regelungsgegenstand** beim neuen Betriebsinhaber durch eine Betriebsvereinbarung geregelt ist (§ 613a Abs. 1 Satz 3 BGB).

---

[1] BAG v. 5.2.1991, DB 1991, 1937; BAG v. 25.10.1994 – 3 AZR 279/94, DB 1995, 735; BAG v. 8.12.2009 – 1 ABR 66/08, ZIP 2010, 492; *Fitting*, § 77 Rz. 168 ff.
[2] BAG v. 18.9.2002 – 1 ABR 54/01, NZA 2003, 670 (675); krit. dazu *Rieble/Gutzeit*, NZA 2003, 233.

Daraus ergibt sich für die verschiedenen **Fallgruppen** einer Betriebsände- 5
rung (vgl. Teil 4 B Rz. 15 ff.) bei gleichzeitigem Inhaberwechsel Folgendes:

a) Abspaltung

In dem Betrieb, von dem ein Betriebsteil abgespalten wird (vgl. Teil 4 B 6
Rz. 16), gelten Betriebsvereinbarungen **unverändert kollektivrechtlich** fort. Wird der abgespaltene Betriebsteil einem neuen Inhaber übertragen, werden die Rechte und Pflichten aus Betriebsvereinbarungen nach dem **Wortlaut** des Gesetzes transformiert (§ 613a Abs. 1 Satz 2 BGB), bis in dem abgespaltenen Betrieb ein Betriebsrat gewählt ist und dieser mit dem neuen Inhaber **ablösende Betriebsvereinbarungen** i.S.d. § 613a Abs. 1 Satz 3 BGB vereinbart. Auch für diesen Fall nimmt das BAG[1] die **kollektivrechtliche** Fortgeltung der Betriebsvereinbarungen an, soweit es zu einer Ablösung nicht kommt. Nach dieser Rspr. können aus einer Betriebsvereinbarung durch die Spaltung des Betriebs mehrere Kollektivvereinbarungen hervorgehen. Denkbar ist auch, dass der Betriebsrat des Hauptbetriebs innerhalb der ersten sechs Monate nach der Abspaltung im Rahmen seines Übergangsmandats ablösende Betriebsvereinbarungen mit dem neuen Inhaber für den abgespaltenen Betriebsteil schließt.

Beispiel: Ein mittelständisches Metall-Produktionsunternehmen gliedert aus sei- 7
nem Produktionsstandort Lager und Auslieferung aus und überträgt diese abgespaltene Einheit einem neuen Inhaber, der diesen Betriebsteil an einem verkehrsgünstigeren Logistikstandort als eigenen Betrieb fortführt. Mit ihm verhandelt der bisher zuständige Betriebsrat im Rahmen des Übergangsmandats oder der neu gewählte Betriebsrat eine eigene Arbeitszeitregelung für den abgespaltenen Betrieb.

b) Aufspaltung

Verliert ein Betrieb durch die Aufspaltung (vgl. Teil 4 B Rz. 19) seine 8
Identität und werden alle durch diese Aufspaltung voneinander getrennten Betriebsteile neuen Inhabern übertragen, kommt es nach der Rspr. des BAG[2] zur **kollektivrechtlichen** Fortgeltung von Betriebsvereinbarungen. Sie können nach § 613a Abs. 1 Satz 3 BGB durch neue Betriebsvereinbarungen **abgelöst** werden, wenn der bisherige Betriebsrat noch im Rahmen seines Übergangsmandats oder ein neu errichteter Betriebsrat mit dem neuen Betriebsinhaber andere Betriebsvereinbarungen zum selben Regelungsgegenstand abschließt.

Beispiel: Eine bundesweit tätige Vertriebsgesellschaft wird in zwei selbständige 9
Einheiten „Vertrieb Nord" und „Vertrieb Süd" aufgespalten. Die zu diesem Zweck neu gegründeten Gesellschaften werden getrennt geführt. Die Geschäftsführung der Vertriebsgesellschaft Nord verhandelt noch mit dem bisherigen Betriebsrat ein neues Prämiensystem. In der Vertriebsgesellschaft Süd finden solche Verhandlungen statt, nachdem dort ein eigener Betriebsrat errichtet ist.

---
1 BAG v. 18.9.2002 – 1 ABR 54/01, NZA 2003, 670 (675).
2 BAG v. 18.9.2002 – 1 ABR 54/01, NZA 2003, 670 (675).

c) Zusammenfassung mehrerer Betriebe oder Betriebsteile

10 Übernimmt ein Erwerber verschiedener Betriebe oder Betriebsteile diese übernommenen Einheiten und fasst sie sofort in einem **neuen Betrieb** zusammen (vgl. Teil 4 B Rz. 24), werden die bisher in den Betrieben oder Betriebsteilen geltenden Betriebsvereinbarungen nach § 613a Abs. 1 Satz 2 BGB **transformiert**. Eine kollektivrechtliche Fortgeltung von Betriebsvereinbarungen scheidet hier aus, weil die bisherige Betriebsorganisation aufgelöst wird. Wird ein Betriebsrat errichtet und verhandelt der neue Inhaber mit diesem über **ablösende Betriebsvereinbarungen** nach § 613a Abs. 1 Satz 3 BGB, treten die Rechte und Pflichten aus diesen Vereinbarungen an die Stelle der transformierten Rechte und Pflichten.

11 **Beispiel:** Eine neu gegründete Verwaltungsgesellschaft im Konzern zieht alle Buchhaltungs-, Personalleitungs- und Verwaltungstätigkeiten an einem Standort zusammen. Mit dem dort errichteten Betriebsrat wird eine Betriebsvereinbarung zur Privatnutzung von E-Mail und Internet abgeschlossen, die bisher geltende Rechte zur Privatnutzung aus Betriebsvereinbarungen an den Standorten ersetzt.

d) Eingliederung von Betrieben oder Betriebsteilen

12 **Gliedert** der Erwerber eines Betriebs oder eines Betriebsteils die übernommene Einheit in einen eigenen Betrieb **ein** (vgl. Teil 4 B Rz. 33), erstrecken sich die dort geltenden Betriebsvereinbarungen auf die hinzukommenden Arbeitnehmer. Sie ersetzen nach § 613a Abs. 1 Satz 3 BGB die entsprechenden Rechte und Pflichten aus transformierten Betriebsvereinbarungen. Dies gilt nicht, wenn die Betriebsvereinbarungen oder Gesamtbetriebsvereinbarungen des Erwerbers ausdrücklich Arbeitnehmer von ihrem Geltungsbereich ausnehmen, deren Arbeitsverhältnis durch einen Betriebs- oder Betriebsteilübergang auf das Unternehmen übergeht. Eine solche Herausnahme kann ohne Verstoß gegen den betriebsverfassungsrechtlichen Gleichbehandlungsgrundsatz vereinbart werden[1]. Transformierte Rechte bleiben den eingegliederten Arbeitnehmern erhalten, soweit im aufnehmenden Betrieb keine Betriebsvereinbarung zum selben Regelungsgegenstand existiert.

13 **Beispiel:** Ein Produktionsunternehmen veräußert einen eigenen kleineren Callcenter-Betrieb an ein größeres Callcenter-Unternehmen, das diese Mitarbeiter in den eigenen Betrieb integriert. Die Mitarbeiter werden sofort von der dort geltenden Arbeitszeitregelung erfasst. Rechte und Pflichten aus einer bei ihrem früheren Arbeitgeber geltenden Betriebsvereinbarung zur betrieblichen Altersversorgung bleiben ihnen erhalten, da der neue Arbeitgeber keine eigene betriebliche Altersversorgung anbietet.

---

[1] BAG v. 19.1.2010, NZA-RR 2010, 356; BAG v. 10.2.2009 – 3 AZR 65307, NZA 2009, 796.

2. Gesamtbetriebs- und Konzernbetriebsvereinbarungen

Da die Rspr. zur Fortgeltung von Betriebsvereinbarungen an den Betrieb als **organisatorische Einheit** anknüpft, lassen sich aus den vorgenannten Grundsätzen nicht ohne weiteres Regeln für die Fortgeltung von Gesamt- oder Konzernbetriebsvereinbarungen ableiten. Anders als die Betriebsvereinbarung als eine Kollektivordnung für eine organisatorische Einheit knüpft die Gesamtbetriebsvereinbarung an das Unternehmen als Rechtsträger und die Konzernbetriebsvereinbarung an den Konzern an.

a) Gesamtbetriebsvereinbarungen

Gesamtbetriebsvereinbarungen, die der Gesamtbetriebsrat nicht in eigener Zuständigkeit, sondern im Auftrag der Standortbetriebsräte abgeschlossen hat, folgen den Regeln für Betriebsvereinbarungen (vgl. Rz. 2 ff.)[1]. Lag der Abschluss einer Gesamtbetriebsvereinbarung dagegen in der **originären Zuständigkeit** des Gesamtbetriebsrats nach § 50 Abs. 1 Satz 1 BetrVG, war die Gesamtbetriebsvereinbarung keine betriebs-, sondern eine unternehmensbezogene Regelung und erfasste mehrere Betriebe des Unternehmens. Ihre Fortgeltung als Kollektivnorm soll jedenfalls dann in Betracht kommen, wenn der Erwerber **sämtliche** von der Gesamtbetriebsvereinbarung in ihrem **Geltungsbereich** erfassten Betriebe übernimmt. Das BAG hat mit einer Entscheidung vom 18.9.2002[2] zu der streitigen Frage Stellung genommen und festgestellt, dass Gesamtbetriebsvereinbarungen nach einem **Rechtsträgerwechsel** kollektivrechtlich fortgelten können[3]. Aus dem Wortlaut des § 613a Abs. 1 BGB ergibt sich das nicht. Nicht abschließend beantwortet ist die Frage, welche Voraussetzungen an eine kollektivrechtliche Fortgeltung einer Gesamtbetriebsvereinbarung nach einem Betriebsinhaberwechsel zu knüpfen sind. Eine Fortgeltung als **Einzelbetriebsvereinbarung** hält das Gericht für möglich, wenn nur ein einzelner Betrieb übertragen wird. Die Fortgeltung **als Gesamtbetriebsvereinbarung** wird anerkannt, wenn „eine gesamtbetriebsratsfähige Anzahl der Betriebe ihre Identität bewahrt hat" und auch für den Fall, dass der Erwerber nicht Betriebe, sondern Betriebsteile übernimmt und als eigenständige Betriebe fortführt. Ausdrücklich entschieden ist dies nur für den Fall, dass der Erwerber zum Zeitpunkt der Übernahme der Betriebe keine eigenen Betriebe unterhält.

In den beim Veräußerer verbleibenden Betrieben gilt eine Gesamtbetriebsvereinbarung kollektivrechtlich weiter, selbst wenn durch Veräußerung einiger Betriebe **nur noch ein Betrieb** beim Veräußerer verbleibt[4].

---

1 *Röder/Haußmann*, DB 1999, 1754.
2 BAG v. 18.9.2002 – 1 ABR 54/01, NZA 2003, 670; a.A. ErfK/*Preis*, § 613a BGB Rz. 115.
3 Mit der Auslegung dieser Entscheidung befasst sich ausführlich WHSS/*Hohenstatt*, E Rz. 59 ff.
4 LAG Düsseldorf v. 28.4.2004, NZA-RR 2004, 480.

b) Konzernbetriebsvereinbarungen

17 Werden Betriebe oder Betriebsteile an konzernangehörige andere Arbeitgeber veräußert, bleiben sie im Geltungsbereich einer Konzernbetriebsvereinbarung. Dann gelten Konzernbetriebsvereinbarungen dort unverändert **kollektivrechtlich** fort. Ist der Erwerber eines Betriebs oder Betriebsteils dagegen ein **konzernfremder** Rechtsträger, verlassen die Arbeitnehmer der übertragenen Einheit den Geltungsbereich einer Konzernbetriebsvereinbarung. Rechte und Pflichten daraus bleiben ihnen nach § 613a Abs. 1 Satz 2 BGB (Transformation in arbeitsvertragliche Rechte und Pflichten) erhalten[1], wenn nicht beim neuen Arbeitgeber eine Konzern-, Gesamt- oder Betriebsvereinbarung denselben Gegenstand regelt und von ihrem Geltungsbereich auch hinzukommende Betriebe erfasst werden (§ 613a Abs. 1 Satz 3 BetrVG).

18 **◯ Typischer Fehler:** In einem Konzern ist konzernweit eine betriebliche Altersversorgung durch Konzernbetriebsvereinbarung zugesagt. Durch verschiedene Verschmelzungen und Zukäufe vergrößert sich der Konzern erheblich. Der Geltungsbereich der Konzernbetriebsvereinbarung ist nicht beschränkt auf die zum Zeitpunkt der Unterzeichnung der Vereinbarung konzernangehörigen Betriebe. In den übergehenden Betrieben werden Altersversorgungsvereinbarungen nach § 613a Abs. 1 Satz 3 BGB abgelöst. Im Interesse aller Beteiligten wäre es eher, die dort bisher erteilten Versorgungszusagen fortzuführen. Dazu hätte anlässlich des Inhaberwechsels eine Überleitungsvereinbarung zwischen den beteiligten Arbeitgebern und Arbeitnehmervertretern geschlossen werden müssen.

3. Tarifverträge/Tarifwechsel

19 Bei einer **Ausgliederung**, etwa der EDV, von Kantinen und Reinigungstätigkeiten oder der Gründung einer eigenständigen Vertriebsgesellschaft, muss jeweils sorgfältig geprüft werden, ob das Konzept zu dem damit angestrebten Tarifwechsel führt. Gelten Tarifverträge bisher aufgrund entsprechender Gewerkschaftszugehörigkeit des Arbeitnehmers kollektivrechtlich und ist der Betriebserwerber an diesen Tarifvertrag nicht gebunden, werden ihre Normen gem. § 613a Abs. 1 Satz 2 BGB zu arbeitsvertraglichen Rechten „transformiert"[2]. Vor Ablauf eines Jahres (Veränderungssperre) können sie nur verändert werden, wenn eine andere kollektivrechtliche Regelung greift (§ 613a Abs. 1 Satz 2 BGB; vgl. Teil 4 E Rz. 61). Da das BAG die Ablösung eines Tarifvertrags durch eine Betriebsvereinbarung, sog. „Über-Kreuz-Ablösung", ablehnt[3], lassen sich Fehler bei der

---

1 Für eine kollektivrechtliche Fortgeltung als Betriebsvereinbarung *Fitting*, § 77 Rz. 170.
2 Zur Rechtsnatur der transformierten Arbeitsbedingungen BAG v. 22.4.2009, DB 2009, 2605, dazu *Bauer/von Medem*, DB 2010, 2560.
3 BAG v. 13.11.2007 – 3 AZR 191/06, DB 2008, 1506; dazu *Schiefer/Worzalla*, DB 2008, 1566 (1571).

rechtlichen Bewertung nach der Ausgliederung kaum noch korrigieren. Auch nach Ablauf eines Jahres können Arbeitsbedingungen nicht einseitig vom Arbeitgeber geändert werden.

a) Übereinstimmende Tarifbindung

Sind der bisherige Inhaber eines Betriebs und der Erwerber eines Betriebs oder Betriebsteils durch Mitgliedschaft **in demselben Arbeitgeberverband** an dasselbe Tarifvertragswerk gebunden, gelten Tarifverträge **kollektivrechtlich** fort, soweit die Arbeitnehmer des übergehenden Betriebs oder Betriebsteils Mitglieder der tarifschließenden Gewerkschaft und die Arbeitsverhältnisse unverändert dem tariflichen Geltungsbereich zuzuordnen sind. 20

Ist der bisherige Arbeitgeber Partei eines **Haustarifvertrags** und wird der Betrieb oder Betriebsteil durch Rechtsgeschäft nach § 613a BGB übertragen, werden die Rechte und Pflichten aus dem Haustarifvertrag transformiert (§ 613a Abs. 1 Satz 2 BGB). Anderes gilt im Fall einer Verschmelzung nach dem UmwG, weil der aufnehmende Rechtsträger durch die gesetzlich angeordnete Gesamtrechtsnachfolge an die Stelle des bisherigen Arbeitgebers als Partei des Haustarifvertrags tritt[1]. 21

b) Unterschiedliche Tarifbindung

Ist der Erwerber eines Betriebs oder Betriebsteils auch tarifgebunden, aber durch Mitgliedschaft **in einem anderen Arbeitgeberverband** oder Abschluss eines **anderen Haustarifvertrags**, kann es zu einem Tarifwechsel und der Ablösung des bisher geltenden Tarifvertrags durch den für ihn geltenden Tarifvertrag nur kommen, wenn die Belegschaft der jeweils **tarifschließenden Gewerkschaft** angehört und die Arbeitsverhältnisse von dem Geltungsbereich[2] der ablösenden Tarifverträge erfasst werden[3]. Dieser Effekt tritt z.B. in den Fällen ein, in denen beide zur Diskussion stehenden Tarifvertragswerke von der Gewerkschaft ver.di abgeschlossen sind. Eine weitere Fallgruppe ergibt sich, wenn der Erwerber mit seinem Betrieb/Unternehmen vom Geltungsbereich allgemeinverbindlicher Tarifverträge[4] erfasst wird. Gehen Betriebe durch Verschmelzung nach dem Umwandlungsgesetz auf einen neuen Inhaber über, werden die Arbeitsverhältnisse von einem dort geltenden Firmentarifvertrag erfasst, wenn dessen Geltungsbereich alle Arbeitnehmer des Unternehmens erfasst und nicht solche Arbeitsverhältnisse ausnimmt, die durch Betriebsübergang später hinzukommen[5]. 22

---

1 BAG v. 24.6.1998, EzA § 20 UmwG Nr. 1 m. Anm. *Rieble*.
2 BAG v. 9.4.2008, FD-ArbR, 256885 (Anm. *Haußmann*).
3 *Bauer/Haußmann*, DB 2003, 610.
4 BAG v. 7.10.2010, NZA-RR 2011, 30.
5 LAG Baden-Württemberg v. 27.9.2010 – 4 TaBV 2/10.

23 Ist der bisherige Betriebsinhaber tarifgebunden, der Erwerber aber **nicht**, kommt es zu einer **Transformation**[1] der tariflichen Rechte und Pflichten (§ 613a Abs. 1 Satz 2 BGB) in der zum Zeitpunkt des Arbeitgeberwechsels maßgeblichen Fassung. Spätere Änderungen gelten bei einem nicht-tarifgebundenen Erwerber nur, soweit sich dies aus arbeitsvertraglichen Verweisen ergibt. Eine beim Betriebserwerber abgeschlossene Betriebsvereinbarung kann diese transformierten Tarifbedingungen nicht ablösen (sog. „Überkreuzablösung")[2].

c) Arbeitsvertragliche Bezugnahmeklauseln

24 Die Ablösung transformierter tariflicher Rechte vor Ablauf eines Jahres kommt in Betracht, wenn der Betrieb oder Betriebsteil nach dem Betriebsübergang im Geltungsbereich eines **anderen Tarifvertragswerks** liegt und arbeitsvertraglich auf dieses andere, nunmehr fachlich, betrieblich und räumlich einschlägige Tarifvertragswerk Bezug genommen wird.

25 Von entscheidender Bedeutung in der Praxis ist daher, ob arbeitsvertragliche **Bezugnahmeklauseln**, die der Betriebsveräußerer oder einer seiner Rechtsvorgänger mit den Arbeitnehmern abgeschlossen hat, als **Tarifwechselklausel** verstanden werden können.

26 **Beispiel:** Ein Metallunternehmen gliedert seinen Vertrieb auf eine rechtlich eigenständige Vertriebsgesellschaft aus und verselbständigt diese Einheit auch betriebsorganisatorisch. Der bisherige Arbeitgeber wendet aufgrund seiner Verbandsmitgliedschaft die Metall-Tarifverträge an. Die Vertriebsgesellschaft beabsichtigt, das Tarifvertragswerk für den Groß- und Außenhandel zur Anwendung zu bringen und tritt dem zuständigen Arbeitgeberverband bei. Die Arbeitsverträge einiger Vertriebsmitarbeiter verweisen ausdrücklich auf das Metall-Tarifvertragswerk. Andere Verträge nehmen Bezug auf das jeweils für den Arbeitgeber maßgebliche Tarifvertragswerk.

27 Bei der Auslegung arbeitsvertraglicher Bezugnahmeklauseln[3] unterscheidet das BAG seit der in der grundlegenden **Entscheidung vom 14.12.2005**[4] angekündigten Rechtsprechungsänderung zwischen Arbeitsverträgen, die **vor**, und solchen, die **nach Inkrafttreten der Schuldrechtsreform ab 1.1.2002** zustande gekommen sind:

– Ältere Arbeitsverträge werden am Maßstab der bis zu dieser Entscheidung entwickelten Rspr. gemessen. Diese Rspr. hat mit dem Begriff der **Gleichstellungsabrede** Bezugnahmeklauseln bei tarifgebundenen Arbeitgebern typischerweise einschränkend ausgelegt. Wollte der Arbeitgeber mit einer Bezugnahmeklausel aufgrund seiner Tarifbindung im Geltungsbereich eines Tarifvertrags nur bewirken, dass alle

---

1 BAG v. 3.7.2013 – 4 AZR 961/11, DB 2013, 2335; BAG v. 16.5.2012 – 4 AZR 321/10, ZIP 2012, 1727.
2 BAG v. 21.4.2010 – 4 AZR 768/08, DB 2010, 1998, FD-ArbR 2010, 308, 770 m. Anm. *Haußmann*.
3 Dazu ausführlich *Bauer/Günther*, NZA 2008, 6.
4 DB 2005, 2815 mit Anm. *Bauer/Haußmann*.

Arbeitnehmer so behandelt werden, als wären sie Mitglied der tarifschließenden Gewerkschaft, sollen diese Klauseln auch nach einem **Inhaberwechsel, Verbandsaustritt** oder **Verbandswechsel**[1] keine weiter reichenden Rechtsfolgen herbeiführen, als die Gewerkschaftszugehörigkeit bewirkt. Sie sollen die Arbeitnehmer also so stellen, als wären sie Mitglied der tarifschließenden Gewerkschaft.

– Für neuere Arbeitsverträge hält das Gericht diese Auslegung nicht mehr aufrecht, soweit diese Auslegung sich aus dem **Wortlaut** der Klausel nicht eindeutig ergibt[2].

– Ältere Arbeitsverträge werden an den Maßstäben für Neuverträge gemessen, wenn sie nach Inkrafttreten der Schuldrechtsreform geändert wurden und z.B. mit einer Formulierung wie „Alle anderen Vereinbarungen aus dem Anstellungsvertrag bleiben unberührt." den Wortlaut der arbeitsvertraglichen Bezugnahme auf Tarifverträge **bestätigt** haben[3].

Für den Fall, dass der neue Inhaber eines Betriebs aufgrund arbeitsvertraglicher Verpflichtungen an Tarifverträge gebunden bleibt, die er **nicht mitgestalten kann**, weil er nicht Mitglied des tarifschließenden Arbeitgeberverbands werden kann, ist diese Rechtsprechung durch eine Entscheidung des EuGH[4] in Frage gestellt[5].

Auch sog. Altverträge sind dann nicht als Gleichstellungsabreden zu verstehen, wenn sie nicht umfassend, sondern nur **punktuell** auf einschlägige Tarifverträge verweisen[6]. Führt die arbeitsvertragliche Verweisung zu einem anderen Tarifvertrag als die beiderseitige Tarifbindung oder die Allgemeinverbindlicherklärung eines Tarifvertrags, gilt das **Günstigkeitsprinzip**[7]. 28

4. Gestaltungsmöglichkeiten

Da Konzern- und Unternehmensstruktur ebenso wie die Betriebsorganisation einem ständigen Wandel unterzogen sind, können auch **vorbeugende** Maßnahmen zu bedenken sein, die im Fall einer Betriebsänderung oder eines Betriebsübergangs gewünschte Effekte erzielen. 29

---

1 *Bauer/Haußmann*, DB 1999, 1114.
2 Die angekündigte Rechtsprechungsänderung ist dann vom BAG auch vollzogen worden, vgl. BAG v. 18.4.2007 – 4 AZR 652/05, NZA 2007, 965; BAG v. 22.10.2008 – 4 AZR 793/07.
3 BAG v. 18.11.2009 – 4 AZR 514/08, NZA 2010, 170; BAG v. 16.5.2012, ZTR 2012, 707.
4 EuGH v. 18.7.2013, FD-ArbR 2013, 350, 356 m. Anm. *Haußmann*.
5 *Steffan*, NZA 2012, 473; *Forst*, DB 2013, 1847.
6 BAG v. 12.12.2007 – 4 AZR 998/06, DB 2008, 1102.
7 BAG v. 29.8.2007 – 4 AZR 767/06, DB 2008, 1270.

a) Formulierung von Arbeitsverträgen

30 Im Vorfeld von Betriebsänderungen lassen sich die Auswirkungen auf Tarifverträge steuern, indem Bezugnahmeklauseln als **Tarifwechselklauseln** oder sog. große dynamische Bezugnahmeklauseln formuliert werden.

b) Auswahl der aufnehmenden Rechtsträger in einer Umwandlung

31 Sowohl die Geltung von Tarifverträgen, als auch die von Gesamt- oder Konzernbetriebsvereinbarungen nach einer Umstrukturierung kann dadurch beeinflusst werden, **welche Rechtsträger** in einer Umwandlung als aufnehmende Rechtsträger ausgewählt werden.

c) Beschränkung des Geltungsbereichs einer Betriebsvereinbarung

32 Bei Abschluss insbesondere von Gesamt- und Konzernbetriebsvereinbarungen sollte gründlich bedacht werden, ob sie sich automatisch auf hinzukommende Betriebe oder hinzugekaufte Unternehmen **erstrecken** sollen. Dies ist insbesondere bei Regelungen zur betrieblichen Altersversorgung fraglich. Auch schon bestehende Konzern- oder Gesamtbetriebsvereinbarungen zum Thema betriebliche Altersversorgung sollten auf diese Erstreckungswirkung hin geprüft werden. Häufig sind Arbeitgeber, Betriebsrat und Belegschaft völlig einig in der Vorstellung, dass nach einem Betriebsübergang bestehende Versorgungssysteme nebeneinander fortgeführt werden sollen.

d) Differenzierte Betriebsvereinbarungen innerhalb eines Betriebs

33 In der betrieblichen Praxis wird wenig Gebrauch davon gemacht, Betriebsvereinbarungen im Geltungsbereich auf **einzelne Betriebsabteilungen** zu beschränken. Nicht selten wird über eine Ausgliederung des Vertriebs nachgedacht, noch bevor mit dem Betriebsrat die Verhandlungen über eine marktgerechte Vergütungsstruktur im Vertrieb versucht worden sind. Solange ein sachlicher Grund die unterschiedliche Behandlung innerhalb des Betriebs rechtfertigt und ein Tarifvertrag keine Sperrwirkung entfaltet, können betriebliche Regelungen dieser Art Ziele erreichen, die typischerweise mit Ausgliederungsvorgängen verfolgt werden.

II. Betriebsänderungen ohne Inhaberwechsel

1. Betriebsvereinbarungen

34 Die Geltung von Betriebsvereinbarungen nach einer Betriebsänderung bestimmt sich danach, ob und welche Einheiten als Betrieb ihre **Identität bewahren** (vgl. Teil 4 B Rz. 1 ff.). Bei **Zusammenfassung** eines Betriebs mit anderen Betrieben oder Teilen von anderen Betrieben gelten Betriebs-

vereinbarungen kollektivrechtlich nicht fort, wenn durch die Zusammenfassung die Identität des Betriebs verloren geht. Dies gilt auch dann, wenn sich innerhalb des zusammengefassten Betriebs die in den zusammengefassten Einheiten bisher geltenden Betriebsvereinbarungen in ihrem Geltungsbereich noch wiederfinden ließen[1]. Behält ein Betrieb infolge einer Betriebsänderung seine Identität, gelten in jedem Fall die dort geschlossenen Betriebsvereinbarungen kollektivrechtlich fort, also auch dann, wenn von diesem Betrieb Einheiten **abgespalten** werden oder in den Betrieb bei Identitätswahrung andere Einheiten **integriert** werden. Von diesem Grundsatz weicht die Rspr.[2]. für den Fall der Aufspaltung eines Betriebs ab. Hier soll in den aus der Aufspaltung hervorgehenden neuen Betrieben die kollektivrechtliche Fortgeltung von Betriebsvereinbarungen in Betracht kommen, obgleich der bisherige Betrieb seine Identität verliert. Gewissermaßen im Wege der „**Zellteilung**" soll eine Betriebsvereinbarung sich in ihrer Existenz als Kollektivregelung für neue Einheiten vervielfältigen können.

Verliert eine Einheit ihre **Identität** und kommt eine kollektivrechtliche Fortgeltung nach diesen Grundsätzen nicht in Betracht, wirkt die Betriebsvereinbarung nach, soweit es sich um Gegenstände der zwingenden Mitbestimmung handelt (§ 77 Abs. 6 BetrVG).

2. Gesamtbetriebs- und Konzernbetriebsvereinbarungen

Finden Restrukturierungen **innerhalb eines Rechtsträgers** oder innerhalb eines Konzerns statt, bleibt die von der Betriebsänderung betroffene Belegschaft im Geltungsbereich der Gesamt- bzw. Konzernbetriebsvereinbarungen.

D. Grundlagen der betriebsbedingten Kündigung

Soweit eine Umstrukturierung mit der Beendigung von Arbeitsverhältnissen verbunden ist, kann sie entweder einvernehmlich durch Aufhebungsverträge oder einseitig durch arbeitgeberseitige Kündigungen umgesetzt werden. Werden im Rahmen einer Umstrukturierung Kündigungen ausgesprochen, beruhen diese in aller Regel auf betrieblichen Gründen. Im Folgenden werden deshalb vor allem die Grundzüge der betriebsbedingten Kündigung dargestellt. Hinsichtlich der Voraussetzungen verhaltensbedingter oder personenbedingter Kündigungen wird auf die einschlägige Kommentarliteratur verwiesen.

---

1 LAG München v. 25.7.2012 – 5 TaBV 77/11, n.v.
2 BAG v. 18.9.2002 – 1 ABR 54/01.

I. Voraussetzungen der betriebsbedingten Kündigung

1 Im Vordergrund des deutschen Kündigungsschutzrechts steht der **Bestandsschutz**, nicht die Entschädigung durch Zahlung von Abfindungen. Ist eine Kündigung sozial gerechtfertigt, d.h. liegen ausreichende Gründe für eine Beendigung des Arbeitsverhältnisses vor, und sind keine durchgreifenden Formfehler (insbesondere Schriftform, ordnungsgemäße Betriebsratsanhörung, Massenentlassungsanzeige) gerügt, wird das Arbeitsverhältnis durch die Kündigung wirksam beendet. Im Grundsatz[1] ist der Arbeitgeber in diesem Fall **nicht verpflichtet, eine Abfindung an den gekündigten Arbeitnehmer zu zahlen**. Einen Anspruch auf eine Abfindung hat der Arbeitnehmer abweichend hiervon dann, wenn ein anwendbarer Sozialplan oder Tarifvertrag die Zahlung von Abfindungen vorsieht oder der Arbeitgeber freiwillig angeboten hat, eine Abfindung zu zahlen. Nach § 1a KSchG kann ein solches freiwilliges Abfindungsangebot verknüpft werden mit einem Verzicht des Arbeitnehmers auf Erhebung einer Kündigungsschutzklage[2]. Die Möglichkeit, ein Angebot nach § 1a KSchG zu unterbreiten, besteht auch bei Ausspruch einer betriebsbedingten Änderungskündigung[3]. Der Arbeitgeber ist nicht verpflichtet, ein **Abfindungsangebot** nach dieser Vorschrift zu machen. In bestimmten Konstellationen kann sich dies aber anbieten, um das Risiko von Kündigungsschutzklagen und die damit verbundenen finanziellen Belastungen zu verringern. Entschließt sich der Arbeitgeber, von der Möglichkeit eines freiwilligen Abfindungsangebots Gebrauch zu machen, hat er die Wahl, ob er eine Abfindung in der gesetzlich vorgesehenen Höhe (§ 1a Abs. 2 KSchG) oder – was rechtlich ohne Weiteres möglich ist – in anderer Höhe anbietet. Entscheidet sich der Arbeitgeber für ein von § 1a Abs. 2 KSchG abweichendes Abfindungsangebot, muss er dies klar zum Ausdruck bringen. Andernfalls besteht das Risiko, dass sein Angebot eines niedrigeren Abfindungsbetrags als Angebot nach § 1a KSchG ausgelegt wird und damit ein Abfindungsanspruch in der gesetzlichen Höhe entsteht[4].

2 Freilich enden in der Praxis die meisten Kündigungsschutzverfahren durch **Vergleich**. Inhalt eines solchen Vergleichs ist regelmäßig eine Auflösung des Arbeitsverhältnisses gegen Zahlung einer Abfindung. Gilt für die streitgegenständliche Kündigung ein Sozialplan und sind eine Vielzahl von Kündigungsschutzklagen anhängig, muss auf Seiten des Arbeitgebers gut überlegt werden, ob und gegebenenfalls mit welchem Inhalt ein Vergleich in Betracht kommt. Auf der Grundlage einer realistischen Bewertung der Erfolgsaussichten sollte der Arbeitgeber eine **Vergleichsstrategie** für die anhängigen Verfahren **entwickeln**. Dabei ist dringend zu

---

1 Ausnahme ist der – unter engen Voraussetzungen zulässige – Auflösungsantrag nach § 9 KSchG; vgl. dazu *Bauer*, FS Hanau, S. 151 ff.
2 Dazu *Bauer/Krieger*, NZA 2004, 77 ff.
3 BAG v. 13.12.2007 – 2 AZR 663/06, NZA 2008, 528, FD-ArbR 2008, 259572 m. Anm. *Bauer*.
4 BAG v. 19.6.2007 – 1 AZR 340/06, NZA 2007, 1357, FD-ArbR 2007, 247359 m. Anm. *Bauer*; BAG v. 10.7.2008, NZA 2008, 1292.

einem **einheitlichen Vorgehen** zu raten. Gibt der Arbeitgeber im Einzelfall unter dem Druck eines ungünstig laufenden Prozesses nach und vereinbart er gegenüber einem einzelnen Arbeitnehmer eine Aufstockung der Sozialplanabfindung, kann dies im Verhältnis zu allen anderen gekündigten Arbeitnehmern und auch für zukünftige Umstrukturierungen einen Dammbruch auslösen, wenn nicht der Einzelfall Differenzierungen rechtfertigt.

1. Geltung des Kündigungsschutzgesetzes

Das Kündigungsschutzgesetz findet auf eine Kündigung Anwendung, wenn für den gekündigten Arbeitnehmer der **betriebliche Geltungsbereich** (§ 23 Abs. 1 KSchG) und der **persönliche Geltungsbereich** (Wartezeit nach § 1 Abs. 1 KSchG) erfüllt sind. Sofern der Geltungsbereich des Kündigungsschutzgesetzes nicht eröffnet ist, bedarf eine Kündigung grds. keines rechtfertigenden Grundes. Allerdings müssen nach der Rspr. des BVerfG auch im Kleinbetrieb und während der Wartezeit gewisse Mindeststandards bei Kündigungen gewahrt sein[1]. Dies bedeutet aber keinen „Kündigungsschutz zweiter Klasse". Eine Unwirksamkeit der Kündigung wegen Verstoßes gegen §§ 134, 138 BGB oder die Grundsätze von Treu und Glauben nach § 242 BGB kommt nur in Extremfällen in Betracht, z.B. weil die Kündigung ausschließlich darauf beruht, dass der Arbeitnehmer homosexuell ist[2].

a) Betrieblicher Geltungsbereich

Das Kündigungsschutzgesetz findet für Betriebe Anwendung, in denen **mehr als zehn Arbeitnehmer** beschäftigt sind. Maßgeblich ist die Beschäftigtenzahl **im Betrieb, nicht im Unternehmen**. Das kann bedeuten, dass in einem Unternehmen, das mehrere selbständige Filialbetriebe unterhält, in denen jeweils nur zehn oder weniger Mitarbeiter tätig sind, kein Kündigungsschutz gilt, obwohl das Unternehmen insgesamt deutlich mehr als zehn Arbeitnehmer beschäftigt.

Messzahl ist die **regelmäßige Beschäftigtenzahl** des Betriebs. Wird ein Arbeitnehmer z.B. während der Elternzeit oder einer lang andauernden Krankheit durch einen anderen Arbeitnehmer vertreten, zählt dieser Arbeitsplatz nur einfach. **Teilzeitbeschäftigte Arbeitnehmer** werden abhängig von ihrer regelmäßigen Wochenarbeitszeit nach folgendem Schlüssel gezählt (§ 23 Abs. 1 Satz 4 KSchG):

– Teilzeitbeschäftigte Arbeitnehmer mit einer regelmäßigen wöchentlichen Arbeitszeit von nicht mehr als 20 Stunden zählen als 0,5 Arbeitnehmer.

---
1 BVerfG v. 27.1.1998, DB 1998, 826; BVerfG v. 21.6.2006 – 1 BvR 1659/04, NZA 2006, 913.
2 BAG v. 23.6.1994 – 2 AZR 617/93, DB 1994, 2190; BAG v. 22.5.2003 – 2 AZR 426/02, NZA 2004, 399.

– Teilzeitbeschäftigte Arbeitnehmer mit einer regelmäßigen wöchentlichen Arbeitszeit von nicht mehr als 30 Stunden zählen als 0,75 Arbeitnehmer.

– Teilzeitbeschäftigte Arbeitnehmer mit einer regelmäßigen wöchentlichen Arbeitszeit von 30 oder mehr Stunden zählen als 1,0 Arbeitnehmer.

6 Sonderregelungen sieht § 23 Abs. 1 KSchG für **Arbeitnehmer vor, deren Arbeitsverhältnis vor dem 1.1.2004 begonnen hat.** Im Verhältnis zu diesen Arbeitnehmern wird der Schwellenwert für das Eingreifen des Kündigungsschutzgesetzes grds. auf **mehr als fünf Arbeitnehmer** abgesenkt. Dies gilt aber nur so lange, wie in dem Betrieb mehr als fünf „Alt-Arbeitnehmer" tätig sind, deren Arbeitsverhältnis vor dem 1.1.2004 begonnen hat.

7 **Beispiel:**

(1) Arbeitgeber A beschäftigt am 31.12.2003 sieben Arbeitnehmer.

(2) Zum 1.1.2004 stellt er drei neue Arbeitskräfte ein.

(3) Zwei der Alt-Arbeitnehmer scheiden durch Eigenkündigungen zum 31.12.2006 aus.

(4) Am 1.7.2009 kommen weitere drei Arbeitnehmer hinzu, so dass ab diesem Zeitpunkt elf Arbeitnehmer beschäftigt sind.

(5) Zum 31.12.2014 scheiden zwei Arbeitnehmer durch Eigenkündigungen aus, nämlich ein Alt-Arbeitnehmer und ein Neu-Arbeitnehmer.

(6) Im Juni 2015 kündigt Arbeitgeber A einem der vier verbliebenen Alt-Arbeitnehmer.

Lösung:

(1) Am 31.12.2003 gilt für alle im Betrieb des Arbeitgebers A beschäftigten Arbeitnehmer der Kündigungsschutz, weil der Schwellenwert von fünf Arbeitnehmern für Alt-Arbeitnehmer überschritten ist.

(2) Mit der Einstellung der drei neuen Arbeitnehmer zum 1.1.2004 kommt es zu einer virtuellen Spaltung des Betriebs. Für die weiterbeschäftigten sieben Alt-Arbeitnehmer gilt nach wie vor Kündigungsschutz (§ 23 Abs. 1 Satz 2 KSchG). Dagegen ist der Schwellenwert nach § 23 Abs. 1 Satz 3 KSchG von mehr als zehn Arbeitnehmern für die neu eingestellten Arbeitnehmer nicht überschritten.

(3) Indem zwei Alt-Arbeitnehmer zum 31.12.2006 ausscheiden, fällt die „regelmäßige" Beschäftigtenzahl des „Altbetriebs" auf fünf Arbeitnehmer. Der Schwellenwert des § 23 Abs. 1 Satz 2 KSchG ist damit nicht mehr überschritten. Folglich gilt weder für die Alt- noch für die Neu-Arbeitnehmer Kündigungsschutz.

(4) Die Einstellung von drei Arbeitnehmern zum 1.7.2009 führt dazu, dass die Gesamtbeschäftigtenzahl auf elf Arbeitnehmer steigt. Sofern die Erhöhung nach Willen des Arbeitgebers nicht nur vorübergehend ist („in der Regel"), genießen sämtliche Arbeitnehmer Kündigungsschutz (für die Alt-Arbeitnehmer: § 23 Abs. 1 Satz 3 Halbs. 2 KSchG; für die Neu-Arbeitnehmer: § 23 Abs. 1 Satz 3 KSchG).

(5) Mit dem Ausscheiden von zwei Arbeitnehmern am 31.12.2014 sinkt die Beschäftigtenzahl des Betriebs wieder unter den nach § 23 Abs. 1 Satz 3 KSchG

maßgeblichen Schwellenwert von mehr als zehn Arbeitnehmern. Damit kommt es wieder zu einer gedanklichen Aufspaltung des Betriebs in „Neu-Betrieb" und „Alt-Betrieb". Da jedoch auch der für Alt-Arbeitnehmer maßgebliche Schwellenwert von fünf Arbeitnehmern nicht erreicht wird, unterfällt keiner der beschäftigten Arbeitnehmer dem Kündigungsschutz[1].

(6) Der im Juni 2015 gekündigte Arbeitnehmer kann sich deshalb nicht auf Kündigungsschutz berufen.

(Beispiel nach *Bauer/Krieger*, DB 2004, 651; vgl. dort auch zu weiteren Einzelheiten zur Berechnung der Kündigungsschutz-Schwellenwerte.)

b) Persönlicher Geltungsbereich

Der persönliche Geltungsbereich des Kündigungsschutzgesetzes ist eröffnet, wenn das Arbeitsverhältnis des gekündigten Arbeitnehmers in demselben Betrieb oder Unternehmen **ohne Unterbrechung länger als sechs Monate** bestanden hat (§ 1 Abs. 1 KSchG). Beginnt das Arbeitsverhältnis am 1.1. eines Kalenderjahres, endet die Wartezeit am 1.7. Bis 30.6. 24.00 Uhr wäre eine Kündigung auch ohne Vorliegen eines Kündigungsgrunds zulässig. 8

Die Wartezeit nach § 1 Abs. 1 KSchG ist **nicht zu verwechseln mit der Probezeit** (§ 622 Abs. 3 BGB). Auch wenn keine Probezeit vereinbart wurde, ist das Kündigungsschutzgesetz während der ersten sechs Monate des Bestands des Arbeitsverhältnisses grds. nicht anwendbar. Arbeitgeber und Arbeitnehmer können allerdings vereinbaren, auf die Erfüllung der Wartezeit zu verzichten. Eine solche **Verzichtsvereinbarung** kann auch konkludent getroffen werden. Nahe liegt dies vor allem dann, wenn der Arbeitnehmer vom Arbeitgeber bereits erprobt wurde. Das BAG hat dies etwa angenommen im Fall der Weiterbeschäftigung eines ehemaligen Geschäftsführers als Arbeitnehmer[2]. 9

Für die Erfüllung der Wartezeit zählen nur **Zeiten als Auszubildender**[3] **oder Arbeitnehmer**. Ob das Arbeitsverhältnis in Teilzeit oder Vollzeit, befristet oder unbefristet bestanden hat, ist unerheblich. Zeiten als freier Mitarbeiter, selbständiger Handelsvertreter oder vertretungsberechtigtes Organmitglied sind prinzipiell nicht zu berücksichtigen. Hat ein **Betriebsübergang** stattgefunden, werden Beschäftigungszeiten beim Veräußerer voll auf die Wartezeit beim Erwerber angerechnet[4]. 10

§ 1 Abs. 1 KSchG setzt voraus, dass das Arbeitsverhältnis grds. ununterbrochen bestanden hat. Gleichwohl soll nach Auffassung des BAG eine Anrechnung von Beschäftigungszeiten aus einem früheren Arbeitsverhältnis in Betracht kommen, wenn der **Zeitraum der Unterbrechung nicht maßgeblich** war und die beiden Arbeitsverhältnisse **im Rahmen ei-** 11

---
1 Im Ergebnis ebenso BAG v. 17.1.2008 – 2 AZR 512/06, NZA 2008, 944.
2 BAG v. 24.11.2005 – 2 AZR 614/04, DB 2006, 728.
3 BAG v. 2.12.1999, BB 2000, 1355.
4 BAG v. 27.6.2002, BB 2003, 452.

ner **Gesamtbetrachtung als zusammengehörig anzusehen** sind[1]. Beispiel ist etwa die Beendigung des Arbeitsverhältnisses eines Lehrers zu Beginn der Sommerferien und die Aufnahme eines neuen Arbeitsverhältnisses an derselben Schule mit Beginn des neuen Schuljahrs[2]. Als **Faustregel** kann gelten: Eine Anrechnung früherer Beschäftigungszeiten ist insbesondere dann in Betracht zu ziehen, wenn die Unterbrechung nicht länger als **ein bis maximal drei Monate** gedauert hat und die **Tätigkeit** des Arbeitnehmers **im Wesentlichen gleich** geblieben ist. Fehlt es an einer dieser Voraussetzungen, d.h. war das Arbeitsverhältnis für mehr als drei Monate unterbrochen und/oder wird der Arbeitnehmer nach der Unterbrechung mit einer anderen Tätigkeit beschäftigt, scheidet eine Anrechnung früherer Beschäftigungszeiten i.d.R. aus.

2. Dringende betriebliche Erfordernisse: Überblick

12 Die soziale Rechtfertigung, d.h. die materielle Wirksamkeit einer betriebsbedingten Kündigung nach dem Kündigungsschutzgesetz, ist in **zwei Schritten** zu prüfen:

(1) Wegfall des Beschäftigungsbedarfs

(2) Ordnungsgemäße Sozialauswahl

Die an sich bei Kündigungen zusätzlich vorzunehmende Interessenabwägung entfällt bei einer Kündigung aus betrieblichen Gründen[3].

13 Von einem Wegfall des Beschäftigungsbedarfs ist auszugehen, wenn der Arbeitgeber zum Kündigungstermin nicht mehr ausreichend Arbeit zur Verfügung hat, um Arbeitskapazitäten im Umfang der gekündigten Arbeitnehmer beschäftigen zu können. Kündigungsgrund ist somit ein **Arbeitskräfteüberhang**[4]. Der **Rückgang der Arbeitsmenge** kann sowohl auf **außerbetrieblichen** als auch auf **innerbetrieblichen Umständen** beruhen. Von einem Wegfall des Beschäftigungsbedarfs aufgrund außerbetrieblicher Umstände spricht man, wenn Ursachen, die außerhalb des Einflussbereichs des Arbeitgebers liegen, dazu führen, dass die Arbeitsmenge im Betrieb zurückgeht[5]. Beispiel ist etwa die Kündigung eines Großauftrags durch einen Kunden. Ein Wegfall des Beschäftigungsbedarfs aufgrund außerbetrieblicher Umstände ist häufig schwierig nachzuweisen, weil er im Grundsatz voraussetzt, dass der Arbeitgeber den genauen rechnerischen Zusammenhang zwischen außerbetrieblichem Umstand und zurückgegangenem Arbeitsvolumen darlegen kann. Er muss außerdem prognostizieren können, dass auch künftig mit zusätzlichen Aufträgen nicht zu

---

1 BAG v. 7.7.2011, AP Nr. 25 zu § 1 KSchG 1969 Wartezeit; BAG v. 22.5.2003, AP Nr. 18 zu § 1 KSchG 1969 Wartezeit.
2 BAG v. 20.8.1998 – 2 AZR 76/98, DB 1998, 2533.
3 von Hoyningen-Huene/Linck/*Krause*, § 1 Rz. 233.
4 KR/*Griebeling*, § 1 KSchG Rz. 514.
5 KR/*Griebeling*, § 1 KSchG Rz. 517 f.

rechnen ist. Betriebsbedingte Kündigungen werden deshalb nur selten unmittelbar auf außerbetriebliche Umstände gestützt.

Größere praktische Bedeutung, insbesondere im Rahmen von Umstrukturierungen, haben Kündigungen, die auf einer innerbetrieblichen Ursache beruhen. Solche innerbetrieblichen Ursachen sind **Organisationsentscheidungen des Arbeitgebers**, deren Umsetzung einen Rückgang oder Wegfall der Arbeitsmenge zur Folge hat[1]. Häufig ist eine solche Organisationsentscheidung Reaktion auf einen außerbetrieblichen Umstand wie etwa den Verlust eines Auftrags. Vorteil des Abstellens auf einen innerbetrieblichen Umstand ist aus Arbeitgebersicht, dass der Zusammenhang zwischen Umsetzung der Organisationsentscheidung und Rückgang des Beschäftigungsbedarfs durch die Gerichte im Grundsatz nur eingeschränkt nachprüfbar ist. Beispiele für die Arbeitsmenge verringernde Organisationsentscheidungen sind etwa die Entscheidung des Arbeitgebers, einen Geschäftszweig aufzugeben, einen Betrieb zu schließen, eine Hierarchieebene zu streichen, den Standort zu verlegen, Roboterfertigung einzuführen, etc.   14

Beispiel: Hat die Umsetzung einer Organisationsentscheidung zur Einführung einer computergestützten Lagerverwaltung zur Folge, dass die anfallende Arbeitsmenge nicht mehr fünf Lagerverwalter auslastet, sondern von einem Lagerverwalter bewältigt werden kann, rechtfertigt dieser innerbetriebliche Umstand die Kündigung der Arbeitsverhältnisse von bis zu vier Lagerverwaltern.   15

Ändert eine Arztpraxis ihre Öffnungszeiten (Organisationsentscheidung) und hat dies zur Folge, dass die Empfangsdame nicht mehr an vierzig Stunden pro Woche eingesetzt werden kann, sondern nur noch im Umfang von dreißig Stunden, rechtfertigt dies keine Beendigung des Arbeitsverhältnisses der Empfangsdame, sondern nur eine Reduzierung des Umfangs der Wochenarbeitszeit um ein Viertel. Der Arbeitgeber müsste insoweit also gegebenenfalls eine entsprechende Änderungskündigung aussprechen.

Sofern der Beschäftigungsbedarf zum Kündigungstermin im Umfang der Arbeitskapazitäten der gekündigten Arbeitnehmer zurückgegangen ist und damit an sich ein dringendes betriebliches Erfordernis für die Kündigung vorliegt, ist die Kündigung trotzdem sozial ungerechtfertigt, wenn der Arbeitgeber bei der Auswahl der zu kündigenden Arbeitnehmer soziale Gesichtspunkte nicht ausreichend beachtet hat (§ 1 Abs. 3 KSchG). Der Arbeitgeber ist **nicht berechtigt**, demjenigen Arbeitnehmer zu kündigen, dessen **konkreter Arbeitsplatz entfallen** ist, sondern **zulässig** ist eine betriebsbedingte Kündigung immer nur gegenüber demjenigen Arbeitnehmer, der **unter allen vergleichbaren Arbeitnehmern des Betriebs sozial am wenigsten schutzwürdig** ist. Konkret heißt das: Es kann jemandem zu kündigen sein, dessen Arbeitsplatz durch die zugrunde liegende Organisationsentscheidung überhaupt nicht betroffen ist.   16

Beispiel: Der Arbeitgeber beschließt, die Lohnbuchhaltung zukünftig einem externen Anbieter zu übertragen. Die im Betrieb beschäftigten drei Lohnbuchhalter sind   17

---

1 KR/*Griebeling*, § 1 KSchG Rz. 519.

in der Lage, auch die Tätigkeiten von Mitarbeitern in der Abteilung Finanzbuchhaltung zu übernehmen. Beide Mitarbeitergruppen sind hierarchisch vergleichbar. Die Arbeitsverträge der Lohnbuchhalter enthalten keine Einschränkung, dass sie nicht auch in der Finanzbuchhaltung eingesetzt werden könnten. In der Finanzbuchhaltung beschäftigt der Arbeitgeber drei Arbeitnehmer, die deutlich kürzere Beschäftigungszeiten aufweisen und jünger sind als die Lohnbuchhalter. Der Arbeitgeber muss deshalb den drei Finanzbuchhaltern kündigen und die Lohnbuchhalter auf deren Arbeitsplätzen in der Finanzbuchhaltung weiterbeschäftigen.

II. Wegfall des Beschäftigungsbedarfs

1. Unternehmerentscheidung

18 Sofern sich der Wegfall des Beschäftigungsbedarfs nicht bereits ohne Weiteres aus außerbetrieblichen Umständen ergibt, muss er seine Grundlage in einer **Organisationsentscheidung** des Arbeitgebers haben. Taugliche Organisationsentscheidung, die einen Wegfall des Beschäftigungsbedarfs begründen kann, ist jede Maßnahme des Arbeitgebers, deren Umsetzung dazu führt, dass sich die **anfallende Arbeitsmenge** im Betrieb verringert und dadurch der **Beschäftigungsbedarf zurückgeht**.

19 ⟳ **Typischer Fehler:** Der Arbeitgeber beschließt, den „Headcount" im Produktionsbereich von bisher 250 Arbeitnehmern auf 180 Arbeitnehmer abzusenken. Hierbei handelt es sich nicht um eine Organisationsentscheidung, die Grundlage für eine betriebsbedingte Kündigung sein kann. Die Absenkung des „Headcounts" allein führt nicht dazu, dass sich der Beschäftigungsbedarf verringern würde. Hierauf gestützte Kündigungen wären deshalb unwirksam. Richtigerweise müsste der Arbeitgeber entscheiden, die Arbeit zu verdichten, den Automatisierungsgrad zu erhöhen und/oder Teile der Produktion an andere Betriebe zu verlagern, um so die Arbeitsmenge reduzieren und darauf gestützt den Personalbestand entsprechend anpassen zu können.

20 Derartige Entscheidungen des Arbeitgebers über die Organisation des Betriebs zählen zum Kernbereich der grundgesetzlich geschützten unternehmerischen Entscheidungsfreiheit. Sie werden deshalb auch als sog. **freie Unternehmerentscheidungen** bezeichnet, die nach st. Rspr. des BAG[1] nicht auf ihre sachliche Rechtfertigung oder ihre Zweckmäßigkeit zu überprüfen sind.

21 Eine Unternehmerentscheidung muss grds. **vom Leitungsorgan des jeweiligen Unternehmens getroffen werden**, also der Geschäftsführung einer GmbH oder dem Vorstand einer AG. Ob derartige Geschäftsführungsbeschlüsse gesellschaftsrechtlich nur mit Genehmigung des Aufsichtsrats oder Beirats gefasst werden dürfen, spielt für die Beurteilung der Wirksamkeit der Kündigung grds. keine Rolle[2]. Eine Ausnahme soll allerdings

---

1 Z.B. BAG v. 13.3.2008, NZA 2008, 878.
2 BAG v. 5.4.2001 – 2 AZR 696/99, NZA 2001, 949.

für die mitbestimmte GmbH oder AG gelten, weil insoweit die ordnungsgemäße Beteiligung des auch mit Arbeitnehmervertretern besetzten Aufsichtsrats nicht nur dem Schutz der Anteilseigner, sondern auch dem Schutz der Arbeitnehmer dient[1].

Im **Kündigungsschutzprozess** wird von den Arbeitsgerichten **geprüft,** 22

(1) ob die behauptete Unternehmerentscheidung **tatsächlich gefasst** wurde,

(2) ob die Umsetzung der behaupteten Unternehmerentscheidung zur Folge hat, dass spätestens zum Kündigungstermin der **Bedarf** an einer Beschäftigung von Arbeitskapazitäten im Umfang der gekündigten Arbeitnehmer **entfällt** und

(3) ob die behauptete Unternehmerentscheidung **weder willkürlich noch offenbar unbillig** ist[2].

Obwohl die Unternehmerentscheidung an sich **keiner bestimmten Form** 23
bedarf – selbst wenn gesellschaftsrechtlich z.B. Schriftform vorgeschrieben wäre, wäre dies für die Wirksamkeit der Kündigungen unerheblich – empfiehlt es sich, Organisationsbeschlüsse, die als Grundlage für betriebsbedingte Kündigungen dienen sollen, **zu Nachweiszwecken schriftlich niederzulegen und** durch die Geschäftsführung bzw. den Vorstand **unterzeichnen zu lassen**. Wurde eine solche schriftliche Dokumentation versäumt, kann sich die Unternehmerentscheidung auch aus anderen Unterlagen oder schlicht aus den tatsächlichen Umständen ergeben. Wurde beispielsweise ein Betrieb geschlossen, spricht eine tatsächliche Vermutung dafür, dass dem eine entsprechende Beschlussfassung des Geschäftsleitungsorgans zugrunde liegt. Die Praxis der Arbeitsgerichte ist insoweit aber uneinheitlich. Gegebenenfalls kann es daher erforderlich werden, durch Zeugenbeweis die Beschlussfassung über die Organisationsänderung nachzuweisen. Schwierig ist dies vor allem dann, wenn die Geschäftsführer bzw. der Vorstand bei der Beschlussfassung unter sich waren, weil die Mitglieder der vertretungsberechtigten Organe der Gesellschaft Parteivertreter sind und deshalb nicht als Zeugen, sondern allenfalls als Partei vernommen werden können.

➲ **Typischer Fehler:** Bei der Verlagerung von Produktionsmengen ins 24
Ausland, die zum Wegfall einiger Arbeitsplätze im Betrieb führt, wird nicht darauf geachtet, die zugrundeliegende Organisationsentscheidung des Geschäftsleitungsorgans zu dokumentieren. Der gekündigte Arbeitnehmer bestreitet im Kündigungsschutzprozess, dass es einen Beschluss zur Verlagerung gegeben hätte. Es lässt sich nur

---
1 von Hoyningen-Huene/Linck/*Krause*, § 1 Rz. 728.
2 Vgl. BAG v. 13.3.2008, NZA 2008, 878, wonach es z.B. von der Unternehmerfreiheit gedeckt und nicht missbräuchlich ist, wenn ein Arbeitgeber sich entschließt, Aufgaben nicht mehr selbst unter Einsatz eigener Arbeitnehmer zu erledigen, sondern durch Dritte vornehmen zu lassen (hier Beschäftigung von sog. „Moskito-Anschlägern" nur noch in freier Mitarbeit).

noch rekonstruieren, dass irgendwann im Sommer ein solcher Beschluss gefasst worden sein muss. Das Arbeitsgericht hält diese Behauptung für unsubstantiiert und gibt deshalb der Kündigungsschutzklage statt.

25 Der Arbeitgeber kann im Rahmen der unternehmerischen Entscheidungsfreiheit nicht nur über die Organisationsänderung als solche beschließen, sondern auch über den **Zeitpunkt, zu dem sie umgesetzt werden soll**. Eine betriebsbedingte Kündigung ist nicht nur dann begründet, wenn im Zeitpunkt des Kündigungszugangs der Arbeitsplatz des gekündigten Arbeitnehmers bereits entfallen ist. Das BAG lässt es auch zu, Kündigungen auf der Grundlage einer Planung des Arbeitgebers auszusprechen, wenn hinreichend wahrscheinlich ist, dass mit Ablauf der Kündigungsfrist der Beschäftigungsbedarf wegfallen wird[1]. Zur Plausibilisierung der Planung verlangt das BAG in diesen Fällen allerdings grds., dass die Umsetzung der Unternehmerentscheidung zum Zeitpunkt des Zugangs der Kündigung bereits **„greifbare Formen"** angenommen hat[2] und der entsprechende Wille des Arbeitgebers bereits **abschließend** gebildet wurde[3]. D.h., der Arbeitgeber hat gegebenenfalls andere Umstände darzulegen, die zum Zeitpunkt des Zugangs der Kündigung vorgelegen haben und aus denen geschlossen werden kann, dass die Unternehmerentscheidung nicht nur auf dem Papier steht, sondern zum Kündigungstermin auch tatsächlich umgesetzt wird. Solche Umstände können etwa die Kündigung eines Miet- oder Versicherungsvertrags sein, die Information von Kunden oder auch eine zeitgleiche Kündigung der Arbeitsverhältnisse einer Vielzahl von Arbeitnehmern.

26 ➙ **Typischer Fehler:** Der Arbeitgeber beschließt: „Die Aufgaben im Außendienst sollen zukünftig nicht mehr durch eigene Arbeitnehmer wahrgenommen werden, sondern hierfür sollen ausschließlich selbständige Handelsvertreter eingesetzt werden"[4]. Im Kündigungsschutzprozess bestreitet der Arbeitnehmer, dass die Umstellung auf selbständige Handelsvertreterverhältnisse nach dem Inhalt der Unternehmerentscheidung bereits zum Kündigungstermin erfolgen sollte. Es empfiehlt sich daher, in die Dokumentation der Unternehmerentscheidung immer auch einen Umsetzungstermin aufzunehmen (z.B. „mit sofortiger Wirkung", „zum 31.12.").

---

1 BAG v. 31.7.2014 – 2 AZR 422/13, NZA 2015, 101; BAG v. 12.4.2002 – 2 AZR 256/01, NZA 2002, 1205; vgl. dazu *Bauer/Baeck*, RdA 2003, 173.
2 BAG v. 14.3.2013, AP Nr. 199 zu § 1 KSchG 1969 Betriebsbedingte Kündigung; BAG v. 18.9.2003, DB 2004, 2817.
3 BAG v. 31.7.2014 – 2 AZR 422/13, NZA 2015, 101.
4 Eine solche Unternehmerentscheidung rechtfertigt nach der Rspr. des BAG grds. die betriebsbedingte Kündigung der im Außendienst beschäftigten Arbeitnehmer, weil in Folge der Umstellung auf selbständige Tätigkeitsverhältnisse die Arbeitsplätze als solche entfallen, vgl. BAG v. 9.5.1996, BB 1996, 2358; BAG v. 26.9.1996 – 2 AZR 200/96, BB 1997, 260.

Eine Unternehmerentscheidung mit dem Inhalt, den Betrieb stillzulegen, rechtfertigt grds. die Kündigung der Arbeitsverhältnisse aller im Betrieb beschäftigten Arbeitnehmer. Problematisch kann dies aber in dem Fall werden, dass ein anderes Unternehmen einen ähnlichen Betrieb in zeitlicher Nähe zu der Schließung, eventuell noch am selben Beschäftigungsort aufnimmt. Handelt es sich nämlich um eine **Betriebsveräußerung** und Fortführung des Betriebs durch einen Erwerber (Betriebsübergang i.S.d. § 613a BGB), **entfällt der Beschäftigungsbedarf nicht**, sondern besteht fort[1]. Eine betriebsbedingte Kündigung ist in diesem Fall ausgeschlossen (vgl. auch § 613a Abs. 4 BGB). Die Abgrenzung, ob es sich um eine Betriebsstilllegung und Aufnahme eines neuen Betriebs oder um eine Betriebsfortführung im Wege des Betriebsübergangs handelt, ist stets im Einzelfall vorzunehmen und kann ausgesprochen schwierig sein. Hinzu kommt, dass ein Arbeitgeber, der sich in wirtschaftlichen Schwierigkeiten befindet und sich deshalb zur Stilllegung seines Betriebs gezwungen sieht, aus betriebswirtschaftlichen Gründen – und nicht zuletzt auch im Interesse seiner Arbeitnehmer – an und für sich auf die Suche nach einem potentiellen Übernehmer begeben wird. Spricht er dennoch verständlicherweise vorsorgliche betriebsbedingte Kündigungen aus, weil er nicht wissen kann, ob er fündig werden wird, macht ihm die Rspr. einen Strich durch die Rechnung: Nach Ansicht des BAG[2] sind die Kündigungen nämlich selbst dann sozialwidrig, wenn die Suche nach einem Übernehmer erfolglos verläuft. Dieses Ergebnis ist nicht nur **arbeitsrechtlich**, sondern auch **betriebswirtschaftlich** und **personalpolitisch verfehlt**, weil der Arbeitgeber zur Unehrlichkeit erzogen wird. Warum? Er wird seinen Arbeitnehmern kaum erklären, dass er in ihrem Interesse nach einem Nachfolgeunternehmen sucht.   27

Ob eine unternehmerische Entscheidung betriebswirtschaftlich sinnvoll erscheint, haben die Arbeitsgerichte nicht zu beurteilen[3]. Der Einwand des Arbeitnehmers, die beschlossene Maßnahme ergebe betriebswirtschaftlich keinen Sinn, weil sich hierdurch die Produktion verteuere oder Kunden unzufrieden seien, ist unerheblich. Ein Eingriff der Arbeitsgerichte in die unternehmerische Entscheidungsfreiheit kommt nur bei krassen Fällen in Betracht, in denen im Grunde offensichtlich ist, dass die Unternehmerentscheidung so „zugeschnitten" wurde, dass sie als Grundlage für die Entlassung eines bestimmten Arbeitnehmers oder einer bestimmten Gruppe von Arbeitnehmern dienen kann. Eine solchermaßen **willkürliche oder gegen ein gesetzliches Verbot verstoßende Unternehmer-**   28

---

1 ErfK/*Oetker*, § 1 KSchG Rz. 282 f.; vgl. aber Teil 4 G Rz. 53 ff. zu Besonderheiten im Fall der Kündigung nach einem Erwerberkonzept und BAG v. 14.3.2013, AP Nr. 199 zu § 1 KSchG 1969 Betriebsbedingte Kündigung zur Stilllegungsabsicht hinsichtlich eines Betriebs-„Rests" nach teilweiser Veräußerung.
2 BAG v. 12.4.2002 – 2 AZR 256/01, NZA 2002, 1205.
3 von Hoyningen-Huene/Linck/*Krause*, § 1 Rz. 733.

entscheidung kann nicht Grundlage einer betriebsbedingten Kündigung sein[1].

29 Dem entspricht, dass die Arbeitsgerichte eine Unternehmerentscheidung immer dann einer **genaueren Prüfung** im Hinblick auf ihre Plausibilität unterziehen, wenn ihre Umsetzung nur den **Wegfall eines einzelnen Arbeitsplatzes** zur Folge hat und damit Kündigungsentschluss und Unternehmerentscheidung nahe beieinander liegen. In diesem Fall wird nachgeprüft, ob die vorhandene Arbeitsmenge tatsächlich wie vom Arbeitgeber behauptet anderweitig verteilt und ohne überobligatorische Leistungen wahrgenommen werden kann[2].

2. Keine anderweitige Beschäftigungsmöglichkeit

30 Die Kündigung des Arbeitsverhältnisses ist **ultima ratio**. Sie ist nur zulässig, wenn **keine anderweitigen Beschäftigungsmöglichkeiten** zur Verfügung stehen[3]. Ist eine anderweitige Beschäftigungsmöglichkeit vorhanden, allerdings nur zu geänderten Arbeitsbedingungen, hat der Arbeitgeber gegebenenfalls eine Änderungskündigung auszusprechen[4]. Eine Beendigungskündigung wäre in diesem Fall unzulässig.

31 Ob eine Weiterbeschäftigungsmöglichkeit, auch zu geänderten Arbeitsbedingungen, besteht, ist jeweils **unternehmensbezogen** zu prüfen. Eine Kündigung ist auch dann unzulässig, wenn der Arbeitnehmer in einem **anderen Betrieb des Unternehmens** beschäftigt werden kann[5]. Grds. keine Rolle spielt dagegen, ob es in einem **anderen Unternehmen des Konzerns** einen freien Arbeitsplatz gibt, der mit dem Arbeitnehmer besetzt werden könnte. Nach der Rspr. des BAG kann es auf konzernweit vorhandene Arbeitsplätze ausnahmsweise nur dann ankommen, wenn der Arbeitgeber erstens z.B. durch Vereinbarung einer konzernweiten Beschäftigungsmöglichkeit im Rahmen einer Konzernversetzungsklausel eine Erwartung des Arbeitnehmers begründet hat, konzernweit eingesetzt zu werden, und er zweitens auch über die tatsächliche Möglichkeit verfügt, auf die Leitung des anderen Konzernunternehmens einzuwirken, damit dieses den betroffenen Arbeitnehmer einstellt[6].

---

1 BAG v. 26.9.2002 – 2 AZR 636/01, DB 2003, 946.
2 BAG v. 22.5.2003, AP Nr. 128 zu § 1 KSchG 1969 Betriebsbedingte Kündigung.
3 von Hoyningen-Huene/Linck/*Krause*, § 1 Rz. 744.
4 BAG v. 21.4.2005 – 2 AZR 244/04, NZA 2005, 1294.
5 BAG v. 23.11.2004, AP Nr. 132 zu § 1 KSchG 1969; dies gilt nicht für Betriebe oder Betriebsteile im Ausland, BAG v. 29.8.2013, AP Nr. 203 zu § 1 KSchG 1969 Betriebsbedingte Kündigung.
6 Vgl. BAG v. 23.11.2004 – 2 AZR 24/04, NZA 2005, 929; BAG v. 23.3.2006 – 2 AZR 162/05, NZA 2007, 30; BAG v. 23.4.2008 – 2 AZR 1110/06, NZA 2008, 939; vgl. zur abgestuften Darlegungslast bei Berufen des Arbeitnehmers auf eine Beschäftigungsmöglichkeit im Konzern BAG v. 24.5.2012, AP Nr. 194 zu § 1 KSchG 1969 Betriebsbedingte Kündigung.

Eine anderweitige Beschäftigungsmöglichkeit liegt vor, wenn beim Arbeitgeber ein **freier Arbeitsplatz** vorhanden ist, für den der gekündigte Arbeitnehmer grds. geeignet ist. Maßgeblich ist insoweit der **Zeitpunkt des Zugangs der Kündigung**[1]. Eine Kündigung ist unzulässig, wenn zu diesem Zeitpunkt ein geeigneter Arbeitsplatz vorhanden ist oder absehbar ist, dass bis zum Ablauf der Kündigungsfrist oder im Rahmen einer zumutbaren Zeit danach ein solcher Arbeitsplatz frei werden wird (z.B. wegen erklärter Eigenkündigung oder vorhersehbarem Renteneintritt)[2]. Ist dies im Zeitpunkt des Zugangs der Kündigung nicht der Fall, führt ein späteres Freiwerden eines geeigneten Arbeitsplatzes nicht zur Unwirksamkeit der Kündigung. Der Arbeitnehmer kann in diesem Fall aber einen Wiedereinstellungsanspruch haben[3].

32

Ob vor Zugang der Kündigung ein Arbeitsplatz frei war, der zum Zugangszeitpunkt aber nicht mehr zu besetzen ist, spielt grds. keine Rolle. Allerdings darf der Arbeitgeber eine bestehende Weiterbeschäftigungsmöglichkeit für den gekündigten Arbeitnehmer **nicht treuwidrig** dadurch **vereiteln**, dass er einen geeigneten Arbeitsplatz vorzeitig durch einen anderen Arbeitnehmer besetzt[4].

33

Sachlich ist die Weiterbeschäftigungspflicht auf Arbeitsplätze begrenzt, für die der Arbeitnehmer **grds. geeignet** ist. Dies setzt voraus, dass er nach seinen Kenntnissen und Fähigkeiten und gegebenenfalls nach einer zumutbaren Umschulung oder Fortbildung in der Lage wäre, die jeweilige Tätigkeit auszuüben[5]. Ob dies der Fall ist, **bestimmt sich maßgeblich nach dem Anforderungsprofil** des zur Verfügung stehenden Arbeitsplatzes. Ob ein Arbeitsplatz eingerichtet wird und, wenn ja, welches Anforderungsprofil für dessen Besetzung gilt, unterliegt der unternehmerischen Freiheit des Arbeitgebers. Die Festlegung des Anforderungsprofils durch den Arbeitgeber ist daher für die Arbeitsgerichte bindend, es sei denn, sie wäre offensichtlich willkürlich oder unbillig[6].

34

◐ **Typischer Fehler:** Der Arbeitgeber hat entschieden, eine Hierarchieebene zu streichen. Kurz vor Ausspruch der Kündigungen werden von Fachabteilungen zahlreiche Stellen im Unternehmen ausgeschrieben. Die Anforderungen für die Stellenbesetzung sind in den Ausschreibungen nur sehr vage und unkonkret beschrieben. Die gekündigten Führungskräfte erheben Kündigungsschutzklage und machen geltend, für die ausgeschriebenen Stellen geeignet zu sein. Wegen der

35

---
1 KR/*Griebeling*, § 1 KSchG Rz. 219.
2 BAG v. 29.8.2013, AP Nr. 37 zu § 1 KSchG Personenbedingte Kündigung.
3 Vgl. zu Einzelheiten *Beckschulze*, DB 1998, 417 ff.
4 BAG v. 10.11.1994 – 2 AZR 242/94, BB 1995, 1907; BAG v. 5.6.2008 – 2 AZR 107/07, NZA 2008, 1180.
5 BAG v. 7.2.1991 – 2 AZR 205/90, DB 1991, 1730; BAG v. 8.5.2014 – 2 AZR 1001/12, NZA 2014, 1200.
6 BAG v. 24.6.2004 – 2 AZR 326/03, NZA 2004, 1268.

ungenauen Beschreibung des Anforderungsprofils gelingt es dem Arbeitgeber nicht, die aus seiner Sicht fehlende Eignung nachzuweisen.

36 Nicht als Weiterbeschäftigungsmöglichkeiten in Betracht kommen Arbeitsplätze, die in der Betriebshierarchie höher angesiedelt sind als der derzeitige Arbeitsplatz des gekündigten Arbeitnehmers. Der Arbeitnehmer hat **keinen Anspruch auf Beförderung** zur Vermeidung einer betriebsbedingten Kündigung[1]. Ob ein Arbeitsplatz im Vergleich zur bisherigen Tätigkeit höherwertig ist, bestimmt sich nach der im Unternehmen herrschenden Anschauung. Ein wesentliches Indiz kann insoweit die jeweils für die Tätigkeit im Unternehmen üblicherweise gezahlte Vergütung sein.

37 Arbeitsplätze, die auf einer im Verhältnis zur bisherigen Tätigkeit **niedrigeren Hierarchieebene** angesiedelt sind, **kommen dagegen grds. für eine Weiterbeschäftigung des Arbeitnehmers in Betracht**. Die Entscheidung, ob er sich auf eine niederwertigere Beschäftigung einlässt, muss der Arbeitnehmer treffen. Der Arbeitgeber darf dies nicht vorwegnehmen, indem er solche Arbeitsplätze erst gar nicht anbietet[2]. Nur in extremen Ausnahmefällen (Weiterbeschäftigung des Personalleiters als Pförtner) soll ein Beschäftigungsangebot im Sinne einer vorrangigen Änderungskündigung ausnahmsweise unterbleiben dürfen[3].

3. Darlegungs- und Beweislast

38 Für den Wegfall des Arbeitsplatzes trägt **grds. der Arbeitgeber** die Darlegungs- und Beweislast (§ 1 Abs. 2 Satz 4 KSchG). Eine Erleichterung im Sinne einer **abgestuften Darlegungs- und Beweislast** gilt allerdings für die Tatsache des Nichtvorhandenseins einer geeigneten anderweitigen Beschäftigungsmöglichkeit. Zwar trägt grds. auch insoweit der Arbeitgeber die Beweislast dafür, dass der gekündigte Arbeitnehmer nicht anderweitig beschäftigt werden kann. Der Umfang seiner erforderlichen Darlegung ist aber nach § 138 Abs. 2 ZPO davon abhängig, wie sich der Arbeitnehmer auf den Vortrag des Arbeitgebers einlässt. Der Arbeitgeber genügt zunächst seiner Darlegungslast, wenn er allgemein vorträgt, eine Weiterbeschäftigung des Arbeitnehmers sei nicht möglich. Es ist dann Sache des Arbeitnehmers, konkrete Vorstellungen zur Möglichkeit einer anderweitigen Beschäftigung zu äußern und deutlich zu machen, wie er sich eine Tätigkeit vorstellt[4]. Der Grundsatz der abgestuften Darlegungs- und Beweislast gilt im Übrigen auch, wenn sich der Arbeitnehmer auf ei-

---

[1] BAG v. 19.4.2007, AP Nr. 45 zu § 1 KSchG 1969 Krankheit; BAG v. 29.3.1990 – 2 AZR 369/89, DB 1991, 173.
[2] BAG v. 21.4.2005 – 2 AZR 244/04, NZA 2005, 1294.
[3] Vgl. zu den sich aus dieser Rspr. ergebenden erheblichen praktischen Schwierigkeiten und zur Umsetzung bei Vorhandensein mehrerer Weiterbeschäftigungsmöglichkeiten *Bauer/Winzer*, BB 2006, 266.
[4] BAG v. 18.1.1990 – 2 AZR 357/89, BB 1990, 1274; BAG v. 15.8.2002 – 2 AZR 195/01, DB 2003, 889; BAG v. 29.8.2013, AP Nr. 37 zu § 1 KSchG 1969 Personenbedingte Kündigung.

nen nur ausnahmsweise anzuerkennenden konzernweiten Kündigungsschutz beruft[1].

III. Sozialauswahl

Die Sozialauswahl bei einer betriebsbedingten Kündigung ist in **drei Schritten** vorzunehmen: 39
(1) Bestimmung des Kreises der vergleichbaren Arbeitnehmer.
(2) Eventuell: Herausnahme von Arbeitnehmern aus der Sozialauswahl, deren Weiterbeschäftigung im berechtigten betrieblichen Interesse liegt (Leistungsträger).
(3) Feststellung des zu kündigenden Arbeitnehmers durch Abwägung der individuellen Sozialdaten.

Auch bei der **etappenweisen Stilllegung** (vgl. Teil 2 A Rz. 20–32) eines Betriebs muss grds. für jede Etappe der Schließung eine Sozialauswahl vorgenommen werden[2]. Nur wenn der Arbeitgeber allen Arbeitnehmern gleichzeitig unter Einhaltung der jeweils kürzest möglichen Kündigungsfrist kündigt oder er die Kündigungen zwar zu verschiedenen Zeitpunkten gestaffelt aber jeweils zum gleichen Kündigungstermin ausspricht, ist eine Sozialauswahl entbehrlich. 40

1. Vergleichbare Arbeitnehmer

In die Sozialauswahl nach § 1 Abs. 3 Satz 1 KSchG sind alle Arbeitnehmer einzubeziehen, die mit demjenigen Arbeitnehmer **vergleichbar** sind, dessen Arbeitsplatz entfallen ist. Der Kreis der vergleichbaren Arbeitnehmer wird **durch die folgenden Parameter beschränkt**. Einzubeziehen sind danach Arbeitnehmer, 41
(1) die **im selben Betrieb** beschäftigt sind,
(2) deren Arbeitsplätze **auf derselben betrieblichen Hierarchieebene** angesiedelt sind,
(3) deren Arbeitsplätze dem an sich zu kündigenden Arbeitnehmer **einseitig** durch den Arbeitgeber im Wege des Direktionsrechts **zugewiesen werden können** und
(4) deren Tätigkeit der an sich zu kündigende Arbeitnehmer aufgrund seiner Kenntnisse und Fähigkeiten innerhalb einer **zumutbaren Einarbeitungszeit** übernehmen kann.

Im Einzelnen:

---

1 BAG v. 24.5.2012, AP Nr. 194 zu § 1 KSchG 1969 Betriebsbedingte Kündigung.
2 BAG v. 16.9.1982 – 2 AZR 271/80, DB 1983, 504; BAG v. 20.1.1994 – 2 AZR 489/93, BB 1995, 933.

a) Betriebsbezogenheit der Sozialauswahl

42 Eine Sozialauswahl ist immer nur **betriebsbezogen** vorzunehmen. Einzubeziehen sind grds. alle Arbeitnehmer des Betriebs. Die Sozialauswahl ist nicht beschränkt auf die jeweilige Betriebsabteilung durchzuführen[1]. **Nicht einzubeziehen** sind dagegen Arbeitnehmer, die in einem **anderen Betrieb des Unternehmens** beschäftigt sind.

43 Beispiel: Schließt der Arbeitgeber seinen Betrieb in Stuttgart, ist eine Sozialauswahl auch dann nicht durchzuführen, wenn er vergleichbare Arbeitnehmer in einem anderen Betrieb in München weiterbeschäftigt. Ob der Arbeitsvertrag der in Stuttgart beschäftigten Arbeitnehmer dem Arbeitgeber das Recht einräumt, ihnen einen Arbeitsort in München einseitig zuzuweisen, ist unerheblich.

44 Für die Bestimmung des Betriebs, innerhalb dessen die Sozialauswahl durchzuführen ist, gilt der Betriebsbegriff des KSchG, der weitgehend dem betriebsverfassungsrechtlichen Betriebsbegriff entspricht (vgl. dazu Teil 1 A Rz. 4). Allerdings kann auch bei **großer räumlicher Entfernung** zwischen zwei Betriebsstätten ein einheitlicher Betrieb im kündigungsschutzrechtlichen Sinne vorliegen, wenn für beide Betriebsstätten ein **einheitlicher Leitungsapparat** besteht[2].

45 Beispiel: Der Außendienst einer Versicherung ist so organisiert, dass das Bundesgebiet in fünf Direktionen unterteilt ist. Jeder Direktion steht ein Direktor vor, der Fach- und Dienstvorgesetzter der der jeweiligen Direktion zugeordneten Mitarbeiter ist. Er nimmt gegenüber diesen Mitarbeitern sämtliche Arbeitgeberfunktionen in personeller und sozialer Hinsicht wahr und entscheidet selbständig über die Zuweisung von Aufgaben im Gebiet der jeweiligen Direktion. In diesem Fall stellt jede der fünf Direktionen kündigungsschutzrechtlich einen eigenständigen Betrieb dar mit der Folge, dass bei einer betriebsbedingten Kündigung grds. eine Sozialauswahl zwischen allen vergleichbaren Arbeitnehmern der jeweiligen Direktion – aber nicht direktionsübergreifend – durchzuführen ist, unabhängig davon an welchem Ort innerhalb der Direktion sich der Arbeitsort des jeweiligen Arbeitnehmers befindet. Ausnahme: Der Arbeitsvertrag des gekündigten Arbeitnehmers erlaubt nicht die Zuweisung des Arbeitsorts des jeweils vergleichbaren Arbeitnehmers.

46 Bei einem **gemeinsamen Betrieb mehrerer Unternehmen** (vgl. Teil 1 A Rz. 34), ist die Sozialauswahl auf alle vergleichbaren Arbeitnehmer des gemeinsamen Betriebs zu erstrecken, unabhängig davon, zu welchem der an dem Gemeinschaftsbetrieb beteiligten Arbeitgeber ein Arbeitsverhältnis besteht[3].

---

1 BAG v. 2.6.2005 – 2 AZR 158/04, NZA 2005, 1175.
2 BAG v. 21.6.1995, AP Nr. 16 zu § 1 BetrVG 1972; BAG v. 15.3.2001 – 2 AZR 151/00, NZA 2001, 831.
3 BAG v. 24.2.2005 – 2 AZR 214/02, NZA 2005, 867.

b) Hierarchische Vergleichbarkeit

Eine Sozialauswahl findet immer nur statt zwischen Arbeitnehmern derselben betrieblichen Hierarchieebene[1]. Für die Beurteilung der hierarchischen Vergleichbarkeit ist die Anschauung im Unternehmen maßgeblich. Ein wesentliches Indiz kommt der jeweils für den Arbeitsplatz üblicherweise gezahlten Vergütung zu. Eine **identische tarifliche Eingruppierung indiziert** grds. eine **Vergleichbarkeit der Arbeitsplätze**[2]. Dies gilt jedenfalls insoweit, als nicht nachgewiesen ist, dass die Eingruppierung fehlerhaft ist.

47

Nicht in die Sozialauswahl **einzubeziehen** sind sowohl **hierarchisch höher gestellte Arbeitnehmer** (Vorgesetzte), als auch **Arbeitnehmer, die auf einer niedrigeren Hierarchieebene beschäftigt werden**. Dies unterscheidet die Bestimmung des Kreises der vergleichbaren Arbeitnehmer in einer Sozialauswahl von der Bestimmung der für eine Weiterbeschäftigung in Betracht kommenden freien Arbeitsplätze. Ein „Verdrängungswettbewerb nach unten" durch Sozialauswahl findet nicht statt[3].

48

c) Versetzbarkeit

Voraussetzung für eine soziale Auswahl ist, dass dem an sich zur Kündigung anstehenden Arbeitnehmer der Arbeitsplatz des hierarchisch vergleichbaren Arbeitnehmers durch den Arbeitgeber **einseitig im Wege des Direktionsrechts** zugewiesen werden kann[4]. Die Bestimmung des Inhalts der Arbeitsleistung und damit die Zuweisung eines konkreten Arbeitsplatzes obliegt grds. dem Arbeitgeber (§ 106 GewO). **Beschränkungen** des Direktionsrechts können sich allerdings **aus dem Arbeitsvertrag** des jeweiligen Arbeitnehmers ergeben[5].

49

Beispiel: Der Arbeitsvertrag sieht eine Einstellung „als Maschineneinsteller", „in der Stanzerei", „als Kaufmann", in Berlin vor. In diesem Fall kann grds. nur ein Arbeitsplatz einseitig zugewiesen werden, der von der Beschreibung im Arbeitsvertrag gedeckt ist.

50

Ist im Arbeitsvertrag eine bestimmte Tätigkeit und/oder ein bestimmter Leistungsort beschrieben, kommt die Zuweisung eines außerhalb dieser Beschreibung liegenden Arbeitsplatzes dann in Betracht, wenn sich der Arbeitgeber im Arbeitsvertrag eine **Versetzungsmöglichkeit ausdrücklich**

51

---

[1] BAG v. 24.5.2005, AP Nr. 284 zu § 613a BGB; BAG v. 29.3.1990 – 2 AZR 369/89, DB 1991, 173.
[2] BAG v. 25.4.1985 – 2 AZR 140/84, DB 1985, 2205; BAG v. 12.3.2009, AP Nr. 97 zu § 1 KSchG 1969 Soziale Auswahl.
[3] von Hoyningen-Huene/Linck/*Krause*, § 1 Rz. 930.
[4] BAG v. 17.2.2000 – 2 AZR 142/99, NZA 2000, 822; BAG v. 5.6.2008, AP Nr. 179 zu § 1 KSchG 1969.
[5] Vgl. BAG v. 2.3.2006 – 2 AZR 23/05, NZA 2006, 1350.

vorbehalten hat, d.h. der Arbeitsvertrag eine sogenannte **Versetzungsklausel** enthält[1].

52 **Beispiel:** „Der Arbeitgeber behält sich vor, dem Arbeitnehmer unter Berücksichtigung seiner Interessen eine andere gleichwertige Tätigkeit, gegebenenfalls auch an einem anderen Ort, zuzuweisen, die den Kenntnissen und Fähigkeiten des Arbeitnehmers entspricht."

53 Eine Versetzungsklausel, die das Direktionsrecht des Arbeitgebers nicht ausdrücklich auf die Zuweisung **gleichwertiger Arbeitsplätze** beschränkt, soll **unzulässig** sein[2]. In der Konsequenz hieße das eigentlich, dass bei unwirksamer Versetzungsklausel über die Arbeitsplatzbeschreibung im Arbeitsvertrag hinaus eine Sozialauswahl nicht in Betracht kommt. Ob die Gerichte diesen Weg in dieser Konsequenz mitgehen werden, muss allerdings bezweifelt werden[3]. Wahrscheinlich ist, dass sie entsprechend der Systematik der AGB-Kontrolle nach §§ 305 ff. BGB nur dem Arbeitnehmer das Recht zubilligen werden, sich auf die Unwirksamkeit einer Versetzungsklausel zu berufen.

54 In die Sozialauswahl sind grds. auch **teilzeitbeschäftigte Arbeitnehmer** einzubeziehen. Entfällt der Arbeitsplatz eines Teilzeitbeschäftigten, hängt die Einbeziehung von vollzeitbeschäftigten Arbeitnehmern in die Sozialauswahl vom betrieblichen **Organisationskonzept des Arbeitgebers** ab. Besteht ein von plausiblen technischen, wirtschaftlichen oder organisatorischen Gründen getragenes Organisationskonzept, nach dem der jeweilige verbleibende Arbeitsplatz als Vollzeitarbeitsplatz ausgestaltet ist, kommt eine Sozialauswahl nicht in Betracht. Das gilt auch dann, wenn der Teilzeitbeschäftigte erklären sollte, zu einer Vollzeittätigkeit bereit zu sein[4]. Besteht ein solches Organisationskonzept nicht oder ist die behauptete Organisationsentscheidung unsachlich oder willkürlich, ist eine Sozialauswahl mit dem jeweiligen Vollzeitbeschäftigten durchzuführen.

d) Geeignetheit

55 Schließlich ist Voraussetzung für eine Sozialauswahl, dass der an sich zur Kündigung anstehende Arbeitnehmer tatsächlich in der Lage ist, die Tätigkeit des hierarchisch vergleichbaren Arbeitnehmers zu übernehmen. Eine gewisse **zumutbare Einarbeitungszeit** hat der Arbeitgeber dem Arbeitnehmer dabei zuzubilligen[5]. Als **Faustformel** gilt: Dauert die erforderliche Einarbeitungszeit **länger als drei Monate**, fehlt es an der Vergleichbarkeit für eine Sozialauswahl. Die Dauer der erforderlichen Einarbeitungszeit ist im Streitfall gegebenenfalls vom Arbeitsgericht durch Beweiserhebung festzustellen.

---

1 Vgl. BAG v. 11.4.2006 – 9 AZR 557/05, NZA 2006, 1149.
2 BAG v. 9.5.2006 – 9 AZR 424/05, NZA 2007, 145.
3 Offen gelassen von BAG v. 15.12.2005 – 6 AZR 199/05, NZA 2006, 590.
4 von Hoyningen-Huene/Linck/*Krause*, § 1 Rz. 943 ff. m.w.N.
5 BAG v. 5.6.2008, AP Nr. 179 zu § 1 KSchG 1969.

2. Abwägung der Sozialdaten

a) Zu berücksichtigende Kriterien

§ 1 Abs. 3 Satz 1 KSchG nennt folgende **Kriterien für die Sozialauswahl**:
- Dauer der Betriebszugehörigkeit,
- Lebensalter,
- Unterhaltspflichten,
- Schwerbehinderung.

Umstände, die **nicht im Zusammenhang** mit einem dieser Kriterien stehen, dürfen bei der Sozialauswahl vom Arbeitgeber **nicht berücksichtigt werden**. Dies hat das BAG ausdrücklich für den Fall der Berücksichtigung der Gründe des Arbeitnehmers für einen Widerspruch gegen einen Übergang seines Arbeitsverhältnisses im Rahmen eines Betriebsübergangs entschieden[1]. Andere Gründe, die zwar nicht selbst in § 1 Abs. 3 Satz 1 KSchG genannt sind, die aber mit den dort genannten Kriterien im Zusammenhang stehen, darf der Arbeitgeber für die Sozialauswahl berücksichtigen, er muss es aber nicht.

Beispiele: Berücksichtigt werden kann beispielsweise die Vermögenslage des Arbeitnehmers oder die Höhe eines dem Arbeitgeber bekannten Ehegatteneinkommens, weil insoweit ein Zusammenhang zum Sozialauswahlkriterium Unterhaltspflichten besteht.
(Beispiel nach *Bauer/Krieger*, Kündigungsrecht 2004, Rz. 17 ff.)

Für die Abwägung der Sozialdaten bei der Sozialauswahl kommt es allein auf die **tatsächlichen Umstände** an. Ob dem Arbeitgeber beispielsweise das Vorhandensein von Unterhaltspflichten des gekündigten Arbeitnehmers bekannt ist, ist unerheblich. Verlässt sich der Arbeitgeber auf die Eintragungen in der **Lohnsteuerkarte**, läuft er Gefahr, dass der gekündigte Arbeitnehmer im Prozess weitere Unterhaltspflichten geltend macht und sich die Auswahlentscheidung deshalb im Nachhinein als fehlerhaft herausstellt. Will der Arbeitgeber dieses Risiko ausschließen, hat er die Möglichkeit, vor Durchführung eines Personalabbaus alle Arbeitnehmer nach ihren Sozialdaten zu **befragen**. Gibt ein Arbeitnehmer seine Sozialdaten auf Befragung nicht oder unvollständig an, kann er sich in einem späteren Prozess nicht darauf berufen, die vom Arbeitgeber auf der Grundlage der diesem bekannten Daten vorgenommene Auswahl sei fehlerhaft[2].

Gegen eine Berücksichtigung der Kriterien Alter und teilweise auch Betriebszugehörigkeit wird teilweise eingewandt, die Einbeziehung in die Sozialauswahl verstoße gegen das **europarechtliche Diskriminierungsverbot**. Zwar schließt § 2 Abs. 4 AGG eine Anwendung des AGG auf Kündi-

---
1 BAG v. 31.5.2007 – 2 AZR 276/06, NZA 2008, 33.
2 LAG Köln v. 3.5.2000, NZA-RR 2001, 247; vgl. dazu insgesamt von Hoyningen-Huene/Linck/*Krause*, § 1 Rz. 988.

gungen aus. Es entspricht aber nahezu einhelliger Meinung, dass die europarechtlichen Vorgaben der Antidiskriminierungsrichtlinien für die Auslegung des Kündigungsschutzgesetzes zu beachten sind. Da der Begriff der Behinderung i.S.d. europäischen Antidiskriminierungsrichtlinien weiter ist als der Begriff der Schwerbehinderung im deutschen Recht, wirft dies auch die Frage auf, ob auch eine einfache Behinderung unterhalb eines Grads der Behinderung von 50 für die Sozialauswahl berücksichtigt werden muss.

61 Nach derzeitigem Stand der Rspr. und der rechtswissenschaftlichen Diskussion ist von folgenden **Grundsätzen** auszugehen:

aa) Dauer der Betriebszugehörigkeit

62 Es ist nach wie vor zulässig und geboten, die Dauer der Betriebszugehörigkeit bei der Sozialauswahl zu berücksichtigen. Insbesondere stellt eine Einbeziehung dieses Kriteriums in die Sozialauswahl keine mittelbare Diskriminierung von Frauen dar, weil die Berücksichtigung des vom Arbeitnehmer selbst erarbeiteten Besitzstands sachlich gerechtfertigt ist[1]. **Mutterschutzzeiten** sind für die Dauer der Betriebszugehörigkeit vollumfänglich zu berücksichtigen[2]. Gleiches gilt wohl auch für **Elternzeiten**.

63 Rechtlich geboten ist, die Dauer der Betriebszugehörigkeit **durchgängig** zu berücksichtigen. Das Ausklammern vor einem bestimmten Lebensalter oder nach einem bestimmten Lebensalter liegender Zeiten der Betriebszugehörigkeit würde eine unmittelbare Diskriminierung wegen des Alters darstellen, welche der besonderen Rechtfertigung nach Art. 6 der Richtlinie 2000/78/EG bedürfte. Eine solche lässt sich nur schwer geben, weil nicht einzusehen ist, warum Teile des erarbeiteten Besitzstands nur deshalb nicht berücksichtigt werden sollen, weil die Erarbeitung in einem bestimmten Lebensalter stattgefunden hat.

64 Zumindest zweckmäßig ist es auch, die Dauer der Betriebszugehörigkeit **signifikant stärker zu gewichten** als das Lebensalter. Denn die Dauer der Betriebszugehörigkeit relativiert den Gesichtspunkt des Lebensalters insofern, als sie dazu führt, dass jüngere Arbeitnehmer jedenfalls dann gegenüber älteren Arbeitnehmern bei der Sozialauswahl nicht im Nachteil sind, wenn sie über eine längere Dauer der Betriebszugehörigkeit verfügen[3].

bb) Lebensalter

65 Die Berücksichtigung des Lebensalters als Auswahlkriterium ist als solche von Art. 6 Abs. 1 Satz 2 lit. a) der Richtlinie 2000/78/EG (entspricht

---

1 APS/*Kiel*, § 1 KSchG Rz. 716; *Löwisch*, DB 2006, 2189 (2190).
2 *Maier*, ArbuR 2007, 392.
3 Zu diesem Gesichtspunkt ArbG Bielefeld v. 25.4.2007 – 6 Ca 2886/06, BB 2007, 1961.

§ 10 Satz 3 Nr. 1 AGG) gedeckt[1]. Die Vorschrift lässt, ohne auf die Dauer der Betriebszugehörigkeit abzustellen, besondere Bedingungen für die Entlassung zu, die den Schutz älterer Arbeitnehmer sicherstellen.

Die Berücksichtigung muss so erfolgen, dass ihr **angemessenes Gewicht** zukommt. Eine Gewichtung, die dazu führt, dass das Lebensalter in fast allen denkbaren Fällen nicht mehr den Ausschlag geben kann, erfüllt nicht die gesetzlichen Vorgaben des § 1 Abs. 3 Satz 1 KSchG[2]. 66

Unzulässig wäre es, das Lebensalter erst ab Erreichen eines bestimmten **Mindestalters** für die Sozialauswahl zu berücksichtigen. Darin liegt eine unmittelbare Diskriminierung wegen des Alters i.S.d. Richtlinie 2000/78/EG, für die es an einer Rechtfertigung fehlt. 67

Problematisch könnte auch eine Begrenzung der Gewichtung des Lebensalters durch Ansetzen eines bestimmten **Höchstalters** sein, ab dem Lebensalter nicht mehr berücksichtigt wird. Auch darin liegt eine unmittelbare Diskriminierung wegen des Alters, die unter den heutigen Verhältnissen kaum mehr zu rechtfertigen ist, weil auch im höheren Alter ein Übergang in einen gesicherten Ruhestand ohne finanzielle Nachteile kaum möglich ist[3]. Zulässig ist nur eine Begrenzung bis zum regulären Renteneintrittsalter[4]. 68

Ob das Lebensalter **linear** berücksichtigt, also etwa in einem Punkteschema für jedes Lebensjahr ein Punkt vergeben wird, oder ob **Altersstufen** mit einer unterschiedlichen Gewichtung des Lebensalters gebildet werden, begründet im Hinblick auf die Vereinbarkeit mit den Diskriminierungsvorschriften der Richtlinie 2000/78/EG keinen Unterschied. Beide Varianten stellen eine Typisierung der Berücksichtigung des Lebensalters dar, auf die die Sozialauswahl angelegt ist. Beide lassen sich als Typisierungen nach den Kriterien des Art. 6 Abs. 1 der Richtlinie (entspricht § 10 AGG) rechtfertigen[5]: Arbeitnehmer nach Erreichen einer bestimmten Altersstufe als schutzbedürftiger im Sinne der Sozialauswahl anzusehen, entspricht der in Art. 6 Abs. 1 Satz 2 lit. a) zugelassenen Si- 69

---

1 BAG v. 6.11.2008 – 2 AZR 701/07.
2 BAG v. 18.10.2006 – 2 AZR 473/05, NZA 2007, 504, das deshalb eine Auswahlrichtlinie beanstandet hat, nach der jedes über das 20. Lebensjahr hinausgehende Lebensjahr mit einem Punkt zu bewerten war, kein Arbeitnehmer aber mehr als fünf Punkte für das Lebensalter erhalten durfte.
3 LAG Köln v. 2.2.2006, LAGE § 1 KSchG Soziale Auswahl Nr. 51a; LAG Köln v. 13.7.2005, LAGE § 1 KSchG Soziale Auswahl Nr. 51; APS/*Kiel*, § 1 KSchG Rz. 780.
4 Dazu EuGH v. 16.10.2007 – Rs. C-411/05 – Palacios de la Villa, NZA 2007, 1219 m. Anm. *Bauer/Krieger*, NJW 2007, 3672; EuGH v. 12.10.2010 – Rs. C-45/09 – Rosenbladt, NZA 2010, 1167 m. Anm. *Bauer/Diller*, DB 2010, 2727.
5 Vgl. zur Rechtfertigung beider Varianten BAG v. 15.12.2011, AP Nr. 21 zu § 1 KSchG 1969 Namensliste; zur Zulässigkeit einer linearen Berücksichtigung steigenden Lebensalters für die Sozialauswahl BAG v. 19.6.2007 – 2 AZR 304/06, BB 2008, 224; *Bauer/Krieger*, FS Richardi, 2007, S. 177 (183 f.).

cherstellung des Schutzes älterer Arbeitnehmer bei den Bedingungen der Entlassung.

cc) Unterhaltspflichten

70 Mit Unterhaltspflichten meint § 1 Abs. 3 Satz 1 KSchG **alle gesetzlichen Unterhaltspflichten** des Familienrechts. Bei der Sozialauswahl nur einzelne dieser Unterhaltspflichten, etwa nur die Unterhaltspflichten gegenüber Kindern oder nur die Unterhaltspflichten gegenüber Ehegatten oder eingetragenen Lebenspartnern zu berücksichtigen, wäre unzulässig. Auch darf die Abwägung im Rahmen der Sozialauswahl den Wertungen des Familienrechts nicht zuwider laufen. Insoweit ist vor allem die am 1.1.2008 in Kraft getretene Neuregelung des Unterhaltsrechts[1] zu beachten. Aus ihr folgt, dass Unterhaltspflichten gegenüber Ehegatten, eingetragenen Lebenspartnern vor und nach der Scheidung nicht höher bewertet werden dürfen als Unterhaltspflichten gegenüber Kindern.

71 **Ausnahmsweise** bestehende gesetzliche Unterhaltspflichten, wie solche von Großeltern gegenüber Enkeln oder Kindern gegenüber **pflegebedürftigen Eltern**, müssen, soweit einschlägig, grds. ebenfalls angemessen für die Sozialauswahl berücksichtigt werden.

72 Der Arbeitgeber kann sich **bei der Betriebsratsanhörung** nach § 102 BetrVG grds. auf die Richtigkeit der sich aus der Lohnsteuerkarte bzw. sonstigen Personalunterlagen ergebenden Daten verlassen. Er ist nicht verpflichtet, sich vor Ausspruch einer Kündigung beim Arbeitnehmer zu erkundigen, ob beispielsweise die Daten über Unterhaltspflichten vollständig und aktuell sind. Stellt sich später heraus, dass der Arbeitnehmer gegenüber einem weiteren, nicht auf der Lohnsteuerkarte eingetragenen Kind zum Unterhalt verpflichtet ist, ist die Betriebsratsanhörung zwar objektiv unrichtig. Dies führt aber wegen des Grundsatzes der subjektiven Determinierung (vgl. Rz. 154) nicht zur Unwirksamkeit der Kündigung.

73 Bei der **Überprüfung der Sozialauswahl** im Rahmen von § 1 Abs. 3 KSchG hat das Arbeitsgericht dagegen nicht die vom Arbeitgeber subjektiv zugrunde gelegten, sondern alle **objektiv bestehenden Unterhaltspflichten** zu berücksichtigen. Verlässt sich der Arbeitgeber auf die Angaben in der Lohnsteuerkarte, läuft er Gefahr, dass im Kündigungsschutzprozess weitere Unterhaltspflichten geltend gemacht werden und die Sozialauswahl als nicht mehr ausreichend erscheinen lassen. Soll dieses Risiko vermieden werden, kann es sich empfehlen, insbesondere vor Durchführung einer Massenentlassung die im Betrieb beschäftigten Arbeitnehmer per Rundschreiben aufzufordern, die Richtigkeit der dem Unternehmen bekannten Sozialdaten zu prüfen und etwaige Unrichtigkeiten innerhalb einer angemessenen Frist zu melden. Lässt ein Arbeitnehmer die Frist ver-

---

1 Gesetz zur Änderung des Unterhaltsrecht v. 21.12.2007, BGBl. I 2007, 3189.

streichen, kann er sich in einem späteren Kündigungsschutzverfahren nicht darauf berufen, der Arbeitgeber hätte bei der Sozialauswahl weitere, diesem nicht bekannte Unterhaltspflichten berücksichtigen müssen (vgl. Rz. 59).

dd) Schwerbehinderung

Unter Schwerbehinderung ist eine solche i.S.v. § 2 Abs. 2 und 3 SGB IX zu verstehen. Es muss sich also um Schwerbehinderte mit einem **Grad der Behinderung von 50 und mehr oder** um gemäß § 2 Abs. 3 SGB IX Schwerbehinderten **gleichgestellte behinderte Arbeitnehmer** handeln. 74

Dass § 1 Abs. 3 Satz 1 KSchG eine bloße Behinderung nicht ausreichen lässt, stellt **keinen Verstoß gegen die Richtlinie 2000/78/EG** dar. Art. 2 Abs. 2 der Richtlinie verbietet nur eine weniger günstige Behandlung des Trägers eines Diskriminierungsmerkmals im Vergleich zu Arbeitnehmern, die dieses Merkmal nicht aufweisen. Darum geht es aber nicht. Vielmehr wird lediglich ein Teil der behinderten Arbeitnehmer, nämlich die Schwerbehinderten, günstiger behandelt als andere Arbeitnehmer. 75

b) Wertungsspielraum des Arbeitgebers

Nach der Vorstellung des Gesetzgebers kommt keinem der in § 1 Abs. 3 Satz 1 KSchG genannten Kriterien Vorrang gegenüber den anderen zu. § 1 Abs. 3 Satz 1 KSchG schreibt lediglich vor, dass der Arbeitgeber die dort genannten Daten ausreichend zu berücksichtigen hat. D.h., ihm steht bei der Gewichtung zwischen den Auswahlkriterien ein **Beurteilungsspielraum** zu. Daraus ergibt sich, dass auch der Betriebszugehörigkeit **keine Priorität** gegenüber den anderen Kriterien zukommt. Maßgeblich sind vielmehr die Umstände des Einzelfalls. 76

Wörtlich heißt es dazu in einer Entscheidung des BAG vom 5.12.2002[1]: 77

„Auszugehen ist vielmehr davon, dass der Arbeitgeber nach der gesetzlichen Konzeption einen Wertungsspielraum haben soll. Es geht nicht darum, ob der Arbeitgeber nach den Vorstellungen des Gerichts die bestmögliche Sozialauswahl vorgenommen hat. Entscheidend ist, ob die Auswahl noch so ausgewogen ist, dass davon gesprochen werden kann, die sozialen Gesichtspunkte seien ausreichend berücksichtigt worden. Der Wertungsspielraum und die Möglichkeit, durch eine „Handsteuerung" in Form einer Einzelfallabwägung zu sachgerechten Lösungen zu kommen, würde durch die Festlegung abstrakter Kriterien in einer mit dem Gesetz nicht zu vereinbarenden Weise eingeschränkt."

---

1 BAG v. 5.12.2002 – 2 AZR 549/01, NZA 2003, 791.

c) Verwendung von Punkteschemata

78 Sind von einer Umstrukturierung nur die Arbeitsverhältnisse einzelner Arbeitnehmer betroffen, kann die Berücksichtigung der Sozialdaten i.d.R. im Rahmen einer Einzelfallabwägung erfolgen. Stehen dagegen aus einer größeren Gruppe vergleichbarer Arbeitnehmer eine nicht unerhebliche Anzahl von Arbeitnehmern zur Kündigung an, kommt der Arbeitgeber schon aus praktischen Gründen im Regelfall nicht umhin, **generelle Maßstäbe** für die Abwägung der Sozialdaten anzulegen.

79 Praktisch wird die Sozialauswahl in einem solchen Fall in **zwei Schritten** durchgeführt. In einem ersten Schritt bildet der Arbeitgeber sogenannte **Vergleichsgruppen**, d.h. er bestimmt jeweils den Kreis der Arbeitnehmer, die im Hinblick auf den Wegfall einer bestimmten Art von Arbeitsplätzen miteinander vergleichbar sind. In einem zweiten Schritt wird innerhalb der einzelnen Vergleichsgruppen anhand eines **Punkteschemas**, das jedem einzelnen Sozialkriterium eine bestimmte Punktzahl zumisst, die **eigentliche Auswahl** vorgenommen. Anhand der für jeden Arbeitnehmer ermittelten Punktzahl lässt sich dann unschwer ablesen, welche Arbeitnehmer am wenigsten sozial schutzwürdig sind und deshalb entlassen werden müssen.

80 **Beispiel:** Ein Fertigungsbetrieb beschäftigt 100 Arbeitnehmer in der Produktion. Aufgrund einer teilweisen Verlagerung von Produkten sollen insgesamt 30 Arbeitsplätze abgebaut werden. Davon entfallen 27 Arbeitsplätze auf „einfache" Montagearbeiter und drei Arbeitsplätze auf Schichtleiter. Der Arbeitgeber geht für die Sozialauswahl so vor, dass er zunächst alle im Produktionsbereich beschäftigten Arbeitnehmer nach den Kriterien hierarchische Vergleichbarkeit, Geeignetheit und einseitige Versetzbarkeit den Vergleichsgruppen Montagearbeiter und Schichtleiter zuordnet:

– Der Gruppe Montagearbeiter gehören danach 80 Arbeitnehmer an.

– Der Gruppe Schichtleiter gehören danach zehn Arbeitnehmer an.

– Weitere zehn Arbeitnehmer (z.B. Meister) gehören weder der Gruppe Montagearbeiter noch der Gruppe Schichtleiter an. Sie bleiben für die Sozialauswahl außen vor.

In einem zweiten Schritt legt der Arbeitgeber abstrakt fest, wie viele Punkte einem bestimmten Sozialkriterium zugeordnet werden, und ermittelt für jeden den Vergleichsgruppen Montagearbeiter und Schichtleiter zugeordneten Arbeitnehmer die sich hieraus ergebende Gesamtpunktzahl. Gekündigt wird den 27 Arbeitnehmern aus der Vergleichsgruppe Montagearbeiter und den drei Arbeitnehmern aus der Vergleichsgruppe Schichtleiter mit der jeweils niedrigsten Punktzahl.

81 Betriebsverfassungsrechtlich unterliegen Punkteschemata als Richtlinien für die Sozialauswahl dem **Mitbestimmungsrecht des Betriebsrats** nach § 95 Abs. 1 BetrVG. Nach der Rspr. des BAG[1] gilt das nicht nur dann, wenn ein Punkteschema für alle künftig auszusprechenden Kündigungen gelten soll, sondern der Betriebsrat hat auch mitzubestimmen, wenn ein Punkteschema lediglich für eine konkret anstehende Personalmaßnahme maß-

---

[1] BAG v. 26.7.2005, AP Nr. 43 zu § 95 BetrVG 1972 m. Anm. *Bauer/Krieger*.

geblich sein soll. Wird der Betriebsrat nicht ordnungsgemäß beteiligt, steht ihm ein **Unterlassungsanspruch** zu, der gegebenenfalls auch im Wege der einstweiligen Verfügung durchgesetzt werden kann[1]. Eine Verletzung des Mitbestimmungsrechts hat aber nicht die Unwirksamkeit der auf der Grundlage des Punkteschemas ausgesprochenen Kündigungen zur Folge[2].

Plant ein Arbeitgeber einen größeren Personalabbau, muss er eine **Einschätzung** treffen. Ist davon auszugehen, dass mit dem Betriebsrat eine Einigung über ein Punkteschema erzielt werden kann, sollte er die Aufstellung einer solchen Richtlinie in die Verhandlungen einbringen. Kommt eine Einigung im Ergebnis doch nicht zustande, kommt gegebenenfalls auch in Betracht, eine Einigungsstelle anzurufen, die abschließend über das Punkteschema entscheidet. Aus Arbeitgebersicht bietet die Vereinbarung eines Punkteschemas **nicht unerhebliche Vorteile**. Zum einen ist bei Anwendung eines Punkteschemas die Überprüfbarkeit der Auswahlentscheidung nach § 1 Abs. 4 KSchG auf **grobe Fehler bei der Sozialauswahl beschränkt**. Es kommt dabei auf den Vergleich zwischen den Sozialdaten des gekündigten Arbeitnehmers und der Arbeitnehmer an, hinsichtlich derer der gekündigte Arbeitnehmer Fehler bei der Sozialauswahl rügt[3]. Zum anderen ist die sogenannte **Dominotheorie nicht anwendbar**, wenn der Arbeitgeber für die Sozialauswahl ein Punkteschema verwendet hat[4]. Das bedeutet, wenn der Arbeitnehmer gegen die Kündigung einwendet, es habe einen vergleichbaren Arbeitnehmer im Betrieb gegeben, der sozial weniger schutzwürdig ist als er, kann der Arbeitgeber sich damit verteidigen, selbst wenn dies der Fall gewesen sei, wäre der Arbeitnehmer nach dem angewandten Punkteschema gleichwohl zur Kündigung angestanden. 82

Ergibt die Einschätzung des Arbeitgebers, dass eine Einigung mit dem Betriebsrat über ein Punkteschema voraussichtlich nicht erreicht werden kann, besteht die Option, ein solches Schema nur **zur Vorbereitung** der Auswahlentscheidung anzulegen, die eigentliche Auswahlentscheidung aber im Rahmen einer **Einzelfallabwägung** vorzunehmen. Das Punkteschema dient insoweit lediglich der internen Plausibilitätskontrolle. Eine solche Verwendung ist grds. mitbestimmungsfrei[5]. 83

Zweifelhaft ist, ob die in einer Auswahlrichtlinie notwendig typisierende Berücksichtigung der Sozialdaten einer **Korrekturmöglichkeit im Einzelfall** bedarf, d.h. das verwendete Punkteschema eine abschließende Einzelfallabwägung vorsehen muss. Auszugehen ist bei dieser Frage von der 84

---
1 *Bauer/Krieger*, FS Richardi, S. 177 (185).
2 BAG v. 9.11.2006 – 2 AZR 812/05, BB 2007, 1393.
3 BAG v. 18.10.2006 – 2 AZR 473/05, NZA 2007, 504.
4 BAG v. 9.11.2006 – 2 AZR 812/05, BB 2007, 1393; dazu im Einzelnen *Bauer/Gotham*, BB 2007, 1729 ff.
5 Vgl. *Bauer/Krieger*, FS Richardi, S. 177 (186) mit weiteren Einzelheiten.

Entscheidung des BAG vom 9.11.2006[1], nach der es der Anwendbarkeit eines Punkteschemas nicht entgegensteht, dass dieses keine abschließende Einzelfallbetrachtung vorsieht.

85 Die Frage ist aber, ob sich der Verzicht auf eine Einzelfallprüfung mit der Richtlinie 2000/78/EG vereinbaren lässt. Für eine solche Vereinbarkeit lässt sich ins Feld führen, dass die Rechtfertigungsvorschrift des Art. 6 Abs. 1 der Richtlinie eine Einzelfallbetrachtung nicht ausdrücklich fordert, sondern genügen lässt, dass eine Regelung durch ein legitimes Ziel aus dem Bereich der Beschäftigungspolitik und des Arbeitsmarkts gerechtfertigt ist, sofern die Mittel zur Erreichung dieses Ziels angemessen und erforderlich sind, wobei auch die Sicherstellung des Schutzes älterer Arbeitnehmer bei Entlassungen eine gerechtfertigte Ungleichbehandlung darstellen kann. Diese Anforderungen lassen sich auch bei einer typisierenden Betrachtungsweise, wie sie einem Punkteschema eigen ist, als erfüllt ansehen. Dementsprechend hat das ArbG Bielefeld[2] auch unter der Geltung der Richtlinie 2000/78/EG erklärt, der Arbeitgeber sei nach Verwendung eines Punktesystems **nicht verpflichtet, eine abschließende Einzelfallabwägung vorzunehmen**[3].

86 Auf der anderen Seite wird in der Literatur die Auffassung vertreten, eine europarechtskonforme Auslegung des § 1 Abs. 3 KSchG erfordere eine zusätzliche Abwägung des Arbeitgebers, ob und gegebenenfalls inwieweit jüngere Arbeitnehmer entgegen dem allgemeinen Erfahrungssatz ausnahmsweise über schlechtere Chancen am Arbeitsmarkt verfügen als ältere Arbeitnehmer. Deswegen sei § 1 Abs. 3 KSchG i.S.d. aufgehobenen § 10 Satz 3 Nr. 6 AGG auszulegen und anzuwenden[4]. Dies spricht dafür, **vorsorglich** eine abschließende Einzelfallregelung solange vorzusehen, wie nicht das BAG sein Urteil vom 9.11.2006 auch unter dem Blickwinkel der Richtlinie 2000/78/EG bestätigt hat.

87 Unter Zugrundelegung der vorstehenden Grundsätze könnte eine die Vorgaben durch die europäischen Antidiskriminierungsrichtlinien berücksichtigende **Sozialauswahlrichtlinie** lauten[5]:

I. Soweit betriebsbedingte Kündigungen ausgesprochen werden müssen, werden bei der Sozialauswahl folgende Auswahlrichtlinien zugrunde gelegt:

1. Für jedes Jahr der Betriebszugehörigkeit werden zwei Punkte angesetzt.
2. Für jedes Lebensjahr wird ein Punkt angesetzt.

---

1 BAG v. 9.11.2006 – 2 AZR 812/05, BB 2007, 1393.
2 ArbG Bielefeld v. 25.4.2007 – 6 Ca 2886/06, BB 2007, 1961.
3 So auch *Bauer/Krieger*, FS Richardi, S. 177 (187).
4 APS/*Kiel*, § 1 KSchG Rz. 721a; *Löwisch*, BB 2006, 2582; *Temming*, NZA 2007, 1193 (1199).
5 Nach *Löwisch/Röder/Krieger*, BB 2008, 610 (612 f.).

3. Für jedes unterhaltsberechtigte Kind werden sechs Punkte angesetzt. Für Mitarbeiter, die verheiratet sind oder in einer eingetragenen Lebenspartnerschaft leben, werden zusätzlich zwei Punkte angesetzt; soweit sie Alleinverdiener sind, zusätzlich weitere vier Punkte.

Soweit weitere nachgewiesene und erfüllte gesetzliche Unterhaltspflichten, z.B. gegenüber Enkeln oder pflegebedürftigen Eltern bestehen, sind diese im Einzelfall durch den Ansatz weiterer Punkte zu berücksichtigen.

4. Für schwerbehinderte Arbeitnehmer bei einem Grad der Behinderung von 50 und für Arbeitnehmer, die schwerbehinderten Arbeitnehmern i.S.d. § 2 Abs. 3 SGB IX gleichgestellt sind, werden fünf Punkte angesetzt.

II. Bei der Berechnung des Lebensalters und der Betriebszugehörigkeit werden nur volle Jahre berücksichtigt. Zeiträume von sechs Monaten oder mehr werden als volles Jahr, Zeiträume von weniger als sechs Monaten werden nicht berücksichtigt. Stichtag für die Berechnung ist der ...

III. Die Sozialauswahl zwischen den vergleichbaren Arbeitnehmern erfolgt in einem ersten Schritt anhand dieser Auswahlrichtlinien. In einem zweiten Schritt ist jeder Einzelfall darauf hin zu überprüfen, ob besondere Umstände wie z.B. unterschiedliche Chancen auf dem Arbeitsmarkt eine abweichende Gewichtung erfordern. Unabhängig hiervon können bei der Sozialauswahl berechtigte betriebliche Interessen i.S.v. § 1 Abs. 3 Satz 2 KSchG berücksichtigt werden.

d) Herausnahme von Leistungsträgern

§ 1 Abs. 3 Satz 2 KSchG lässt es grds. zu, dass der Arbeitgeber einzelne Arbeitnehmer, deren Weiterbeschäftigung, insbesondere wegen ihrer Kenntnisse, Fähigkeiten und Leistungen oder zur Sicherung einer ausgewogenen Personalstruktur des Betriebs (vgl. Rz. 92 ff.) im berechtigten betrieblichen Interesse liegt, von der Sozialauswahl ausnimmt. An das Vorhandensein berechtigter betrieblicher Interessen an der Herausnahme einzelner Arbeitnehmer aus der Sozialauswahl stellt die Rspr. **strenge Anforderungen**. Sie ist **auf Ausnahmefälle begrenzt**. Das berechtigte betriebliche Interesse an einer Nichteinbeziehung der Arbeitnehmer in die Sozialauswahl muss der Arbeitgeber nachweisen. 88

Beispiel: Ein berechtigtes betriebliches Interesse an der Herausnahme einzelner Mitarbeiter aus der Sozialauswahl kann in folgenden Fällen bestehen: Außendienstmitarbeiter mit chinesischen Sprachkenntnissen, sofern zum Kundenkreis des Unternehmens auch chinesischsprachige Personen zählen; Montagearbeiterin, die aufgrund umfassender Kenntnisse und Erfahrungen im Produktionsbereich im Krankheitsfall die Vertretung des Meisters übernehmen kann; Hausmeister mit Berechtigung, LKW zu fahren, sofern gelegentlich ein betrieblicher Bedarf für LKW-Fahrer besteht. 89

Ein berechtigtes betriebliches Interesse an der Ausnahme einzelner Arbeitnehmer aus der Sozialauswahl besteht im Fall von Massenentlassun- 90 gen, wenn der Arbeitgeber nachweisen kann, dass ohne die Weiterbeschäftigung bestimmter Arbeitnehmer **Betriebsablaufstörungen** zu erwarten wären, die mit einer Massenkündigung einhergehen können[1]. Nicht gerechtfertigt ist dagegen die Ausnahme von Arbeitnehmern, die **weniger krankheitsanfällig** sind als andere Beschäftigte[2].

91 Noch weiter eingeengt wird das Recht zur Herausnahme von Leistungsträgern aus der Sozialauswahl, indem das betriebliche Interesse des Arbeitgebers an der Weiterbeschäftigung des Leistungsträgers **gegen das soziale Interesse des gekündigten Arbeitnehmers abzuwägen** ist[3]. Besonders problematisch ist dabei, dass soziale und betriebliche Interessen schon im Grundsatz nicht miteinander vergleichbar sind. Ein einigermaßen verlässlicher Vergleichsmaßstab ist nicht ersichtlich. Hierdurch wird eine erhebliche Rechtsunsicherheit begründet. Arbeitgebern ist deshalb zu empfehlen, nur sehr zurückhaltend von der Möglichkeit der Ausnahme einzelner Arbeitnehmer aus der Sozialauswahl wegen berechtigter betrieblicher Interessen Gebrauch zu machen.

e) Sicherung einer ausgewogenen Personalstruktur

aa) Bildung von Altersgruppen

92 Der Gesetzgeber hat die **Sicherung einer ausgewogenen Personalstruktur** in § 1 Abs. 3 Satz 2 KSchG ausdrücklich als ein mögliches berechtigtes betriebliches Interesse **anerkannt**. Zwar geht der Begriff der „Personalstruktur" über den Begriff „Altersstruktur" hinaus. Die Unterscheidung ist allerdings vor allem theoretischer Natur. In der praktischen Anwendung geht es bisher (fast) immer um die betriebliche Altersstruktur.

93 In der arbeitsrechtlichen Literatur ist umstritten, ob unter Sicherung einer ausgewogenen Personalstruktur die Aufrechterhaltung der bisherigen Altersstruktur zu verstehen ist oder ob zu verlangen ist, dass die Altersstruktur bereits ausgewogen ist. Die Rspr. kümmert sich um diese, etwas haarspalterische Unterscheidung wenig. Vielmehr erkennt sie im Fall eines größeren Personalabbaus die Erhaltung der bisherigen betrieblichen Altersstruktur unabhängig von deren Beschaffenheit grds. als ein berechtigtes betriebliches Interesse des Arbeitgebers an[4]. Danach hält die Rspr.

---

1 BAG v. 5.12.2002 – 2 AZR 69/01, NZA 2003, 849.
2 BAG v. 31.5.2007, DB 2007, 2210.
3 BAG v. 12.4.2002, NZA 2003, 42; BAG v. 22.3.2012, AP Nr. 99 zu § 1 KSchG 1969 Soziale Auswahl; BAG v. 19.7.2012 – 2 AZR 352711, NZA 2013, 86; krit. dazu *Bauer/Krieger*, Kündigungsrecht 2004 Rz. 33 ff.
4 BAG v. 23.11.2000 – 2 AZR 533/99, DB 2001, 1042; BAG v. 19.7.2012, AP Nr. 22 zu § 1 KSchG 1969. Grundsätzlich muss der Arbeitgeber schlüssig vortragen und im Einzelnen darlegen, welche konkreten Nachteile sich ergeben würden, wenn er die zu kündigenden Arbeitnehmer allein nach dem Maßstab des § 1 Abs. 3 Satz 1 KSchG auswählen würde, vgl. BAG v. 15.12.2011 – 2 AZR 42/10, NZA 2012, 1044. Widerlegbar indiziert ist ein berechtigtes betriebliches Interesse an der Beibehaltung der Altersstruktur bei Entlassungen innerhalb einer Gruppe

den Arbeitgeber für berechtigt, bei anstehenden Massenentlassungen **Altersgruppen** innerhalb der zur Sozialauswahl anstehenden Personen **zu bilden** und dann **anteilsmäßig aus den jeweiligen Altersgruppen zu kündigen**. Eine solche Gruppenbildung ist auch unter der Geltung der Richtlinie 2000/78/EG zulässig, weil die Erhaltung einer ausgewogenen Altersstruktur durch Altersgruppen bei der Sozialauswahl eine Rechtfertigung einer möglichen Benachteiligung wegen des Alters i.S.v. Art. 6 Abs. 1 der Richtlinie darstellt[1].

bb) Verhältnis Vergleichsgruppen/Altersgruppen

Für die praktische Anwendung ganz entscheidend ist das Verhältnis von Vergleichsgruppen und Altersgruppen. Insbesondere stellt sich die Frage, in welcher **Reihenfolge** ein Arbeitgeber vorzugehen hat, der eine Vielzahl betriebsbedingter Kündigungen unter Zuhilfenahme der Bildung von Vergleichs- und Altersgruppen beabsichtigt. 94

§ 1 Abs. 3 Satz 1 KSchG verpflichtet den Arbeitgeber, die Entscheidung über die betriebsbedingte Kündigung eines Arbeitnehmers auf der Grundlage einer Auswahlentscheidung zu treffen. Der Arbeitgeber hat dazu unter allen vergleichbaren Mitarbeitern des Betriebs eine Sozialauswahl durchzuführen. § 1 Abs. 3 Satz 2 KSchG bestimmt, unter welchen Voraussetzungen einzelne Arbeitnehmer oder Gruppen von Arbeitnehmern aus der Sozialauswahl ausgenommen werden dürfen. Logisch setzt die Ausnahmeregelung in § 1 Abs. 3 Satz 2 KSchG voraus, dass grds. eine Vergleichbarkeit der Mitarbeiter besteht. Altersgruppen nach § 1 Abs. 3 Satz 2 KSchG können daher erst gebildet werden, nachdem eine grds. Vergleichbarkeit der Mitarbeiter festgestellt ist. Oder anders ausgedrückt: **Erst** muss der Arbeitgeber die **Belegschaft** seines Betriebs **in Vergleichsgruppen unterteilen. Dann können** innerhalb der einzelnen Vergleichsgruppen in einem zweiten Schritt **Altersgruppen gebildet werden**, mit deren Hilfe die nach § 1 Abs. 3 Satz 1 KSchG durchzuführende Sozialauswahl auf die vergleichbaren Arbeitnehmer einer bestimmten Altersgruppe beschränkt werden kann[2]. 95

---

vergleichbarer Arbeitnehmer, wenn die Anzahl der Entlassungen im Verhältnis zur Anzahl aller Arbeitnehmer des Betriebs die Schwellenwerte des § 17 KSchG erreicht (Massenentlassung), vgl. BAG v. 22.3.2012 – 2 AZR 167/11, NZA 2012, 1040. Offen gelassen hat das BAG bisher, ob ein berechtigtes betriebliches Interesse auch vermutet wird, wenn bei Massenentlassungen, die sich auf mehrere Gruppen vergleichbarer Arbeitnehmer verteilen, zwar die Anzahl der insgesamt zu entlassenden Arbeitnehmer die Schwellenwerte des § 17 KSchG erreicht, nicht aber die der Entlassungen innerhalb einer Gruppe vergleichbarer Arbeitnehmer.

1 BAG v. 19.6.2007 – 2 AZR 304/06, BB 2008, 224; LAG Niedersachsen v. 13.7.2007, ArbuR 2007, 388 gegen ArbG Osnabrück v. 5.2.2007 – 3 Ca 724/06, NZA 2007, 626; LAG Berlin-Brandenburg v. 13.4.2007, LAGE § 1 KSchG Soziale Auswahl Nr. 54.
2 LAG Hamm v. 5.6.2003, NZA-RR 2004, 132; Sächsisches LAG v. 5.1.2005, LAGE § 1 KSchG Soziale Auswahl Nr. 48.

96 Beispiel: Arbeitgeber A beschäftigt 70 Montagearbeiter und 30 Entwicklungsingenieure. Er beabsichtigt, das Personal jeweils um die Hälfte zu reduzieren. § 1 Abs. 3 Satz 2 KSchG lässt es zu, dass A innerhalb der Vergleichsgruppe der Montagemitarbeiter und innerhalb der Vergleichsgruppe der Entwicklungsingenieure jeweils Altersgruppen bildet und die Sozialauswahl bezogen auf die jeweilige Altersgruppe innerhalb der vergleichbaren Mitarbeiter durchführt. Unzulässig wäre es dagegen, wenn A die gesamten 100 zur Sozialauswahl anstehenden Arbeitnehmer in Altersgruppen unterteilen und einen anteiligen Personalabbau nach Altersgruppen durchführen würde. Insbesondere ist es also nicht möglich, in einer Vergleichsgruppe (z.B. der Gruppe Entwicklungsingenieure) überwiegend ältere Arbeitnehmer zu entlassen und in einer anderen Vergleichsgruppe (z.B. der Montagemitarbeiter) überwiegend jüngeren Arbeitnehmern zu kündigen. Dies gilt auch dann, wenn insgesamt die Altersstruktur der Gesamtbelegschaft erhalten und nicht verjüngt wird.

cc) Staffelung der Altersgruppen

97 § 1 Abs. 3 Satz 2 KSchG enthält keine konkreten Vorgaben für die zu bildenden Altersgruppen. Rspr. und h.M. gehen deshalb zu Recht davon aus, dass dem Arbeitgeber bei der Bildung der Altersgruppen ein **Beurteilungsspielraum** zusteht, der nur darauf hin überprüfbar ist, ob die Gruppenbildung unsachlichen Gesichtspunkten folgt und nicht zielgerichtet zur Kündigung einzelner unliebsamer Arbeitnehmer vorgenommen wurde[1].

98 Folgende Staffelungen bei der Altersgruppenbildung hat die Rspr.[2] ausdrücklich als **zulässig** angesehen:

- 3er-Staffelung: bis 35, 36–50, über 50 Jahre,

- 4er-Staffelung: bis 30, 31–40, 41–50, über 50 Jahre,

- 5er-Staffelung: bis 30, 31–40, 41–50, 51–60, über 60 Jahre,

- 6er-Staffelung: bis 20, 21–30, 31–40, 41–50, 51–57, über 57 Jahre,

- 8er-Staffelung: bis 25, 26–30, 31–35, 36–40, 41–45, 46–50, 51–55, älter als 55 Jahre.

99 Aus Gründen der Rechtssicherheit empfiehlt es sich, bei der Durchführung eines größeren Personalabbaus auf eine dieser von der Rspr. geprüften und für ausreichend befundenen Staffelungen zurückzugreifen. Die Sozialauswahl wäre aber nicht bereits deshalb rechtsfehlerhaft, weil ein Arbeitgeber eine andere, bislang von der Rspr. nicht gebilligte Staffelung verwendet. Insbesondere ist es keineswegs zwingend, die Altersgruppen jeweils bei „runden" Zahlen beginnen und enden zu lassen. Auch über den **Stichtag** für die Zuordnung zu den Altersgruppen kann der Arbeitgeber **frei bestimmen**. Der Beurteilungsspielraum wäre erst überschritten, wenn die Altersgruppen erkennbar mit dem Ziel gebildet worden wären, bestimmte Arbeitnehmer über die Sozialauswahl „loszuwerden". Die Beweislast hierfür trägt allerdings der Arbeitnehmer, der sich auf einen solchen Missbrauch des Beurteilungsspielraums beruft.

---

1 Sächsisches LAG v. 5.1.2005, LAGE § 1 KSchG Soziale Auswahl Nr. 48.
2 Nachweise bei *Röder/Krieger*, DB 2005, 2578 (2579).

Unzulässig wäre es, **unsystematische Altersgruppen** mit wechselnden Zeitsprüngen zu bilden[1], z.B. bis 25, 26–38, 39–47, 48–58, über 58 Jahre. 100

Dagegen bewegt sich der Arbeitgeber im Rahmen seines Beurteilungsspielraums, wenn er für **unterschiedliche Vergleichsgruppen unterschiedliche Altersgruppen** bildet[2]. Eines besonderen sachlichen Grunds bedarf es hierfür nicht. Die Anwendung unterschiedlicher Altersgruppen ist in der Praxis aber insbesondere dann angezeigt, wenn die einzelnen Vergleichsgruppen sehr unterschiedlich stark sind. Je mehr Arbeitnehmer innerhalb einer Vergleichsgruppe zur Sozialauswahl anstehen, desto eher bietet sich eine **Staffelung mit geringen Zeitsprüngen** an. Dagegen ist eine Staffelung mit größeren Zeitsprüngen praktisch einfacher zu handhaben, wenn eine verhältnismäßig geringe Anzahl an Arbeitnehmern innerhalb einer Vergleichsgruppe zur Sozialauswahl ansteht. Unter Umständen müssen sogar unterschiedliche Altersgruppen gebildet werden, wenn anderenfalls nicht gewährleistet werden kann, dass alle Altersgruppen anteilsmäßig bei den Kündigungen herangezogen werden (vgl. Rz. 103)[3]. 101

Beispiel: Es wäre deshalb nicht zu beanstanden, wenn Arbeitgeber A im oben genannten Fallbeispiel (vgl. Rz. 96) für die Auswahl unter den Montagearbeitern eine 8er-Staffelung und für die Auswahl unter den Entwicklungsingenieuren eine 4er-Staffelung anlegt, soweit danach alle gebildeten Altersgruppen anteilsmäßig bei den Kündigungen herangezogen werden können. 102

dd) Proportionale Berücksichtigung der Altersgruppen bei Kündigungen

§ 1 Abs. 3 Satz 2 KSchG erlaubt die Herausnahme von Arbeitnehmern aus der Sozialauswahl mit dem Ziel, die bestehende Altersstruktur des Betriebs zu erhalten. **Unzulässig** ist dagegen eine Altersgruppenbildung, die dazu dient, die Altersstruktur zu ändern. Weder das Interesse des Arbeitgebers, die Belegschaft zu „verjüngen", noch – praktisch seltener – ein mögliches Interesse an einer Anhebung des Altersschnitts können als berechtigte betriebliche Interessen eine Herausnahme von Arbeitnehmern aus der Sozialauswahl rechtfertigen[4]. Dies bedeutet, dass im Rahmen des Personalabbaus **jede Altersgruppe** grds. **proportional (anteilsmäßig) bei den Kündigungen herangezogen werden muss**[5]. Insoweit muss der Arbeitgeber in einem Prozess schlüssig darlegen, wie viel Prozent der potentiell zu kündigenden Arbeitnehmer vor Ausspruch der Kündigung den jeweiligen Altersgruppen angehörten und wie die Kündigungen auf die einzelnen Altersgruppen verteilt worden sind, damit die bestehende Altersstruktur erhalten bleibt. 103

---

1 So ausdrücklich LAG Hamm v. 5.6.2003, NZA-RR 2004, 132.
2 LAG Hamm v. 5.6.2003, NZA-RR 2004, 132.
3 *Krieger/Reinecke*, DB 2013, 1906 (1911).
4 Sächsisches LAG v. 5.1.2005, LAGE § 1 KSchG Soziale Auswahl Nr. 48.
5 BAG v. 19.7.2012, AP Nr. 22 zu § 1 KSchG 1969; BAG v. 20.4.2005 – 2 AZR 201/04, NZA 2005, 877.

104 **Beispiel:** Will sich Arbeitgeber A im oben genannten Beispiel (vgl. Rz. 96) von 35 Montagemitarbeitern trennen und hat er innerhalb dieser Vergleichsgruppe fünf Altersgruppen gebildet, so hat er aus jeder der von ihm gebildeten Altersgruppen ca. 50 % der Arbeitnehmer zu entlassen. Geringfügige, durch Rundungen verursachte Abweichungen liegen dabei im Beurteilungsspielraum des Arbeitgebers. Falsch wäre es dagegen, aus jeder Altersgruppe unabhängig von deren Größe die gleiche Anzahl (hier: sieben) Arbeitnehmer zu entlassen.

ee) Vorgehen bei Massenentlassungen

105 Entschließt sich ein Arbeitgeber, im Rahmen eines größeren Personalabbaus die betriebliche Altersstruktur zu erhalten, hat er danach in der folgenden **Reihenfolge** vorzugehen[1]:

(1) Bildung von Vergleichsgruppen

In die Vergleichsgruppenbildung sind grds. **alle** vom Personalabbau betroffenen Arbeitnehmer des Betriebs einzubeziehen, unabhängig von deren Alter oder vom Vorliegen anderer berechtigter betrieblicher Interessen.

(2) Bildung von Altersgruppen

Innerhalb aller oder einzelner Vergleichsgruppen können Altersgruppen gebildet werden. Dabei können – und müssen häufig – für unterschiedliche Vergleichsgruppen unterschiedliche Altersgruppen verwendet werden. Hinsichtlich der Staffelung der Altersgruppen und der Bestimmung des Stichtags besteht ein **Beurteilungsspielraum** des Arbeitgebers. Es empfiehlt sich deshalb, die Ergebnisse der Altersgruppenbildung mit verschiedenen Staffelungen „durchzuspielen".

(3) Ausnahme der Leistungsträger

Soweit über das Interesse an einer Erhaltung der betrieblichen Altersstruktur hinausgehende berechtigte betriebliche Interessen bestehen, können Arbeitnehmer gemäß § 1 Abs. 3 Satz 2 KSchG als **Leistungsträger** aus der Sozialauswahl ausgenommen werden.

(4) Sozialauswahl unter anteilsmäßiger Berücksichtigung der gebildeten Altersgruppen

Unter den verbliebenen Arbeitnehmern ist eine Sozialauswahl durchzuführen. Dabei sind aus jeder Altersgruppe innerhalb einer Vergleichsgruppe **anteilsmäßig** in etwa **gleich viele** Arbeitnehmer für die auszusprechenden betriebsbedingten Kündigungen auszuwählen. Die Auswahl erfolgt innerhalb der jeweiligen Altersgruppe anhand der Sozialdaten Betriebszugehörigkeit, Lebensalter, Unterhaltspflichten und Schwerbehinderung des Arbeitnehmers. Arbeitnehmer anderer Altersgruppen bleiben ebenso wie Arbeitnehmer anderer Vergleichsgruppen für die Sozialauswahl außer Betracht.

---

[1] Nach *Röder/Krieger*, DB 2005, 2578 (2580).

(5) Kündigung der Arbeitsverhältnisse der ausgewählten Arbeitnehmer, gegebenenfalls nach Anhörung des Betriebsrats und nach Erstattung einer Massenentlassungsanzeige.

3. Darlegungs- und Beweislast

Die Darlegungs- und Beweislast für Fehler bei der Sozialauswahl trägt **grds. der Arbeitnehmer** (§ 1 Abs. 3 Satz 3 KSchG). Dieser Grundsatz wird allerdings dadurch eingeschränkt, dass der **Arbeitgeber** zunächst **verpflichtet** ist, auf entsprechende Rüge des Arbeitnehmers im Prozess die **Gründe für die vorgenommene Sozialauswahl vorzutragen** (§ 1 Abs. 3 Satz 1 Halbs. 2 KSchG). Der Arbeitgeber muss dann im Einzelnen darlegen, welche Mitarbeiter er als mit dem Arbeitnehmer vergleichbar angesehen hat und gegebenenfalls wie die Sozialdaten dieser Mitarbeiter sind. Kommt der Arbeitgeber dem Auskunftsverlangen nicht nach, gilt die Kündigung als nicht sozial gerechtfertigt[1]. Erfüllt der Arbeitgeber den Auskunftsanspruch, fällt die Darlegungslast wieder an den Arbeitnehmer zurück. Er muss in diesem Fall darlegen und gegebenenfalls beweisen, dass der Arbeitgeber den Kreis der in die Sozialauswahl einzubeziehenden Arbeitnehmer zu eng gezogen hat und er sozial schutzwürdiger ist als andere vergleichbare Arbeitnehmer[2].

IV. Namensliste

1. Vermutungswirkung

Verständigen sich Arbeitgeber und Betriebsrat im Rahmen eines Interessenausgleichs, welchen Arbeitnehmern gekündigt werden soll und ist der Name des gekündigten Arbeitnehmers auf einer mit dem Betriebsrat vereinbarten Namensliste aufgeführt, die Bestandteil der Interessenausgleichsurkunde ist, wird nach § 1 Abs. 5 Satz 1 KSchG vermutet, dass die (Änderungs-)Kündigung[3] durch dringende betriebliche Erfordernisse bedingt ist und keine anderweitige Beschäftigungsmöglichkeit im Betrieb besteht[4]. Die Vermutungswirkung tritt auch dann ein, wenn der zu kündigende Arbeitnehmer in einer **nicht unterschriebenen Namensliste** benannt ist, die mit dem unterschriebenen Interessenausgleich, der auf die Namensliste als Anlage ausdrücklich Bezug nimmt, mittels Heftmaschine fest verbunden ist[5]. Wird die Namensliste getrennt vom Interessenaus-

---

1 BAG v. 10.2.1999, AP Nr. 40 zu § 1 KSchG 1969 Soziale Auswahl; BAG v. 10.6.2010, AP Nr. 98 zu § 1 KSchG 1969 Soziale Auswahl.
2 BAG v. 27.9.2012, AP Nr. 24 zu § 1 KSchG 1969 Namensliste; BAG v. 25.4.1985 – 2 AZR 140/84, DB 1985, 2205.
3 BAG v. 19.6.2007 – 2 AZR 304/06, NZA 2008, 103.
4 BAG v. 19.6.2007 – 2 AZR 304/06, NZA 2008, 103; BAG v. 6.9.2007 – 2 AZR 715/06, NZA 2008, 633.
5 BAG v. 6.7.2006, AP Nr. 80 zu § 1 KSchG 1969.

gleich erstellt, reicht es aus, wenn sie von den Betriebspartnern unterzeichnet und in ihr auf den Interessenausgleich oder im Interessenausgleich auf sie Bezug genommen worden ist[1].

108 Aufgrund der Vermutung ist es Sache des gekündigten Arbeitnehmers, darzulegen und zu beweisen, dass ein Beschäftigungsbedarf nicht entfallen ist. Dies erfordert einen substantiierten Tatsachenvortrag des Arbeitnehmers, der unter Beweis zu stellen ist[2]. Kann der Arbeitnehmer den Nachweis nicht erbringen, dass sein Arbeitsplatz nicht entfallen oder eine Weiterbeschäftigung auf einem anderen freien Arbeitsplatz möglich ist, **gilt** die Kündigung **als durch dringende betriebliche Erfordernisse bedingt.**

2. Beschränkung der Überprüfung der Sozialauswahl auf grobe Fehlerhaftigkeit

109 Für die Überprüfung der Sozialauswahl gilt bei Vorhandensein einer Namensliste nach § 1 Abs. 5 Satz 2 KSchG der Maßstab der groben Fehlerhaftigkeit. Der eingeschränkte Prüfungsmaßstab erfasst zunächst die **Bewertung der vier maßgebenden Sozialdaten** zueinander. Darüber hinaus unterliegt auch die **Bildung der Vergleichsgruppen** nur der Prüfung, ob diese grob fehlerhaft war[3]. Auch die **Nichteinbeziehung anderer Arbeitnehmer in die Sozialauswahl** wegen berechtigter betrieblicher Interessen unterliegt nach § 1 Abs. 3 Satz 2 KSchG nur der eingeschränkten Prüfung. Denn auch die Entscheidung über die Ausnahme von Leistungsträgern bzw. die Bildung von Altersgruppen ist Bestandteil der Sozialauswahl nach § 1 Abs. 3 KSchG und deshalb nach § 1 Abs. 5 Satz 2 KSchG nur einem eingeschränkten Prüfungsmaßstab unterworfen[4].

110 In Anlehnung an die Ausführungen des LAG Hamm in einer Entscheidung vom 5.6.2003[5] ist die Kündigung eines auf einer Namensliste aufgeführten Arbeitnehmers daher nur in den folgenden Fällen wegen **grober Fehler bei der Sozialauswahl** sozial nicht gerechtfertigt:

111 Der Arbeitgeber hat

– den auswahlrelevanten **Personenkreis** der austauschbaren und damit vergleichbaren Arbeitnehmer **willkürlich bestimmt** oder nach unsachlichen Gesichtspunkten eingegrenzt,

– **unsystematische Altersgruppen** mit wechselnden Zeitsprüngen gebildet,

---

1 BAG v. 19.7.2012, AP Nr. 22 zu § 1 KSchG 1969; BAG v. 28.8.2003 – 2 AZR 377/02, DB 2004, 937.
2 BAG v. 27.9.2012, AP Nr. 24 zu § 1 KSchG 1969 Namensliste.
3 BAG v. 23.3.2006, AP Nr. 15 zu § 1 KSchG 1969 Namensliste.
4 Vgl. BAG v. 19.6.2007 – 2 AZR 304/06, BB 2008, 224.
5 LAG Hamm v. 5.6.2003, NZA-RR 2004, 132.

– eines der vier sozialen Grundkriterien **überhaupt nicht berücksichtigt** oder zusätzlichen Auswahlkriterien eine überhöhte Bewertung beigemessen,

– die der Auswahl nach sozialen Gesichtspunkten entgegenstehenden Gründe **nicht** nach sachlichen Gesichtspunkten **konkretisiert**,

– eine **unzulässige Maßregelung begangen** oder in anderer Weise den gekündigten Arbeitnehmer versteckt diskriminiert.

Nach der zutreffenden BAG-Rechtsprechung kann sich der gekündigte Arbeitnehmer im Kündigungsschutzprozess nur dann auf eine grob fehlerhafte Sozialauswahl berufen, wenn die fehlerhaft getroffene Auswahl **gerade ihn** betrifft, es ist nicht entscheidend, ob das Auswahlverfahren als solches Anlass zu Beanstandungen gibt[1]. Die Sozialauswahl unterliegt mithin nur einer Ergebnis- aber keiner Verfahrenskontrolle. 111a

Die Vereinbarung einer Namensliste bedeutet daher aus Arbeitgebersicht einen erheblichen **Zuwachs an Rechtssicherheit**[2]. Allerdings ist der Abschluss einer Namensliste nicht erzwingbar. Weigert sich der Betriebsrat, die Namen der zu kündigenden Arbeitnehmer mit dem Arbeitgeber zu vereinbaren, besteht keine Möglichkeit, eine namentliche Festlegung zu erzwingen. Signalisiert der Betriebsrat dagegen in den Verhandlungen über einen Interessenausgleich grds. Bereitschaft zum Abschluss einer Namensliste, kann es aus Arbeitgebersicht vorteilhaft sein, dieses Angebot anzunehmen, auch wenn er dafür eventuell an anderen Punkten (i.d.R. bei der Sozialplanabfindung) dem Betriebsrat ein weiteres Stück entgegenkommen muss. 112

V. Besonderer Kündigungsschutz

Für bestimmte Gruppen von Arbeitnehmern gilt besonderer Kündigungsschutz, d.h. eine Kündigung gegenüber diesen Mitarbeitern ist nur unter eingeschränkten materiell-rechtlichen oder formellen (i.d.R. Zustimmung einer zuständigen Behörde) Voraussetzungen zulässig. Gehört ein Arbeitnehmer **mehreren Gruppen** an, für die besonderer Kündigungsschutz gilt, greifen die jeweiligen Kündigungsbeschränkungen **kumulativ** ein[3]. Eine schwangere schwerbehinderte Betriebsrätin hat etwa dreifachen Sonderkündigungsschutz. 113

---

1 BAG v. 19.7.2012, AP Nr. 22 zu § 1 KSchG 1969.
2 Der allerdings durch die Rspr. zur Darlegungs- und Beweislast im Kündigungsschutzprozess wieder relativiert wird; vgl. *Röder/Krieger*, DB 2005, 2578 (2580 ff.).
3 Vgl. z.B. BAG v. 31.3.1993 – 2 AZR 595/92, NZA 1993, 646 zu §§ 9 MuSchG und 18 BErzGG, jetzt § 18 BEEG.

1. (Werdende) Mütter

114 Die Kündigung des Arbeitsverhältnisses einer Frau während der Schwangerschaft und bis zum Ablauf von vier Monaten nach der Entbindung ist unzulässig, wenn dem Arbeitgeber zur Zeit der Kündigung die Schwangerschaft oder Entbindung **bekannt war oder innerhalb von zwei Wochen nach Zugang der Kündigung mitgeteilt wird** (§ 9 Abs. 1 Satz 1 MuSchG). Das Kündigungsverbot des § 9 MuSchG gilt auch für eine Kündigung vor Beginn des Arbeitsverhältnisses[1]. Für die Kenntnis des Arbeitgebers von der Schwangerschaft reicht es aus, wenn zuständigen Vertretern der Personalabteilung mit Entlassungsbefugnis die Schwangerschaft bekannt ist[2]. Ist strittig, ob der Arbeitgeber von der Schwangerschaft wusste, trägt die gekündigte Arbeitnehmerin die Beweislast für die Kenntnis des Arbeitgebers[3]. Dasselbe gilt für die nachträgliche Mitteilung innerhalb der Zwei-Wochen-Frist.

115 Versäumt es die schwangere Frau, den Arbeitgeber innerhalb der Zwei-Wochen-Frist von der Schwangerschaft in Kenntnis zu setzen, greift der besondere Kündigungsschutz trotzdem, wenn die Fristversäumung **unverschuldet** war und die Arbeitnehmerin die Mitteilung **unverzüglich**, d.h. ohne schuldhaftes Zögern, **nachholt** (§ 9 Abs. 1 Satz 1 Halbs. 2 MuSchG). Keine schuldhafte Fristversäumnis soll vorliegen, wenn eine schwangere Frau trotz Kenntnis ihrer Schwangerschaft mit der Mitteilung zuwartet, bis ihr vom Arzt eine Bestätigung vorliegt, aus der sie den Beginn der Schwangerschaft entnehmen kann[4]. Eine schwangere Arbeitnehmerin ist nicht verpflichtet, dem Arbeitgeber vor Urlaubsantritt ihre Schwangerschaft anzuzeigen. Kündigt der Arbeitgeber das Arbeitsverhältnis während des Urlaubs der Arbeitnehmerin und teilt die Arbeitnehmerin dem Arbeitgeber unverzüglich nach Rückkehr aus dem Urlaub ihre Schwangerschaft mit, so ist die Überschreitung der Zwei-Wochen-Frist nicht als verschuldet anzusehen[5]. Erlangt eine Frau von ihrer Schwangerschaft aus einem von ihr nicht zu vertretenden Grund erst nach Ablauf der Drei-Wochen-Frist des § 4 Satz 1 KSchG Kenntnis, ist die Klage nach § 5 KSchG nachträglich zuzulassen (§ 5 Abs. 1 Satz 2 KSchG).

116 Das Eingreifen des besonderen Kündigungsschutzes nach § 9 MuSchG ist **unabhängig von der Geltung des allgemeinen Kündigungsschutzes** nach dem KSchG. Auch wenn es sich um eine Kündigung im Kleinbetrieb (§ 23 KSchG) handelt oder die Wartezeit (§ 1 Abs. 1 KSchG) noch nicht erfüllt ist, genießen (werdende) Mütter den besonderen Kündigungsschutz. Unerheblich ist auch, ob es sich um eine leitende Angestellte nach § 14 Abs. 2

---

1 LAG Düsseldorf v. 30.9.1992 – 11 Sa 1049/92, NZA 1993, 1041.
2 BAG v. 18.2.1965, BB 1965, 586.
3 LAG Berlin v. 5.7.1993 – 9 Sa 9/93, NZA 1994, 319; BAG v. 13.1.1982 – 7 AZR 764/79, NJW 1982, 2574.
4 LAG Nürnberg v. 17.3.1993 – 4 Sa 566/91, NZA 1993, 946.
5 BAG v. 13.6.1996 – 2 AZR 736/95, NZA 1996, 1154.

KSchG und/oder § 5 Abs. 3 BetrVG handelt. Das Kündigungsverbot des § 9 Abs. 1 MuSchG gilt auch für schwangere Auszubildende[1].

Der besondere Kündigungsschutz **beginnt** mit dem **Eintritt der Schwangerschaft**. In der Regel lässt sich dieser Zeitpunkt nur näherungsweise bestimmen. Enthält ein Zeugnis des Arztes oder einer Hebamme die Angabe des mutmaßlichen Geburtstermins, ist von diesem Termin aus um 280 Tage zurückzurechnen[2], wobei der voraussichtliche Entbindungstag nicht mitzurechnen ist[3]. Das Kündigungsverbot **endet** mit Ablauf des **vierten Monats nach der Entbindung**. 117

Endet die Schwangerschaft mit einer **Fehlgeburt**, verliert die davon betroffene Arbeitnehmerin mangels Entbindung den besonderen Kündigungsschutz nach § 9 Abs. 1 MuSchG[4]. Eine nach einer Fehlgeburt ausgesprochene Kündigung ist daher grds. zulässig. Ein Kündigungsverbot wegen der psychischen und physischen Belastung der Frau durch die Fehlgeburt besteht nicht[5]. 118

Anders als im Fall der Fehlgeburt liegt bei einer **Totgeburt** eine Entbindung i.S.d. § 9 Abs. 1 MuSchG vor. Von einer Totgeburt ist nach § 29 PStV auszugehen, wenn das Gewicht der Leibesfrucht mindestens 500 Gramm betragen hat[6]. 119

§ 9 MuSchG ist ein **Kündigungsverbot mit Erlaubnisvorbehalt**. Die für den Arbeitsschutz zuständige oberste Landesbehörde oder eine von ihr bestimmte Stelle kann in besonderen Fällen, die nicht mit dem Zustand einer Frau während der Schwangerschaft oder ihrer Lage bis zum Ablauf von vier Monaten nach der Entbindung im Zusammenhang stehen, ausnahmsweise die Kündigung für zulässig erklären (§ 9 Abs. 3 Satz 1 MuSchG). Der Zustimmungsbescheid der Behörde ist sofort vollziehbar. Der Arbeitgeber kann daher im Fall der Zustimmung zur Kündigung das Arbeitsverhältnis wirksam kündigen, auch wenn der Bescheid noch nicht bestandskräftig ist[7]. Der Begriff des „besonderen Falls" i.S.v. § 9 Abs. 3 Satz 1 MuSchG ist nicht deckungsgleich mit dem „wichtigen Grund" i.S.v. § 626 Abs. 1 BGB für eine außerordentliche Kündigung[8]. Wird die Zustimmung der obersten Landesbehörde zu einer außerordentlichen Kündigung einer schwangeren Arbeitnehmerin beantragt, muss der Antrag in- 120

---
1 BAG v. 10.12.1987, AP Nr. 11 zu § 18 SchwbG; LAG Berlin v. 1.7.1985 – 9 Sa 28/85, BB 1986, 62.
2 BAG v. 27.10.1983, NZA 1985, 222; BAG v. 7.5.1998 – 2 AZR 417/97, NZA 1998, 1049.
3 BAG v. 12.12.1985 – 2 AZR 82/85, BB 1986, 1987.
4 BAG v. 18.1.2000, AP Nr. 1 zu § 5 MuSchG 1968; BAG v. 12.7.1990 – 2 AZR 39/90, NZA 1991, 63.
5 BAG v. 12.7.1990 – 2 AZR 39/90, NZA 1991, 63; LAG Hamburg v. 26.11.2003 – 4 Sa 62/04, NZA-RR 2005, 72.
6 BAG v. 15.12.2005 – 2 AZR 462/04, NZA 2006, 994.
7 BAG v. 17.6.2003 – 2 AZR 245/02, NZA 2003, 1329.
8 *Buchner/Becker*, § 9 MuSchG Rz. 220.

nerhalb der Zwei-Wochen-Frist des § 626 Abs. 2 BGB gestellt werden. Erklärt die Behörde die Kündigung für zulässig, muss der Arbeitgeber sie unverzüglich aussprechen. Die Kündigung bedarf – wie alle Kündigungen – der **Schriftform**. Sie muss außerdem den zulässigen **Kündigungsgrund** angeben (§ 9 Abs. 3 Satz 2 MuSchG).

2. Elternzeitberechtigte

121 Nach § 18 Abs. 1 Satz 1 BEEG ist eine Kündigung während der Elternzeit grds. ausgeschlossen. Der besondere Kündigungsschutz nach § 18 Abs. 1 BEEG **beginnt** ab dem Zeitpunkt, von dem an Elternzeit verlangt worden ist, höchstens jedoch **acht Wochen vor Beginn der Elternzeit**. Er **endet** mit dem **letzten Tag der Elternzeit**.

122 Überlappen sich die Schutzzeiten nach § 9 MuSchG und § 18 BEEG, bestehen beide Kündigungsverbote nebeneinander. Eine Kündigung bedarf in diesem Fall der Zustimmung der Arbeitsschutzbehörden nach beiden Vorschriften[1]. Wie bei § 9 Abs. 3 MuSchG kann die für den Arbeitsschutz zuständige oberste Landesbehörde oder eine von ihr bestimmte Stelle in besonderen Fällen ausnahmsweise eine Kündigung für zulässig erklären (§ 18 Abs. 1 Satz 2 BEEG). Besonderer Fall i.S.d. § 18 Abs. 1 Satz 2 BEEG kann vor allem die **dauerhafte Stilllegung** des Betriebs sein. In diesem Fall hat die zuständige Behörde die beabsichtigte Kündigung des in Elternzeit befindlichen Arbeitnehmers regelmäßig für zulässig zu erklären[2].

123 Das Kündigungsverbot nach § 18 Abs. 1 BEEG gilt entsprechend, wenn der elternzeitberechtigte Arbeitnehmer während der Elternzeit **bei demselben Arbeitgeber** in Teilzeit arbeitet oder, ohne Elternzeit in Anspruch zu nehmen, Teilzeitarbeit leistet und Anspruch auf Elterngeld nach § 1 BEEG während des Bezugszeitraums nach § 4 Abs. 1 BEEG hat (§ 18 Abs. 2 BEEG). Arbeitet der Arbeitnehmer dagegen während der Elternzeit in Teilzeit bei einem anderen Arbeitgeber, gilt für diesen selbstverständlich nicht das Kündigungsverbot des § 18 BEEG[3].

3. Schwerbehinderte

124 Die ordentliche (§ 85 SGB IX) und die außerordentliche Kündigung (§§ 85, 91 SGB IX) gegenüber Schwerbehinderten und Gleichgestellten (§ 2 Abs. 3 SGB IX) bedürfen der **vorherigen Zustimmung** durch das Integrationsamt (§ 88 Abs. 2 SGB IX). Eine ohne Zustimmung des Integrationsamts ausgesprochene Kündigung ist unwirksam (§ 85 SGB IX i.V.m. § 134 BGB). Die Kündigung eines Schwerbehinderten oder Gleichgestellten bedarf auch dann der Zustimmung des Integrationsamts, wenn der betriebliche

---

[1] BAG v. 31.3.1993 – 2 AZR 595/92, NZA 1993, 646.
[2] BAG v. 20.1.2005, NZA 2005, 687.
[3] BAG v. 2.2.2006 – 2 AZR 596/04, NZA 2006, 678.

Geltungsbereich des KSchG nach § 23 KSchG nicht erfüllt ist. Keine Zustimmung ist dagegen erforderlich, wenn das Arbeitsverhältnis des zu kündigenden Arbeitnehmers zum Zeitpunkt des Zugangs der Kündigung noch keine sechs Monate ohne Unterbrechung bestanden hat (§ 90 Abs. 1 Nr. 1 SGB IX). Sonderregelungen gelten für eine Kündigung von Mitarbeitern, die älter als 58 Jahre sind und einen Anspruch auf Abfindung aufgrund eines Sozialplans haben. Nach § 90 Abs. 1 Nr. 3 SGB IX bedarf die Kündigung dieser Personen keiner Zustimmung, sofern ihnen der Arbeitgeber die Kündigungsabsicht rechtzeitig mitgeteilt hat und sie der beabsichtigten Kündigung bis zu deren Ausspruch nicht widersprechen.

Vor Ausspruch einer Kündigung gegenüber einem Schwerbehinderten oder einem Gleichgestellten muss der Arbeitgeber die **Schwerbehindertenvertretung unterrichten** und zu der beabsichtigten Kündigung anhören (§ 98 Abs. 2 SGB IX). Unterlässt der Arbeitgeber die Beteiligung der Schwerbehindertenvertretung, führt dies aber nicht zur Unwirksamkeit der Kündigung[1]. Die Pflicht zur Anhörung des Betriebsrats nach § 102 BetrVG besteht unabhängig davon auch gegenüber schwerbehinderten und gleichgestellten Arbeitnehmern. Hat der Arbeitgeber den Betriebsrat vor Einschaltung des Integrationsamts zu der beabsichtigten Kündigung angehört, ist eine erneute Anhörung auch dann entbehrlich, wenn die Zustimmung des Integrationsamts erst nach einem jahrelangen verwaltungsgerichtlichen Verfahren erteilt wird, sich der Kündigungssachverhalt im Wesentlichen aber nicht verändert hat[2]. Eine erneute Anhörung des Betriebsrats ist also nur dann erforderlich, wenn sich zwischenzeitlich der Kündigungssachverhalt geändert hat. 125

Hat der Arbeitgeber zum Zeitpunkt der Kündigung **keine Kenntnis** von der bestehenden Schwerbehinderteneigenschaft oder Gleichstellung des Arbeitnehmers, gelten folgende Regeln: 126

(1) Nach § 90 Abs. 2a SGB IX gilt das Zustimmungserfordernis nur für Kündigungen gegenüber Arbeitnehmern, die entweder bei Zugang der Kündigung bereits als Schwerbehinderte anerkannt sind oder die einen Antrag auf Anerkennung zu diesem Zeitpunkt bereits gestellt haben, über den das Versorgungsamt aber noch keine Entscheidung getroffen hat, ohne dass dies auf einer fehlenden Mitwirkung des Arbeitnehmers beruht. Hat der Arbeitnehmer den Antrag auf Anerkennung oder Gleichstellung **nicht mindestens drei Wochen vor der Kündigung gestellt**, beruht das Fehlen des Nachweises der Schwerbehinderteneigenschaft **immer auf fehlender Mitwirkung des Arbeitnehmers**. Ein Zustimmungserfordernis kann daher nur in Fällen bestehen, in denen der Arbeitnehmer den Antrag mindestens drei Wochen vor dem Zugang der Kündigung gestellt hat[3].

---
1 LAG Rheinland-Pfalz v. 18.8.1993 – 10 Sa 332/93, NZA 1993, 1133.
2 BAG v. 20.1.2000, AP Nr. 38 zu § 1 KSchG 1969; BAG v. 18.5.1994 – 2 AZR 626/93, BB 1994, 1643.
3 BAG v. 1.3.2007 – 2 AZR 217/06, DB 2007, 1702.

(2) Hat der Arbeitnehmer den Antrag zwar mehr als drei Wochen vor Zugang der Kündigung gestellt, wurde dieser aber noch nicht beschieden, so scheidet ein Sonderkündigungsschutz dann aus, wenn die Nichtbescheidung auf einer **fehlenden Mitwirkung** des Arbeitnehmers beruht. **Darlegungs- und beweisbelastet** für die fehlende Mitwirkung des Arbeitnehmers ist grds. **der Arbeitgeber.** Der Arbeitnehmer ist allerdings nach § 138 Abs. 2 ZPO gehalten, sich konkret zur Erfüllung seiner Mitwirkungspflichten zu äußern[1].

(3) Liegen die Voraussetzungen des Sonderkündigungsschutzes (Feststellung der Schwerbehinderteneigenschaft bzw. Gleichstellung oder rechtzeitige Antragstellung) vor, sind diese dem Arbeitgeber zum Zeitpunkt der Kündigung aber nicht bekannt, besteht eine Verpflichtung zur Einholung der Zustimmung des Integrationsamts dann, wenn der Arbeitnehmer den Arbeitgeber innerhalb einer **angemessenen Frist** nach Zugang der Kündigung von dem bestehenden Sonderkündigungsschutz in Kenntnis setzt. Die angemessene Frist betrug nach bisheriger Rspr. des BAG bei ordentlicher Kündigung regelmäßig einen Monat. Angesichts der Neufassung von § 4 KSchG spricht allerdings vieles dafür, dass eine Mitteilung nur innerhalb von **drei Wochen nach Zugang der Kündigung** rechtzeitig ist[2].

(4) Ausnahmsweise ist es nicht erforderlich, dass der Arbeitnehmer den Arbeitgeber über die bestehende Schwerbehinderteneigenschaft oder Gleichstellung in Kenntnis setzt, wenn die Schwerbehinderteneigenschaft **offenkundig** ist oder der Arbeitgeber **Kenntnis** von solchen gesundheitlichen Beeinträchtigungen des Arbeitnehmers hat, die ihrer Art nach den Schluss auf eine Schwerbehinderteneigenschaft nahelegen[3]. Die Offenkundigkeit muss sich dabei nicht nur auf die Behinderung als solche, sondern auch auf den Grad der Behinderung (mindestens 50 %) beziehen[4].

127 Bei der außerordentlichen Kündigung muss der Arbeitgeber den **Antrag auf Erteilung der Zustimmung des Integrationsamts innerhalb einer Frist von zwei Wochen** nach Erlangung der Kenntnis der für die Kündigung maßgebenden Tatsachen stellen (§ 91 Abs. 2 SGB IX). Das Integrationsamt muss über den Antrag auf Zustimmung zur außerordentlichen Kündigung innerhalb von zwei Wochen entscheiden. Trifft es innerhalb dieser Frist keine Entscheidung, gilt die Zustimmung als erteilt (§ 91 Abs. 3 SGB IX). Stimmt das Integrationsamt der außerordentlichen Kündigung zu oder gilt die Zustimmung wegen Fristversäumnis als erteilt, muss der

---

1 *Bauer/Powietzka*, NZA-RR 2004, 505 (507).
2 Offen gelassen von BAG v. 12.1.2006 – 2 AZR 539/05, NZA 2006, 1035.
3 BAG v. 13.2.2008, AP Nr. 5 zu § 85 SGB IX; BAG v. 16.1.1985 – 7 AZR 373/83, NZA 1986, 31.
4 *Großmann*, NZA 1992, 242.

Arbeitgeber die Kündigung **unverzüglich zustellen**[1]. Versäumt er dies, gilt die Kündigung wegen Verstreichenlassens der Zwei-Wochen-Frist des § 626 Abs. 2 BGB als nicht gerechtfertigt.

Die Entscheidung, ob das Integrationsamt einer beantragten Kündigung zustimmt, liegt grds. in seinem **Ermessen**. Dabei gelten allerdings folgende gesetzlichen **Leitlinien**: 128

(1) Bei der **ordentlichen Kündigung** entscheidet das Integrationsamt grds. nach freiem pflichtgemäßem Ermessen[2]. Steht die Kündigung nicht in einem Zusammenhang mit der Schwerbehinderung des Arbeitnehmers, wird die Zustimmung i.d.R. erteilt.

(2) Bei einer **außerordentlichen Kündigung** „soll" die Zustimmung erteilt werden, wenn die Kündigung nicht im Zusammenhang mit der Behinderung steht (§ 91 Abs. 4 SGB IX).

(3) Bei **Betriebsstilllegungen** muss das Integrationsamt die Zustimmung erteilen, wenn im Anschluss an die Kündigung mindestens für drei Monate die Vergütung bezahlt wird (§ 89 Abs. 1 Satz 1 SGB IX). Diese Voraussetzung ist immer dann erfüllt, wenn die Kündigungsfrist mindestens drei Monate beträgt oder der Arbeitgeber freiwillig mit einer dreimonatigen Frist kündigt und den Arbeitnehmer während dieser Zeit beschäftigt.

(4) Bei **wesentlichen Betriebseinschränkungen** soll das Integrationsamt die Zustimmung erteilen, wenn die Gesamtzahl der im Betrieb verbleibenden Schwerbehinderten zur Erfüllung der Pflichtzahl nach § 71 SGB IX ausreicht und die Vergütung für drei Monate wie bei (3) gesichert ist.

(5) Sichert der Arbeitgeber dem Schwerbehinderten einen anderen angemessenen und zumutbaren Arbeitsplatz zu (im Fall der **Änderungskündigung**), soll das Integrationsamt die Zustimmung zur Kündigung ebenfalls erteilen (§ 89 Abs. 2 SGB IX).

(6) Ist das **Insolvenzverfahren** über das Vermögen des Arbeitgebers eröffnet, soll das Integrationsamt die Zustimmung unter den in § 89 Abs. 3 SGB IX näher geregelten Voraussetzungen erteilen.

4. Auszubildende

Die Kündigung des Arbeitsverhältnisses eines Auszubildenden ist grds. nur **aus wichtigem Grund** und **unter Angabe der Kündigungsgründe** zulässig (§ 22 Abs. 2 Nr. 1 BBiG). Entgegen dem Wortlaut der Vorschrift ist eine außerordentliche Kündigung nicht nur fristlos sondern gegebenen- 129

---
1 BAG v. 12.5.2005 – 2 AZR 159/04, NZA 2005, 1173, d.h. schon unmittelbar nach (auch telefonischer) Mitteilung der noch nicht zugestellten Entscheidung des Integrationsamts.
2 VGH Kassel v. 17.11.1992 – 9 UE 1765/89, NZA 1993, 946; VG Minden v. 27.5.2002 – 7 K 851/02, NZA-RR 2003, 248.

falls auch unter Einhaltung einer Auslauffrist zulässig[1]. Für die außerordentliche Kündigung eines Auszubildenden aus wichtigem Grund gilt die Zwei-Wochen-Frist des § 626 Abs. 2 BGB.

130 Der Sonderkündigungsschutz nach § 22 Abs. 2 BBiG greift erst ein **nach Ablauf der Probezeit**. Die Dauer der Probezeit ist mit dem Auszubildenden zu vereinbaren. Sie muss mindestens einen Monat und darf **höchstens vier Monate** betragen (§ 20 Satz 2 BBiG).

5. Betriebsratsmitglieder und andere Amtsträger der Betriebsverfassung

a) Kündigungsschutz nach § 15 KSchG

131 Für **Mitglieder des Betriebsrats** und bestimmter anderer Arbeitnehmervertretungen (Jugend-, Personal-, Bordvertretung, Seebetriebsrat) gilt der besondere Kündigungsschutz nach § 15 Abs. 1 Satz 2 KSchG. Danach ist eine ordentliche Kündigung der Arbeitsverhältnisse dieser Personen grds. unzulässig. Der besondere Kündigungsschutz endet erst **ein Jahr nach Beendigung der Amtszeit**. Der nachwirkende Kündigungsschutz gilt **auch für Ersatzmitglieder** des Betriebsrats, und zwar unabhängig davon, ob sie endgültig in den Betriebsrat nachgerückt oder nur vorübergehend als Stellvertreter für ein zeitweilig verhindertes Betriebsratsmitglied tätig geworden sind[2]. Diese müssen aber tatsächlich als Vertreter zur Betriebsratsarbeit herangezogen worden sein[3]. **Mitglieder des Wahlvorstands** und **Wahlbewerber** genießen besonderen Kündigungsschutz nach § 15 Abs. 3 KSchG. Auch gegenüber diesen Personen ist danach eine ordentliche Kündigung grds. ausgeschlossen. Der nachwirkende Kündigungsschutz gilt für einen Zeitraum von sechs Monaten nach Bekanntgabe des Wahlergebnisses. Der Sonderkündigungsschutz nach § 15 Abs. 1 und 3 KSchG gilt auch für Massenentlassungen[4].

132 Die **außerordentliche Kündigung** wird durch den Sonderkündigungsschutz nach § 15 KSchG **nicht ausgeschlossen**. Voraussetzung für eine außerordentliche Kündigung ist grds. eine schwerwiegende Pflichtverletzung des Arbeitnehmers, die eine Fortsetzung des Arbeitsverhältnisses unter Berücksichtigung der beiderseitigen Interessen bis zum Ablauf der (fiktiven) Kündigungsfrist für den Arbeitgeber unzumutbar macht[5]. Bei Pflichtverstößen eines Mitglieds der Betriebsverfassung ist dabei zwischen Verstößen gegen Amtspflichten einerseits und einer Verletzung

---

1 BAG v. 16.7.1959, AP Nr. 31 zu § 626 BGB; BAG v. 10.11.1988 – 2 AZR 26/88, DB 1989, 584.
2 BAG v. 17.1.1979, BB 1979, 888; BAG v. 6.9.1979 – 2 AZR 548/77, BB 1980, 317.
3 BAG v. 19.4.2012, AP Nr. 34 zu § 1 KSchG 1969 Personenbedingte Kündigung; BAG v. 12.2.2004 – 2 AZR 163/03, NZA 2005, 600.
4 BAG v. 9.4.1987 – 2 AZR 279/86, DB 1987, 2209.
5 Deshalb ist nach § 15 KSchG auch eine verhaltensbedingte außerordentliche Kündigung mit notwendiger Auslauffrist gegenüber Betriebsratsmitgliedern unzulässig, BAG v. 17.1.2008 – 2 AZR 821/06, NZA 2008, 777.

der Pflichten aus dem Arbeitsverhältnis andererseits zu unterscheiden. Selbst grobe Verstöße gegen die Amtspflichten rechtfertigen grds. keine fristlose Kündigung des Arbeitsverhältnisses. Möglicher Rechtsbehelf des Arbeitgebers ist insoweit allein ein Ausschlussverfahren nach § 23 Abs. 1 BetrVG. Nur wenn die Amtspflichtverletzung ausnahmsweise zugleich eine die außerordentliche Kündigung rechtfertigende grobe Verletzung arbeitsvertraglicher Pflichten darstellt, kann eine fristlose Kündigung ausnahmsweise zulässig sein[1]. Allerdings soll bei einem Zusammenhang des dem Betriebsratsmitglied vorgeworfenen Verhaltens mit seiner Amtstätigkeit ein besonders strenger Maßstab anzulegen sein[2].

Sonderregeln gelten für die **Stilllegung von Betrieben und Betriebsabteilungen**. Wird ein Betrieb stillgelegt, ist die ordentliche Kündigung eines Betriebsratsmitglieds bzw. Wahlbewerbers frühestens zum Zeitpunkt der Stilllegung zulässig, es sei denn, dass die Kündigung zu einem früheren Zeitpunkt durch zwingende betriebliche Erfordernisse bedingt ist (§ 15 Abs. 4 KSchG). Wird die Betriebsabteilung stillgelegt, in der das Betriebsratsmitglied beschäftigt ist, ist es grds. in eine andere Betriebsabteilung zu übernehmen (§ 15 Abs. 5 Satz 1 KSchG). Ist die Übernahme aus betrieblichen Gründen nicht möglich, weil ein geeigneter Arbeitsplatz in den verbleibenden Betriebsabteilungen nicht besteht und auch durch Freikündigung anderer Arbeitsplätze nicht geschaffen werden kann, ist die Kündigung zum Zeitpunkt der Stilllegung der Abteilung zulässig (§ 15 Abs. 5 Satz 2 KSchG). Damit ist für den praktisch wichtigen Fall der Betriebsstilllegung der Sonderkündigungsschutz für Mitglieder der Betriebsverfassung **grds. aufgehoben**. Bei der Betriebsteilstilllegung ist zu prüfen, ob eine Weiterbeschäftigungsmöglichkeit für das jeweilige Mitglied im verbleibenden Restbetrieb besteht. Ist dies der Fall, ist dem Betriebsratsmitglied oder Wahlbewerber der entsprechende Arbeitsplatz zuzuweisen. Scheidet eine Weiterbeschäftigung aus, ist eine ordentliche Kündigung nach „normalen" Regeln zulässig. 133

b) Zustimmung des Betriebsrats bei außerordentlicher Kündigung und Versetzung

Zusätzlich zum materiell-rechtlichen besonderen Kündigungsschutz für Betriebsratsmitglieder schreibt § 103 BetrVG einen **besonderen formellen Kündigungsschutz** vor. Danach bedarf die außerordentliche Kündigung eines Mitglieds des Betriebsrats der **vorherigen Zustimmung des Betriebsrats** oder eines Betriebsausschusses nach § 27 Abs. 2 Satz 2 BetrVG oder eines besonderen Ausschusses nach § 28 BetrVG. Der formelle Sonderkündigungsschutz nach § 103 BetrVG gilt nicht für vorübergehend eingerückte Ersatzmitglieder nach Beendigung des Vertretungsfalls[3]. 134

---
1 BAG v. 15.11.2009, AP Nr. 65 zu § 15 KSchG 1969.
2 BAG v. 15.11.2009, AP Nr. 65 zu § 15 KSchG 1969.
3 BAG v. 18.5.2006 – 6 AZR 627/05, NZA 2006, 1037.

135 Beantragt der Arbeitgeber die Zustimmung zur außerordentlichen Kündigung eines Betriebsratsmitglieds, muss der Betriebsrat hierüber innerhalb von drei Tagen entscheiden. Gibt der Betriebsrat binnen drei Tagen keine Erklärung ab, gilt die Zustimmung als verweigert[1]. Der Arbeitgeber kann in diesem Fall beim Arbeitsgericht beantragen, die Zustimmung des Betriebsrats zur außerordentlichen Kündigung des Betriebsratsmitglieds zu ersetzen. Im Rahmen dieses Zustimmungsersetzungsverfahrens kann der Arbeitgeber auch noch solche Umstände zur Begründung des Antrags heranziehen, die erst während des laufenden Verfahrens entstanden sind. Allerdings muss der Arbeitgeber vor der Einführung dieser Umstände im Zustimmungsersetzungsverfahren dem Betriebsrat Gelegenheit gegeben haben, seine Stellungnahme im Lichte der **neuen Tatsachen** zu überprüfen[2]. Dem Antrag hat das Gericht stattzugeben, wenn die außerordentliche Kündigung unter Berücksichtigung aller Umstände gerechtfertigt ist und der Betriebsrat die Zustimmung verweigert hat. Wird die Zustimmung ersetzt, hat der Arbeitgeber in Anlehnung an § 91 Abs. 5 SGB IX **unverzüglich** nach Eintritt der Rechtskraft **die Kündigung auszusprechen**[3].

136 Ersetzt das Arbeitsgericht rechtskräftig die Zustimmung und spricht der Arbeitgeber darauf hin die außerordentliche Kündigung aus, kann das Betriebsratsmitglied Kündigungsschutzklage erheben. Die Entscheidung im Beschlussverfahren, in dem das betroffene Betriebsratsmitglied Beteiligter ist (§ 103 Abs. 2 Satz 2 BetrVG), hat allerdings insoweit **präjudizielle Wirkung** für den Kündigungsschutzprozess, als über das Vorliegen eines wichtigen Grunds zur außerordentlichen Kündigung bereits rechtskräftig entschieden worden ist[4]. Das Betriebsratsmitglied kann sich im Kündigungsschutzprozess daher nur noch auf solche Tatsachen berufen, die es im Zustimmungsverfahren nicht geltend gemacht hat und auch nicht hätte geltend machen können[5].

137 Die **Versetzung** eines Betriebsratsmitglieds bedarf nach § 103 Abs. 3 BetrVG der Zustimmung des Betriebsrats, wenn sie zu einem Verlust des Amts oder der Wählbarkeit führen würde. Die Zustimmung des Betriebsrats ist jedoch nicht erforderlich, wenn das Betriebsratsmitglied mit der Versetzung einverstanden ist. Wird die Zustimmung verweigert, ist auch hier entsprechend § 103 Abs. 2 BetrVG ein Zustimmungsersetzungsverfahren durchzuführen.

138 Soweit ausnahmsweise die ordentliche Kündigung des Arbeitsverhältnisses eines Betriebsratsmitglieds oder anderer geschützter Personen **nach § 15 Abs. 4, 5 KSchG zulässig** ist, bedarf die Kündigung **nicht der Zustim-**

---

1 BAG v. 18.8.1977, BB 1978, 43.
2 BAG v. 23.4.2008 – 2 ABR 71/07, NZA 2008, 1081.
3 BAG v. 25.1.1979, BB 1979, 1242.
4 BAG v. 11.5.2002 – 2 AZR 276/99, NZA 2000, 1106.
5 BAG v. 15.8.2002 – 2 AZR 214/01, NZA 2003, 432.

mung des Betriebsrats nach § 103 BetrVG[1]. Der Betriebsrat ist aber vor Ausspruch der Kündigung nach § 102 Abs. 1 BetrVG anzuhören.

6. Familienpflegezeit, Pflegezeit

Nach § 9 Abs. 3 FPfZG darf der Arbeitgeber das Beschäftigungsverhältnis während der Inanspruchnahme der Familienpflegezeit nicht kündigen. Das Kündigungsverbot gilt ausdrücklich auch für die sog. **Nachpflegephase**. Umstritten ist, zu welchem Zeitpunkt der besondere Kündigungsschutz beginnt. Nach Sinn und Zweck der Vorschrift dürfte insoweit der Abschluss der Familienpflegezeitvereinbarung maßgeblich sein und nicht der u.U. zeitlich deutlich spätere Zeitpunkt des Beginns der Pflegephase[2].

139

Sonderkündigungsschutz gilt auch für Arbeitnehmer, die Pflegezeit nach dem PflegeZG in Anspruch nehmen. § 5 Abs. 1 PflegeZG untersagt insoweit eine Kündigung des Beschäftigungsverhältnisses von der **Ankündigung** der Inanspruchnahme von Pflegezeit bis zur Beendigung der kurzzeitigen Arbeitsverhinderung nach § 2 PflegeZG oder der Pflegezeit nach § 3 PflegeZG.

139a

§ 9 Abs. 3 FPfZG und § 5 Abs. 2 PflegeZG sehen jeweils vor, dass eine Kündigung in **besonderen Fällen** ausnahmsweise von der für den Arbeitsschutz zuständigen obersten Landesbehörde oder der von ihr bestimmten Stelle für zulässig erklärt werden kann. Insoweit gelten dieselben Voraussetzungen wie für den entsprechenden Erlaubnisvorbehalt nach § 9 MuSchG (vgl. Rz. 120).

139b

7. Altersgesicherte Arbeitnehmer

Tarifverträge und – seltener – Arbeitsverträge sehen gelegentlich vor, dass Arbeitnehmern ab einem bestimmten Alter und/oder einer bestimmten Betriebszugehörigkeit nicht mehr ordentlich gekündigt werden kann (sog. **Alterssicherung**). Voraussetzung für das Eingreifen einer tariflichen Alterssicherung ist grds. eine beidseitige Tarifgebundenheit. Für Arbeitnehmer, die nicht Mitglieder der tarifschließenden Gewerkschaft sind, kann eine arbeitsvertragliche Bezugnahmeklausel auf den einschlägigen Tarifvertrag eine Alterssicherung begründen.

140

Für den Fall einer Betriebsstilllegung erkennt das BAG an, dass dieser Sachverhalt regelmäßig geeignet ist, eine **außerordentliche Kündigung** gegenüber einem altersgesicherten Arbeitnehmer zu rechtfertigen. Für diese Form der außerordentlichen Kündigung ist dann aber die gesetzliche oder tarifvertragliche **Kündigungsfrist einzuhalten**, die gelten würde, wenn die ordentliche Kündigung nicht ausgeschlossen wäre[3]. Entsprechendes

141

---
1 BAG v. 21.6.2001 – 2 AZR 137/212, NZA 2002, 212; BAG v. 23.4.1980 – 5 AZR 49/78, BB 1981, 1335.
2 Ebenso ErfK/*Gallner*, FPfZG Rz. 15.
3 BAG v. 28.3.1985 – 2 AZR 113/84, NZA 1985, 559.

gilt, wenn nur ein Betriebsteil stillgelegt wird oder der Arbeitsplatz des altersgesicherten Arbeitnehmers aus sonstigen dringenden betrieblichen Gründen wegfällt und im Restbetrieb keine vergleichbaren Arbeitnehmer beschäftigt werden und dort auch keine für den altersgesicherten Arbeitnehmer geeigneten Arbeitsplätze geschaffen werden können[1]. Sind dagegen vergleichbare Arbeitnehmer vorhanden, so sollen altersgesicherte Arbeitnehmer nach h.M. nicht in die Sozialauswahl einzubeziehen sein[2].

141a Das BAG hält tarifvertragliche Regelungen über den Ausschluss der ordentlichen Kündigungsmöglichkeit gegenüber älteren Arbeitnehmern für grundsätzlich mit dem Verbot der **Altersdiskriminierung** vereinbar. Allerdings soll dies nur insoweit gelten, als durch eine Alterssicherungsklausel der Kündigungsschutz für andere, nicht altersgesicherte Arbeitnehmer nicht grob fehlerhaft gemindert wird[3]. Praktisch bedeutet das, der Arbeitgeber muss, wenn er mehrere i.S.v. § 1 Abs. 3 KSchG miteinander vergleichbare Arbeitnehmer beschäftigt, von denen einige altersgesichert sind und andere nicht, die Sozialauswahl in mindestens drei Schritten durchführen[4]. Im ersten Schritt wird eine Sozialauswahl ohne Einbeziehung der altersgesicherten Mitarbeiter vorgenommen. Im zweiten Schritt wird ermittelt, welcher altersgesicherte Arbeitnehmer sozial am wenigsten schutzwürdig ist, welcher am zweitwenigsten schutzwürdig ist usw. Sodann werden in einem dritten Schritt die Sozialdaten des sozial schutzwürdigsten zu kündigenden Mitarbeiters (festgestellt im Schritt 1) mit den Sozialdaten des am wenigsten schutzwürdigen altersgesicherten Mitarbeiters (festgestellt in Schritt 2) verglichen.

8. Weiterer Sonderkündigungsschutz

142 **Politische Mandatsträger** genießen in ihren privatrechtlichen Arbeitsverhältnisse während und nach ihrer Mandatsausübung sowie während der Wahlbewerbung einen besonderen Kündigungsschutz, der in den Gesetzen für die Bundes-, Länder-, Kreis- und Gemeindeebene geregelt ist. Sonderkündigungsschutz gilt darüber hinaus nach § 58 Abs. 2 BImSchG für Arbeitnehmer, die gleichzeitig **Imissionsschutzbeauftragte** sind. Gegenüber diesen Arbeitnehmern ist grds. eine ordentliche Kündigung ausgeschlossen. Eine außerordentliche Kündigung bleibt zulässig, lässt sich aber grds. nicht durch eine Verletzung der Amtspflichten rechtfertigen[5]. Auch der **Beauftragte für den Datenschutz** genießt gem. § 4f Abs. 3 BDSG Sonderkündigungsschutz[6].

---

1 BAG v. 8.4.2003, NZA 2003, 857.
2 Vgl. *Bauer/Krieger/Arnold*, Arbeitsrechtliche Aufhebungsverträge, B Rz. 298 m.w.N.
3 BAG v. 20.6.2013, AP Nr. 3 zu § 626 BGB Unkündbarkeit.
4 *Bauer/Krieger*, § 10 Rz. 50.
5 APS/*Greiner*, § 58 BImSchG Rz. 14.
6 Vgl. zu den hohen Anforderungen an eine betriebsbedingte außerordentliche Kündigung des Datenschutzbeauftragten BAG v. 23.1.2014 – 2 AZR 372/13, NZA 2014, 895.

VI. Besonderheiten bei Umwandlung

§ 323 Abs. 1 UmwG sieht einen zeitlich befristeten Besitzstandsschutz der kündigungsrechtlichen Stellung eines Arbeitnehmers nach einer gesellschaftsrechtlichen Umwandlung vor. Danach ist eine **Verschlechterung** der kündigungsrechtlichen Stellung der Arbeitnehmer bei einer Spaltung oder Teilübertragung **für die Dauer von zwei Jahren** seit deren Wirksamwerden **ausgeschlossen**.

143

Der Begriff der kündigungsrechtlichen Stellung soll nach h.M. mehr Sachverhalte erfassen als die rein kündigungsschutzrechtliche Situation der von der Umwandlung betroffenen Arbeitnehmer[1]. Das Verschlechterungsverbot des § 323 Abs. 1 UmwG gilt für **alle Umstände**, die für eine Kündigung relevant sein können und durch die Spaltung bzw. Teilübertragung berührt werden. Es erfasst alle Arbeitnehmer des übertragenden Rechtsträgers, d.h. durch das Verschlechterungsverbot werden sowohl die abgespaltenen als auch die verbleibenden Arbeitnehmer geschützt.

144

Praktisch ist das Verschlechterungsverbot insbesondere für folgende **kündigungsrechtlichen Sachverhalte** relevant:

145

(1) **Betrieblicher Geltungsbereich des Kündigungsschutzgesetzes.** Auch wenn in abgespaltenen oder verbleibenden Betriebsteilen nur noch zehn oder weniger Arbeitnehmer beschäftigt sind, findet das Kündigungsschutzgesetz nach § 323 Abs. 1 UmwG für die Dauer von zwei Jahren seit Wirksamwerden der Umwandlung Anwendung.

(2) **Besonderer Kündigungsschutz nach § 15 KSchG.** Scheidet ein Mitglied des Betriebsrats aufgrund der Umwandlung aus dem Betriebsrat aus, hat es nicht nur ein Jahr lang nachwirkenden Kündigungsschutz nach § 15 Abs. 1 KSchG, sondern der nachwirkende Kündigungsschutz wird gemäß § 323 Abs. 1 UmwG auf zwei Jahre ausgedehnt[2].

(3) **Tarifliche Beschränkungen des Kündigungsrechts.** Bedeutung hat das Verschlechterungsverbot nach § 323 Abs. 1 UmwG daneben für tarifvertragliche Beschränkungen des Kündigungsrechts und/oder tarifvertraglich verlängerte Kündigungsfristen. Die entsprechenden Vorschriften gelangen für die Dauer von zwei Jahren seit Wirksamwerden der Umwandlung auch dann zur Anwendung, wenn beim neuen Rechtsträger kein Tarifvertrag gilt[3].

Über die Fiktion der Erfüllung des betrieblichen Geltungsbereichs des Kündigungsschutzgesetzes nach § 23 Abs. 1 KSchG hinaus begründet § 323 Abs. 1 UmwG **keinen Besitzstandsschutz**, soweit es für die Rechtmäßigkeit der Kündigung auf den Betrieb ankommt. Insbesondere richtet sich der Kreis der in die **Sozialauswahl** einzubeziehenden Arbeitnehmer

146

---
1 A.A.: *Bauer/Lingemann*, NZA 1994, 1060 f.
2 KR/*Friedrich*, §§ 322–324 UmwG Rz. 43.
3 Die Anwendung von § 613a BGB führt i.d.R. allerdings ohnehin zu demselben Ergebnis.

nach den tatsächlichen betrieblichen Verhältnissen nach der Umwandlung. Eine Einbeziehung der vor der Spaltung zum Betrieb gehörenden Arbeitnehmer des an der Umwandlung beteiligten anderen Rechtsträgers findet nicht statt[1]. Das Gleiche gilt für die Pflicht zur Erstattung einer **Massenentlassungsanzeige**. Auch insoweit kommt es allein darauf an, ob nach den tatsächlichen betrieblichen Verhältnissen die Schwellenwerte des § 17 Abs. 1 KSchG erfüllt sind.

VII. Formelle Anforderungen an Kündigungen

1. Betriebsratsanhörung

a) Anhörungspflicht nach § 102 BetrVG

147 Vor jeder Kündigung muss der Arbeitgeber den Betriebsrat[2] **anhören** (§ 102 Abs. 1 Satz 1 BetrVG). Da die Anhörungspflicht des Arbeitgebers „vor jeder Kündigung" besteht und nach Auffassung des BAG[3] Sinn und Zweck von § 102 BetrVG ist, dem Betriebsrat Gelegenheit zu geben, auf den Kündigungsentschluss des Arbeitgebers Einfluss zu nehmen, soll ein Anhörungsverfahren grds. nur für *die* Kündigung Wirksamkeit entfalten, für *die* es eingeleitet worden ist. Das gilt besonders, wenn der Arbeitgeber wegen Bedenken gegen die Wirksamkeit der ersten Kündigung vorsorglich erneut kündigt. Das durch die ordnungsgemäße Anhörung erworbene Recht zum Ausspruch der ersten Kündigung ist durch ihren Zugang „verbraucht". Deshalb kann dem Arbeitgeber auch bei einem Widerspruch des Arbeitnehmers nach § 174 BGB und erneuter Kündigung nur empfohlen werden, **erneut** (vorsorglich) den **Betriebsrat** nach § 102 BetrVG **anzuhören**. Existiert kein Betriebsrat, entfällt die Anhörungspflicht. Der Arbeitgeber ist in diesem Fall nicht verpflichtet, die Gründe für die beabsichtigte Kündigung etwa mit dem zu kündigenden Arbeitnehmer vorab zu erörtern[4]. Das gilt auch, wenn ein Betriebsrat zwar noch nicht besteht, aber gerade gebildet wird. Der Arbeitgeber muss in diesem Fall mit der Kündigung nicht abwarten, bis die konstituierende Sitzung stattgefunden hat[5].

148 Die Anhörungspflicht gilt für **sämtliche Arten von Kündigungen** (ordentliche, außerordentliche/fristlose oder Änderungskündigung) und gilt unabhängig davon, ob das Kündigungsschutzgesetz Anwendung findet. Der Betriebsrat ist deshalb auch vor einer Kündigung eines Arbeitsver-

---

1 KR/*Friedrich*, §§ 322–324 UmwG Rz. 42.
2 Oder einen beauftragten Ausschuss nach § 27 Abs. 2 Satz 2 BetrVG bzw. § 28 BetrVG, vgl. BAG v. 17.3.2005 – 2 AZR 275/04, NZA 2005, 1064.
3 BAG v. 3.4.2008 – 2 AZR 965/06, NZA 2008, 807.
4 Anders nur ArbG Gelsenkirchen v. 20.6.1998, EzA § 242 BGB Nr. 41 und v. 18.1.2007 – 5 Ca 1689/06.
5 BAG v. 20.4.1982 – 1 ABR 3/80, DB 1982, 1727; BAG v. 28.10.1992 – 10 ABR 75/91, NZA 1993, 420; LAG Düsseldorf v. 24.6.2009 – 12 Sa 336/09, ZTR 2009, 554.

hältnisses anzuhören, das noch keine sechs Monate bestanden hat[1]. Eine Anhörungspflicht soll sogar dann bestehen, wenn dem Arbeitnehmer vor Dienstantritt gekündigt wird[2]. Das Anhörungsverfahren muss abgeschlossen sein, bevor der Arbeitgeber die Kündigung ausspricht. Ausgesprochen ist eine Kündigung, wenn sie den Machtbereich des Arbeitgebers verlassen hat[3]. Es gibt prinzipiell keine Eilfälle, die eine Anhörung des Betriebsrats erst nach der Kündigung rechtfertigen könnten[4].

Die **Darlegungs- und Beweislast** für die ordnungsgemäße Anhörung des Betriebsrats liegt **beim Arbeitgeber**[5]. Eine besondere Form ist für die Anhörung des Betriebsrats nicht vorgeschrieben. Aus Nachweisgründen empfiehlt sich aber grds. eine schriftliche Anhörung. Rechtlich nicht erforderlich, häufig aber zweckmäßig, ist die Beifügung vorhandener schriftlicher Unterlagen zu den Kündigungsgründen[6]. Zuständig für die Entgegennahme der Anhörung ist der Vorsitzende des Betriebsrats oder im Fall seiner Verhinderung sein Stellvertreter (§ 26 Abs. 3 Satz 2 BetrVG). Ist auch der Stellvertreter verhindert und sieht die Geschäftsordnung des Betriebsrats nicht ein bestimmtes Betriebsratsmitglied für diesen Fall als Adressaten vor, so kann die Anhörung jedem Betriebsratsmitglied übergeben werden. Entsprechende Grundsätze gelten, falls die Zuständigkeit nach § 102 BetrVG einem Personalausschuss übertragen ist[7]. Der Betriebsrat ist nicht verpflichtet, die Anhörung außerhalb der Arbeitszeit und außerhalb der Betriebsräume entgegenzunehmen. Wird sie aber entgegengenommen, so ist die Anhörung ab diesem Zeitpunkt wirksam eingeleitet[8]. 149

Ist der Betriebsrat für die Dauer der Äußerungsfrist des § 102 Abs. 2 BetrVG **beschlussunfähig**, wird das Anhörungsrecht nach § 102 BetrVG entsprechend § 22 BetrVG durch den **Restbetriebsrat** wahrgenommen[9]. Erst bei völliger Funktionsunfähigkeit des Betriebsrats kann die Kündigung ohne Beachtung des § 102 BetrVG ausgesprochen werden[10]. 150

Eine ordnungsgemäße Anhörung setzt voraus, dass der Arbeitgeber dem Betriebsrat die **Person** des betroffenen Arbeitnehmers, die **Kündigungsart** (ordentliche oder außerordentliche) und die **Gründe** für die Kündigung 151

---

1 BAG v. 8.9.1988 – 2 AZR 103/88, NZA 1989, 852; BAG v. 11.7.1991 – 2 AZR 119/91, NZA 1992, 38; BAG v. 18.5.1994 – 2 AZR 920/93, NZA 1995, 24.
2 LAG Hessen v. 31.5.1985 – 13 Sa 833/84, DB 1985, 2689.
3 BAG v. 31.11.1975, AP Nr. 7 zu § 102 BetrVG 1972.
4 BAG v. 29.3.1977, AP Nr. 11 zu § 102 BetrVG 1972.
5 BAG v. 23.6.2005, AP Nr. 147 zu § 102 BetrVG 1972.
6 BAG v. 6.2.1997, EzA § 102 BetrVG 1972 Nr. 96.
7 BAG v. 4.8.1975, BB 1975, 1435.
8 BAG v. 7.7.2011, AP Nr. 165 zu § 102 BetrVG 1972; BAG v. 27.8.1982 – 7 AZR 30/80, BB 1983, 377.
9 BAG v. 18.8.1982 – 7 AZR 437/80, BB 1983, 251; LAG Düsseldorf v. 15.4.2011 – 6 Sa 857/10.
10 BAG v. 15.11.1984 – 2 AZR 341/83, DB 1985, 1028.

konkret mitteilt[1]. Eine pauschale, schlagwort- oder stichwortartige Bezeichnung der Gründe ist nicht ausreichend. Mitzuteilen sind grds. auch die **Kündigungsfrist** und der vorgesehene **Kündigungstermin**. Sind die entsprechenden Angaben fehlerhaft, führt dies allerdings nicht ohne Weiteres zur Unwirksamkeit der Kündigung[2].

152 Zu den Angaben über die Person des zu kündigenden Arbeitnehmers zählt grds. auch die Mitteilung der **persönlichen Daten** wie Alter, Familienstand, Unterhaltspflichten und Dauer der Unternehmenszugehörigkeit[3]. Dies gilt auch für verhaltensbedingte Kündigungen, da dem Betriebsrat keine persönlichen Umstände vorenthalten werden sollen, die sich im Rahmen einer Interessenabwägung zugunsten des Arbeitnehmers auswirken können[4]. Teilt der Arbeitgeber entsprechend seinem Kenntnisstand dem Betriebsrat mit, der Arbeitnehmer habe „laut Steuerkarte" keine unterhaltsberechtigten Kinder, so ist die Anhörung nicht etwa deshalb fehlerhaft, weil der Arbeitnehmer tatsächlich unterhaltsberechtigte Kinder hat[5]. Nicht erforderlich ist, dem Betriebsrat die Anschrift des zu kündigenden Arbeitnehmers mitzuteilen[6].

153 Dass dem Betriebsrat auch die richtige Art der beabsichtigten Kündigung mitzuteilen ist, hat vor allem Bedeutung für die **Kündigung „unkündbarer" (altersgesicherter) Arbeitnehmer**. Vergreift sich der Arbeitgeber in der Terminologie und teilt er dem Betriebsrat mit, er beabsichtige, dem unkündbaren Arbeitnehmer ordentlich zu kündigen, läuft er Gefahr, dass die anschließend erklärte außerordentliche Kündigung mit sozialer Auslauffrist wegen Verstoßes gegen § 102 Abs. 1 BetrVG unwirksam ist[7]. Unschädlich ist es dagegen, wenn der Arbeitgeber dem Betriebsrat die Kündigungsgründe konkret mitteilt, aber z.B. fälschlicherweise von einer personen- statt verhaltensbedingten Kündigung spricht und umgekehrt. Es genügt, dass der Arbeitgeber dem Betriebsrat die **Tatsachen** mitteilt, die für seine Kündigungsentscheidung maßgeblich ist; deren Subsumtion ist Sache des Gerichts[8].

154 Der Umfang der dem Betriebsrat mitzuteilenden Gründe für die beabsichtigte Kündigung richtet sich nach dem sogenannten **Grundsatz der subjektiven Determinierung**. Danach ist der Arbeitgeber nicht verpflichtet, dem

---

1 BAG v. 28.9.1978, BB 1979, 1094; BAG v. 19.6.1993 – 2 AZR 267/93, NZA 1994, 311.
2 BAG v. 29.1.1986, AP Nr. 42 zu § 102 BetrVG 1972; BAG v. 29.3.1990 – 2 AZR 420/89, NZA 1990, 894.
3 BAG v. 2.3.1989 – 2 AZR 280/88, NZA 1989, 755; BAG v. 15.12.1994 – 2 AZR 327/94, NZA 1995, 521.
4 BAG v. 6.10.2005 – 2 AZR 280/04, NZA 2006, 431.
5 BAG v. 24.11.2005 – 2 AZR 514/04, NZA 2006, 665.
6 LAG Hamm v. 27.2.1992, LAGE § 1 KSchG Personenbedingte Kündigung Nr. 10.
7 BAG v. 29.8.1991 – 3 AZR 59/91, NZA 1992, 416.
8 LAG Baden-Württemberg v. 20.7.1995 – 13 Sa 80/94; LAG Köln v. 5.9.2000 – 7 (13) Sa 168/00, ZTR 2001, 88.

Betriebsrat alle Umstände mitzuteilen, die objektiv für die Kündigung eine Rolle spielen können, sondern es genügt, dass er den Betriebsrat über den Sachverhalt informiert, der **aus seiner Sicht** maßgeblich für die Kündigungsabsicht ist. Dabei erfordert die Darlegung der Kündigungsgründe in der Betriebsratsanhörung keine Substantiierung wie im Kündigungsschutzprozess. Eine pauschale, schlagwortartige Beschreibung des Kündigungssachverhalts ist allerdings nicht ausreichend.

Welche Informationen der Arbeitgeber dem Betriebsrat im Rahmen der schriftlichen Anhörung geben muss, hängt maßgeblich auch von der jeweils konkret beabsichtigten Kündigung ab. Für **betriebsbedingte Kündigungen** ist zu beachten, dass das BAG auch ohne Aufforderung des Betriebsrats dessen Unterrichtung über die **Gründe für die getroffene Sozialauswahl** verlangt[1]. In der Anhörung anzugeben sind alle Arbeitnehmer, die der Arbeitgeber mit dem zu kündigenden Arbeitnehmer als vergleichbar ansieht einschließlich deren Sozialdaten. 155

Besteht aus Sicht des Arbeitgebers keine Möglichkeit, den zu kündigenden Arbeitnehmer auf einem anderen Arbeitsplatz weiter zu beschäftigen, genügt er der Anhörungspflicht, indem er dem Betriebsrat mitteilt, eine **anderweitige Beschäftigungsmöglichkeit stehe nicht zur Verfügung**[2]. Anders ist die Rechtslage aber dann, wenn der Betriebsrat vor Einleitung des Anhörungsverfahrens Auskunft über Weiterbeschäftigungsmöglichkeiten für den zu kündigenden Arbeitnehmer auf einem konkreten Arbeitsplatz verlangt. In diesem Fall muss der Arbeitgeber dem Betriebsrat im Rahmen der Anhörung nach § 102 Abs. 1 BetrVG mitteilen, warum eine Weiterbeschäftigung des Arbeitnehmers auf diesem Arbeitsplatz nicht in Betracht kommt[3]. 156

Kündigungsgründe, die dem Betriebsrat bereits bei Einleitung des Anhörungsverfahrens **bekannt sind**, braucht der Arbeitgeber im Rahmen der Anhörung nach § 102 BetrVG grds. **nicht erneut mitzuteilen**[4]. Für den Umstand, dass der Betriebsrat schon bei Einleitung des Anhörungsverfahrens über den erforderlichen Kenntnisstand verfügte, trägt allerdings der Arbeitgeber die Beweislast. Es empfiehlt sich daher, auch in diesem Fall zu Nachweiszwecken eine ausdrückliche schriftliche Anhörung vorzunehmen. 157

Will der Arbeitgeber, der eine außerordentliche Kündigung beabsichtigt, sicherstellen, dass im Fall der Unwirksamkeit der außerordentlichen Kündigung die von ihm vorsorglich erklärte oder dahin umgedeutete ordentliche Kündigung nicht mangels ordnungsgemäßer Anhörung des Betriebsrats unwirksam ist, muss er dem Betriebsrat mitteilen, dass die geplante 158

---
1 BAG v. 29.3.1984 – 2 AZR 429/83, NZA 1984, 169.
2 BAG v. 17.2.2000 – 2 AZR 913/98, NZA 2000, 761.
3 BAG v. 17.2.2000 – 2 AZR 913/98, NZA 2000, 761.
4 BAG v. 27.6.1985 – 2 AZR 412/84, BB 1986, 321; BAG v. 23.10.2008, AP Nr. 18 zu § 1 KSchG 1969 Namensliste.

außerordentliche Kündigung **hilfsweise als ordentliche Kündigung** gelten soll. Dies ist nur dann entbehrlich, wenn der Betriebsrat der außerordentlichen Kündigung ausdrücklich und vorbehaltlos zustimmt[1], was vom Arbeitgeber im Zeitpunkt der Einleitung des Anhörungsverfahrens aber regelmäßig nicht vorhergesehen werden kann.

159 Beabsichtigt der Arbeitgeber den Ausspruch einer **Änderungskündigung**, hat er dem Betriebsrat das Änderungsangebot und die Gründe für die beabsichtigte Änderung der Arbeitsbedingungen mitzuteilen.

160 Waren für eine Kündigung **mehrere Gründe** maßgebend, so führt eine objektiv unvollständige Unterrichtung des Betriebsrats hinsichtlich einzelner Kündigungsgründe nicht zur Unwirksamkeit des Anhörungsverfahrens insgesamt[2]. Diese Gründe können dann aber für die Kündigung **nicht mehr nachgeschoben werden**[3].

b) Reaktionsmöglichkeiten und Beschlussfassung des Betriebsrats

161 Der Betriebsrat kann zustimmen, schweigen, Bedenken äußern oder widersprechen. Die **Frist für die Stellungnahme** des Betriebsrats zu einer beabsichtigten Kündigung beträgt bei einer ordentlichen Kündigung **eine Woche** (§ 102 Abs. 2 Satz 1 BetrVG). Bei einer außerordentlichen Kündigung verkürzt sich die Frist auf drei Tage (§ 102 Abs. 2 Satz 3 BetrVG)[4]. Äußert sich der Betriebsrat innerhalb der Frist nicht zu der beabsichtigten Kündigung, gilt dies als Zustimmung (vgl. § 102 Abs. 2 Satz 2 BetrVG für die ordentliche Kündigung). Dies gilt aber nicht bei der beantragten Zustimmung zur Kündigung von Betriebsratsmitgliedern nach § 103 BetrVG: Dort gilt das Schweigen des Betriebsrats als Verweigerung der Zustimmung.

162 Hat der Betriebsrat gegen eine ordentliche Kündigung Bedenken, so hat er dies unter Angabe der Gründe dem Arbeitgeber schriftlich mitzuteilen. Schärfste Waffe des Betriebsrats ist der **Widerspruch**, d.h. die eindeutige Ablehnung der Kündigung. Das Wort Widerspruch braucht nicht unbedingt verwendet zu werden. Meldet der Betriebsrat allerdings lediglich „Bedenken" gegen eine Kündigung an, stellt dies im Zweifel keinen Widerspruch dar.

---

1 BAG v. 16.3.1978, AP Nr. 15 zu 102 BetrVG 1972; LAG Baden-Württemberg v. 24.11.2005 – 21 Sa 51/05.
2 BAG v. 8.9.1988 – 2 AZR 103/88, NZA 1989, 852; BAG v. 12.9.2013 – 6 AZR 121/12, NZA 2013, 1412.
3 Vgl. zu der Möglichkeit eines Nachschiebens von Kündigungsgründen, die bei Ausspruch der Kündigung zwar objektiv vorlagen, dem Arbeitgeber aber noch nicht bekannt waren, BAG v. 11.4.1985 – 2 AZR 239/84, NZA 1986, 674; LAG Hessen v. 10.7.2006 – 19/3 Sa 1353/05.
4 **Achtung**: Für die außerordentliche Kündigung eines altersgesicherten Arbeitnehmers mit sozialer Auslauffrist gilt nicht die Drei-Tage-Frist, sondern die Frist beträgt wie bei einer ordentlichen Kündigung eine Woche; BAG v. 12.1.2006, AP Nr. 13 zu § 626 BGB Krankheit.

Will der Betriebsrat einer beabsichtigten ordentlichen Kündigung (im Fall einer außerordentlichen Kündigung gilt ein „Widerspruch" nur als qualifizierte Äußerung von Bedenken) widersprechen, ist er an die in § 102 Abs. 3 BetrVG genannten **Widerspruchsgründe** gebunden. Die dortige Aufzählung ist **abschließend**. Der Widerspruch des Betriebsrats muss auf einem ordnungsgemäßen Beschluss nach § 33 BetrVG beruhen. Dazu zählt auch die rechtzeitige Einladung unter Mitteilung der Tagesordnungspunkte gem. § 29 Abs. 2 Satz 3 BetrVG. 163

Widerspricht der Betriebsrat einer beabsichtigten ordentlichen Kündigung ordnungsgemäß, kann der Arbeitnehmer vom Arbeitgeber nach § 102 Abs. 5 BetrVG verlangen, dass der Arbeitgeber ihn nach Ablauf der Kündigungsfrist bis zum rechtskräftigen Abschluss des Kündigungsrechtsstreits bei unveränderten Arbeitsbedingungen **weiterbeschäftigt**. Eine Entbindung von der Verpflichtung zur Weiterbeschäftigung kann der Arbeitgeber nur durch eine beim Arbeitsgericht zu beantragende einstweilige Verfügung erwirken. Die **Entbindung** ist beschränkt auf Fälle, in denen 164

(1) die Klage des Arbeitnehmers **keine hinreichende Aussicht auf Erfolg** bietet oder mutwillig erscheint oder

(2) die Weiterbeschäftigung des Arbeitnehmers zu einer **unzumutbaren wirtschaftlichen Belastung des Arbeitgebers** führen würde oder

(3) der Widerspruch des Betriebsrats **offensichtlich unbegründet** war.

Weil die Weiterbeschäftigungspflicht insbesondere bei Massenentlassungen ein **erhebliches wirtschaftliches Risiko** für den Arbeitgeber darstellen kann, wird häufig im Rahmen eines abgeschlossenen Interessenausgleichs vereinbart, dass der Betriebsrat den Kündigungen im vereinbarten Umfang nicht widersprechen wird. Eine solche Vereinbarung ist für den Betriebsrat zwar nicht bindend. Sie hat aber i.d.R. zur Folge, dass sich der Betriebsrat an sein Wort gebunden fühlt und den Kündigungen entweder zustimmt oder die Stellungnahmefrist verstreichen lässt. Wird die Anhörung mit dem Interessenausgleichsverfahren verbunden (vgl. Teil 2 B Rz. 5), ist der Verzicht des Betriebsrats auf den Widerspruch wirksam. 165

Den Widerspruch gegen eine beabsichtigte Kündigung kann der Betriebsrat auf folgende **Gründe** stützen (§ 102 Abs. 3 BetrVG): 166

(1) Fehlerhafte **soziale Auswahl**,

(2) Verstoß gegen **Auswahlrichtlinien**,

(3) Möglichkeit der **Weiterbeschäftigung** auf einem anderen Arbeitsplatz im Betrieb oder in einem anderen Betrieb des Unternehmens,

(4) Weiterbeschäftigung nach zumutbaren **Umschulungs- oder Fortbildungsmaßnahmen** oder

(5) Weiterbeschäftigung unter **geänderten Vertragsbedingungen** mit Einverständnis des Arbeitnehmers.

167 Aufgrund des Zusammenhangs mit der Regelung in § 102 Abs. 2 BetrVG muss mindestens ein Widerspruchsgrund vom Betriebsrat **schriftlich benannt** sein[1]. Eine Wiederholung des Gesetzeswortlauts allein genügt nicht, auch nicht das Vorbringen eines Zweifels, dass wirklich kein anderer Arbeitsplatz vorhanden sei[2]. Die konkrete Begründung des Widerspruchs muss aber nicht einleuchtend sein[3]. Für einen ordnungsgemäßen Widerspruch reicht es nicht aus, wenn der Betriebsrat nur allgemein auf eine anderweitige Beschäftigungsmöglichkeit im selben Betrieb oder in einem anderen Betrieb des Unternehmens verweist. Dem Betriebsrat ist vielmehr ein Mindestmaß an konkreter Argumentation abzuverlangen. D.h., er hat grds. den Arbeitsplatz, auf dem der zu kündigende Arbeitnehmer seiner Meinung nach eingesetzt werden kann, **in bestimmbarer Weise** anzugeben[4]. Ob ein solcher Arbeitsplatz tatsächlich besteht oder verfügbar ist, ist aber für die Ordnungsgemäßheit des Widerspruchs unerheblich. Macht der Betriebsrat mit seinem Widerspruch geltend, der Arbeitgeber habe zu Unrecht andere Arbeitnehmer nicht in die Sozialauswahl einbezogen, muss er diese Arbeitnehmer entweder **konkret benennen** oder sie müssen an Hand abstrakter vom Betriebsrat beschriebener Merkmale bestimmbar sein[5]. Gründe, die der Betriebsrat nicht innerhalb der Wochenfrist vorgebracht hat, können im Verfahren über die vorläufige Weiterbeschäftigung nach § 102 Abs. 5 BetrVG nicht mehr geltend gemacht werden[6].

168 Kündigt der Arbeitgeber, obwohl der Betriebsrat nach § 102 Abs. 3 BetrVG widersprochen hat, muss er dem Arbeitnehmer mit der Kündigung eine **Abschrift der Stellungnahme des Betriebsrats** zuleiten (§ 102 Abs. 4 BetrVG). Unterlässt der Arbeitgeber dies, führt dies nicht zur Unwirksamkeit der Kündigung. Der Arbeitnehmer kann aber gegebenenfalls einen Schadensersatzanspruch gegen den Arbeitgeber haben, z.B. wenn er im Fall der Mitteilung von einer Klageerhebung abgesehen hätte und Prozess- und Anwaltskosten zu tragen hat[7].

c) Rechtsfolgen unterbliebener oder mangelhafter Betriebsratsanhörung

169 Eine Kündigung, die ohne Anhörung des Betriebsrats ausgesprochen wurde, ist **unwirksam** (§ 102 Abs. 1 Satz 3 BetrVG). Gleiches gilt für eine Kündigung, zu der der Arbeitgeber den Betriebsrat zwar formell angehört hat, bei dem die Anhörung aber nicht ordnungsgemäß, insbesondere nicht vollständig im Sinne der vorgenannten Grundsätze war. Der Ar-

---

1 *Fitting*, § 102 Rz. 64, 71.
2 BAG v. 17.6.1999, AP Nr. 11 zu § 102 BetrVG 1972 Weiterbeschäftigung; LAG Düsseldorf v. 15.3.1978, DB 1978, 1282.
3 *Fitting*, § 102 Rz. 71.
4 BAG v. 17.6.1999, NZA 1999, 1154.
5 BAG v. 9.7.2003 – 5 AZR 305/02, NZA 2003, 1191.
6 BAG v. 3.7.1984 – 1 ABR 74/82, BB 1985, 199 zur Parallelproblematik bei § 99 BetrVG.
7 *Fitting*, § 102 Rz. 100.

beitgeber ist daher gut beraten, wenn er ausreichend Zeit und Sorgfalt für die Erstellung der Anhörungen verwendet. Dabei sollte er immer im Auge haben, dass die Ordnungsgemäßheit der Betriebsratsanhörung von den Arbeitsgerichten im Kündigungsschutzprozess überprüft werden kann. Die Anhörung wird also nicht in erster Linie „für den Betriebsrat" geschrieben, sondern „für das Arbeitsgericht".

d) Kündigung leitender Angestellter

Der Betriebsrat besitzt keine Zuständigkeit für leitende Angestellte i.S.v. § 5 Abs. 3 BetrVG. Beabsichtigt der Arbeitgeber, das Arbeitsverhältnis eines leitenden Angestellten zu kündigen, ist **nicht der Betriebsrat, sondern der Sprecherausschuss** anzuhören (§ 31 Abs. 2 SprAuG). Für Form, Fristen und Inhalt der Unterrichtung des Sprecherausschusses gelten dieselben Grundsätze wie zur Anhörung des Betriebsrats nach § 102 BetrVG. Der Widerspruch des Sprecherausschusses gegen eine Kündigung löst aber nicht die Rechtsfolgen des § 102 Abs. 5 BetrVG aus (Weiterbeschäftigungsanspruch). 170

Häufig steht in der Praxis nicht eindeutig fest, ob ein Arbeitnehmer leitender Angestellter i.S.v. § 5 Abs. 3 BetrVG ist oder nicht. Um mögliche formelle Fehler bei der Kündigung zu vermeiden, empfiehlt es sich daher, **in Zweifelsfällen** immer vorsorglich **sowohl** den Betriebsrat **als auch** den Sprecherausschuss anzuhören. 171

➲ **Typischer Fehler:** Der Arbeitgeber kündigt das Arbeitsverhältnis des Zentralbereichsleiters Recht. Vor der Kündigung wird der Sprecherausschuss angehört. In der mündlichen Verhandlung im Kündigungsschutzprozess macht der gekündigte Zentralbereichsleiter geltend, er sei kein leitender Angestellter i.S.v. § 5 Abs. 3 BetrVG und deshalb habe der Betriebsrat angehört werden müssen. Gelingt dem Arbeitgeber in diesem Fall nicht der Nachweis, dass die Voraussetzungen des § 5 Abs. 3 BetrVG erfüllt sind, wird das Arbeitsgericht der Kündigungsschutzklage stattgeben. Dem Arbeitgeber bleibt in diesem Fall nichts anderes übrig, als das Arbeitsverhältnis erneut nach nunmehriger Anhörung des Betriebsrats zu kündigen, wodurch sich die Kündigungsfrist aber entsprechend verlängert. 172

2. Kündigungserklärung

Nach § 623 BGB bedarf die Kündigung eines Arbeitsverhältnisses der **Schriftform**. Eine nur mündlich erklärte Kündigung ist unwirksam. Sie muss vom Arbeitnehmer auch nicht innerhalb der Drei-Wochen-Frist nach § 4 KSchG angefochten werden. 173

Bei der Kündigung handelt es sich um eine einseitige empfangsbedürftige Willenserklärung des Arbeitgebers. Wie bei jeder anderen Willenserklärung auch kommt auch für Kündigungen eine **Stellvertretung** des Arbeit- 174 gebers durch Personen in Betracht, die über eine entsprechende Vollmacht verfügen. Dabei ist allerdings aus Arbeitgebersicht auf die Gefahr einer möglichen **Zurückweisung der Kündigung mangels Vorlage einer Vollmachtsurkunde** nach § 174 Satz 1 BGB zu achten. Nach dieser Vorschrift kann der Arbeitnehmer die Kündigung unverzüglich zurückweisen, wenn die Kündigung des Arbeitsverhältnisses durch einen Bevollmächtigten des Arbeitgebers erklärt wird und dieser im Zusammenhang mit der Kündigungserklärung keine Vollmachtsurkunde vorlegt[1]. Die Zurückweisung muss ausdrücklich wegen der Nichtvorlage einer Vollmachtsurkunde erklärt werden. Keine wirksame Zurückweisung i.S.d. § 174 BGB liegt etwa vor, wenn der Arbeitnehmer rügt, der Kündigende sei nicht bevollmächtigt gewesen.

175 Der Nachweis einer Vollmacht des Kündigenden erfordert grds. die Vorlage einer Vollmachtsurkunde **im Original**. Eine Fotokopie oder beglaubigte Abschrift reicht ebenso wenig aus wie die Vorlage einer Faxkopie. In beiden Fällen kann die Kündigung vom Arbeitnehmer zurückgewiesen werden[2]. Nicht ausreichend ist auch das Angebot, die Originalurkunde beim Bevollmächtigten einzusehen.

176 Die Zurückweisung muss **unverzüglich**, d.h. ohne schuldhaftes Zögern erklärt werden. Für die Beurteilung, ob eine Zurückweisung unverzüglich erklärt wurde, ist die normale Postlaufzeit sowie eine angemessene Überlegungsfrist für die Einholung rechtskundigen Rats zuzubilligen. Danach dürfte eine Zurückweisung, die innerhalb von drei Wochen seit Zugang der Kündigung erklärt wird, grds. noch rechtzeitig sein.

177 Kein Zurückweisungsrecht besteht, wenn der Arbeitgeber den Arbeitnehmer von der Bevollmächtigung vor Zugang der Kündigung „in Kenntnis gesetzt" hat (§ 174 Satz 2 BGB). Eine formlose oder auch nur konkludente Mitteilung genügt. Sie muss aber **vom Arbeitgeber bzw. einem vertretungsberechtigten Organmitglied selbst** erklärt werden. Ein „In-Kenntnis-Setzen" durch einen Hinweis des Vertreters auf seine Vertreterstellung genügt nicht[3].

178 Wird die Kündigung durch den **Personalleiter** oder Personalabteilungsleiter ausgesprochen, ist die Beifügung einer Vollmacht regelmäßig **nicht erforderlich**[4]. Denn mit der Stellung als Personalleiter ist regelmäßig im Unternehmen die Befugnis zur Kündigung verbunden. Anders ist die Rechtslage bei Personalsachbearbeitern. Wird die Kündigung durch einen

---

1 BAG v. 10.2.2005 – 2 AZR 584/03, NZA 2005, 1207 Os.; BAG v. 20.9.2006 – 6 AZR 82/06, NZA 2007, 377.
2 Vgl. BGH v. 4.2.1981, BB 1981, 1181; BGH v. 10.2.1994 – IX ZR 109/93, NJW 1994, 1472; OLG Hamm v. 26.10.1990 – 20 U 71/90, AnwBl. 1991, 340; LAG Düsseldorf v. 12.12.1994 – 12 Sa 1574/94, BB 1995, 731.
3 BAG v. 12.1.2006 – 2 AZR 179/05, NZA 2006, 980.
4 BAG v. 30.5.1972, AP Nr. 1 zu § 174 BGB; BAG v. 29.10.1992 – 2 AZR 460/92, BB 1993, 222; BAG v. 22.1.1998 – 2 AZR 267/97, DB 1998, 990; LAG Niedersachsen v. 19.9.2003 – 16 Sa 694/03, NZA-RR 2004, 195.

Personalsachbearbeiter erklärt, bedarf es daher grds. der Vorlage einer Vollmachtsurkunde im Original. Andernfalls kommt eine Zurückweisung nach § 174 BGB in Betracht[1].

Wird die Kündigung von einem **vertretungsberechtigten Organmitglied** unterzeichnet, kommt es darauf an, ob dieses **allein- oder nur gesamtvertretungsberechtigt** ist. Bei Alleinvertretungsbefugnis bedarf es keiner Vollmachtsurkunde durch ein zweites Organmitglied. Gilt dagegen der Grundsatz der Gesamtvertretung oder unterschreibt nur ein Organmitglied die Kündigung, muss es die Bevollmächtigung durch ein weiteres Organmitglied mittels Vollmachtsurkunde nachweisen[2]. 179

Weist der Arbeitnehmer die Kündigung nach § 174 BGB zurück und kündigt der Arbeitgeber (vorsorglich) nochmals, so ist § 102 BetrVG zu beachten. Danach ist der Betriebsrat **vor jeder Kündigung** anzuhören. Mit anderen Worten: Hat der Arbeitgeber den Betriebsrat vor der ersten Kündigung angehört und dann die Kündigung zugestellt, so ist diese Betriebsratsanhörung trotz möglicher Unwirksamkeit der Kündigung nach § 174 BGB „**verbraucht**" mit der Folge, dass der Betriebsrat vor der vorsorglichen weiteren Kündigung erneut anzuhören ist. Dabei kann allerdings hinsichtlich der Kündigungsgründe auf die erste Anhörung verwiesen werden[3]. 180

3. Zugang der Kündigung

Eine häufige Fehlerquelle bei Kündigungen resultiert daraus, dass die Kündigungserklärung erst **mit ihrem Zugang** beim Kündigungsempfänger **wirksam wird** (§ 130 BGB). Für den Zugang einer schriftlichen Kündigung unter Anwesenden kommt es nicht darauf an, ob der Arbeitnehmer dauerhaft die Verfügungsgewalt über das Schriftstück erlangt hat. Es reicht vielmehr aus, wenn es ihm nur zum Durchlesen überlassen wird, es sei denn, dem Arbeitnehmer ist die für ein Verständnis nötige Zeit nicht verblieben[4]. 181

Kann oder soll die Kündigung dem Arbeitnehmer nicht persönlich übergeben werden, kann sie ihm auch durch **Einwurf in den Wohnungs- bzw. Hausbriefkasten** zugestellt werden. Zeitpunkt des Zugangs ist in diesem Fall der Termin, zu dem der Briefkasten üblicherweise zum nächsten Mal geleert wird[5]. Als Richtschnur kann insoweit gelten, dass üblicherweise die Leerung bis spätestens 13.00 Uhr erfolgt. Wird die Kündigung also beispielsweise am 30.6. erst um 13.30 Uhr in den Briefkasten eingeworfen, besteht ein erhebliches Risiko, dass sie erst am 1.7. als zu- 182

---

1 BAG v. 30.5.1978, BB 1979, 166.
2 BAG v. 18.12.1980 – 2 AZR 980/78, BB 1981, 791; LAG Baden-Württemberg v. 1.9.2005 – 11 Sa 7/05.
3 BAG v. 16.9.1993 – 2 AZR 267/93, NZA 1994, 311.
4 BAG v. 4.11.2004 – 2 AZR 17/04, NZA 2005, 513.
5 BAG v. 13.10.1976, BB 1977, 298.

gegangen gilt mit der Folge, dass sich die Kündigungsfrist entsprechend verlängert.

183 Ein **eingeschriebener Brief** geht dem Arbeitnehmer nicht schon bei Hinterlassung eines Benachrichtigungszettels zu, sondern erst mit der Aushändigung durch die Post[1]. Dies gilt grds. auch für Einschreiben mit Rückschein. Arbeitgeber machen deshalb häufig von der Möglichkeit eines sogenannten Einwurfeinschreibens Gebrauch. Bei dieser Form des Einschreibens klingelt der Postbote nicht beim Empfänger, sondern wirft das Einwurfeinschreiben mit der normalen Post in den Briefkasten. Damit wird der Zugang der Kündigung bewirkt, und zwar je nach Einwurfzeitpunkt zum gleichen Tag oder erst am folgenden Werktag. Über den Einwurf erhält der Arbeitgeber von der Post einen Beleg. Problematisch ist bei **Einwurfeinschreiben** allerdings, dass der Arbeitnehmer bestreiten kann, das Kündigungsschreiben mit seiner Post vorgefunden zu haben. Ein solches Bestreiten ist nicht per se rechtsmissbräuchlich, da die Post theoretisch – wenn auch praktisch nur sehr selten – Fehler bei der Auslieferung machen, d.h. z.B. das Einschreiben in den falschen Briefkasten einwerfen kann. Der Arbeitgeber hat in diesem Fall keine Möglichkeit, den Zugang nachzuweisen. Insbesondere kommt es nicht in Betracht, den Postboten als Zeugen dafür zu benennen, dass der Brief tatsächlich richtig eingeworfen wurde. Monate und gegebenenfalls Jahre später erinnert sich kein Postbote mehr an den Einwurf irgendwelcher Briefsendungen.

184 Als wirklich **rechtssichere Methoden**, den Zugang einer Kündigung zu bewerkstelligen und gegebenenfalls auch im Prozess nachweisen zu können, kommen daher nur folgende Möglichkeiten in Betracht:

(1) **Persönliche Übergabe des Originalkündigungsschreibens im Betrieb.** Idealerweise sollte sich der Arbeitgeber den Empfang des Kündigungsschreibens vom Arbeitnehmer auf einer Kopie quittieren lassen. Verweigert der Arbeitnehmer die Annahme oder lehnt er es ab, den Empfang der Kündigung zu quittieren, ist dies unschädlich, wenn die Übergabe durch oder im Beisein einer Person vorgenommen wird, die später als Zeuge für den Kündigungszugang vom Gericht vernommen werden kann. Geeignete Personen sind insoweit alle, die nicht der Arbeitgeber selbst oder ein vertretungsberechtigtes Organmitglied des Arbeitgebers sind (also z.B. der Personalleiter, ein Personalsachbearbeiter oder auch eine sonstige betriebsangehörige oder betriebsfremde Person).

(2) **Einwurf der Kündigungserklärung in den Briefkasten des Arbeitnehmers durch einen Boten.** Der Bote sollte sich notieren, an welchem Tag und um wie viel Uhr er das Schreiben eingeworfen hat. Außerdem ist wichtig, dass der Bote mit angesehen hat, wie das Kündi-

---
[1] BAG v. 15.11.1962, AP Nr. 4 zu § 130 BGB; BAG v. 25.4.1996 – 2 AZR 13/95, NZA 1996, 1227; BAG v. 7.11.2002, AP Nr. 19 zu § 620 Kündigungserklärung.

gungsschreiben in den Umschlag gesteckt wurde, damit er im Fall einer Zeugenvernehmung nicht nur aussagen kann, ein Kuvert mit einem ihm unbekannten Inhalt zugestellt zu haben, sondern anhand seiner Aufzeichnungen Beweis dafür erbringen kann, das Kündigungsschreiben fristgerecht zugestellt zu haben. Auch als Bote ist grds. jede Person geeignet, die nicht selbst Arbeitgeber oder vertretungsberechtigtes Organmitglied des Arbeitgebers ist (und deshalb nicht als Zeuge vernommen werden kann).

(3) Zustellung durch den Gerichtsvollzieher. Die Zustellung erfolgt dabei nach §§ 191, 166 ff. ZPO, und zwar in der Regel durch Übergabe (§ 177 ZPO). Anders als bei einer Zustellung durch die Post hat bei einer Zustellung durch den Gerichtsvollzieher gemäß § 181 ZPO auch die Ersatzzustellung durch Niederlegung (z.B. bei der Post) die Wirkung des Zugangs[1]. Der Zustellvermerk des Gerichtsvollziehers stellt eine öffentliche Urkunde dar, mit der gegebenenfalls der Beweis des (fristgerechten) Zugangs geführt werden kann, auch ohne dass der Gerichtsvollzieher über die Zustellung als Zeuge vernommen werden muss.

E. Vermeidung von Kündigungen

Alternativen zur betriebsbedingten Kündigung stehen bei Umstrukturierungen im Vordergrund der Verhandlungen mit dem Betriebsrat. Beispielhaft werden nachfolgend Altersteilzeit und Vorruhestand, Maßnahmen zur kurzfristigen Kostensenkung, Einsatz von Transfergesellschaften und betriebliche Bündnisse für Arbeit erörtert. Vorschläge der Betriebsräte zu Beschäftigungssicherungs- und Qualifizierungsmaßnahmen nach § 92a BetrVG können dabei vom Arbeitgeber in enger Abstimmung mit der zuständigen Agentur für Arbeit in sinnvoller Weise aufgegriffen werden.

I. Altersteilzeit und Vorruhestand

Ein Personalabbau kann entweder einseitig durch betriebsbedingte Kündigung oder einvernehmlich durch **Aufhebungsvereinbarung** umgesetzt werden. Eine einvernehmliche Umsetzung hat dabei nicht unwesentliche **Vorteile** gegenüber dem Ausspruch von Kündigungen:

– Der Widerstand von Betriebsrat und Belegschaft gegen den Personalabbau ist bei einer Umsetzung durch freiwillige Aufhebungsvereinbarungen naturgemäß geringer.

– Es können gezielt leistungsschwache Mitarbeiter angesprochen und überzeugt werden, ihr Arbeitsverhältnis zu beenden.

---
1 BAG v. 30.6.1983, EzA § 12 SchwbG Nr. 13.

– Ein einvernehmlicher Personalabbau vermeidet Kündigungsschutzverfahren und die damit verbundenen Aufwendungen sowie rechtlichen und personalpolitischen Risiken (Rückkehr des Arbeitnehmers ins Unternehmen bei Obsiegen im Kündigungsschutzprozess und Annahmeverzugslohn).

1. Aufhebungsvereinbarung

2   Zu den Grundmodellen des einvernehmlichen Personalabbaus zählen in erster Linie „klassische" Aufhebungsverträge, Aufhebungsverträge in Form von Abwicklungsverträgen[1] und Klageverzichtsvereinbarungen[2]. Zu den wesentlichen Inhalten solcher Verträge zählen die **Beendigung des Arbeitsverhältnisses** (nicht unbedingt zum Zeitpunkt des Ablaufs der Kündigungsfrist, sondern gelegentlich auch zu einem späteren Termin oder früher, dann meist mit sofortiger Wirkung) und Zahlung einer Abfindung[3].

3   Der Abschluss eines Aufhebungsvertrags kann sozialversicherungsrechtliche Nachteile für den Arbeitnehmer zur Folge haben. Insbesondere tritt grds. eine **Sperrzeit** für den Bezug von Arbeitslosengeld wegen schuldhafter Lösung des Arbeitsverhältnisses ein (Sperrzeit bei Arbeitsaufgabe, § 159 Abs. 1 Satz 2 Nr. 1 SGB III). Rechtsfolgen einer Sperrzeit sind ein Ruhen des Anspruchs auf Arbeitslosengeld für die Dauer von i.d.R. zwölf Wochen nach Beendigung des Beschäftigungsverhältnisses (§ 159 Abs. 3 Satz 1 SGB III) sowie die Verkürzung der maximalen Bezugsdauer für Arbeitslosengeld um ein Viertel (§ 148 Abs. 1 Nr. 3 SGB III). Nach Auffassung des BSG tritt eine Sperrzeit ausnahmsweise dann nicht ein, wenn das Arbeitsverhältnis ohne Abschluss des Aufhebungsvertrags vom Arbeitgeber zum selben Termin **rechtmäßig gekündigt** worden wäre und der Arbeitnehmer durch den Abschluss des Aufhebungsvertrags **Nachteile vermeidet**, die mit einer Kündigung verbunden wären[4]. Ausreichend für die Vermeidung eines Nachteils ist es, wenn sich der Arbeitnehmer durch den Aufhebungsvertrag eine Abfindung sichert, auf die bei Ausspruch einer Kündigung kein Anspruch bestanden hätte. Im Fall einer

---

1 Vgl. dazu *Bauer/Krieger/Arnold*, Arbeitsrechtliche Aufhebungsverträge, A Rz. 20.
2 Soweit diese im unmittelbaren zeitlichen und sachlichen Zusammenhang mit dem Ausspruch einer Kündigung getroffen werden, bedürfen sie der Schriftform nach § 623 BGB, BAG v. 19.4.2007 – 2 AZR 208/06, NZA 2007, 1227. Dabei soll der ohne Gegenleistung erklärte, formularmäßige Verzicht des Arbeitnehmers auf die Erhebung einer Kündigungsschutzklage eine unangemessene Benachteiligung i.S.v. § 307 Abs. 1 Satz 2 BGB darstellen, BAG v. 6.9.2007 – 2 AZR 722/06, NZA 2008, 219.
3 Natürlich kommen weitere Regelungen in Betracht, insbesondere restliche Vergütung, betriebliche Altersversorgung, Übernahme von Kosten für ein Outplacement, Zeugnis, Wettbewerbsverbot, Freistellung, Erledigungsklausel (vgl. Anh. 16).
4 BSG v. 12.7.2006 – B 11a AL 47/05 R, NZA 2006, 1359; BSG v. 2.5.2012, NZS 2012, 874; ausführlich dazu *Gaul/Niklas*, NZA 2008, 137.

unmittelbar bevorstehenden Kündigung kann also ein Aufhebungsvertrag geschlossen werden, ohne dass der Arbeitnehmer deswegen sozialversicherungsrechtliche Nachteile erleidet. Umgekehrt scheidet diese Möglichkeit aus, wenn eine Kündigung nicht unmittelbar bevorsteht (etwa weil noch ein Interessenausgleichsverfahren durchzuführen ist) oder eine Kündigung gegenüber dem konkreten Arbeitnehmer nicht beabsichtigt ist (etwa weil diesem aufgrund seiner Sozialdaten oder wegen einer bestehenden tariflichen Alterssicherung nicht wirksam gekündigt werden könnte).

Ist mit dem Eintritt einer Sperrzeit zu rechnen, bestehen ausscheidenswillige Arbeitnehmer oft darauf, dass der Arbeitgeber die durch die Sperrzeit entstehenden Nachteile beim Bezug von Arbeitslosengeld ausgleicht, wenn sie Arbeitslosigkeit befürchten müssen. Der Abschluss von Aufhebungsverträgen kann deshalb mit **relativ hohen Kosten** verbunden sein oder es sind nur Arbeitnehmer bereit, einen Aufhebungsvertrag zu schließen, die nach Beendigung des Arbeitsverhältnisses **sicher eine neue Anschlussbeschäftigung** haben. Das sind aber i.d.R. gerade diejenigen Arbeitnehmer, die der Arbeitgeber nicht verlieren will.

2. Vorruhestandsvereinbarung

Ein möglicher Weg zur Vermeidung der nachteiligen Rechtsfolgen eines Aufhebungsvertrags für den Bezug von Arbeitslosengeld ist der Abschluss eines Vorruhestandsvertrags. In einem Vorruhestandsvertrag wird vereinbart, das Arbeitsverhältnis zum Ablauf der Kündigungsfrist zu beenden. Zugleich verpflichtet sich der Arbeitgeber, für den Zeitraum zwischen der Beendigung des Arbeitsverhältnisses und einem Zeitpunkt, zu dem der Arbeitnehmer Anspruch auf eine (vorgezogene) Altersrente hat, einen monatlichen Betrag in Höhe eines bestimmten Prozentsatzes des bisherigen Arbeitsentgelts zu zahlen (z.B. Zahlung von 70 % des bisherigen Nettoentgelts). Wegen des unmittelbar an die Zahlungen anschließenden Renteneintritts nimmt der Arbeitnehmer kein Arbeitslosengeld in Anspruch, so dass sich das Problem einer möglichen Sperrzeit nicht stellt. Praktisch kommt der Abschluss von Vorruhestandsverträgen aber nur mit **rentennahen Jahrgängen** in Betracht.

3. Altersteilzeitvereinbarung

Von 1996 bis 2009 bestand die Möglichkeit, hohe Kosten für Vorruhestandsverträge deutlich zu reduzieren, indem der Arbeitgeber stattdessen mit über 55-jährigen Arbeitnehmern Altersteilzeit vereinbarte. Altersteilzeit wurde ursprünglich in zweifacher Weise **staatlich gefördert**: Zum einen erhielten Arbeitgeber die Aufstockungsleistungen und Zusatzbeiträge von der Bundesagentur für Arbeit erstattet, wenn sie aus Anlass der Altersteilzeit einen Arbeitslosen einstellten oder einen Auszubildenden übernahmen. Zum anderen waren die Aufstockungsleistungen und Zusatzbeiträge von Steuern und Sozialversicherungsbeiträgen befreit. Die unmittelbare finanzielle Förderung durch die Bundesagentur für Arbeit ist inzwischen **ausgelaufen**. Für Altersteilzeit, die nach dem 31.12.2009 begonnen hat, gibt es keine Förderung mehr. Damit ist der Abschluss einer Altersteilzeitvereinbarung zwar für Arbeitgeber deutlich unattraktiver geworden. Gleichwohl stellt Altersteilzeit, nicht zuletzt wegen der nach wie vor bestehenden Privilegierung bei Steuern und Sozialversicherungsbeiträgen, die auch nicht von einer Wiederbesetzung des Arbeitsplatzes abhängt, bei mittel- und langfristigen Personalanpassungsmaßnahmen weiterhin eine Alternative zu Aufhebungsverträgen dar.

7 Mit Abschluss eines Altersteilzeitvertrags wird das bestehende Arbeitsverhältnis in ein Altersteilzeitverhältnis umgewandelt. **Kernpunkte der Altersteilzeit** sind:

– Reduzierung der Wochenarbeitszeit um 50 %.

– Entsprechende Reduzierung der Vergütung (sog. Regelarbeitsentgelt für die Altersteilzeit).

– Teilweiser Ausgleich der Vergütungseinbußen durch Zahlung von Aufstockungsbeträgen.

– Vorzeitige Beendigung des Arbeitsverhältnisses zu einem Zeitpunkt, zu dem der Arbeitnehmer Anspruch auf eine (vorgezogene) Altersrente hat.

8 Grundmodell der Altersteilzeit ist das **Teilzeitmodell**, nach dem der Arbeitnehmer während der gesamten Dauer der Altersteilzeit mit der Hälfte der bisherigen Wochenarbeitszeit weiterarbeitet. In der Praxis überwiegt aber das **Blockmodell**. Danach arbeitet der Arbeitnehmer während der ersten Hälfte der Altersteilzeit zu 100 % seiner bisherigen Wochenarbeitszeit (sog. **Aktivphase**). Während der zweiten Hälfte der Altersteilzeit ist der Arbeitnehmer freigestellt (sog. **Passivphase**). Der Arbeitnehmer tritt insoweit in Vorleistung, als er während der ersten Hälfte der Altersteilzeit eine Arbeitsleistung erbringt, für die er teilweise erst in der zweiten Hälfte eine Vergütung erhält. Um das sich hieraus ergebende Ausfallrisiko für den Arbeitnehmer auszuschließen, sieht § 8a ATG eine Verpflichtung des Arbeitgebers zur Insolvenzsicherung von Altersteilzeitguthaben vor, deren Erfüllung gegenüber dem Arbeitnehmer nachgewiesen werden muss.

9 Während das Gesetz an sich lediglich einen Verteilzeitraum für das Blockmodell von maximal drei Jahren gestattet (d.h. maximal 1 ½ Jahre Aktiv- und 1 ½ Jahre Passivphase), kann dieser Zeitraum durch Tarifvertrag oder im Fall einer tariflichen Öffnungsklausel durch Betriebsvereinbarung auf **bis zu sechs Jahre** erweitert werden[1].

---

1 Vgl. dazu *Bauer/Krieger/Arnold*, Arbeitsrechtliche Aufhebungsverträge, F Rz. 16 f., auch zur Möglichkeit einer Ausdehnung des Verteilzeitraums auf bis zu zehn Jahre.

Die Aufstockungsbeträge werden für die gesamte Dauer der Altersteilzeit (Aktiv- und Passivphase) gezahlt. Sie sind bis zu einer Höhe von 100 % des ohne Altersteilzeit zu beanspruchenden Nettoentgelts **steuer- und sozialversicherungsfrei** (§ 3 Nr. 28 EStG i.V.m. LStR 18 III; § 1 Nr. 1 SvEV). Darüber hinaus sind während der Altersteilzeit zusätzliche Beiträge zur gesetzlichen Rentenversicherung auf der Basis des um 80 % erhöhten Regelarbeitsentgelts für die Altersteilzeitarbeit, höchstens jedoch ein Unterschiedsbetrag zwischen 90 % der monatlichen Beitragsbemessungsgrenze und dem Regelarbeitsentgelt für die Altersteilzeitarbeit abzuführen. Diese zusätzlichen Beiträge sind voll (Arbeitgeber- und Arbeitnehmeranteile) vom Arbeitgeber zu tragen[1].

10–14

II. Einsatz einer Transfergesellschaft

Sofern die Arbeitsmenge und damit verbunden der Beschäftigungsbedarf vorübergehend zurückgeht, kann mit Hilfe verschiedener Instrumente versucht werden, diesen Zeitraum zu überbrücken. Unter den Voraussetzungen des § 95 SGB III kommt die Durchführung von **Kurzarbeit** für eine Dauer von derzeit maximal zwölf Monaten in Betracht. Abhängig von den jeweils geltenden betrieblichen Regelungen kann auch die Möglichkeit eines (zwangsweisen) **Abbaus von Arbeitszeitkonten** oder sogar einer vorübergehenden allgemeinen **Absenkung der Wochenarbeitszeit** unter entsprechender Kürzung der Löhne und Gehälter bestehen. Zeichnet sich ab, dass diese Maßnahmen nicht ausreichen, weil der Rückgang der Arbeitsmenge längerfristig ist, kann in erster Linie mit der **Beendigung des Einsatzes von Leiharbeitnehmern** reagiert werden. In zweiter Linie greifen Arbeitgeber in solchen Situationen häufig zum Mittel einer Kündigung derjenigen Arbeitnehmer, die **keinen Kündigungsschutz** genießen, weil sie sich noch in der sechsmonatigen Wartezeit nach § 1 Abs. 1 KSchG befinden. Daneben kommt in Betracht, **befristete Arbeitsverträge auslaufen zu lassen**. Belegschaft und Betriebsrat erwarten vom Arbeitgeber, dass er solche Möglichkeiten prüft und ausschöpft, bevor er eine Reduzierung der Stammbelegschaft in Erwägung zieht. Ist eine Verringerung auch der Stammbelegschaft unvermeidlich, können ihre Folgen durch den Einsatz sog. **Transfergesellschaften** abgemildert werden.

15

1. Einleitung

Grundidee des Einsatzes einer Transfergesellschaft ist es, einen Personalabbau ohne Ausspruch von Kündigungen (und damit ohne Sozialauswahl) durch **einvernehmliche Überleitung** der Arbeitnehmer in eine eigenständige Einheit, die Transfergesellschaft, durchzuführen. Vorrangiges Ziel ist die Vermeidung von Arbeitslosigkeit und die Schaffung einer Zukunftsperspektive für die betroffenen Arbeitnehmer, die im Rahmen eines Qualifizierungsprozesses („Transfermaßnahme") möglichst schnell wieder in

16

---
1 ErfK/*Rolfs*, § 3 ATG Rz. 4.

den Arbeitsmarkt integriert werden sollen. Für das Unternehmen, das sich einer Transfergesellschaft bedient, hat dies den Vorteil, dass Personalanpassungsmaßnahmen im Vergleich zum Ausspruch betriebsbedingter Kündigungen relativ kurzfristig umgesetzt werden können. Bei zeitlich gestaffeltem Personalabbau (vgl. Teil 2 A Rz. 20–32) können auch mehrere Transfergesellschaften hintereinander mit unterschiedlichen Eintrittsdaten geschaltet werden. Zudem wird durch den einvernehmlichen Wechsel der Arbeitnehmer in die Transfergesellschaft Rechtssicherheit geschaffen. Beim Ausspruch betriebsbedingter Kündigungen besteht dagegen das nicht unerhebliche Risiko von Kündigungsschutzprozessen, die gelegentlich erst nach Jahren rechtskräftig entschieden werden.

2. Errichtung

17 Die Transfergesellschaft ist ein **eigenständiger Rechtsträger**, der entweder speziell für die jeweilige Einzelmaßnahme gegründet wird oder generell als Transfergesellschaft fungiert. In der Praxis wird sie meist in der Form einer GmbH betrieben; zwingend ist das jedoch nicht. Aufgabe der Transfergesellschaft ist es, im Auftrag anderer Unternehmen betriebsorganisatorisch eigenständige Einheiten (beE) zu organisieren, in denen Transferkurzarbeit gem. § 111 SGB III durchgeführt wird. Die Verfolgung eines eigenen arbeitstechnischen Zwecks wird mit Transfergesellschaften nicht beabsichtigt.

18 Anders als die „normale" Kurzarbeit ist die **Transferkurzarbeit** nicht darauf ausgerichtet, bestehende Arbeitsverhältnisse zu stabilisieren und den Eintritt von Arbeitslosigkeit bei vorübergehenden Arbeitsausfällen zu verhindern. Vielmehr geht es beim Einsatz von Transfergesellschaften darum, einen sozialverträglichen Personalabbau zu ermöglichen und die Chancen der betroffenen Mitarbeiter auf eine Vermittlung am Arbeitsmarkt zu erhöhen.

19 Eine Transfergesellschaft wird meist durch **Vereinbarung mit dem Betriebsrat** geregelt. Dabei liegt eine Einschränkung oder Stilllegung des ganzen Betriebs oder eines Betriebsteils i.S.v. § 111 Satz 3 Nr. 1 BetrVG zugrunde, so dass die Mitbestimmungsrechte des Betriebsrats (Interessenausgleich und Sozialplan) bestehen. Allerdings besteht keine rechtliche Pflicht zur Errichtung einer Transfergesellschaft.

20 Die Errichtung einer Transfergesellschaft hat regelmäßig nur Sinn, wenn ein Großteil der Arbeitnehmer zum Wechsel bereit ist. Die Arbeitnehmer werden ihre **Zustimmung** zu den Aufhebungs- und Weiterbeschäftigungsverträgen mit dem bisherigen Arbeitgeber und der Transfergesellschaft aber nur erteilen, wenn ihren Interessen ausreichend Rechnung getragen wird. Daher ist die erfolgreiche Errichtung einer Transfergesellschaft **ohne Beteiligung des Betriebsrats** oder gar gegen seinen Willen **kaum denkbar**.

Üblicherweise regeln Arbeitgeber und Betriebsrat die Einschaltung einer 21
Transfergesellschaft und die näheren Konditionen im Rahmen des Abschlusses von **Interessenausgleich und Sozialplan**. Dabei wird richtigerweise die Errichtung bzw. Einschaltung einer Transfergesellschaft (das „Ob" und „Wie") im Interessenausgleich geregelt, die Details der einzelnen damit einhergehenden Leistungen dann im Sozialplan oder einer gesonderten Vereinbarung.

Können sich die Betriebspartner nicht auf Transfermaßnahmen einigen, 22
stellt sich die Frage, ob und inwieweit der Betriebsrat die Errichtung einer Transfergesellschaft durch Anrufung der Einigungsstelle im Rahmen des § 112 BetrVG erzwingen kann. Vertritt man wie hier die Auffassung, dass das „Ob" einer Transfergesellschaft ausschließlich eine Frage des Interessenausgleichs ist, kommt eine **Erzwingung** durch die Einigungsstelle gegen den Willen des Arbeitgebers **nicht in Betracht** (vgl. Teil 2 B Rz. 162).

3. Wechsel der Arbeitnehmer

Der Wechsel der von einer Personalanpassungsmaßnahme betroffenen 23
Arbeitnehmer in die Transfergesellschaft kann nicht erzwungen werden, sondern ist nur einvernehmlich möglich. Er erfordert einen Aufhebungsvertrag mit dem bisherigen Arbeitgeber und einen neuen Arbeitsvertrag mit der Transfergesellschaft. Durchgesetzt hat sich in der Praxis der Abschluss **dreiseitiger Verträge**, in denen die Aufhebung des bisherigen Arbeitsverhältnisses und die Begründung eines neuen Arbeitsverhältnisses mit der Transfergesellschaft in einem gemeinsamen, von allen drei beteiligten Parteien unterzeichneten Vertrag festgelegt wird.

Mitarbeiter, die sich nicht zum Wechsel in die Transfergesellschaft bereit 24
erklären, riskieren eine **betriebsbedingte Kündigung**[1]. Den in die Transfergesellschaft wechselnden Mitarbeitern wird dagegen der Ausspruch einer betriebsbedingten Kündigung und das „Stigma der Arbeitslosigkeit" – jedenfalls vorübergehend – erspart[2]. Zudem erhalten sie die Chance auf Vermittlung in den ersten Arbeitsmarkt nach Qualifizierung und Fortbildung. Weitere Vorteile sind der ununterbrochene Verlauf von Entgeltpunkten in der Rentenversicherung, der Aufschub des Arbeitslosengeldbezugs für die Dauer der Transfergesellschaft sowie die Möglichkeit, sich aus einem bestehenden Beschäftigungsverhältnis heraus zu bewerben. Eine Förderung ist jedoch ausgeschlossen, wenn die Kündigung des Arbeitnehmers (tarif)vertraglich ausgeschlossen ist[3].

---

1 Insbesondere ist der Arbeitgeber auch nicht verpflichtet, ablehnenden Arbeitnehmern im Wege der Änderungskündigung erneut eine Stelle in der Transfergesellschaft anzubieten, BAG v. 8.5.2014 – 2 AZR 1001/12, NZA 2014, 1200.
2 *Meyer*, NZS 2002, 578.
3 Ist die Gewerkschaft an den Verhandlungen ohnehin beteiligt, kann in einem Haustarifvertrag die Alterssicherung grds. aufgehoben werden.

25 Das Arbeitsverhältnis mit der Transfergesellschaft wird nur für einen befristeten Zeitraum begründet, da auch das Transferkurzarbeitergeld nur für **maximal zwölf Monate** gezahlt wird (§ 111 Abs. 1 Satz 2 SGB III). Die von der Transfergesellschaft übernommenen Arbeitnehmer werden daher in ein gem. § 14 Abs. 2 TzBfG befristetes Arbeitsverhältnis mit einer üblichen Laufzeit von sechs bis maximal zwölf Monaten übernommen.

26 Der Wechsel der Mitarbeiter in die Transfergesellschaft erfolgt nicht im Rahmen eines **Betriebsübergangs** i.S.v. § 613a BGB, da keine Betriebsmittel auf die Transfergesellschaft übertragen werden[1]. Übernommen wird nur das Personal des bisherigen Arbeitgebers, mit dem jedoch keine gleiche oder gleichartige Tätigkeit fortgesetzt wird. Auch wenn das übernommene Personal beim bisherigen Arbeitgeber in einer abgrenzbaren organisatorischen Einheit tätig war, genügt dies nicht für die Annahme eines Betriebsübergangs. Die Transfergesellschaft übernimmt weder die materiellen noch die immateriellen Betriebsmittel vom alten Arbeitgeber, noch führt sie den bisherigen Betriebszweck fort. Sie ist vielmehr auf Qualifizierung und Vermittlung der Mitarbeiter ausgerichtet. Außerdem wird wegen § 111 SGB III regelmäßig „Kurzarbeit Null" vereinbart. Da ein Betriebsübergang nicht vorliegt, ist die Transfergesellschaft nicht daran gebunden, das Arbeitsverhältnis so auszugestalten, wie es beim bisherigen Arbeitgeber bestand. Vielmehr können **neue Arbeitsverträge** geschlossen werden. Auch eine betriebliche Altersversorgung wird ebenso wenig von der Transfergesellschaft übernommen wie die Tarifbindung des alten Arbeitgebers.

27 Der Wechsel der Arbeitnehmer in die Transfergesellschaft **vermeidet** die sonst mit dem Abschluss eines Aufhebungsvertrags üblicherweise entstehenden sozialversicherungsrechtlichen Nachteile. Regelmäßig ist mit dem Abschluss eines Aufhebungsvertrags aufgrund der freiwilligen Aufgabe des Arbeitsverhältnisses die Verhängung einer **Sperrzeit** für die Dauer von zwölf Wochen gem. § 159 SGB III verbunden (vgl. Rz. 3). Durch die Überleitung des Arbeitsverhältnisses in die Transfergesellschaft fehlt es aber an einer durch den Arbeitnehmer veranlassten Arbeitsaufgabe. Damit liegen die Voraussetzungen für die Verhängung einer Sperrzeit nicht vor. Auch nach dem Austritt aus der Transfergesellschaft kann eine Sperrzeit nicht verhängt werden. Der Mitarbeiter hat bei Eintritt in die Transfergesellschaft lediglich ein befristetes Arbeitsverhältnis angetreten. Das Arbeitsverhältnis endet somit ohne Mitwirkung des Arbeitnehmers, so dass für § 159 SGB III kein Raum ist.

28 Auch ein weiteres sozialversicherungsrechtliches Problem stellt sich bei der Einschaltung von Transfergesellschaften nicht: Wird bei Abschluss eines Aufhebungsvertrags die Kündigungsfrist des Arbeitnehmers ver-

---

[1] Es kann aber ein Betriebsübergang auf einen Erwerber der Betriebsmittel vorliegen, wenn eine Transfergesellschaft zwischengeschaltet wird, sofern sich der Vorgang als Umgehung des § 613a BGB darstellt, vgl. BAG v. 18.8.2011, AP Nr. 414 zu § 613a BGB.

Vermeidung von Kündigungen   Rz. 31 Teil **4 E**

kürzt, führt dies nach § 158 SGB III zu einem Ruhen des Arbeitslosengeldanspruchs. Da die Mitarbeiter aber unmittelbar im Anschluss an die Beendigung ihres bisherigen Arbeitsverhältnisses in die Transfergesellschaft überwechseln, ist ein solches **Ruhen** des Arbeitslosengeldanspruchs unschädlich. Nach dem Ausscheiden beim ursprünglichen Arbeitgeber erhält der Arbeitnehmer zwar regelmäßig eine Abfindung, wird aber nicht arbeitslos. Die nach Ablauf der Transferleistungen eintretende Beendigung des Arbeitsverhältnisses mit der Transfergesellschaft erfolgt durch wirksame Befristung und löst daher kein Ruhen des Arbeitslosengeldanspruchs aus.

4. Finanzierungsfragen

Transfergesellschaften werden grds. durch Leistungen der Bundesagentur für Arbeit und der sie gründenden Unternehmen finanziert. Liegen die Voraussetzungen struktureller Kurzarbeit vor, besteht die Möglichkeit für die in der Transfergesellschaft zusammengefasste Belegschaft, Transferkurzarbeitergeld zu beantragen. Nach § 111 Abs. 1 SGB III haben Arbeitnehmer Anspruch auf Kurzarbeitergeld zur Förderung der Eingliederung bei betrieblichen Restrukturierungen (**Transferkurzarbeitergeld**), wenn und solange sie von einem dauerhaften unvermeidbaren Arbeitsausfall mit Entgeltausfall betroffen sind, die betrieblichen sowie persönlichen Voraussetzungen vorliegen und der dauerhafte Arbeitsausfall der örtlichen Agentur für Arbeit angezeigt worden ist. Außerdem schreibt § 111 Abs. 1 Nr. 4 SGB III vor, dass sich die Betriebsparteien im Vorfeld der Entscheidung über die Inanspruchnahme von Transferkurzarbeitergeld, insbesondere im Rahmen ihrer Verhandlungen über Interessenausgleich und Sozialplan, von der Agentur für Arbeit beraten lassen haben. Kommt die Errichtung einer Transfergesellschaft in Betracht, müssen Arbeitgeber und Betriebsrat also daran denken, rechtzeitig eine Beratung durch die Agentur für Arbeit zum Thema Transferkurzarbeitergeld in Anspruch zu nehmen, bevor sie die entsprechenden Vereinbarungen unterzeichnen. 29

Ein **dauerhafter Arbeitsausfall** i.S.v. § 111 Abs. 1 Nr. 1 SGB III liegt vor, wenn infolge einer Betriebsänderung nach § 111 BetrVG die Beschäftigungsmöglichkeiten für die Arbeitnehmer nicht nur vorübergehend entfallen (§§ 111 Abs. 2, 110 Abs. 1 Satz 3 SGB III). Unvermeidbar ist der Arbeitsausfall, wenn infolge der Betriebsänderung der Arbeitsplatz wegfällt. Ob dies der Fall ist, muss bei der Verlagerung von Arbeitsplätzen an einen anderen Standort genau geprüft werden. 30

Die **betrieblichen Voraussetzungen** für die Gewährung von Transferkurzarbeitergeld sind erfüllt, wenn in einem Betrieb Personalanpassungsmaßnahmen durchgeführt und die vom Arbeitsausfall betroffenen Arbeitnehmer zur Vermeidung von Entlassungen und zur Verbesserung ihrer Eingliederungschancen in einer beE zusammengefasst werden (§ 111 Abs. 3 SGB III). Voraussetzung ist ein unmittelbarer Übergang der Arbeitsverhältnisse vom bisherigen Arbeitgeber in die Transfergesellschaft. Der 31

Arbeitnehmer darf nicht aus einer Arbeitslosigkeit heraus in die Transfergesellschaft wechseln. Transferkurzarbeitergeld wird auch dann nicht gezahlt, wenn der Arbeitnehmer nur vorübergehend in der Transfergesellschaft verweilt, um anschließend einen anderen Arbeitsplatz in dem gleichen oder einem anderen Betrieb des Unternehmens zu besetzen oder, falls das Unternehmen einem Konzern angehört, in einem Betrieb eines anderen Konzernunternehmens (§ 111 Abs. 8 SGB III).

32 **Persönliche Voraussetzungen** für die Gewährung von Transferkurzarbeitergeld sind, dass der Arbeitnehmer (1) von Arbeitslosigkeit bedroht ist (§ 111 Abs. 4 Nr. 1 SGB III i.V.m. § 17 SGB III), (2) nach Beginn des Arbeitsausfalls eine versicherungspflichtige Beschäftigung fortsetzt oder im Anschluss an die Beendigung eines Berufsausbildungsverhältnisses aufnimmt, (3) nicht vom Kurzarbeitergeldbezug ausgeschlossen ist und (4) vor der Überleitung in die Transfergesellschaft aus Anlass der Betriebsänderung an einer für den Arbeitsmarkt zweckmäßigen Maßnahme zur Feststellung der Eingliederungsaussichten (sog. „**Profiling**") teilgenommen hat (§ 111 Abs. 4 SGB III). Üblicherweise wird das Profiling für ein oder zwei Tage angesetzt, bei dem durch verschiedene Tests und Gespräche der individuelle Bedarf des einzelnen Arbeitnehmers an weiteren Qualifizierungsmaßnahmen ermittelt werden soll. Das Profiling kann durch Transfermaßnahmen nach § 110 SGB III finanziert werden (vgl. Rz. 38 f.).

33 Bei umfangreichen Personalabbaumaßnahmen sieht der **Sozialplan** oft vor, dass das Transferkurzarbeitergeld durch Zuschüsse des ehemaligen Arbeitgebers **aufgestockt** wird. Dadurch wird es den Mitarbeitern ermöglicht, ihren bisherigen Lebensstandard aufrechtzuerhalten. Dabei ist genau zu bestimmen, ob der Brutto- oder Nettobetrag aufgestockt wird und welche Gehaltsbestandteile davon betroffen sind. Wichtig ist, im Sozialplan und in den dreiseitigen Verträgen ausdrücklich zu vereinbaren, dass der Wechsel in die Transfergesellschaft unter der aufschiebenden Bedingung der Gewährung von Transferkurzarbeitergeld nach § 111 SGB III steht. Anderenfalls wäre die Transfergesellschaft – und damit das sie finanzierende Unternehmen – u.U. gezwungen, die in die Transfergesellschaft gewechselten Arbeitnehmer vollumfänglich auf eigene Kosten zu entlohnen[1].

34 Bei der Einschaltung einer **externen Transfergesellschaft** werden die **Kosten für** die **Organisation** und **Abwicklung der Transfergesellschaft** üblicherweise durch einen Pauschalbetrag abgegolten, der sich pro übernommenem Arbeitnehmer errechnet. Diese Kosten trägt i.d.R. der bisherige Arbeitgeber.

---

1 Vgl. aber BAG v. 19.3.2014 – 5 AZR 299/13 (F), BeckRS 2014, 69881: „Setzt sich die Vergütung im Transferarbeitsverhältnis aus dem Transferkurzarbeitergeld und einer Aufstockungsleistung des bisherigen Arbeitgebers zusammen, besteht ohne besondere Anhaltspunkte im Arbeitsvertrag keine eigenständige Vergütungspflicht der Transfergesellschaft."

Als **Faustformel** für die Kosten der Finanzierung einer Transfergesellschaft kann – bei aller Vorsicht – gelten, dass die Kosten der Transfergesellschaft für den Arbeitgeber je Mitarbeiter pro Monat der Verweildauer ein halbes Bruttomonatsgehalt betragen. Gelten lange Kündigungsfristen und sind die Arbeitnehmer sofort entbehrlich, kann eine Transfergesellschaft durch die mit einem sofortigen Wechsel der Arbeitnehmer verbundene Abkürzung der Kündigungsfristen gegenfinanziert werden.

5. Tätigkeit der Transfergesellschaft

Die Transfergesellschaft übernimmt für die von ihr übernommenen Mitarbeiter die mit der Zahlung von Transferkurzarbeitergeld zusammenhängenden Verfahren. Des Weiteren besteht für sie nach § 111 Abs. 9 SGB III die Verpflichtung, monatlich Daten über die Struktur der Transfergesellschaft, die Zahl der darin zusammengefassten Arbeitnehmer sowie Angaben über die Altersstruktur und die Integrationsquote der Bezieher von Transferkurzarbeitergeld an die örtliche Agentur für Arbeit weiterzuleiten. Die Transfergesellschaft hat den geförderten Arbeitnehmern **Vermittlungsvorschläge** zu machen (§ 111 Abs. 7 SGB III). Arbeitnehmern mit Qualifizierungsdefiziten sollen geeignete Maßnahmen zur Verbesserung ihrer Eingliederungsaussichten angeboten werden.

Die Transfergesellschaft kann selbst als **Träger** von Qualifizierungs-, Fort- und Weiterbildungsmaßnahmen auftreten. Sie kann sich aber auch darauf beschränken, Maßnahmen Dritter zu vermitteln.

6. Transfermaßnahmen

Unter dem Begriff **Transferleistungen** werden die Zahlung von Transferkurzarbeitergeld nach § 111 SGB III und die Förderung der Teilnahme an Transfermaßnahmen nach § 110 SGB III zusammengefasst. Die Teilnahme an Transfermaßnahmen wird von den Agenturen für Arbeit gefördert, wenn die Maßnahme der Eingliederung von Arbeitnehmern in den Arbeitsmarkt dient, die aufgrund von Betriebsänderungen von Arbeitslosigkeit bedroht sind, und der Arbeitgeber sich an der Finanzierung angemessen beteiligt. Die Förderung wird als Zuschuss i.H.v. 50 % der aufzuwendenden Kosten gewährt, jedoch höchstens 2 500 Euro je gefördertem Arbeitnehmer (§ 110 Abs. 2 SGB III). Träger der Transfermaßnahmen kann auch eine Transfergesellschaft sein. Der Arbeitgeber selbst darf die geplanten Transfermaßnahmen nicht durchführen. Transfermaßnahmen können schon während der laufenden Interessenausgleichsverhandlungen angeboten und in Anspruch genommen werden. Allerdings ist der gleichzeitige Bezug von Transferkurzarbeitergeld und Transfermaßnahmen gem. § 110 Abs. 4 SGB III ausgeschlossen.

Typische Transfermaßnahmen, die von den Agenturen für Arbeit als förderungsfähig betrachtet werden, sind Maßnahmen zur **Feststellung der Leistungsfähigkeit**, der **Arbeitsmarktchancen** und des **Qualifikations-**

bedarfs der Arbeitnehmer („**Profiling**"), Maßnahmen, die gezielte Hilfe bei Bewerbung und Stellensuche durch ein Bewerbungs-/Orientierungsseminar bieten, Outplacementberatung, Praktika und Existenzgründungsberatungen[1].

III. Betriebliches Bündnis für Arbeit

40 Wenn ein Unternehmen aus betriebswirtschaftlichen Gründen Restrukturierungsbedarf sieht, eröffnen sich der Unternehmensleitung vor allem folgende **Möglichkeiten**:

(1) Sie kann den Betrieb **stilllegen** und die Produktion ins Ausland an einen Standort mit geringeren Lohnkosten verlagern.

(2) Sie kann versuchen, den **Standort** zu **erhalten**, indem sie den Betrieb nur teilweise stilllegt und die Belegschaft im Wege betriebsbedingter Kündigungen reduziert.

(3) Sie kann die Produktion mit der gesamten Belegschaft, aber zu **untertariflichen Bedingungen** fortsetzen.

41 In einem solchem Paket sind Belegschaften und Betriebsräte oft bereit, sog. betriebliche Bündnisse für Arbeit einzugehen, in denen sie zeitlich befristet **untertariflichen Lohn und/oder übertarifliche Arbeitszeit** akzeptieren, im Gegenzug aber eine **Beschäftigungsgarantie** erhalten. Kritiker der betrieblichen Bündnisse für Arbeit sehen einen „offenen Tarifbruch"[2] oder wollen in beteiligten Betriebsräten gar „Handlanger der Arbeitgeber"[3] ausmachen. Gegen betriebliche Bündnisse für Arbeit wird eingewandt, sie seien für Arbeitnehmer wertlos, da die Beschäftigungsgarantie nicht vor einer Insolvenz des Arbeitgebers schütze. Die Kritik verkennt, dass kaum ein Arbeitgeber sein Unternehmen bereitwillig in die Insolvenz führt. Beiden Seiten ist an der Fortsetzung der Produktion am bisherigen Standort gelegen. Die Arbeitnehmer bleiben in Beschäftigung. Der Arbeitgeber vermeidet einen oft mit dem Wechsel in Billiglohnländer verbundenen Verlust an Know-how und Qualifikation seiner Belegschaft.

1. Rechtlicher Rahmen

42 Der Arbeitgeber kann ein betriebliches Bündnis für Arbeit in unterschiedlichen rechtlichen Gestaltungen und mit verschiedenen Partnern eingehen. Die rechtlichen Gestaltungsmöglichkeiten hängen davon ab, wen der Arbeitgeber „mit ins Boot holen" kann. Sein erster Ansprechpartner ist i.d.R. – falls vorhanden – der Betriebsrat. Ein betriebliches Bündnis für Arbeit in der Form einer **Betriebsvereinbarung** scheitert aber im Allgemeinen an der **Regelungssperre** des § 77 Abs. 3 Satz 1 BetrVG. Nach die-

---

1 Vgl. Merkblatt 8c der Bundesagentur für Arbeit, S. 10.
2 *Dieterich*, FS Richardi, 2007, 117 (122).
3 So *Scheriau*, AiB 2006, 426.

ser Vorschrift kann eine Betriebsvereinbarung keine Arbeitsentgelte und sonstigen Arbeitsbedingungen zum Gegenstand haben, die durch einen Tarifvertrag geregelt sind oder üblicherweise geregelt werden. Die Regelungssperre gilt auch für Betriebe, die keiner Tarifbindung unterliegen[1]. Wirkt die Gewerkschaft am betrieblichen Bündnis für Arbeit mit und gestattet nach § 77 Abs. 3 Satz 2 BetrVG den Tarifvertrag ergänzende oder von diesem abweichende Betriebsvereinbarungen, steht die Regelungssperre nicht mehr im Weg. In diesem Fall kann auch eine Betriebsvereinbarung Grundlage der Abweichung vom Tarifniveau sein (vgl. Rz. 47).

In den meisten Fällen werden die Bedingungen eines betrieblichen Bündnisses für Arbeit in **vertraglichen Einheitsregelungen** mit den betroffenen Belegschaftsmitgliedern vereinbart, die auf einer zuvor mit dem Betriebsrat geschlossenen **Regelungsabrede** beruhen. Regelungsabrede und vertragliche Einheitsregelungen unterfallen nicht der Sperre des § 77 Abs. 3 Satz 1 BetrVG[2]. Sie sind dennoch nicht ohne weiteres wirksam. § 4 Abs. 3 TVG bestimmt, dass **Abweichungen** von tarifvertraglichen Regelungen **zu Ungunsten der Arbeitnehmer** nur zulässig sind, wenn der Tarifvertrag das gestattet. 43

Ohne tarifvertragliche Öffnungsklausel kann die individualvertragliche Regelung nur Geltung beanspruchen, wenn sie für den Arbeitnehmer günstiger ist als die Tarifnorm. Dabei weigert sich das BAG[3], die Beschäftigungsgarantie in den **Günstigkeitsvergleich** einzubeziehen; es will nur einen Vergleich sachlich zusammenhängender Arbeitsbedingungen zulassen. Deshalb soll eine zeitlich befristete Beschäftigungsgarantie, die der Arbeitnehmer als Gegenleistung für die Akzeptanz untertariflicher Vergütung und/oder übertariflicher Arbeitszeit erhält, für den Arbeitnehmer nicht günstiger sein als eine Beschäftigung auf tariflicher Basis ohne Beschäftigungsgarantie. Die Gewerkschaft hat nach Auffassung des BAG u.U. einen allgemeinen **Unterlassungsanspruch** gegen vertragliche Einheitsregelungen und Regelungsabreden, die zu Ungunsten der Belegschaft von Tarifnormen abweichen (vgl. Rz. 54). 44

Eine zeitlich befristete Unterschreitung des geltenden Tarifniveaus zum Zweck der Beschäftigungssicherung kann auch mit der zuständigen Gewerkschaft selbst vereinbart werden. Individuelle Regelungen für das betroffene Unternehmen können die Tarifpartner in einem sog. **firmenbezogenen Verbandstarifvertrag** treffen. Der Arbeitgeber kann auch selbst zum Vertragspartner eines Tarifvertrags werden und mit der Gewerkschaft einen **Haustarifvertrag** in der Form eines sog. Sanierungstarifvertrags abschließen (vgl. Rz. 49 ff.). 45

---
1 BAG v. 24.1.1996 – 1 AZR 597/95, NZA 1996, 948.
2 BAG v. 20.4.1999, NZA 1999, 887; *Fitting*, § 77 Rz. 102.
3 BAG v. 20.4.1999, NZA 1999, 887.

2. Mitwirkung von Betriebsrat und Gewerkschaft

46 Ein betriebliches Bündnis für Arbeit gelingt leichter, wenn sowohl Betriebsrat als auch Gewerkschaft einbezogen werden. Tarifgebundene Arbeitnehmer sollten versuchen, Einigkeit mit dem Betriebsrat und der dahinterstehenden Gewerkschaft zu erzielen. Die **Akzeptanz** eines betrieblichen Bündnisses für Arbeit ist **in der Belegschaft** größer, wenn ihre Interessenvertreter mit am Tisch sitzen. In diesem Fall sind Arbeitnehmer eher bereit, für eine Übergangszeit Einschnitte in ihre tariflichen Rechte hinzunehmen. Zwar ist die Einbindung des Betriebsrats oft rechtlich nicht notwendig. Als Interessenvertreter vor Ort kommt ihm aber eine wichtige **Vermittlerrolle** zwischen Unternehmensleitung und Belegschaft zu. Sofern beide Seiten frei von ideologischen Sichtweisen in die Verhandlungen gehen, ist eine Einigung möglich. Der Arbeitgeber steigert die Bereitschaft der Arbeitnehmerseite, ein betriebliches Bündnis für Arbeit einzugehen, wenn er von Beginn an offen die wirtschaftliche Situation des Unternehmens, gegebenenfalls mit Hilfe von Gutachten, darstellt und Lösungsstrategien präsentiert. Gemeinsam mit Betriebsrat und Gewerkschaft kann der Arbeitgeber auf folgenden Wegen zu einem betrieblichen Bündnis für Arbeit gelangen:

a) Tarifvertragliche Öffnungsklauseln für Betriebsvereinbarungen

47 Die **Regelungssperre** des § 77 Abs. 3 Satz 1 BetrVG führt grds. dazu, dass Arbeitgeber und Betriebsrat Arbeitsentgelte und sonstige Arbeitsbedingungen, die durch Tarifverträge geregelt sind oder üblicherweise geregelt werden, nicht zum Gegenstand einer Betriebsvereinbarung machen können. Die Regelungssperre greift jedoch nicht, wenn die Tarifparteien den Abschluss ergänzender Betriebsvereinbarungen im Tarifvertrag nach § 77 Abs. 3 Satz 2 BetrVG ausdrücklich zugelassen haben. „Ergänzende" Betriebsvereinbarungen enthalten insbesondere Regelungen, die die Ausführung und Anwendung der Tarifregelung näher gestalten, z.B. die Vorgabezeit bei Akkordarbeit festlegen[1]. Die Tarifparteien können über den Wortlaut von § 77 Abs. 3 Satz 2 BetrVG hinaus den Betriebspartnern auch gestatten, in einer Betriebsvereinbarung **vom Tarifvertrag abzuweichen**, um so eine andere als die tarifliche wöchentliche Arbeitszeit zu vereinbaren[2].

48 Im Interesse der **Rechtssicherheit** muss der Tarifvertrag genau bestimmen, bei welchem Gegenstand und in welchem Umfang ergänzende oder abweichende Betriebsvereinbarungen zulässig sein sollen. Die Möglichkeit der Ergänzung bzw. Abweichung kann eingeschränkt und z.B. von der Genehmigung der entsprechenden Betriebsvereinbarung durch die Tarifparteien abhängig gemacht werden[3]. In den Grenzen des Vertrauens-

---

1 BAG v. 9.2.1984 – 6 ABR 10/81, NZA 1984, 96.
2 BAG v. 18.8.1987 – 1 ABR 30/86, NZA 1987, 779; *Fitting*, § 77 Rz. 122.
3 *Fitting*, § 77 Rz. 122; *Richardi*, § 77 Rz. 301.

schutzes können die Tarifparteien eine zunächst tarifwidrige Betriebsvereinbarung nachträglich genehmigen[1]. Lässt der Tarifvertrag abweichende Regelungen zu, haben die Tarifparteien betriebliche Bündnisse für Arbeit zwischen Arbeitgeber und Betriebsrat bereits einkalkuliert. Gewerkschaftliche Unterlassungsansprüche kommen in diesem Fall nicht in Betracht[2].

b) Firmenbezogener Verbandstarifvertrag/Haustarifvertrag

Die Tarifparteien können in einem sog. firmenbezogenen Verbandstarifvertrag **von den Vorgaben des Flächentarifvertrags abweichen** und Regelungen treffen, die auf die besondere Situation des betroffenen Unternehmens abgestimmt sind. Gewerkschaften fordern in dieser Konstellation häufig Sonderleistungen für ihre Mitglieder.[3] 49

Der Arbeitgeber kann einen auf sein Unternehmen maßgeschneiderten Haustarifvertrag mit der Gewerkschaft eingehen. Nach dem **Grundsatz der Spezialität** geht der Haustarifvertrag dem Verbandstarifvertrag vor, und zwar unabhängig davon, ob er für die Arbeitnehmer günstigere oder ungünstigere Regelungen enthält[4]. Nach § 2 Abs. 1 TVG kann auch der **einzelne Arbeitgeber** Partei eines Tarifvertrags sein. Auf eine gewisse soziale Mächtigkeit kommt es dabei nicht an. Auch ein „kleines" Unternehmen ist **tariffähig**. Ebenfalls ohne Bedeutung ist, ob der Arbeitgeber Mitglied eines Arbeitgeberverbands ist. Die Tariffähigkeit des einzelnen Unternehmens endet nicht mit dem Verbandsbeitritt[5]. Der Abschluss von Haustarifverträgen kann durch entsprechende Verbote in Verbandssatzungen nicht verhindert werden. Der Haustarifvertrag ist wirksam, der Arbeitgeber verstößt u.U. gegen seine Mitgliedschaftspflichten im Innenverhältnis zum Arbeitgeberverband[6]. 50

Ist der Arbeitgeber **nicht tarifgebunden**, kommt ein gewerkschaftlicher Unterlassungsanspruch wegen der Vereinbarung untertariflicher Bedingungen nicht in Frage. Das Günstigkeitsprinzip des § 4 Abs. 3 TVG gilt nur, wenn sowohl Arbeitgeber als auch Arbeitnehmer tarifgebunden sind[7]. Die bloße arbeitsvertragliche Inbezugnahme eines Tarifvertrags führt ebenfalls nicht zur Anwendung des § 4 Abs. 3 TVG. Ist der Arbeitgeber also weder Mitglied in einem Arbeitgeberverband noch Partei eines Haustarifvertrags, sind Abweichungen vom Tarifniveau in vertraglichen Einheitsregelungen und Regelungsabreden keine Verletzung der Tarif- 51

---

[1] BAG v. 20.4.1999, NZA 1999, 1059.
[2] *Bauer/Haußmann*, NZA-Beil. zu Heft 24/2000, 42 (43).
[3] BAG v. 15.4.2015 – PM 20/15.
[4] BAG v. 20.3.1991 – 4 AZR 455/90, MDR 1991, 1178 = NZA 1991, 736; BAG v. 4.4.2001 – 4 AZR 237/00, NZA 2001, 1085; BAG v. 21.6.2005 – 9 AZR 353/04, NZA 2006, 456; BAG v. 19.11.2014 – 4 AZR 761/12.
[5] BAG v. 4.4.2001 – 4 AZR 237/00, NZA 2001, 1085.
[6] BAG v. 10.12.2002 – 1 AZR 96/02, NZA 2003, 734.
[7] *Federlin*, FS 50 Jahre BAG, 2004, 645 (649).

autonomie. Insofern ist die Einbeziehung der Gewerkschaft in das betriebliche Bündnis für Arbeit nicht notwendig. Dennoch kann es sich im **Einzelfall** auch für einen nicht organisierten Arbeitgeber empfehlen, eine Einigung nicht nur mit dem Betriebsrat, sondern auch mit der dahinterstehenden Gewerkschaft anzustreben. Viele Betriebsräte gehen ein betriebliches Bündnis für Arbeit nur ein, wenn sie sich der Unterstützung der Gewerkschaft sicher sind. Die Beteiligung der Gewerkschaft kann z.B. darin bestehen, einen Haustarifvertrag abzuschließen, der im Wesentlichen nur abweichende Betriebsvereinbarungen zulässt. Arbeitgeber und Gewerkschaft können auch einen umfangreichen Haustarifvertrag vereinbaren, der die vom üblicherweise geltenden Tarifvertrag abweichenden Regelungen im Einzelnen aufführt[1].

52 Wird ein betriebliches Bündnis für Arbeit in einem Tarifvertrag eingegangen, muss der Arbeitgeber darauf achten, für eine ausreichende **individualvertragliche Absicherung** zu sorgen. Nur mit einer gleichzeitigen umfassenden Vereinbarung bzw. Vereinheitlichung arbeitsvertraglicher Bezugnahmeklauseln kann sichergestellt werden, dass alle Arbeitnehmer in das Bündnis einbezogen werden.

3. Gegen den Willen der Gewerkschaft, aber unter Mitwirkung des Betriebsrats

a) Regelungsabreden und vertragliche Einheitsregelungen

53 Falls die Gewerkschaft den Abschluss eines betrieblichen Bündnisses für Arbeit verweigert, der Betriebsrat die wirtschaftlichen Notwendigkeiten aber erkennt, kann der Arbeitgeber mit dem Betriebsrat eine Regelungsabrede treffen, die zur Grundlage vertraglicher Einheitsregelungen wird. Eine **Regelungsabrede unterfällt nicht** der **Sperrwirkung** des § 77 Abs. 3 Satz 1 BetrVG.

54 In seinem sog. **Burda-Beschluss** hat das BAG[2] Gewerkschaften einen allgemeinen, auf §§ 1004, 823 BGB i.V.m. Art. 9 Abs. 3 GG gestützten **Unterlassungsanspruch** gegen tarifwidrige Regelungsabreden und vertragliche Einheitsregelungen zuerkannt, die unter Mitwirkung des Betriebsrats zustande gekommen sind. Das BAG sieht die Tarifautonomie verletzt, wenn tarifwidrige betriebseinheitliche Regelungen an die Stelle der Tarifnorm treten sollen. Vereinbarungen im Rahmen eines betrieblichen Bündnisses für Arbeit sind aus Sicht des BAG tarifwidrig, weil das Gericht die Beschäftigungsgarantie nicht in den Günstigkeitsvergleich nach § 4 Abs. 3 TVG einbezieht (vgl. Rz. 44).

55 Der **Unterlassungsanspruch** ist für die Gewerkschaften **nur mit Schwierigkeiten durchzusetzen**. Der Anspruch erfasst keine Tarifaußenseiter, da es dem Arbeitgeber frei steht, mit nicht tarifgebundenen Arbeitnehmern

---

1 *Bauer/Haußmann*, NZA-Beil. zu 24/2000, 42 (44).
2 BAG v. 20.4.1999, NZA 1999, 887; vgl. dazu *Bauer*, NZA 1999, 957.

untertarifliche Arbeitsbedingungen zu vereinbaren[1]. Vor Gericht muss die Gewerkschaft deshalb die Gewerkschaftsmitglieder **namentlich benennen**, bei denen der Arbeitgeber die Anwendung untertariflicher Arbeitsbedingungen unterlassen soll[2]. Wenn die Gewerkschaftsmitglieder die Zustimmung zur Nennung ihres Namens im Klageantrag verweigern, sind gewerkschaftliche Unterlassungsansprüche daher im Ergebnis aussichtslos[3]. Auch kann eine Gewerkschaft gegenüber dem Arbeitgeber keine Nachzahlungen an Arbeitnehmer durchsetzen[4].

Gewerkschaftliche Unterlassungsansprüche scheiden von vornherein aus, wenn der betroffene Arbeitnehmer nicht gewerkschaftlich organisiert oder der Arbeitgeber nicht Mitglied des zuständigen Arbeitgeberverbands ist. Eine Verletzung der Tarifautonomie steht in diesem Fall nicht im Raum. Das Günstigkeitsprinzip aus § 4 Abs. 3 TVG ist **nur bei beiderseitiger Tarifbindung** zu beachten[5]. Ein betriebliches Bündnis für Arbeit ausschließlich mit nicht organisierten Arbeitnehmern wird aber wohl nur in Betrieben mit geringem gewerkschaftlichen Organisationsgrad sinnvoll sein. 56

b) Betriebsvereinbarungen

Steht die Gewerkschaft einem betrieblichen Bündnis für Arbeit ablehnend gegenüber, scheitert die Vereinbarung untertariflicher Ansprüche in einer Betriebsvereinbarung an der Regelungssperre des § 77 Abs. 3 Satz 1 BetrVG, falls **keine tarifvertragliche Öffnungsklausel** vorliegt. Gegen Betriebsvereinbarungen, die nicht im Einklang mit § 77 Abs. 3 Satz 1 BetrVG stehen, kommt ein **gewerkschaftlicher Unterlassungsanspruch nach § 23 Abs. 3 BetrVG** in Betracht, sofern ein grober Verstoß i.S.d. Vorschrift gegeben ist. Selbst wenn die tarifwidrige Betriebsvereinbarung keinen groben Verstoß enthalten sollte, ist auf der Grundlage des Burda-Beschlusses dennoch von einem gewerkschaftlichen Unterlassungsanspruch auszugehen. Besteht ein entsprechender Unterlassungsanspruch nach §§ 823, 1004 BGB i.V.m. Art. 9 Abs. 3 GG bei Regelungsabreden, so muss dies erst recht bei tarifwidrigen Betriebsvereinbarungen gelten[6]. 57

4. Gegen den Willen der Gewerkschaft und ohne Mitwirkung des Betriebsrats

Der Abschluss eines betrieblichen Bündnisses für Arbeit ist schwierig, wenn weder Gewerkschaft noch Betriebsrat mitwirken. Dem Arbeitgeber fehlt ein Ansprechpartner auf Seiten der Arbeitnehmer, der die Interessen 58

---

1 BAG v. 20.4.1999, NZA 1999, 887.
2 BAG v. 19.3.2003 – 4 AZR 271/02, NZA 2003, 1221.
3 Küttner/*Röller*, Gewerkschaftsrechte (im Betrieb), Rz. 31.
4 BAG v. 17.5.2011, AP Nr. 148 zu Art. 9 GG.
5 *Federlin*, FS 50 Jahre BAG, 2004, 645 (649).
6 *Bauer/Haußmann*, NZA-Beil. zu Heft 24/2000, 42 (46).

der Belegschaft bündeln und den Arbeitnehmern die wirtschaftlichen Notwendigkeiten vermitteln kann. Dieselben praktischen Probleme tauchen auf, wenn in dem Unternehmen **kein Betriebsrat** besteht. Ein betriebliches Bündnis für Arbeit ist aber dennoch denkbar, wenn es dem Arbeitgeber gelingt, mit der Belegschaft auch ohne den „Vermittler" Betriebsrat vertragliche Einheitsregelungen abzuschließen.

58a Besteht keine Tarifbindung, kann der Arbeitgeber auch versuchen, eine Entgeltreduzierung einseitig durch den **Ausspruch von Änderungskündigungen** durchzusetzen. Die Rspr. stellt aber außerordentlich hohe Anforderungen an die Wirksamkeit solcher Kündigungen. Eine Änderungskündigung zur Entgeltsenkung ist danach nur begründet, wenn der Arbeitgeber darlegen kann, dass bei einer Aufrechterhaltung der bisherigen Kostenstruktur weitere, betrieblich nicht mehr auffangbare Verluste entstünden, die absehbar zu einer Reduzierung der Belegschaft oder sogar zu einer Schließung des Betriebs führen würden. Er muss außerdem darlegen können, dass ein Sanierungsplan besteht, der alle milderen Mittel ausschöpft und die von den Arbeitnehmern zu tragenden Lasten gleichmäßig verteilt. Liegen diese Voraussetzungen vor und hat sich die große Mehrheit der Arbeitnehmer mit der Reduzierung der Vergütung freiwillig einverstanden erklärt, so kann ein Arbeitnehmer, dem gegenüber die Reduzierung durch Änderungskündigung erfolgt, sich nicht darauf berufen, die Änderungskündigung sei ihm gegenüber nicht mehr erforderlich, weil der Sanierungserfolg schon durch die freiwilligen Gehaltsreduzierungen erreicht sei[1].

5. Alternativen

a) Austritt aus dem Arbeitgeberverband

59 Der Austritt aus dem Arbeitgeberverband ermöglicht dem Arbeitgeber nicht kurzfristig ein Unterschreiten des Tarifniveaus. Nach § 3 Abs. 3 TVG bleibt die Tarifgebundenheit des Arbeitgebers solange bestehen, bis der Tarifvertrag endet. Bis zu diesem Zeitpunkt gilt der Tarifvertrag auch nach einem Ausscheiden aus dem Arbeitgeberverband normativ weiter. In dem Zeitraum der sog. **Nachbindung** sind tarifwidrige betriebseinheitliche Regelungen nach der Rspr. des BAG weiterhin geeignet, die Tarifautonomie zu verletzen und einen gewerkschaftlichen Unterlassungsanspruch nach §§ 823, 1004 BGB i.V.m. Art. 9 Abs. 3 GG auszulösen.

60 Die Nachbindung des Tarifvertrags und damit seine normative Wirkung enden nach zutreffender Ansicht spätestens mit der ersten Kündigungsmöglichkeit des Tarifvertrags[2]. Auf die Nachbindung folgt die **Nachwirkung** gem. § 4 Abs. 5 TVG. Ein nachwirkender Tarifvertrag ist auch gegenüber Gewerkschaftsmitgliedern jederzeit abdingbar. Trifft der Ar-

---

[1] BAG v. 26.6.2008 – 2 AZR 139/07, NZA 2008, 1182.
[2] *Löwisch/Rieble*, § 3 Rz. 266; ErfK/*Franzen*, § 3 TVG Rz. 27; a.A. Wiedemann/ Oetker, § 3 Rz. 89.

beitgeber mit den Arbeitnehmern untertarifliche Vereinbarungen, so tangieren diese nicht mehr die Tarifautonomie und ein gewerkschaftlicher Unterlassungsanspruch scheidet aus.

b) Ausgründungen

Bei einem **Betriebsübergang** i.S.v. § 613a BGB geht die Tarifbindung grds. verloren. Sofern der übernehmende Rechtsträger nicht tarifgebunden ist, werden die bislang normativ geltenden Tarifbedingungen nach § 613a Abs. 1 Satz 2 BGB in individualrechtliche Bestandteile der Arbeitsverhältnisse umgewandelt. Zwar bestimmt § 613a Abs. 1 Satz 4 BGB, dass die früheren Tarifbedingungen erst nach Ablauf eines Jahres nach dem Betriebsübergang zum Nachteil der Arbeitnehmer geändert werden dürfen. Da den früheren Tarifbedingungen aber keine normative Wirkung mehr zukommt, verletzen untertarifliche Regelungen nicht die Tarifautonomie, sind aber wegen Verstoßes gegen § 613a Abs. 1 Satz 4 BGB nicht wirksam. Ein gewerkschaftlicher Unterlassungsanspruch besteht auch dann nicht, wenn vor Ablauf eines Jahres untertarifliche Vereinbarungen mit der Belegschaft getroffen werden. Den Verstoß gegen die Änderungssperre des § 613a Abs. 1 Satz 4 BGB muss jeder einzelne Arbeitnehmer im Individualprozess geltend machen[1]. Der Arbeitgeber sollte bei einer Ausgründung etwaige Bezugnahmeklauseln in Arbeitsverträgen übergehender Arbeitnehmer bedenken. Bezugnahmeklauseln können unabhängig von § 613a Abs. 1 Satz 2 BGB zur individualrechtlichen Fortgeltung des beim Veräußerer anzuwendenden Tarifvertrags führen (vgl. Teil 4 C Rz. 24 ff.)[2]. Die rein individualrechtliche Fortgeltung der Tarifnormen aufgrund von Bezugnahmeklauseln steht der Vereinbarung untertariflicher Bedingungen aber ebenfalls nicht im Weg.

61

F. Typische Abwehrstrategien der Belegschaft und Reaktionen des Arbeitgebers

Die Reaktionen der Belegschaft auf eine Umstrukturierung können je nach den Umständen des Einzelfalls mehr oder weniger heftig ausfallen. In der betrieblichen Wirklichkeit beschränken sich Betriebsräte und Gewerkschaften meist auf einige wenige ausgesuchte Aktionen, die freilich auch das Ziel haben können, die Aufmerksamkeit der Öffentlichkeit auf die geplante Umstrukturierung zu lenken und den Arbeitgeber durch öffentlichen Druck zur Aufgabe, jedenfalls aber zu Einschränkungen und sozialen Absicherungen der beabsichtigten Umstrukturierung zu bringen. Das nachfolgende Kapitel befasst sich vor allem mit der Frage, wie auf solche Aktionen reagiert werden kann, um die Situation zu deeskalieren und ein vernünftiges Verhandlungsklima zu schaffen.

---
[1] *Bauer/Haußmann*, NZA-Beil. zu Heft 24/2000, 42 (49).
[2] *Preis/Greiner*, NZA 2007, 1073 (1078); *Bauer/Günther*, NZA 2008, 6 (10 ff.).

I. Vorbereitung

1 Abwehrstrategien der Belegschaft sind Maßnahmen, deren Ziel die Vermeidung oder Einschränkung der vom Arbeitgeber geplanten Umstrukturierung ist. Sie beginnen i.d.R. nach der offiziellen Ankündigung einer Umstrukturierung durch den Arbeitgeber („Announcement"). Viele Aktionen der Belegschaft lassen sich vorhersehen. Eine **sorgfältige Vorbereitung** kann Gegenmaßnahmen rechtzeitig auf den Weg bringen. Für die Vorbereitung auf Abwehrstrategien der Belegschaft ist die **Vorgeschichte** einer Umstrukturierung zu berücksichtigen. Werden z.B. kurz nach Ablauf eines Sanierungstarifvertrags Kündigungen oder gar Betriebsstilllegungen oder -verlagerungen angekündigt, sind heftige Aktionen eher wahrscheinlich.

2 Mögliche Reaktionen des Arbeitgebers auf Aktionen der Arbeitnehmer und ihrer Vertretungen reichen von Gegenäußerung/Gegendarstellung über Ermahnung, Abmahnung und Einleitung gerichtlicher Verfahren bis hin zum Ausspruch von fristlosen Kündigungen. In der Literatur werden dazu teilweise drastische Vorschläge gemacht[1], die im Einzelfall wohl abgewogen werden müssen. Der Arbeitgeber muss sich vor Augen halten, dass die meisten arbeitsrechtlichen Umstrukturierungen mit ihren sozialen Folgen am Standort in der Öffentlichkeit kritisch bewertet werden und daher der Tag des Bekanntwerdens der Maßnahme, vom Börsenkurs abgesehen, nicht der Zeitpunkt ist, zu dem der Arbeitgeber in der Presse Sympathien gewinnen oder auf andere Weise „punkten" kann. Ziel des Arbeitgebers muss es daher sein, so schnell wie möglich ein **vernünftiges Verhandlungsklima** zu schaffen, d.h. die Situation zu deeskalieren. Nur in wenigen ausgewählten Fällen sollte der Arbeitgeber hiervon abweichen.

3 **Beispiele:**
– Belegschaftsvertreter sperren die Zufahrten zum Betriebsgelände oder organisieren spontane Informationsveranstaltungen, die vor dem Betriebsgelände stattfinden, so dass ein Zugang nicht möglich ist. Hier wird der Arbeitgeber i.d.R. Rechtsschutz über einstweilige Verfügungen suchen und, sofern beweisbar, einzelne Arbeitnehmervertreter abmahnen[2].

– Bei einer Belegschaftsversammlung kommt es zu spontanen Zerstörungen an Maschinen oder bei einer Betriebsstilllegung nehmen einzelne Mitarbeiter Geräte, die bald nicht mehr gebraucht werden, einfach mit nach Hause. Hier wird der Arbeitgeber fristlose Kündigungen aussprechen[3].

4 Der Arbeitgeber sollte – unabhängig von seiner ersten, vorläufigen Einschätzung – Aktionen der Arbeitnehmer immer genau **dokumentieren**, um sich die verschiedenen Reaktionsmöglichkeiten offen zu halten.

---

1 *Rieble*, NZA 2005, 1 ff.; RdA 2005, 200.
2 LAG Köln v. 2.7.1984 – 9 Sa 602/84, NZA 1984, 402.
3 Allgemein BAG v. 11.12.2003 – 2 AZR 36/03, NZA 2004, 486; ErfK/*Müller-Glöge*, § 626 BGB Rz. 142, 94.

Ein weiterer zu beachtender Gesichtspunkt ist das Risiko **möglicher Straf-** 5
barkeit des Arbeitgebers und seiner Vertreter. Neben den betriebsverfassungsrechtlichen Straftatbeständen (insbesondere Behinderung der Betriebsratsarbeit, § 119 Abs. 1 Nr. 2 BetrVG) ist auch der Tatbestand der Nötigung zu nennen, etwa wenn arbeitsrechtliche Sanktionen gegenüber Arbeitnehmervertretern angedroht werden[1]. Dabei kann sich der Arbeitgeber nicht „blind" auf Auskünfte verlassen, die eine Strafbarkeit verneinen, sondern muss im Rahmen des § 17 StGB gegebenenfalls eine ordnungsgemäße Beratung und Überprüfung nachweisen.

II. Ausgewählte übliche Aktionen

1. Betriebsversammlungen

Die erste naheliegende Reaktion auf eine angekündigte Umstrukturie- 6
rung sind mehr oder weniger ausgedehnte Betriebsversammlungen. Die Betriebsversammlung ist ein Organ der Betriebsverfassung ohne eigene Funktion nach außen. Sie dient der **innerbetrieblichen Aussprache** zwischen Belegschaft, Betriebsrat und Arbeitgeber.

Neben den **regelmäßigen**, vierteljährlichen Betriebsversammlungen (§ 43 7
Abs. 1 Satz 1 BetrVG) können von der Belegschaft Versammlungen aus besonderen Gründen (§ 43 Abs. 1 Satz 4 BetrVG), sowie auf Wunsch mindestens eines Viertels der wahlberechtigten Arbeitnehmer des Betriebs (§ 43 Abs. 3 BetrVG) einberufen werden[2].

Die Betriebsversammlung wird durch Beschluss des Betriebsrats einberu- 8
fen (§ 43 Abs. 1 Satz 1 BetrVG). **Teilnahmeberechtigt** sind alle Arbeitnehmer des Betriebs mit Ausnahme der leitenden Angestellten. Ein Teilnahmerecht des Arbeitgebers besteht lediglich im Rahmen der regelmäßigen Betriebsversammlungen (§ 43 Abs. 2 Satz 1 BetrVG), den weiteren Betriebsversammlungen nach § 43 Abs. 1 Satz 4 BetrVG sowie den Versammlungen auf Initiative des Arbeitgebers (§ 43 Abs. 3 Satz 1 BetrVG)[3]. Im Übrigen sind Betriebsversammlungen nicht öffentlich. Während der Versammlung übt der Betriebsratsvorsitzende das Hausrecht aus.

Zu beachten ist der **Zeitpunkt** der Durchführung einer Betriebsversamm- 9
lung. So finden regelmäßige Versammlungen (§ 43 Abs. 1 Satz 1 BetrVG) sowie solche auf Wunsch des Arbeitgebers **während der Arbeitszeit** statt[4]. Außerordentliche Versammlungen, die der Betriebsrat auf eigene Initiative oder auf Antrag eines Viertels der Belegschaft einberuft, sind ohne Zustimmung des Arbeitgebers nur **außerhalb der Arbeitszeit** zulässig (§ 44

---

1 Vgl. ErfK/*Kania*, § 119 BetrVG Rz. 3.
2 *Richardi*, § 43 Rz. 25–36.
3 *Richardi*, § 43 Rz. 45–53.
4 *Richardi*, § 44 Rz. 2.

Abs. 2 BetrVG)[1]. Bei unzulässiger Durchführung während der Arbeitszeit entfällt der **Entgeltanspruch** der teilnehmenden Arbeitnehmer. Darüber hinaus kann der Arbeitgeber eine unzulässigerweise stattfindende Betriebsversammlung im Wege der **einstweiligen Verfügung** verhindern[2]. Auch hinsichtlich der zeitlichen Lage steht ihm dieser Weg offen.

10 Nach § 46 Abs. 1 Satz 1 BetrVG können Beauftragte der im Betrieb vertretenen Gewerkschaften beratend an Betriebsversammlungen teilnehmen. Aus der beratenden Funktion des Gewerkschaftsbeauftragten folgt, dass er grundsätzlich ein Rederecht hat[3]. Allerdings muss er die thematischen Grenzen der Betriebsversammlung beachten[4]. Der Arbeitgeber kann seinerseits gem. § 46 Abs. 1 Satz 2 BetrVG einen Beauftragten des Arbeitgeberverbands zur Unterstützung hinzuziehen. Der Versammlungsleiter hat auf Verlangen des Arbeitgebers dem Beauftragten das Wort zu erteilen[5]. Sonst steht betriebsfremden Personen aufgrund des **Grundsatzes der Nichtöffentlichkeit von Betriebsversammlungen** gem. § 42 Abs. 1 Satz 2 BetrVG kein Teilnahmerecht zu. Allerdings liegt kein Verstoß gegen den Grundsatz der Nichtöffentlichkeit vor, wenn auf Einladung des Betriebsrats aus sachlichen Gründen und im Rahmen der Zuständigkeit der Betriebsversammlung nach § 45 BetrVG auch andere Personen wie Referenten oder sonstige Gäste teilnehmen und ein entsprechendes Kurzreferat halten[6]. Das Einverständnis des Arbeitgebers ist hierfür nicht nötig[7]. Auch der Arbeitgeber kann zudem zu seiner Unterstützung weitere Personen hinzuziehen, sofern dies sachlich gerechtfertigt ist[8]. Der Betriebsrat muss diesen Personen die Teilnahme gestatten[9].

2. Pressearbeit

11 Nicht selten ist eine eigenständige **Pressearbeit des Betriebsrats**. Der Betriebsrat wird dabei i.d.R. auch von der im Betrieb vertretenen Gewerkschaft unterstützt, wobei häufig nicht genau zu unterscheiden ist, ob eine Presseerklärung, die den Betriebsratsvorsitzenden zitiert, von der Gewerkschaft oder vom Betriebsrat initiiert und lanciert wurde. Aufgrund der jedem zustehenden Meinungsfreiheit gemäß Art. 5 Abs. 1 GG sind Presseerklärungen des Betriebsrats grds. zulässig. Allerdings haben Reichweite und Inhalt der Meinungsfreiheit ihre Grenzen darin, dass das Betriebsratsmitglied als Organ des Betriebsrats an seine Pflichten aus dem BetrVG, ins-

---

1 *Richardi*, § 44 Rz. 3.
2 Vgl. *Fitting*, § 43 Rz. 60.
3 MünchArbR/*Joost*, § 224 Rz. 78.
4 LAG Bremen v. 14.1.1983 – 1 Sa 117/82, 1 Sa 235/82, DB 1983, 778; MünchArbR/*Joost*, § 224 Rz. 78.
5 BAG v. 19.5.1978, AP Nr. 3 zu § 43 BetrVG 1972.
6 BAG v. 19.5.1978, AP Nr. 3 zu § 43 BetrVG 1972.
7 BAG v. 19.5.1978, AP Nr. 3 zu § 43 BetrVG 1972.
8 MünchArbR/*Joost*, § 224 Rz. 40.
9 MünchArbR/*Joost* § 224 Rz. 40.

besondere den § 74 Abs. 2 und § 79 BetrVG gebunden ist[1]. **Parteipolitische Betätigungen** hat der Betriebsrat damit nach § 74 Abs. 2 Satz 3 BetrVG zu unterlassen, soweit sie den Betrieb oder seine Arbeitnehmer nicht unmittelbar betreffen. Sonst begrenzt die Störung des **Arbeitsablaufs und Betriebsfriedens** nach § 74 Abs. 2 Satz 2 BetrVG und die Geheimhaltungspflicht nach § 79 BetrVG die Meinungsfreiheit des Betriebsrats. Eine Störung des Betriebsfriedens liegt zum Beispiel dann vor, wenn der Betriebsrat Auseinandersetzungen in die Medien verlagert, um damit den Arbeitgeber unter Druck zu setzen[2].

Beispiel: Da es dem Betriebsrat erlaubt ist, Pressegespräche im Betriebsratsbüro zu führen, wird der Betriebsrat Pressevertreter häufig an der Pforte abholen und über das Betriebsgelände zum Betriebsratsbüro begleiten. Der Betriebsrat ist verpflichtet, derartige Besuchstermine in der betriebsüblichen Art und Weise anzukündigen und für die Pressevertreter die betriebsüblichen Zugangserlaubnisse einzuholen. Dabei kann der Arbeitgeber selbstverständlich Filmaufnahmen auf dem Betriebsgelände, insbesondere Interviews mit Mitarbeitern (nicht nur während der Arbeitszeit) untersagen. Der Arbeitgeber sollte nach Möglichkeit selbst durch seinen Pressevertreter das Presseteam am Empfang abholen und zum Betriebsratsbüro bringen. Er sollte dies immer auch mit dem Angebot verbinden, im Anschluss an das Gespräch mit dem Betriebsrat für Fragen der Presse zur Verfügung zu stehen.

Ähnliches gilt bei Besuchen von **Politikern** und **Kirchenvertretern**.

3. Überstundengenehmigungen, Aussetzung von Verhandlungen über Betriebsvereinbarungen, Dienst nach Vorschrift

Eine ganz **typische Reaktion des Betriebsrats** ist es, die Genehmigung von **Überstunden** für die Dauer der Verhandlungen zu verweigern, Einstellungen nach § 99 BetrVG nur noch über gerichtliche Verfahren zuzulassen und insbesondere der Beschäftigung von **Leiharbeitnehmern** zu widersprechen. Auf diese Maßnahmen muss ein Arbeitgeber im Zusammenhang mit der Ankündigung der Umstrukturierung vorbereitet sein. Häufig macht die Belegschaft nach Ankündigung einer tiefgreifenden Umstrukturierung nur noch „Dienst nach Vorschrift". Die Produktivität sinkt. Der Krankenstand steigt. Bei der Stilllegung größerer Werke empfiehlt es sich, einen **Notdienst** zu planen, eventuell sogar „Ersatzmannschaften" aus auswärtigen Werken (auch aus dem Ausland) für eine Notproduktion vorzuhalten. Die dabei entstehenden **logistischen Probleme** (Anfahrt mit Bussen, Übernachtungen in umliegenden Hotels, gegebenenfalls sogar Einfluggenehmigungen für Hubschrauber) sind nicht zu unterschätzen. Der Arbeitgeber muss auch damit rechnen, dass der Betriebsrat während der Dauer der Verhandlungen über die Umstrukturierung **Verhandlungen über andere Betriebsvereinbarungen** (etwa über Prämienregelungen, Arbeitszeitregelungen usw.) „auf Eis legt".

---

1 BAG v. 21.2.1978, BB 1978, 1116; BAG v. 12.6.1986 – 6 AZR 559/84, NZA 1987, 153.
2 ErfK/*Kania*, § 74 BetrVG Rz. 20.

15 Eine häufig erwogene Gegenmaßnahme ist die Auslobung von **Prämien**, mit denen entweder ein vorzeitiges Abwandern von Leistungsträgern verhindert („Retention") oder einem Nachlassen der Produktivität entgegengewirkt werden soll. Werden Prämien schon zu Beginn der Beratungsphase angekündigt, besteht die Gefahr, dass sie von den Belegschaftsvertretern als selbstverständliche Vorleistung des Arbeitgebers entgegengenommen werden. Sind lang anhaltende Verhandlungen zu erwarten, empfiehlt es sich häufig, Prämien gezielt erst zu einem späteren Zeitpunkt auszuloben, zu dem Engpässe in der Produktion eintreten oder die Krankheitsquote steigt.

16 Bei der Einführung derartiger Prämien ist das **Mitbestimmungsrecht des Betriebsrats** nach § 87 Abs. 1 Nr. 10 und Nr. 11 BetrVG zu beachten[1]. Während der Arbeitgeber häufig einzelne Leistungsträger (z.B. Vorarbeiter oder anderes Schlüsselpersonal) motivieren will, geht es dem Betriebsrat i.d.R. darum, mit derartigen Prämien nach dem „Gießkannenprinzip" die gesamte Belegschaft zu bedenken. Da es sich um freiwillige Leistungen handelt, kann der Arbeitgeber mitbestimmungsfrei über den Zweck der Leistung bestimmen und damit auch über den Kreis der Personen, die eine Prämie erhalten sollen. Das Mitbestimmungsrecht des Betriebsrats beschränkt sich auf die Festlegung der Verteilungsgrundsätze innerhalb des vom Arbeitgeber vorgegebenen Leistungszwecks und Dotierungsrahmens[2]. In der Praxis fällt es dem Betriebsrat häufig schwer, sich gegen die Gewährung von Prämien zu sperren, weil er sich in diesem Fall gegenüber der Belegschaft rechtfertigen muss, warum diese keine zusätzlichen Leistungen erhalten soll.

4. Verschleppung von Verhandlungen

17 Eine ebenfalls nicht unübliche Taktik des Betriebsrats ist es, Verhandlungen über Interessenausgleich und Sozialplan durch ausgiebige Fragelisten, den Einsatz von Sachverständigen und eine mehr als großzügige Terminplanung (insbesondere der eingeschalteten Anwälte) zu verschleppen (vgl. Teil 2 B Rz. 130). Erkennt der Arbeitgeber, dass es dem Betriebsrat nicht um die inhaltliche Klärung und einen Abschluss, sondern allein um eine Verzögerung des Verfahrens geht, muss er so schnell wie möglich die Informations- und Beratungsphase abschließen und so die Voraussetzungen schaffen, kurzfristig beim Arbeitsgericht die **Einsetzung einer Einigungsstelle** beantragen zu können (vgl. Teil 2 B Rz. 123 ff.).

18 **Beispiel:** Im Zusammenhang mit einer Betriebs(teil)stilllegung muss sich der Arbeitgeber darauf einrichten, dass seitens der beteiligten Gewerkschaften oder Belegschaftsvertreter, aber auch aus der Belegschaft heraus, mögliche Teilverkäufe, Management Buyout oder ein Outsourcing vorgeschlagen werden, um wenigstens einige Arbeitsplätze zu retten. Glaubt der Arbeitgeber selbst nicht, dass derartige Maßnahmen durchführbar sind, kann es sich im Einzelfall empfehlen, die Interes-

---

1 ErfK/*Kania*, § 87 BetrVG Rz. 99 ff. m.w.N.
2 *Fitting*, § 87 Rz. 443 ff.

senausgleich- und Sozialplanverhandlungen für ein zeitlich definiertes Fenster zu unterbrechen und Anbietern in einem geordneten Bieterverfahren die Möglichkeit zu geben, sich um die Übernahme von Betriebsteilen zu bewerben. Ein geordnetes Bieterverfahren setzt dabei u.a. voraus, dass die rechtlichen, wirtschaftlichen und tatsächlichen Verhältnisse des Betriebsteils in einem Datenraum dokumentiert und die Bedingungen für ein hinreichendes Angebot, insbesondere der Finanzierungsnachweis, genau definiert sind. Anderenfalls kommt es zu endlosen Debatten, die letztlich nur die Belegschaft weiter demotivieren. Zeigt es sich, dass kein Bieter nach Prüfung der rechtlichen und tatsächlichen Verhältnisse bereit ist, ein bindendes Angebot mit Finanzierungsnachweis abzugeben, ist dies für die Interessenausgleich- und Sozialplanverhandlungen ein Nachweis der Alternativlosigkeit der Maßnahme.

5. Spontanversammlungen, spontane Protestaktionen

Spontanversammlungen sind Versammlungen, die sich aus einem momentanen Anlass ungeplant und ohne Veranstalter entwickeln[1]. Sie sind von der Anmeldepflicht nach § 14 Abs. 1 VersG befreit[2]. **I.d.R. sind solche Aktionen**, die sich häufig rund um Infostände der Gewerkschaft vor dem Betriebsratsbüro oder vor dem Tagungsraum der laufenden Interessenausgleichsverhandlungen ergeben, **nicht zu vermeiden**. Hier sollte der Arbeitgeber so lange Gelassenheit zeigen, wie nicht Gefährdungen für Personen, insbesondere Mitglieder des Verhandlungsteams, zu befürchten sind. In diesem Fall muss gegebenenfalls der Zugang zum Verhandlungsraum durch den Werksschutz oder – in Extremfällen – durch Sicherheitskräfte der Polizei geräumt werden. Zuvor sollte allerdings überlegt werden, ob der Arbeitgeber die Verhandlungen nicht abbricht und so lange nicht an Verhandlungen teilnimmt, wie der Betriebsrat bzw. die im Betrieb vertretene Gewerkschaft nicht eine störungsfreie Verhandlungsführung sicherstellen.

19

Schwierig ist die **Abgrenzung** zwischen einer Spontanversammlung und einer gegebenenfalls nicht zulässigen **Betriebsversammlung**. Eine Betriebsversammlung liegt nur dann vor, wenn sie vom Betriebsrat als Gremium einberufen wird[3]. Eine Versammlung, die durch andere Personen einberufen wird, ist keine Betriebsversammlung[4]. In der Praxis gelingt es dem Betriebsrat häufig, Aufläufe von Mitarbeitern „rund um den Betriebsratsvorsitzenden" als „spontane Fragestunde" darzustellen, die keinen Betriebsratsbeschluss erfordert. Ohne genaue Dokumentation des Vorgangs gibt es aus Sicht des Arbeitgebers kaum eine Möglichkeit, durch Beschlussverfahren oder gar einstweiligen Rechtsschutz Abhilfe zu schaffen.

20

---

1 Maunz/Dürig/*Depenheuer*, Art. 8 Rz. 168.
2 BVerfG v. 23.10.1991 – 1 BvR 850/88, BVerfGE 85, 69 (75); BVerfG v. 14.5.1985 – 1 BvR 233/81, 1 BvR 341/81, BVerfGE 69, 315 (350 f.); Maunz/Dürig/*Depenheuer*, Art. 8 Rz. 168.
3 *Fitting*, § 42 Rz. 28.
4 *Fitting*, § 42 Rz. 28.

21 Spontane Protestveranstaltungen **betriebsfremder Dritter** (z.B. politische Parteien, Kirchen, andere Interessenverbände) auf dem Betriebsgelände kann der Arbeitgeber jederzeit im Rahmen seines Hausrechts untersagen und die betriebsfremden Dritten auffordern, das Betriebsgelände zu verlassen. Dasselbe gilt auch im Bereich der Einfahrten vor dem Betriebsgelände, wobei in diesem Fall abzuwägen ist zwischen der Aufwertung, die eine derartige Protestaktion durch eine Untersagung des Arbeitgebers erhalten kann, und der Frage, ob die Protestaktion nicht innerhalb weniger Stunden ihre Wirkung verliert. Kommt es zu tagelangen „Zeltlagern" von Interessengruppen vor dem Betriebsgelände, ist im Einzelfall zu prüfen, ob diese Veranstaltungen ordnungsrechtlich und nach dem geltenden Versammlungsrecht zulässig sind[1].

6. Transparente an Betriebsgebäuden

22 Die Anbringung von Transparenten an Betriebsgebäuden, gleich ob durch den Betriebsrat oder im Betrieb vertretene Gewerkschaften, kann der Arbeitgeber jederzeit untersagen. Der Arbeitgeber ist auch berechtigt, derartige Transparente eigenmächtig zu entfernen. Das gilt auch dann, wenn die Transparente dabei beschädigt werden. Droht die Beschädigung der Transparente, so kann der Arbeitgeber durch Aushang im Betrieb ankündigen, dass er die Transparente binnen Stundenfrist entfernen wird, und so den Belegschaftsvertretern Gelegenheit geben, die Transparente selbst abzuhängen.

23 **Beispiel:** Im Zusammenhang mit einer Teilbetriebsstilllegung fordert der Betriebsrat den Arbeitgeber auf, den Verkauf des Betriebsteils an Dritte zu prüfen. Gleichzeitig werden großflächige Transparente „Stoppt den Sozialabbau" aus dem Fenster des Betriebsratsbüros gehängt. Hier kann der Arbeitgeber durch einstweilige Verfügung die Beseitigung der Transparente erwirken. U.U. erfolgversprechender ist es aber, den Betriebsrat darauf aufmerksam zu machen, dass Investorengespräche anstehen und mögliche Investoren durch solche Aktionen irritiert werden könnten.

7. Risiko mitbestimmungspflichtiger Maßnahmen

24 Ein besonderes **Verschleppungsrisiko** besteht, wenn Interessenausgleichs- und Sozialplanverhandlungen mit mitbestimmungspflichtigen Maßnahmen nach § 87 BetrVG verknüpft werden.

25 **Beispiel:** Der Arbeitgeber verlangt im Zusammenhang mit einer Teilbetriebsstilllegung die Änderung der Lage der wöchentlichen Arbeitszeit für die verbleibende Belegschaft. Der Betriebsrat fordert im Gegenzug die Verhandlung eines neuen Arbeitszeitmodells nach § 87 Abs. 1 Nr. 2, 3 BetrVG.

26 Kommt es zur Anrufung einer Einigungsstelle, kann der Arbeitgeber die interessenausgleichspflichtige Umstrukturierung nach Scheitern der Verhandlungen über den Interessenausgleich zwar durchsetzen, ist aber in

---

1 BayObLG v. 29.9.1994 – 4St RR 92/94, NJW 1995, 269.

der Einigungsstelle neben dem Sozialplan weiterhin mit dem Arbeitszeitmodell für die Restbelegschaft „gefangen". Ähnliches ist zu beachten, wenn **betriebliche Sozialeinrichtungen** von Teilbetriebsstilllegungen betroffen sind, z.B. die Schließung einer Kantine. In diesen Fällen wird der **Gegenstand** der interessenausgleichspflichtigen Maßnahme zum mitbestimmungsrechtlichen Verhandlungsgegenstand nach § 87 Abs. 1 Nr. 8 BetrVG mit der Folge, dass der Arbeitgeber die Verhandlungen über den Interessenausgleich vor der Einigungsstelle nicht für gescheitert erklären kann, solange keine Betriebsvereinbarung über die Sozialeinrichtung geschlossen ist. Ähnliches gilt bei Interessenausgleichs- und Sozialplanverhandlungen über eine Betriebsverlegung dann, wenn der Betriebsrat eine Betriebsvereinbarung Raumplanungskonzept (§ 87 Abs. 1 Nr. 1 BetrVG) im Zusammenhang mit den Interessenausgleichverhandlungen durchsetzen will. Auch in diesem Fall ist Vorsicht geboten, weil der Betriebsrat über das Vehikel der mitbestimmungspflichtigen Maßnahme versuchen kann, das **Scheitern der Verhandlungen über den Interessenausgleich vor der Einigungsstelle zumindest zu verzögern.**

8. Einleitung von Verfahren nach § 92a BetrVG

Ein Sonderfall des Risikos der Verknüpfung einer Umstrukturierung mit weiteren mitbestimmungspflichtigen Maßnahmen ist die Einleitung eines Verfahrens nach § 92a BetrVG zur Beschäftigungssicherung und Qualifizierung. Danach kann der Betriebsrat **Vorschläge zur Sicherung und Förderung der Beschäftigung** machen. Nach § 92a Abs. 2 Satz 1 BetrVG ist der Arbeitgeber verpflichtet, die Vorschläge des Betriebsrats mit diesem zu beraten. Dabei ist die Beratungsdauer und -intensität jeweils vom Einzelfall abhängig. Außerdem muss der Arbeitgeber begründen, warum er die Vorschläge des Betriebsrats **für ungeeignet** hält, vgl. § 92a Abs. 2 Satz 2 BetrVG. In Betrieben mit mehr als 100 Arbeitnehmern bedarf die Begründung der Schriftform. Zu den Beratungen können beide Seiten nach § 92a Abs. 2 Satz 3 BetrVG einen Vertreter der Bundesagentur für Arbeit hinzuziehen. Den Anspruch auf Beratung und Erteilung einer Begründung kann der Betriebsrat im Wege des Beschlussverfahrens durchsetzen[1]. Hier empfiehlt sich, die Verhandlungen über die interessenausgleichspflichtige Maßnahme sorgfältig von etwaigen **Qualifizierungsangeboten** (auch Transfergesellschaften) zu trennen und gegebenenfalls getrennte Einigungsstellen zu bilden. 27

9. Bei Umwandlungsvorgängen: Stellungnahme gegenüber dem Registergericht

Nach §§ 5 Abs. 3, 126 Abs. 3 und 194 Abs. 2 UmwG ist der Verschmelzungs- bzw. Spaltungs- und Übernahmevertrag oder deren Entwurf bzw. der Entwurf des Umwandlungsbeschlusses dem zuständigen Betriebsrat 28

---

[1] *Richardi*, § 92a Rz. 16.

jedes beteiligten Rechtsträgers so rechtzeitig zuzuleiten, dass er **spätestens einen Monat vor dem Tag der Beschlussfassung der Anteilsinhaber** zugegangen ist (vgl. Teil 4 A Rz. 23 ff.).

29 **Beispiel:** Der Betriebsrat gibt eine umfassende Stellungnahme zum Entwurf des Verschmelzungsvertrags ab und leitet diese direkt dem Registergericht zu. In der Stellungnahme wird ausgiebig der Darstellung der Folgen für die Arbeitnehmer widersprochen, die der Arbeitgeber in seinem Entwurf gegeben hat. Zwar ist nach h.M. keine Richtigkeitskontrolle durch das Registergericht durchzuführen. Dennoch kann es dadurch zu erheblichen Verzögerungen bei der Eintragung der Verschmelzung kommen. Ist absehbar, dass das Registergericht die Eintragung der Verschmelzung wegen der unklaren Angaben zu den Folgen für die Arbeitnehmer nicht vornehmen wird, kann der Arbeitgeber dem Registergericht ein Rechtsgutachten vorlegen und vorschlagen, im persönlichen Gespräch mit dem Registerrichter die arbeitsrechtlichen Fragen zu klären.

III. Ausgewählte aggressive Abwehrstrategien

1. Massenwiderspruch bei Betriebsübergang

30 Im Zusammenhang mit Interessenausgleich- und Sozialplanverhandlungen bei einem Outsourcing oder Verkäufen im Wege eines Asset Deals ist nicht auszuschließen, dass der Betriebsrat bzw. die im Betrieb vertretene Gewerkschaft die Belegschaft zu einem massenhaften Widerspruch gegen den Betriebsübergang auffordert (vgl. Teil 3 B Rz. 33). Das gilt insbesondere dann, wenn die Verhandlungspartner des Outsourcing-Vertrags relativ ehrgeizige Ziele für die Mindestzahl der übergehenden Mitarbeiter, insbesondere der übergehenden Schlüsselkräfte („Key Employees") festgelegt haben (sog. „Quoren"). Werden diese Quoren in der Betriebsöffentlichkeit bekannt, was schon infolge der umfassenden Unterrichtungspflicht im Zusammenhang mit Interessenausgleichs- und Sozialplanverhandlungen zu befürchten ist, hat es der Betriebsrat in der Hand, durch entsprechende Massenwidersprüche das **Outsourcing zu verhindern** bzw. Druck auf die Verhandlungspartner auszuüben, damit die soziale Absicherung nachgebessert wird.

31 Die Ausübung des Widerspruchsrechts kann **missbräuchlich** und deshalb unwirksam sein[1]. Das gilt aber nur dann, wenn der Widerspruch erkennbar nur eingesetzt wird, um **andere Zwecke** als die Sicherung der arbeitsvertraglichen Rechte und die Beibehaltung des Arbeitsverhältnisses mit dem bisherigen Arbeitgeber herbeizuführen.

2. Massenhafte Arbeitsgerichts-/Beschlussverfahren

32 Eine weitere Strategie kann sein, dass die Belegschaftsvertreter Mitarbeiter zu **massenhaften Klagen** gegen Personalmaßnahmen des Arbeitgebers auffordern, z.B. im Fall von Versetzungen und Kündigungen oder im Fall

---

1 BAG v. 30.9.2004 – 8 AZR 462/03, NZA 2005, 43.

von Bündnissen für Arbeit (vgl. Teil 4 E Rz. 40 ff.) wegen der Verletzung tariflicher Rechte. Erfahrungsgemäß ist selbst bei Deckungszusage der Gewerkschaft meist nur ein **relativ kleiner Kern von Mitarbeitern** bereit, derartige Verfahren zu führen. Der Arbeitgeber muss daher abwägen zwischen einem zügigen Vermittlungsangebot und dessen Erfolgsaussichten auf der einen Seite und einer Abwehrstrategie, die letztlich auf eine jahrelange Rechtsverteidigung hinausläuft. Dabei ist immer zu bedenken, dass eine Kompromisslösung nur dann zielführend ist, wenn letztlich alle Mitarbeiter, also auch der „harte Kern", bereit ist, die Klagen zurückzunehmen. Andernfalls erstreitet dieser „harte Kern" möglicherweise Prozesssiege und es kommt zu einer Spaltung der Belegschaft, die den Arbeitgeber im Ergebnis dazu zwingen kann, das Prozessergebnis auch für die anderen Mitarbeiter anzuerkennen.

Davon zu unterscheiden sind massenhafte **Beschlussverfahren**, die vom Betriebsrat eingeleitet werden. Meist handelt es sich um eine beliebige Aneinanderreihung von Beschlussverfahren zu jeglichen (angeblichen) Verletzungen des Mitbestimmungsrechts mit dem Ziel, bei mehrfachem Obsiegen des Betriebsrats ein Verletzungsverfahren nach § 23 Abs. 3 BetrVG gegen den Arbeitgeber einzuleiten. § 23 Abs. 3 BetrVG stellt eine Sonderregelung für die Fälle dar, in denen der Arbeitgeber vorgeblich grob gegen seine Verpflichtungen aus dem BetrVG verstoßen hat. Hier muss der Arbeitgeber **sorgfältig prüfen**, welche Beschlussverfahren es wert sind, geführt zu werden (weil dahinter ernsthafte und auch aus Sicht des Arbeitgebers wichtige Streitfragen stehen) und in welchen Fällen der Arbeitgeber gegebenenfalls durch die Kündigung von Betriebsvereinbarungen oder das Angebot zum Abschluss neuer Vereinbarungen Einigungsstellen einsetzen kann, die den vom Betriebsrat gerügten Mitbestimmungsverstoß durch eine klarstellende Betriebsvereinbarung regeln sollen. Dadurch lässt sich gegenüber den Arbeitsgerichten häufig argumentieren, dass der Streitgegenstand auch Gegenstand einer Einigungsstelle ist und die mögliche Verletzung von Betriebsverfassungsrecht in der Vergangenheit jedenfalls **keine Wiederholungsgefahr** in der Zukunft begründet. 33

3. Mehrtägige Betriebsversammlungen

Gelegentlich sind Betriebsräte versucht, eine Betriebsversammlung über einen längeren Zeitraum – unter Umständen über Tage – abzuhalten und so den ordnungsgemäßen Betrieb des Unternehmens erheblich zu stören. Die zulässige Dauer einer Betriebsversammlung richtet sich grundsätzlich nach dem **Maßstab der Erforderlichkeit**[1]. In diesem Zusammenhang hat das LAG Baden-Württemberg entschieden, dass eine Betriebsversammlung im Einzelfall an einem zweiten Arbeitstag fortgesetzt werden darf[2]. Bei länger andauernden Betriebsversammlungen dürften sich regelmäßig erhebliche Zweifel an der Erforderlichkeit ergeben. Sie stellen ver- 34

---
1 *Richardi*, § 44 Rz. 21.
2 LAG Baden-Württemberg v. 12.12.1985, AiB 1986, 67.

steckte Arbeitskampfmaßnahmen dar. Maßnahmen des Arbeitskampfs sind zwischen Arbeitgeber und Betriebsrat jedoch gem. § 74 Abs. 2 BetrVG unzulässig. Dabei gelten als Maßnahmen des Arbeitskampfs nicht nur Streik und Aussperrung, sondern jede kollektiv organisierte Störung der Arbeitsbeziehungen, um dadurch Druck auszuüben.

4. Warnstreiks

35 Der Warnstreik ist eine Sonderform des Streiks und ist sowohl in seiner Begrifflichkeit als auch in seiner nicht einheitlichen Bewertung durch die Rspr. mit Unsicherheiten behaftet. Die Arbeitsniederlegung dient hier im Zusammenhang mit einem Tarifkonflikt zur Unterstützung der verhandlungsführenden Gewerkschaft. Der Warnstreik zeichnet sich durch eine besondere Streiktaktik aus, nach der Betriebe zu unterschiedlichen Tageszeiten **kurzzeitig und dadurch mit einem geringen Einsatz und Aufwand bestreikt werden**.

36 In der nunmehr überholten Rspr. des BAG wurde ein Warnstreik aufgrund des verhältnismäßig milden Drucks stets als mit dem **Ultima-ratio-Prinzip** vereinbar und damit als zulässig angesehen[1]. Nach neuerer Rspr. hingegen wurde eine derartige Privilegierung des Warnstreiks aufgegeben und der Warnstreik einem Erzwingungsstreik gleichgestellt[2]. Mit Urteil vom 24.4.2007 hat das BAG die Möglichkeit für Arbeitskämpfe mit dem Ziel von Regelungen zum Ausgleich und zur Abmilderung eventueller wirtschaftlicher Nachteile einer Umstrukturierung eröffnet (vgl. Teil 2 C Rz. 1 ff.)[3]. Danach stellen die §§ 111, 112 BetrVG **keine Sperre** zu Lasten einer Regelung auf tariflicher Ebene dar. Auch Inhalte, die an sich Gegenstand eines Interessenausgleichs bzw. eines Sozialplans sind, können so zum Gegenstand eines Tarifvertrags gemacht werden, soweit das geforderte Ziel einer Regelung durch Tarifvertrag grundsätzlich zugänglich ist, § 1 Abs. 1 TVG.

37 Ebenso sollen nach neuerer Rspr. des BAG auch sog. **Unterstützungsstreiks**, also Arbeitskampfmaßnahmen, die außerhalb des räumlichen oder fachlichen Geltungsbereichs eines umkämpften Tarifvertrags erfolgen, unter dem Grundsatz der Verhältnismäßigkeit zulässig sein[4].

5. Betriebsblockaden

38 Kein zulässiges Mittel des Arbeitskampfs sind Betriebsblockaden und Betriebsbesetzungen. Die Betriebsblockade bezweckt, die Zugänge zum Betrieb durch Streikposten zu kontrollieren, um dadurch eine Zugangssperre einzurichten. Dadurch wird Arbeitswilligen der Zutritt zum Betrieb

---

1 BAG v. 18.8.1987, AP Nr. 51 zu Art. 9 GG Arbeitskampf.
2 BAG v. 14.12.1999, AP Nr. 108 zu Art. 9 GG Arbeitskampf.
3 BAG v. 24.4.2007, DB 2007, 1924.
4 BAG v. 19.6.2007 – 1 AZR 396/06, DB 2007, 2038.

erschwert. Eine noch stärkere Intensität weist die **Betriebsbesetzung** auf. Betriebsblockade und Betriebsbesetzung sind **unzulässig**[1]. Werden Arbeitswillige festgehalten oder sogar mit körperlicher Gewalt bedroht, ist dies darüber hinaus eine strafbare Nötigung (§ 240 StGB).

G. Besonderheiten bei Krise und Insolvenz

Insolvenzsachverhalte oder insolvenznahe Sachverhalte bieten eine Vielzahl zusätzlicher Fragestellungen, aber auch Chancen für arbeitsrechtliche Gestaltungen. Während arbeitsrechtliche Problemstellungen in der Insolvenz i.d.R. von hierauf spezialisierten Insolvenzverwaltern abgewickelt werden, gehören Grundzüge des Insolvenzarbeitsrechts auch für den Nicht-Insolvenzrechtler zum „Handwerkszeug". Das folgende Kapitel richtet sich insbesondere an arbeitsrechtliche Praktiker, die selbst keine Spezialkenntnisse im Bereich des Insolvenzrechts mitbringen, aber mit insolvenznahen Sachverhalten konfrontiert sind.

I. Grundzüge des Insolvenzarbeitsrechts

Das Insolvenzarbeitsrecht sieht wesentliche **Erleichterungen für Personalabbaumaßnahmen** vor, und zwar individualarbeitsrechtlich wie auch kollektivarbeitsrechtlich[2]. Wichtig ist, dass diese Erleichterungen erst im eröffneten Insolvenzverfahren und i.d.R. nicht schon im vorläufigen Insolvenzverfahren zur Verfügung stehen. Das ist für die Praxis insoweit problematisch, als die wesentlichen Grundentscheidungen für eine Restrukturierung schon aus Zeit- und Finanzierungsgründen im **vorläufigen Insolvenzverfahren** getroffen werden müssen. Die im vorläufigen Insolvenzverfahren geplanten Personalabbaumaßnahmen müssen also nach Verfahrenseröffnung durch den Insolvenzverwalter mit den Mitteln des Insolvenzarbeitsrechts vollzogen werden.

➲ **Typischer Fehler:** Mit dem vorläufigen Insolvenzverwalter werden Personalabbaumaßnahmen in einem Unternehmenskaufvertrag festgelegt, die nach Insolvenzeröffnung von diesem noch umgesetzt werden sollen. Nach Vertragsunterzeichnung, aber noch vor Insolvenzeröffnung, übernimmt der Betriebserwerber die faktische Leitungsmacht (vgl. Teil 3 A Rz. 37 ff.). In der Folge sind nicht nur die Kündigungserleichterungen nach der InsO unanwendbar, sondern auch die insolvenzrechtliche Privilegierung bei der Übernahme von Pensionsverbindlichkeiten (vgl. Rz. 52).

Die nachfolgenden Ausführungen über die kündigungsschutzrechtlichen Erleichterungen im eröffneten Insolvenzverfahren gelten auch für den

---
1 BAG v. 21.6.1988 – 1 AZR 653/86, NZA 1988, 884.
2 Dazu *Berrisch*, FA 2008, 197.

Fall einer sog. „**Planinsolvenz**". Dabei werden möglicherweise auf der Grundlage einer vorinsolvenzlichen Vereinbarung zwischen den Hauptgläubigern („pre-packed plan") im Insolvenzverfahren auf der Grundlage einer **Eigenverwaltung**[1] (§§ 270 ff. InsO) Sanierungsmaßnahmen nicht durch den praktisch häufigsten Fall einer Veräußerung von Einzelgegenständen an einen Betriebserwerber („übertragende Sanierung"), sondern durch ein Insolvenzplanverfahren[2] (§§ 217 ff. InsO) durchgeführt. Dabei ändert sich der Rechtsträger nicht. Dem Insolvenzverwalter stehen dieselben arbeitsrechtlichen Instrumentarien zur Verfügung, wie sie nachfolgend für den praktisch häufigeren Fall der übertragenden Sanierung dargestellt werden. Ein Insolvenzplanverfahren kann auch in der Weise gestaltet werden, dass der Insolvenzplan eine Übertragung von Vermögenswerten auf einen neuen Rechtsträger vorsieht („übertragender Insolvenzplan") mit der Folge, dass die Grundsätze für die Behandlung von Pensionsverbindlichkeiten (vgl. Teil 4 G Rz. 52) bei einer übertragenden Sanierung auch im Insolvenzplanverfahren genutzt werden können. Wenn der Insolvenzplan keine Übertragung von Vermögenswerten auf einen neuen Rechtsträger vorsieht, gelten die im Insolvenzplan vereinbarten Regelungen, was dazu führen kann, dass die Altlasten einer betrieblichen Altersversorgung vom PSV zu übernehmen sind.

1. Individualarbeitsrechtliche Aspekte

3   Nach § 113 InsO kann das Arbeitsverhältnis vom Insolvenzverwalter oder vom Arbeitnehmer unter Einhaltung einer Kündigungsfrist von drei Monaten zum Monatsende[3] gekündigt werden, sofern nicht eine kürzere Frist maßgeblich ist[4]. Neben der Verkürzung der Kündigungsfrist ermöglicht diese Regelung auch die **ordentliche Kündigung** von Arbeitnehmern **in befristeten Arbeitsverhältnissen** und von Arbeitnehmern, die **ordentlich unkündbar** sind[5]. Dieses Kündigungsrecht kann durch einzelvertragliche oder kollektivrechtliche Vereinbarung nicht ausgeschlossen werden[6]. Dies gilt auch dann, wenn der Kündigungsausschluss mit einer Gegenleistung des Arbeitnehmers verbunden ist[7]. Der Insolvenzverwalter kann selbst dann noch mit der kurzen Kündigungsfrist nach § 113 Satz 2 InsO kündigen, wenn das Arbeitsverhältnis bereits zuvor durch den Unternehmer oder den vorläufigen Insolvenzverwalter unter Einhal-

---

1 Vgl. *Bales*, NZI 2008, 216; *Körner*, NZI 2007, 270; *Westrick*, NZI 2003, 65.
2 Vgl. *Heinrich*, NZI 2008, 74; *Frind*, NZI 2007, 374; *Rattunde*, ZIP 2003, 596.
3 Der Insolvenzverwalter ist nicht verpflichtet, eine längere Kündigungsfrist aus Billigkeitsgesichtspunkten zu erwägen; eine Billigkeitskontrolle nach § 315 Abs. 3 BGB führen die Gerichte nicht durch, BAG v. 27.2.2012 – 6 AZR 301/12, NZA 2014, 897.
4 Zur Anwendbarkeit von § 113 InsO bei Neueinstellungen *Henkel*, ZIP 2008, 1265.
5 BAG v. 16.6.2005 – 6 AZR 476/04, NZA 2006, 270 (272).
6 BAG v. 20.9.2006 – 6 AZR 249/05, NZA 2007, 387 (388); BAG v. 22.9.2005 – 6 AZR 526/04, NZA 2006, 658 (659).
7 BAG v. 17.11.2005 – 6 AZR 107/05, NZA 2006, 661 (662).

tung der ordentlichen Kündigungsfrist mit Wirkung zu einem späteren Zeitpunkt gekündigt war[1].

§ 113 InsO enthält kein besonderes, an die Insolvenz anknüpfendes Kündigungsrecht. Insbesondere ist die Insolvenz als solche kein Kündigungsgrund[2]. Kündigungen unterliegen daher auch in der Insolvenz den **allgemeinen und besonderen Kündigungsschutzbestimmungen** (vgl. Teil 4 D Rz. 1 ff.).

So ist vor jeder **Kündigung durch den Insolvenzverwalter** der Betriebsrat zu hören, § 102 BetrVG[3]. Dies gilt selbst dann, wenn ein Interessenausgleich mit Namensliste (vgl. Teil 4 D Rz. 107 ff.) nach § 125 Abs. 1 InsO vorliegt[4]. Allerdings kann bei einem Interessenausgleich mit Namensliste die Anhörung nach § 102 BetrVG mit den Verhandlungen über den Interessenausgleich verbunden werden[5]. Auch in diesem Fall sind jedoch die allgemeinen Anforderungen des § 102 BetrVG vollumfänglich zu beachten. Soll der Betrieb aufgrund eines durch den vorläufigen Insolvenzverwalter erstellten Gutachtens stillgelegt werden, reicht es für die ordnungsgemäße Anhörung nach § 102 BetrVG aus, wenn die Anhörung zu der für die **nach der Insolvenzeröffnung** vorgesehene Kündigung durch den Unternehmer und den vorläufigen Insolvenzverwalter erfolgt, sofern dieser auch zum endgültigen Insolvenzverwalter bestellt wird[6]. In diesem Fall besteht der alte Kündigungsentschluss fort.

Findet nach dem Ablauf der Frist einer insolvenzbedingten Kündigung doch noch ein **Betriebsübergang** statt, haben die Arbeitnehmer keinen Anspruch auf Wiedereinstellung bzw. Fortsetzung des Arbeitsverhältnisses[7]. Ein Wiedereinstellungsanspruch würde die nach § 113 InsO angestrebte Rechtssicherheit gefährden.

Im Fall einer Kündigung durch den Insolvenzverwalter kann der Arbeitnehmer nach § 113 Satz 3 InsO wegen der vorzeitigen Beendigung des Arbeitsverhältnisses **Schadensersatz als Insolvenzgläubiger** verlangen. Zu ersetzen ist dabei der Verfrühungsschaden. Im Fall vereinbarter Unkündbarkeit ist der Schadensersatz auf die längste ordentliche Kündigungsfrist beschränkt, die ohne die vereinbarte Unkündbarkeit gelten würde[8]. Bei Abschluss eines Aufhebungsvertrags mit dem Insolvenzverwalter stehen

---
1 BAG v. 8.4.2003, AP Nr. 40 zu § 113 BetrVG 1972; BAG v. 22.5.2003 – 2 AZR 255/02, NZA 2003, 1086.
2 BAG v. 20.9.2006 – 6 AZR 249/05, NZA 2007, 387 (389).
3 Vgl. zu § 22 KO: BAG v. 16.9.1993, AP Nr. 62 zu § 102 BetrVG 1972.
4 BAG v. 28.8.2003 – 2 AZR 377/02, BB 2004, 1056 (1057); *Wellensiek*, NZI 2005, 603 (604).
5 BAG v. 21.7.2005 – 6 AZR 592/04, NZA 2006, 162 (166).
6 BAG v. 22.9.2005 – 6 AZR 526/04, NZA 2006, 658 (661).
7 BAG v. 28.10.2004 – 8 AZR 199/04, NZA 2005, 405 (407); BAG v. 13.5.2004 – 8 AZR 198/03, BB 2005, 383.
8 BAG v. 16.5.2007 – 8 AZR 772/06, ZIP 2007, 1829.

dem Arbeitnehmer keine Schadensersatzansprüche nach § 113 Satz 3 InsO zu[1].

8   Nach der Rspr. des BAG besteht zwischen § 113 InsO und § 323 Abs. 1 UmwG **kein Konkurrenzverhältnis**, da beide Normen jeweils eigene Anwendungsbereiche haben, die sich nicht überschneiden[2]. § 323 Abs. 1 UmwG sieht vor, dass sich die kündigungsrechtliche Stellung der Arbeitnehmer aufgrund einer Spaltung oder Teilübertragung für zwei Jahre nicht verschlechtert (vgl. Teil 4 D Rz. 143 ff.). Diese Vorschrift gilt aber nur für Verschlechterungen, die aufgrund der Spaltung eingetreten sind. Nachfolgende Entwicklungen werden nicht erfasst. Dementsprechend gilt § 323 Abs. 1 UmwG nicht, wenn ein abgespaltener Betrieb nach einer Spaltung insolvenzbedingt stillgelegt wird.

9   Mit der Regelung des § 113 InsO sieht das Insolvenzrecht gerade in den Fällen ordentlich unkündbarer Arbeitnehmer oder bei längeren Kündigungsfristen deutliche Erleichterungen vor. Allerdings stehen diese „Vergünstigungen" **nur im bereits eröffneten Insolvenzverfahren** und auch nur für die Kündigung durch den Insolvenzverwalter zur Verfügung. Diese Einschränkung muss bei der Vorbereitung und Planung der Restrukturierung in der Insolvenz und insbesondere bei der Zeitplanung einkalkuliert werden.

2. Kollektivarbeitsrecht – Interessenausgleich und Sozialplan

10   Sind Entlassungen bzw. Betriebsänderungen i.S.d. §§ 111 ff. BetrVG notwendig, ist auch der Insolvenzverwalter regelmäßig verpflichtet, den Betriebsrat zu unterrichten und mit diesem in Verhandlungen über den Abschluss eines **Interessenausgleichs** einzutreten. Der Insolvenzverwalter kann sich nicht darauf berufen, die Beteiligung des Betriebsrats sei wegen der schlechten wirtschaftlichen Situation entbehrlich[3]. Der Insolvenzverwalter hat die Mitbestimmungsrechte der §§ 111 ff. BetrVG auch dann zu beachten, wenn der Betriebsrat zum Zeitpunkt der Eröffnung des Insolvenzverfahrens noch nicht bestand[4]. Die Mitbestimmungsrechte bestehen nach allgemeinen Regeln aber dann nicht, wenn der Betriebsrat erst während der Durchführung der Betriebsänderung gewählt wird (vgl. Teil 2 A Rz. 39 ff.).

11   Der Betriebsrat ist über die Hintergründe der geplanten Betriebsänderung unter Vorlage der erforderlichen Unterlagen umfassend zu unterrichten. Dabei ist dem Betriebsrat insbesondere die Notwendigkeit einer Betriebsänderung darzulegen. Der Betriebsrat ist über die geplante Betriebsänderung zum **frühestmöglichen Zeitpunkt** zu unterrichten. Allerdings kann sich der Insolvenzverwalter häufig nicht bereits bei der Eröffnung des In-

---
1 BAG v. 25.4.2007 – 6 AZR 622/06, ZIP 2007, 1875.
2 BAG v. 22.9.2005 – 6 AZR 526/04, NZA 2006, 658 (659).
3 BAG v. 22.7.2003, NZA 2004, 99 (100).
4 BAG v. 18.11.2003 – 1 AZR 30/03, NZA 2004, 220 (221).

solvenzverfahrens konkret festlegen, welche Maßnahmen letztendlich durchgeführt werden. Hierdurch entsteht ein Spannungsverhältnis, das sich durch die grundsätzliche Notwendigkeit zur Fortführung des Betriebs bis zur ersten Gläubigerversammlung noch verstärkt. Gleichzeitig wenden sich oft erste Interessenten an den Insolvenzverwalter, die vorab den Betrieb einer genaueren Überprüfung unterziehen wollen. Der Insolvenzverwalter ist hier häufig verpflichtet, die Namen der Interessenten und deren Planung nicht preiszugeben. Bei einem Verstoß läuft er Gefahr, die Chance einer Betriebsfortführung zu vereiteln.

Unterlässt der Insolvenzverwalter den Versuch eines Interessenausgleichs, haben die Arbeitnehmer gem. § 113 Abs. 3, Abs. 1 BetrVG einen Anspruch auf Nachteilsausgleich. Bei der Festsetzung der Höhe der Abfindung ist die Insolvenzsituation ohne Bedeutung. Die für den Sozialplan vorgesehene Beschränkung in § 123 Abs. 1 InsO ist für den **Nachteilsausgleich** nicht entsprechend anzuwenden. 12

Die §§ 111 ff. BetrVG gelten also auch in der Insolvenz. Mit der Einführung der Sonderbestimmungen der §§ 121, 122, 125 sowie 126 InsO stehen dem Insolvenzverwalter aber **weitere Instrumentarien zur Betriebsänderung** zur Verfügung. Der Insolvenzverwalter kann allerdings ungeachtet dessen auch den üblichen Weg der §§ 111–113 BetrVG wählen. 13

a) Sonderregeln für den Interessenausgleich

Nach der allgemeinen Regelung des § 112 Abs. 2 Satz 1 BetrVG können der Unternehmer **oder** der Betriebsrat den Vorstand der Bundesagentur für Arbeit um Vermittlung ersuchen, wenn ein Interessenausgleich oder ein Sozialplan nicht zustande kommt. § 121 InsO enthält hierzu eine Sondervorschrift für das eröffnete Insolvenzverfahren und ordnet an, dass der Vorstand der Bundesagentur für Arbeit nur von den Betriebsparteien **gemeinsam** um Vermittlung ersucht werden kann. § 122 InsO greift zudem die Beschleunigungsnotwendigkeit des Interessenausgleichsverfahrens auf und führt ein weiteres Verfahren über die gerichtliche Zustimmung zur Durchführung einer Betriebsänderung ein. 14

Die Vorschrift des § 125 InsO enthält in Abs. 1 Satz 1 Nr. 1 eine wesentliche Erleichterung der Darlegungs- und Beweislast im Bereich der dringenden betrieblichen Gründe i.S.d. § 1 KSchG. Die Darlegungslast hinsichtlich einer durchgeführten bzw. durchzuführenden Sozialwahl (vgl. Teil 4 D Rz. 106) verbleibt zwar letztlich beim Insolvenzverwalter als Arbeitgeber[1]. Das Ergebnis der **Sozialauswahl** ist jedoch nach § 125 Abs. 1 Satz 1 Nr. 2 InsO nur auf **grobe Fehlerhaftigkeit** überprüfbar. Durch einen Interessenausgleich nach den Vorschriften des § 125 Abs. 1 InsO in Verbindung mit §§ 111, 112 Abs. 1–3 BetrVG können also die Prozessrisiken wesentlich minimiert werden. Darüber hinaus gewährt § 125 InsO dem 15

---

1 BAG v. 10.2.1999 – 2 AZR 716/98, NZA 1999, 702.

Insolvenzverwalter die Möglichkeit, einen Interessenausgleich mit namentlicher Bezeichnung der von einer Entlassung betroffenen Arbeitnehmer abzuschließen.

16 Bei § 125 Abs. 1 Satz 1 Nr. 1 InsO handelt es sich um eine gesetzliche Vermutung, die im Kündigungsschutzprozess zu einer **Beweislastumkehr** führt. Allerdings ist diese Vermutung **widerlegbar**[1].

17 Im Fall eines Betriebsübergangs erstreckt § 128 Abs. 2 InsO die Vermutungswirkung des § 125 Abs. 1 Satz 1 Nr. 1 InsO auch darauf, dass die Kündigung des Arbeitsverhältnisses **nicht wegen des Betriebsübergangs** erfolgt. Ein Arbeitnehmer müsste daher im Rahmen eines Kündigungsschutzprozesses beweisen, dass die Kündigung seines Arbeitsverhältnisses gegen § 613a Abs. 4 BGB verstößt, da sie nicht „aus anderen Gründen" ausgesprochen wurde.

18 Nach § 125 Abs. 1 Satz 1 Nr. 2 InsO ist die Einbeziehung der Kriterien Dauer der Betriebszugehörigkeit, Lebensalter und Unterhaltspflichten im Rahmen der Sozialauswahl nur auf **grobe Fehlerhaftigkeit** zu überprüfen. Der eingeschränkte Prüfungsmaßstab der groben Fehlerhaftigkeit bezieht sich **nicht nur auf die sozialen Indikatoren** und deren Gewichtung, sondern auf die Sozialauswahl in jeder Hinsicht, also insbesondere auch auf die Bildung der auswahlrelevanten Gruppen[2]. Eine grobe Fehlerhaftigkeit der Sozialauswahl ist immer nur dann anzunehmen, wenn ein evidenter Fehler vorliegt und der Interessenausgleich, insbesondere bei der Gewichtung der Auswahlkriterien, jede Ausgewogenheit vermissen lässt[3]. Erforderlich ist ein offenkundiger Verstoß, der beispielsweise vorliegt, wenn eines der in § 125 Abs. 1 Satz 1 Nr. 2 InsO festgelegten Kriterien völlig außer Acht gelassen worden ist.

19 Nach der Regelung in § 125 Abs. 1 Satz 1 Nr. 2 InsO ist die Sozialauswahl in einem Interessenausgleich zudem dann nicht als grob fehlerhaft anzusehen, wenn vom Insolvenzverwalter eine **ausgewogene Personalstruktur erhalten oder geschaffen wird**. Im Gegensatz zu § 1 Abs. 3 Satz 2 KSchG kann also auch die Schaffung einer solchen Personalstruktur legitimes Ziel sein[4]. Der gesetzlich nicht definierte unbestimmte Rechtsbegriff der ausgewogenen Personalstruktur ist auslegungsbedürftig. Personalstruktur i.S.d. § 125 Abs. 1 Satz 1 Nr. 2 InsO meint nicht nur die Altersstruktur, sondern ist umfassend zu verstehen, so dass auch Ausbildung und Qualifikation der Arbeitnehmer berücksichtigt werden können[5]. Auch die **Leistungsfähigkeit** kann als Kriterium herangezogen werden. Als ungeeignet sind demgegenüber die Krankheitsquote sowie die

---

1 BAG v. 29.9.2005 – 8 AZR 647/04, NZA 2006, 720 (723).
2 BAG v. 20.9.2006 – 6 AZR 249/05, NZA 2007, 387 (390); BAG v. 17.11.2005 – 6 AZR 107/05, NZA 2006, 661 (663).
3 BAG v. 28.8.2003 – 2 AZR 368/02, NZA 2004, 432 (434).
4 Vgl. BAG v. 19.12.2012, NZA-RR 2014, 185.
5 BAG v. 28.8.2003 – 2 AZR 368/02, NZA 2004, 432 (435).

Zusammensetzung nach Geschlechtern anzusehen[1]. Welche Auswirkungen dies auf die Sozialauswahl hat, zeigt die Entscheidung des BAG vom 28.8.2003[2]. Dort hatte der Insolvenzverwalter bei Erstellung der Namensliste den Kreis der vergleichbaren Mitarbeiter nicht anhand der arbeitsplatzbezogenen Austauschbarkeit bestimmt, sondern eine Gruppe der kaufmännisch ausgebildeten Mitarbeiter gebildet und nur in „ihrer" Abteilung eine Sozialauswahl vorgenommen. Das Gericht stufte dieses Vorgehen als **nicht grob fehlerhaft** ein, da nur so die angestrebte neue Struktur realisiert werden könne.

Die Wirkungen des § 125 Abs. 1 Satz 1 InsO treten jedoch nach Satz 2 dieser Vorschrift nicht ein, wenn sich die **Sachlage** nach Zustandekommen des Interessenausgleichs **wesentlich geändert** hat. Dies ist anzunehmen, wenn sich in der Zeit zwischen Abschluss des Interessenausgleichs und Zugang der Kündigung die Geschäftsgrundlage des Interessenausgleichs derartig verändert, dass die Betriebspartner den Interessenausgleich ohne ernsthaften Zweifel nicht oder in einem entscheidungserheblichen Punkt nicht so abgeschlossen hätten[3]. 20

§ 125 Abs. 2 InsO stellt schließlich klar, dass ein **Interessenausgleich** nach § 125 Abs. 1 InsO die **Stellungnahme des Betriebsrats zu Massenentlassungen** gem. § 17 Abs. 3 Satz 2 KSchG ersetzt (vgl. Teil 4 A Rz. 38). 21

Die Bestimmungen des **Sonderkündigungsschutzes** (z.B. § 15 KSchG, § 9 MuSchG, vgl. Teil 4 D Rz. 113 ff.). werden durch § 125 InsO nicht berührt. § 125 InsO ist nur im Verhältnis zu § 1 KSchG eine Spezialregelung[4]. Dementsprechend sind Arbeitnehmer, denen nicht ordentlich gekündigt werden kann, auch in der Insolvenz grds. nicht in die Sozialauswahl einzubeziehen. 22

Die Sonderregelung des § 125 InsO kann nicht auf Vorgänge erstreckt werden, die **keine Betriebsänderungen** i.S.d. § 111 BetrVG darstellen[5]. Liegt keine Betriebsänderung vor, sondern ein (Teil-)Betriebsübergang, so greift § 125 InsO jedenfalls für die vom (Teil-)Betriebsübergang betroffenen Arbeitsverhältnisse nicht ein[6]. Kündigt der Insolvenzverwalter wegen einer beabsichtigten Betriebsänderung, so muss diese Absicht zum Zeitpunkt des Zugangs der Kündigung vorhanden sein. Die Wirksamkeit der Kündigung wird nicht dadurch berührt, dass der **Betrieb später unerwartet fortgeführt** wird. 23

---

1 *Pakirnus*, DB 2006, 2742.
2 BAG v. 28.8.2003 – 2 AZR 368/02, NZA 2004, 432.
3 LAG Hamm v. 25.11.2004, LAGE Nr. 5 zu § 125 InsO.
4 BAG v. 17.11.2005 – 6 AZR 118/05, NZA 2006, 370 (371); LAG Hamm v. 4.3.2005, ArbuR 2005, 276.
5 BAG v. 26.4.2007 – 8 AZR 695/05, ZIP 2007, 2136 (2138).
6 BAG v. 20.9.2006 – 6 AZR 249/05, NZA 2007, 387 (388).

24 Kommt ein Interessenausgleich nach § 125 Abs. 1 InsO nicht innerhalb von drei Wochen zustande, kann der Insolvenzverwalter nach § 126 InsO durch das **Arbeitsgericht** feststellen lassen, dass die Kündigung betrieblich bedingt und sozial gerechtfertigt ist. Das Arbeitsgericht prüft die soziale Rechtfertigung der Kündigung. Die Einschränkungen des § 125 InsO, insbesondere der reduzierte Prüfungsmaßstab der groben Fehlerhaftigkeit, gelten hier nicht[1].

b) Beschränkung des Sozialplanvolumens

25 Gem. § 123 InsO bestehen nach der Eröffnung eines Insolvenzverfahrens zwingende Beschränkungen des Sozialplanvolumens. § 123 Abs. 1 InsO regelt zunächst eine **absolute Beschränkung** des Sozialplanvolumens auf **2,5 Bruttomonatsverdienste** der von einer Entlassung betroffenen Arbeitnehmer. Neben dieser absoluten Beschränkung unterliegt der Sozialplan auch einer sog. **relativen Beschränkung** gem. § 123 Abs. 2 Satz 2 InsO. Danach darf für Sozialplanforderungen **nicht mehr als ein Drittel** der Masse verwendet werden, die ohne einen Sozialplan für die Verteilung an die Insolvenzgläubiger zur Verfügung stehen würde (sog. **Teilungsmasse**). Der Insolvenzverwalter muss also festlegen, welche Insolvenzmasse nach Berücksichtigung der Aus- und Absonderungsrechte, Aufrechnungen und nach Abzug der Kosten des Insolvenzverfahrens sowie sonstiger Masseverbindlichkeiten für die Insolvenzgläubiger zur Verteilung zur Verfügung steht.

26 Durch die Begrenzung des Sozialplanvolumens in § 123 InsO soll ein angemessener Ausgleich zwischen den Belangen der Arbeitnehmer und den Interessen der Gläubigergesamtheit hergestellt werden. Die Beschränkungen des § 123 InsO definieren das maximale Gesamtsozialplanvolumen. Nach einem Beschluss des ArbG Düsseldorf vom 24.4.2006[2] führt die **Überschreitung der absoluten Obergrenze** des § 123 Abs. 1 Satz 1 InsO nicht automatisch zur Gesamtnichtigkeit des Sozialplans. Vielmehr sei der Sozialplan mit einem verringerten Sozialplanvolumen aufrechtzuerhalten, wenn die Beteiligten in Kenntnis der Unwirksamkeit lediglich das Sozialplanvolumen reduziert hätten. Bestehen allerdings Anhaltspunkte dafür, dass bei einem verringerten Gesamtvolumen auch ein anderer Verteilungsmaßstab zugrunde gelegt worden wäre, ist der Sozialplan nichtig und **muss neu verhandelt** werden.

27 Nach § 123 Abs. 2 Satz 1 InsO sind die Ansprüche der Arbeitnehmer aus einem Sozialplan in der Insolvenz **Masseverbindlichkeiten**. Sie unterliegen daher weder der Anmeldung zur Insolvenztabelle noch der Prüfung im Prüfungstermin. Vielmehr werden sie in das Masseverzeichnis aufgenommen und sind vom Insolvenzverwalter grds. in voller Höhe zu erfüllen.

---

1 Vgl. *Danko/Cramer*, BB-Spezial 4/2004, 9 (11).
2 ArbG Düsseldorf v. 24.4.2006 – 2 BV 2/06, DB 2006, 1384.

Der Insolvenzverwalter soll nach § 123 Abs. 3 Satz 1 InsO mit Zustimmung des Insolvenzgerichts **Abschlagszahlungen** auf die Sozialplanforderungen leisten, so oft hinreichend Barmittel in der Masse vorhanden sind. Der Insolvenzverwalter wird hierbei allerdings Vorsicht walten lassen, da den Sozialplangläubigern ein verbindlicher Anspruch auf die Gewährung von Abschlagszahlungen grds. nicht zusteht. Es besteht daher gem. § 60 Abs. 1 InsO das Risiko einer persönlichen Haftung des Insolvenzverwalters. Dieses Risiko verwirklicht sich etwa dann, wenn die gesetzlichen Obergrenzen des Sozialplanvolumens überschritten werden. Insbesondere die Berechnung der relativen Obergrenze kann in der Praxis Schwierigkeiten bereiten, wenn nicht genau prognostiziert werden kann, in welcher Höhe noch Masseverbindlichkeiten während der Dauer des Insolvenzverfahrens auflaufen, die zu einer Minderung der Teilungsmasse führen. 28

Für Sozialpläne, die vor der Eröffnung des Insolvenzverfahrens, jedoch nicht früher als drei Monate vor dem Eröffnungsantrag aufgestellt worden sind, regelt § 124 InsO eine **Widerrufsmöglichkeit** für den Insolvenzverwalter und den Betriebsrat. Übt keine der Betriebsparteien das Widerrufsrecht aus, bleiben Sozialplanforderungen aus einem nicht widerrufenen Sozialplan als Insolvenzforderungen gem. § 38 InsO bestehen. 29

c) Erleichterungen nur im eröffneten Verfahren

Auch die für das Kollektivarbeitsrecht bestehenden Erleichterungen greifen **nur im eröffneten Verfahren**. Aus diesem Grund müssen die Strukturen einer Transaktion so gewählt werden, dass die Verhandlungen im vorläufigen Verfahren geführt werden und die erarbeitete Struktur erst im eröffneten Verfahren umgesetzt wird. 30

Hierbei ist insbesondere der **Zeitdruck** einzukalkulieren: Die Insolvenzgeldfinanzierung reicht nur für drei Monate. Für die Verhandlungen im Vorfeld der Verfahrenseröffnung bleibt deshalb nur ein **sehr kurzer Zeitraum**. Ist das Verfahren dann eröffnet, gehen alle Löhne und Gehälter zu Lasten des Insolvenzverwalters. Deshalb will dieser möglichst rasch (i.d.R. unmittelbar nach der Eröffnung des Insolvenzverfahrens) die erforderlichen Kündigungen aussprechen, um die Lohnforderungen so gering wie möglich zu halten. Aus diesem Grund muss zum Zeitpunkt der Eröffnung des Insolvenzverfahrens der Restrukturierungsplan bereits vollständig stehen, um zu gewährleisten, dass der Insolvenzverwalter diesen Plan auch tatsächlich umsetzt. Auf einen Nenner gebracht: Nur, wer bereits im vorläufigen Verfahren die anstehende Restrukturierung geplant und vorbereitet hat, kann im eröffneten Verfahren diesen Plan mit den Mitteln des Insolvenzverwalters realisieren und so in den Genuss der Erleichterungen der InsO gelangen. 31

d) Insolvenzgeld und Vorfinanzierung

32 Das Insolvenzgeld ist nach § 3 Abs. 4 Nr. 5 SGB III eine **Entgeltersatzleistung** der Bundesagentur für Arbeit für Arbeitnehmer, die wegen Zahlungsunfähigkeit des Arbeitgebers kein Arbeitsentgelt erhalten. Insolvenzgeld wird nach § 167 Abs. 1 SGB III in Höhe des Nettoarbeitsentgelts geleistet, d.h., dass das verminderte Arbeitsentgelt um die gesetzlichen Abzüge verringert wird. Anders als bei der Berechnung des Arbeitslosengelds wird das Insolvenzgeld nicht pauschaliert, sondern **individuell ermittelt**. Es wird also in der dem Arbeitnehmer ohne Insolvenzereignis zustehenden Höhe gezahlt.

33 Nach § 165 Abs. 1 SGB III haben Arbeitnehmer bei Zahlungsunfähigkeit ihres Arbeitgebers einen **Anspruch** auf Insolvenzgeld, wenn sie

– bei Eröffnung des Insolvenzverfahrens über das Vermögen ihres Arbeitgebers,

– bei Abweisung des Antrags auf Eröffnung des Insolvenzverfahrens mangels Masse oder

– bei vollständiger Beendigung der Betriebstätigkeit im Inland, sofern ein Antrag auf Eröffnung des Insolvenzverfahrens nicht gestellt worden ist und ein Insolvenzverfahren auch mangels Masse offensichtlich nicht in Betracht kommt,

für die letzten dem Insolvenzereignis vorausgehenden drei Monate des Arbeitsverhältnisses noch Ansprüche auf Arbeitsentgelt haben. Zu den Ansprüchen auf Arbeitsentgelt gehören alle Ansprüche auf Bezüge aus dem Arbeitsverhältnis, die im weitesten Sinne als Gegenleistung für die Arbeitsleistung erbracht werden. **Anspruchsberechtigt** sind alle Arbeitnehmer unabhängig von ihrer Versicherungspflicht, vgl. § 25 SGB III.

34 Geschützt ist das Arbeitsentgelt für die letzten drei Monate **vor** Eintritt des Insolvenzereignisses. **Kein Insolvenzschutz** besteht dagegen für Zeiten **nach** Eintritt des Insolvenzereignisses. Insoweit trägt der Arbeitnehmer das **Risiko des Entgeltausfalls** selbst, weil er das Arbeitsverhältnis fortsetzen oder wegen Zahlungsverzugs außerordentlich kündigen kann. Nach § 166 Abs. 1 Nr. 1 SGB III sind die Ansprüche, die dem Arbeitnehmer wegen der Beendigung oder für die Zeit nach der Beendigung des Arbeitsverhältnisses zustehen, also insbesondere Ansprüche auf Urlaubsabgeltung und Entlassungsentschädigungen, ebenfalls **nicht insolvenzgeldfähig**.

35 Der Arbeitnehmer muss das Insolvenzgeld unter Beachtung einer Ausschlussfrist von zwei Monaten nach dem Insolvenzereignis gem. § 324 SGB III beantragen. Der Antrag auf Insolvenzgeld ist nach § 327 Abs. 3 Satz 1 SGB III bei der Agentur für Arbeit einzureichen, in dessen Bezirk die für den Arbeitgeber zuständige Lohnabrechnungsstelle liegt. Die Ansprüche auf das Arbeitsentgelt gehen mit Stellung des Antrags gem. § 169 Satz 1 SGB III auf die Bundesagentur für Arbeit über. Sie können also

vom Arbeitnehmer nicht mehr geltend gemacht werden. Diese übergangenen Entgeltansprüche werden auf der Grundlage von § 55 Abs. 3 Satz 1 InsO zur **bloßen Insolvenzforderung** herabgestuft.

Die Vorfinanzierung des ausgefallenen Arbeitsentgelts durch das Insolvenzgeld gehört in der insolvenzrechtlichen Praxis zum selbstverständlichen Instrumentarium jedes (vorläufigen) Insolvenzverwalters. Die **Vorfinanzierung des Insolvenzgelds** ist vor allem deshalb von Bedeutung, weil der Anspruch auf Insolvenzgeld erst mit Eröffnung des Insolvenzverfahrens entsteht. Häufig laufen aber bereits im Insolvenzeröffnungsverfahren oder schon vorher **Lohnrückstände** auf. Durch die Vorfinanzierung des Insolvenzgelds kann erreicht werden, dass den Arbeitnehmern bereits im Insolvenzeröffnungsverfahren entsprechende Beträge zufließen. Durch die Vorfinanzierung des Insolvenzgelds gelingt es dem vorläufigen Insolvenzverwalter vielfach, den operativen Geschäftsbetrieb im Eröffnungsverfahren aufrecht zu erhalten, weil die begrenzt vorhandenen Mittel der künftigen Insolvenzmasse nicht für Lohn- und Entgeltzahlungen eingesetzt werden müssen. Wegen der inhaltlichen Beschränkung des Anspruchs auf Insolvenzgeld für die letzten drei Monate vor der Insolvenzeröffnung kommt dem Unternehmen diese Art der Subventionierung allerdings nur dann zugute, wenn im Zeitpunkt des Insolvenzantrags **nicht bereits Lohn- und Entgeltrückstände** über einen Zeitraum von drei Monaten oder länger bestanden. 36

Eine solche Vorfinanzierung kann i.d.R. auf **zwei Wegen** erreicht werden: 37

(1) Der Arbeitnehmer verkauft seine Lohnforderungen an die finanzierende Bank und erhält von ihr, anstelle des Lohns von seinem zahlungsunfähigen Arbeitgeber, eine dem Nettolohn entsprechende Zahlung (**Forderungskauf**).

(2) Der Arbeitnehmer erhält von der finanzierenden Bank Kredit in Höhe seines Lohns und tritt zur Sicherung dieses Kredits seinen Lohnanspruch ab oder bestellt zur Sicherung ein Pfandrecht (**Kreditierungsverfahren**).

Nach § 170 Abs. 4 SGB III hat die Bank als neuer Gläubiger allerdings nur dann einen Anspruch auf Insolvenzgeld, wenn die **Agentur für Arbeit** der Abtretung oder Verpfändung **zugestimmt** hat. Durch diese Vorschrift soll Missbrauch im Zusammenhang mit der Vorfinanzierung verhindert werden. Die Agentur für Arbeit stimmt der Übertragung oder Verpfändung **regelmäßig** zu, wenn Tatsachen vorliegen, nach denen durch die Vorfinanzierung der Arbeitsentgelte ein erheblicher Teil der Arbeitsplätze erhalten bleibt. 38

Kein Anspruch auf Insolvenzgeld besteht in folgender Situation: Ein Betrieb oder Betriebsteil wird veräußert, die Arbeitsverhältnisse der betroffenen Arbeitnehmer gehen im Rahmen eines **Betriebsübergangs** nach § 613a BGB auf den Erwerber über. Anschließend fällt der Erwerber in Insolvenz. **Widersprechen** Arbeitnehmer jetzt dem Übergang ihres Arbeitsverhältnis- 39 ses – insbesondere weil sie nicht ordnungsgemäß nach § 613a Abs. 5 BGB informiert wurden und deshalb die einmonatige Widerspruchsfrist noch nicht abgelaufen ist –, hat dies zur Folge, dass das Arbeitsverhältnis mit dem ursprünglichen Betriebsveräußerer fortbesteht. Arbeitgeber ist dann der Betriebsveräußerer und nicht der Insolvenzverwalter, der folglich für die widersprechenden Arbeitnehmer auch keinen Antrag auf Insolvenzgeld stellen kann. Diese Konsequenz will bei der Ausübung des Widerspruchsrechts wohl bedacht sein.

II. Besonderheiten bei der Zwischenschaltung einer Transfergesellschaft

40 Eine Möglichkeit zur Restrukturierung eines insolventen Unternehmens ist die Ausgliederung der Arbeitnehmer in Transfergesellschaften (vgl. Teil 4 E Rz. 15 ff.). Vorrangiges Ziel solcher Transfergesellschaften ist die **Vermeidung von Arbeitslosigkeit** und die Schaffung einer Zukunftsperspektive. Darüber hinaus soll erreicht werden, dass die ihr anvertrauten Mitarbeiter im Rahmen eines Qualifizierungsprozesses möglichst schnell wieder in den Arbeitsmarkt transferiert werden.

41 Grundidee des Einsatzes einer Transfergesellschaft ist der schnelle Personalabbau beim insolventen Arbeitgeber durch einvernehmliche Überleitung der Arbeitnehmer in die Transfergesellschaft. Bei der anschließenden Übertragung der Betriebsmittel auf eine Auffanggesellschaft oder einen Investor findet **§ 613a BGB** nach der Rspr. des BAG **keine Anwendung**[1]. Der Betrieb soll also „mitarbeiterfrei" gemacht werden, um dem Erwerber die Auswahl der Mitarbeiter zu ermöglichen, mit denen er neue Arbeitsverträge schließen will. So dient die Transfergesellschaft als Vehikel zur Personalreduzierung ohne komplette Stilllegung der Produktion und gleichzeitig zur Vorbereitung einer übertragenden Sanierung[2].

42 Gelegentlich gilt für die Transfergesellschaften ein eigener **Tarifvertrag**. Bei den Mitarbeitern weckt dies allerdings allzu leicht die Erwartungshaltung, auch künftig zu den tarifvertraglich gesicherten Bedingungen arbeiten zu können. Da der Erwerber den Betrieb aber ohne Personal erhält und zu neuen Arbeitsbedingungen Arbeitnehmer einstellt, kann er dennoch ohne Bindung an die tarifvertraglichen Bestimmungen auch die Arbeitnehmer einstellen, die zuvor unter den Tarifvertrag fielen.

43 Durch die Einschaltung der Transfergesellschaft kann der Insolvenzverwalter durch das baldige Ausscheiden der Arbeitnehmer die Kosten für die Masse verringern. Parallel dazu reduziert er die **rechtlichen Risiken von betriebsbedingten Kündigungen** vor allem hinsichtlich der Sozialaus-

---

1 BAG v. 10.12.1998 – 8 AZR 324/97 – Dörries Scharmann I, NZA 1999, 422; BAG v. 21.1.1999 – 8 AZR 218/98 – Dörries Scharmann II, ZIP 1999, 1572.
2 Vgl. *Lembke*, BB 2004, 773.

wahl und gewinnt zudem Zeit für gegebenenfalls länger dauernde Übernahmeverhandlungen. Der freiwillige Übertritt in die Transfergesellschaft erspart den Arbeitnehmern die betriebsbedingte Kündigung und das „Stigma der Arbeitslosigkeit"[1]. Zudem erhalten sie die Chance auf einen Arbeitsplatz in dem Unternehmen, das die Betriebsmittel erwirbt, oder zumindest auf eine Vermittlung auf dem ersten Arbeitsmarkt nach Qualifizierung und Fortbildung (z.B. durch Bewerberseminare, Weiterbildung oder Profiling, vgl. Teil 4 E Rz. 32, 39).

Rechtlich wird die Zwischenschaltung einer Transfergesellschaft regelmäßig folgendermaßen vollzogen: Vor dem Betriebsübergang werden in einer **dreiseitigen Vereinbarung** alle Arbeitsverhältnisse durch einen Aufhebungsvertrag beendet und zugleich die Arbeitsverhältnisse mit der Transfergesellschaft für einen befristeten Zeitraum begründet. Daran schließt sich die Überleitung der von der Transfergesellschaft übernommenen Arbeitnehmer in ein gem. § 14 Abs. 2 TzBfG befristetes Arbeitsverhältnis mit einer festgelegten Laufzeit von üblicherweise zwölf Monaten an (vgl. Teil 4 E Rz. 23). 44

1. Finanzierungsfragen

Die Finanzierung der Transfergesellschaft erfolgt grds. durch Leistungen der Bundesagentur für Arbeit und der abgebenden Betriebe sowie gegebenenfalls weiterer Dritter. Liegen die **Voraussetzungen struktureller Kurzarbeit** vor, besteht für die in der Transfergesellschaft zusammengefasste Belegschaft ferner die Möglichkeit, Transferkurzarbeitergeld zu beantragen. Um den Lebensstandard der betroffenen Arbeitnehmer konstant zu halten, kann in einem Sozialplan beispielsweise festgeschrieben werden, dass der Arbeitgeber Zuschüsse zum Kurzarbeitergeld zahlt (vgl. Teil 4 E Rz. 33). 45

Sind **keine Drittmittel** für die Finanzierung vorhanden, ist es üblich, dass der Insolvenzverwalter die Auslauflöhne für die dreimonatige Kündigungsfrist des § 113 Satz 2 InsO als Teil der Finanzierung zur Verfügung stellt. Eine solche Vorfinanzierung der Transfergesellschaft in der Insolvenz funktioniert allerdings nur, wenn ein bestimmtes Quorum der Beschäftigten in die Transfergesellschaft wechselt. In der Praxis hängen entsprechende Vereinbarungen oft von einem Quorum der eintretenden Arbeitnehmer von über 90 % ab. 46

2. Gestaltung des Vertragsangebots

Von Relevanz ist der genaue Zeitpunkt des Eintritts in die Transfergesellschaft. Die Mitarbeiter können im vorläufigen Insolvenzverfahren zeitlich unbefristet oder befristet das Angebot annehmen, in die Transfergesellschaft einzutreten. Das Angebot nehmen sie durch Erklärung gegenüber 47

---
1 Vgl. *Meyer*, NZS 2002, 578 (579).

dem vorläufigen Insolvenzverwalter an. Dabei ist unbedingt darauf zu achten, bereits mit dem Angebot auf den **Zugang der Annahmeerklärung** durch den Insolvenzverwalter nach § 151 Satz 1 BGB zu **verzichten**.

3. Grenzen der Gestaltungsfreiheit

48 Praktisch lässt sich eine Gestaltung unter Einschaltung einer Transfergesellschaft nur dann umsetzen, wenn der Insolvenzverwalter Arbeitnehmer, Betriebsrat und Gewerkschaften hiervon überzeugen kann. Die Arbeitnehmer werden i.d.R. ihre Zustimmung zu den Aufhebungs- und Weiterbeschäftigungsverträgen mit dem Insolvenzverwalter und der Transfergesellschaft nur auf der Grundlage eines mit dem Betriebsrat ausgehandelten **Interessenausgleichs und Sozialplans** erteilen. Zudem sind Arbeitnehmer und Arbeitnehmervertreter oft nur dann zur Mitwirkung bereit, wenn die einzige Alternative zu dem beabsichtigten Unternehmensverkauf die Betriebsstilllegung und damit der Verlust sämtlicher Arbeitsplätze ist.

49 Das BAG hat sich auch nach den **Dörries-Scharmann-Urteilen** (vgl. Teil 3 A Rz. 97) mehrfach mit der Frage auseinandergesetzt, ob diese Gestaltungen und die ihnen zugrunde liegenden Aufhebungsverträge unzulässige Umgehungen des § 613a BGB darstellen. Letzteres hat es im Grundsatz verneint[1]. Vereinbarungen zwischen Arbeitnehmern und dem alten oder neuen Betriebsinhaber sind auch ohne Vorliegen eines sachlichen Grundes wirksam möglich, wenn sie auf das endgültige Ausscheiden des Arbeitnehmers aus dem Betrieb gerichtet sind. Dies folge daraus, dass der Arbeitnehmer auch durch Widerspruch den Übergang seines Arbeitsverhältnisses auf den Betriebserwerber verhindern könne. Dann müsse es ihm auch möglich sein, den Übergang durch Mitwirkung im Rahmen eines Aufhebungsvertrags zu verhindern. § 613a BGB biete lediglich Schutz vor Veränderung des Arbeitsvertragsinhalts, nicht aber vor einvernehmlicher Beendigung des Arbeitsverhältnisses ohne sachlichen Grund.

50 Ein **Aufhebungsvertrag** ist nach dieser Rspr. lediglich dann wegen objektiver Gesetzesumgehung **nichtig**, wenn er die Beseitigung der Kontinuität des Arbeitsverhältnisses bei gleichzeitigem Erhalt des Arbeitsplatzes bezweckt. Letzteres sei der Fall, wenn zugleich ein neues Arbeitsverhältnis zum Betriebsübernehmer vereinbart oder **zumindest verbindlich in Aussicht** gestellt wird[2]. Das bedeutet, dass jedenfalls dann ein Aufhebungsvertrag von der Rspr. als nichtig angesehen werden dürfte, wenn die Fortsetzung des Arbeitsverhältnisses durch einen Erwerber absehbar ist. In der Praxis wird in den dreiseitigen Vertrag häufig aufgenommen, dass zum jetzigen Zeitpunkt die Fortführung des Betriebs sowie die Person eines

---

1 BAG v. 23.11.2006 – 8 AZR 349/06, BB 2007, 1054.
2 BAG v. 25.10.2012, AP Nr. 46 zu § 620 BGB Aufhebungsvertrag; BAG v. 18.8.2011, AP Nr. 414 zu § 613a BGB; BAG v. 23.11.2006 – 8 AZR 349/06, BB 2007, 1054; BAG v. 18.8.2005 – 8 AZR 523/04, NZA 2006, 145 (147).

möglichen Erwerbers **noch nicht feststehen**. Vor diesem Hintergrund wird darauf hingewiesen, dass der Eintritt in die Transfergesellschaft für die Arbeitnehmer riskant sei. Maßgeblich sind allerdings die tatsächlichen Gegebenheiten und nicht der Wortlaut der Vereinbarungen[1]. Mit wie auch immer gearteten Zusagen eines Arbeitsplatzes beim Betriebserwerber vor Übertritt in die Transfergesellschaft ist deshalb äußerste Vorsicht geboten. Das BAG sieht schon abstrakte Versprechungen (d.h. Zusagen des Erwerbers, einen bestimmten Prozentsatz noch nicht namentlich feststehender Arbeitnehmer einstellen zu wollen) als Umgehung von § 613a BGB an mit der Folge, dass die geschlossenen dreiseitigen Verträge unwirksam sind und die Arbeitsverhältnisse mit der gesamten Belegschaft des Betriebsveräußerers zu den beim Betriebsveräußerer geltenden Arbeitsbedingungen auf den Betriebserwerber übergehen[2].

Beispiele:

(1) In der Lotterie-Entscheidung des BAG[3] hatte sich der Betriebserwerber verpflichtet, durch Losverfahren zu ermitteln, welchen Arbeitnehmern er einen Arbeitsplatz in dem übernommenen Betrieb anbieten würde. Dies reichte nach Ansicht des BAG aus, um anzunehmen, dass der Betriebserwerber den betroffenen Arbeitnehmern einen Arbeitsplatz verbindlich in Aussicht gestellt hatte und somit eine Umgehung von § 613a BGB vorlag.

(2) In einer weiteren Entscheidung[4] stellte sich das BAG auf den Standpunkt, es genüge für eine Umgehung des § 613a BGB, wenn „es für den Arbeitnehmer nach den gesamten Umständen klar gewesen ist, dass er von dem Betriebserwerber eingestellt wird". In dem der Entscheidung zugrunde liegenden Fall waren dem Arbeitnehmer zeitgleich mit dem dreiseitigen Vertrag zum Wechsel in die Transfergesellschaft mehrere, sich in ihrer zeitlichen Befristung unterscheidende, Arbeitsverträge mit dem Betriebserwerber zur Unterschrift vorgelegt worden, die nach Ende einer befristeten Anstellung in der Transfergesellschaft beginnen sollten. Der Betriebserwerber hatte diese Verträge noch nicht unterschrieben, so dass die „Verbindlichkeit" des Arbeitsplatzangebotes eigentlich höchst fraglich war. Die Gegenzeichnung durch den Erwerber erfolgte erst kurz vor Ablauf der Anstellung in der Transfergesellschaft. Dies ließ das BAG für eine Umgehung von § 613a BGB ausreichen.

III. Transaktionsstrukturen ohne Zwischenschaltung einer Transfergesellschaft – Kündigung nach „Erwerberkonzept"

Kommt die Einschaltung einer Transfergesellschaft nicht in Frage, ist der Unternehmenserwerb aus einem Insolvenzverfahren als Asset Deal häufig ein **Betriebsübergang** nach § 613a BGB. In diesem Zusammenhang stellt sich die Frage, inwieweit der Betriebserwerber in Zusammenarbeit mit dem Insolvenzverwalter auf die Restrukturierung des von ihm über-

---
1 Vgl. zu weiteren Einzelheiten *Krieger/Fischinger*, NJW 2007, 2289.
2 BAG v. 25.10.2012, AP Nr. 46 zu § 620 BGB Aufhebungsvertrag; BAG v. 18.8.2011, AP Nr. 414 zu § 613a BGB.
3 BAG v. 18.8.2011, AP Nr. 414 zu § 613a BGB.
4 BAG v. 25.10.2012, AP Nr. 46 zu § 620 BGB Aufhebungsvertrag.

nommenen Geschäftsbetriebs Einfluss nehmen und dabei die unter Rz. 3 ff. geschilderten arbeitsrechtlichen Erleichterungen des Insolvenzrechts nutzen kann.

1. Anwendbarkeit des § 613a BGB in der Insolvenz

52 Die Regelung des § 613a BGB ist nach der Rspr. des BAG[1] und nach h.M. in der Literatur[2] auch im eröffneten Insolvenzverfahren anwendbar, soweit es um den Bestand der Arbeitsverhältnisse und die Kontinuität des Betriebsrats geht. Für das **eröffnete Insolvenzverfahren** gelten allerdings drei **Einschränkungen**:

(1) Zum Einen haftet der Betriebserwerber nicht für Verbindlichkeiten gegenüber Arbeitnehmern, die vor der Eröffnung des Insolvenzverfahrens entstanden sind. Insoweit gehen die Verteilungsgrundsätze des Insolvenzverfahrens, insbesondere der Grundsatz der gleichmäßigen Befriedigung der Gläubiger, vor[3]. Diese **Haftungserleichterung** besteht allerdings nur beim Erwerb im eröffneten Insolvenzverfahren. Beim Erwerb vom vorläufigen Insolvenzverwalter haftet der Betriebserwerber unbeschränkt auch für diejenigen Verbindlichkeiten aus Arbeitsverhältnissen, die vor Verfahrenseröffnung begründet wurden[4]. Denn hier gilt der Grundsatz der gleichmäßigen Befriedigung der Gläubiger nicht.

Die mit der Eröffnung des Insolvenzverfahrens eintretende Haftungsbeschränkung des Erwerbers bleibt auch dann bestehen, wenn das Insolvenzverfahren später **mangels einer die Kosten des Verfahrens deckenden Masse** nach § 207 InsO eingestellt wird[5]. Wird allerdings ein insolvenzrechtliches Verfahren von vorneherein mangels Masse nicht eröffnet, kommt dem Erwerber die Haftungseinschränkung nicht zugute[6].

(2) § 613a BGB erfährt zum Anderen eine Einschränkung durch § 128 InsO für den Fall, dass der Insolvenzverwalter Sanierungsmaßnahmen in Abstimmung mit dem potenziellen Erwerber zur Umsetzung eines Erwerberkonzepts trifft. § 128 Abs. 2 Satz 1 InsO regelt, dass eine Kündigung widerlegbar **als sozial gerechtfertigt gilt**, wenn der Insolvenzverwalter das Erwerberkonzept vorwegnimmt und in einem Interessenausgleich mit Namensliste die zu kündigenden Mitarbeiter namentlich bezeichnet sind (vgl. Rz. 17 ff.). Gleiches gilt für das sog. präventive Kündigungsverfahren nach § 126 InsO, vgl. § 128 Abs. 1 Satz 2 InsO.

Im Einzelnen sieht § 128 InsO folgende Regelungen für die Betriebsveräußerung in der Insolvenz vor: Nach § 128 Abs. 1 InsO gelten die

---

1 So z.B. BAG v. 20.3.2003 – 8 AZR 97/02, NZA 2003, 1027 (1028).
2 Vgl. nur *Plössner*, NZI 2003, 401 (403); ErfK/*Preis*, § 613a BGB Rz. 146.
3 St. Rspr. seit BAG v. 17.1.1980, NJW 1980, 1124; s. auch *Lembke*, BB 2007, 1333.
4 BAG v. 19.5.2005 – 3 AZR 649/03, BB 2006, 943 (945); BAG v. 20.6.2002 – 8 AZR 459/01, NZA 2003, 318.
5 Vgl. BAG v. 11.2.1992 – 3 AZR 117/91, NZA 1993, 20.
6 BAG v. 19.5.2005 – 3 AZR 649/03, BB 2006, 943 (945).

§§ 125–127 InsO auch, wenn die Betriebsänderung erst nach der Veräußerung durchgeführt werden soll. § 128 Abs. 2 InsO erweitert die **Vermutungswirkung** des § 125 Abs. 1 Nr. 1 InsO dahingehend, dass die Kündigung durch dringende betriebliche Erfordernisse bedingt und das Arbeitsverhältnis nicht wegen des Betriebsübergangs gekündigt worden ist.

(3) Nach §§ 14, 7 BetrAVG richten sich ab Eröffnung des Insolvenzverfahrens die **Versorgungsansprüche** der Arbeitnehmer gegen den Pensionssicherungsverein (PSV). Dies gilt auch für **Anwartschaften** im bestehenden Arbeitsverhältnis.

2. Kündigung nach „Erwerberkonzept"

Das BAG hat in seinem Urteil vom 20.3.2003[1] im Grundsatz anerkannt, dass eine nach § 613a Abs. 4 BGB unwirksame Kündigung durch den bisherigen Arbeitgeber wegen Betriebsübergangs dann nicht vorliegt, wenn der Arbeitsplatz des Arbeitnehmers aufgrund eines **Sanierungskonzepts des Betriebserwerbers** entfallen ist und die Durchführung des verbindlichen Konzepts oder Sanierungsplans des Erwerbers im Zeitpunkt des Zugangs der Kündigungserklärung **bereits greifbare Formen** angenommen hat. Der **Schutzgedanke** des § 613a Abs. 1 Satz 1, Abs. 4 BGB stehe einer solchen Kündigung des Betriebsveräußerers aufgrund eines Erwerberkonzepts nicht entgegen, denn Sinn und Zweck der Regelungen sei es nicht, den Erwerber auch bei einer fehlenden Beschäftigungsmöglichkeit zu verpflichten, das Arbeitsverhältnis noch einmal **künstlich zu verlängern**. Die Vorschriften sollten den Erwerber vielmehr daran hindern, bei der Übernahme der Belegschaft eine freie Auslese zu treffen.

Zudem hat das BAG ausdrücklich festgestellt, dass es für die Wirksamkeit einer betriebsbedingten Kündigung des Veräußerers nach dem Sanierungskonzept des Erwerbers – jedenfalls in der Insolvenz – nicht darauf ankommt, ob das **Konzept** auch beim Veräußerer hätte durchgeführt werden können. Da bei Sanierungsfällen der Betrieb häufig aus sich heraus nicht mehr **sanierungsfähig** sei, könne die Anerkennung des Erwerberkonzepts in solchen Fällen nicht davon abhängen, dass dieses auch beim bisherigen Arbeitgeber hätte durchgeführt werden können. Das Gericht führt in den Entscheidungsgründen weiter aus, das Kündigungsverbot sei dann nicht einschlägig, wenn es neben dem Betriebsübergang einen sachlichen Grund gebe, der „aus sich heraus" die Kündigung rechtfertigen könne. § 613a Abs. 4 BGB schütze nicht vor Risiken, die sich jederzeit unabhängig vom Betriebsübergang realisieren könnten, und führe nicht zur Lähmung der als notwendig erachteten unternehmerischen Maßnahmen.

53

54

---

[1] BAG v. 20.3.2003 – 8 AZR 97/02, NZA 2003, 1027; BAG v. 20.9.2006 – 6 AZR 249/05, NZA 2007, 387 (389).

3. Kündigung nach „Veräußererkonzept"

55 Nach einer weiteren Entscheidung des BAG[1] verstößt auch eine Kündigung aufgrund eines eigenen Sanierungskonzepts des Veräußerers/des Insolvenzverwalters nicht gegen § 613a Abs. 4 Satz 1 BGB. Der Arbeitgeber könne seine Betriebsabläufe nach eigenem Ermessen gestalten. Hierbei spiele es keine Rolle, ob es ihm um langfristige Optimierung oder darum gehe, den Betrieb verkaufsfähig zu machen. Auch in diesen Fällen sei der **Schutzzweck des § 613a BGB** nicht betroffen, da die Vorschrift nicht vor Risiken schütze, die sich jederzeit unabhängig vom Betriebsübergang realisieren können.

4. Praktische Hinweise und Gestaltungsmöglichkeiten

56 Das BAG äußert sich nicht ausdrücklich zu der Frage, wann eine hinreichende Konkretisierung des Erwerberkonzepts anzunehmen ist. Es empfiehlt sich daher, das Erwerberkonzept **möglichst konkret und detailliert** zu fassen und entweder als Anlage zu einem verbindlichen Vorvertrag des Erwerbers mit dem Insolvenzverwalter beizufügen oder aber einen auf die Umsetzung dieses Erwerberkonzepts aufschiebend bedingten Kaufvertrag abzuschließen. Weiterhin müsste es ausreichen, wenn das Erwerberkonzept Bestandteil eines detaillierten Sanierungsplans ist.

57 Das Erwerberkonzept sollte dabei zwei Mitarbeiterlisten enthalten: eine Liste sog. „Key Employees", bei deren Ausscheiden der Vertrag nicht zustande kommt oder erhebliche Kaufpreisabschläge gemacht werden. In der zweiten Liste sollten die Mitarbeiter aufgeführt werden, die nach dem Personalkonzept des Erwerbers die „Zielmannschaft" bilden. Mit dem Verwalter und gegebenenfalls mit dem Betriebsrat ist ausgehend von der „Zielmannschaftsliste" zu besprechen, wie diese Zielsituation schnellstmöglich erreicht wird. Aufgrund der gesetzlichen Sonderrechte des Insolvenzverwalters ist es i.d.R. sinnvoll, die Personalanpassung **vertraglich dem Aufgabenbereich des Insolvenzverwalters** zuzuweisen. Dafür kann etwa ein zweckgebundener Vorschuss auf den Kaufpreis vereinbart und bezahlt werden. Der Verwalter wird dies allerdings regelmäßig davon abhängig machen, dass der Erwerber ein unbedingtes Kaufangebot abgegeben hat. Auf diese Weise kann der Insolvenzverwalter erheblichen Verhandlungsdruck gegenüber dem Betriebsrat aufbauen, da er durch diese Regelung dokumentieren kann, dass der Erwerbsinteressent **nur bei Umsetzung seines Personalkonzepts** kauft.

58 Bei der Vertragsgestaltung kann es im Übrigen für den Erwerber auch sinnvoll sein, sich ein **Rücktrittsrecht** für den Fall vorzubehalten, dass eine bestimmte Anzahl der gekündigten Arbeitnehmer nach dem Betriebsübergang Kündigungsschutzklagen erhebt.

---

1 BAG v. 20.9.2006 – 6 AZR 249/05, NZA 2007, 387 (389).

Anhang

Übersicht

		Seite
A.	**Due-Diligence-Checkliste**	382
B.	**Vertragsmuster**	384
1.	Interessenausgleich	384
2.	Interessenausgleich mit Namensliste	387
3.	Auswahlrichtlinie	389
4.	Sozialplan – Betriebsverlegung	391
5.	Sozialplan – Betriebsstilllegung	393
6.	Sanierungstarifvertrag – Firmentarifvertrag anlässlich einer Unternehmensübernahme	396
7.	„Bündnis für Arbeit" – Verbandstarifvertrag zur Beschäftigungssicherung	398
8.	Betriebsratsanhörung – Betriebsbedingte Kündigung	401
9.	Betriebsratsanhörung – Betriebsstilllegung	403
10.	Sprecherausschussanhörung	405
11.	Antrag auf Zustimmung zur Kündigung eines schwerbehinderten Menschen	406
12.	Antrag auf Zustimmung zur Kündigung in der Elternzeit	406
13.	Massenentlassungsanzeige	407
14.	Einfache betriebsbedingte Kündigung	407
15.	Betriebsbedingte Kündigung mit Abfindungsangebot nach § 1a KSchG	408
16.	Gesellschafterbeschluss zur Betriebsstilllegung	409
17.	Aufhebungsvertrag	410
18.	Abwicklungsvertrag	420
19.	Vertrag zur Einrichtung einer Transfergesellschaft	421
20.	Unterrichtungsschreiben nach § 613a Abs. 5 BGB – Übergang eines Betriebsteils	429
21.	Unterrichtungsschreiben nach § 613a Abs. 5 BGB – Übergang eines Betriebes	432
22.	Angaben im Verschmelzungsvertrag zu arbeitsrechtlichen Folgen	435

A. Due-Diligence-Checkliste

1. Mitarbeiter

a) Angaben über die durchschnittliche Gesamtzahl der Arbeitnehmer [der Gruppe/der Gesellschaft und jeder ihrer Tochtergesellschaften], aufgeschlüsselt nach Gesellschaftszugehörigkeit, Beschäftigungsort und Haupttätigkeitsbereichen [für das laufende und die letzten drei abgeschlossenen Geschäftsjahre].

b) Angaben über die durchschnittliche Betriebszugehörigkeitsdauer, das Durchschnittsalter, die Durchschnittsfehlzeiten und die durchschnittlichen monatlichen Personalaufwendungen [für das laufende und die letzten drei abgeschlossenen Geschäftsjahre].

c) Angabe der Anzahl befristeter Arbeitsverträge, schwerbehinderter Arbeitnehmer, Arbeitnehmer in Altersteilzeit, in Elternzeit oder Mutterschutz.

d) Anstellungsverträge und Verträge mit freien Mitarbeitern, die ein Brutto-Entgelt von mehr als [100 000] Euro im Jahr oder sonstige außergewöhnliche Zuwendungen (z.B. übertarifliche Zahlungen) oder sonstige Vergünstigungen für den Mitarbeiter enthalten (z.B. längere als die gesetzlichen Kündigungsfristen).

e) Muster-Anstellungsverträge für Arbeitnehmer und freie Mitarbeiter, die von der Gesellschaft und ihren Tochtergesellschaften verwendet werden [Prozentsatz der Mitarbeiter, mit denen solche Musterverträge geschlossen sind].

f) Angaben zur Mitgliedschaft in einem Arbeitgeberverband.

g) Alle geltenden Tarifverträge und alle Vereinbarungen mit Gewerkschaften.

h) Alle bestehenden Betriebsvereinbarungen und Regelungsabreden.

i) Alle [in den letzten fünf Jahren] geschlossenen Sozialpläne und Interessenausgleiche.

j) Auflistung der gegenwärtigen [und drohenden] arbeitsrechtlichen Streitigkeiten, einschließlich tariflicher und betriebsverfassungsrechtlicher Auseinandersetzungen, Rechtsstreitigkeiten vor Arbeitsgerichten und Schlichtungs- und Einigungsstellenverfahren, die einen Streitwert von mehr als [50 000] Euro haben oder von grds. Bedeutung sind.

2. Betriebliche Altersversorgung

a) Beschreibung des Systems der betrieblichen Altersversorgung; Vorlage von Pensionsordnungen, Broschüren und sonstigen einschlägigen Unterlagen.

b) [Letztes] Versicherungsmathematische[s] Gutachten zur betrieblichen Altersversorgung [aus den letzten drei Geschäftsjahren].

c) Angaben über durchgeführte oder unterlassene Erhöhungen laufender Betriebsrenten nach § 16 BetrAVG der letzten [10] Jahre.

B. Vertragsmuster

Für weitere Hinweise zu den Mustern vgl. *Bauer/Lingemann/Diller/ Haußmann*, Anwalts-Formularbuch Arbeitsrecht, 5. Auflage 2014.

1. Interessenausgleich

Zwischen

der Firma ...

und

dem Betriebsrat ...

wird der folgende Interessenausgleich geschlossen:

Präambel

Die X-GmbH unterhält in A-Stadt einen Betrieb mit den Betriebsteilen „Produktion" und „Entwicklung". Dieser Betrieb liegt verkehrstechnisch ungünstig und ist zwischenzeitlich veraltet. Das Unternehmen hat sich deshalb entschlossen, auf dem Grundstück der Y-GmbH & Co. KG in B-Stadt ein neues Betriebsgelände zu errichten. Im Zusammenhang mit der Verlegung des Betriebs soll die Produktion bei der Y-GmbH & Co. KG konzentriert werden. Im Gegenzug übernimmt die X-GmbH die Entwicklung von der Y-GmbH & Co. KG.

§ 1 Gegenstand

(1) Der Betrieb wird zum ... von A-Stadt nach B-Stadt verlegt.

(2) Der Betrieb wird gespalten. Der Betriebsteil „Entwicklung" wird mit dem Betriebsteil „Entwicklung" der Y-GmbH & Co. KG zu einem Betrieb der X-GmbH auf dem neuen Betriebsgelände in B-Stadt mit Wirkung zum ... zusammengefasst. Diesem Betrieb werden folgende Mitarbeiter der X-GmbH zugeordnet:

1. ...

2. ...

3. ...

(3) Der Betriebsteil „Produktion" wird im Wege des Betriebsübergangs gemäß § 613a BGB auf die Y-GmbH & Co. KG übertragen und mit Wirkung zum ... mit deren Betriebsteil „Produktion" zu einem Betrieb auf dem Betriebsgelände der Y-GmbH & Co. KG, B-Stadt, zusammengefasst. Diesem Betrieb werden folgende Mitarbeiter der X-GmbH zugeordnet:

1. ...

2. ...

3. ...

§ 2 Durchführung

(1) Für die Verlegung hat die Unternehmensberatungsgesellschaft ... ein Konzept erarbeitet, das dem Interessenausgleich als Anlage 1 beigefügt ist. Es ist geplant, die Verlegung nach Maßgabe dieses Konzeptes durchzuführen. Sollten sich geringfügige Änderungen in zeitlicher und technischer Hinsicht ergeben, stellen diese keine Abweichung vom Interessenausgleich dar und sind deshalb von diesem gedeckt. Der Betriebsrat wird über eventuelle Änderungen rechtzeitig unterrichtet.

(2) In A-Stadt wird die Produktion zum ... eingestellt. Bis zu diesem Zeitpunkt muss die Produktion gewährleistet sein. Dies bedeutet, dass neben allen sonstigen Voraussetzungen insbesondere auch die erforderliche Belegschaftsstärke vorhanden sein muss.

(3) Die Parteien sind sich einig, dass wegen der Verlegung des Betriebes keine betriebsbedingten Beendigungskündigungen ausgesprochen werden müssen. Alle Mitarbeiter können in B-Stadt weiterbeschäftigt werden. Hiervon unberührt bleibt die Möglichkeit, Kündigungen aus anderen Gründen auszusprechen.

(4) Das Unternehmen wird allen Mitarbeitern, die derzeit in A-Stadt beschäftigt werden, einen möglichst gleichwertigen Arbeitsplatz in B-Stadt anbieten. Das Arbeitsplatzangebot wird schriftlich erfolgen und mindestens folgende Angaben enthalten:

– vorgesehener Arbeitsplatz/Art der Tätigkeit

– Art, Höhe und Zusammensetzung des Entgeltes

– Arbeitszeitvolumen.

Der Mitarbeiter hat nach Zugang des Änderungsangebotes eine Entscheidungsfrist von drei Wochen. Äußert sich der Mitarbeiter innerhalb dieser Frist nicht, gilt das Angebot als abgelehnt. Hierauf ist der Mitarbeiter hinzuweisen.

Sollte ein Mitarbeiter den angebotenen Arbeitsplatz in B-Stadt nicht annehmen, ist das Unternehmen berechtigt, eine betriebsbedingte Kündigung auszusprechen.

§ 3 Beteiligungsrechte

(1) Das Unternehmen wird den Betriebsrat regelmäßig über den Stand der Planung des Neubaus in B-Stadt, seine technischen Anlagen, Arbeitsverfahren und Arbeitsabläufe unterrichten. Die Unterrichtung wird rechtzeitig erfolgen. Der Betriebsrat ist berechtigt, Unterlagen, soweit vorhanden, einzusehen.

Das Unternehmen wird mit dem Betriebsrat die vorgesehenen Maßnahmen und ihre Auswirkungen, insbesondere auf die Art der Arbeit sowie die sich hieraus ergebenden Anforderungen an die Mitarbeiter so rechtzeitig beraten, dass Vorschläge und Bedenken des Betriebsrates bei der Planung berücksichtigt werden können.

(2) Soweit sich die in diesem Interessenausgleich vereinbarte Betriebsänderung für den einzelnen Arbeitnehmer als Versetzung auswirkt, erteilt der Betriebsrat mit der Unterschrift unter diesen Interessenausgleich seine Zustimmung zu diesen Versetzungen nach § 99 BetrVG.

(3) Weitere Beteiligungsrechte des Betriebsrates bleiben von dieser Vereinbarung unberührt.

§ 4 Sozialplan

Zum Ausgleich bzw. zur Milderung der wirtschaftlichen Nachteile, die dem Arbeitnehmern durch die geplante Betriebsänderung entstehen, haben die Parteien nachfolgenden Sozialplan abgeschlossen.

§ 5 Inkrafttreten

(1) Die Parteien sind sich einig, dass die Verhandlungen abgeschlossen sind und das Verfahren zur Herbeiführung eines Interessenausgleiches beendet ist.

(2) Der Interessenausgleich tritt mit Unterzeichnung in Kraft.

2. Interessenausgleich mit Namensliste

Zwischen

der Firma ...

und

dem Betriebsrat ...

wird der folgende Interessenausgleich geschlossen:

§ 1 Gegenstand

Der Betriebsteil Serienfertigung wird zum [...] stillgelegt.

§ 2 Durchführung

Die betriebsbedingten Kündigungen werden unter Beachtung der geltenden Kündigungsfristen einheitlich mit Wirkung zum [...] ausgesprochen.

§ 3 Beteiligungsrechte

Der Betriebsrat hat alle Informationen zu den zu kündigenden Arbeitnehmern, deren persönlichen Daten und den Gründen für die Kündigung gem. § 102 BetrVG erhalten. Er widerspricht diesen Kündigungen nicht. Damit ist das Anhörungsverfahren abgeschlossen.

§ 4 Sozialplan

Zum Ausgleich bzw. zur Milderung der wirtschaftlichen Nachteile, die dem Arbeitnehmer durch die geplante Betriebsänderung entstehen, haben die Parteien nachfolgenden Sozialplan abgeschlossen.

§ 5 Namensliste

(1) Die Parteien vereinbaren hiermit eine namentliche Liste der von einer betriebsbedingten Kündigung betroffenen Mitarbeiter (Liste nach § 1 Abs. 5 KSchG).

(2) Aufgrund der in § 1 und § 2 des Interessenausgleichs beschriebenen Personalmaßnahmen in Verbindung mit der notwendigen Sozialauswahl wird folgenden Mitarbeitern unter Einhaltung der maßgeblichen Kündigungsfrist ordentlich, soweit gesetzlich erforderlich gegebenenfalls auch außerordentlich, betriebsbedingt gekündigt:

1. ...

2. ...

3. ...

§ 6 Inkrafttreten

(1) Die Parteien sind sich einig, dass die Verhandlungen abgeschlossen sind und das Verfahren zur Herbeiführung eines Interessenausgleichs und das Konsultationsverfahren nach § 17 Abs. 2 KSchG beendet sind. Der Interessenausgleich ist zugleich die Stellungnahme des Betriebsrats i.S.d. § 17 Abs. 3 KSchG.

(2) Der Interessenausgleich tritt mit Unterzeichnung in Kraft.

3. Auswahlrichtlinie

Zwischen

der Firma ...

und

dem Betriebsrat ...

wird die nachfolgende Betriebsvereinbarung über Auswahlrichtlinie für Kündigungen (§ 95 BetrVG) geschlossen:

§ 1

Bei Wegfall von Arbeitsplätzen aus betrieblichen Gründen ist vorrangig zu prüfen, ob die Weiterbeschäftigung der betroffenen Mitarbeiter auf anderen, freien Arbeitsplätzen, gegebenenfalls auch zu geänderten Bedingungen möglich ist.

§ 2

Sind betriebsbedingte Kündigungen dennoch unvermeidbar, sind in die Sozialauswahl diejenigen Mitarbeiter des Betriebs einzubeziehen, deren Tätigkeit gleichartig ist oder deren Arbeitsplätze untereinander austauschbar sind, d.h. die Sozialauswahl erstreckt sich auf den Kreis der miteinander vergleichbaren Mitarbeiter. Vergleichbar in diesem Sinne sind diejenigen Mitarbeiter, die aufgrund ihrer betrieblichen Tätigkeit und beruflichen Qualifikation ohne längere Einarbeitungszeit gegenseitig austauschbar sind. Darüber, ob Tätigkeiten gleichartig/vergleichbar/austauschbar sind, treffen im Zweifelsfall Geschäftsführung und Betriebsrat eine gemeinsame Bestimmung. Können sich Geschäftsführung und Betriebsrat nicht einigen, ist die Einigungsstelle anzurufen.

§ 3

In die soziale Auswahl sind Mitarbeiter nicht einzubeziehen, deren Weiterbeschäftigung insbesondere wegen ihrer Kenntnisse, Fähigkeiten und Leistungen oder zur Sicherung einer ausgewogenen Personalstruktur des Betriebs im berechtigten betrieblichen Interesse liegt, d.h. betriebstechnische, wirtschaftliche oder sonstige betriebliche Bedürfnisse eine Weiterbeschäftigung bedingen. Über die Auswahl dieser Mitarbeiter entscheidet die Geschäftsführung zusammen mit dem Betriebsrat. Können sich Geschäftsführung und Betriebsrat nicht einigen, ist die Einigungsstelle anzurufen.

§ 4

Mitarbeiter, bei denen die vorgenannten Grundsätze zur betriebsbedingten Kündigung beachtet worden sind, sind im Rahmen der Sozialauswahl nach folgenden Kriterien und der sich hieraus ergebenden Wertigkeit zu vergleichen:

a) Betriebszugehörigkeit:	2 Punkte pro Jahr
b) Lebensalter:	1 Punkt pro Jahr
c) Unterhaltspflichten:	Für jedes auf der Lohnsteuerkarte (LStK), eingetragene oder durch Geburtsurkunde, oder anderen geeigneten Nachweis, nachgewiesenes Kind: 6 Punkte, Verheiratete oder in eingetragener Lebenspartnerschaft Lebende: 2 Punkte soweit sie Alleinverdiener sind, zusätzliche weitere: 4 Punkte soweit weitere nachgewiesene und erfüllte gesetzliche Unterhaltspflichten, z.B. gegenüber Enkeln oder pflegebedürftigen Eltern bestehen, sind dies im Einzelfall durch den Ansatz weiterer Punkte zu berücksichtigen
d) Schwerbehindert/Gleichgestellt:	für schwerbehinderte Arbeitnehmer ab einem Grad der Behinderung von 50 und für Arbeitnehmer, die schwerbehinderten Arbeitnehmern im Sinne des § 2 Abs. 3 SGB IX gleichgestellt sind: 5 Punkte

Bei der Berechnung des Lebensalters und der Betriebszugehörigkeit werden nur volle Jahre berücksichtigt. Zeiträume von sechs Monaten und mehr werden als volles Jahr, Zeiträume von weniger als sechs Monaten werden nicht berücksichtigt.

Die Sozialauswahl zwischen den vergleichbaren Arbeitnehmern erfolgt in einem ersten Schritt anhand dieser Auswahlrichtlinie. In einem zweiten Schritt ist jeder Einzelfall daraufhin zu überprüfen, ob besondere Umstände wie z.B. unterschiedliche Chancen auf dem Arbeitsmarkt eine abweichende Gewichtung erfordern. Unabhängig hiervon können bei der Sozialauswahl berechtigte betriebliche Interessen im Sinne von § 1 Abs. 3 Satz 2 KSchG berücksichtigt werden.

§ 5

Diese Betriebsvereinbarung tritt mit dem Tage der Unterzeichnung durch alle Parteien in Kraft. Sie gilt bis längstens … .

4. Sozialplan – Betriebsverlegung

Zwischen

der Firma ...

und

dem Betriebsrat ...

wird der folgende Sozialplan geschlossen:

Präambel

Zum Ausgleich bzw. zur Milderung der wirtschaftlichen Nachteile, die den Mitarbeitern durch die im Interessenausgleich vom ... bezeichnete Betriebsänderung entstehen, wird folgender Sozialplan vereinbart.

§ 1 Geltungsbereich

(1) Die Regelungen dieses Sozialplans gelten für Mitarbeiter i.S.d. § 5 Abs. 1 BetrVG, die zum Zeitpunkt des Abschlusses des Interessenausgleichs in einem ungekündigten und unbefristeten Arbeitsverhältnis stehen.

(2) Dieser Sozialplan findet keine Anwendung auf

– Mitarbeiter, deren Arbeitsverhältnis aus personen- oder verhaltensbedingten Gründen beendet wird.

– Mitarbeiter, die das Arbeitsverhältnis selbst kündigen.

– Mitarbeiter, die vor Ablauf der Kündigungsfrist oder vertraglich vereinbarten Auslauffrist vertragswidrig ausscheiden.

– Mitarbeiter, die wegen Erreichen der Altersgrenze ausscheiden.

§ 2 Leistungen

Das Unternehmen wird für die Dauer von zwei Jahren nach der Verlegung den Mitarbeitern kostenlos eine Busverbindung von ... nach ... zur Verfügung stellen.

Alternative

(1) Durch die Verlegung entsteht für eine begrenzte Anzahl an Mitarbeitern ein Mehraufwand an Fahrtzeit und Fahrtkosten zum Arbeitsplatz. Als Ausgleich für diese Nachteile erhält jeder Mitarbeiter, dessen Fahrtstrecke sich vom Wohnort zur Arbeitsstelle auf dem kürzesten Weg verlängert, einen einmaligen Ausgleich, der sich wie folgt berechnet:

– bis ... Kilometer (einfach) ... Euro

– über ... bis ... Kilometer (einfach) ... Euro

– über ... Kilometer (einfach) ... Euro

(2) Scheidet ein Mitarbeiter innerhalb von zwölf Monaten nach der Verlegung aus, muss er diesen Betrag anteilig (pro Monat 1 ½) zurückzahlen.

§ 3 Schlussbestimmungen

(1) Mitarbeiter, die Ansprüche aus diesem Sozialplan haben, sind verpflichtet, jede tatsächliche Änderung in ihren persönlichen Verhältnissen, die Bedeutung für die Leistungen nach dieser Betriebsvereinbarung hat, unverzüglich schriftlich dem Unternehmen mitzuteilen.

(2) Sollten einzelne Bestimmungen dieses Sozialplans unwirksam sein oder werden oder im Widerspruch zu tariflichen oder gesetzlichen Regelungen stehen, so bleiben die übrigen Regelungen bestehen. Die unwirksame oder im Widerspruch stehende Regelung ist durch eine Regelung zu ersetzen, die dem von den Parteien mit der ersetzten Regelung Gewollten möglichst nahe kommt. Gleiches gilt für eine evtl. Regelungslücke.

(3) Der Sozialplan tritt mit Unterzeichnung durch die Betriebspartner in Kraft.

5. Sozialplan – Betriebsstilllegung

Zwischen

der Firma ...

und

dem Betriebsrat ...

wird der folgende Sozialplan geschlossen:

1. Die Regelungen dieses Sozialplans gelten für alle Arbeitnehmer des Werkes, die auf Grund der im Interessenausgleich beschriebenen Betriebsschließung ihren Arbeitsplatz verlieren und deren Arbeitsverhältnisse aus diesem Grund enden.
2. Diese Regelungen gelten nicht für Arbeitnehmer gem. § 5 Abs. 3 BetrVG und für Beschäftigte, deren Arbeitsverhältnis aus einem nicht betriebsbedingten Grund endet.
3. Nimmt ein Mitarbeiter ein Arbeitsplatzangebot gem. Ziff. ... des Interessenausgleichs an, trägt die Firma die entstehenden Umzugskosten (Kosten des Möbeltransports, Schadensversicherung etc.). Die Firma entscheidet über die Auswahl des zu verwendenden Umzugsunternehmens. Für den Umzug erhält der/die Betroffene einen Sonderurlaub von zwei Arbeitstagen.
4. Für den Verlust des Arbeitsplatzes erhält der/die Mitarbeiter/in eine Abfindung.
5. Berechnungsgrundlage für diese Abfindung ist das durchschnittliche monatliche individuelle Bruttoeinkommen des Geschäftsjahres ...
6. Die Höhe der Abfindung wird nach folgender Formel errechnet:

    Abfindung = Grundbetrag + Aufstockungsbetrag + Sozialbetrag

    a) Grundbetrag: 1 000 Euro

    b) Aufstockungsbetrag:

    $$\frac{\text{Betriebszugehörigkeit} \times \text{Lebensalter} \times 0{,}5 \text{ Bruttoentgelte}}{[\_\_] \text{ [Divisor]}}$$

    c) Behinderte Menschen i.S.d. SGB IX erhalten zusätzlich einen Sozialbetrag von 1 500 Euro.

    Arbeitnehmer/innen, die nachweislich (Urkunde) eine Einschränkung ihrer Erwerbsfähigkeit haben bzw. Behinderte Menschen mit einem Grad der Behinderung zwischen 20 und 50 erhalten zusätzlich einen Sozialbetrag von 1 500 Euro.

    Für jedes auf der Lohnsteuerkarte eingetragene Kind werden 500 Euro gewährt.

Für die Erfassung der Arbeitnehmer/innen nach Ziff. 6 c) ist der Stichtag (Datum) maßgebend.

Bei einer Abfindung über 50 000 Euro wird der 50 000 Euro übersteigende Betrag nur zur Hälfte angerechnet. Die Abfindungssumme wird auf maximal 75 000 Euro begrenzt.

7. Teilzeitbeschäftigte erhalten die Abfindung entsprechend ihrem tatsächlichen Entgelt. Sie erhalten den Grundbetrag und evtl. Sozialbeträge anteilig im Verhältnis ihrer Wochenarbeitszeit zur regelmäßigen Wochenarbeitszeit eines Vollzeit-Mitarbeiters.

8. Der Stichtag für die Ermittlung des Lebensalters und der Beschäftigungsjahre ist jeweils der Austrittsmonat. Angefangene Monate werden jeweils voll auf einen Monat gerechnet.

   Im Jahr des Austrittes werden das 13. Monatsentgelt, das zusätzliche Urlaubsgeld sowie der Urlaub anteilig neben der Abfindung gewährt.

   Beschäftigte, die im Austrittsjahr ein betriebliches Jubiläum hatten, erhalten die vereinbarte Treueprämie.

9. Die Abrechnung und Auszahlung der Abfindung erfolgt unter Beachtung der steuerrechtlichen Regelungen. Hinsichtlich der Sozialversicherungspflicht gelten die gesetzlichen Bestimmungen.

10. Keine Abfindung erhalten:
    - Arbeitnehmer, die **vor** Abschluss des Interessenausgleichs/Sozialplans entweder aus dem Arbeitsverhältnis ausgeschieden sind oder deren Arbeitsverhältnis gekündigt ist.
    - Arbeitnehmer, die durch Vermittlung der Firma einen neuern Arbeitsplatz finden.
    - Arbeitnehmer, die einen befristeten Arbeitsvertrag haben und deren Arbeitsverhältnis durch Ablauf der Befristung endet.

11. Zur Milderung möglicher sozialer Härten werden die Firma und der Betriebsrat im Einzelfall Sondervereinbarungen treffen.

    Arbeitnehmer/innen, deren Arbeitsplatz aus betriebsbedingten Gründen vor dem Ende der Kündigungsfrist wegfällt, werden für die restliche Zeit bis zur Beendigung des Arbeitsverhältnisses von der Arbeit freigestellt, soweit sie nicht bei Inkrafttreten des Interessenausgleiches und dieses Sozialplanes arbeitsunfähig sind. Der Resturlaub und die Auflösung eines Arbeitszeitguthabens wird dem/der Arbeitnehmer/in in dieser Freistellungszeit gewährt.

    Alle Beschäftigten erhalten ein qualifiziertes Zwischen- bzw. Abschlusszeugnis.

    Mit dem Ausscheiden erhalten alle Anspruchsberechtigten eine aktualisierte Berechnung ihrer betrieblichen Altersversorgung.

    Für die Arbeitsplatzsuche wird der/die Betroffene angemessen unter Fortzahlung der Bezüge freigestellt.

12. Die Abfindungsansprüche entstehen zum Zeitpunkt der rechtlichen Beendigung des Arbeitsverhältnisses. Sie können zuvor nicht übertragen und vererbt werden. Die Ansprüche werden mit der Entstehung, frühestens einen Monat nach Ausspruch der Kündigung, fällig.

Erhebt ein Mitarbeiter Kündigungsschutzklage oder wehrt er sich in anderer Weise gegen die Beendigung des Arbeitsverhältnisses, werden die Ansprüche aus diesem Sozialplan erst fällig, wenn das Verfahren abgeschlossen ist und rechtskräftig feststeht, dass das Arbeitsverhältnis beendet ist. Dies gilt auch, wenn der Mitarbeiter Klage gegen einen Dritten erhebt, an den z.B. sachliche oder immaterielle Betriebsmittel der Betriebsstätte veräußert wurden.

Wird eine solche Klage eingereicht, nachdem die Abfindung bereits ausgezahlt wurde, so ist diese mit Erhebung der Klage unter Ausschluss von Zurückbehaltungsrechten zur Rückzahlung fällig.

Auf Leistungen aus diesem Sozialplan sind etwaige gesetzliche, tarifvertragliche, andere kollektiv- oder individualvertragliche Abfindungen, Nachteilsausgleichsansprüche oder sonstige Entschädigungsleistungen (z.B. nach § 113 BetrVG, §§ 9, 10 KSchG) anzurechnen.

Das Unternehmen ist berechtigt, die Leistungen aus dem Sozialplan mit evtl. eigenen Ansprüchen (Rückerstattungsansprüche, Ansprüche aus Arbeitgeberdarlehen usw.) zu verrechnen.

13. Dieser Sozialplan tritt mit der Unterzeichnung beider Parteien in Kraft. Sind Einzelbestimmungen dieses Sozialplanes ganz oder teilweise rechtsunwirksam, so bleiben die übrigen Bestimmungen davon unberührt. Die Firma und der Betriebsrat werden dann für rechtsunwirksame Regelungen neue Ersatzbestimmungen i.S.d. Sozialplans vereinbaren.

6. Sanierungstarifvertrag – Firmentarifvertrag anlässlich einer Unternehmensübernahme

Zwischen der

Firma XY-GmbH,

und

der Industriegewerkschaft ...,

vertreten durch die Verwaltungsstelle ...

wird Folgendes vereinbart:

Präambel

Die Fa. A-GmbH (im Folgenden: A), beabsichtigt die Übernahme aller Gesellschaftsanteile an der XY-GmbH (im Folgenden: XY). Ziel der Übernahme ist es, den Betrieb von XY langfristig mit einem Beschäftigungsstand von ca. ... Mitarbeitern weiterzuführen und die bisherigen A-Standorte zu stärken. Zwischen den Parteien besteht Einigkeit darüber, dass eine Weiterführung des XY-Betriebes mit dem angestrebten Personalbestand nicht möglich ist, wenn das Lohn- und Gehaltsniveau bei XY kurzfristig an das allgemeine Tarifniveau angepasst würde. Die Parteien vereinbaren deshalb Folgendes:

I. Zeit bis ... [Datum]

Der Haustarifvertrag vom ... [Datum] gilt zunächst in seiner bisherigen Fassung bis ... [Datum] weiter. Bis dahin findet weder eine Kündigung des Haustarifvertrags noch eine über die im Haustarifvertrag vereinbarte hinausgehende Erhöhung der Löhne und Gehälter statt.

II. Zeit ab ... [Datum]

1. In der Zeit ab dem ... [Datum] gilt der Haustarifvertrag vom ... [Datum] mit der Maßgabe weiter, dass die Regelungen über Lohnerhöhungen entfallen. Stattdessen werden in der Zeit ab dem ... [Datum] die Löhne und Gehälter zum gleichen Zeitpunkt erhöht, zu dem die entsprechenden Löhne und Gehälter bei A erhöht werden. Die Erhöhung wird im Einzelnen zwischen den Parteien dieses Tarifvertrages festgelegt; die Erhöhung soll so ausfallen, dass sich das Tempo verringert, mit dem sich in den vergangenen fünf Jahren die Lohn- und Gehaltsniveaus von XY und A auseinander bewegt haben. Zwischen XY und dem Betriebsrat kann vereinbart werden, dass statt einer Lohn- und Gehaltserhöhung eine entsprechende Verkürzung der wöchentlichen Arbeitszeit stattfindet.

2. Der Haustarifvertrag vom ... [Datum] sowie die vorliegende Vereinbarung kann von beiden Parteien mit einer Frist von einem Monat zum Monatsende gekündigt werden, erstmals zum ... [Datum]. Eine

außerordentliche Kündigung mit einer Frist von einem Monat zum Monatsende ist schon zu einem Zeitpunkt vor dem ... [Datum] möglich, wenn und sobald entweder:
- die Zahl der regelmäßig beschäftigten Mitarbeiter bei XY durch arbeitgeberseitige Kündigungen oder Aufhebungsverträge unter ... sinkt, oder
- A-Betriebsteile, Anlagen oder Maschinen zu XY verlagert und dadurch bei A innerhalb von zwölf aufeinander folgenden Monaten mehr als zehn Dauerarbeitsplätze wegfallen.

III. Inkrafttreten

Diese Vereinbarung tritt erst in Kraft, wenn und sobald A sämtliche Anteile an XY erworben hat. Kommt es nicht bis spätestens ... [Datum] zu dem Erwerb, gilt diese Vereinbarung als nicht geschlossen.

...
(Ort/Datum)

...   ...
(XY-GmbH)   (Gewerkschaft Bezirksleitung)

...
(zustimmend: Firma A)

7. „Bündnis für Arbeit" – Verbandstarifvertrag zur Beschäftigungssicherung

zwischen dem
Arbeitgeberverband

...

...

...

und der
Gewerkschaft

...

...

...

§ 1 Geltungsbereich

Der Geltungsbereich dieses Tarifvertrags entspricht dem des § 1 des jeweiligen Manteltarifvertrages vom ... mit Ausnahme der Auszubildenden.

§ 2 Absenkung der Arbeitszeit

(1) Zur Vermeidung von Entlassungen und zur Sicherung der Beschäftigung kann durch freiwillige Betriebsvereinbarungen die wöchentliche Arbeitszeit befristet bis zur Dauer von neun Monaten für Arbeitnehmergruppen, einzelne Abteilungen, ganze Betriebsteile oder Betriebe auf bis zu 30 Stunden in der Woche verkürzt werden; Folgebetriebsvereinbarungen sind nach denselben Bedingungen möglich. Die Bezüge und sonstigen arbeitszeitbezogenen Leistungen werden entsprechend gekürzt. Die Jubiläumszahlungen gem. § ... MTV errechnen sich auf der Basis der vor der befristeten Arbeitszeitabsenkung vertraglich vereinbarten Arbeitszeit.

Für Arbeitnehmer/-innen mit einer individuellen regelmäßigen wöchentlichen Arbeitszeit von weniger als 38,5 Stunden wird die Arbeitszeit im gleichen Verhältnis abgesenkt wie bei Vollzeitbeschäftigten, jedoch nicht unter 20 Stunden.

(2) Um die Absenkung der Gehälter zu vermeiden oder zu vermindern, können die Betriebsparteien Ausgleichszahlungen vereinbaren, die mit den tariflichen Jahresleistungen (betriebliche Sonderzahlung und/oder Urlaubsgeld) verrechnet werden. Soziale Härtefälle sind dabei zu vermeiden. Der Anspruch auf diese tariflichen Leistungen vermindert sich entsprechend. Die monatliche Fortführung der Dotierung der betrieblichen Altersvorsorge erfolgt auf der Basis der so berechneten Monatsvergütungen.

(3) Die Betriebsvereinbarung muss eine Regelung zur Mehrarbeit enthalten.

(4) Während der Absenkung der Arbeitszeit zur Sicherung der Beschäftigung kann den Betroffenen gegenüber keine betriebsbedingte Kündigung ausgesprochen werden.

(5) In betriebsratslosen Betrieben kann der Arbeitgeber die vorübergehende Absenkung der Wochenarbeitszeit einzelvertraglich mit dem Arbeitnehmer nach den obigen Regelungen durchführen. Besteht ein Gesamtbetriebsrat, tritt dieser an die Stelle des fehlenden Betriebsrats.

§ 3 Härteklausel

I. Grundsatz

1. Zur Abwendung drohender Insolvenzen und/oder zum Ausschluss von betriebsbedingten Kündigungen oder bei vergleichbaren besonderen wirtschaftlichen Härtefällen kann von den tarifvertraglichen Bestimmungen durch befristete freiwillige Betriebsvereinbarungen abgewichen werden.

2. Gegenstand der Härtefallregelung können neben Bestimmungen über die tariflichen Gehälter auch diejenigen über das Urlaubsgeld gem. § ... MTV und die betriebliche Sonderzahlung gem. § ... MTV sein.

II. Zustimmung der Tarifvertragsparteien

Haben Arbeitgeber und Betriebsrat in einer freiwilligen Betriebsvereinbarung eine Härtefallregelung vereinbart, ist diese beiden Tarifvertragsparteien schriftlich zur Zustimmung zuzuleiten. Tarifpartei auf der Arbeitgeberseite ist der Arbeitgeberverband, auf der Arbeitnehmerseite die .... Die Tarifvertragsparteien stimmen darin überein, dass die Frage einer solchen Zustimmung pragmatisch behandelt und im Interesse der betroffenen Arbeitnehmer und Unternehmen innerhalb von zwei Wochen nach Zugang entschieden wird. Schweigen gilt als Zustimmung.

III. Betriebsratslose Betriebe

Besteht im Betrieb kein Betriebsrat, so kann der Arbeitgeber die Härtefallregelung einzelvertraglich mit dem/den Arbeitnehmer/n unter Einhaltung der oben beschriebenen Grundsätze vereinbaren. Besteht ein Gesamtbetriebsrat, tritt dieser an die Stelle des fehlenden Betriebsrats.

§ 4 Inkrafttreten und Laufzeit

Dieser Tarifvertrag tritt am 1. Januar ... in Kraft. Er kann mit einer Frist von sechs Monaten zum Jahresende, erstmals zum 31. Dezember ... gekündigt werden. Eine Nachwirkung ist ausgeschlossen. Bestehen zum Zeitpunkt des Ablaufs des Tarifvertrages Betriebsvereinbarungen zu § 2 oder § 3, behalten diese ihre Gültigkeit bis zu ihrem vereinbarten Ablauf.

Vertragsmuster

Die Tarifvertragsparteien werden spätestens drei Monate vor Ablauf des Tarifvertrages in Gespräche darüber eintreten, ob der Tarifvertrag weitergeführt werden kann.

...
Ort, Datum

...
(Unterschrift)

...
(Unterschrift)

8. Betriebsratsanhörung – Betriebsbedingte Kündigung

Anhörung des Betriebsrates zur ordentlichen fristgemäßen betriebsbedingten Kündigung gem. § 102 BetrVG

An den Betriebsrat
z. Hd. des/der Betriebsratsvorsitzenden
im Hause

Sehr geehrte(r) Frau/Herr ...,

wir beabsichtigen, Herrn/Frau ... betriebsbedingt ordentlich mit gesetzlicher Kündigungsfrist von ... Monaten zum Monatsende, somit zum ... zu kündigen.

Herr/Frau ... hat folgende Sozialdaten:

Alter ...

Eintrittsdatum in unser Unternehmen ...

Betriebszugehörigkeit ...

Anzahl der unterhaltsberechtigten Kinder ...

Schwerbehinderung ...

Anhaltspunkte für eine sonstige soziale Schutzbedürftigkeit haben wir nicht.

Er/Sie erhält zurzeit eine Vergütung von ... Euro und ist tätig als ... in der Abteilung ...

Mit Beschluss vom ... hat die Gesellschafterversammlung entschieden, die Abteilung ... stillzulegen. Auf Grund dessen fällt der dortige Arbeitsplatz von Herrn/Frau ... zum ... weg.

Wir haben die Sozialauswahl gem. anliegender Liste betriebsweit durchgeführt. Aus der Liste ersehen Sie die einbezogenen vergleichbaren Arbeitnehmer und deren Sozialdaten. Wir haben die Arbeitnehmer in der Reihenfolge ihrer sozialen Schutzbedürftigkeit geordnet. Damit ist Herr/Frau ... nach Herrn A am wenigsten sozial schutzbedürftig, da er/sie die kürzeste Betriebszugehörigkeit, das geringste Alter und keine Unterhaltspflichten hat.

Nur Herr A ist noch weniger sozial schutzbedürftig. Da er aber als Einziger über die für unser Unternehmen unabdingbaren Kenntnisse des Betriebssystems für unsere Buchhaltungssoftware verfügt, die er selbst installiert hat, können wir auf seine Weiterarbeit unter keinen Umständen verzichten. Wir haben ihn daher nach § 1 Abs. 3 Satz 2 KSchG von der Sozialauswahl ausgenommen.

Einen anderen freien Arbeitsplatz im Unternehmen gibt es nicht.
Wir bitten Sie, der beabsichtigten Kündigung zuzustimmen.

...

(Unterschrift)

9. Betriebsratsanhörung – Betriebsstilllegung

Anhörung gemäß § 102 BetrVG zu betriebsbedingten Kündigungen wegen Betriebsstilllegung

An den Betriebsrat
im Hause

Sehr geehrte Damen und Herren,

wie ich Ihnen bereits am … ausführlich dargelegt habe, ist wegen der anhaltenden Verlustsituation eine Fortführung des Betriebs nicht mehr möglich. Unser Unternehmen hat im Jahr … einen Verlust von … Euro erwirtschaftet. Im Jahr … sind unsere Verluste sprunghaft auf … Euro angestiegen. Nach dem Verlust des …-Auftrags im Frühjahr … haben wir versucht, durch verstärkte Konzentration auf das Ersatzteilgeschäft in die Gewinnzone zurückzugelangen. Dies ist uns nicht gelungen. Trotz aller Bemühungen ist es uns auch nicht gelungen, von … oder … Aufträge für weitere Produktionen zu erhalten. Eingehende Untersuchungen unseres Wirtschaftsprüfers haben des Weiteren ergeben, dass keine Hoffnung darauf besteht, durch aus eigener Kraft realisierbare Strukturveränderungen die Ertragslage des Unternehmens nachhaltig zu verbessern. Eine von unserem Wirtschaftsprüfer aufgestellte Planrechnung für das Jahr … stellt uns für dieses Jahr einen Verlust in Höhe von ca. … Euro in Aussicht. Als letzten Ausweg haben wir versucht, einen Käufer für das Unternehmen zu finden. Alle Bemühungen in dieser Richtung sind jedoch im Laufe des letzten Jahres nach und nach gescheitert. Derzeit gibt es keine Interessenten für eine Übernahme mehr. Bei einer Weiterführung des Betriebes wäre ein Insolvenzverfahren unausweichlich. Die Vermögenswerte des Unternehmens sind bereits weitgehend aufgezehrt. Die Gesellschafter haben deshalb am … auf einer Gesellschafterversammlung beschlossen, das Unternehmen zu liquidieren und den Betrieb zum … einzustellen. Hintergrund der Entscheidung war die feste Überzeugung, dass eine geordnete Liquidation besser ist als eine Insolvenz. Sie können versichert sein, dass mir als persönlich haftendem Gesellschafter, der diesem Unternehmen seit Jahrzehnten verbunden ist, die Entscheidung über die Aufgabe des Betriebes nicht leicht gefallen ist. Die wirtschaftlichen Zwänge und die bekannten Strukturprobleme unserer Branche lassen jedoch keine andere Wahl.

Zu unserem Bedauern müssen wir deshalb allen Mitarbeitern kündigen. Dazu hören wir Sie hiermit an. Beigefügt erhalten Sie eine **komplette Personalliste** mit allen relevanten Daten.

Wir beabsichtigen, allen Mitarbeitern zum … zu kündigen. Dies gilt auch für solche Mitarbeiter, die eine kürzere Kündigungsfrist als sechs Monate zum Quartal haben. Eine Sozialauswahl kann nicht stattfinden, da allen Mitarbeitern zum gleichen Zeitpunkt gekündigt wird.

Auf folgende Besonderheiten möchten wir hinweisen:

1. Bei den Mitarbeiterinnen bzw. Mitarbeitern **C, D, E, F, G, H, I, J, K** ist gemäß Ziff. 4.4 des MTV für die Metallindustrie, der in unserem Betrieb gilt, die ordentliche Kündigung ausgeschlossen. Nach st. Rspr. ist jedoch bei der Schließung eines Betrlebes statt der tarifvertraglich ausgeschlossenen ordentlichen Kündigung eine sog. „außerordentliche Kündigung mit Auslauffrist" zulässig. Hinsichtlich der genannten Mitarbeiter bitten wir deshalb anders als bei den übrigen Mitarbeitern nicht um die Zustimmung zu einer ordentlichen Kündigung, sondern zu einer außerordentlichen Kündigung, die aber ebenfalls zum ... ausgesprochen werden soll.

2. Herr **M** (zu 60 %) und Herr **N** (zu 50 %) sind behindert. Nach dem SGB IX kann diesen Mitarbeitern erst dann gekündigt werden, wenn die Zustimmung des Integrationsamts vorliegt. Wir haben diese Zustimmung heute beantragt. Sofern die Zustimmung von dem Integrationsamt mit Verzögerung erteilt wird, kann sich der Kündigungstermin für die beiden genannten Mitarbeiter nach hinten verschieben. Wir wollen aber auf jeden Fall zum jeweils nächstmöglichen Kündigungstermin kündigen.

3. Für die Betriebsratsmitglieder **O, P** und **Q** ist eine ordentliche Kündigung zulässig. Zwar sind die Arbeitsverhältnisse der Betriebsratsmitglieder normalerweise ordentlich nicht kündbar. § 15 Abs. 4 KSchG enthält jedoch eine Ausnahmeregelung. Danach ist bei der Stilllegung eines Betriebes die ordentliche Kündigung von Betriebsratsmitgliedern möglich, wenn sie frühestens zum Zeitpunkt der Stilllegung ausgesprochen wird. Das ist vorliegend der Fall. Auch hinsichtlich der drei genannten Mitarbeiterinnen/Mitarbeiter bitten wir deshalb gemäß § 102 BetrVG um Ihre Zustimmung zu einer ordentlichen Kündigung zum ...

Bitte teilen Sie innerhalb einer Woche mit, ob Sie zu den genannten Kündigungen Ihre Zustimmung erteilen.

...
Geschäftsführer

10. Sprecherausschussanhörung

An den Sprecherausschuss
z. Hd. des/der Sprecherausschussvorsitzenden
im Hause

Sehr geehrte(r) Frau/Herr ...,

wir beabsichtigen, Herrn/Frau ... betriebsbedingt ordentlich mit gesetzlicher Kündigungsfrist von ... Monaten zum Monatsende, somit zum ... zu kündigen.

Herr/Frau ... hat folgende Sozialdaten:

Alter ...

Eintrittsdatum in unser Unternehmen ...

Betriebszugehörigkeit ...

Anzahl der unterhaltsberechtigten Kinder ...

Schwerbehinderung ...

Anhaltspunkte für eine sonstige soziale Schutzbedürftigkeit haben wir nicht.

Er/Sie erhält zurzeit eine Vergütung von ... Euro und ist tätig als ... in der Abteilung ...

Mit Beschluss vom ... hat die Gesellschafterversammlung entschieden, die Abteilung ... stillzulegen. Auf Grund dessen fällt der dortige Arbeitsplatz von Herrn/Frau ... zum ... weg.

Eine Sozialauswahl ist nicht durchzuführen, da Herr/Frau ... nicht mit anderen Mitarbeitern vergleichbar ist. Vergleichbar sind Mitarbeiter, die aufgrund ihrer betrieblichen Tätigkeit und beruflichen Qualifikation ohne längere Einarbeitungszeit gegenseitig austauschbar sind. Eine solche Vergleichbarkeit besteht im Fall von Herrn/Frau ... nicht.

Einen anderen freien Arbeitsplatz im Unternehmen gibt es nicht.

Sofern der Sprecherausschuss Bedenken gegen die Kündigung hat, bitten wir um schriftliche Mitteilung, gemäß § 31 Abs. 2 Satz 4 SprAuG unter Wahrung der gesetzlichen Frist.

...
(Unterschrift)

11. Antrag auf Zustimmung zur Kündigung eines schwerbehinderten Menschen

Vgl. jeweilige Internetseite der Integrationsämter: www.integrationsaemter.de.

12. Antrag auf Zustimmung zur Kündigung in der Elternzeit

An das Landesamt für Arbeitsschutz
und technische Sicherheit

...
Ort, Datum

Antrag auf Zustimmung zur ordentlichen Kündigung
des/der ... (Name, Vorname, Geburtsdatum, Familienstand, Anschrift)

Sehr geehrte Damen und Herren,

wir beabsichtigen, Herrn/Frau ... ordentlich zu kündigen. Wir bitten Sie um Ihre Zustimmung gem. § 18 Abs. 1 Satz 2 und 3 BEEG. Dies begründen wir wie folgt:

Herr/Frau ... ist bei uns als ... seit ... beschäftigt. Er/sie verdient zur Zeit ... Euro brutto/monatlich. Die Kündigung ist vorgesehen am ... . Die gesetzliche/vertragliche/tarifvertragliche Kündigungsfrist beträgt ... .

Herr/Frau ... ist seit dem ... und noch bis zum ... in Elternzeit.

Die Kündigung ist aus folgenden Gründen beabsichtigt: Unsere Gesellschaft hat nur den Betrieb in ... . Der Betrieb wird zum ... stillgelegt, die Gesellschaft liquidiert. Alle Arbeitnehmer werden spätestens zu diesem Zeitpunkt entlassen. Eine Weiterbeschäftigungsmöglichkeit besteht nicht.

Daher liegt nach Maßgabe von § 2 Abs. 1 Nr. 1 der Allgemeinen Verwaltungsvorschrift zum Kündigungsschutz bei Elternzeit ein „besonderer Fall" im Sinne von § 18 Abs. 1 Satz 2 BEEG vor. Wir bitten daher, der beabsichtigten Kündigung zuzustimmen.

Die Stellungnahmen des Betriebsrats sowie den mit dem Betriebsrat geschlossenen Interessenausgleich und Sozialplan fügen wir bei.

Mit freundlichen Grüßen

...
Firma

13. Massenentlassungsanzeige

Vgl. Internetseite der Bundesagentur für Arbeit: www.arbeitsagentur.de.

14. Einfache betriebsbedingte Kündigung

Sehr geehrte(r) Frau/Herr ...,

hiermit kündigen wir das mit Ihnen bestehende Arbeitsverhältnis ordentlich zum ...

Die Kündigungsgründe sind Ihnen bekannt/die Kündigung erfolgt aufgrund dringender betrieblicher Erfordernisse.

Der Betriebsrat hat der Kündigung zugestimmt/Bedenken geäußert/widersprochen; seine Stellungnahme fügen wir bei.

Wir weisen Sie auf Ihre Pflicht zur frühzeitigen Arbeitssuche nach § 37b SGB III hin. Sie sind verpflichtet, sich innerhalb von drei Tagen nach Erhalt dieser Kündigung bei der Agentur für Arbeit persönlich arbeitssuchend zu melden. Die Pflicht zur Meldung besteht unabhängig davon, ob der Fortbestand des Arbeitsverhältnisses gerichtlich geltend gemacht wird. Sofern dieses Arbeitsverhältnis noch länger als drei Monate besteht, ist eine Meldung spätestens drei Monate vor dessen Beendigung ausreichend. Weiterhin sind Sie verpflichtet, aktiv nach einer Beschäftigung zu suchen.

...
Firma

15. Betriebsbedingte Kündigung mit Abfindungsangebot nach § 1a KSchG

Sehr geehrte(r) Frau/Herr ...,

hiermit kündigen wir das mit Ihnen bestehende Arbeitsverhältnis ordentlich zum ... Die Kündigung wird auf dringende betriebliche Erfordernisse gestützt.

Zugleich machen wir Ihnen folgendes Angebot nach § 1a Abs. 1 KSchG: Wenn Sie die Klagefrist nach §§ 2, 4 KSchG verstreichen lassen und auch keinen Antrag auf nachträgliche Zulassung nach § 5 KSchG stellen, erhalten Sie von uns als freiwilligen Ausgleich für den Verlust Ihres Arbeitsplatzes eine Abfindung in Höhe von ... Euro brutto. Dieser Betrag entspricht 0,5 Monatsverdiensten für jedes Jahr des Bestehens Ihres Arbeitsverhältnisses gem. § 1a Abs. 2 KSchG.

Wir weisen Sie darauf hin, dass Sie verpflichtet sind, sich unverzüglich nach Erhalt dieser Kündigung bei der Agentur für Arbeit persönlich arbeitssuchend zu melden. Sofern das Arbeitsverhältnis noch länger als drei Monate besteht, ist eine Meldung drei Monate vor der Beendigung ausreichend. Weiterhin sind Sie verpflichtet, aktiv nach einer Beschäftigung zu suchen.

...
Firma

16. Gesellschafterbeschluss zur Betriebsstilllegung

Die Unterzeichner bilden die Gesellschafterversammlung der ... GmbH. Unter Verzicht auf alle Formen und Fristen der Einberufung und Durchführung beschließen sie einstimmig Folgendes:

Der Betrieb der ... GmbH in ... soll mit Wirkung zum ... stillgelegt werden. Für diesen Betrieb werden ab sofort keine Aufträge mehr angenommen. Allen Arbeitnehmern des Betriebs soll zum nächstmöglichen Kündigungstermin gekündigt werden. Eigene Arbeitnehmer werden zur Abarbeitung noch vorhandener Aufträge nur noch während ihrer jeweiligen Kündigungsfristen, höchstens bis zum Stilllegungszeitpunkt eingesetzt. Die Entscheidung erfolgt vorbehaltlich der Durchführung der gesetzlich erforderlichen Mitbestimmungsrechte des Betriebsrats.

Die Geschäftsführer der ... GmbH werden angewiesen, die dazu erforderlichen Maßnahmen durchzuführen.

...

Gesellschafter der ... GmbH

17. Aufhebungsvertrag

Zwischen

der Firma ...

und

Herrn/Frau ...

wird Folgendes vereinbart:

§ 1 Beendigung

Die Parteien sind sich darüber einig, dass das Arbeitsverhältnis mit Ablauf des ... auf Veranlassung der Firma einvernehmlich enden wird/geendet hat.

§ 2 Abfindung

Wegen der Beendigung des Arbeitsverhältnisses zahlt die Firma Herrn/Frau ... eine am ... fällige, aber schon jetzt entstandene und damit vererbliche Abfindung i.S.d. §§ 9, 10 KSchG, 24, 34 EStG von ... Euro.

[oder

Wegen der Beendigung des Arbeitsverhältnisses und der damit verbundenen Aufgabe des sozialen Besitzstandes zahlt die Firma Herrn/Frau ... eine einmalige, schon jetzt entstandene und damit vererbliche Abfindung gem. §§ 9, 10 KSchG, 24, 34 EStG in Höhe von ... Euro brutto, zahlbar am Tag der rechtlichen Beendigung des Arbeitsverhältnisses.]

[oder

Die Firma zahlt Herrn/Frau ... für den Verlust des Arbeitsplatzes eine Abfindung gem. §§ 9, 10 KSchG in Höhe von ... Euro

Die Abfindung reduziert sich für den Fall, dass Herr/Frau ... innerhalb von sechs Monaten nach Beendigung des Arbeitsverhältnisses ein neues Arbeits- oder Dienstverhältnis eingeht, und zwar für jeden vollen Monat der neuen Beschäftigung um ... Euro. Herr/Frau ... ist verpflichtet, der Firma die Eingehung des neuen Arbeits- oder Dienstverhältnisses innerhalb einer Woche nach Aufnahme der Tätigkeit mitzuteilen.

Herr/Frau ... ist verpflichtet, eventuell überzahlte Beträge an die Firma zurückzuzahlen.]

[und/oder

Der Anspruch auf die Abfindung fällt weg, wenn die Firma bis zu dem nach § 1 vorgesehenen rechtlichen Beendigungszeitpunkt des Arbeitsverhältnisses wirksam gem. § 626 BGB kündigen sollte.]

§ 3 Freistellung

Herr/Frau ... wird ab dem ... bis zum Ende des Anstellungverhältnisses unter Fortzahlung der Vergütung und unter Anrechnung auf etwaige Ansprüche auf Freizeitausgleich von der Verpflichtung zur Arbeitsleistung freigestellt. Herr/Frau ... nimmt seinen/ihren Urlaub in der Zeit vom ... bis zum ... Die Firma behält sich vor, die Freistellung zu widerrufen und den Arbeitnehmer außerhalb des Urlaubszeitraums zu beschäftigen.

[oder

Herr/Frau ... wird mit sofortiger Wirkung/wird ab .../... bleibt freigestellt bis zu dem in § 1 genannten rechtlichen Beendigungszeitpunkt des Arbeitsverhältnisses, und zwar unter Fortzahlung der vertragsmäßigen Bezüge. Die Freistellung erfolgt zunächst unwiderruflich unter Anrechnung sämtlicher Urlaubsansprüche und Ansprüche auf Zeitguthaben. Im Anschluss an die damit verbundene Gewährung des Urlaubs und den Verbrauch etwaiger Zeitguthaben ist die Freistellung widerruflich; nur für diese Zeit behält die Firma sich vor, Herrn/Frau ... während der Restlaufzeit des Vertrages teilweise oder ganz an den Arbeitsplatz zurückzurufen. Während der widerruflichen Freistellung ist anderweitiger Verdienst gem. § 615 Satz 2 BGB anzurechnen. Während der Freistellung ist Herr/Frau ... weiter befugt, sämtliche Büroeinrichtungen einschließlich des in seiner/ihrer Wohnung installierten Diensttelefons auf Kosten der Firma für Bewerbungsaktivitäten zu nutzen.]

[oder

Herr/Frau ... wird mit sofortiger Wirkung/wird ab .../bleibt unwiderruflich freigestellt unter Fortzahlung der vertragsmäßigen Bezüge bis zu dem in § 1 genannten rechtlichen Beendigungszeitpunkt des Arbeitsverhältnisses. Er/Sie ist bis zu dem in § 1 genannten Zeitpunkt in der Verwertung seiner/ihrer Arbeitskraft frei, wobei ihm/ihr jede Beteiligung und/oder Tätigkeit für ein Konkurrenzunternehmen untersagt ist. Während der Zeit der Freistellung findet § 615 Satz 2 BGB Anwendung/keine Anwendung. Durch die Freistellung sind sämtliche Urlaubsansprüche und Ansprüche auf Freizeitausgleich abgegolten.]

[oder/und

Herr/Frau ... ist berechtigt, das Arbeitsverhältnis abweichend von § 1 mit einer Ankündigungsfrist von zwei Wochen zum Monatsende vorzeitig zu beenden. In diesem Fall zahlt die Firma die dadurch frei werdenden monatlichen Bezüge in vollem Umfang/in Höhe von ... % ohne Arbeitgeberbeiträge zur Sozialversicherung (Arbeitnehmerbrutto) zusätzlich als Abfindung nach § 2 mit der Maßgabe, dass die Gesamtabfindung im Zeitpunkt der vorzeitigen Beendigung des Arbeitsverhältnisses fällig wird. Eine vorzeitige Beendigung ist im Interesse und entspricht dem Wunsch der Gesellschaft.]

§ 4 Gewinnbeteiligung, Tantieme

Herr/Frau ... hat für das laufende Geschäftsjahr/das Kalenderjahr ... Anspruch auf Gewinnbeteiligung in Höhe von ... % des Jahresgewinns. Diese Gewinnbeteiligung wird trotz Beendigung des Arbeitsverhältnisses mit Ablauf des ... für das ganze Jahr gezahlt. Die Auszahlung erfolgt nach Ende des laufenden Geschäftsjahres und Feststellung der Handelsbilanz.

[oder

Herr/Frau ... hat für das laufende Geschäftsjahr/Kalenderjahr ... Anspruch auf Gewinnbeteiligung in Höhe von ... % des Jahresgewinns. Wegen der vorzeitigen Beendigung des Arbeitsverhältnisses am ... wird die Gewinnbeteiligung zu .../12 gezahlt. Die Auszahlung erfolgt drei Monate nach Feststellung der Handelsbilanz.]

[oder

Herr/Frau ... hat an und für sich Anspruch auf eine vertragliche Gewinnbeteiligung. Diese wird pauschal mit ... Euro abgegolten.]

§ 5 Gratifikation

Herr/Frau ... erhält am ... für das Jahr ... die vertraglich zugesagte Gratifikation trotz des Ausscheidens am ... ungekürzt.

[oder

Die vertraglich zugesagte Gratifikation erhält Herr/Frau ... in diesem Jahr mit Rücksicht auf die vorzeitige Beendigung des Arbeitsverhältnisses nicht.]

[oder

Herr/Frau ... erhält die vertraglich zugesagte Gratifikation am ... zu .../12.]

§ 6 Dienstwagen

Herr/Frau ... ist verpflichtet, den Dienstwagen nebst sämtlichen Fahrzeugpapieren, Schlüsseln, allem Zubehör sowie der Tankkarte sofort an die Firma zurückzugeben.

[evtl.

Als Entschädigung enthält er/sie eine Pauschale von ... Euro]

[oder

Herr/Frau ... kann den Dienstwagen auch während der Zeit der Freistellung privat nutzen. Er/Sie ist verpflichtet, den Wagen nebst ... am ... an die Firma zurückzugeben.]

[oder

Herr/Frau ... übernimmt den Dienstwagen am ... käuflich zum Buchwert. Der Preis beträgt ... Euro (inkl. etwaiger Mehrwertsteuer). Das Fahrzeug

nebst ... wird am ... unter Aushändigung der Fahrzeugpapiere Herrn/
Frau ... übergeben. Der Kaufpreis wird mit dem Nettobetrag der Abfindung nach § 2 verrechnet. Dadurch ggf. anfallende Steuern trägt Herr/
Frau ...]
[oder

Der Dienstwagen nebst ... wird Herrn/Frau ... kostenlos mit Wirkung zum ... übereignet. Dadurch anfallende Steuern trägt Herr/Frau ...]

§ 7 Urlaub

Die Parteien sind sich darüber einig, dass Herr/Frau ... den ihm/ihr für das Jahr ... noch zustehenden Urlaub von ... Werk-/Arbeitstagen vom ... bis ... nehmen wird.

[oder

Wegen der vorzeitigen Beendigung des Arbeitsverhältnisses konnte Herr/Frau ... den ihm/ihr für das Jahr ... zustehenden Urlaub von ... Werk-/Arbeitstagen nicht nehmen. Die Firma zahlt deshalb eine Urlaubsabgeltung von ... Euro, fällig am ...]

§ 8 Werkwohnung

Herr/Frau ... verpflichtet sich, die Werkwohnung in der ... straße in ... bis spätestens ... zu räumen.

[oder

Die bisher benutzte Werkwohnung in der ... straße in ... wird an Herrn/
Frau ... ab ... zu folgenden Bedingungen weitervermietet: ...]

[oder

Herr/Frau ... ist berechtigt, im Firmenhaus ... bis zum ... zu den bisherigen Konditionen weiter zu wohnen. Die Firma hat etwaige anfallende Steuern bis dahin zu übernehmen/nicht zu übernehmen. Herr/Frau ... ist verpflichtet/nicht verpflichtet, das Haus zu renovieren.]

§ 9 Darlehen

Herr/Frau ... hat von der Firma am ... ein Darlehen i.H.v. ... Euro erhalten. Hierauf sind bis heute ... Euro zurückbezahlt. Der Restbetrag wird in monatlichen Raten von ... Euro, zahlbar am ... eines jeden Monats, beginnend mit dem ... zurückgezahlt werden. Kommt Herr/Frau ... mit mehr als einer Rate in Verzug, ist der gesamte Restbetrag fällig.

[evtl.

Zur Sicherung des Darlehensrestanspruchs tritt Herr/Frau ... hiermit zukünftige Lohnforderungen gegen jeden neuen Arbeitgeber in Höhe des jeweils pfändungsfreien Betrags an die Firma ab.]

[oder

Der zwischen den Parteien geschlossene Darlehensvertrag vom ... wird zu den vereinbarten Konditionen fortgeführt. Herr/Frau ... hat das Recht, die noch offene Darlehensschuld von ... Euro (Stand ...) vorzeitig durch eine Einmalzahlung abzulösen.]

[oder

Herr/Frau ... hat von der Firma am ... ein Darlehen i.H.v. ... Euro erhalten. Hierauf sind bis heute ... Euro zurückgezahlt. Der Restbetrag wird mit dem Nettobetrag der Abfindung gem. § 2 verrechnet.]

§ 10 Diensterfindung

Herr/Frau ... erhält für die am ... gemeldete Diensterfindung eine Vergütung von ... Euro. Weitere Ansprüche auf Grund des Arbeitnehmererfindungsgesetzes bestehen nicht.

[oder

Die Parteien sind sich darüber einig, dass Herr/Frau ... für die am ... gemeldete Diensterfindung keine Vergütung erhält.]

[oder

Für sämtliche Erfindungen, die auf Herrn/Frau ... als Erfinder oder Miterfinder zurückgehen, erhält Herr/Frau ... eine abschließende Abfindung von ... Euro. Mit diesem Betrag sind alle Ansprüche des Herrn/Frau ... aus dem Arbeitnehmererfindungsgesetz für sämtliche während der Dauer des Anstellungsverhältnisses gemeldeten Diensterfindungen, Schutzrechte bzw. Schutzrechtsanmeldungen, die auf Herrn/Frau ... als Erfinder oder Miterfinder zurückgehen, erfüllt. In diesem Betrag eingeschlossen sind also beispielsweise auch solche Beträge, die bei einer eventuellen Benutzung durch die Firma entstehen würden oder entstanden, aber noch nicht vergütet sind. Die Auszahlung der Pauschalvergütung wird unter Abzug der gesetzlichen Steuern veranlasst.]

§ 11 Nachvertragliches Wettbewerbsverbot

Das am ... von den Parteien vereinbarte nachvertragliche Wettbewerbsverbot wird von dem vorliegenden Aufhebungsvertrag nicht berührt.

[evtl.

Die Firma nimmt zur Kenntnis, dass Herr/Frau ... am ... in die Dienste der Firma ... treten wird. Die Parteien sind sich darüber einig, dass diese Tätigkeit nicht gegen das vereinbarte Wettbewerbsverbot verstößt.]

[oder

Die Parteien ändern das am ... vereinbarte nachvertragliche Wettbewerbsverbot so ab, dass Herr/Frau ... statt einer monatlichen Karenzentschädigung von ... Euro monatlich nur ... Euro erhält. Außerdem wird die Laufzeit des Wettbewerbsverbots auf die Zeit vom ... bis ... beschränkt.]

[oder

Die Parteien heben das nachvertragliche Wettbewerbsverbot mit sofortiger Wirkung auf.]

[oder

Das in § … des Anstellungsvertrags vom … geregelte nachvertragliche Wettbewerbsverbot gilt für die Zeit vom … bis … Die für dieses Wettbewerbsverbot zu zahlende Karenzentschädigung ist vollumfänglich in der Abfindung gem. § 2 dieses Aufhebungsvertrags enthalten. Im Übrigen gelten für das nachvertragliche Wettbewerbsverbot die Bestimmungen des Anstellungsvertrages und die §§ 74 ff. HGB.]

§ 12 Geschäfts- und Betriebsgeheimnisse, Wohlverhalten

Herr/Frau … ist verpflichtet, alle ihm/ihr während seiner/ihrer Tätigkeit bekannt gewordenen vertraulichen betriebsinternen Angelegenheiten, vor allem Geschäfts- und Betriebsgeheimnisse, geheim zu halten. Sollte die nachvertragliche Verschwiegenheitspflicht Herrn/Frau in seinem/ihrem beruflichen Fortkommen unangemessen behindern, hat er/sie gegen die Gesellschaft einen Anspruch auf Freistellung von dieser Pflicht.

[evtl.

Beide Seiten verpflichten sich, negative Äußerungen über die jeweilige andere Seite zu unterlassen.]

[oder

Die Firma nimmt hiermit alle negativen Behauptungen über Herrn/Frau … zurück. Herr/Frau … sichert zu, keine negativen Äußerungen über die Firma zu verbreiten.]

§ 13 Betriebliche Altersversorgung

Die Parteien sind sich darüber einig, dass Herr/Frau … keinen unverfallbaren Anspruch nach dem Gesetz zur Verbesserung der betrieblichen Altersversorgung vom 19.12.1974 erworben hat.

[oder

Herr/Frau … hat aus der betrieblichen Altersversorgung der Firma einen unverfallbaren Anspruch/eine unverfallbare Anwartschaft auf Leistung erworben. Die Bescheinigung nach § 2 Abs. 6 des Gesetzes zur Verbesserung der betrieblichen Altersversorgung vom 19.12.1974 wird gesondert erteilt.]

[oder

Die Parteien sind sich darüber einig, dass Herr/Frau … einen unverfallbaren Anspruch auf Grund der betrieblichen Altersversorgung der Firma erworben hat. Dieser Anspruch auf eine Altersrente, die im Alter … einsetzt, beträgt … Euro. Die Parteien vereinbaren, diese Altersrente gem. § 3 Abs. 2 des Gesetzes zur Verbesserung der betrieblichen Altersversorgung versicherungsmathematisch abzufinden. Herr/Frau … erhält deshalb einen einmaligen Pauschalbetrag von ... Euro, fällig am ... . Damit sind sämtliche Ansprüche aus der betrieblichen Altersversorgung erledigt.]

[oder

Herr/Frau ... hat aus der betrieblichen Altersversorgung der Firma einen unverfallbaren Anspruch erworben. Bei Erreichen der gesetzlichen Regelaltersgrenze hat Herr/Frau ... einen Leistungsanspruch, der nicht nach § 2 Abs. 1 Satz 1 BetrAVG gekürzt wird.]

[oder

Die Firma räumt mit Beendigung des Arbeitsverhältnisses Herrn/Frau ... das Recht ein, die bei der ... Versicherung abgeschlossene Direktversicherung (Nr. ...) fortzuführen und wird die dazu notwendigen Erklärungen gegenüber dem Versicherer auf ihre Kosten abgeben.]

[oder

Die Firma verpflichtet sich, auf Verlangen von Herrn/Frau ... die betriebliche Altersversorgung gemäß Zusage vom ... auf den von Herrn/Frau ... zu benennenden neuen Arbeitgeber zu übertragen.]

§ 14 Zeugnis

Herr/Frau ... erhält das als Anlage zu dieser Vereinbarung beigefügte qualifizierte Zeugnis.

[oder

Herr/Frau ... erhält das als Anlage zu dieser Vereinbarung beigefügte Zwischenzeugnis. Am ... erhält Herr/Frau ... ein mit dem Zwischenzeugnis übereinstimmendes Endzeugnis, dessen Schlussformel lauten wird: „Herr/Frau ... ist am ... auf eigenen Wunsch/auf Grund betriebsbedingter Kündigung ausgeschieden. Wir bedauern seinen/ihren Weggang und wünschen ihm/ihr für seinen/ihren weiteren Lebensweg alles Gute."]

§ 15 Firmenunterlagen

Herr/Frau ... wird am ... sämtliche der Firma gehörenden Unterlagen zurückgeben, insbesondere ...

[oder

Herr/Frau ... erklärt, dass er/sie

(1) die Schlüssel und den Zugangsausweis für das Forschungs- und Entwicklungszentrum abgegeben hat, des Weiteren sonstige Schlüssel zu Firmengebäuden und -einrichtungen.

(2) alle ihm/ihr von der Firma überlassenen Gegenstände, Waren, Geräte, Apparaturen und alle Unterlagen, die im Zusammenhang mit seiner/ihrer Tätigkeit bei der Firma entstanden sind, vollständig an die Firma zurückgegeben hat. Zu diesen Unterlagen zählen ua. Werksausweis, Tank-

identitätskarte, Geschäftspapiere, Hard- und Software inkl. Disketten und alle gespeicherten Daten und Informationen, die die Firma und die Gesellschaften der Firmengruppe betreffen, Zeichnungen, Skizzen, Briefe, Besprechungsberichte, Versuchsauswertungen, handschriftliche Notizen, Fotos, Literatur usw. sowie Kopien und Abschriften dieser Unterlagen, gleich auf welchem Datenträger.]

§ 16 Spesen

Eventuelle noch ausstehende Reise-/Spesenabrechnungen sind bis zum ... abzurechnen. Ein eventuell bestehender Reise- oder Spesenvorschuss muss bis zum ... zurückbezahlt werden.

§ 17 Zurückbehaltungsrecht

Den Vertragsparteien steht kein Zurückbehaltungsrecht hinsichtlich der sich aus diesem Vertrag ergebenden Verpflichtungen zu.

§ 18 Aufrechnungsverbot

Eine Aufrechnung der Vertragsparteien mit den sich aus diesem Vertrag ergebenden finanziellen Verpflichtungen ist ausgeschlossen. Dies gilt nicht, soweit mit unbestrittenen oder rechtskräftig festgestellten Ansprüchen aufgerechnet wird.

§ 19 Arbeitsbescheinigung

Die Firma stellt Herrn/Frau ... eine Arbeitsbescheinigung gem. § 312 Abs. 1 SGB III aus.

§ 20 Klageverfahren/Kosten

Herr/Frau ... verpflichtet sich, die beim ArbG .../LAG .../BAG anhängige Klage (Az: ...) unverzüglich nach Unterzeichnung dieses Vertrages/nach Erhalt der Sicherheiten gem. § 25/nach Erhalt der Abfindung gem. § 2 zurückzunehmen.

Jede Partei trägt ihre außergerichtlichen Kosten und die Hälfte der entstandenen Gerichtskosten.]

[oder

Die Firma übernimmt die entstandenen Gerichtskosten; jede Partei trägt ihre außergerichtlichen Kosten selbst.]

[oder

Die Kosten werden gegeneinander aufgehoben.]

[oder

Die Firma erstattet Herrn/Frau ... die diesem/dieser durch die Inanspruchnahme von Rechtsanwalt ... entstandenen Kosten i.H.v. ... Euro]

[oder

Die Firma erstattet Herrn/Frau ... Anwaltskosten auf der Basis eines Streitwerts von ... Euro, und zwar in Höhe von 2,5/3,0-Gebühren nebst Auslagen.]

§ 21 Geheimhaltungsklausel

Herr/Frau ... sichert zu, Stillschweigen hinsichtlich des finanziellen Inhalts dieser Vereinbarung gegenüber jedermann zu wahren, es sei denn, er/sie ist gesetzlich zur Auskunft verpflichtet oder die Auskunft sei aus steuerlichen oder sozialversicherungsrechtlichen Gründen gegenüber Behörden oder zur Wahrung von Rechtsansprüchen gegenüber Gerichten erforderlich.

§ 22 Belehrung

Herr/Frau ... bestätigt, dass er/sie über etwaige sozialversicherungsrechtliche Nachteile belehrt ist und hierüber der Sozialversicherungsträger verbindlich entscheidet, der zur Erteilung von Auskünften berufen und verpflichtet ist.

§ 23 Hinweis nach § 37b SGB III

Herr/Frau ... wird auf seine/ihre Pflicht zur frühzeitigen Arbeitssuche nach § 37b SGB III hingewiesen. Er/sie ist verpflichtet, sich innerhalb von drei Tagen nach Kenntnis des Beendigungszeitpunkts bei der Agentur für Arbeit persönlich arbeitssuchend zu melden. Die Pflicht zur Meldung besteht unabhängig davon, ob der Fortbestand des Arbeitsverhältnisses gerichtlich geltend gemacht wird. Sofern das Arbeitsverhältnis noch länger als drei Monate besteht, ist eine Meldung spätestens drei Monate vor dessen Beendigung ausreichend. Weiterhin ist Herr/Frau ... verpflichtet, aktiv nach einer Beschäftigung zu suchen.

§ 24 Sprachregelung

Presseveröffentlichungen und andere Verlautbarungen an einen unbestimmten Personenkreis werden die Parteien jeweils nur in einer miteinander abgestimmten Form abgeben. Die Parteien vereinbaren als Richtschnur dafür folgenden Wortlaut: „..."/werden als Richtschnur dafür unverzüglich nach Abschluss dieses Vertrages einen Wortlaut ausarbeiten.

§ 25 Sicherheiten

Die Firma ist verpflichtet, innerhalb von fünf Tagen nach Unterzeichnung des vorliegenden Aufhebungsvertrages eine selbstschuldnerische, unwiderrufliche und unbefristete Bankbürgschaft einer deutschen Bank i.H.v. ... Euro zur Sicherung der nach § 2 geschuldeten Abfindung vorzulegen. Sollte die Bankbürgschaft nicht pünktlich und in rechtlich einwandfreier Form vorgelegt werden, so gilt der Aufhebungsvertrag als nicht geschlossen.

§ 26 Erledigungsklausel

Die Parteien sind sich einig, dass mit Erfüllung dieser Vereinbarung sämtliche gegenseitigen Ansprüche aus dem Arbeitsverhältnis und seiner Beendigung, gleich aus welchem Rechtsgrund, seien sie bekannt oder unbekannt, nicht mehr gegeneinander bestehen. Dasselbe gilt für Ansprüche im Zusammenhang mit dem Arbeitsverhältnis und seiner Beendigung.

[evtl.

Sollte die Firma im Jahre ... einen Sozialplan aufstellen, der für Mitarbeiter Abfindungsleistungen bei Verlust des Arbeitsplatzes vorsieht, und sollte sich aus diesem Sozialplan zu Gunsten des Mitarbeiters ein höherer Abfindungsbetrag als in dieser Vereinbarung vorgesehen ergeben, so berechnet sich die Abfindung abweichend von dieser Vereinbarung nach der Regelung des Sozialplans. Auf den sich aus dem Sozialplan ergebenden Anspruch wird die Abfindung gem. § 2 dieser Vereinbarung dann angerechnet.]

§ 27 Salvatorische Klausel

Sollte eine Bestimmung dieses Vertrages unwirksam sein, wird die Wirksamkeit der übrigen Bestimmungen davon nicht berührt. Die Parteien verpflichten sich, an Stelle einer unwirksamen Bestimmung eine dieser Bestimmung möglichst nahe kommende wirksame Regelung zu treffen.

...
Ort, Datum

...
Unterschriften Arbeitgeber und Arbeitnehmer/in

Rückgabe der Arbeitspapiere:[1]

Herr/Frau ... bestätigt hiermit, dass er/sie seine/ihre Arbeitspapiere erhalten hat.

...
Ort, Datum

...
Unterschrift Arbeitnehmer/in

---

1 In vorformulierten Verträgen ist die Bestätigung gem. § 309 Nr. 13b BGB gesondert zu unterschreiben.

18. Abwicklungsvertrag

§ 1 Beendigung

Beide Seiten sind sich einig, dass das zwischen ihnen bestehende Arbeitsverhältnis auf Grund der Kündigung vom ... mit Ablauf des ... enden wird.

[oder

Die Firma hat das Arbeitsverhältnis am ... fristgerecht aus betriebsbedingten Gründen zum ... gekündigt.]

§ 2 Klageverfahren/Kosten

(1) Herr/Frau ... erhebt keine Kündigungsschutzklage.

[oder

Herr/Frau ... verpflichtet sich, die beim ArbG .../LAG .../BAG anhängige Klage (Az: ...) unverzüglich nach Unterzeichnung dieses Vertrages/nach Erhalt der Sicherheiten gem. § .../nach Erhalt der Abfindung gem. § ... zurückzunehmen.]

(2) Jede Partei trägt ihre außergerichtlichen Kosten und die Hälfte der entstandenen Gerichtskosten.

[oder

(3) Die Firma übernimmt die entstandenen Gerichtskosten; jede Partei trägt ihre außergerichtlichen Kosten selbst.]

[oder

(4) Die Kosten werden gegeneinander aufgehoben.]

[oder

(5) Die Firma erstattet Herrn/Frau ... die diesem/dieser durch die Inanspruchnahme von Rechtsanwalt ... entstandenen Kosten i.H.v. ... Euro]

§§ 3 ff. (vgl. Aufhebungsvertrag)

19. Vertrag zur Einrichtung einer Transfergesellschaft

Zwischen

der Trägergesellschaft ... – nachfolgend „Trägergesellschaft" genannt –
und

Firma XY – nachfolgend „Firma" genannt –

wird folgender Vertrag geschlossen:

1. Errichtung einer betriebsorganisatorisch eigenständigen Einheit

Die Trägergesellschaft wird nach Maßgabe der Vereinbarungen in § ... des Sozialplans vom ... eine betriebsorganisatorisch eigenständige Einheit (beE) im Rahmen einer rechtlich selbstständigen Beschäftigungs- und Qualifizierungsgesellschaft einrichten.

Aus diesem Grunde wird den nach Ziff. 3 berechtigten Arbeitnehmern angeboten, in die bei der Trägergesellschaft eingerichtete Beschäftigungs- und Qualifizierungsgesellschaft zu den im Sozialplan genannten Terminen und Bedingungen einzutreten und mit der Trägergesellschaft ein Arbeitsverhältnis befristeter Art gem. Arbeitsvertrag nach Anlage 1 zu begründen.

2. Zweck der Beschäftigungs- und Qualifizierungsgesellschaft (Trägergesellschaft)

Zweck der Beschäftigungs- und Qualifizierungsgesellschaft ist die Eingliederung der Arbeitnehmer in das Erwerbsleben. Um dieses zu erreichen, können entsprechende arbeits- und berufspädagogische Unterstützungsleistungen sowie folgende Instrumente eingesetzt werden:

– interne bzw. externe Qualifizierungsmaßnahmen,
– Praktikum in einem Betrieb bzw. einem Qualifizierungsträger,
– Arbeitsvermittlung.

Für Verwaltungstätigkeiten stellt die Trägergesellschaft die notwendigen Kapazitäten.

Der notwendige Sach- und Büroausstattungsbedarf ist in Anlage 2 aufgeführt. Die Sachausstattung wird durch die Firma leihweise und kostenfrei zur Verfügung gestellt. Für die Dauer der Wirksamkeit dieser Vereinbarung stellt die Firma der Trägergesellschaft geeignete Räumlichkeiten zur Verfügung. Für notwendige Verwaltungsarbeiten kann die Trägergesellschaft frei über den Ort der Bearbeitung entscheiden.

3. Vertragsangebot für die Mitarbeiter

(1) Berechtigt, in die Beschäftigungs- und Qualifizierungsgesellschaft einzutreten, sind die in § ... des Sozialplans vom ... genannten Arbeit-

nehmer der Firma, denen gem. dem zwischen der Firma und dem Betriebsrat am ... abgeschlossenen Interessenausgleich gekündigt wird.

(2) Die Trägergesellschaft verpflichtet sich, allen berechtigten Arbeitnehmern den in Anlage 1 beigefügten Arbeitsvertrag entsprechend den in § ... des Sozialplans vom ... genannten Bedingungen anzubieten und mit ihnen abzuschließen. Dieser Vertrag über den Wechsel des Arbeitsverhältnisses ist Teil des vorliegenden Vertrages. Die berechtigten Arbeitnehmer haben längstens bis zu den im Sozialplan genannten Fristen die Möglichkeit, den Vertrag zu unterzeichnen und den unterzeichneten Vertrag bei der Personalabteilung abzugeben.

(3) Die Übernahme der berechtigten Arbeitnehmer in die bei der Trägergesellschaft eingerichtete Beschäftigungs- und Qualifizierungsgesellschaft erfolgt auf Grund der Gewährung von Transferkurzarbeitergeld gem. § 111 SGB III, über einen Zeitraum bis zu längstens ... Monaten. Die Laufzeitzusage durch die Trägergesellschaft ist dabei geknüpft an die Bedingung, dass die Zuschüsse an die Trägergesellschaft durch die Firma überwiesen werden und die Finanzierung der Beschäftigungs- und Qualifizierungsgesellschaft über den oben genannten Zeitraum sicherstellen.

4. Finanzierung

(1) Für jeden Mitarbeiter, der in die Trägergesellschaft gemäß den Bestimmungen des Sozialplans überwechselt, wird die Firma über ein noch einzurichtendes Treuhandkonto pro Mitarbeiter und pro Monat Verweildauer in die Trägergesellschaft folgende Leistungen finanzieren:

– Aufzahlung zu Transferkurzarbeitergeld auf ... bzw. ... % Bruttoentgelt gem. § ... des Sozialplans,

– Sozialversicherungsbeiträge (Arbeitgeber- und Arbeitnehmeranteile),

– Ausgleich für Urlaubs- und Feiertage.

(2) Pro Mitarbeiter, der in die Trägergesellschaft übertritt, wird über ein Treuhandkonto ein Zuschuss gem. § ... des Sozialplans in Höhe von ... Euro gewährt.

(3) Als Verwaltungs- und sonstiger Ausgleich für anfallende Kosten gewährt die Firma folgende Finanzierungsbeträge:

– pauschal ... Euro zzgl. MwSt. für die Laufzeit der Gesellschaft (fällig jeweils zum Monatsbeginn);

– zzgl. ... Euro pro Mitarbeiter und Monat Verweildauer ab dem ... bis ... Mitarbeiter und ... Euro pro Mitarbeiter und Monat Verweildauer in der Transfergesellschaft ab dem ... Mitarbeiter. Diese Beträge werden ab dem ... Mitarbeiter gewährt und sind jeweils zum Monatsbeginn fällig.

(4) Soweit auf die vorgenannten Finanzierungsbeträge gesetzliche Mehrwertsteuer entfällt, verstehen sich die jeweiligen Beträge zzgl. MwSt.

(5) Eventuelle Abrechnungs- und Kalkulationsfehler können berichtigt werden.

5. Beitragsfälligkeit/Vorschüsse/Absicherung

(1) Die gem. Ziff. 4 anfallenden Finanzierungsbeträge wird die Firma zunächst im Rahmen einer angemessenen Vorschusszahlung, abhängig von der Anzahl der in die Transfergesellschaft übertretenden Mitarbeiter, vorfinanzieren.

(2) Im Übrigen werden die jeweils erforderlichen Mittel von der Trägergesellschaft entsprechend dem jeweiligen für die zweckgebundene Verwendung anfallenden tatsächlichen Bedarf von dem hierzu einzurichtenden Treuhandkonto abgerufen. Die Firma wird sicherstellen, dass auf dem Treuhandkonto die hierfür jeweils erforderlichen Mittel zur Verfügung stehen.

(3) [Absicherung der Zurverfügungstellung der Mittel]

6. Kontrolle der Mittelverwendung/Kommission

(1) Die Trägergesellschaft legt auf Verlangen, in jedem Fall am Ende des Projekts, auf Grundlage der Buchführung und eines schriftlichen Berichts, Rechenschaft über die Tätigkeit der Beschäftigungs- und Qualifizierungsgesellschaft sowie über die zweckgebundene Verwendung der Mittel der Beschäftigungs- und Qualifizierungsgesellschaft ab. Dabei werden sowohl verwendete Mittel als auch die geplante Verwendung von Mitteln offen gelegt. Bei verschuldetem, nicht zweckgebundenem Mitteleinsatz seitens der Trägergesellschaft haftet die Trägergesellschaft für den entstandenen Schaden. Ergänzend gilt die Regelung von § ... des Sozialplans vom ...

(2) Die Trägergesellschaft verpflichtet sich, nach Beendigung der Beschäftigungs- und Qualifizierungsgesellschaft auf Grundlage der Buchführung eine Endabrechnung zu erstellen und einen vorhandenen Restbetrag von dem Treuhandkonto der Firma an die Firma zurückzuüberweisen.

(3) Zur Kontrolle der Mittelverwendung wird eine Kommission gebildet, die nach Bedarf überprüft, ob die der Trägergesellschaft übergebenen Mittel im Sinne der in dieser Vereinbarung festgelegten Ziele verwendet wurden. In die Kommission wird jeweils ein vom Betriebsrat der Firma benanntes Mitglied, ein Mitglied der Gewerkschaft, ein Mitglied des Arbeitsamtes ... und der Firma entsandt.

(4) Die Kommission kann sich eine Geschäftsordnung geben.

(5) Daneben hat die Kommission die Aufgabe, die Beschäftigungs- und Qualifizierungsgesellschaft bei der Durchführung ihrer Aufgaben zu beraten und sie fachlich zu unterstützen.

(6) Mit Ablauf der Laufzeit sind die für den jeweiligen vertragsgemäßen Zweck nicht verbrauchten Mittel des Treuhandkontos unverzüglich an

ein von der Firma genanntes Konto zurückzuüberweisen. Der Zeitpunkt ist abhängig vom Abschluss der Prüfung durch die Agentur für Arbeit.

7. Bedingungen

Diese Vereinbarung sowie die Verträge über den Wechsel des Arbeitsverhältnisses werden unter der auflösenden Bedingung abgeschlossen, dass die Zahlungen gem. Ziff. 4 fristgemäß erfolgen und die Sicherheiten gem. Ziff. 5 (2) fristgemäß gestellt werden.

Der Wechsel der Beschäftigten in die Beschäftigungs- und Qualifizierungsgesellschaft sowie die Leistungsverpflichtung des Arbeitgebers nach der vorliegenden Vereinbarung wird unwirksam, wenn die Voraussetzungen für den Bezug von Transferkurzarbeitergeld (§ 111 SGB III) nicht erfüllt sind bzw. keine entsprechenden Genehmigungen der Arbeitsverwaltung vorliegen.

8. Schlussbestimmungen

Dieser Vertrag tritt am Tage seiner Unterzeichnung in Kraft. Er gilt bis zur Zweckerreichung oder bis zur Erschöpfung der zur Verfügung stehenden Mittel maximal für die Dauer von ... Monaten. Ergänzend gelten in vollem Umfang auch zwischen den Vertragsparteien die Regelungen gem. § ... des Sozialplanes vom ...

9. Salvatorische Klausel

Sind oder werden einzelne Bestimmungen dieses Vertrages rechtsunwirksam oder befindet sich in dem Vertrag eine Regelungslücke, so bleibt der Vertrag im Übrigen unberührt. Die Vertragsparteien verpflichten sich, an Stelle der unwirksamen Bestimmung oder zur Ausfüllung der Regelungslücke im Rahmen der zur Verfügung gestellten Mittel eine ihrem wirtschaftlichen Zweck möglichst nahe kommende gültige Regelung zu treffen. Dasselbe gilt, wenn sich gesetzliche Änderungen ergeben, die die Durchführung dieses Vertrages gefährden oder, falls eine der Voraussetzungen, von denen in der vorliegenden Vereinbarung ausgegangen wird (z.B. Gewährung von Transferkurzarbeitergeld durch die Arbeitsverwaltung), nicht eintrifft.

...
Ort, Datum

...   ...
Trägergesellschaft   Firma

Anlage 1 zum Vertrag über die Einrichtung einer Beschäftigungs- und Qualifizierungsgesellschaft (BQG)

**Arbeitsvertrag
(Ausscheiden bei Firma und Begründung
Arbeitsverhältnis mit Trägergesellschaft)**

Zwischen

Herrn/Frau ... – nachfolgend „Arbeitnehmer" genannt –

und

der Trägergesellschaft ... – nachfolgend „Trägergesellschaft" genannt –

wird auf der Grundlage des zwischen der Firma und der Trägergesellschaft am ... zu schließenden Vertrages und dem Sozialplan über die Einrichtung einer BQG der folgende Vertrag geschlossen:

Vorbemerkung

Zweck der Einstellung ist die Eingliederung des Arbeitnehmers in das Erwerbsleben. Um dieses zu erreichen, können entsprechende arbeits- und berufspädagogische Unterstützungsleistungen sowie folgende Instrumente eingesetzt werden:

– interne bzw. externe Qualifizierungsmaßnahmen,
– Praktikum in einem Betrieb bzw. einem Qualifizierungsträger,
– Arbeitsvermittlung.

Andere Maßnahmen, die demselben Zweck dienen, sind ebenfalls durchführbar. Es besteht kein individueller Anspruch auf die Summe bzw. bestimmte Einzelteile der genannten Maßnahmen. Die Durchführung einzelner Maßnahmen ist primär abhängig von der Bewilligung der Kostenübernahme seitens der Arbeitsverwaltung und der regionalen Bildungsangebote.

§ 1 Einstellung

(1) Mit Wirkung vom ... wird zwischen dem Arbeitnehmer und der Trägergesellschaft ein neues befristetes Arbeitsverhältnis auf der Grundlage von § 111 SGB III abgeschlossen.

(2) Das Vertragsverhältnis mit der Trägergesellschaft endet spätestens mit Ablauf der Befristung am, ohne dass es einer Kündigung bedarf. Dies unter der Voraussetzung, dass die Finanzierung der BQG aus dem Treuhandfonds sichergestellt ist, längstens jedoch für ... Monate. Der Vertrag kommt nur zu Stande, sofern die zuständigen Stellen der Arbeitsverwaltung das Transferkurzarbeitergeld gem. § 111 SGB III bewilligen und die Mittel aus dem Fonds zur Finanzierung der BQG zur Verfügung stehen.

(3) Da dieser Vertrag einzig und allein zum Zwecke der Förderung der beruflichen Integration bzw. der Vermittlung des Arbeitnehmers in ein dauerhaftes Arbeitsverhältnis geschlossen wird, ist der Arbeitnehmer zur Teilnahme an betriebsinternen oder betriebsexternen Bildungs-/Trainings-/Praktikumsmaßnahmen sowie internen und externen Beschäftigungsmaßnahmen verpflichtet.

(4) Für Arbeitnehmer, die von der BQG in ein neues Arbeitsverhältnis vermittelt werden oder die durch Eigeninitiative ein neues Arbeitsverhältnis begründen, ruht auf Wunsch das Arbeitsverhältnis mit der BQG bis zu einer Frist von ... Monaten. Stimmt die Agentur für Arbeit zu, kann diese Frist verlängert werden. Die Gesamtlaufzeit von ... Monaten bleibt davon jedoch unberührt.

§ 2 Entgeltzahlung

(1) Der Arbeitnehmer muss auf Grund des vorliegenden dauerhaften Beschäftigungsmangels kurzarbeiten. Während der Kurzarbeit erhält der Arbeitnehmer Transferkurzarbeitergeld und gem. § ... des Sozialplans eine Aufzahlung in der Weise, dass er ... bzw. ... % der bisherigen sozialversicherungspflichtigen und für die Transferkurzarbeitergeldberechnungen maßgeblichen monatlichen Bruttovergütung (gem. § ... des Sozialplans) erreicht. Bemessungsgrundlage für die Bruttovergütung sind dabei die Regelungen nach § ... des Sozialplans vom ... (also insbesondere ohne Berücksichtigung von bei aktiver Tätigkeit steuer- und sozialversicherungsfreier Schicht- und sonstiger Zuschläge).

Etwaige persönliche Steuerbefreiungsbeträge bleiben bei der Ermittlung des Zuzahlungsbetrags unberücksichtigt.

(2) Während seines Urlaubs und an Feiertagen erhält der Arbeitnehmer an Stelle der in Ziff. 1 genannten Leistungen 1 ½ eines Bruttoentgelts, das sich aus einem Nettobetrag, der dem um den Zuzahlungsbetrag erhöhten Transferkurzarbeitergeld entspricht, plus den maßgeblichen gesetzlichen Sozialversicherungsabgaben und Steuerbeträgen errechnet.

(3) Die Bezüge werden nachträglich bis zum Monatsletzten des laufenden Monats gezahlt.

§ 3 Urlaub

Der Jahresurlaubsanspruch beläuft sich auf 20 Arbeitstage (bezogen auf eine Fünf-Tage-Woche). Ist der Arbeitnehmer eine kürzere Zeit beschäftigt, besteht ein Teilanspruch von 1,67 Tagen pro vollem Monat. Urlaub ist bis zum Ende der vereinbarten Beschäftigungsdauer im Regelfall in natura in Anspruch zu nehmen.

§ 4 Arbeitsverhinderung und Krankheit

(1) Bei Arbeitsverhinderung ist die Trägergesellschaft unverzüglich unter Angabe der Gründe bis morgens 9.00 Uhr zu informieren.

(2) Im Falle einer Erkrankung hat der Arbeitnehmer darüber hinaus innerhalb von drei Tagen eine ärztliche Bescheinigung vorzulegen, aus der die Arbeitsunfähigkeit sowie deren Beginn und voraussichtliche Dauer ersichtlich ist. Bei Fortdauer der Arbeitsunfähigkeit ist unverzüglich eine ärztliche Folgebescheinigung vorzulegen.

(3) Die Krankenbezüge richten sich nach den gesetzlichen Vorgaben für Lohnfortzahlung im Krankheitsfall.

§ 5 Haupt- und Nebentätigkeit

Anderweitige Haupt- und solche Nebentätigkeiten, welche die Interessen der Trägergesellschaft beeinträchtigen können, bedürfen der vorherigen Zustimmung der Trägergesellschaft.

§ 6 Kündigung

(1) Der Trägergesellschaft steht für den Fall, dass Transferkurzarbeitergeld nicht mehr bewilligt wird, ein außerordentliches Sonderkündigungsrecht zum Monatsschluss zu. Das Recht der ordentlichen Kündigung bleibt der Trägergesellschaft vorbehalten für die Fälle der verhaltensbedingten Kündigung und hilfsweise auch der betriebsbedingten Kündigung, wenn Transferkurzarbeitergeld nicht mehr bewilligt wird. Für alle anderen Fälle verzichtet die Trägergesellschaft auf das Recht der Kündigung.

(2) Der Arbeitnehmer ist berechtigt, jederzeit ohne Einhaltung einer Kündigungsfrist aus dem Arbeitsverhältnis mit der Trägergesellschaft auch vorzeitig auszuscheiden.

(3) Der Trägergesellschaft steht zudem ein außerordentliches Kündigungsrecht zu, wenn angebotene zumutbare Qualifizierungsmaßnahmen ausgeschlagen und besuchte Maßnahmen schuldhaft abgebrochen werden. Weiterhin kann auch dann eine außerordentliche Kündigung ausgesprochen werden, wenn der Arbeitnehmer nachweislich in den Arbeitsmarkt integrierende Maßnahmen behindert.

§ 7 Ausschlussfristen

Alle beiderseitigen Ansprüche sind spätestens innerhalb von drei Monaten nach dem Ende des jeweiligen Abrechnungszeitraums, in welchem sie entstanden sind, schriftlich geltend zu machen.

§ 8 Bedingung

Der Vertrag ist erst dann zu Stande gekommen, wenn die notwendigen Sicherheiten vorliegen und die Arbeitsverwaltung die Voraussetzungen für Transferkurzarbeitergeld anerkennt und die beigefügte Aufhebungsvereinbarung zwischen der Firma und dem Arbeitnehmer unterzeichnet und zurückgegeben ist.

§ 9 Vertragsänderungen

Mündliche Nebenabreden bestehen nicht. Ergänzungen und Änderungen oder eine Verlängerung des Vertrages bedürfen zu ihrer Wirksamkeit der Schriftform.

§ 10 Salvatorische Klausel

Sollten Teile dieses Vertrages unwirksam sein, so ist die Wirksamkeit der übrigen Vereinbarungen nicht in Frage gestellt.

Die betreffende Bestimmung ist dann so auszulegen, dass die mit ihr ursprünglich angestrebten wirtschaftlichen und rechtlichen Zwecke soweit wie möglich erreicht werden.

..., den ...

...	...
Trägergesellschaft	Arbeitnehmer

20. Unterrichtungsschreiben nach § 613a Abs. 5 BGB – Übergang eines Betriebsteils

Absender

Firma Alpha AG (genaue Firmierung und Anschrift)

Firma Beta GmbH (genaue Firmierung und Anschrift)

Übergang Ihres Arbeitsverhältnisses

Sehr geehrte/r Frau/Herr ...,

die Alpha AG (A) beabsichtigt, den Bereich der Speisenversorgung in X und Y auf die Beta GmbH (B) zu übertragen. Dieser Vorgang ist rechtlich ein Teilbetriebsübergang.

Der Gesetzgeber hat dem Arbeitgeber aufgegeben, bei einem geplanten Betriebsübergang oder Teilbetriebsübergang die Arbeitnehmer schriftlich über

1. den Zeitpunkt oder den geplanten Zeitpunkt des Übergangs,
2. den Grund für den Übergang,
3. die rechtlichen, wirtschaftlichen und sozialen Folgen des Übergangs für die Arbeitnehmer,
4. die hinsichtlich der Arbeitnehmer in Aussicht genommenen Maßnahmen

zu unterrichten. Dieser Verpflichtung kommen wir hiermit nach.

Die B soll mit Wirkung zum 1.1.2016 den Bereich Speisenversorgung für die Standorte X und Y von der A übernehmen. Alle bisher dort von dem Bereich Küche der A wahrgenommenen Aufgaben einschließlich deren technische Betriebsmittel werden von B übernommen und fortgeführt. Alle in diesem Bereich bei der A tätigen Mitarbeiter sollen von der B übernommen werden.

Unternehmerischer Grund der Entscheidung für die Übertragung auf die B sind die Auswirkungen der Gesundheitsreform und die damit verbundene Kostensituation der A. Diese wird selbst bei Berücksichtigung der mit dem Teilbetriebsübergang des Bereichs der Speisenversorgung verbundenen Kosteneinsparungen im Jahre 2016 mit etwa 780 000 Euro minus abschließen. Ohne die Ausgliederung wäre dieser Fehlbetrag erheblich höher.

Von dem beschriebenen Teilbetriebsübergang ist auch ihr Arbeitsverhältnis betroffen. Ihr Arbeitsverhältnis soll infolge dessen kraft Gesetzes (§ 613a BGB) mit allen Rechten und Pflichten auf die B übergehen. Diese tritt also in die Rechte und Pflichten aus ihrem Arbeitsverhältnis ein. Dies bedeutet insbesondere, dass Ihre bisherige Betriebszugehörigkeit bei der A bzw. deren Rechtsvorgänger(n) ab dem Zeitpunkt des Übergangs von der B übernommen werden soll.

Ihre vertraglichen Ansprüche werden in ihrem derzeitigen Bestand nach Maßgabe des § 613a BGB überführt.

[evtl.

Bei der B sollen allerdings die Tarifverträge NGG gelten. Diese sollen die bisherigen vertraglichen Regelungen ablösen. Die Tarifverträge werden Ihnen in geeigneter Form zugänglich gemacht und können beim Personalmanagement der A jederzeit eingesehen werden. Die B bietet Ihnen einen neuen Arbeitsvertrag entsprechend den NGG-Tarifen NRW an, aus denen Sie Ihre zukünftigen Rechte entnehmen können. Die Tarifverträge NGG sind für Sie allerdings nur anwendbar, wenn Sie diesen Arbeitsvertrag unterzeichnen oder Mitglied der NGG werden; sofern Sie diesen Arbeitsvertrag nicht unterzeichnen und nicht Mitglied der NGG werden, gelten die Rechte und Pflichten aus Ihrem Arbeitsverhältnis auch beim Erwerber unverändert fort.]

In einem Interessenausgleich vom [Datum] ist die betriebsorganisatorische Spaltung des Betriebs der A geregelt. Der abgespaltene Betriebsteil wird in den Betrieb der B integriert.

Betriebsvereinbarungen und Gesamtbetriebsvereinbarungen, die Rechte und Pflichten aus dem Arbeitsverhältnis enthalten, d.h. so genannte Inhaltsnormen, werden in die individuellen Arbeitsverhältnisse und damit auch in ihr Arbeitsverhältnis transformiert, die transformierten Regelungen dürfen nicht vor Ablauf eines Jahres nach dem Zeitpunkt des Übergangs zu Ihrem Nachteil geändert werden, es sei denn, die jeweilige Betriebsvereinbarung oder Gesamtbetriebsvereinbarung gilt nicht mehr. Der vorstehende Satz gilt allerdings nicht, soweit bei der B diese Rechte und Pflichten durch andere Betriebsvereinbarungen oder Gesamtbetriebsvereinbarungen geregelt werden; dann gelten diese auch für Sie.

Was Ansprüche aus Ihrem Arbeitsverhältnis anbelangt, haften der bisherige Arbeitgeber A und die übernehmende B gesamtschuldnerisch für solche Ansprüche, die bereits vor dem Zeitpunkt des Übergangs entstanden sind und die vor Ablauf eines Jahres nach dem Zeitpunkt des Übergangs fällig werden. Werden solche Verpflichtungen nach dem Zeitpunkt des Übergangs fällig, so haftet die A für sie jedoch nur in dem Umfang, der dem im Zeitpunkt des Übergangs abgelaufenen Teil ihres Bemessungszeitraums entspricht. Für alle anderen Ansprüche ist ab dem Zeitpunkt des Übergangs Ihre alleinige Schuldnerin die B.

Bei der B gibt es keinen Betriebsrat. Dem Betriebsrat der A steht jedoch ein Übergangsmandat gem. § 21a BetrVG zu. Er hat insbesondere unverzüglich Wahlvorstände zu bestellen. Sein Übergangsmandat endet, sobald bei B ein neuer Betriebsrat gewählt und das Wahlergebnis bekannt gegeben ist, spätestens jedoch sechs Monate nach dem Zeitpunkt des Übergangs.

[oder

Bei der B besteht ein Betriebsrat. Das hat zur Folge, dass ab dem Zeitpunkt des Übergangs nicht mehr der Betriebsrat der A, sondern der Betriebsrat der B für Sie zuständig ist.]

Die B plant aus Anlass des Betriebsübergangs keine für Sie nachteiligen Maßnahmen.

Sie haben das Recht, dem Übergang Ihres Arbeitsverhältnisses innerhalb eines Monats ab Zugang dieses Schreibens zu widersprechen. Der Widerspruch kann gegenüber der A oder der B erklärt werden, er bedarf der schriftlichen Form.

Die Adressen der beteiligten Unternehmen lauten:

1. A

2. B

Im Falle des form- und fristgerechten Widerspruchs geht Ihr Arbeitsverhältnis nicht auf die B über, sondern es besteht mit der A fort. Ein Widerspruch führt jedoch dazu, dass Ihr Arbeitsverhältnis aus betriebsbedingten Gründen, wegen Wegfall des Arbeitsplatzes und fehlender Weiterbeschäftigungsmöglichkeit, möglicherweise gekündigt werden kann. Für den Fall des Widerspruchs hat die A mit dem Betriebsrat einen Interessenausgleich vereinbart, aus dem sich der Ablauf etwaiger betriebsbedingter Kündigungen infolge des Widerspruchs ergibt, sowie einen Sozialplan, der die im Falle einer betriebsbedingten Kündigung infolge des Widerspruchs Ihnen zustehenden Leistungen zur Milderung der dadurch entstehenden Nachteile regelt. Auch dieser Interessenausgleich und dieser Sozialplan kann beim Personalmanagement der A jederzeit eingesehen werden.

Wenn Sie nicht widersprechen, geht Ihr Arbeitsverhältnis auf die B über.

Die A dankt Ihnen für Ihre Tätigkeit. Die B begrüßt Sie sehr herzlich. Wir hoffen, dass Sie Ihr Arbeitsverhältnis mit der B fortsetzen und verbleiben

mit freundlichen Grüßen

...
Name, Funktionsbezeichnung
Alpha AG

...
Name, Funktionsbezeichnung
Beta GmbH

gegebenenfalls auf Kopie

Hiermit bestätige ich den Empfang des unterschriebenen Originals dieses Schreibens.

...
Ort, Datum

...
Unterschrift Mitarbeiter

21. Unterrichtungsschreiben nach § 613a Abs. 5 BGB – Übergang eines Betriebes

Absender

Firma A AG (genaue Firmierung und Anschrift)

Firma B GmbH (genaue Firmierung und Anschrift)

Unterrichtung über einen geplanten Betriebsübergang (gem. § 613a Abs. 5 BGB)

Sehr geehrte/r Frau/Herr ...,

hiermit teilen wir Ihnen mit, dass der Betrieb der A AG (i.F. „A") in X am ... auf die Firma B GmbH (i.F. „B") übertragen werden soll. Als Arbeitnehmer des Betriebes sind Sie von diesem Betriebsübergang betroffen. Aus diesem Grund möchten wir Sie gem. § 613a Abs. 5 BGB unterrichten über:

1. den Zeitpunkt oder den geplanten Zeitpunkt des Übergangs,

2. den Grund für den Übergang,

3. die rechtlichen, wirtschaftlichen und sozialen Folgen des Übergangs für die Arbeitnehmer,

4. die hinsichtlich der Arbeitnehmer in Aussicht genommenen Maßnahmen.

Der Übergang ist für den 1.1.2016 geplant, d.h. es ist vorgesehen, dass von diesem Zeitpunkt ab die Leitung des Betriebes von der B ausgeübt wird.

Die Übertragung des Betriebs erfolgt auf Grund eines internationalen Unternehmenskaufvertrages im Wege der Einzelrechtsnachfolge. Die A-Gruppe, zu der auch die A und damit der Betrieb der A in X gehört, hat weltweit ihr P-Geschäft auf die B Gruppe übertragen, zu der auch die B gehört. Unternehmerischer Grund für die Übertragung ist die Entscheidung der Konzernleitung der A-Gruppe, ihre unternehmerischen Aktivitäten auf ihr Kerngeschäft zu konzentrieren, nämlich die Herstellung von R. Das bisher von der A in X betriebene Geschäft, nämlich die Produktion von P, gehört nicht zu diesem Kerngeschäft, wohl aber zum Kerngeschäft der B-Gruppe und der B.

Von dem Betriebsübergang ist auch ihr Arbeitsverhältnis betroffen. Es soll daher kraft Gesetzes (§ 613a BGB) mit allen Rechten und Pflichten auf die B übergehen. Diese tritt also in die Rechte und Pflichten aus Ihrem Arbeitsverhältnis ein. Damit wird auch Ihre bisherige Betriebszugehörigkeit bei der A bzw. deren Rechtsvorgänger(n) ab dem Zeitpunkt des Übergangs von der B übernommen.

Ihre vertraglichen Ansprüche werden in ihrem derzeitigen Bestand nach Maßgabe des § 613a BGB überführt.

Was Ansprüche aus Ihrem Arbeitsverhältnis anbelangt, haften der bisherige Arbeitgeber A und die Übernehmende B gesamtschuldnerisch für solche Ansprüche, die bereits vor dem Zeitpunkt des Übergangs entstanden sind und die vor Ablauf eines Jahres nach dem Zeitpunkt des Übergangs fällig werden (§ 613a Abs. 2 Satz 1 BGB). Werden solche Verpflichtungen nach dem Zeitpunkt des Übergangs fällig, so haftet die A für sie jedoch nur in dem Umfang, der dem im Zeitpunkt des Übergangs abgelaufenen Teil ihres Bemessungszeitraums entspricht (§ 613a Abs. 2 Satz 2 BGB). Für alle anderen Ansprüche ist ab dem Zeitpunkt des Übergangs Ihre alleinige Schuldnerin die B.

Im Zusammenhang mit dem Betriebsübergang sind keine Kündigungen vorgesehen, wobei Sie insofern auch den Schutz des § 613a Abs. 4 BGB genießen. Diese Vorschrift schließt Kündigungen wegen eines Betriebsübergangs aus. Auch für die Zukunft ist zum jetzigen Zeitpunkt kein Personalabbau beabsichtigt. Eine Arbeitsplatzgarantie kann Ihnen aber nicht gegeben werden.

Der Betrieb in X geht vollständig auf die B über und bleibt auch dort als selbständige Einheit erhalten.

Der Betriebsübergang hat damit keinen Einfluss auf die bestehenden Betriebsvereinbarungen. Sie gelten unverändert nach dem Betriebsübergang bei B. Auch der Betriebsrat bleibt dementsprechend unverändert im Amt.

Die B ist nicht tarifgebunden. Die bislang in der A und damit im Betrieb in X geltenden tarifvertraglichen Regelungen werden daher mit dem Betriebsübergang in die individuellen Arbeitsverhältnisse und damit auch in das Arbeitsverhältnis zwischen Ihnen und der B transformiert (§ 613a Abs. 1 Satz 2 BGB). Transformiert werden jedoch nur die Ansprüche, die zum Zeitpunkt des Überganges bestehen. Ihr Besitzstand zu diesem Zeitpunkt bleibt Ihnen also erhalten, künftige Änderungen der Tarifverträge haben Ihnen gegenüber jedoch keine Wirkungen mehr. Die transformierten Regelungen dürfen gem. § 613a Abs. 1 Satz 2 BGB für den Zeitraum eines Jahres nach dem Zeitpunkt des Übergangs nicht zu Ihrem Nachteil geändert werden, es sei denn, dass der Tarifvertrag nicht mehr gilt oder dass im Geltungsbereich eines anderen Tarifvertrags Sie oder B zwar nicht an diesen Tarifvertrag gebunden sind, seine Anwendung aber zwischen Ihnen und B vereinbart wird (§ 613a Abs. 1 Satz 4 BGB).

Es besteht keine konkrete Planung für einen personellen Umbau des Betriebes. Es sind keine Ihre berufliche Entwicklung betreffenden Maßnahmen in Aussicht genommen worden.

Sie haben das Recht, diesem Betriebsübergang innerhalb eines Monats ab Zugang dieses Schreibens zu widersprechen. Der Widerspruch kann gegenüber der A oder der B erklärt werden, er bedarf der schriftlichen Form.

Die Adressen der beteiligten Unternehmen lauten:

1. A

2. B

Im Falle des form- und fristgerechten Widerspruchs wird ihr Arbeitsverhältnis nicht auf die B übergeleitet, sondern es besteht mit der A fort. Wegen des Betriebsübergangs wird jedoch unter Umständen ihr konkreter Arbeitsplatz bei A entfallen, so dass für den Fall, dass Sie dem Übergang Ihres Arbeitsverhältnisses widersprechen, eine betriebsbedingte Kündigung in Betracht käme. Bitte teilen Sie uns im Falle Ihres Widerspruchs auch die dafür maßgeblichen Gründe mit.

Wenn Sie nicht form- und fristgerecht widersprechen, geht Ihr Arbeitsverhältnis auf die B über.

Bei etwaigen weiteren Fragen wenden Sie sich bitte an Frau ... aus der Personalabteilung bei der A. Bei der B wenden Sie sich bitte an Herrn ...

Die A dankt Ihnen für Ihre Tätigkeit. Die B begrüßt Sie sehr herzlich. Wir hoffen, dass Sie Ihr Arbeitsverhältnis mit der B fortsetzen und verbleiben

mit freundlichen Grüßen

...
Name, Funktionsbezeichnung
A AG

...
Name, Funktionsbezeichnung
B GmbH

gegebenenfalls auf Kopie

Hiermit bestätige ich den Empfang des unterschriebenen Originals dieses Schreibens.

...
Ort, Datum

...
Unterschrift Mitarbeiter

22. Angaben im Verschmelzungsvertrag zu arbeitsrechtlichen Folgen

Angaben der Folgen der Verschmelzung für die Arbeitnehmer und ihre Vertretungen sowie die insoweit vorgesehenen Maßnahmen im Rahmen eines Verschmelzungsvertrages

Folgen der Verschmelzung für die Arbeinehmer und ihre Vertretungen (hier: Verschmelzung von Konzerngesellschaften)

(1) Mit dem Wirksamwerden der Verschmelzung gehen sämtliche Arbeitsverhältnisse, die mit der X-AG bestehen, gem. § 324 UmwG i.V.m. § 613a BGB mit allen Rechten und Pflichten auf die Y-AG über. Mit Stand vom ... waren bei der X-AG ... leitende Angestellte und ... sonstige Arbeitnehmer beschäftigt.

(2) Für die Arbeitnehmer, deren Arbeitsverhältnisse auf die Y-AG übergehen, gelten die bei der X-AG erreichten Dienstzeiten als bei der Y-AG verbrachte Dienstzeiten.

(3) Soweit die X-AG Arbeitnehmern in von ihr abhängigen Gesellschaften Versorgungszusagen erteilt hat, gehen diese Verbindlichkeiten nach § 20 Abs. 1 Nr. 1 UmwG auf die Y-AG über. Dies gilt auch, soweit sich die X-AG hinsichtlich anderer arbeitsvertraglicher Leistungen in abhängigen Gesellschaften mitverpflichtet haben sollte.

(4) Soweit Arbeitnehmer in abhängigen Gesellschaften der X-AG am ...-Mitarbeiter-Beteiligungsprogramm teilnehmen, ist nach dem Wirksamwerden der Verschmelzung ein Erwerb von Aktien der X-AG nicht mehr möglich, da die X-AG erlischt. Es ist vorgesehen, den betreffenden Arbeitnehmern Aktien der Y-AG in gleichwertiger Zahl anzubieten. Im Übrigen bleiben die Arbeitsverhältnisse in den abhängigen Gesellschaften von der Verschmelzung unberührt.

(5) Betriebsänderungen sind infolge der Verschmelzung derzeit nicht geplant.

(6) Die örtlichen Betriebsräte in den von den Vertragspartnern abhängigen Gesellschaften bleiben unverändert bestehen. Die Verschmelzung hat keine Auswirkungen auf die Struktur der Gesamtbetriebsräte und Wirtschaftsausschüsse in den abhängigen Gesellschaften. Der bei der X-AG gebildete Konzernbetriebsrat geht mit dem Wirksamwerden der Verschmelzung unter.

(7) Die in den Betrieben der X-AG mit den Betriebsräten abgeschlossenen Betriebsvereinbarungen gelten als Betriebsvereinbarungen weiter. Gesamtbetriebsvereinbarungen bleiben von der Verschmelzung unberührt.

(8) Mit dem Wirksamwerden der Verschmelzung enden die Mandate aller Mitglieder des Aufsichtsrats der X-AG. Bei der Y-AG ist – soweit er zum Zeitpunkt des Wirksamwerdens der Verschmelzung noch nicht bestehen sollte – ein mitbestimmter Aufsichtsrat mit ... Mitgliedern nach § 7 Abs. 1 Nr. 3 MitbestG zu bilden. Nach dem Übergang ihrer Arbeitsverhältnisse auf die Y-AG sind die Arbeitnehmer der X-AG und der nachgeordneten Konzernunternehmen bei den nächsten Wahlen zum Aufsichtsrat der Y-AG aktiv und passiv wahlberechtigt.

Stichwortverzeichnis

Fett gedruckte Ziffern und Buchstaben verweisen auf den Teil,
magere Ziffen auf die Randziffern des Teils

Abfindungen
- Abfindungsangebot **4 D** 1
- Abfindungsprogramm **4 A** 97
- Abfindungsvergleich **3 A** 34
- Änderungskündigung **2 B** 65;
  4 E 58a
- Anrechnung **2 B** 82
- Bemessungsfaktoren **2 B** 72
- Betriebszugehörigkeit **3 A** 57
- Fälligkeit **2 B** 80
- familienrechtliche Auswirkungen
  2 B 79
- Gleichbehandlung **2 B** 54; **2 C** 60
- Günstigkeitsprinzip **2 B** 82
- Höchstgrenzen **2 B** 57, 75
- insolvenzrechtliche Behandlung
  4 G 27
- pauschalierte **2 B** 72, 74
- Pfändbarkeit **2 B** 77
- Punktesystem **2 B** 74
- rentennahe Jahrgänge **2 B** 58–59
- Sonderzuschläge **2 B** 71
- Sozialplan **2 B** 67 ff.
- sozialversicherungsrechtliche Behandlung **4 E** 3
- Tarifsozialplan **2 C** 56
- Vererbbarkeit **2 B** 78
- Verjährung **2 B** 80
- Versetzung **2 B** 65
- Verwirkung **2 B** 80

Abgrenzung Betriebsübergang/Funktionsnachfolge **3 A** 50

Abmahnung **4 F** 2

Abspaltung **1 A** 12

Abteilungsversammlung **2 C** 26

Abtretung von Sozialplanansprüchen
4 G 38

Abwehraussperrung **2 C** 52

**Abweichende Vereinbarung zu
§ 613a BGB** **3 A** 95

Abweichung vom Interessenausgleich
2 A 110 ff.
- Abfindung **2 A** 110
- Beweislast **2 A** 130
- Entlassung **2 A** 125
- Insolvenz **2 A** 114
- Kausalzusammenhang **2 A** 129
- Maßstab **2 A** 111
- Massenentlassung **2 A** 120

- Nachteilsausgleich **2 A** 110
- Zeitpunkt **2 A** 113

Abwicklungsarbeiten **2 A** 51

Abwicklungsvertrag **4 E** 2

Ad-hoc-Publizität **4 A** 79 ff.

Agentur für Arbeit
- Anzeigepflicht **1 B** 65 f.; **4 A** 86 ff.
- Einigungsstelle **2 B** 23 ff.
- Interessenausgleich **2 B** 19 ff.
- Massenentlassungsanzeige **1 B** 65 f.;
  4 A 86 ff.

AGG – Allgemeines Gleichbehandlungsgesetz
- altersgesicherte Arbeitnehmer
  1 B 33
- Kündigung **1 B** 33
- Sozialplan **1 B** 76
- Tarifsozialplan **2 C** 62

Altersgruppen, Sozialauswahl **4 D** 92

Altersruhegeld, vorgezogenes **2 B** 72

Altersversorgung, betriebliche s. Betriebliche Altersversorgung

Aktienoptionsplan **3 A** 65

Alterssicherung, tarifliche **4 D** 140

Altersteilzeit **4 E** 1, 6 ff.
- Vereinbarung **4 E** 6; **1 B** 55

Änderungen
- Betriebsanlagen **2 A** 83
- Betriebsorganisation **2 A** 79
- Betriebszweck **2 A** 82
- grundlegende **2 A** 79 ff.

Änderungskündigung
- Anhörung des Betriebsrats **4 D** 159
- Betriebsänderung **2 A** 63; **2 B** 65
- betriebsbedingte **4 D** 159
- Betriebsrat **4 D** 159
- zur Entgeltreduzierung **4 E** 58a
- Namensliste **4 D** 107
- Vorrang vor Beendigungskündigung
  4 D 30

Anfechtung des Einigungsstellenspruchs
- Antrag **2 B** 166
- Anfechtungsfrist **2 B** 167
- Wirkung **2 B** 168

Angelegenheiten, wirtschaftliche,
s. *Wirtschaftliche Angelegenheiten*

Angestellte, leitende, s. *Leitende Angestellte*

Stichwortverzeichnis

Anhörung des Betriebsrats vor Kündigung
- Änderungskündigung 4 D 159
- altersgesicherte Arbeitnehmer 4 D 153
- außerordentliche Kündigung 4 D 148
- Bedenken 4 D 162
- Beschlussfassung des Betriebsrats 4 D 161 ff.
- betriebsbedingte Kündigung 4 D 147 ff.
- Darlegungs- und Beweislast 4 D 149
- Eilfälle 4 D 148
- fehlerhafte 4 D 169
- Form 4 D 149
- Frist 4 D 147
- Inhalt 4 D 151
- vor jeder Kündigung 4 D 147
- Kündigungsart 4 D 148, 151
- Kündigungsgründe 4 D 154 ff.
- leitende Angestellte 4 D 170 ff.
- Massenentlassung 1 B 66
- persönliche Daten 4 D 152
- Reaktionsmöglichkeiten des Betriebsrats 4 D 161 ff.
- Restbetriebsrat 4 D 150
- schriftlich 4 D 167
- Umfang 4 D 151
- vorsorgliche 4 D 147
- Wartezeit 4 D 148
- Widerspruch 4 D 162 ff.
- Zeitpunkt 4 D 148
- Zustimmung 4 D 161

Anhörung des Sprecherausschusses vor Kündigung 4 D 170 ff.
Announcement 4 F 1
Anrechnung
- Abfindung und Nachteilsausgleich 2 A 109; 2 B 82

Anzeige von Massenentlassungen
  s. *Massenentlassungsanzeige*
anzeigepflichtige Entlassungen 4 A 86
Arbeitsbedingungen 1 B 20
Arbeitseinkommen
- Abfindungen 2 B 77
- Nachteilsausgleichsleistungen 2 B 77
- Pfändbarkeit 2 B 77

Arbeitgeberverband
- Austritt aus 4 E 59 ff.
- Tarifbindung 1 B 12; 4 C 20 ff.

Arbeitskampf
- Aussperrung 2 C 52
- Betriebsbesetzung 4 F 38

- Erzwingungsstreik 2 C 50
- Streik 2 C 49 ff.
- Sympathiestreik 2 C 50
- Ultima-ratio-Prinzip 2 C 51
- Verhältnismäßigkeitsgrundsatz 2 C 51
- Warnstreik 2 C 50

Arbeitskampfverbot 2 C 26; 4 F 34
Arbeitslosengeld
- Ruhen 4 E 3
- Sperrzeit 4 E 3
- Übergangsgeld 2 B 89

Arbeitsmarkt Aussichten 2 B 155; 4 E 39
Arbeitsmethoden, Einführung neuer 2 A 87 f.
Arbeitnehmer, Arbeitnehmerbegriff
- Abfindung 2 B 67
- ältere 1 B 55
- altersgesicherte 1 B 33
- arbeitnehmerähnliche Person 2 A 37
- Arbeitnehmerüberlassung, s. *Leiharbeitnehmer*
- ausgeschiedene und Sozialplan 2 B 65
- Ausländer 2 B 110
- Auszubildende 2 A 37, 118; 4 D 129
- befristete Arbeitsverhältnisse 2 A 36
- Begriff 2 A 36
- Berechnung 2 A 33 ff.
- beurlaubte 3 A 78
- Elternzeit 2 B 105
- ethnische Herkunft 2 B 111
- Familienpflegezeit 4 D 139
- freie Mitarbeiter 2 A 37; 3 A 79
- Handelsvertreter 2 A 81 f.; 4 D 10, 26
- Job Sharing 2 A 36
- jüngere 2 B 57; 4 D 109, 64, 86
- Kündigungsfristen 3 A 57; 4 A 91
- kurzzeitig Beschäftigte 2 B 65
- Leiharbeitnehmer 1 A 29; 2 A 37; 4 B 77
- leitende Angestellte 4 A 119; 4 B 68–76; 4 D 170 ff.
- Massenentlassungsanzeige 1 B 65; 4 A 86 ff.
- Mutterschutz 4 D 114 ff.
- Pflegezeit 4 D 139
- regelmäßig Beschäftigte 1 B 65; 2 A 3; 2 B 35; 4 A 87; 4 B 9
- Scheinselbständige 1 B 56
- Telearbeit 2 A 37

– Teilzeitbeschäftigte 2 A 36; 2 B 112;
4 D 5, 54, 123
– vertretungsberechtigte Organmitglieder 2 A 36; 4 B 67
Arbeitnehmerähnliche Personen
2 A 37
Arbeitnehmerbegriff 2 A 36; 4 B 66
Arbeitnehmerbeteiligung bei Gründung SE 4 A 122
Arbeitnehmervertretungen 1 B 7
– Folgen von Umstrukturierungen
1 B 7 ff.
Arbeitsmethoden 2 A 87
Arbeitsplätze, Anzahl/Wegfall
1 B 14 ff.
Arbeitsvertrag, Direktionsrecht
4 D 41, 49, 53
Arbeitsverwaltung, s. *Agentur für Arbeit*
Asset Deal 1 A 9; 3 A 63; 4 A 8, 16, 19;
4 F 30
Aufhebungsvertrag 2 A 61; 2 B 37;
3 A 97; 4 E 2; 4 G 49
– Sperrzeit 4 E 3
Auflösungsantrag 4 D 1
Auftragsnachfolge 3 A 50
Aufsichtsrat
– Amtskontinuität 4 B 78
– Berichterstattung 4 B 54 ff.
– Mitbestimmung 4 B 54 ff.
– Statusverfahren 4 B 78
– Wirtschaftsausschuss 4 A 10
Aufspaltung 1 A 12; 2 B 41; 4 B 19 ff.
Aufwandsentschädigungen 2 B 84
Ausgleich von Nachteilen durch Sozialplan 2 B 70
Ausgliederung (Umwandlungsrecht)
1 A 12
Ausgliederung von Betriebsteilen,
s. *Outsourcing* 1 A 23; 3 A 40;
4 E 61
Ausländische Arbeitnehmer 2 B 110 f.
ausländische Gesellschaft 4 B 62,
81 ff.
Auslandsbetriebe 3 A 26
Ausschlussklausel 2 A 135
Ausschluss Kündigung 3 A 86
Aussetzung des Verfahrens
– Beschlussverfahren 2 B 138
– Einigungsstellenverfahren 2 B 139
Auswahlrichtlinien 4 A 45; 4 D 166
Auszubildende 2 A 37; 2 A 118;
3 A 78; 4 D 10, 116, 129

BaFin 4 A 83, 85
Bagatellausgliederung 1 A 30; 2 A 78
Befristete Arbeitsverhältnisse, s. *Arbeitsverhältnisse, befristete*
Beginn der Betriebsänderung 2 A 39,
120
Beherrschungsvertrag 2 A 5; 4 B 58
Beisitzer, Einigungsstelle 2 B 132
Belegschaft 3 A 19
– Abteilungsversammlung 2 C 26
– Belegschaftsversammlung 4 A 13
– Betriebsversammlung 4 F 6 ff.
– Protestaktionen 4 F 19
– Streik 4 F 35
Berater, Beratung
– Betriebsänderung 2 A 137 ff.; 4 A 22
– Erforderlichkeit 2 A 139
– Personalplanung 4 A 45; 1 B 61
– Sachverständiger 2 A 140 f.
– Sprecherausschuss 4 A 44
– Unternehmensgröße 2 A 40
– Wirtschaftsausschuss 4 A 3
Beratung der Betriebsänderung mit dem Betriebsrat
– Alternativkonzept 2 B 13
– Beratungsphase 2 B 13
– Zeitbedarf 1 B 69, 70
Beschäftigte Arbeitnehmer, s. *Arbeitnehmer*
– Anzahl 2 A 13; 4 B 9
– Betriebsgröße 2 A 13; 3 A 87; 4 A 45
Beschäftigungsgarantie 4 E 41 ff.
Beschäftigungssicherung 1 B 61;
4 A 45
Beschlussverfahren 2 B 123; 4 F 33
– aufschiebende Wirkung 2 B 166
– Aussetzung 2 B 138
– Bestellungsverfahren 2 B 136, 141
– Beteiligte 2 B 165
– Prozessvoraussetzung 2 B 167 ff.
– Vorabentscheidungsverfahren
2 B 138
Besitz- und Produktionsgesellschaft
1 A 21
Besonderer Kündigungsschutz 1 B 43
– altersgesicherte Arbeitnehmer
4 D 140
– Auszubildende 4 D 129
– Betriebsratsmitglieder 1 B 44;
4 D 131
– Elternzeit 1 B 45; 4 D 121
– Familienpflegezeit 4 D 139
– Mutterschutz 1 B 45; 4 D 114

- Pflegezeit **4 D** 139
- schwerbehinderte Menschen
  1 B 47; **4 D** 124

**Besonderes Verhandlungsgremium
4 A** 126
- Vertretung Betriebsräte **4 A** 124
- SEBG **4 A** 124
- grenzüberschreitende Verschmelzung
  4 A 131

**Bestandsaufnahme, Due Diligence
1 B** 24

**Bestellungsverfahren, Einigungsstelle
2 B** 136, 141

Betrieb
- ausländischer **2 C** 36
- Begriff **1 A** 4; **2 A** 64
- betriebsratsloser **2 A** 39
- Betriebsteil **2 A** 11 ff.; **3 A** 8
- Betriebsübergang **3 A** 1 ff.
- Betriebsversammlung **4 F** 6 ff.
- Betriebszweck **1 A** 17; **2 A** 49, 58, 82
- Filiale **2 A** 93
- gemeinsamer **2 A** 13 ff.
- gewillkürter Betriebsbegriff **2 A** 64
- Hauptbetrieb **2 A** 11, 94; **4 C** 6
- Kleinbetrieb **2 A** 6, 11 ff.
- mehrerer Unternehmen **2 A** 13 ff.
- Nebenbetrieb **2 B** 181
- Personalplanung **2 A** 48
- Restbetrieb **4 D** 133, 141
- Verlegung **2 A** 65 ff.
- Wiedereröffnung **2 A** 50
- Zusammenschluss mit anderen Betrieben **2 A** 69 ff.

Betriebliche Altersversorgung 2 B 87;
2 C 56; **3 A** 72; **4 C** 18

**Betriebliches Bündnis für Arbeit
4 E** 40 ff.
- Beschäftigungsgarantie **4 E** 41
- Betriebsvereinbarung **4 E** 42
- Mitwirkung von Betriebsrat und Gewerkschaft **4 E** 46
- Unterlassungsanspruch **4 E** 44

Betriebsänderung
- Änderung der Arbeitsbedingungen
  4 D 159
- Änderung der Betriebsanlagen
  2 A 83
- Änderung der Betriebsorganisation
  2 A 79 ff.
- Änderung des Betriebszwecks
  2 A 82
- Anzahl der beschäftigten Arbeitnehmer **2 A** 33 ff.
- Anzeigepflichten **4 A** 86 ff.
- Ausgliederung von Betriebsteilen,
  s. *Outsourcing* **2 A** 79
- Bagatellaus- und -eingliederungen
  1 A 30
- Beginn **1 A** 17
- Begriff **1 A** 17
- Beratung **4 A** 22
- Beteiligung des Betriebsrats **1 A** 16
- Beteiligung des Sprecherausschusses
  4 A 44
- Betriebsaufspaltung **2 A** 73 ff.
- Betriebseinschränkung **2 A** 61
- Betriebsgröße **4 A** 45
- Betriebspause **2 A** 50
- Betriebsstilllegung **2 A** 50 ff.
- Betriebsteile **2 A** 11
- Betriebsverlegung **2 A** 66
- Betriebsversammlung **4 F** 6 ff.
- Betriebszweck **1 A** 33
- Dauersozialplan **2 B** 34
- Einleitung **2 A** 120
- Einführung neuer Arbeitsmethoden/
  Fertigungsverfahren **2 A** 87
- Einschränkung des Betriebs
  2 A 56
- einstweilige Verfügung **2 A** 105, 141
- Fabrikationsmethoden, Arbeitsmethoden **2 A** 87
- Fallgruppen **2 A** 49 ff.
- Gesamtbetriebsrat **4 B** 47 ff.
- grundlegende **1 A** 30; **2 A** 33, 70, 79 ff.
- Inhaberwechsel **1 A** 18; **4 C** 1
- Inhaberwechsel, ohne **4 C** 34 ff
- Interessenausgleich **1 B** 1 ff.
- Kleinbetrieb **2 A** 11
- Konzern **2 B** 41
- Konzernbetriebsrat **4 B** 50
- leitende Angestellte **2 B** 66; **4 A** 43, 120
- maßgeblicher Zeitpunkt **2 A** 34
- Mitwirkungsrechte **1 A** 20
- Nachteile, *wesentliche* **2 A** 44 ff.
- Nachteilsausgleich **2 A** 106, 109 ff.
- Neugründung eines Unternehmens
  2 A 3
- Organisationsänderung **2 A** 79 ff.
- Personalabbau **1 B** 1; **2 A** 35, 61 ff.
- Personalplanung **2 A** 48
- Planung **1 B** 1 ff.
- Protestaktionen **4 F** 19
- Rahmensozialplan **2 B** 34
- Rationalisierungsmaßnahmen
  2 A 87; **4 A** 16, 51

Stichwortverzeichnis

- Rationalisierungsschutzabkommen **2 B** 34
- Restmandat des Betriebsrats **4 B** 13
- Sachverständige **1 B** 71; **2 A** 140; **4 A** 128
- Sozialauswahl **4 D** 39 ff.; **4 G** 15
- Sozialplan **2 B** 31 ff.
- Spaltung von Betrieben **2 A** 73
- Sprecherausschuss **4 A** 44
- Stilllegung des Betriebs **2 A** 50 ff.
- Stilllegung eines wesentlichen Betriebsteils **2 A** 57
- Streik **1 B** 91; **2 C** 34 ff.
- Teilbarkeit **2 A** 19
- Tendenzbetriebe **2 B** 181 ff.
- „Toller"-Modell **1 A** 22
- „überholende" **2 A** 21, 29 ff.
- Unterlassungsanspruch, einstweilige Verfügung **4 D** 81; **4 E** 44
- Unternehmensaufspaltung **1 A** 21
- Unterrichtung des Betriebsrats **2 B** 3; **4 A** 10, 38, 25, 45, 34
- Unterrichtung des Sprecherausschusses **4 A** 44
- Verhandlungsklima **1 B** 75
- Verlegung des Betriebs oder eines Betriebsteils **2 A** 65
- Voraussetzungen **2 A** 1 ff.
- Vorbereitungsmaßnahmen **2 A** 120
- zeitlicher Zusammenhang **2 A** 28
- Zusammenschluss mit anderen Betrieben **1 A** 25; **2 A** 69

Betriebsanlagen
- Änderung **2 A** 82
- grundlegende Änderung **2 A** 83
- Begriff **2 A** 85
- Gesamtkapazität **2 A** 60

Betriebsaufspaltung **1 A** 23; **2 A** 73 ff.

Betriebsbedingte Kündigung
- Änderungskündigung **4 D** 159
- Alterssicherung **4 D** 140
- Aufhebungsvertrag **4 E** 2 ff.
- Auswahlrichtlinien **4 D** 78
- Betriebsratsanhörung **4 D** 147 ff.
- Betriebsstilllegung **3 A** 34
- Beweislast **4 D** 38, 106
- bloßer Personalabbau **2 A** 61
- Darlegungslast **4 D** 38, 106
- Interessenabwägung **4 D** 12
- Kurzarbeit **2 A** 60
- Punktetabelle **4 D** 78 ff.
- Sozialauswahl **4 D** 39 ff.
- Ultima-ratio-Grundsatz **4 D** 30 ff.
- Wartezeit **4 D** 8 ff.
- Weiterbeschäftigung **4 D** 30 ff.

Betriebsbesetzung, Werksbesetzung **4 F** 38

Betriebsblockaden **4 F** 38

Betriebseinschränkung
- Begriff **2 A** 58
- Betriebspause **2 A** 50
- Betriebsteil, wesentlicher **2 A** 56
- Betriebsunterbrechung **2 A** 50; **3 A** 30
- Kurzarbeit **2 A** 60
- Massenentlassung **2 A** 61
- Personalabbau **2 A** 61
- Wiedereröffnung **2 A** 50

Betriebsgeheimnis
- Gefährdung **4 A** 9, 18
- Sprecherausschuss **4 A** 119

Betriebsgröße
- Betriebsänderung **2 A** 9, 13
- Massenentlassungsanzeige **4 A** 86, 88

Betriebsinhaberwechsel, s. Betriebsübergang

Betriebsorganisation **1 B** 7
- Änderungen **2 A** 79
- Begriff **2 A** 79

Betriebspause **2 A** 50

Betriebsrat
- Abwehrstrategien **4 F** 14 ff.
- allgemeine Aufgaben **1 B** 66
- Anhörung vor Kündigung **4 D** 147 ff.
- Beratung der Betriebsänderung **2 B** 1 ff.
- Eingliederung **4 B** 33 ff.
- Folgen einer Umstrukturierung **4 B** 1 ff.
- Gemeinschaftsbetriebe **4 B** 43 ff.
- Gesamtbetriebsrat **2 A** 90 ff.
- Hinhaltetaktik **2 B** 14
- Kleinbetrieb **2 A** 94
- Konsultationsverfahren **4 A** 33 ff.
- Konzernbetriebsrat **2 A** 100 ff.
- Massenentlassung **4 A** 33 ff.
- Neuwahl **4 B** 8
- Originärzuständigkeit **2 A** 94
- Restmandat **2 B** 50; **4 B** 13, 36
- Sachverständigenhinzuziehung **2 A** 142; **4 F** 17
- Sonderkündigungsschutz **4 D** 131 ff.
- Spaltung von Betrieben **4 B** 15 ff.
- Streik, Blockade **4 F** 38
- Übergangsmandat **4 B** 12, 26, 44 f.
- Unterrichtung **2 B** 1
- Wirtschaftsausschuss **4 A** 1 ff.

- Zusammenlegung von Betrieben
  4 B 23 ff.
- Zuständigkeit **2 A** 89 ff.

Betriebsratsanhörung, s. *Anhörung des Betriebsrats*

Betriebsratsmitglieder, Kündigung
  4 D 131 ff.

Betriebsratsstruktur
- Folge von Umstrukturierungen
  4 B 1 ff.

Betriebsspaltung 4 B 15 ff.
- Ausgliederung **2 A** 74
- Vermeidung **1 A** 34
- Zusammenfassung **2 A** 75

Betriebsstilllegung
- Abgrenzung zum Betriebsinhaberwechsel **2 A** 50; **3 A** 32, 94
- Abgrenzung zur Verlegung **2 A** 67
- Begriff **2 A** 50; **3 A** 32
- Darlegungs- und Beweislast **4 D** 38
- als Kündigungsgrund **3 A** 34
- Restmandat des Betriebsrats **4 B** 12
- Scheinstilllegung **3 A** 30
- Zeitspanne **3 A** 33

Betriebsteil
- Ausgliederung, s. *Outsourcing* **1 A** 23; **2 A** 77; **4 E** 61
- Begriff **2 A** 11; **3 A** 8
- Zusammenschluss **4 B** 23 ff.

Betriebsübergang
- Abgrenzung Betriebsstilllegung **3 A** 1, 30, 94
- Abgrenzung Funktionsnachfolge **3 A** 25, 50 ff.
- Absenkung der Vergütung **3 A** 94
- abweichende Vereinbarungen **3 A** 95
- Ansprüche der Arbeitnehmer **3 A** 58 ff.
- Arbeitsverhältnisse **3 A** 56, 78 ff.
- Art des Unternehmens **3 A** 12
- Ausschluss Kündigung **3 A** 86
- betriebliche Altersversorgung **3 A** 72
- Betriebsänderung **1 A** 18; **3 A** 1
- Betriebsteilübergang **3 A** 82
- Dauer Unterbrechung **3 A** 30
- Diensterfindung **3 A** 68
- Dienstwagen **3 A** 67
- Folgen für die Arbeitsverhältnisse **3 A** 56
- Gesamtschuldner **3 B** 9
- Gleichbehandlungsgrundsatz **3 A** 73
- grenzüberschreitend **3 A** 26 f.
- Haftungssystem **3 A** 74
- immaterielle Aktiva **3 A** 18
- Inhaberwechsel **1 A** 34; **3 A** 39
- Insolvenz **3 A** 49; **4 G** 6
- „Lemgoer Modell" **3 A** 98
- Lyon-Entscheidung **3 A** 26
- Massenwiderspruch **4 F** 30
- Outsourcing **3 A** 5
- Rechtsfolgen des Widerspruchs des Arbeitnehmers **3 B** 34
- Restmandat des Betriebsrats **3 A** 1
- Rücktrittsrecht **3 A** 41
- Sonderzahlung **3 A** 76
- Tarifbindung **4 E** 61
- tatsächliche Fortführung **3 A** 42
- Übergang durch Rechtsgeschäft **3 A** 44
- Überleitungsvereinbarung **3 A** 2
- Übernahme Arbeitsorganisation **3 A** 15
- Übernahme Belegschaft **3 A** 19
- Übernahme Betriebsmittel **3 A** 13
- Übernahme Kundschaft **3 A** 23
- Unterbrechung **3 A** 30
- Unternehmensart **3 A** 12
- Unterrichtung der Arbeitnehmer **1 B** 68; **3 B** 1 ff.
- Verhandlungs-, Vertragssprache **3 B** 18
- Veränderungssperre **4 C** 19
- Verhältnis zu Betriebsänderung **3 A** 1
- Verwirkung des Widerspruchsrechts **3 B** 37
- Voraussetzungen **3 A** 3
- Werkwohnung **3 A** 66
- Wettbewerbsverbot **3 A** 69 f.
- Widerspruchsrecht der Arbeitnehmer **3 A** 91 ff.; **3 B** 31 ff.
- Zeitpunkt **3 B** 37

Betriebsvereinbarung
- ablösende **4 C** 6, 10
- Abspaltung **4 C** 6
- Aufspaltung **4 C** 8
- Eingliederung **4 C** 12
- Einigungsstelle **2 B** 147
- Geltung **1 B** 10
- Interessenausgleich **2 B** 11
- Sozialplan **2 B** 116
- *bei* Umstrukturierung **4 C** 2, 34
- Zusammenfassung mehrerer Betriebe **4 C** 10

Betriebsverlegung 2 B 96; **4 B** 6

Stichwortverzeichnis

Betriebsversammlung 4 F 6 ff.
– Abgrenzung zu Protestaktionen 4 F 20
– einstweilige Verfügung 4 F 9
– Erforderlichkeit 4 F 34
– mehrtägige 4 F 34
– Teilnahmerecht 4 F 8
– weitere 4 F 7
Betriebszusammenschluss, s. *Zusammenschluss von Betrieben*
Betriebszweck, Änderung 2 A 82
Bezugnahmeklauseln 4 C 24 ff.; 4 E 61
Bieterverfahren 4 A 8b
Bilanz 2 B 28; 4 A 16
Billigkeitskontrolle 2 B 101
Börse 4 A 83
Bruttomonatsgehalt 1 B 37
Bundesagentur für Arbeit, s. *Agentur für Arbeit* 2 B 19; 4 G 14, 32
„Burda"-Beschluss 4 E 54

Darlegungslast 3 A 32
Darlehen 2 B 90; 3 A 64
Datenraum, virtuell 1 B 26
Datenschutz 1 B 29, 54
– Beauftragter 4 D 142
Datenweitergabe 1 B 54
Dauersozialplan, s. *Rahmensozialplan* 2 B 34
Deputat 2 B 117
Dienst nach Vorschrift 4 F 14
Dienstwagen 3 A 67
Direktionsrecht, s. *Versetzung* 4 D 49
„Dörries-Scharmann"-Urteile 4 G 49
Dreiseitiger Vertrag 4 E 23
Due Diligence 1 B 24 ff.
Durchgriffshaftung, Sozialplan 1 A 21

Eigenkündigung
– Abfindung 2 B 37, 70
– Betriebsstilllegung 2 A 52
– Sozialplan 2 B 70
– wirtschaftliche Nachteile 2 A 126
eingetragene Lebenspartner 1 B 41; 4 D 70
Eingliederung 4 B 33 ff.
Eingliederung von Betriebsteilen 1 A 23
Eingruppierung 1 B 38; 4 D 47
Einigungsstelle 2 B 23 ff., 122 ff.
– Agentur für Arbeit 2 B 19 ff.
– Anwaltsgebühren 2 B 178
– Beisitzer 2 B 132 ff.
– Beschlussverfahren 2 B 123 ff.
– Ergebnisse 2 B 30
– Ermessen, Überprüfung 2 B 150
– Ermessensleitlinien 2 B 152 ff.
– Gegenstandswert 2 B 179
– gerichtliche Bestellung, Errichtung 2 B 123
– Informations- und Beratungsphase 2 B 25
– Interessenausgleich 2 B 23
– Kompetenz-Kompetenz 2 B 135, 139
– Kosten 2 B 174
– Rechtsanwalt 2 B 178
– Regelungsfragen 2 C 31
– Sachverständiger 2 B 28
– Sozialplan 2 B 122 ff.
– Spruch 2 B 147
– Tendenzbetrieb 2 B 190
– Verfahrensablauf 2 B 143
– Vergütungsordnung 2 B 175 ff.
– Vertretung vor der 2 B 178
– Verzögerungstaktik 4 F 17
– Vorsitzender 2 B 127
– weitere 2 B 170
– Zuständigkeit 2 B 135
Einigungsstellenspruch
– Anfechtungsfrist 2 B 167
– Begründung 2 B 167
– Ermessensüberschreitung, Ermessenskontrolle 2 B 150
– gerichtliche Kontrolle 2 B 149 ff.
– Rechtsverstöße, Rechtskontrolle 2 B 149
– Sozialplanspruch 2 B 147; 2 C 31
– Wirkung der Anfechtung 2 B 166
Einigungsstellenvorsitzender
– Benennung 2 B 126
– Stimme 2 B 143
– Unparteilichkeit 2 B 127
Einschränkung von Betrieben 2 A 56 ff.
Einschreiben 4 D 183
Einstweilige Verfügung
– Betriebsänderung 2 A 105 ff.
– Betriebsversammlung 4 F 9
Eintrittsdatum
– *in* Personalliste 1 B 35
Einzelrechtsübertragung 1 A 9
Employee Transfer Agreement 3 A 5
Entlassung, Begriff 4 A 89
Entlassungssperre, Massenentlassungen 4 A 105
Erforderlichkeit, Hinzuziehung von Beratern 2 A 139

443

Ermessen der Einigungsstelle 2 B 143
Ermessensüberschreitung, gerichtliche Kontrolle 2 B 167
Erziehungsurlaub, s. *Elternzeit*
Europäischer Betriebsrat 1 B 67; 4 A 110

Fabrikationsmethoden, Arbeitsmethoden 2 A 87
Fälligkeit von Abfindungen 2 B 80
Fahrtkostenerstattung, Sozialplan 2 A 133
Familienpflegezeit 4 D 139
Familienstand
– Angabe in Personalliste 1 B 40
– Sozialauswahl 4 D 70
Fertigungsverfahren, Einführung neuer 2 A 87
Filiale 2 A 93
Formwechsel 1 A 8
Fortbildungskosten, Sozialplan 2 B 84
Frühpensionierung 4 E 5
Funktionsnachfolge 3 A 50 ff.

Gefährdung von Betriebs- und Geschäftsgeheimnissen 4 A 9, 18, 119
Gegendarstellung 1 B 98; 4 F 2
Gegenstandswert, Streitwert
– Einigungsstellenverfahren 2 B 179
– Sozialplan 2 B 179
Geldbuße 1 B 90
Geltungsbereich des BetrVG 2 A 4
Geltungsbereich des Sozialplans 2 B 64
Geltung von Betriebsvereinbarungen 1 B 10
Geltung von Tarifverträgen 1 B 12
Gerichtliche Errichtung der Einigungsstelle
– Regelungsgegenstand 2 B 123 ff.
– Verfahren 2 B 123 ff.
Gesamtbetriebsrat
– Folgen von Umstrukturierungen 4 B 47 ff.
– Namensliste 2 A 91
– Umstrukturierung 4 C 15
– Zuständigkeit 2 A 90
Gesamtbetriebsvereinbarung 4 C 15 f.; 4 C 12
Gesamtrechtsübertragung 1 A 10 ff.
Geschäftsgeheimnis, s. *Gefährdung von Betriebs- und Geschäftsgeheimnissen*
Gesellschaftsrechtliche Umstrukturierungen 1 A 3

– Unterscheidung von arbeitsrechtlichen Umstrukturierungen 1 A 1, 3
Gestaltungsansätze, arbeitsrechtliche 1 B 4
Gewerkschaft
– Betriebliches Bündnis 4 E 40
– Tarifsozialplan 2 C 36
– Teilnahme an Verhandlungen 4 E 46
Gleichbehandlung, Gleichbehandlungsgrundsatz
– AGG 2 B 54 ff.
– Betriebsübergang 3 A 73
– Sozialplanabfindungen 2 B 70, 100 ff.

Härtefonds, Sozialplan 2 B 91
Haustarifvertrag 2 C 17
– Betriebliches Bündnis für Arbeit 4 E 49 ff.

Informationspolitik 1 B 21
Insiderverzeichnis 4 A 84 f.
Insolvenz, Insolvenzverfahren 3 A 49; 4 G 1 ff.
– Anwendbarkeit des § 613a BGB 4 G 52
– Betriebsübergang 4 G 6
– Bundesagentur für Arbeit 4 G 14
– Eigenverwaltung 4 G 2a
– Insolvenzplanverfahren 4 G 2a
– Insolvenzverwalter 4 G 5
– Interessenausgleich 4 G 10 ff.
– Kündigung 4 G 3 f., 7
– Kündigung nach Erwerberkonzept 4 G 53
– Kündigung nach Veräußererkonzept 4 G 55
– Planinsolvenz 4 G 2a
– Sanierung 4 G 2a
– Sozialauswahl 4 G 15
– Sozialplanvolumen 4 G 25 ff.
– Zwischenschaltung Transfergesellschaft 4 G 40 ff.
Insolvenzgeld 4 G 32 ff.
– Vorfinanzierung 4 G 36 ff.
Insourcing 1 A 23 ff.; 3 A 5
Integrationsamt 4 D 124 ff.
Interessenausgleich 2 B 1 ff.
– Abweichung 2 A 111 ff.
– Betriebsvereinbarung 2 B 11
– Einigungsstelle 2 B 23
– Form 2 B 9
– Gegenstand 2 B 3, 4

- Geltungsdauer   2 B 34
- Insolvenz   4 G 10 ff., 21
- Nachteilsausgleich   2 A 109 ff.; 4 G 12
- prozessorientierter („PIA")   2 B 34
- Schriftform   2 B 9
- Sozialplan   2 B 190
- Sprecherausschuss   4 A 119 ff.
- Tendenzbetriebe   2 B 187
- Verfahren   2 B 12 ff.
- Verhandlungsgegenstand   2 B 3, 4
- Verhandlungsphasen   2 B 13
- Versuch   2 A 117 ff.
- Verzögerung   2 B 130
- Wirkung   2 B 11

Key Employees   3 A 5, 85; 4 F 30; 4 G 57
Klarenberg   3 A 10
Kleinbetrieb   2 A 6, 57; 4 D 3
Kirche,   s. *Religionsgemeinschaften*
Kleinunternehmen   2 A 6
Körperschaft des öffentlichen Rechts   2 A 4
Kommunikation   1 B 96; 2 C 39
- Gegendarstellung   1 B 98

Konkurs,   s. *Insolvenz, Insolvenzverfahren*
Konsultationsverfahren bei Massenentlassung   4 A 33 ff.
- Frist   4 A 38
Kontrollerwerb   4 A 8a
Konzern
- Betriebsänderung   1 A 22
- freie Stellen   1 B 16, 52; 4 D 31
- Haftung   1 A 22
- Konzernbetriebsrat   2 A 100
- Konzernversetzungsklausel   4 D 31
- Sozialplan   2 B 159
- Weiterbeschäftigung im   2 A 101
Konzernbetriebsrat
- Folgen von Umstrukturierungen   4 B 50
- Zuständigkeit   2 A 100
- Zuständigkeit für Betriebsänderung, Interessenausgleich, Sozialplan   2 A 100
Konzernbetriebsvereinbarung   4 C 17 f.
Konzernzurechnung   4 B 55
Kosten
- Einigungsstellenverfahren   2 B 174
Kündigung
- Änderungskündigung   4 D 159

- Anhörung des Betriebsrats   4 D 147 ff.
- Aufhebungsvertrag   4 E 2
- betriebsbedingte,   s. *Betriebsbedingte Kündigung*
- Eigenkündigung   2 A 52, 126; 2 B 37, 70
- Einschreiben   4 D 183
- *nach* Erwerberkonzept   4 G 53
- Kündigungsgrund   3 A 34; 4 D 12 ff.
- Sozialauswahl   4 D 39 ff.
- Unterschrift durch Personalleiter   4 D 178
- *nach* Veräußererkonzept   4 G 55
- Zugang, Zustellung   4 D 181
- Zurückweisung   4 D 174 ff.
Kündigung des Sozialplans   2 B 93 ff.
Kündigungsfristen   1 B 42
Kündigungsplan   2 A 20 ff.
Kündigungsschutz
- betriebsbedingte Kündigung   4 D 12 ff.
- Klagefrist   4 A 107
- Massenentlassungsanzeige   4 A 107
Kündigungsschutz, besonderer
- Alterssicherung   4 D 140
- Auszubildender   4 D 129 ff.
- Betriebsrat   4 D 131 ff.
- Betriebsratsmitglied   1 B 44; 4 D 131 ff.
- Elternzeit   1 B 46; 4 D 120 ff.
- Familienpflegezeit   4 D 139
- Massenentlassung   4 D 146
- Mutterschutz   1 B 45; 4 D 114 ff.
- Pflegezeit   4 D 139
- Schwerbehinderte   1 B 47; 4 D 124 ff.
Kurzarbeit
- *als* Betriebsänderung   2 A 60
- betriebsbedingte Kündigung   4 E 31
- Betriebseinschränkung   2 A 60
- Kurzarbeitergeld   4 E 29
- Vermeidung von Kündigungen   4 E 15

Lebensalter   4 D 65 ff.
- in Personalliste   1 B 33
Leiharbeitnehmer   2 A 37; 4 E 15
Leitende Angestellte
- Arbeitnehmer   4 B 68
- Betriebsänderung   4 A 120
- Betriebsübergang   3 A 71
- Kündigung   4 D 170 ff.
- Sozialplan   2 B 66

Stichwortverzeichnis

- Sprecherausschuss 4 A 119
Local Transfer Agreements 3 B 6

Management-Buyout 4 F 18
Managementvorgaben
- Übertragung in arbeitsrechtliche Begriffe und Kategorien 1 B 21

Massenentlassungsanzeige 1 B 65; 4 A 86 ff.
- Änderungskündigung 4 A 95
- Arbeitnehmer 4 A 34
- Aufhebungsvertrag 4 A 97 ff.
- Betriebsgröße 4 A 87
- Eigenkündigung 4 A 95
- Entlassung 4 A 89, 105
- fehlerhafte 4 A 107
- Form 4 A 100 ff.
- Formblatt 4 A 103, 108
- Freifrist 4 A 105 ff.
- Handlungsempfehlung 4 A 109
- Schwellenwert 4 A 87
- Sperrfrist 4 A 105 ff.
- unterlassene 4 A 107
- Zeitpunkt 4 A 91
- Zweck 4 A 86

Massenwiderspruch 4 F 30
Master Agreement 3 B 6
Matrixorganisation 1 A 31
Mitbestimmter Aufsichtsrat 4 A 54 ff.; 4 B 54 ff.
- Arbeitnehmerbegriff 4 B 63 ff.
- Schwellenwert 4 B 63
- Vermeidung bzw. Begrenzung von Mitbestimmung 4 B 81
- Wechsel des Mitbestimmungsstatus 4 B 78
- Zeitpunkt 3 A 37 f.

Mutterschutz 4 D 114 ff.

Nachteil
- *bei* Betriebsänderung 2 A 125 ff.
- Nachteilsausgleich 2 A 109 ff.
- *bei* Sozialplan 2 A 136
- wesentlicher 2 A 125 ff.
- wirtschaftlicher 2 A 125 ff.

Nachteilsausgleich 1 B 89; 2 A 109 ff.
- Abfindung nach dem KSchG 2 A 132
- andere Nachteile 2 A 133
- Anrechnung auf Abfindung 2 B 82
- Arbeitskleidung 2 A 133
- Ausschlussklausel 2 A 135
- Entlassung 2 A 126
- Fahrtkosten 2 A 133
- Insolvenz 2 A 114, 134

- Interessenausgleich 2 A 110 ff.
- Klageantrag 2 A 132
- Konkurrenz zum Sozialplan 2 A 136
- Kündigungsschutzklage 2 A 132
- Lohnausfall 2 A 127
- Masseforderung 2 A 134
- Sozialplanabfindung 2 A 136
- Tendenzbetrieb 2 B 187
- Umzugskosten 2 A 133
- Vererbbarkeit 2 A 135
- Verjährung 2 A 135
- Verzicht 2 A 136
- Vorbereitungsmaßnahmen 2 A 120
- wirtschaftliche Nachteile 2 A 125 ff.

Name
- Datenschutz, Anonymisierung 1 B 54
- *in* Personalliste 1 B 29

Namensliste 2 A 91; 4 D 107
- Änderungskündigung 4 D 107
- gerichtlicher Prüfungsmaßstab 4 D 109
- Interessenausgleich 2 B 7
- Vermutungswirkung 4 D 107

Nebentätigkeiten, selbständige 1 B 56
Neugründungen, Sozialplan 2 A 3; 2 B 41 ff.

Ordnungswidrigkeit 2 A 104; 1 B 90; 4 A 21
Organisation von arbeitsrechtlichen Umstrukturierungen 1 B 1 ff.
Ortswechsel, Sozialplan 2 B 103
Outplacement 4 E 39
Outsourcing 1 A 23 ff.; 3 A 5; 4 E 53, 61; 4 F 18, 30

Paritätische Mitbestimmung 4 A 54 ff.; 4 B 54 ff.
Pensionssicherungsverein 4 G 2a, 52
Persönlicher Geltungsbereich des Sozialplans 2 B 64
Personalabbau
- Altersteilzeit 4 E 6
- stufenweiser 2 A 47
- Wegfall von Arbeitsplätzen 1 B 14

Personalabbau, reiner 2 B 35 ff.
Personalfluktuation 2 A 48
Personalliste 1 B 24 ff.
- besonderer Kündigungsschutz 1 B 43
- Betriebszugehörigkeit 1 B 35
- Bruttomonatsgehalt 1 B 37

Stichwortverzeichnis

– Eingruppierung **1 B** 37
– Eintrittsdatum **1 B** 35
– Familienstand **1 B** 40
– Geburtsdatum **1 B** 31
– Lebensalter **1 B** 33
– Unterhaltspflichten **1 B** 40
Personalplanung
– Bestandsaufnahme **1 B** 24 ff.
– Beteiligung des Betriebsrats **1 B** 61;
  2 A 48
Personelle Einzelmaßnahmen
– Zustimmung des Betriebsrats
  1 B 60
Person des Arbeitgebers **1 B** 5
Personalrat **4 A** 46 ff.
Personen, arbeitnehmerähnliche
  2 A 37
Pfändbarkeit
– *von* Abfindungen **2 B** 77
– Nachteilsausgleich **2 B** 77
– Sozialplanleistungen **2 B** 77
Pflegezeit **4 D** 139
Planinsolvenz **4 G** 2a
Prämien **4 F** 15
Presse **2 B** 183; **4 F** 11 ff.
Profiling **4 E** 32, 39
Protestaktionen **4 F** 19
Punktesystem
– Abfindung **2 B** 74
– Sozialauswahl **4 D** 78 ff.

Qualifizierungsmaßnahmen **1 B** 63

Rahmensozialplan **1 B** 51; **2 B** 34
Rationalisierungsschutzabkommen
  1 B 51
– Sozialplan **2 B** 34
– Tarifvertrag **1 B** 51
– Tarifsozialplan **2 C** 29
Rationalisierungsmaßnahmen **2 A** 87;
  4 A 16, 50
Rechtsanwalt
– *als* Beisitzer der Einigungsstelle
  2 B 132
– Honorar **1 B** 81
– Teilnahme an Verhandlungen
  1 B 75; **2 A** 137
– Vertretung vor der Einigungsstelle
  2 B 178
Rechtsausübung, unzulässige **2 B** 81
Rechtsformwechsel **4 B** 81 ff.
Rechtzeitige Unterrichtung
– Interessenausgleich **4 A** 38
– Wirtschaftsausschuss **4 A** 10 ff.
Regelungsabrede **4 E** 53

Regelungskompetenz
– der Betriebspartner im Sozialplan
  2 B 49
Regelungssperre **4 E** 47 ff.
Registergericht **4 F** 28
Religionsgemeinschaften **4 F** 21
Rentennähe **1 B** 55, 59
Restmandat des Betriebsrats **4 B** 13 ff.
– Betriebsstilllegung **2 B** 97
– Betriebsveräußerung **4 B** 13
– Sozialplan **2 B** 97
Retention **4 F** 15
Risikobegrenzungsgesetz **4 A** 8a
Rückkehrklauseln **3 A** 5
Ruhen des Verfahrens **2 B** 139

Sachverständige
– Betriebsänderung **2 A** 142
– Interessenausgleich **2 A** 142
– Sozialplan **4 F** 17
Sanierung, übertragende **4 G** 2a
Sanierungs-Tarifvertrag **4 E** 45, 49;
  4 F 1
Schadensersatz **3 B** 22; **4 D** 168;
  4 G 7
Schriftform
– Interessenausgleich **2 B** 9
– Sozialplan **2 B** 32
Schutzschrift **2 A** 108
Schwerbehinderung **2 B** 56, 107
SE-Betriebsrat **4 A** 117 f.
– Zweiterörterung **4 A** 118
Share Deal **1 A** 8 ff.; **3 A** 40; **4 A** 8, 19
Shared Services **2 A** 75
„Shop-in-Shop"-Produktion **1 A** 27
Societas Europea (SE) **4 B** 85 ff.
Sonderkündigungsschutz, s. *Kündigungsschutz, besonderer*
Sonderzahlung **3 A** 76
Sozialauswahl
– Abwägung **4 D** 56
– Altersgruppen **4 D** 92; **4 D** 94 ff.
– Auswahlrichtlinie **4 D** 81
– Betriebsänderung **2 A** 21 ff.
– betriebsbedingte Kündigung
  4 D 39 ff.
– Betriebsbezogenheit **4 D** 42
– Betriebszugehörigkeit **4 D** 62
– Beurteilungsspielraum **4 D** 76
– Dominotheorie **4 D** 82
– Einzelfallabwägung **4 D** 85 ff.
– hierarchische Vergleichbarkeit
  4 D 47
– horizontale **4 D** 47
– Insolvenz **4 G** 15

Stichwortverzeichnis

- Kriterien 4 D 56
- Lebensalter 1 B 33; 4 D 65 ff.
- Leistungsträger 4 D 88 ff.
- Massenkündigungen 4 D 146
- Punkteschema 4 D 78
- Rentennähe 1 B 55
- Schwerbehinderung 4 D 74
- sukzessive Betriebsstilllegung 2 A 20 ff.
- Unterhaltspflichten 4 D 70
- Vergleichbarkeit der Arbeitnehmer 4 D 41
- Vergleichsgruppen 4 D 94 ff.
- Versetzbarkeit 4 D 49 ff.

Sozialplan 2 B 31 ff.
- Abfindungsregelungen 1 B 34; 2 B 67 ff.
- ablösende Neuregelung 2 B 95
- Altersdiskriminierung 2 B 54
- Aufhebungsvertrag 2 B 37, 39
- Aufwandsentschädigung 2 B 84
- Ausländer 2 B 111
- Ausschluss von Arbeitnehmern 2 B 102
- Beendigung 2 B 93 ff.
- Begriff 2 B 32
- betriebliche Altersversorgung 2 B 87
- Betriebsänderung 2 C 37
- Betriebsaufspaltung 4 C 6 ff.
- Betriebsstilllegung 2 B 107
- Betriebsübergang 4 C 1 ff.
- Betriebsvereinbarung 2 B 116
- Betriebszugehörigkeit 2 B 106
- Billigkeitskontrolle 2 B 101
- Darlehen 2 B 90
- Dauerregelungen 2 B 95
- Dauersozialplan 2 B 34
- Deputat 2 B 117
- Dotierung 2 B 120, 163
- Eigenkündigung 2 B 70
- Einigungsstelle 2 B 72, 122 ff.; 2 C 26
- Elternzeit 2 B 105
- Erwerbsminderungsrente 2 B 72
- erzwingbarer 2 C 26
- Fahrtkostenerstattung 2 B 84
- Fortbildungskosten 2 B 84
- freiwilliger 2 A 38, 40; 2 B 36
- Funktion 2 B 32
- gerichtliche Überprüfung 2 B 101
- Gesamtausstattung 2 B 163
- Gleichbehandlung 2 B 54 ff., 70, 100 ff.; 2 C 24
- Grenzen 2 B 35 ff.
- Gültigkeitsdauer 2 B 93
- Günstigkeitsprinzip 2 C 13
- Härtefonds 2 B 91
- Heimkehrklausel 2 B 110
- Höchstbegrenzungsklausel 2 B 75, 164
- Individualrechte 2 B 63
- Inhalt 2 B 32
- *nach* Insolvenzeröffnung 4 G 25
- Jubiläumsgabe 2 B 90
- Kinderzuschlag 1 B 41a; 2 B 108
- Kündigung des Sozialplans 2 B 93
- Kündigungsverbote 2 B 8, 61
- konzernbezogener 1 A 1
- Nachteilsausgleich 2 B 70
- Nachwirkung 2 B 94
- Namensliste 2 B 7; 4 D 109
- Neugründungen 2 B 41 ff.
- Personalabbau 2 B 35 ff.
- Pfändbarkeit von Abfindungen 2 B 77
- Rahmensozialplan 2 B 34
- Rationalisierungsschutzabkommen 2 B 34
- Regelaltersrente 2 B 72
- Regelungskompetenz der Betriebspartner 2 B 49 ff.
- Restbetrieb 4 D 133
- Restmandat des Betriebsrats 2 B 50
- Richtlinien 2 B 152
- Schiedsabrede 2 B 121
- Schriftform 2 B 9
- Sonderzuschläge 1 B 41a, 2 B 71
- soziale Belange der Arbeitnehmer 2 B 48
- Sozialeinrichtung 2 B 91
- Sozialplananspruch 1 B 76; 2 A 136; 2 B 62
- Sozialplanprivileg 2 B 138
- sozialversicherungsrechtliche Probleme 4 E 3
- Sperrfrist 2 B 92
- Sprecherausschuss 4 A 44
- Steuerungsfunktion 2 B 32
- Streikverbot 2 C 26
- Streitigkeiten 2 C 26
- Tarifvorbehalt 2 B 76
- Teilzeitarbeitskräfte 2 B 112
- Tendenzbetriebe 2 B 190
- Turboprämien 2 B 73
- Überbrückungszahlungen 2 B 89
- Umschulungskosten 2 B 84
- Umzugskosten 2 B 84
- Unternehmensaufspaltung 2 B 41
- Unternehmensneugründung 2 B 42

448

- Urlaub 2 B 92
- Verfahren für die Aufstellung 2 B 47 ff.
- Verhältnis zu Tarifsozialplan 2 C 13
- Verhandlungsgegenstand 1 B 37; 2 B 8
- Verhandlungstaktik 2 C 40 ff.
- Versetzungen 2 B 103
- Versorgungsanwartschaften 2 B 86
- Volumen 2 B 121
- vorsorglicher 2 B 34
- Warenrabatt 2 B 92
- Werkswohnung 2 B 92
- Wesen 2 B 32
- Wettbewerbsverbot 2 B 92
- Wirkung 2 B 116; 2 C 9 ff., 20
- wirtschaftliche Vertretbarkeit 2 B 32, 48
- Zweck 2 B 32

Sozialplanansprüche
- Arbeitslosengeld 2 B 56
- Aufwandsentschädigung 2 B 84
- Fälligkeit 2 B 80
- Gleichbehandlung 2 B 54 ff., 100 ff.
- Höchstgrenzen 2 B 37, 75
- Kündigungsschutzklage 2 B 61, 113
- Nachteilsausgleich 2 B 33
- Pfändbarkeit 2 B 77
- Trennungsentschädigung 2 B 84
- Umzugskostenerstattung 2 B 84
- Vererbbarkeit 2 B 78
- Verjährung 2 B 81
- Verwirkung 2 B 80

Sozialplanvolumen
- Insolvenz 4 G 25 ff.
- wirtschaftliche Vertretbarkeit 2 B 151

Spaltung
- Abspaltung 4 B 16
- Aufspaltung 4 B 19
- *in* Besitz und Produktionsgesellschaft 1 A 21
- Betrieb 2 A 73 ff.; 4 B 1
- Betriebsvereinbarung 4 C 6 ff.
- Unternehmen 1 A 12; 4 B 1

Spartenorganisation 1 A 31
Sperrfrist bei Massenentlassungen 4 A 105 ff.
Sperrzeit 4 E 27
Sperrzeit für Arbeitslosengeld 4 E 3, 27
Sprecherausschuss 4 A 119 ff.
- Betriebsänderung 4 A 120
- Betriebs- oder Geschäftsgeheimnisse 4 A 119

- Interessenausgleich 4 A 120
- Kündigungsanhörung 4 D 170
- leitende Angestellte 4 A 119
- Nachteilsausgleich 4 A 121
- Sozialplan 4 A 120
- Unterrichtung 4 A 120
- wirtschaftliche Angelegenheiten 4 A 119, 120

Spruch der Einigungsstelle
- Anfechtbarkeit 2 B 152 ff.
- Anfechtung 2 B 149
- gerichtliche Prüfung 2 B 150 ff.
- Verfahren 2 B 143

Stichtagsberechnungen 1 B 31
Strafbarkeit des Arbeitgebers 4 F 5
Streik
- Abmahnung 4 F 2
- Abwehraussperrung 2 C 52
- Arbeitskampfverbot 2 C 26; 4 F 34
- Betriebsbesetzung 4 G 38
- Betriebsblockade 4 G 38
- Betriebsrat 2 C 26
- Betriebsschließung 2 C 52
- Friedenspflicht 2 C 29
- Gegenmaßnahmen 4 F 1
- gewerkschaftlich organisierter 2 C 27
- Streikaufruf 2 C 7
- Unterstützungsstreik 4 F 37
- Warnstreik 2 C 50; 4 G 35 ff.; 4 F 35

Streikrisiko 2 C 36
Streitwert, s. *Gegenstandswert*
Sukzessiver Personalabbau 2 A 20 ff.

Tarifsozialplan 2 C 1 ff.
- Arbeitskampf 2 C 27, 49
- Begriff 2 C 1
- Entwicklung 2 C 6 ff.
- Form 2 C 54
- Gleichbehandlung 2 C 60
- Inhalt 2 C 55 ff.
- Nachteilsausgleich 2 C 8 ff.
- Parteien 2 C 17
- Regelungsgegenstand 2 C 10
- Standorterhaltung 2 C 8 ff.
- Streikrisiko 2 C 34
- Tarifforderungen 2 C 10
- Umgehungsstrategie 2 C 12
- Verhandlungsablauf 2 C 31
- Volumen 2 C 59

Tarifverträge
- Abfindungen 2 C 13
- Alterssicherungsklauseln 4 D 141
- Auswirkungen von Umstrukturierungen 4 C 19 ff.

449

- Bezugnahmeklauseln **4 C** 24 ff.
- Geltung **1 B** 12
- Nachbindung **4 E** 59
- Nachwirkung **4 E** 61
- Öffnungsklauseln **4 E** 47
- Rationalisierungsschutz **1 B** 51
- Zuordnung von Betriebsteilen **4 B** 51

Tarifliche Alterssicherung 1 B 43
Teilzeitarbeitnehmer 2 B 112
Tendenzbetriebe
- Betriebsänderung **2 B** 181 ff.
- Interessenausgleich **2 B** 187
- Sozialplan **2 B** 190
- Sozialplanpflicht **2 B** 190

Tendenzunternehmen 2 B 181 ff.
„Toller"-Modell 1 A 22
Transfergesellschaft 4 E 15
- Errichtung **4 E** 17
- Finanzierung **4 E** 29
- *in der* Insolvenz **4 G** 40 ff.
- Kosten **4 E** 35
- Transfermaßnahmen **4 E** 38
- Wechsel der Arbeitnehmer **4 E** 23

Transfermaßnahmen 2 B 160; **4 E** 38 ff.
Trennungsentschädigung 2 B 84

Überbrückungszahlungen, Vorruhestand 4 B 5
Übergangsmandat 2 A 43
Überstunden 4 F 14
Übertragende Sanierung 4 G 2a
Ultima-ratio-Prinzip
- Kündigung **4 D** 30
- Streik **2 C** 51; **4 E** 36

Umschulung 2 B 8, 84; **4 A** 50; **4 D** 34
Umstrukturierung
- Abgrenzung Unternehmensebene/Betriebsebene **1 A** 3
- Abwehrstrategien **4 F** 1 ff.
- arbeitsrechtliche Vorgänge, Betriebsänderungen **1 A** 16
- Aus- oder Eingliederung von Betriebsteilen **1 A** 23
- Auswirkungen auf Betriebsvereinbarungen **4 C** 2, 34
- Auswirkungen auf Gesamt- und Konzernbetriebsvereinbarungen **4 C** 14 ff., 36
- Auswirkungen auf Tarifverträge **4 C** 19 ff.
- Betriebliches Bündnis für Arbeit **4 E** 40
- Einzelrechtsübertragung **1 A** 9

- Fallgruppen **1 A** 21
- Folgen für Betriebsrat, Gesamtbetriebsrat, Konzernbetriebsrat **4 B** 1 ff.
- Formen **1 A** 1 ff.
- Identität des Betriebs, Wahrung **4 B** 3 ff.
- Mischformen **1 A** 18
- Planung **1 B** 1
- Praxisbeispiele **1 A** 6
- Spartenorganisation **1 A** 31
- Vermeidung von Kündigungen **4 E** 1
- Zweifelsfälle **1 A** 37

Umwandlung, Umwandlungsrecht 3 B 4
- Abspaltung **1 A** 12
- Aufspaltung **1 A** 12
- Ausgliederung **1 A** 12
- Beteiligung des Betriebsrats **4 A** 23 ff.
- Einzelrechtsübertragung **1 A** 9
- Gesamtrechtsübertragung **1 A** 10 ff.
- Spaltung **1 A** 12
- Verschmelzung **1 A** 11

Umzugskosten, Sozialplan 2 B 84
Unterhaltspflichten 1 B 40 f.; **4 D** 70 ff.
Unterlagen
- Vorlage Wirtschaftsausschuss **4 A** 14 ff.

Unterlassungsanspruch des Betriebsrats 2 A 105 ff.
Unterlassungsanspruch der Gewerkschaft 4 E 57
Unterlassungsverfügung, Betriebsänderung 2 A 105 ff.
Unternehmen, Unternehmer, s. *Arbeitgeber*
- Begriff **1 A** 3
- Betrieb mehrerer Unternehmen **1 A** 34
- mitbestimmtes Unternehmen **4 A** 54 ff.
- neues Unternehmen **2 B** 41 ff.
- Umstrukturierung **1 A** 3 ff.

Unternehmensaufspaltung
- Besitz- und Produktionsgesellschaft **1 A** 21
- Sozialplan **1 A** 21

Unternehmensgruppe, s. *Konzern*
Unternehmensübernahme 4 A 8a ff.
Unternehmenszusammenschluss 2 A 71
Unternehmerische Entscheidung 4 D 18 ff.

Unterrichtung
- Adressat 3 B 17
- *der* Belegschaft 4 F 1 ff.
- Betriebsänderung 2 B 12 ff.
- *des* Betriebsrats 1 B 58 ff.
- Betriebsübergang 1 B 69; 3 B 1 ff., 18 ff.
- Europäischer Betriebsrat 1 B 67
- Folgen des Betriebsübergangs 3 B 7 ff.
- *des* Gesamtbetriebsrats bei Umwandlung 4 A 30
- Grund für Übergang 3 B 5 f.
- Inhalt 3 B 1 ff.
- *des* Konzernbetriebsrats bei Umwandlung 4 A 31
- Massenentlassung 4 A 33
- Maßnahmen, in Aussicht genommene 3 B 13 f.
- Nachinformationspflicht 3 B 23
- Öffentlichkeit 4 F 11 ff.
- Ordnungswidrigkeit 1 B 90; 2 A 104; 4 A 21
- Presse 4 F 2, 11
- rechtzeitige 4 A 10 ff., 38
- *des* Sprecherausschusses 4 A 119 ff.
- Streitigkeiten 1 B 74
- Umwandlung 4 A 23 ff.
- Unterlagen 4 A 14
- Widerspruch 3 B 31 ff.
- wirtschaftliche Situation des Erwerbers 3 B 10
- *des* Wirtschaftsausschusses 1 B 59

Veräußererkonzept 4 G 55
Verbandsvertreter
- Einigungsstelle 2 B 132

Vererbbarkeit von Abfindungen 2 B 78
Verfahren der Einigungsstelle 2 B 143
Vergütung, Absenkung 3 A 94
Verhandlungsführung 1 B 75
Verhandlungsklima 1 B 79; 4 F 2
Verjährung von Abfindungsansprüchen 2 B 80
Verlegung, s. *Betriebsverlegung*
Vermögensübertragung 1 A 13
Verschleppungsrisiko 4 F 24
Verschmelzung 1 A 10 ff.; 2 A 71
- grenzüberschreitend 4 A 122, 131; 4 B 91 ff.

Verschwiegenheit
- Anwaltsvertrag 2 A 142
- Aufsichtsratsmitglieder 4 A 66

Versetzung, Versetzungsklausel 1 B 60; 4 D 49 ff.
Versorgungsanwartschaften 2 B 86
Vertrauensvolle Zusammenarbeit
- Einigungsstelle 2 B 146
- Interessenausgleich 2 B 1
- Stellungnahme WpÜG 4 A 78

Verwaltungsrechtsweg, Schwerbehinderte 4 D 125
Verwirkung, Widerspruch § 613a BGB 3 B 37 ff.
Verzicht
- *auf* Kündigungsschutzklage 2 B 73
- *auf* Sozialplansprüche 2 B 116

Verzögerungstaktik, Verschleppung von Verhandlungen 4 F 17; 2 B 130
Vollmacht 3 A 71
Vorabentscheidungsverfahren 2 B 138
Vorbereitung von arbeitsrechtlichen Umstrukturierungen 1 B 1 ff.; 2 A 73, 120
Vorbeschäftigungszeiten 1 B 35
Vorläufiger Rechtsschutz, Betriebsänderung 2 A 105 ff.
Vorruhestandsvertrag 1 B 55; 4 E 5
Vorsitzender der Einigungsstelle, s. *Einigungsstellenvorsitzender*

Wahlverfahren, Betriebsrat 2 A 41
Wegfall von Arbeitsplätzen 1 B 14
Weiterbeschäftigung statt Kündigung 4 D 30 ff.
Weiterbildungsmaßnahmen 1 B 63; 2 B 4
Werksbesetzung, s. *Betriebsbesetzung*
Werkswohnungen 3 A 66
Wesentlicher Betriebsteil 2 A 56
Wettbewerbsverbot
- gesetzliches 3 A 69
- nachvertragliches 3 A 70

Widerspruchsrecht beim Betriebsübergang 3 B 31 ff.
Wiedereinstellung 3 A 34; 4 D 32
Wirtschaftsausschuss
- Beratungsrecht 4 A 1 ff.
- Betriebs- und Geschäftsgeheimnisse 4 A 18
- Information 4 A 1 ff.
- umfassende Unterrichtung 4 A 14 ff.
- Umwandlung 1 A 14
- Unterlagen 4 A 14 ff.
- Unterrichtung 1 B 59
- wirtschaftliche Angelegenheiten 4 A 4 ff.

451

Wohnungswechsel, Ortswechsel
  2 B 103
WpÜG   4 A 67
WpHG 4 A 67

Zeitplan   1 B 69, 70, 2 B 131
Zentrale Leitung,   s. *Europäischer Betriebsrat*   4 A 110
Zumutbarkeit anderer Arbeitsplätze
  2 B 85, 103
Zusammenschluss von Betrieben
– Betriebsrat   4 B 24 ff.
– Betriebsvereinbarungen
  4 C 10 ff.
– Tarifvertrag   2 A 72

Zuständigkeit
– *auf* Betriebsratsseite für Interessenausgleich und Sozialplan   2 A 89 ff.
– *der* Einigungsstelle   2 B 135 ff
– *der* Gerichte für Arbeitssachen
  2 B 138
Zustellung von Kündigungen
– Ablauforganisation   1 B 102;
  4 D 181 ff.
– Bote   4 D 184
– Briefkasteneinwurf   4 D 182
– Einschreiben   4 D 183
– Einwurfeinschreiben   4 D 183
– Gerichtsvollzieher   4 D 184
– Persönliche Übergabe   4 D 184